Novela

José María Gironella
Un millón de muertos

Planeta

© José María Gironella, 1961
© Editorial Planeta, S. A., 2011
  Avinguda Diagonal, 662, 6.ª planta. 08034 Barcelona (España)
  www.planetadelibros.com

Diseño de la cubierta: Opalworks
Ilustración de la cubierta: Corbis / Cover
Primera edición en esta presentación en Colección Booket: septiembre de 2006
Segunda impresión: febrero de 2008
Tercera impresión: febrero de 2011

Depósito legal: B. 8.408-2011
ISBN: 978-84-08-06861-7
Impreso y encuadernado en Barcelona por:
Printed in Spain - Impreso en España

Biografía

José María Gironella (Darnius, Gerona, 1917-Arenys de Mar, Barcelona, 2003) se reveló como escritor con su novela *Un hombre*, con la que ganó el Premio Nadal. Es autor de la famosa serie novelesca formada por *Los cipreses creen en Dios* (1953), *Un millón de muertos* (1961) y *Ha estallado la paz* (1966), que luego continuó con *Los hombres lloran solos*. Ganó el Premio Planeta en 1971 con *Condenados a vivir*. También publicó *100 españoles y Dios* (1969), *Los fantasmas de mi cerebro* (1958), *China, lágrima innumerable* (1965), *En Asia se muere bajo las estrellas* (1968), *El escándalo de Tierra Santa* (1978), *Carta a mi padre muerto* (1978) y, en colaboración con Rafael Borràs, *100 españoles y Franco* (1979). Con *La duda inquietante* obtuvo el Premio Ateneo de Sevilla 1988. *Se hace camino al andar* obtuvo el accésit al Premio de Novela Fernando Lara 1997. En 2001 se publicó su última novela, *El Apocalipsis*, y en 2003, de manera póstuma, su testamento literario y personal *Por amor a la verdad*.

A todos los muertos
de la Guerra Española 1936-1939

ACLARACIÓN INDISPENSABLE

EL PRIMER VOLUMEN *de mi anunciada trilogía, titulado* Los cipreses creen en Dios, *abarca la época inmediatamente anterior a la guerra civil, es decir, la época de la República, que empezó en abril de 1931 y terminó en julio de 1936. El presente volumen, titulado* Un millón de muertos, *es la continuación de aquél y abarca entero el período de la guerra, que duró desde el 18 de julio de 1936 hasta el 1 de abril de 1939. Para completar el ciclo faltará, pues, el tercer volumen, dedicado a la época actual, la posguerra, volumen cuyo esquema está ya trazado, pero que ofrece singulares dificultades, debido a la interferencia de la contienda mundial 1939-1945, a la dinámica odisea de los exiliados y a la instauración, en nuestro país, de un sistema de hechos y actitudes espirituales que sigue en plena vigencia.*

Un millón de muertos es la continuación automática de Los cipreses creen en Dios; *por tanto, la novela sólo tendrá sentido para quien conozca la anterior. La familia Alvear sigue siendo el eje psicológico de sus personajes, cuyo censo o nómina la guerra modifica fatalmente, y la ciudad de Gerona sigue siendo su eje geográfico, eje que poco a poco, al compás de los episodios bélicos, se amplía tentacularmente, hasta alcanzar los cuatro confines de España.*

El libro se inicia en Gerona, con la visita de Ignacio al cementerio, en busca del cadáver de su hermano César, y finaliza con el estremecimiento que produjo en todo el territorio la publicación del último parte de guerra.

Mi propósito ha sido dar una visión panorámica, lo más cancelante posible, de lo que fue y significó nuestra contienda, procurando simultanear *la descripción de los dos bandos en lucha, del bando llamado «nacional» y del bando llamado*

7

«rojo». Tal intento, dada la diversidad de escenarios y la cualidad espasmódica de los acontecimientos, me planteó desde un principio arduos problemas de construcción. Dios quiera que los haya resuelto, que el empeño no se haya mostrado superior a mis fuerzas.

He escrito el libro tres veces, de cabo a rabo, a lo largo de los últimos cinco años. La primera versión consistió en ordenar cronológicamente los hechos y en redactar una suerte de catálogo de horrores. La segunda versión consistió en eliminar lo simplemente anecdótico y en acceder, a través de situaciones lógicas, a la grandeza y a la poesía, que sin duda alguna se encuentran dondequiera que el hombre habite. La tercera y definitiva versión, la más laboriosa, ha consistido en dar a mi libro carácter de verosimilitud. Indispensable condición. En efecto, lo ocurrido en nuestra guerra civil fue tanto y de tal índole que cualquier mero relato, así como cualquier juicio unilateral, desemboca en el acto en la caricatura, falsea la verdad, se sitúa a mil leguas de la escueta historia humana.

¿Cómo hacer compatible mi actitud previa, mi opinión, con la imparcialidad, con la deseada e indispensable imparcialidad? Valiéndome de la perspectiva en el tiempo y en el espacio, de la morosa confrontación de datos, y del amor. Gran parte de este libro ha sido escrito a centenares de kilómetros de España. Lo empecé a los quince años de haber enmudecido las armas. Volqué en él mi experiencia personal, básica a todas luces —tuve la fortuna de vivir en ambas zonas— y no regateé esfuerzo alguno para informarme lo debido, interrogando a muchos testigos españoles y extranjeros, repasando periódicos, archivos fotográficos y folletos de la época, leyéndome cerca de un millar de libros y monografías publicados posteriormente, etcétera. Por último, desde el primer momento, al igual que en Los cipreses creen en Dios, procuré amar sin distinción a cada uno de los personajes, salpicarlos a todos de ternura, fuesen asesinos o ángeles, cantaran este himno, ese otro o el de más allá.

La tarea informativa a que he aludido se manifestó plagada de dificultades, comparables a los pinchos de un erizo de mar. A menudo, mi experiencia personal se convertía en lastre, pues la memoria, al aislar los hechos del clima en que se produjeron, del clima que los hizo posibles, me daba de ellos una imagen espectral, deforme. Algo parecido me ocurría con el testimonio ajeno. Cada ser interrogado tendía a exagerar o a sacar de su vivencia tan importantes conclusiones, que el resultado inme-

diato era mi desconcierto y la pérdida de la visión de conjunto. En cuanto a los libros, aparte los de carácter técnico y los Diarios *de los humildes combatientes de uno y otro lado, que me fueron de todo punto útiles, en su mayoría adolecían de fanatismo delirante, atrofiando la realidad, escamoteando el mérito del enemigo, omitiendo con burda testarudez los errores propios. En definitiva, mi apoyo más seguro fueron los periódicos y las fotografías. ¡Incuestionable autoridad la de la noticia del día, acompañada de su correspondiente documento gráfico!*

Me veo obligado a repetir la advertencia del prólogo inicial de mi trilogía: lo que he intentado escribir es una novela y no un ensayo histórico o sociológico. Así, pues, en Un millón de muertos, *lo mismo que en* Los cipreses creen en Dios, *«me he reservado en todo momento el derecho de apelar a la fantasía», conjurando peripecias que en la guerra se produjeron por separado, situando en tal ciudad o frente bélico conmociones que se dieron en otra parte, es decir, recurriendo a la carambola. En definitiva, y como siempre, lo que primordialmente me ha importado ha sido el rigor psicológico, la meteorología ambiental.*

Un millón de muertos pretende ser una respuesta ordenada y metódica a varias obras escritas fuera de España y que han tenido influencia decisiva sobre el concepto que los lectores de Europa y de América se han forjado de nuestra guerra. Tales obras son: L'Espoir, *de Malraux;* ¿Por quién doblan las campanas?, *de Hemingway;* Un testamento español, *de Koestler;* Les grands cimetières sous la lune, *de Bernanos, y la trilogía de Arturo Barea,* La Forja, La Ruta *y* La Llama. *Dichas obras, aparte los valores literarios que puedan contener, no resisten un análisis profundo. Parcelan a capricho el drama de nuestra Patria, rebosan de folklore y en el momento de enfrentarse resueltamente con el tema, con su magnitud, esconden el rabo. A menudo, pecan de injustas, de arbitrarias y producen en el lector enterado una notoria sensación de incomodidad.*

También pretende ser mi obra una crónica para los propios españoles, tan escasamente dotados para abrazar sin apasionamiento la totalidad de los hechos. Ni siquiera los protagonistas del conflicto suelen tener idea clara de lo que sucedió. Cada cual recuerda su aventura y dogmatiza más o menos sobre el área en que se movió, marrando lamentablemente al referirse a lo ocurrido más al Norte o más al Sur, y no digamos al juzgar la zona opuesta, la zona enemiga. Ahí la ignorancia causa estupor. Quienes vivieron sólo en la España «nacional» tienen una noción turbiamente acuarelística de lo que fue la España «roja», y quienes sólo vivieron en esta zona, ignoran por completo lo que significaron en la otra los términos disciplina, convicción providencialista, embriaguez victoriosa. En cuanto a la juventud, a los españoles de menos de veinticinco años, manejan el tema con obligadas frivolidad e incompetencia.

Urgía, creo, efectuar un inventario... Porque la guerra que padeció nuestra Patria fue importante. Tanto lo fue, que el mundo entero se pasó tres años clavando banderitas en mapas españoles. Por aquel entonces, es cierto, no crepitaban a lo ancho de la tierra las innumerables hogueras que crepitan ahora, y el espectáculo de unos cuantos hombres meridionales, de tez morena, luchando cuerpo a cuerpo, resultaba fascinante; pero había algo más. Por debajo de tal entretenimiento, latía sin duda la general sospecha de que la baza que se jugaba en nuestro suelo tendría amplias repercusiones históricas. Por ello ¡qué remedio! muy pronto, además de la intervención comunista, brotaron varias guerras civiles en el seno de nuestra guerra civil. En efecto, a primeros del año 1937, había combatientes alemanes en ambas zonas. E italianos. Y franceses e ingleses y estadounidenses y belgas. Y seres solitarios procedentes de las más alejadas comunidades del planeta. España se convirtió en plataforma. El río de sangre era ¡hasta qué punto! español; pero mil arroyuelos exóticos confluían en él.

La baza era importante y, de consiguiente, compleja. Por añadidura, su larga duración la forzó a evolucionar. Los principios débiles, secundarios, iban muriendo a medida que morían los meses y los hombres, y sobre sus restos se erguían con fuerza progresiva y excluyente las ideas viscerales defendidas por los soldados de uno y otro campo. Fenómeno de absorción. Al inicio de la guerra, el número de banderas que cada adversario enarbolaba era muy crecido; en los últimos meses cada adversario hacía flamear, prácticamente, una sola bandera.

He escrito el libro con dolor. El cuerpo de mi España tendido sobre la mesa y yo con una pluma-bisturí. Cada comprobación, una mueca. Cada estadística, un arañazo. Tres años de lucha fratricida. Días y noches inmersos en una guerra que parecía no tener fin. Los combatientes eran hermanos míos; no en bloque, sino uno por uno. También lo eran los homicidas. Y las víctimas. ¿Hubo un homicida por cada víctima? Tal vez sí.

He escrito el libro con miedo, con miedo casi supersticioso. ¿Tiene derecho un hombre a acusar a los demás, a erigirse en *juez de su raza? ¿Me he erigido realmente en juez? ¿Es cierto que cada palabra nuestra es una agresión, que lesionamos el prójimo incluso al decir* adiós?

El título de la obra, Un millón de muertos, *podría llamar a engaño. Porque la verdad es que las víctimas, los muertos efectivos, los cuerpos muertos, en los frentes y en la retaguardia, sumaron, aproximadamente, quinientos mil. He puesto un millón porque incluyo, entre los muertos, a los homicidas, a todos cuantos, poseídos del odio, mataron su piedad, mataron su propio espíritu.*

Sólo me falta recordar lo indicado en el primer párrafo de ese prólogo, o sea, que este libro tendrá a su vez una continuación, continuación que me permitirá, Dios mediante, describir con carácter retrospectivo una serie de lances de nuestra guerra que he soslayado en este volumen y que alguien podría echar de menos. Un retablo novelístico tiene sus peculiares exigencias formales y, por supuesto, obliga a calcular tan minuciosamente el ritmo emocional, que a menudo al autor no le queda más remedio que posponer y aun sacrificar detalles de indudable relieve.

José María Gironella

Arenys de Mar, verano de 1960.

Dijo después Caín a su hermano Abel: Salgamos fuera. Y estando los dos en el campo, Caín acometió a su hermano Abel y le mató.

(GÉNESIS, 4,8)

PRIMERA PARTE

Del 30 de julio
al 1 de septiembre de 1936

CAPÍTULO PRIMERO

UNA HORA DESPUÉS, todos los milicianos que participaron en la gran operación se habían retirado a sus casas y casi todos dormían. Dormía incluso el catedrático Morales, a quien de repente entraba una gran fatiga. Dormía también Cosme Vila, el cual había abierto la puerta de la alcoba descalzo y de puntillas para no despertar al pequeño. Su mujer le preguntó, en la oscuridad: «¿Qué hora es?» Cosme Vila contestó, desnudándose: «Las cuatro y media.»

A las cinco empezó la gran operación del dolor. Mientras hubo estrellas en el cielo y camiones repletos de milicianos recorrieron la ciudad, ningún familiar de ningún detenido, ni siquiera de los que fueron arrancados de sus hogares aquella misma noche, se atrevió a salir. Había corrido la voz de lo que iba a suceder; pero tener miedo no era excusa válida para enfrentarse con las patrullas. Así que, a lo largo de la noche, el alma murió a cada chirriar de neumático y los ojos se clavaron en las rendijas de las persianas. Sólo de tarde en tarde brotaba la esperanza. «Tal vez el nuestro no figure en la lista.» «Tal vez sea cierto que van a trasladarlos a la Cárcel Modelo de Barcelona...»

A las cinco en punto empezó a clarear. Por la ciudad planeaba un gran silencio, que al nivel de los primeros pisos parecía solidificarse. Se había retirado la última estrella; tal vez no quedara tampoco ningún miliciano. La luz era extrañamente blanca y parecía ir tocando una por una las cosas.

En aquel momento, en el seno de algunas familias, pocas en comparación con las muchas que permanecían en vela, la duda se hizo insoportable. Los parientes se miraban unos a otros en espera de que surgiera una voz diciendo: «¡Basta!» ¡Oh, sí, basta de incertidumbre, mejor era comprobar! Mejor era saber de una vez si el marido, el hijo, el hermano se habían salvado o habían muerto.

Era preciso salir e ir al cementerio... En cada caso, el audaz, el elegido, se levantó con una mezcla de espanto y decisión: «¡Que Dios te acompañe!» En cada caso, el audaz abrió con timidez la puerta del piso y bajó la escalera sin encender la luz. La puerta de abajo chirrió y el aldabón golpeó por sí solo. Fuera, estaba la calle. Calle tocada por aquella blancura extraña, de mundo recién creado.

Una silueta, dos, cinco, doce... Doce o tal vez veinte siluetas irrumpieron desde todos los ángulos de Gerona y avanzaron pegadas a los muros, a semejanza de aquellas otras que salieron con armas el día de la sublevación. Iban simplemente a comprobar si el marido, el hijo, o el hermano se habían salvado o habían muerto.

Algunas mujeres, entre ellas la esposa del profesor Civil, llevaban en la mano un cesto con pan, o un par de botellas de leche, simulando un quehacer urgente; algunos hombres preferían simular que salían de viaje y llevaban debajo del brazo un paquete o envoltorio. En la calle había formas que adquirían a aquella hora un relieve inusitado; así los confesionarios instalados en el Puente de Piedra con el rótulo «Socorro Rojo», sepultando el antiguo apellido del confesor; así una camioneta, la de Porvenir, desvencijada en el mismo lugar en que Teo empezó a llorar; así las banderas...

Encabezaba la comitiva una mujer muy vieja, la madre de aquel muchacho que resolvía crucigramas en el café Neutral. En cuanto alcanzó el imponente muro del cementerio, gimoteó para sí: «¡Déjenme entrar, déjenme entrar!» Detrás, rezagado de unos cincuenta metros, avanzaba también un hombre vestido de negro, de aspecto decidido, que de pronto se quitó la gorra.

El sepulturero y su mujer se habían echado, sin desnudarse, en la cama, pero no dormían. Los ojos abiertos en la oscuridad prestaban oído al menor ruido de fuera, pues la orden que habían recibido era tajante: «Dejad la verja abierta.» Nada, pues, les garantizaba que no llegaría otro camión.

El murmullo de la anciana los sobresaltó y de un brinco se levantaron y se plantaron en la puerta, en el momento en que la mujer llegaba al umbral de la verja gimoteando todavía: «Déjenme entrar...»

Los sepultureros, marido y mujer, se miraron, compren-

16

diendo. Por otra parte, oyeron resonar pasos al otro lado de la tapia: era el hombre de la gorra, a punto también de llegar a su destino.

El sepulturero salió a la carretera; y vio a ese hombre y allá lejos, doblando el recodo, reconoció a la viuda de don Pedro Oriol.

El sepulturero decidió no intimidar a los que fuesen llegando. Paso libre. Él y su mujer se apostaron en la puerta de su vivienda. ¿Cuántos acudirían a la cita de los muertos? No se sabía. Pronto comprobaron que las reacciones eran parecidas: al ver abierta la verja, los visitantes depositaban en el suelo el paquete, si era voluminoso, o el capazo con las botellas de leche, y de pronto entraban en el camposanto como succionados desde el interior por una fuerza invisible.

Una vez dentro, ¿qué hacer? Lo mismo que la anciana y que la viuda de don Pedro Oriol. Taparse el rostro y perforar con un grito la madrugada. Porque los cadáveres estaban allí..., sin haber recibido todavía sepultura. Los cuerpos yacían en el suelo, repartidos entre la ancha avenida central y las dos estrechas avenidas laterales.

Indefectiblemente, cada persona iniciaba su recorrido por la avenida lateral derecha, donde los cuerpos habían sido separados uno por uno, por lo que la identificación era más fácil. ¡Extraño, simultáneo deseo de encontrar el cuerpo amado y de no encontrarlo! La peregrinación era lenta. Cada cuerpo que no era el amado, cada cuerpo ajeno suponía una esperanza. «¡Dios mío! Éste no; éste no...» Los visitantes se tapaban con un pañuelo la boca. En el umbral los cestos y las botellas semejaban víveres traídos allí para alimento de los muertos.

En la ancha avenida central, la pila de cadáveres era tan informe que para inquirir en ella no había otro remedio que tocar los cuerpos, separándolos. El primer visitante que se atrevió a hacerlo fue el hermano de Juan Ferrer, el primer cautivo llamado en la cárcel. Con cautelosa repugnancia, utilizando incluso el pie, hurgó allí, mientras el hombre de la gorra y tres o cuatro mujeres recién llegadas, esposas de guardias civiles, se acercaban a él como esperando el resultado de la operación.

«¡Dios mío! ¡Aquí está!» Era corriente que la identificación se debiera a un detalle mínimo, como un calcetín o la corbata. Pero nadie la daba por cierta hasta tanto no había visto el rostro. Al desplazar el cuerpo, el rostro cambiaba de mueca, como las imágenes en las iglesias al recibir los disparos. Los bustos estaban ya rígidos, petrificados.

Los cadáveres pertenecientes a personas conocidas —el párroco de la catedral; el dueño del establecimiento de música asaltado el primer día— iban siendo identificados por todo el mundo; otros, en cambio, iban quedándose arrinconados, como descartados, como sospechando que nadie los reconocería.

La primera persona que reconoció a su deudo, fue el hijo de aquel hombre que visitaba asiduamente, en el Museo Diocesano, el retablo del martirio de San Esteban. Era un muchacho de veinte años. Al ver a su padre se llevó la mano derecha a la cabeza y se quedó un rato en esta posición, con los ojos tan altos que le minimizaban la frente. Luego se llevó la otra mano a la boca y se mordió, con increíble fuerza, el índice. Finalmente, todo su cuerpo dio una sacudida y, barbotando algo con voz temblorosa, dio media vuelta y a trompicones se fue.

La segunda persona fue la vieja que había gemido: «¡Déjenme entrar, déjenme entrar!» Su hijo, el de los crucigramas, estaba tendido, pero intacto. No se hubiera adivinado por dónde le llegó la muerte. La mujer se desplomó materialmente sobre él, arrancando de sus secos labios movimientos parecidos a besos.

La hermana de uno de los sacerdotes tuvo que bajarle a éste la camisa, que le tapaba la cara, para cerciorarse de que era él. La esposa de un militar, en cuanto hubo examinado los cien cadáveres, desapareció con sigilo, suspirando gozosamente. La esposa del señor Corbera reconoció desde lejos a su marido y, con rara naturalidad, se le acercó, se arrodilló y le cubrió el rostro con un pañuelo.

La viuda de don Pedro Oriol —enlutada, a pesar de la prohibición—, así como la viuda del Subdirector del Banco Arús y el padre del capitán Roberto, de la Guardia Civil, daban pena especial, pues sus muertos, caídos en la primera noche, estaban ya enterrados. De modo que no podían sino permanecer mudos ante un montón de tierra removida que les indicó el sepulturero.

Terminada la identificación, las manos empezaron a inquirir con amorosa insolencia en los cadáveres, en busca de un recuerdo: la cartera, el reloj, la pluma, ¡el librito de papel de fumar! En una cajetilla de tabaco, una mujer acertó a descifrar unas letras escritas por su marido: «Nos veremos en el cielo.»

En medio de aquel mundo de dolor, se encontraba Ignacio. Al muchacho le costó lo suyo obtener en casa el permiso necesario para salir. El propio don Emilio Santos, al regreso de uno de los innumerables viajes al balcón de la Rambla, le había repetido, en cuanto apuntó el alba: «Sí, es cierto, parece que ya todos se han retirado. Pero no vayas.» Sin embargo, Ignacio no podía soportar la zozobra y a las cinco y cuarto en punto, dirigiéndose a su padre, Matías Alvear, y a su madre, Carmen Elgazu, les dijo: «Perdonadme todos. Perdonadme. Pero es necesario.»

Dijo esto y se lanzó por la escalera. Al salir a la calle y cerrar la puerta, oyó sobre su cabeza el golpe del aldabón. Ya en el camino, no quiso ocultarse más a sí mismo que le quedaba aún un resquicio de esperanza... ¡Claro que sí! Recordaba muy bien la frase de Agustín, el miliciano: «Llegamos tarde.» Sin embargo, Agustín y Dimas no estuvieron en el cementerio, no habían visto con sus propios ojos el cadáver de César... Agustín se lo confesó: «Nos lo dijo Cosme Vila...»

Camino del cementerio, Ignacio vio el letrero del balcón de «La Voz de Alerta». Estaba roto, sólo se leía: «Dent...» Más adelante, ya en la orilla del río, vio los cuarteles al otro lado, con los nombres de Marx y Lenin. Un poco más allá, divisó a lo lejos el edificio de la escuela en que Marta se hallaba escondida.

Al llegar a la verja le temblaron las piernas. ¡Santo Dios! La luz iba derramándose por el rectángulo de los nichos; el verde de los cipreses era profundo. No reconoció a nadie, sólo miraba al suelo. Sin saber por qué, empezó su recorrido por la galería a su derecha.

En el primer cadáver reconoció al Delegado de Hacienda, que con frecuencia iba al Banco. Ignacio se quedó clavado. Luego lanzó una mirada panorámica a todo lo largo y le pareció que allí estaba César. Sorteando felinamente a varias mujeres, avanzó unos metros. La arena crepitaba enfáticamente bajo sus pies y se sentía rodeado de sollozos que a veces le parecía que brotaban de él mismo.

César no estaba allí. Ignacio dio media vuelta y, sin mirar a nadie, sólo a los panteones y a las cruces, se dirigió a la avenida izquierda, en la que inmediatamente descubrió que Cosme Vila y Agustín no habían hablado porque sí y que sus padres y don Emilio Santos estaban en lo cierto: tendido en el suelo, de espaldas a él, muy cerca, con las piernas separadas y terriblemente inmóvil, yacía César.

Ignacio ahogó un grito y sus pies se hundieron en la tierra. César tenía la cabeza echada para atrás e Ignacio le veía una sola oreja, increíblemente amarillenta. Un ser frío —un lápiz frío— había escrito en un papel el nombre de César y hubo alguien que disparó verdaderamente contra él. Ignacio quería hincar una rodilla, pero no podía. Algo, removiéndose en lo más hondo, le nubló los ojos, le nubló incluso el dolor. Por unos momentos sintió un odio tan acerbo, que cerró los puños en signo de rebelión. Se rebeló contra el lápiz frío que escribió el papel, pero también contra quien, desde una altura inlocalizable, dirigía los destinos de los seres, decretaba su principio y su fin. ¡Atención! A su alrededor, docenas de cruces se destacaban contra el cielo gris de la madrugada. Ignacio veía aquella cabeza rapada echada para atrás, y no se movía. Como un relámpago recordó que había dado en ella muchas palmadas: «¡Hola, santurrón!», y de pronto descubrió que, pese al barro y a la sangre, la actitud del cuerpo de César —el rostro no lo veía— era de perfecto reposo.

Entonces avanzó, con la absoluta certeza de que también el rostro de César expresaría una tranquilidad dulce... ¡Ah, ahí tuvo la revelación! Apenas lo vio, Ignacio se llevó la mano a las mandíbulas y miró hacia otro lugar. El rostro de César estaba desfigurado. No era rostro, era un amasijo coagulado. Nada quedaba de él. Ignacio no se atrevió a mirar de nuevo. ¿Por qué todo aquello? Su primer impulso fue huir.

No lo hizo, y allá quedó, obligando a otros buscadores a sortearlo a él con agilidad felina. Así, pues, era posible ir tejiéndose un rostro con una vida hermosa y que el remate fuera una descarga entre los dos ojos que convirtiera este rostro en una monstruosidad. Sin saber por qué, le vino a la memoria un salmo que aprendió en el Seminario: «Pusieron los cadáveres de tus siervos para nutrir a las aves del cielo, sin que hubiera quien les diera sepultura.»

Por último, y puesto que era forzoso seguir viviendo, se volvió, miró de nuevo a su hermano y se arrodilló a su lado. E incluso halló, no supo dónde, el valor necesario para buscar un recuerdo entre los restos de César. Pero he aquí que César no llevaba sobre sí absolutamente nada... Ni un reloj, ni una llave, ni un lápiz, ¡mucho menos una sortija o una cajetilla de tabaco! César no necesitaba nada ni para vivir ni para morir. Entonces, Ignacio le desabrochó la camisa en busca de la medalla que le regaló mosén Alberto; y con sólo tocarla, la cadenilla se le quedó en la mano, cedió.

Esto le bastó a Ignacio. Besó una rodillera de César y se levantó. Comprendió que nada más podía hacer, puesto que no se le ocurría rezar una oración. Se santiguó, dio media vuelta y se abrió paso hacia la salida, evitando a dos hombres extrañamente impasibles, que tenían aires de simples curiosos, uno de los cuales llevaba una corbata roja.

En la puerta, insospechadamente, se acercó a Ignacio el sepulturero y le preguntó si la familia tenía en propiedad un nicho. Ignacio quedó desconcertado. Oír una voz que hablaba sin llorar, y de algo concreto, lo aturdió por completo. No acertaba a responder.

El sepulturero insistió. Le había visto junto a «aquel muchacho seminarista», a quien él recordaba pues «durante todo un verano fue al cementerio a diario, lo cual le llamó la atención». Ignacio no conseguía hablar, y no sabía nada del nicho. Entonces el sepulturero le dijo que esperaría instrucciones hasta el día siguiente.

Ignacio inclinó la cabeza y salió del cementerio. Y una vez fuera, reparó en la gran cantidad de huellas que los camiones habían dejado en el asfalto. Luego miró al río y a la izquierda vio la colina de Montilivi, a la que tiempo atrás subió tantas veces y desde cuya cúspide se divisaba el rectángulo entero del cementerio. Por entonces éste le parecía raquítico y, sobre todo, ajeno; ahora sería una habitación más del hogar. También miró a la escuela. Marta no podría imaginar nunca que en aquellos momentos él se encontraba tan cerca, sin fuerza para ir a verla, sin apenas fuerza para mover los pies.

Echó a andar por la orilla del río, en dirección a su casa. El croar de las ranas comenzaba a encender la mañana y en la frente de los edificios, en lo alto, rebotaban los primeros rayos del sol como disparos de oro. Los muros estaban llenos de carteles; había revolución. Los cuarteles de Artillería, monótonos y grises, parecían acobardados. Por entre los escombros olisqueaban los perros, y una familia de gitanos pasaba lentamente, hacinada en una tartana.

El pensamiento de que debía subir la escalera de su casa llenaba de angustia a Ignacio. De pronto pensaba: ¿Y Mateo? Había huido... ¿Y mosén Alberto? Había huido. Quien no huyó

ar, que nunca habló de conquistar imperios ni de valor.
ró en la Rambla, que sin las alegres mesas en los cafés
inmensa. Llegó frente a su casa y entró en el portal; y
en seguida oyó que, arriba, se abría la puerta del piso. Subió,
como hundiendo los peldaños uno a uno. Agustín ya no estaba
en el vestíbulo, lo había relevado otro miliciano. Nadie lo
esperaba en el pasillo, todo el mundo seguía en el mismo sitio,
igual que antes, en el comedor. Sobre la mesa, delante de
Pilar, un tazón vacío de leche.

Ignacio comprendió que habían estado espiándolo por el
balcón y que con sólo verlo comprendieron lo que había sucedido. Entonces entró en el comedor y, sin decir nada, con
una sequedad interior que casi le dio miedo, depositó en la
mesa, sin hacer ruido, la cadenilla de César y la medalla.
Todo el mundo, al ver brillar aquello, se incorporó, como
tocado por un resorte. Pero Carmen Elgazu lo hizo de tal
manera, que se anticipó a los demás, consiguiendo apoderarse ella de la reliquia. Acto seguido, Ignacio se acercó por
detrás a su madre y la abrazó, besándole los cabellos una y
otra vez, sin cansarse.

CAPÍTULO II

VARIAS PERSONAS, en la ciudad, entre las que permanecieron
adictas al Gobierno de la República, se sentían desbordadas y
presas de la más honda irritación. En primer término, los tres
militares profesionales: el general, el coronel Muñoz y el comandante Campos. El general, que había prohibido a sus hijas
que salieran de casa, ni siquiera gritaba: «¡A la cárcel toda esa
chusma, a la cárcel...!» A no ser porque le repugnaba sinceramente lo que la sublevación significaba, lo hubiera abandonado todo y se habría ido a descansar a su tierra, la provincia de
Alicante, o a Barcelona. Por su parte, el coronel Muñoz y el
comandante Campos confesaban que jamás imaginaron que el
odio humano pudiera alcanzar tales extremos. Con ironía
amarga le recordaban a Julio García el consejo que éste les
había dado repetidas veces: «¡No queda más remedio que armar al pueblo!» Julio García replicaba que él les había aconsejado armar al pueblo *antes* de la sublevación militar, cuando

no se había producido el choque. «Entonces todo hubiera sido distinto.»

Por otra parte, lo que mayormente irritaba a los tres militares era lo que ellos llamaban la «angelical inconsciencia» del Comité, del pueblo e incluso de la prensa y las radios, controladas por el Gobierno. En efecto, no comprendían que la preocupación máxima, excluyente, no fuera la muy elemental de canalizar los esfuerzos hacia la sofocación total de la sublevación militar. Dedicarse al asesinato y al expolio mientras los rebeldes no sólo se afianzaban en sus veintitrés capitales de provincia conquistadas inicialmente, sino que partiendo de ellas avanzaban en algunos puntos sin encontrar, ¡cómo iban a encontrarla!, resistencia organizada, era una locura suicida. El general le había dicho textualmente a Cosme Vila, por teléfono, la única vez que se dignó hablar con él: «En vez de redactar listas para el paredón, debería usted devolverme los soldados licenciados e indicarme el número de voluntarios con instrucción militar que podría poner a mis órdenes.»

Los tres militares, claro es, contemplaban los sucesos desde un ángulo muy particular: desde un ángulo en el que se veía el mapa de España. Habían incluso clavado en este mapa unas cuantas banderitas. Y la conclusión fue que, aun cuando los territorios en poder del enemigo eran los más pobres y atrasados de la nación —tema de meditación que podía brindárseles— y en kilómetros sumaban menos de la mitad de la superficie total y en número de habitantes un tercio, todo indicaba que en ellos el mando se estaba organizando disciplinadamente, según las eternas leyes del arte de guerrear. Esto tenía, a su entender, una importancia capital. En opinión del general, lo más urgente era impedir que el enemigo siguiera recibiendo refuerzos de África, de las bases de Marruecos, y no comprendía cómo el Gobierno, en vez de proyectar infiltraciones en lugares secundarios, no situaba en Málaga y costas adyacentes toda la Escuadra disponible, apoyada por escuadrillas de aviación que vigilasen día y noche el Estrecho de Gibraltar. El general había mandado en este sentido cinco despachos a Madrid, sin obtener respuesta. Julio García le preguntó:

—¿Adónde mandó usted esos despachos?

—Al Ministerio de la Guerra.

Julio encendió un pitillo.

—No creo que haya allí nadie que sepa escribir.

Los tres militares comprendían que el objetivo primordial de los sublevados, el único que podía salvarlos, era conseguir formar un frente continuo a lo largo de la frontera de Portugal. El propio Queipo de Llano, a quien el coronel Muñoz, que lo conoció en otros tiempos, consideraba un fanfarrón, lo declaraba noche tras noche: el día que su columna del Sur, que además de dirigirse hacia Huelva subía en dirección a Badajoz, consiguiera enlazar con las tropas que a las órdenes de Mola bajaban del Norte, todo habría dado la vuelta. Era cierto. Entonces, la sorpresa de aquellos pobres milicianos de Gerona, que porque cada noche cortaban en flor unas cuantas vidas indefensas se creían los amos del mundo, iba a ser mayúscula. La aventura se convertiría en guerra, en una guerra despiadada. Tendrían que aprender de nuevo a saludar militarmente, tendrían que olvidar el «¡Salud...!» y volver al «¡A sus órdenes!» que tanto los sacaba de quicio. Por otra parte, el resultado final de la lucha sería desde aquel momento imprevisible y todo dependería en última instancia de si el Gobierno de la República estaba definitivamente en manos de locos o conseguía imponer su autoridad. Porque los recursos propios eran abundantes. Con el oro podían comprar, en efecto, armas, y parecía segura la ayuda de unas cuantas grandes potencias —mejor dicho, de los Frentes Populares de unas cuantas grandes potencias—, así como la de la Unión Soviética. Esto, bien llevado, reorganizando los mandos de Tierra, Mar y Aire, podía ser suficiente. Ahora bien, no podía olvidarse que el mismísimo comandante Martínez de Soria, jefe rebelde en la plaza, antes de las elecciones había hecho un viaje a Roma. Es decir, que por su parte los sublevados obtendrían a no dudar —tal vez en aquellos momentos se estuviesen ya beneficiando de ella— la protección de Hitler, de Mussolini y acaso la más importante todavía, desde el punto de vista estratégico, del gobierno fascista de Portugal.

Julio García, por su parte, era otra de las personas desbordadas y vivía unas horas que podían contarse entre las peores de su existencia. Julio García entendía que, aparte las razones militares, abrumadoramente lógicas, expuestas por sus jefes amigos, el Gobierno, desde el punto de vista psicológico, estaba tirando por la borda la adhesión de importantes masas del país. Tan sólo con respetar las vidas y la propiedad privada, la nación, repudiando unánimemente a los militares rebeldes, ¡habría forzado a éstos a abandonar la partida...! Ahora el

Gobierno se creaba multitud de enemigos, con la carga ofensiva inherente a la desesperación. Por otra parte, doña Amparo Campo tenía apabullado al policía. Los acontecimientos la habían exaltado de tal forma, que la mujer de Julio empleaba un lenguaje parecido al de las radios facciosas y afirmaba que con sólo salir al balcón experimentaba náuseas. Ella siempre aspiró a subir cada día más en la escala social, a sentar a la mesa personas de la categoría del doctor Relken, de los arquitectos Ribas y Massana, del coronel Muñoz. ¡Ahora, el último huésped había sido Murillo, con su bigotazo, y esperaba de un momento a otro tener que asar un pollo para el Cojo...! «Todo esto es una vergüenza, y si fueras lo que presumes... confesarías que te has equivocado y nos marcharíamos al extranjero.»

El policía, en su casa, acariciaba a Berta y en el despacho veía descender la nieve en el pisapapeles. Estaba obligado a admitir que las palabras de su mujer, ¡por una vez!, encerraban su porción de verdad. Tampoco a él le gustaba salir al balcón. Humanamente, ¿a qué engañarse?, era poco sentimental y le dolían menos que a otros ciertas ausencias; pero la crueldad gratuita le traía a mal traer y le humillaba el haber fracasado en sus intentos de frenar a los jefazos de aquella locura. Tal vez Canela acertaba cuando le decía: «¿No crees que a ti te corresponde el otro bando? ¡No seas mentecato! ¡Grita "Viva la Inquisición"!»

Sin embargo, ¿cómo luchar contra el temperamento? El temperamento era uno mismo, la persona. Con sólo ver a «La Voz de Alerta» se le secaba la saliva; en cambio, veía a Blasco y le daban ganas de ofrecerle el pie y decirle: «Anda, límpiame esos zapatos...» ¡E imaginarse al diablillo de Santi durmiendo en la biblioteca del Casino, recostada la cabeza sobre tres almohadones, le producía, por encima de las ideas, un extraño placer! No, no era fácil saber cuándo se acierta, cuándo se yerra y menos aún hasta qué punto se es responsable. Y, por descontado, él no podía rectificar. Su puesto estaba allí, esperando, hasta ver la dirección definitiva que en los próximos días tomaban en el mapa las banderitas de sus tres amigos militares. Cuando el horizonte se aclarase en uno u otro sentido, tomaría una determinación. Entretanto, ¿qué más quería su mujer? Se esforzaba en ayudar. Había recogido bajo su propio techo a la sirvienta de mosén Alberto. Gracias a una advertencia suya, los arquitectos Massana y Ribas habían salvado el Palacio Episcopal. ¡Gracias a otra advertencia suya el comandante Martínez de Soria y sus diecinueve cómplices vivían aún! «Ya ves, Amparito... Me convierto en un agente contrario a mí mismo.»

Fuera de eso, a juzgar por las noticias que llegaban de la zona ocupada por los rebeldes, quedaba claro que entre las gentes de «guante blanco» las cosas no andaban mejor. Su mujer no veía sino la facha, y por eso medía con distinto rasero al teniente Martín y al barrigudo Gorki. Pero era el caso que en Castilla, en Navarra, en el Sur, los falangistas, los requetés, ¡para no hablar de los moros...!, estaban cometiendo los mismos horrores, a las mismas horas y con idéntica saña que sus adversarios en Gerona. Lo cual no era de extrañar, pues la raza era la misma, como muy bien había comprobado el doctor Relken midiendo cráneos aquí y allá. La única diferencia estribaba en que, en vez de don Pedro Oriol, quien en la zona rebelde caía acribillado, era cualquier dirigente republicano, o un obrero con carnet antiguo de un Sindicato. Tal vez en Valladolid dispararan con más elegancia: peor para ellos... El léxico empleado —el léxico de Mateo— sería más fino: mayor responsabilidad. ¡Oh, seguro que en Pamplona los piquetes se alineaban invocando a Cristo Rey! Era cosa de imaginar lo que hubiera sido de su propia piel de policía si el comandante Martínez de Soria no se hubiese rendido. ¡Logia Ovidio! Suficiente para que doña Amparo Campo conociera para siempre lo que significaba la soledad.

David y Olga, otras personas desbordadas, se movían con ánimo también complejo en medio de aquel huracán desencadenado. Su visita de pésame a los Alvear tuvo un final desagradable: Ignacio, cortés al principio, de pronto se levantó y salió de casa dando un portazo. En la pared de la Escuela, varios antiguos alumnos, tal vez aquellos que leían *Claridad*, habían escrito en letras monumentales: «Herejes del mundo, uníos.» Durante el día, los ojos de los maestros rondaban buscando afanosamente alguna suerte de coherencia en lo que ocurría. Y a menudo se declaraban derrotados. En cuanto a la noche, era peor aún. Desde la habitación que ellos ocupaban en la Escuela —no así desde la cocina, donde Marta dormía—, los disparos del cementerio se oían con penosa rotundidad. Debían de rebotar contra los nichos y desde allí atravesar aparatosamente los cristales de la habitación de los maestros.

Desde luego, David y Olga no se hacían a la idea de que gente de un mismo lugar, que bebía el mismo aire y asistía a la emigración y regreso de los mismos pájaros, albergara en su alma especies tan irreconciliables. Sentados en el bordillo del surtidor del jardín, se miraban como siempre ellos dos se habían mirado, y cada uno buscaba en el otro la justificación de las manchas de sangre. Con Julio no habían cambiado impresiones, pero sí con Antonio Casal, quien opinó que en los comienzos de toda revolución el espectáculo inmediato, que es de muerte, impide calibrar los beneficios que dicha revolución traerá consigo en lo futuro. «Tesis —subrayó el jefe local de la UGT— que sin duda esgrimieron los cristianos en sus famosas cruzadas. ¡Vamos, digo yo!»

David y Olga se mordieron los labios y asintieron. Casal, que cada día les pedía más y más ayuda, más y más amistad, tenía razón. ¿Por qué crearse nuevos fantasmas? De hecho, los tres militares profesionales, al considerar que el enemigo seguía siendo uno: «la sublevación fascista», daban muestras de serenidad y de capacidad de síntesis. Sí, ahí estaba el absceso, el tumor, ahí la lucha a cara o cruz, a cuyo respecto Olga no podría olvidar jamás que ya en octubre de 1934 el comandante Martínez de Soria la mantuvo cuatro horas de pie, interrogándola.

Por otra parte, ¿había diferencia apreciable entre los milicianos que en Vich jugaban al fútbol con el cráneo del Obispo Torras y Bages, y «La Voz de Alerta»? ¿No sería éste capaz de jugar al fútbol con los cráneos de los mártires del pueblo Galán y García Hernández, a los que, según noticia, los rebeldes de Huesca habían desenterrado para volver a fusilarlos? Cuidado con los espejismos... Cuidado con la inhibición. A caballo de la inhibición, un día podían ver entrar por la puerta de la Escuela a un mocetón navarro con la bayoneta calada o a un siervo de Alá con la gumía entre los dientes.

Era, por supuesto, duro y decepcionante comprobar que muchos milicianos no hacían otra cosa que imitar a los burgueses, imitarlos en todo, instalándose en sus pisos —el Responsable en el de don Jorge, Blasco en el de don Santiago Estrada—, comiendo y bebiendo lo que ellos, ¡usando los mismos perfumes! Y más decepcionante aún que cruzaran el cielo, en vez de cometas, como ellos siempre desearon, pensamientos de muerte. Pero ¿quién encendió la mecha? Y sobre todo, ¿cuánto duraba un ciclón? La ley del hartazgo era una ley, tan imperiosa como la de la gravedad. El propio Gorki acabaría dándose cuenta de que su aspecto en el sillón de la alcaldía era ridículo. Y cuando la tempestad hubiera amainado, ¿no compensarían las posiciones conquistadas? Se imponía ser objetivo y pensar, por ejemplo, en lo que trajo consigo la Revolución Francesa. ¡Cuántos prejuicios, hábitos de resignación, privilegios de clase, fantasmas, eliminados para siempre! En esta ocasión se trataba de acabar con la constante amenaza que significaban para la nación el báculo y la espada.

Una cosa les llamaba la atención: no se había asaltado ningún Banco... ¡Qué imprevisible era la multitud! Los Bancos eran, de hecho, el símbolo del poder contra el que se rebelaban los que no tenían nada. ¿Cómo era posible que Cosme Vila, que a la fuerza debía de recordar su antiguo empleo, los respetara?

Y el caso es que el puesto reservado para David en el Comité Antifascista seguía vacante... El maestro tendría que decidirse pronto. Antonio Casal, que para ir a la escuela disponía ahora del Citroën que en tiempos perteneció al señor Corbera, confiaba en que el instinto revolucionario, tan arraigado en la pareja de maestros y en otros muchos hijos de suicidas, acabaría inclinando la balanza a favor del Comité, por lo cual siempre que hablaba con David lo hacía como si el consentimiento del maestro fuese un hecho.

A este respecto, día por día tenía a la pareja al corriente de los acuerdos tomados por el Comité. De los acuerdos y de las dificultades surgidas, que por cierto no eran pocas, debido a la autoridad moral ganada en buena lid por los anarquistas, autoridad que había convertido el Responsable en una auténtica, caprichosa *vedette*.

Por supuesto, en este terreno Antonio Casal patentizó su amor a la verdad. «No podemos engañarnos —dijo—. Los anarquistas son unos locos y han cometido disparates a granel; pero lo dieron todo dondequiera que se combatió, con una diferencia de cuatro a uno sobre cualquiera otra organización. La cifra de los muertos de la CNT-FAI en Barcelona, en Madrid y Asturias es ya escalofriante; y todavía están dispuestos a acudir, a pecho descubierto, donde haga falta.»

David y Olga comprendían, ¡cómo no!, este matiz de la cuestión. Por otra parte, sería torpe y de mala fe juzgar a toda la organización anarquista por la actitud que habían tenido en Gerona el Responsable y sus acólitos. Era preciso inventariar la actuación global de la CNT-FAI, su capacidad de heroísmo en todo el territorio. Y respecto a sus afiliados, individualmen te cabía hacer lo mismo. Cierto que Ideal se untaba con mantequilla las botas y el correaje, y que el Cojo utilizaba como contraseña frases como «El Papa es un cabrón» o «Preciosa, me muero por tus pedazos», pero ello no impediría ni a uno ni a otro exponer el pellejo cien veces al día si era necesario.

—Desde luego —admitió David—. Si nosotros estamos ahora aquí tomando café, se lo debemos a los anarquistas.

Olga asintió. Sin embargo, añadió que, a su entender, en el seno de la revolución había brotado un roedor más sutil e incontrolable que el que podía significar la FAI y sus caprichos: la masa neutra, indiferente, la gente que deambula de acá para allá con curiosidad malsana y sin arriesgar nada, flácida como la gelatina o como un cerebro en una mesa de hospital.

Olga estimaba que esta gente era más peligrosa y odiosa que los fanáticos, puesto que el fanatismo se curaba con el tiempo y la indiferencia no. Personas capaces de coleccionar sellos o de contar chistes aun en medio de la ciudad en erupción. Según Olga, a esas personas no les importaban ni los que mataban ni los que morían, y a ellas se debía, sin duda, que desde la víspera desfilaran por las calles tres hombres con pancartas anunciando la llegada a Gerona ¡de «miss Nadiá» y «mister Adrien»! Sí, dos motoristas acróbatas, acompañados de un faquir llamado Campoy, faquir que por la tarde probaría a enterrarse vivo, por unas horas, delante del edificio de Correos.

David sonrió con ironía un poco amarga. Casal lo advirtió. Antonio Casal leía de corrido las expresiones de David. Cuando David bajaba las mandíbulas como si un bozal se las apretara, pensaba en el fascismo. Cuando miraba enfurruñado a su alrededor, como buscando algo, pensaba en Dios. Cuando sonreía irónicamente es que admiraba algo certero que Olga acababa de decir.

Casal se dirigió a los dos con afecto.

—Habéis cambiado mucho desde que os conozco —les dijo—. Habéis cambiado tanto como Gerona.

Los maestros admitieron que era cierto. Uno se hacía mayor y le penetraban arrugas, dudas, en el alma.

—Antes no hubierais apostado por los fanáticos, sino precisamente por los neutros, por los indiferentes. Hubieseis dicho: «Hay que respetar su intimidad», «tal vez su indiferencia sirva para custodiar lo más necesario de la persona humana». ¡Ah, sí! Entonces Olga era menos guapa que ahora. ¿Te acuerdas, Olga? Llevabas un escudo en el jersey... ¡Era una agresión!

—¡Bah! —rió Olga—. Era un escudo de alpinismo de una peña montañera.

—Bueno, bueno, quién sabe. El caso es que los que hablaban de redimir a alguien os daban cien patadas. Preferíais a los que he dicho, a los capaces de pasarse toda la tarde de hoy aplaudiendo a los motoristas acróbatas «miss Nadiá» y «mister Adrien».

David volvió a sonreír y entró en el terreno de su amigo.

—Tienes razón —admitió—. Pero ahora hemos descubierto que puede haber cosas mucho más importantes que los espectáculos. En los espectáculos hay siempre trampa.

—¿Trampa? —Antonio Casal se quitó el algodón de la oreja.

—Sí. Fíjate en ese faquir, el faquir Campoy. Se entierra... pero por unas horas. Muere... pero resucita sin tardar.

CAPÍTULO III

Julio dijo la verdad: a no ser por su intervención y por la muy enérgica del coronel Muñoz, el comandante Martínez de Soria, padre de Marta, y los diecinueve oficiales que habían hecho causa común con él, habrían figurado, aquella madrugada, entre las víctimas yacentes en las avenidas del cementerio. Los comités de los pueblos, así como las mujeres de muchos milicianos, que sentían por los uniformes una repugnancia perforante, preguntaban sin descanso: «Pero ¿qué estáis esperando?» Y lo preguntaba, sobre todo, el Responsable, quien, mucho más enterado que Antonio Casal y que los maestros de la cuantía del tributo de sangre que pagaban en toda España los anarquistas, había terminado por considerar una broma de mal gusto aquella idea, que en principio le subyugó, de formar un Tribunal del Pueblo que juzgara en regla a los militares. «¿Qué mejor Tribunal —dijo— y qué regla más eficaz que una rociada de balas?» De modo que, en una hora tensa, junto con Porvenir y con la especial colaboración de Murillo, éste, instalado en el piso de Mateo, había planeado el asalto de los calabozos de Infantería. Murillo había razonado: «Es inadmisible que antes que los militares paguen los civiles, que al fin y al cabo no fueron más que sus cómplices.»

El plan fracasó. Julio y el coronel Muñoz enviaron al cuartel un pelotón de guardias de Asalto, dotándolos de la ametralladora que el día de la sublevación Ignacio y Pilar estuvieron contemplando. Por otra parte, Cosme Vila fue tajante, como deberían de haberlo sido las órdenes que al respecto recibiera: «Hay que guardar las formas en el asunto de los militares.»

Hasta nuevo aviso, pues, el comandante Martínez de Soria seguiría viviendo, igual que aquellos que fueron sus subordinados, entre los que destacaban por su presencia de ánimo los capitanes Arias y Sandoval y por su congoja inconsolable el teniente Martín y el alférez Romá.

El abatimiento de los detenidos provenía en primer lugar de la conciencia de haber sido ellos quienes provocaron la catástrofe: «¿Quién encendió la mecha?» —desafió David—, y en segundo lugar de la estupidez de su fracaso. En efecto, dueños absolutos de la ciudad, sin que mediara la menor lucha, sólo porque el general Goded se rindió en Barcelona se retiraron a los cuarteles y depusieron las armas. Todo ocurrió con sencillez abrumadora, sin preguntarse siquiera si les cabía otra alternativa. En cuanto el comandante Martínez de Soria dio la orden, todos la acataron sin rechistar. Pero he aquí que las horas pasaban y que con ellas no sólo caían sobre sus cabezas responsabilidades cada vez más abrumadoras, sino que iban llegando noticias de lo ocurrido en otras guarniciones más aisladas aún que la de Gerona —por ejemplo, Oviedo, el Alcázar de Toledo, el Santuario de Nuestra Señora de la Cabeza—, y menos importantes que ésta desde el punto de vista estratégico —Gerona tenía frontera con Francia—, y resultaba que los jefes y oficiales de dichas guarniciones habían optado por resistir...

Era mucho aquello. Ahora yacían en una mazmorra, privados incluso del uso del uniforme por orden del coronel Muñoz, esperando oír de un momento a otro un tumulto en la escalera, el chirriar de los goznes de las puertas y acto seguido el estampido de una correcta línea de fusiles ametralladores.

Los oficiales, tumbados o sentados sobre la paja, que les cosquilleaba el cuerpo, en mangas de camisa, abrumados por el calor, revisaban en sus mentes «lo que hubiera podido suceder...» y pensaban, sobre todo, con ironía impotente, que la geografía era arbitraria, que en caso de haberse sublevado en Sevilla, Salamanca o Burgos, ahora se sentirían orgullosos de su eficacia y estarían al mando de las tropas con una varita de bambú y unos prismáticos...

El más humillado de todos, el más angustiado, hasta el punto de parecerle que las briznas de paja eran espinas, el comandante Martínez de Soria. El comandante se sentía responsable absoluto de aquel fracaso y promotor directo del incendio de la ciudad. ¡Mucha carga para un solo cerebro...! Él fue el jefe nato del alzamiento, y obra suya, personal, la determinación de rendirse. No lo consultó sino con una copa de coñac. Cierto que no improvisó y que las razones que le movieron a dar la orden seguían pareciéndole válidas; Barcelona podía movilizar contra ellos ochenta mil milicianos; los depósitos de víveres y municiones eran escasos; la ciudad había quedado a merced de los aparatos del aeródromo del Prat, en poder del enemigo; rindiéndose, brindaba a muchos comprometidos la oportunidad de escapar... Todo ello, naturalmente, partiendo del hecho estrictamente militar de que la más cercana guarnición triunfante era Zaragoza y que, por tanto, no existía la menor esperanza de recibir auxilio a tiempo.

Sin embargo, he ahí que las personas que salieron con armas eran cazadas igualmente ¡sin pena ni gloria! y que resistiendo habría distraído muchas fuerzas enemigas, impidiéndoles de momento recibir ayuda internacional de Francia. ¡Ah, sublevarse no era ciertamente lo mismo que teorizar en la Sala de Armas! «¡Que cada uno sepa morir con honor...!» «¡Creo haber servido a España! ¡Una y mil veces volvería a hacer lo que he hecho!» Estas frases, enteramente suyas, ahora se le antojaban un sarcasmo.

El comandante ocupaba un ángulo del calabozo, situado debajo de la ventana. En aquellos tres días había levantado incontable número de veces el hombro izquierdo. En los bolsillos del pantalón de verano que le envió su mujer encontró cuatro bolas de naftalina, que olían a diablos, pero que él acariciaba con fruición, porque simbolizaban el mundo tierno que había perdido para siempre. ¡Su mujer...! ¡Su hija, la pequeña Marta...! ¿Vivían aún? ¡Cuánto hubiera deseado, en aquella última parcela de tiempo que le quedaba, poder concentrarse sin estorbos en el recuerdo de los suyos! Pero no podía. Un altavoz lejano, las bromas de los centinelas, ¡las descargas en el cementerio! Y, sobre todo, el silencio de los oficiales le rebotaba en la frente sin que el comandante recordase nada comparable a su dureza. Conocía a aquellos hombres, les leía el espíritu. Únicamente el teniente Delgado y un par de alféreces aprobaban su decisión; los restantes lo declaraban culpable.

El comandante sufría. Recordaba su campaña de África, sus condecoraciones... Llegada la noche, el insomnio lo impelía a mirar a su alrededor. Y al ver, tendidos, indefensos, a aquellos que fueron sus subordinados, su conflicto acrecía. «¡Que cada uno sepa morir con honor!» ¿El honor? Esta palabra le martilleaba cada vez con más insistencia. Recordó numerosos ejemplos de jefes derrotados, que, para justificarse, se pegaron un tiro en la sien. El comandante se palpaba las sienes y si algún oficial le veía disimulaba acariciándose la cabeza o tosiendo un poco.

Le hubiera servido de gran ayuda consultar con los suyos, con su familia. Con su esposa, desde luego, y también con su hijo José Luis, quien a buen seguro se encontraba combatiendo en la Sierra; pero más que nada hubiera querido escuchar el veredicto, de tú a tú, de su otro hijo, Fernando, que le había precedido en el sacrificio, cayendo en una esquina de Valladolid mientras voceaba consignas de la Falange.

El comandante, de pronto, se despertaba con sobresalto, imaginando que esos cuatro seres de su carne estaban sentados frente a él, mirándole con la imperturbabilidad de un Tribunal. ¡Él mismo los había enseñado a ser justos, a ser implacables! Sin saber por qué, una y otra vez le parecía que todos, al igual que los oficiales que tenía al lado, le condenaban. Todos, menos uno... Todos menos Marta, quien se le acercaba y le decía cariñosamente: «¿Por qué no me llevas a la Dehesa a montar a caballo? ¿Oyes lo que te digo, papá? ¿Por qué no me llevas?

Pronto se vio que el Comité Antifascista, pese a su voluntad de control, no podía abarcarlo todo. El instinto de conservación de los perseguidos conseguía abrir brechas innumerables. Caravanas de «facciosos», utilizando ardides de toda índole, conseguían burlar toda vigilancia y esconderse o huir. Cosme Vila tuvo que reconocer que esto era un hecho y Porvenir, al leer la primera lista de fugitivos que las autoridades francesas de Perpignan facilitaban a Jefatura, retrajo el labio inferior y con los dientes emitió un largo silbido.

La meta ansiada por los fugitivos, porque zanjaba la cuestión, era Francia. Se acercaban en coche, en carro, ¡o andando!, lo más posible a las montañas y una vez allí las atacaban a la buena de Dios o a las órdenes de un guía. Los guías solían ser contrabandistas de la región y cobraban según el riesgo. Los comités de los pueblos limítrofes vigilaban los pasos y collados en unión de los carabineros, ¡pero los Pirineos eran tan grandes...! Un cuerpo podía filtrarse a través de ellos con increíble facilidad. Y los contrabandistas conocían la ruta; a veces conocían incluso la ruta del mar, por el que los remos avanzaban sigilosamente en la alta noche.

Inmediatamente corrió la voz de que otro sistema para fugarse era conseguir la protección de algún Consulado extranjero, sobre todo en Barcelona, en cuyo puerto anclaban a diario barcos de todos los países en la misión de repatriar a sus súbditos. Había consulados —el italiano era uno de ellos— que actuaban con gran eficacia. Era cuestión de conseguir el pasaporte, o de audacia y suerte en los momentos que precedían al levantamiento de la pasarela. A veces el pasaporte se conseguía mediante el soborno de algún miliciano, a veces la suerte llegaba gracias a un disfraz astuto e imprevisible. ¡Un catedrático del Instituto de Gerona, al que Morales perseguía con saña, se presentó en el puerto de Barcelona, vestido de domador, con sombrero de copa y bastón con puño dorado, saludando a todo el mundo en impecable húngaro! Cuando los centinelas de la FAI reaccionaron, el catedrático había entrado ya en el barco. Con respecto al pasaporte falso, fue el sistema utilizado por «La Voz de Alerta». En efecto, el dentista, apenas llegado en compañía de Laura al pueblo de su criada Dolores, comprendió que el peligro era muy grande a causa de «Las patrullas volantes» que barrían la comarca. Alocado, le suplicó a su mujer: «¡Vete a ver a tus hermanos! ¡Diles que me saquen de aquí!» Los Costa no se atrevieron a acompañar a su cuñado a la frontera, pero sí a Barcelona, en una camioneta de la Fundición. En Barcelona, por un precio módico, lograron que la Generalidad les abriese las puertas del consulado de Chile, aunque única y exclusivamente para «La Voz de Alerta». Laura tuvo que quedarse. ¡Qué remedio! Y he ahí que en cuanto «La Voz de Alerta», ya en el barco, oyó que las sirenas cantaban su buena estrella, miró en dirección a los milicianos de los muelles y barbotó: «¡Hasta la vista, cochinos rojos!»

Los falangistas Octavio y Rosselló, que salieron del piso de los Alvear rumbo a Francia por los Pirineos, tropezaron con mayores dificultades. Se extraviaron en las anfractuosidades de la cordillera y no se atrevían a preguntar ni en las masías ni a ningún colono. Octavio no llevaba nada, y Miguel Rosselló sólo la pistola y las cien pesetas que les dio Matías Alvear. El hambre y la fatiga los acosaban, así como los ladridos de los perros. Los muchachos desanduvieron cien veces el camino y siempre se encontraban en el mismo sitio, rodeados de montañas. Durmieron al raso, y al día siguiente penetraron pistola en mano en la cabaña de un pastor, hombre anciano, que no sabía nada de lo que estaba ocurriendo. «¿Qué pasa? —les preguntó—. ¿Qué queréis de mí?» «Que nos acompañe usted a Francia», le ordenó Miguel Rosselló, simulando seguridad. El hombre los miró con detenimiento. No comprendía que siendo tan jóvenes tuviesen que huir, y no tenían porte de forajidos. Imposible acompañarlos; renqueaba excesivamente, pero podía prestarles una ayuda decisiva: se encontraban a diez minutos escasos de la frontera. «Detrás de aquella roca está Francia.» ¡Santo Dios! Miguel Rosselló y Octavio abrazaron al viejo y le dieron todo el tabaco que llevaban consigo y le bendijeron con todo el entusiasmo de su juventud zarandeada. Saltando llegaron a la roca, al límite, y una vez allí se volvieron para saludar al pastor, pero éste había desaparecido. Entonces saludaron a España, a la tierra por la que gozaban y sufrían. Octavio se mostraba cauto, pero Miguel Rosselló, el de la eterna afición a los coches, el de la insignia Studebaker en la solapa, a gusto hubiera cantado *Cara al Sol*. Finalmente, consiguió que Octavio inclinara la cabeza en dirección a Gerona y que rezara con él una Salve.

Veinticuatro horas después, por un collado a media hora de camino del cruzado por los dos falangistas, llegaron a Francia el notario Noguer y su esposa, en compañía de mosén Alberto. Siguiendo las indicaciones del guía, que los abandonó en la raya de la frontera, alcanzaron sin pérdida de tiempo el primer pueblo francés, que era Morellás. La presencia de los tres fugitivos despertó la curiosidad del vecindario y la pareja de gendarmes los llevó al cuartelillo, donde, inmediatamente, abrieron con hostilidad el interrogatorio de los fugitivos. Entonces el notario, que se conocía al dedillo la ley, les dijo a los gendarmes: «Por favor, señores... Pedimos acogernos a las leyes vigentes en Francia. Nos entregamos a ustedes en calidad de refugiados políticos.» Los gendarmes, aunque remoloneando, levantaron acta y les prometieron salir para Perpignan en el primer camión que hiciera el trayecto. «Más o menos, dentro de una hora.»

Mosén Alberto pidió permiso para visitar la iglesia del pueblo. «Pueden ir.» Con emoción salieron a la calle y vieron sobre sus cabezas el rústico campanario. Mosén Alberto, ¡extraña cosa!, vestido con traje seglar parecía más dúctil. Se hincaron de rodillas ante la Cruz. Rogaron por España y por su propia aventura. Al salir, la mujer del notario comentó: «¡Qué hermoso es que haya cruces en todas partes!»

Al día siguiente, muy cerca de ese mismo collado, fue sorprendida una caravana compuesta de ocho hombres y el guía. Ocurrió que uno de los expedicionarios se torció un pie y cargaban con él por turnos. Por suerte, la patrulla de vigilancia no era de milicianos, sino de carabineros. Con los milicianos hubiera significado la muerte en el acto. Los carabineros condujeron los fugitivos a Gerona, a la cárcel del Seminario, donde el profesor Civil, al identificar a uno de los detenidos, se levantó con visible emoción, y lo abrazó. Se trataba de un compañero suyo de estudios. Era mudo, pero sus facciones hablaban, y además tocaba el piano mil veces mejor que el profesor Civil. «¡Mi querido Manuel!» Los «veteranos» detenidos instruyeron a los recién llegados sobre las costumbres de la cárcel, a la que llamaban «la sala de espera». El profesor Civil les ahorró, de momento, el discurso sobre los judíos y sobre el mar Mediterráneo; en cambio, les hizo saber que rezaban cada día el Rosario. ¡Y que en cada celda había una cruz! Su amigo Manuel parpadeó. «Sí, hombre, sí, fíjate.» Y el profesor Civil les enseñó una cruz grabada muy tenuemente, con la uña, en la pared.

Más a la derecha, en los Pirineos, en el paso llamado «del Perthus», cruzaron la frontera Mateo y Jorge. Les costó tres días y tres noches, cálidas noches de julio, pues Jorge quiso evitar a toda costa el adentrarse en terrenos de propiedad familiar. Su última visión de Gerona había sido la de las columnas de humo ascendiendo cielo arriba, tanto más numerosas cuanto más los muchachos ganaron en altura. Desde arriba, prácticamente vieron columnas en toda la llanura del Ampurdán, y el espectáculo les produjo un gran desasosiego.

¿Qué había ocurrido en Gerona? ¿Qué estaría ocurriendo en toda España? No habían encontrado a nadie ni leído ningún periódico.

Una vez en Francia, los muchachos tiraron las pistolas a un barranco y se dirigieron sin rodeos al pueblo más cercano, Banyuls-sur-Mer, por entre viñedos amorosamente cultivados. En el momento de pisar la vía del tren, dos gendarmes, que con los prismáticos habían estado observándolos desde que aparecieron en el recodo de la Fuente, les salieron al paso. *Vos papiers, messieurs, s'il vous plaît.*

Los llevaron al cuartelillo y se mostraron mucho más amables que sus colegas de Morellás. En seguida les dijeron que podían beneficiarse del derecho de asilo vigente en Francia y que podían cambiar allí mismo la moneda. Les pidieron excusas por verse obligados a cachearlos minuciosamente. «Luego los acompañaremos a la Prefecture de Perpignan.»

El jefe del puesto de Banyuls-sur-Mer les suplicó que se desnudaran. Nada de particular, a no ser el mapa de España cosido en el interior de la camisa azul de Mateo. «*Curieux*», farfulló el gendarme, echándose el quepis para atrás.

Mateo puso cara de falangista y, dirigiéndose a todos, les dijo: «Les deseamos que ustedes no se encuentren nunca en esta situación, que no se vean nunca precisados a esconderse el mapa de Francia.» El jefe le miró a los ojos con fijeza e hizo una mueca de escepticismo. «*Merci...*», contestó.

Llegó un gendarme con dos vasos de cristal llenos de un líquido espeso y negro. «¿Café?», les preguntó. «¡Oh, sí! *Merci...!*» Los dos muchachos aceptaron y se bebieron de un sorbo, sin pestañear, aquel mejunje.

Una hora después se encontraban en el tren, rumbo a Perpignan. Los acompañaba el más joven de los gendarmes. El paisaje era triunfal, lleno de pájaros. El tren discurría por entre viñedos y a la derecha aparecía y se ocultaba, coqueteando, el mar.

Aquello era hermoso. Sin embargo, ¿por qué Mateo sentía una tal incomodidad? Desde que llegaron a Banyuls-sur-Mer advirtió que el país le era extraño. Tal vez fueran resabios de propaganda antifrancesa. Nada le gustaba: ni el colorido chillón de las tiendas, ni lo bien provistas que estaban, ni la divisa *Liberté, Égalité, Fraternité*, ni los soberbios camiones y tractores —¡si España los tuviera!— ni, por supuesto, los quepis de los gendarmes.

—¿Qué opinas, Jorge, de esos quepis? ¿Tú crees que esto es serio?

Jorge digo que sí. A Jorge, todo lo francés le gustaba y

desde que pisaron el país abría ojos de gran muñeca. Mateo. lamentó la opinión de Jorge y, encendiendo lentamente un cigarrillo, permaneció silencioso. «Claro, claro —pensó—. Cada cual es cada cual.» Luego reflexionó sobre lo extraño que resultaba que con sólo cruzar una línea divisoria, una frontera, pudiese cambiar tan radicalmente el mundo. «A este lado —se decía— no hay ametralladoras ni bandos de guerra. Viñedos y paz. A este lado, las preocupaciones españolas ya no tienen sentido y nadie conoce al Responsable, ni a Cosme Vila, ni a Giral.»

—*Messieurs, voilà Perpignan!*

Mateo salió de su ensimismamiento y Jorge le dijo, dándole una palmada: «Hale, desciende a la tierra.»

Se apearon y salieron a la calle en dirección a la Prefectura. La calle no era ancha. En una carnicería se exhibían colgados una ristra de cochinillos que llevaban un casquete dorado en la cabeza. Sin saber por qué, Mateo pensó en Azaña. La idea le entusiasmó. «¡La France!» Lo mismo que a Rosselló, le daban ganas de silbar *Cara al Sol*. Veía mujeres de gesto desenvuelto y les descubría resabios de Voltaire. Pasaban hombres con una barra de pan bajo el brazo. «Fíjate, Jorge.» «Claro —opinaba Jorge—. Así debe ser. En España, a los hombres nos da vergüenza incluso llevar en brazos a nuestros hijos.» Mateo callaba. Algo en el aire denotaba que en el país había agua.

En la Prefectura todo fue rápido, pues el gendarme que los acompañó llevaba un informe escrito. El prefecto leyó este informe y el gendarme se despidió de ellos estrechándoles la mano. «*Au revoir, messieurs.*» Sólo dos medidas preventivas: vacuna contra no se sabía qué y dejar las huellas digitales.

Los vacunó en un cuarto sucio una mujer con cazadora de cuero. Jorge bromeó: «Es yugoslava.» Era ésta una manía de Jorge, del huérfano que ignoraba serlo. Cada vez que algo le hacía gracia o le chocaba, decía: «es yugoslavo». Mateo resistió bien las vacunas; en cambio, le molestó lo indecible facilitar a la policía francesa las huellas digitales. «Es humillante —barbotó—. ¡Caray con las democracias!»

Hecho esto, quedaron en libertad. ¡Extraña sensación! Ahora las calles les parecían más anchas. Eran poseedores de un papel que significaba el derecho a permanecer en la ciudad hasta nueva orden y a elegir domicilio, con la sola obligación de presentarse a diario y no provocar ningún incidente ni hablar públicamente de política.

—¡Bah! —comentó Mateo—. Tampoco nos entenderían.

Sin darse cuenta echaron a andar hacia el centro de Perpignan. A la salida de la estación habían visto grupos de compatriotas, también con traza de fugitivos, parloteando. Acaso entre ellos encontraran a Padilla, a Haro, a Rosselló... Perpignan era el lugar de la cita. Por desgracia, no fue así. Todos eran muchachos de Figueras o de pueblos próximos a la frontera. Ningún gerundense. Sin embargo, hablar con ellos les fue útil. Se enteraron de que la provincia era un volcán y de que las noticias de toda España referentes a la situación les eran adversas. Ningún periódico francés admitía la posibilidad de un triunfo de la sublevación militar. Todos relataban extraordinarias hazañas del pueblo español, «defensor de la libertad, cuyo heroísmo se estaba ganando la admiración del mundo entero...». En Asturias, en Toledo, en Huesca, se esperaba de un momento a otro la rendición de los militares. Los aviones «leales» de reconocimiento informaban que en Navarra los requetés habían izado la bandera monárquica «provocando entre el pueblo la mayor indignación». ¡Sanjurjo, el general que debía acaudillar a los rebeldes, había muerto en accidente aéreo al trasladarse de Portugal a España!

Mateo se secó la frente con un pañuelo azul. Y aun cuando le dijo a Jorge: «Hay que tener en cuenta que esos periódicos son del Frente Popular», sintió que le ganaba un intenso desánimo, desánimo que la excitación dolorosa y el miedo impreso todavía en los ojos de los otros fugitivos no hacían sino aumentar. ¿Quién era aquel muchacho, pálido como un cadáver, que se les acercaba? Uno entre tantos. Su odisea personal empezaba con tres aldabonazos a medianoche a la puerta de su casa y culminaba con la visión, a la salida del pueblo, de seis cabezas de guardias civiles clavadas en las seis puntas de una verja. «Ya no creo en nada. ¡En nada!» Dicho esto, se fue, casi tambaleándose, con una de las mujeres que merodeaban por el lugar.

Mateo y Jorge se alejaron cabizbajos en busca de un hotel. Arrastraban los pies, y un poco el alma. Los limpiabotas, al verles las alpargatas, seguían con indiferencia su camino. Recordando a los seres que habían dejado en Gerona —Mateo pensó especialmente en Pilar—, los asaltaron dolorosos presentimientos. «La provincia es un volcán.» Mateo había encendido otro pitillo. Un hombre se acercó a ellos murmurando:

«Compro relojes de pulsera, compro...» ¡Claro, todo se podía comprar! Y todo se podía vender. Todo, excepto aquel terrible cansancio y el miedo.

Descubrieron un hotel que decía «Cosmos».

—Hale, entremos ahí.

Jorge bromeó.

—Cosmos... debe de ser un hotel muy grande.

No todos los perseguidos en la zona «roja» tenían posibilidades de huir. Eran incontables las personas sin otra solución que esconderse. Ello aguzaba el ingenio, al objeto de dar con el sitio más seguro. El azar contaba mucho, pues era frecuente que el más frágil de los escondites pasara inadvertido a los milicianos, y que, en cambio, lugares calculados con todo empeño, por ejemplo, el interior del depósito del agua, la tapa de éste tocando casi al techo, fueran localizados al primer registro.

Cuando los milicianos entraban en una casa en busca de alguien sospechoso, se producía lo que el catedrático Morales llamaba la danza de los ojos. Los milicianos, quietos en el comedor o en el pasillo, rodaban lentamente los ojos por todas partes, al tiempo que dilataban las narices para olfatear. Del mismo modo, la familia de la persona oculta procuraba no traicionarse, evitando por partes iguales el mirar sin querer el escondrijo y el mirar aparatosamente hacia el rincón opuesto.

Se produjo el gran reparto, reparto a voleo, de los «fascistas». En Gerona y en todo el territorio. En las grandes urbes, el camuflaje era más fácil y además estaban allí los centros diplomáticos extranjeros. En Madrid, las embajadas —llamadas islas— abrieron sus puertas a gran número de acosados. Los parientes de éstos decían: «Manuel se ha ido a Turquía.» «Juan ha visto una película canadiense.» En Madrid, el hermano de Matías, Santiago, padre de José Alvear, cada vez que bajaba de alguna escaramuza con los falangistas en la Sierra se dedicaba a rondar las mansiones diplomáticas por si caía alguna pieza. Un día acorraló a un hombre con cara asustada que llevaba algo en la boca y que estaba a punto de entrar en la Embajada del Brasil. Santiago se le acercó y le dio un endiablado golpe en la espalda obligándolo a vomitar la prenda: un dicionario Liliput portugués. El hombre temía ser cacheado en el camino, y se le ocurrió la increíble torpeza.

Ocurría eso, que no todo el mundo servía para poner su vida a salvo. El trauma era excesivo. Santiago, el padre de José Alvear, se encontraba en su elemento. Pero en todo el país no había más que un Santiago Alvear, excelente combinación de anarquista sentimental y de perro policía. En una carta que escribió a Matías le decía: «Ya sabes que a mí me gusta el *tomate*.».

Un primo del patrón del «Cocodrilo» se escondió en una casa de campo, en la pocilga de los cerdos, que terminaron por aceptar su compañía. La madre de Ana María —Ana María, el idilio de Ignacio, con un moñito a cada lado— se pasó quince días en un ascensor detenido entre los pisos tercero y cuarto. Cuando había peligro, el portero había encontrado el sistema de colgar el ascensor allí, como si estuviera averiado, y de subirlo y bajarlo luego a placer, cuando renacía la calma. En algunos cementerios los nichos vacíos eran muy solicitados, y para llevar la comida a los escondidos en ellos, de acuerdo con el sepulturero, se simulaba un entierro cuyo ataúd no contenía ningún cadáver, sino alimentos, víveres. Durante el día, los ocupantes de dichos nichos tenían que comer y vivir tendidos en su guarida y sólo algunas noches se atrevían a salir, a deambular un rato por entre los muertos, las estrellas y el miedo. Por su parte, Jaime, el amigo de Matías en Telégrafos, siempre decía que si él tuviera que esconderse elegiría el bosque, vaciando previamente el tronco de un árbol.

En Gerona hubo muchos acosados que demostraron tener acierto y fantasía para esconderse, y esto le ocasionaba a Cosme Vila una sincera desesperación. A Cosme Vila le hubiera gustado instalarse en lo alto del campanario de la catedral, donde estaba situado el ángel decapitado por un proyectil francés cuando la guerra de la Independencia, y desde allí localizar, señalar con el índice al obispo, a Marta, a don Emilio Santos, a todos los enemigos del pueblo. Sobre todo, a los que habían salido con armas. Localizarlos como, según informes, Queipo de Llano localizaba en Sevilla los obreros que se habían opuesto a la rebelión, a los cuales, según el Responsable, antes de llevarlos al paredón les marcaba en la frente UHP o las iniciales del Sindicato a que pertenecían.

Bueno, tampoco el Comité Antifascista podía abarcarlo todo. Marta estaba a buen recaudo, al obispo se lo había tragado la tierra —«se acuesta con alguna tiorra», opinaba el Cojo—, don Emilio Santos recaló en casa de los Alvear, dormía en la mismísima cama de César. Gente extraña, sin saber por qué, por solidaridad instintiva, se había prestado a dar cobijo a personas en peligro, singularmente a monjas, a monjas que llegaban de los pueblos ataviadas sin garbo, algunas con peluca. El sustituto de Vasiliev en Barcelona, delegado Axelrod, hombre altísimo, de aspecto bonachón, que llevaba como los piratas un parche negro en el ojo derecho y que iba siempre acompañado de un hermoso perro, le había dicho a Cosme Vila, en la primera visita de inspección que hizo a Gerona: «¡Bueno, no te impacientes! Pronto tomaremos las medidas necesarias para acabar con todo esto.»

Una de las personas más hospitalarias era la Andaluza. La Andaluza, dueña de los más prósperos burdeles de la ciudad, sin renunciar a su negocio y evitando que Canela, convertida en miliciana, se enterara de ello, abría la puerta de su casa a los seres más diversos. Sus últimos «pupilos», como ella los llamaba, eran Alfonso y Sebastián Estrada, hijos de don Santiago Estrada, jefe de la CEDA, fusilado la primera noche. Antes escondió a un catedrático de Tarragona que aseguraba hablar correctamente el árabe, y a un tratante de ganado, de la provincia de Lérida, cuyo pánico era tal que había hecho insertar en varios periódicos su esquela mortuoria suponiendo que con ello ya nadie se tomaría la molestia de buscarlo.

Los hermanos Estrada encantaron a la Andaluza y les agradeció mucho que a través de un amigo común aceptasen su hospitalidad. El mayor, Alfonso, le gustó porque era educado y entendido en *cocktails*, con los que apaciguaba un poco a las chicas, nerviosas por la guerra. El menor de los hermanos, Sebastián, le gustaba porque tenía capacidad de fábula y siempre le daba una interpretación original de los hechos. «Ni pensándolo diez años se me hubiera ocurrido a mí esto», le decía la Andaluza admirativamente.

El catedrático de Tarragona y el tratante de Lérida habían escapado por fin a Francia. La Andaluza los despidió: «¡Ay, si yo pudiese acompañarlos! Allí me ganaría yo mis buenos dineros.» Los hermanos Estrada querían huir y la Andaluza, que se ocupaba en ello, les decía: «Paciencia, paciencia. ¿Qué prisa tenéis? ¿Es que no os doy buen trato?»

—No se trata de eso, Andaluza. Se trata de que han asesinado a nuestros padres y ¡bueno! Cuanto antes, mejor.

Otro de los escondidos en la ciudad, tal vez el más complejo, era mosén Francisco, a quien habían recogido las hermanas Campistol, las modistas de Pilar, las cuales disponían de un armario ropero de doble fondo capaz de disimular un cuerpo. El vicario se paseaba como un espíritu por el piso balbuciendo: «¡Mira que vivir yo rodeado de espejos!» Comía en su habitación y, para que desde la escalera no se oyera una voz masculina, se hacía entender con las modistas por señas o bisbiseando como en el confesionario.

Mosén Francisco estaba desconcertado. Llevaba un bigote postizo, que con frecuencia se quería arrancar, mono azul y alpargatas. Continuamente se tocaba un diente, como si le doliera, y pensaba que todo aquello era un gran dolor. Desde la ventana de su cuarto se veía mucho cielo azul, tejados pobres y, allá al fondo, las montañas. Leía periódicos —uno de ellos publicó una caricatura del obispo con un pie que decía: «¡A otra cosa, mariposa!»— ¡y escuchaba la radio! Ésta era, lo mismo que para Marta, su conexión. Una pequeña radio sepultada bajo una manta en la mesilla de noche. Mosén Francisco se pasaba horas a la escucha, sometido a toda clase de sorpresas, como la que le proporcionó un peregrino sacerdote —no pudo retener su nombre— que tenía una hermosa voz y que manifestó hablar desde Madrid, desde los micrófonos del Ministerio de la Guerra. Sacerdote que se había declarado en contra de la sublevación militar y cuyo mensaje, expuesto con fascinante precisión, decía que Cristo, carpintero de oficio, surgió del pueblo y que el estado de ánimo del pueblo tenía su justificación en el egoísmo de los ricos y en las nupcias perpetuas de éstos con la Iglesia Católica. Dio, como siempre, estadísticas de tesoros acumulados en los templos e hizo hincapié en el desamparo espiritual a que estaban relegados los humildes. Lo cierto era que hablaba con convicción y arrebato. Su última frase fue: «Los sacerdotes con una sotana raída y un cáliz de hojalata estaríamos en nuestro papel.»

Mosén Francisco, al cerrar la radio, se miró a uno de los espejos. Recordó su cáliz de oro, le pareció verlo en el espejo, confundido con el bigote postizo que ahora llevaba. Recordó al obispo entrando en Gerona cuando tomó posesión de la diócesis. Iba de pie en un coche negro, descapotado, repartiendo bendiciones a derecha e izquierda. Una ingente multitud lo aclamó. ¿Qué había ocurrido?

Mosén Francisco dio la espalda al espejo y fue a sentarse al borde de la cama, fumando en dirección al suelo. Le hubiera gustado conocer el paradero de su obispo, acudir en su ayuda, arriesgarse por él. Las hermanas Campistol le habían dicho: «Está escondido en casa de un ferroviario, no se preocupe usted.» Bueno, ¿cómo saber si aquellas mujeres le mentían piadosamente o le decían la verdad?

Escondido... era la palabra eje, que brincaba sin cesar de su cerebro a sus alpargatas. El cuerpo le temía a la muerte y se escondía donde fuese, en casa de los ferroviarios, en casa de las modistas. Mosén Francisco sopló sin necesidad en la punta del cigarrillo para verla enrojecer, y acto seguido recordó unas misteriosas palabras del Evangelio: «Quien quisiere salvar su vida, la perderá.» ¡Estaba claro! Su obispo, él, centenares de sacerdotes y de religiosos y religiosas querían salvar su vida y la perderían. Sin embargo, el rojo chispeante del cigarrillo le trajo a la memoria otras palabras muy distintas, también del Evangelio, también pronunciadas por Jesús, palabras que el sacerdote que habló por radio desde Madrid olvidó de mencionar: «... dondequiera que os desecharen, y no quisieren oíros, retirándoos de allí, sacudid el polvo de vuestros pies, en testimonio contra ellos.» ¡Más aún! Jesús también dijo: «Entretanto, cuando en una ciudad os persigan, huid a la otra.»

Mosén Francisco fumaba, fumaba sin parar y se tocaba el diente. ¿Tenía derecho a salvarse? «Una sotana raída...» Él llevaba mono azul. Las hermanas Campistol bisbisearon: «¡Obligación, obligación tiene usted de intentar salvarse!» No obstante, otros sacerdotes ¡infinitamente mejores que él! habían caído ya. Le temía al pecado de deserción, de escándolo. Y se avergonzaba de tener miedo. Las hermanas Campistol le llevaban a menudo tazas de café para darle ánimo. Mientras, sus manos tomaban una y otra vez una mugrienta baraja que encontró en un cajón y hacía con ella solitarios y más solitarios extendiendo las cartas sobre la blanca sábana.

Mosén Francisco era, tal vez, el más complejo de los hombres ocultos en la ciudad. Después de él, estaban escondidos miles de pensamientos... Y muchos corazones. En realidad, no se sabía si lo que los hombres hacían, lo que daban de sí, era su yo más íntimo o un yo prestado.

CAPÍTULO IV

LA SOMBRA DRAMÁTICA Y DULCE de César escoltaba a los Alvear dondequiera que fuesen. En Telégrafos, en el Banco Arús, al salir para la compra, en la cocina, en la calurosa intimidad del lecho... A veces esta sombra agrupaba a toda la familia en el comedor, a veces la dispersaba, cada miembro buscando la soledad. No acertaban a consolarse. La amputación los sobre-cogió de tal forma que apenas si se miraban unos a otros. Matías y Carmen Elgazu, sí. Para comprobar que la tristeza seguía siendo la misma, para comprobar que dos arcadas pro-fundas enmarcaban los ojos de Carmen y que una fatiga des-conocida pesaba sobre los hombros de Matías Alvear.

Matías, en Telégrafos —¡qué raro se le hizo tener que ir de nuevo a trabajar!—, lo relacionaba todo con su hijo. Su bata, gris, le hacía pensar en aquella otra amarilla, que César lleva-ba en el Collell. Al mirar el calendario, sus ojos se clavaban, imantados, en la fecha del 21. Si al contar las palabras de un telegrama su número coincidía con los años que tenía César, la mano de Matías se detenía un momento en el aire. Le extra-ñaba que el papel de los telegramas no fuese negro. Los pri-meros días, cada vez que el aparato funcionaba, Matías volvía con expectación la cabeza y se acercaba a la cinta, como si pudiera esperar noticias de su hijo.

Jaime, fue, entre sus compañeros de trabajo, quien le ayu-dó con más eficacia, quien le consoló con más tacto y oportu-nidad. La familia de Jaime tenía en propiedad un nicho y él consiguió que lo cedieran para César. El nicho decía: «Familia Casellas», lo que desconcertó, ¡cómo no!, a Matías, cuando éste fue al cementerio a visitar a su hijo. Jaime se presentó en casa de Matías con un viejo pero potente aparato de radio, en sustitución del de galena. Matías no quería aceptarlo, pero Jaime se empeñó en ello. «¡No faltaría más! ¡Una buena radio os hará mucha compañía!»

Querían guardar en sitio seguro algunas cosas de César, como la medalla, unos dibujos que les mandó del Collell, el recordatorio de la primera comunión, y Jaime les sugirió un escondite inesperado: una pata de silla, vaciada. «La madera es aislante y se conservará bien.»

Matías no sabía agradecerle a su compañero lo que estaba haciendo.

—Eres un hombre bueno, Jaime. Ya una vez invitaste a Ignacio a pasar en Cerdaña las vacaciones.

Aquellos días eran de gran prueba para Matías. Éste no comprendía por qué había caído semejante rayo mortífero sobre su apacible hogar. Y, en esta ocasión, no podía confiar en el temple de su mujer, Carmen Elgazu. Carmen Elgazu estaba deshecha. Sentada en su silla de siempre, junto al balcón que daba al río, sin moverse, estrujaba el pañuelo con la mano derecha. A veces cerraba los ojos y no se sabía si dormía o si estaba a punto de resbalar desmayada hacia un lado. Matías había acudido repetidamente con el frasco de agua de colonia y le había dado con amor palmadas en las mejillas. «Perdona, Matías, es más fuerte que yo. Perdona...» Matías le pedía ánimo al propio César y le decía siempre a su mujer que si era cierto que existían ángeles en el cielo, su hijo sería uno de ellos, uno entre los más resplandecientes. «Ya sé, Matías, ya sé... Perdona...»

Tampoco comprendía Matías que algo tan sagrado como la sensación de paternidad pudiese resultar, como resultó, un espejismo, una ilusión del espíritu. Ello lo pensaba recordando la certeza, a la vez violenta y tibia, que de pronto tuvo de que Dimas salvaría a César. ¡Con qué fe salió en busca del Jefe del Comité de Salt! Y de nada sirvió... «Así pues —se decía—, por lo visto amar no sirve para nada. El odio puede anticiparse y llevarse un hijo como el viento se lleva un sombrero.»

A veces, andando por la calle, al cruzarse con un grupo de milicianos sentía un particular estremecimiento y los miraba uno por uno, como si pudiera descubrir al que disparó contra César. Otras veces llegaba a su casa dispuesto a llamar aparte a Ignacio y preguntarle toda clase de detalles sobre la muerte de aquél, lugar en que cayó, postura en que quedó, el color de su cara y de sus manos. Pero nunca se atrevía y tan pronto se reprochaba no haber cortado a tiempo el misticismo de su hijo, como haber tirado al río, en cierta ocasión, el cilicio que César llevaba.

Carmen Elgazu vivía un dolor distinto. Pilar quiso relevarla de casi todas sus ocupaciones, pero ella no lo consintió. No hubiera podido bajar la escalera y salir a la calle; en cambio, teniendo como tenían a don Emilio Santos en calidad de huésped, estimó que la cocina era su deber. Desde luego, ella no pensó jamás que existían *detalles* en la muerte de César. Sentía la inmensa orfandad en la entraña, nada más. Y jamás supuso que de César muerto pudiera emanar otra cosa que una serenidad dulce. ¡Cómo! En el fondo de los ojos de César se veía a Dios, e incluso las uñas le habían crecido siempre arqueadas, redondas, uñas de paz.

Carmen Elgazu acababa de enfrentarse con su vulnerabilidad. Su deber era servir de ejemplo y no lo conseguía. El corazón reclamaba, pedía explicaciones. ¡Gran distancia la que existía entre ofrecer y dar! Al igual que Matías, veía a César en todas partes. César brotaba en el piso, como si las paredes tuvieran memoria. A veces, al depositar en la mesa un tazón, le parecía reencontrar en éste el tacto, la mano de César. Al acercarse al balcón para mirar al río, instintivamente dejaba a su lado un hueco libre para César. Cuando don Emilio Santos se retiraba a su cuarto, a dormir en la cama de César, ella sentía como si el padre de Mateo cometiese una profanación.

Y sin embargo, ¿quién inculcó en su hijo el deseo de ir a Dios? Ella, ella más que nadie, desde la infancia. Mil veces le dijo: «Esta tierra no es nada». Su hijo lo creyó así y se fue. Y ahora se daba cuenta de que esta tierra era mucho... Tanto era, que a menudo, cuando Pilar se le acercaba y reclinaba la cabeza en su hombro, Carmen Elgazu la acariciaba gritando dentro de sí: «¡Ah, no, este otro hijo no me lo quitarán!»

Carmen Elgazu sufría, además, porque no acertaba a perdonar. Con sólo evocar determinados rostros u oír en la radio himnos revolucionarios, penetraba en ella un sentimiento de rencor irreprimible. ¡El sobrino José, de Madrid! Recordaba con martilleante insistencia algo que el muchacho le dijo a Ignacio en el balcón, algo que ella oyó al abrir, sin hacer ruido, la puerta. «¡Hay que arrasar las víboras y a la madre que las parió!» No conseguiría perdonarlo. Tampoco a Cosme Vila. Tampoco a Julio, ni a los maestros, ni... ¡Dios, cuánta gente!

Carmen Elgazu había perdido incluso las ganas de confesarse. Por primera vez en su vida le ocurría eso. Sufría mucho más que cuando la muerte de su padre en Bilbao. Entonces vio a su padre en el ataúd y le pareció aquello un misterio natural. Ahora, aunque hubiera podido confesarse libremente, no lo habría hecho y esta sensación aumentaba su inquietud.

Por su parte, Ignacio vivía el instante más complejo de su existencia. El mismo día en que Matías, extrañado de sí mismo, tuvo que reincorporarse a Telégrafos, con desconcierto similar él tuvo que ir al Banco. Los dos hombres bajaron juntos la escalera y al salir a la acera y separarse les pareció como si sus espaldas hubiesen estado pegadas y en aquel momento se desgajasen. ¡Ah, los tiempos en que Ignacio se quedaba mirando a su padre y de pronto, levantando el índice, le preguntaba: «¿Catarros?» y Matías Alvear contestaba, quitándose el sombrero: «¡Neumáticos Michelin...!»

El director del Banco, al ver a Ignacio, lo llamó a su despacho y no supo qué decirle. El hombre parecía haber envejecido y era manifiesto que, dadas las circunstancias, le sorprendía ocuparse en operaciones monetarias. La Torre de Babel, sin duda acordándose del exabrupto con que se negó a ocultar en su casa al Subdirector, le dijo al muchacho: «Es una canallada, una canallada. No me explico que haya alguien capaz de una cosa así...» Visiblemente, el aspecto de Ignacio impresionó a todos sus compañeros. Por otra parte, la muerte del Subdirector —la mesa de éste la ocupaba Padrosa— enrarecía aún más la atmósfera.

Sin embargo, en el Banco ocurría siempre lo mismo. Los empleados, al cambiar la plumilla, cambiaban los pensamientos. Bastaba con que el botones trajese, a media mañana, la prensa de Barcelona para que los periódicos reclamasen la atención general. Cada día era esperado este momento. ¡Las noticias eran tantas! «Durruti, el legendario jefe anarquista, organizaba en Cataluña una columna de voluntarios, dispuestos a salir inmediatamente al asalto de Zaragoza.» «Los atletas concentrados en Barcelona con motivo de la frustrada Olimpiada Popular, habían expresado públicamente su adhesión al Gobierno de la República.» «La aviación "leal" había bombardeado concentraciones rebeldes en Huesca, Córdoba y Teruel.» Los empleados disimulaban al comentar estas noticias; pero dejaban traslucir un impreciso contento. Y se reían, como siempre, de todo cuanto significase una subversión radical. «¿Habéis visto el letrero que ha colgado Raimundo? "¡Se afeita gratis a los milicianos que lo deseen!"» «¡La calle de los Especieros se llama ahora "calle Potemkin"!» «A las patrullas sin control que *pican* por su cuenta a los fascistas, las llaman: "Servicio a domicilio."»

En realidad, Ignacio, en el Banco, sólo tuvo un compañero fiel, el equivalente de Jaime en Telégrafos: el cajero. El cajero lo trató con más afecto que nunca. «Si necesitas algo, dímelo.» Continuamente buscaba informaciones que pudieran agradar al muchacho. A menudo lo llamaba desde el departamento de Caja: «¡Eh!», y le alargaba un pitillo. Al pasar a su lado palmoteaba en su hombro y si le veía particularmente preocupado, apilaba con el mínimo ruido posible las monedas de plata en el mármol.

De pronto Ignacio se rebelaba mucho más que sus padres, que Carmen Elgazu y Matías Alvear. ¿Por qué aquello? ¿Qué ganaba Dios con que César hubiera muerto por Él? ¿No se bastaba —Esencia pura— a Sí mismo?

Luego odiaba más que su madre... Y, por añadidura, se consideraba un fracasado. En los primeros momentos intentó salvar a éste y al otro, al Subdirector y al mundo... y no consiguió sino salvar a Marta —¡mucho era!— y a la sirvienta de mosén Alberto. A nadie más. Y ahora ¿qué? ¡Ah, la armonía de que mosén Francisco le habló! ¡Los colores, las formas, los sonidos! ¡El cacto que se cayó de un balcón y se quedó enclavado entre dos ramas de un árbol! ¡Los cielos nítidos de Gerona, barridos por la tramontana! Ahí estaba Durruti, dispuesto a salir con miles de voluntarios al asalto de Zaragoza... Ahí estaba el Responsable, llamando jocosamente «fascistas» a los ciegos «porque pedían pasar al otro lado». Ahí estaba Raimundo, afeitando gratis, y ahí estaban los quioscos de periódicos, llenos de folletos: «La reforma sexual en Rusia», «Diez sistemas para abortar». Llegado el caso, él sería también capaz de apretar el gatillo... ¡La ira iba encadenando los corazones! Y no podía culparse de ello al sol, ni al río seco, sino al hombre, al hombre que él era, a la persona humana y su cerebro.

Su gran consuelo era Marta... En su yo más profundo se refugiaba en aquel amor que los acontecimientos no habían podido truncar. Se nutría de este amor como nunca, más que cuando Marta y él se miraron en aquel espejo pequeño y redondo y lo tiraron luego al río, más que cuando pegaron el oído a un poste telegráfico e Ignacio gritó: «¡Ven, Marta, ven! ¡Se oye la voz de mi padre!»

Y, sin embargo, no podía visitar a la muchacha. La prohibición de David había sido formal. Y aun cuando Pilar fuese casi a diario a la escuela en su nombre y pusiese a Marta al corriente de todo, la ausencia le pesaba a Ignacio en el corazón. Se le antojaba injusta, pues entendía que el amor estaba hecho para cada momento y muy especialmente para cuando el alma se sentía rota. Por otra parte, Pilar no le ocultaba a Ignacio que Marta sería incapaz de soportar por más tiempo aquella encerrona hostil. Singularmente, desde que se supo la muerte de César se consumía en la cocina, y de noche le daban miedo las cucarachas y las sacudidas de la tubería del agua. ¡Además, por fin David había aceptado el puesto vacante del Comité!

Ignacio reflexionaba, reflexionaba... y a veces se fatigaba con ello. Por fortuna podía contar con Pilar. Ya una vez, cuando la enfermedad venérea de Ignacio, Pilar se había mostrado a la altura de las circunstancias; ahora revelaba de nuevo su coraje. Hubiérase dicho que la guerra la había transformado, pese a que la chica sufría por partida doble, primero por la muerte de César y luego por la ausencia de Mateo. No sabía nada de él desde que se marchó hacia la frontera. A mayor abundamiento, el padre del muchacho, don Emilio Santos, no hacía sino interrogarla constantemente con la mirada, esperando que la joven llegara de la calle con alguna noticia.

El caso es que Pilar se desvivía por los demás. Pasaba ¡como no! momentos de desfallecimiento, y a veces en su cuarto se hartaba de llorar y después de cenar seguía durmiéndose con los codos en la mesa. Pero estaba atenta al mínimo deseo de los suyos y así iba a por el azucarero en el momento oportuno, limpiaba los zapatos y los metales, fregaba el suelo y evitaba que con el calor las moscas invadieran el piso como un ejército de diminutas blasfemias. ¡Bendita Pilar! Era la nota pura, joven, de aquel mundo de fantasmas. La única cuyos ojos, cerrados los de César, parecían poder todavía mirar con inocencia el mundo.

En cuanto a don Emilio Santos, sentía como si fuera suyo el dolor de sus amigos. Hubiera preferido disponer de otro escondite para dejarlos libres, pero no se atrevía siquiera a insinuarlo. Acordaron, eso sí, que apenas sonara el timbre de la puerta se encerrara en su cuarto, sin hacer ruido. Don Emilio Santos, ¡con qué rapidez!, así lo hacía. En realidad, permanecía en el cuarto muchas horas, cavilando, si bien de vez en cuando salía y procuraba ayudar en pequeños menesteres. ¡Hubiera deseado lavarse él mismo la camisa, los pañuelos! Pilar lo reprendía, mientras frotaba con energía la luna del espejo.

—Pero ¡qué tonterías dice usted, don Emilio! ¿Es que no lo hago yo con gusto? ¿Es que no se considera usted de la familia?

Cada vez que Matías e Ignacio salían, las dos mujeres y don Emilio Santos confiaban en que traerían de la calle alguna información que les sirviera de consuelo. Por su parte, padre e hijo esperaban día tras día que dicha información se la dieran a ellos a su regreso. Unos y otros se equivocaban. Ocurrían muchas cosas en Gerona y en el mundo, pero ninguna de ellas podía devolver a los miembros de la familia Alvear lo que les faltaba.

Llegó un momento en que podía decirse que vivían toda la jornada esperando febrilmente las diez de la noche, hora en que, desde Sevilla, el general Queipo de Llano hacía ante el micrófono «¡Ejem, ejem!» añadiendo acto seguido: «Buenas noches, señores», fórmula ritual que indicaba el comienzo de su cotidiana charla.

La emisión del general Queipo de Llano se había hecho enormemente popular entre los «fascistas» de la zona «roja», entre las familias perseguidas o adheridas de corazón a la sublevación militar. Estas familias esperaban a diario oír la voz aguardentosa del general, como quien espera el maná, la gran promesa. Porque su charla era el único sistema de enlace «con el otro lado», la única fuente de noticias. En el piso de los Alvear, ya mucho antes de la hora acostumbrada, don Emilio Santos se ponía a la escucha, sentado al lado de la radio que Jaime les regaló, radio sepultada bajo una manta, al igual que la de mosén Francisco, al objeto de amortiguar el sonido, pues la prohibición de escuchar emisoras «fascistas» era contundente. Si se producían interferencias o el general se retrasaba, don Emilio Santos empezaba a morderse las uñas e incrustaba materialmente su mejilla derecha en el vientre del aparato. «A ver, déjeme a mí», le rogaba Pilar. Bueno, por fin el general acudía a la cita y se formaba el corro. Tampoco Queipo de Llano podía devolverles a los Alvear lo que les faltaba; pero escuchar «que no todo estaba perdido», que «las tropas avanzaban hacia Huelva» o que «en la catedral de Sevilla se había cantado un tedéum», parecía un milagro.

Por desgracia, tampoco esta evasión solía durar mucho. Porque el general, como si quisiera justificar la opinión que de él tenía el coronel Muñoz, a menudo se tornaba grosero hasta un punto increíble, dando la impresión de que estaba borracho. Matías no comprendía que aquel hombre tuviera necesidad de chancearse como lo hacía, que no respetara un poco más el dolor de los perseguidos que lo escuchaban; pero era así. Con frecuencia sus salidas de tono derivaban hacia el insulto abracadabrante o hacia lo sexual. «¿Está seguro mister Eden de que no le engaña su señora, la señora de Eden, lady Eden? ¿Y monsieur Blum? ¿No le pondrán, a ese tal monsieur Blum, unos cuernos de esos tan grandes que se usan tanto entre los messieurs franceses? ¡Oh, perdón, señoritas radioyentes!» Carmen Elgazu se horrorizaba y a no ser por la posibilidad de que el general informase al final sobre algo concreto o volviera a hablar de la catedral de Sevilla, habría cerrado la radio. En cuanto a Ignacio, juzgaba de mal agüero que, siendo de hecho el portavoz de la España Nueva en que creía Marta, el general diera tan rotundas pruebas de amoralidad.

A partir del uno de agosto, se produjo en casa de los Alvear un cambio obligado de costumbres, de horario. A Matías le asignaron en Telégrafos, hasta nuevo aviso, turno de noche, lo cual, dadas las circunstancias, constituyó para todos, especialmente para Carmen Elgazu, un rudo golpe. A las diez y cuarto tenía que salir de casa cada noche, es decir, apenas la radio Sevilla emitía el «¡Ejem, ejem!» del general Queipo de Llano.

Por si fuera poco, a aquella hora era peligroso circular por la calle. El mismo Julio García se lo advirtió a Matías. «Que te acompañe alguien», le aconsejó. Ignacio lo resolvió al instante: «Te acompañaré yo.» El muchacho no consintió que nadie más interviniese en aquello. Y puesto que la vuelta de Matías tendría lugar cada día a las seis de la mañana, hora también peligrosa —una patrulla se llamaba pomposamente «Patrulla del amanecer»—, Ignacio iría a buscarlo también a la vuelta.

Quedó acordado así y el nuevo ritmo fue iniciado. Camino de Correos, cada noche Matías Alvear se sentía a un tiempo feliz y desgraciado. Feliz, porque pocas cosas en la vida le gustaban tanto como andar por la calle en compañía de Ignacio; desgraciado, porque era realmente triste que a un hombre como él tuvieran que acompañarlo al trabajo.

Eran noches cálidas. Padre e hijo las acribillaban con los mil ojos que presta el temor. Era un trayecto corto, pero se les hacía interminable, pues cualquier silueta podía dejar de ser lo que parecía y convertirse en enemigo. La vaharada que subía del asfalto y de las piedras era aún bochornosa, pues todo el día el sol había estado quemando la tierra. Los transeúntes arrastraban los pies, en mangas de camisa o simplemente en camiseta. En los balcones se veían hombres fumando, y eran frecuentes las lluvias de estrellas. No era raro que se cruzaran con una pareja de milicianos que condujeran, en dirección al Seminario, algún detenido. Una noche les pareció reconocer a uno: el Rubio. Podía ser él, por la sencilla razón de que sonreía. Al llegar a la plaza de San Agustín, llamada ahora plaza de Odesa, miraban las envejecidas escaleras de los cines, que todavía no habían abierto sus puertas. Constantemente, milicianos bajaban corriendo las escalinatas de los urinarios públicos, sin preocuparse de si decían: «Caballeros» o «Señoras». Llegados a Correos, Matías e Ignacio entraban por la puerta lateral que decía «Prohibida la entrada» y que en tiempos utilizara Julio García. Una vez dentro, saludaban a Jaime, y, por descontado, lo mismo si en el edificio había centinela como si no, Ignacio no se iba hasta haber visto a su padre acomodado en su mesa, con su bata gris y el pitillo en la oreja.

El trayecto al amanecer era distinto. En las calles de Gerona la revolución dormía; en las afueras, lo contrario. En las afueras los cadáveres de turno se hacían visibles a los conductores de camiones, a los gitanos y a los labradores que pasaban en carro o en bicicleta. Al amanecer, en las calles de Gerona había silencio y leves escalofríos en la espina dorsal. Matías, invariablemente, aparecía en la puerta de Correos a las seis y tres minutos, e invariablemente su expresión era de gozo y casi de gratitud, pues allí estaba Ignacio esperándolo, jugando a no pisar las ranuras del empedrado o mirando distraído el león de cobre en cuya boca los gerundenses desde tiempo inmemorial echaban las cartas.

—¡Hola, hijo!

—¡Hola, padre!

Se hablaban poco. A veces, de pronto, pasaba raudo un coche con los fusiles apuntando a los primeros pisos de las casas, o en el puente los paraban los milicianos: «¡Documentación!» Matías se mordía los labios y enseñaba su carnet. Ignacio enseñaba el suyo. Inesperadamente brotaba de cualquier edificio un himno revolucionario. Los himnos eran la pesadilla de Matías, sin distinción; Ignacio, en cambio, matizaba. Le repugnaban todos excepto *A las barricadas*. Este himno, sin saber por qué, le penetraba con fuerza, como si le removiera algo muy hondo. Luchaba contra ello, y no se lo confesaba a nadie; pero así era.

La noche del cuatro de agosto ocurrió algo imprevisto. A la ida los cachearon, y la atmósfera olía a pólvora. Se decía que aviones «fascistas» bombardearían la ciudad, que iban en busca del polvorín y del puente ferroviario. La gente no sabía si encerrarse en casa o lo contrario: eran neófitos de la guerra. Ignacio acompañó más que nunca a su padre a Correos y éste le dijo al despedirse: «¡Cuidado!»

A la salida, Ignacio reconoció, aparcado en la esquina, el «Balilla» que fue de don Santiago Estrada y que ahora pertenecía a David y a Olga. Vio perfectamente a la maestra y cómo ésta le hacía una seña invitándole a subir. Ignacio, de una manera ostentosa, tomó la dirección contraria. El coche arrancó, se puso a su lado y la voz de Olga resonó con claridad: «Ignacio, tenemos que hablarte.» Ignacio siguió su camino y se internó en el parterre de la plaza de Odesa, donde el tránsito rodado estaba prohibido.

El muchacho aceleró y dio un gran rodeo al objeto de despistar a los maestros. En el local del Partido Comunista había más luces que de ordinario, más banderas, y los gatos miraban desconfiados en todas direcciones y daban carrerillas inesperadas.

Por fin Ignacio se dirigió al puente de las Pescaderías y allí se detuvo un rato, mirando los reflejos del agua. Ahora no tenía prisa. Ahora sentía la necesidad de encender un pitillo y caminar con lentitud, como si se despidiera de cosas amadas. Pensó en David y Olga. ¿Cómo era posible que se hubiesen distanciado de él de un modo tan concluyente? Fueron amigos, lo fueron los tres, amigos entrañables. Habían pasado juntos horas y días queriéndose e interrogando al mundo con sutileza. David y Olga habían influido poderosamente en él, en su desarrollo. A ellos les debía la posibilidad de simultanear acto y comentario y la evidencia de que el hombre vivía rodeado de secretos. Pero, de repente, extraños himnos cruzaron la ciudad. Himnos de desafío, en honor de palabras opuestas. Entonces todo se trastocó e Ignacio vio y oyó a Olga en lo alto de la Rambla gritándoles a unas monjas: «¡Cochinas!» porque iban a votar, y oyó de labios de David: «La mitad de los hombres morirá para que la otra mitad pueda vivir.» Se estableció un contagio vertiginoso y sin piedad. «Olga, en el interior de mi mente, tú eres a veces mi mujer.» Un día Ignacio le habló a Olga de esta manera, cuando el muchacho estudiaba aún el Bachillerato. Sin saberlo, estaba enamorado de la maestra. La mano se le iba hacia la cabeza de Olga para acariciarle los lisos y brillantes cabellos negros. Y ella con los ojos se dejaba querer. Ahora todo se había esfumado y no quedaba rescoldo ni tan sólo un reflejo en el agua del río. Ahora la proximidad de los maestros inspirábale repugnancia, como si perteneciesen a especies distintas. ¿Qué esperaban David y Olga? ¿Por qué cruzaban cien veces al día la ciudad? ¿Qué suerte de purificación podía caber al término de aquel mar de sangre? ¿Por qué David había aceptado formar parte del Comité? Ignacio tenía calor. Desde el puente veía el balcón de su casa, el que daba al río. Veía la luz interior, pues en previsión de los «pacos» estaba prohibido correr las persianas o cerrar los postigos. En aquel piso César amó, en aquel piso él seguía queriendo a César, a sus padres y a Pilar. ¿Por qué los maestros exhibían aquellas cazadoras y Olga llevaba un pañuelito rojo en el cuello?

Bajó los peldaños del puente y salió a la Rambla, a cincuenta metros de su casa.

—Ignacio, sube... Tenemos que hablarte.

Era el «Balilla» de David y Olga. Se le habían anticipado, lo estaban esperando. Siguió sin hacerles caso.

—Es de parte de Marta, haz el favor.

Ignacio se detuvo. Olga había abierto la puerta, estaba fumando. ¿Desde cuándo fumaba? En el parabrisas colgaba un monigote de paja, un arlequín. Ignacio tiró la colilla y Olga tiró también la suya.

—Anda, no seas testarudo.

Ignacio miró hacia el balcón de su casa. Pilar estaba allí, esperándolo...

—Me están esperando.

—Será breve.

Ignacio subió al coche, a la parte trasera, y el coche arrancó. Las manos de David, pegadas al volante, le sorprendieron. El perfil de Olga seguía teniendo autoridad.

David dijo:

—Antes de hablarte de Marta... ¿Tenemos alguna posibilidad de que sigas considerándonos amigos?

—Ni la más remota.

David hizo una pausa.

—De acuerdo. Está bien.

Olga rectificó.

—No, bien, no. Está mal. —Luego añadió—: Peor que mal.

Ignacio hizo una mueca, como si se limpiara los dientes, y luego dijo:

—Si pudiéramos abreviar...

David asintió con la cabeza. Se dio cuenta de que había tomado por la carretera del cementerio, y sin avisar dio un viraje brusco.

—¿Qué te pasa, David?

—Nada.

Tras perfecta maniobra entró en la calle de Albareda, hasta detenerse en la plaza del Ayuntamiento.

—Aquí estaremos más tranquilos.

En efecto, no pasaba nadie y los arcos comunicaban a la plaza una particular intimidad. El coche aparcó a unos veinte metros de lo que fue el Museo Diocesano, y segundos después se inmovilizó el arlequín del parabrisas.

—Marta dice que la saques de allí. Que no puede más... —David hizo una pausa y por el espejo retrovisor miró a Ignacio.

—Conste que lo ha pedido ella. —Olga tomó otro pitillo—. Tú tienes la palabra.

Ignacio arrugó el entrecejo. Por un momento se desanimó. ¡Minuto a minuto tomando determinaciones! Intentó hablar, y la voz le falló. Carraspeó y dijo:

—Tendré que hablar con ella.

—Imposible. Ya te dijimos que no puede ser. No queremos que te vean en la escuela.

—Pues tendréis que pasar por ello.

Olga se volvió un poco. Al ver la cara de Ignacio pensó: «Ignacio está sufriendo». Y ello matizó la voz de la maestra.

—¿Por qué no nos ayudas un poco, Ignacio? Todo esto es doloroso, terrible. Lo sabemos como tú. ¿Por qué no nos ayudas?

La voz de Olga le llegó a Ignacio envuelta en el humo del cigarrillo que la maestra fumaba. Un humo negro, fuerte, desconocido.

—¿Qué tabaco es ése? —preguntó Ignacio, tosiendo.

Los maestros guardaron un segundo de silencio.

—Lo siento, Ignacio —contestó Olga—. Es tabaco ruso.

Se volvió hacia el muchacho simulando naturalidad.

—Emboquillado, ya ves, para que pueda ser fumado con el guante puesto.

Ignacio comprendió que debía dominar su nerviosismo, que debía hacerlo en honor de Marta.

—Decidle a Marta que mañana irá Pilar a verla —se aflojó el nudo de la corbata—. Pensaré qué debo hacer.

Se les acercaron unos milicianos y al ver la bandera de la UGT en el radiador prosiguieron su camino saludando con el puño en alto. Ignacio carraspeó de nuevo.

—Eso del bombardeo de esta noche es una invención de Cosme Vila —le dijo David—. Por ahí estáte tranquilo.

Ignacio mintió.

—Ya lo estoy.

La cabeza de Olga se volvió enteramente hacia Ignacio. Los ojos de la maestra se derramaron por el rostro del muchacho. Ignacio los sintió como puede sentirse una verdad.

—Ignacio..., ¿no podemos ser amigos? Nos haces falta... —Ignacio miraba la manecilla de la puerta—. Dudamos mucho, ¿sabes? En realidad... no estamos seguros de nada.

—Con permiso, me voy —dijo Ignacio. Y se anudó la corbata.

—En todo caso te irás sin mi permiso —le retó Olga.

Ignacio mudó de expresión, se encolerizó súbitamente.

—Pero ¿se puede saber qué es lo que queréis? —Pegó un manotazo en el respaldo delantero, en el que David y Olga estaban apoyados—. ¿Qué queréis de mí? ¿Que te abrace? ¿Que abrace a David, flamante miembro del Comité Antifascista de esta inmortal ciudad?

La cara de Ignacio por un momento se desencajó. Y también la de Olga. En cambio, David se mantuvo sereno.

—Si mal no recuerdo —dijo el maestro—, no fue ningún miembro del Comité quien declaró el estado de guerra.

Ignacio miró con insolencia la nuca de David.

—Ya sé —replicó—. Me conozco la historia. Eso es lo que dice *El Demócrata* y lo que contáis a los periodistas extranjeros. Pero yo soy de aquí y he vivido minuto a minuto todo esto.

—También conocemos de pe a pa vuestra versión, la de las radios militares —dijo Olga—. Se sublevaron ellos para anticiparse, porque en noviembre iban a hacerlo los comunistas.

Ignacio asintió.

—Da la casualidad de que esa versión es la verdadera.

David se puso de perfil, sereno como antes.

—¿Y cómo puedes afirmar eso? ¿Te lo ha dicho algún jefe? ¿Te lo ha dicho Stalin? ¿Y precisamente en noviembre?

Otra bocanada de humo invadió a Ignacio y el muchacho la ahuyentó con la mano como si ahuyentara una mosca.

—¡Tira eso, Olga, por favor! Tira ese pitillo...

Olga obedeció. Luego se volvió hacia Ignacio. Su cara se apaciguó. En tono insólitamente dulce, dijo:

—Es la primera vez que me llamas Olga...

Al oír esto, Ignacio sintió ganas de quedarse. No supo lo que le ocurrió. Le invadió una especie de curiosidad voluptuosa. No era la primera vez que la proximidad de Olga mudaba en un instante su estado de ánimo. Una tarde, poco antes de terminar el Bachillerato, Ignacio en la escuela no hacía más que reír; bastó que Olga se plantara delante de él y le preguntara: «Sé sincero, Ignacio. ¿Qué te gusta más, reír o llorar?», para que el muchacho se desconcertase y se sintiera en condiciones de padecer en sí todas las penas del mundo.

En esta ocasión, sin embargo, influyó mucho el admirable control de David. La desazón de Ignacio no podía consentir que el maestro hablara, sin excitarse, de Stalin, del Comité y de las invenciones nocturnas de Cosme Vila. Rebaños de palabras pronunciadas entre los tres en la época de su amistad, caravanas de pensamientos elaborados con esfuerzo común vinieron a la mente del muchacho. Ignacio olvidó su prisa, olvidó incluso que Pilar estaba aguardándolo en el balcón.

—Lo que más me duele —empezó, como arrastrando las sílabas— es saber que cuando habláis de vuestro afecto sois sinceros.

—¡Caramba! —exclamó Olga.

—Sí, así es. Preferiría que fuerais unos farsantes.

David tocó un momento la llave del coche.

—Eso es un hermoso cumplido.

Ignacio añadió:

—Me duele, porque vuestra sinceridad demuestra precisamente hasta dónde llega vuestra obcecación. Habéis elegido un camino —volvió a arrastrar las sílabas— y para seguir adelante barreríais lo que fuera... Hasta os barreríais el uno al otro si hiciese falta.

A Olga se le escapó un comentario frívolo.

—Eres tú quien barre nuestra amistad.

Ignacio se encolerizó.

—Por favor, Olga. Pasarse el día con el puño en alto signi-

fica barrer mi amistad. Poner cruces en una lista de «facciosos» significa barrer mi amistad hasta el fin de los siglos.

David intervino.

—Calma, Ignacio. No hemos puesto ninguna cruz en ninguna lista —afirmó—. Ten calma...

Ignacio sonrió y se llevó a la boca otro pitillo, encendién-
dolo temblorosamente. Dio la primera chupada y al momento
Olga deslizó la mano y se lo robó con limpieza de los labios
para fumarlo ella. Ignacio la miró, se contuvo y se dirigió a
David.

—Se pueden poner cruces por complicidad... —dijo Ignacio, en tono firme—. Seguramente no habéis puesto ninguna
con vuestra propia mano y es probable que nunca apretéis el
gatillo de un arma; pero sois cómplices. —Se detuvo—. Sois
cómplices de la sangre que nos salpica a todos.

Las manos de David se inmovilizaron en el volante.

—¡Ignacio, modérate! —David iba a añadir algo más, pero
en el acto le sucedió lo que a Olga: por el espejo retrovisor vio
los ojos, coléricos y tristes, del muchacho y pensó: «Ignacio
está sufriendo.»

David afirmó.

—No somos cómplices de nada. Somos los mismos de
antes.

—¡Ya lo sé! —exclamó Ignacio—. Inseparables, perfectos...
La pareja íntegra.

—¿Qué hay de malo en ello?

Llegados a este punto, Ignacio se transformó, como en el
piso de la Rambla se transformara un día con ocasión de
aquella visita de mosén Alberto. Pareció dispuesto a soltar
todo lo que llevaba en el buche, y así lo hizo, ante la dolorosa
perplejidad de David y Olga.

—Ser íntegro puede ser algo malo, David... —comenzó—.
Los dos lleváis años marcando la pauta en el barrio y casi en
la ciudad. Vuestra actitud es ley para muchos; en tiempos, lo
fue incluso para mí. De modo que si Olga abofetea a una
monja en la Rambla, automáticamente el pobre Santi y con él
todos los pobres Santi que hay en Gerona, y los hay a montones, descubren no sólo que las monjas pueden ser abofeteadas,
sino que debe de ser higiénico hacerlo, una medida de seguridad. Y ahí se inicia la cadena..., cadena que en un país como
el nuestro desemboca fatalmente en el fusil. Todo cuanto os
diga sobre lo que yo os he querido sería poco. Os adoraba,

como ahora adoro a mis padres y a Pilar. Cada noche iba corriendo, saltando, a veros a la escuela y cada noche regresaba a mi casa pensando haber aprendido algo fundamental. Fue en la UGT donde empecé a sospechar que debajo de vuestro socialismo y de vuestras teorías latía un gran resentimiento. Las elecciones de febrero confirmaron mis temores; y ahora, ya veis... De un lado para otro con pañuelito rojo en el cuello y conduciendo un coche robado. ¡Oh, sí, han ocurrido muchas cosas desde que en San Feliu de Guixols, entre los pinos, les inculcabais a los alumnos que el olor de la cera es detestable! Habéis recorrido un largo trecho... Toda la vida clamando contra los fanáticos —¡cuidado con Mateo, cuidado con «La Voz de Alerta»!— y ahora vosotros lo sois más que nadie. Adorando la libertad, y he aquí que no permitís que vuestros enemigos puedan ser enterrados con ataúd y los acorraláis de tal modo que ni siquiera se atreven a ir sin escolta a trabajar. ¿Y todo para qué? No lo sé. ¿Qué esperáis que haya al final de estas banderas? ¿Un mundo mejorado? ¿Algún día Cosme Vila será mejor, lo será el Responsable? ¡Ale, contestadme! Aquí tenéis, detrás de vosotros, a un muchacho de carne y hueso que tiembla. No se trata de una pizarra verde ni de un manual de pedagogía; se trata de un hombre que está dispuesto a escucharos. Pero no podréis contestarme. Lo adivino en vuestra actitud. Sí, lo adivino porque hay noches así, como esta de hoy, transparentes, noches en que la gente sale en camiseta a la calle. De todos modos ¿por qué desgañitarme? ¡Habéis ya elegido, como elegí yo, como eligió César! El individuo ha dejado de contar para vosotros, sólo cuenta la colectividad. La ley del número uno os importa menos que las noticias favorables que pueda vomitar la radio. Éste es el alud que todo lo arrastra. Ninguno de vuestros compinches, de vuestros compañeros de revolución, lleva sombrero y los arquitectos Massana y Ribas disimulan incluso que son bien educados. ¿Qué sucede?, decídmelo. ¿Todo esto tendrá un día otro nivel? Si Dios no existe, ¿cómo será posible semejante milagro? ¡Herejes del mundo, uníos! ¡Todos los que trabajáis en las minas, en el campo, en el mar, uníos! ¡Uníos todos los que sufrís, los que os sintáis befados o injuriados! Es inaudito que no os deis cuenta de que se sufre por turno y de que lo que es injuria para mí no lo es para Padrosa o para la Torre de Babel. ¡Oh, no, no os impacientéis! Y, por favor, Olga, deja en paz a ese monigote... Voy a terminar. Sin embargo, antes quiero deciros una cosa, exponeros la razón que me ha movido a acusaros en esta noche bochornosa. No se trata de una idea, sino de un hecho, de un hecho vivido por mí en la primera madrugada: en el cementerio, bajo una luz gris, vi, alineados, cien cadáveres, y uno de ellos era el de César... ¡No, no insistiré sobre el particular! Sólo quería recordaros el número: ciento. Naturalmente, soy muy joven aún y, como veis, estoy demasiado triste para dedicarme a profetizar. Sin embargo, amparándome en lo que César, mi hermano, me dijo un día: «Ignacio, lo que más me hace gozar es sentir que amo», me atrevería a anticipar que, puesto que el camino que recorréis, ¡Dios sabrá por qué!, está teñido de rojo, lo más probable es que en fin de cuentas salgáis derrotados. Y no me refiero a la lucha, a la guerra, pues esto es imprevisible; quiero decir que perderéis vuestra felicidad.

Eso dijo Ignacio, y al terminar le ganó una súbita calma. ¡Qué calor! Pasaba gente secándose el sudor. Debajo de los arcos respirar sería más fácil. La vibración en el interior del coche parado era tal que se hubiera dicho que Ignacio seguía hablando o que el motor runruneaba. Olga subió el cristal de su ventanilla, no se sabía por qué.

Quien contestó a Ignacio, fue David. En cuanto el maestro tuvo la certeza de que Ignacio no añadiría nada más, pegó dos lentos manotazos al volante, como para indicar que le correspondía el turno. Y acto seguido habló. Hubiera hablado durísimamente, porque entendió que Ignacio había sobrepasado toda medida, a no ser que una y otra vez se estuvo repitiendo: «Está sufriendo.» Sí, entendió que Ignacio debía de haber sufrido también más allá de toda medida para ser capaz de insultarlos como lo hizo y de mostrarse tan poco ecuánime en el discurrir. Olga advirtió que David iba a tomar la palabra y recostó la cabeza en el respaldo, disponiéndose a escuchar.

—Ignacio..., todo lo que has dicho es un poco fuerte... Sí, has sido injusto. Me atrevería a decir que demasiado; y si las circunstancias fueran otras, ten la seguridad de que te contestaría de otra manera. ¡No, no te muevas! Y, por favor, no me digas: «Puedes contestarme como quieras.» No pienso hacerlo. Me hago cargo de que estás excitado; y de que ésta no es una noche bochornosa, sino una noche mala... Sólo quiero que sepas que has estado injusto. Has cargado sobre nuestras espaldas responsabilidades que no nos incumben bajo ningún pretexto. No hubieras hablado de distinto modo si fuésemos

Olga y yo quienes... ¡bueno, qué más da! Ahora resulta que incluso nuestra integridad es diabólica; y que los asesinatos de monjas provienen del insulto que Olga les dirigió cuando las elecciones de febrero. No, Ignacio, eso no es leal. Dos personas, aun tratándose de Olga y de mí, son pocas personas para haber desencadenado esta orgía. Parece lógico admitir que todos hemos sido culpables de uno u otro modo, y que el odio popular contra la Iglesia, para citar un ejemplo, la propia Iglesia ha ido labrándolo poco a poco; a base de errores, intolerancias y omisiones que tú mismo, en otros tiempos, catalogaste con extrema precisión. En cuanto a tu alusión a Santi, me ha dolido, créeme. Porque tú sabes bien que si Santi asfixió peces de colores y ahora anda con un fusil ametrallador, ello lo hizo y lo hace *a pesar* y no *a consecuencia* de cuanto le hemos enseñado. También en otros tiempos tenías presente, al juzgar, la importancia de la herencia y de la educación recibida en la niñez. Incluso creo recordar que resumías esto diciendo: «Las ideas se llevan en la sangre.» ¿Que somos cómplices? ¡Ah, quién lo duda! ¿Qué quieres? Vivimos ligados unos a otros por naturaleza. Lo extraño es que no recuerdes que quien te reveló esto fue Olga, cuando en la clase de Filosofía tratasteis del «alma colectiva». Bueno, podría seguir hablando, desmontando una por una todas tus acusaciones; pero ya te he dicho que no lo haré, por respeto a las circunstancias y porque me ha parecido ver en el balcón a Pilar esperándote... Sin embargo, te diré que lo que me ha movido a aceptar un puesto en el Comité, no ha sido la orgía de sangre de que has hablado, sino la defensa de unos principios que estimamos mucho más duraderos que las patrullas de milicianos. No, yo no voy al Comité a añadir más cruces de muerte en las listas, Ignacio, sino a borrar todas las que pueda. Y ojalá me hubiera sentado allí el primer día, y también Olga; tal vez hubiera menos luto en la ciudad, y de esta omisión sí deberías acusarnos. Claro está, te han herido en tu propia carne; pero nosotros seguimos creyendo que esto es una erupción, todo lo horrorosa que quieras; pero que peor sería el asentamiento fascista en España. De verdad que me siento más capaz de encauzar un día a Porvenir, incluso a Cosme Vila, que a Mateo y a «La Voz de Alerta». Porque Porvenir es un frívolo y Cosme Vila, a la larga, chocaría con el temperamento indisciplinado de las gentes del país; en cambio, Mateo y «La Voz de Alerta» no sólo saben lo que quieren, sino que tienen maneras expeditivas de imponer sus ideas. Ahí está la clave del equívoco. Los partidarios de la democracia nos vemos obligados, en determinado momento, a pedir ayuda e incluso a entregar fusiles a lo que el fascismo llama la «chusma», y que tal vez lo sea; es decir, a Teo y al Responsable. En cambio, cuando es el fascismo el que ataca, encuentra sus servidores entre gente bien vestida y de apariencia honorable; por ejemplo, mosén Alberto y el hijo de don Jorge. Gente «sin antecedentes policíacos». Visto desde un primer piso, no cabe duda sobre quién tiene razón; pero con miras a largo plazo, la cosa cambia. Eso es todo, Ignacio, eso es todo, por el momento... Creo que habrás comprendido nuestra postura. No estamos de acuerdo con nada de cuanto sucede ahora, el número uno sigue existiendo para nosotros y si en nuestra mano estuviera, zanjaríamos de un plumazo la situación; te devolveríamos a César, y tu padre podría irse a Telégrafos solo; pero puesto que nuestro país es así y no de otro modo, puesto que aquí nada puede llegar pacíficamente, tenemos que adaptarnos. Fuimos unos ilusos, desde luego, teniendo tanta fe en las pizarras verdes; pero, repito, no son éstas las que han declarado el estado de guerra, ni las que en Valladolid y Burgos y Galicia matan a tantos inocentes como puedan morir aquí. Tocante a lo último que has dicho, a la inevitable pérdida de nuestra felicidad, ¿qué te contestaré? Ignacio, no nos forjamos al respecto ninguna ilusión. Hace mucho tiempo que Olga y yo tenemos perdida la felicidad; la perdimos en el momento que heredamos de nuestros padres un cerebro que piensa. No nos mueve el egoísmo, estás en un error; nos mueven los pensamientos. Pensamos, y en consecuencia buscamos caminos difíciles y somos infelices. Pero ¿qué hacer contra esto? Es irremediable. Tú sabes bien que es irremediable, Ignacio, porque a ti te ocurre lo propio... Si no pensaras, no estarías ahora lo encogido que estás en el fondo de este coche que tú llamas robado..., y no nos habrías dicho cosas, repito, tan injustas. Pero la vida es así, y abrigo la esperanza de que un día nos comprenderás.

Ignacio no contestó. Ignacio no dijo nada. Estaba, en efecto, encogido, y le dolían las manos. Miraba a la nuca de Olga, a los arcos de la plaza. Pensó que tal vez en aquel momento caía una lluvia de estrellas.

Le invadió de nuevo un gran desánimo y de súbito decidió marchar. Cogió la manecilla de la puerta.

—Bueno, dejemos esto... —dijo, repentinamente. Y abrió la puerta y se inclinó para apearse—. Adiós, hasta otro día. —Se detuvo un momento y volvió a mirar a los dos maestros. Olga le sostuvo la mirada.

—Hasta otro día, Ignacio.

—Adiós.

El muchacho se apeó y las piernas le flojearon un momento. Luego echó a andar y casi se tambaleaba. Oyó el ronquido del motor del coche, éste pasó a su lado e Ignacio se dijo que en resumidas cuentas tal vez lo único cierto fuera lo que dijo David al final, que hacía mucho tiempo que los tres habían perdido la felicidad.

Al llegar a la Rambla, el altavoz del café de los limpiabotas tocaba *A las barricadas*. Como siempre, el himno le emocionó. Había luces en casi todas las ventanas, pues la orden de no cerrar las persianas se cumplía a rajatabla. Desde lejos vio la puerta de su casa, de la que salía Julio García.

Ignacio se paró un momento. No podía imaginar ni remotamente el motivo que hubiera podido llevar al policía a hacerles una visita. Aceleró la marcha, subió la escalera en un santiamén, y en un santiamén se encontró en el comedor de su casa, en el que reinaba, por primera vez desde el 18 de julio, como un temblor alegre.

Se trataba de Pilar. Julio García acababa de darles una gran noticia: el día 21 de julio Mateo llegó sin percance a Perpignan, en unión de Jorge. Sus nombres figuraban en la última lista que las autoridades francesas habían comunicado oficialmente al Gobierno Civil.

Ignacio intentó dominarse, vencer la fatiga mental que le había ocasionado su entrevista con los maestros. Pilar merecía eso y más. Atrajo hacia sí a su hermana y la besó en la frente.

—Gracias, Ignacio.

—Estoy contento, pequeña.

—Gracias.

Ignacio se acercó a su madre, y, como siempre, la besó en los cabellos.

—¡Hola, hijo!

Ignacio no se movía, no despegaba los labios de la cabellera de Carmen Elgazu.

—No tardes en felicitar también a don Emilio —le sugirió Carmen Elgazu—. Anda, hazlo ahora mismo, Ignacio.

¡Claro! ¡Qué tontería! Mateo era hijo de don Emilio Santos.

Ignacio cumplió al instante. De la mano de Pilar se dirigió al cuarto que don Emilio compartía con él. Abrieron la puerta despacio, para no asustarle. ¡Don Emilio estaba de pie, en el centro de la estancia, luciendo un pijama amarillo canario que en tiempos perteneció a Matías Alvear!

—¡Enhorabuena, don Emilio! Enhorabuena por lo de Mateo...

Don Emilio sonrió de tal forma que el amarillo del pijama rieló. Ignacio salió a su encuentro y abrió los brazos.

—Gracias, Ignacio... —Don Emilio lo abrazó—. Me daba en el corazón que esto llegaría un día u otro.

Continuaban abrazados. Ignacio no se atrevía a despegarse porque tenía la sensación de que don Emilio lloraba.

Pilar tuvo celos y se acercó.

—¿Y a mí no me quiere, don Emilio?

—¡Cómo! —don Emilio se libró de Ignacio y se dispuso a abrazar a la muchacha. Pero de pronto Pilar se escurrió riendo y se fue hacia la puerta.

—¡Ah, ja...!

Ignacio miró a don Emilio. La expresión del ex director de la Tabacalera era de beatitud. Ignacio recordó otra vez la frase de César: «Lo que más me hace gozar es sentir que amo.»

CAPÍTULO V

LOS ACONTECIMIENTOS SE PRECIPITARON y su complejidad era tal que incitaban por un lado a la fantasía y por otro aumentaban la credulidad. Todo era posible, todo verosímil. La gente más discreta se sorprendió a sí misma haciendo extrañas cábalas o esforzándose por presentar hechos absurdos como reales y provistos de lógica. Raras personas escapaban a esta ley de contagio.

Desde luego, quienes menos fantaseaban seguían siendo el general, el coronel Muñoz y el comandante Campos, pegados al mapa y a los datos de interés militar. Los tres jefes contaban, por añadidura, con informaciones de primera mano, no sólo a través de las reuniones de la Logia Ovidio, sino en virtud de los incesantes viajes a Barcelona que realizaban el coronel Muñoz y Julio García, donde tenía amistades en el mismísimo Comisariado de Defensa, particularmente con el teniente coronel de Aviación Díaz Sandino, jefe de cuantas operaciones se relacionaban con el arma aérea, y con don Carlos Ayestarán, jefe de los servicios de Sanidad.

El resumen de todos los informes captados por estos jefes demostraban que sus profecías no fueron erróneas. La palabra «guerra» empezaba a circular, aun cuando mucha gente creyera que el globo no tardaría en desinflarse. Se hablaba ya de «frente», de «línea enemiga», de «operaciones», «¡de estrategia!». El propósito de Mola —avanzar hacia Irún al mando de las tropas navarras— era llamado por algunos «frente Norte». El avance de Queipo de Llano —a punto, en efecto, de conquistar la ciudad de Huelva— se había convertido en «frente Sur». El «frente del Centro» consistía en los combates que se libraron en Somosierra y en la Sierra del Guadarrama entre los voluntarios de Renovación Española y de Falange salidos de Castilla, y los heterogéneos voluntarios salidos de Madrid. Sin embargo, el frente de que mayormente se hablaba era el «de Aragón», debido a la columna organizada en Barcelona por Durruti, con el propósito de tomar Zaragoza. Zaragoza era, desde luego, el quid, el objetivo clave, no sólo por su situación geográfica sino porque, según rumores, dentro de la ciudad esperaban no menos de treinta mil militantes anarquistas clandestinamente organizados y dispuestos a lanzarse a la calle en el momento preciso para facilitar la entrada de la columna salida de Barcelona.

Y no era eso todo, en opinión del coronel Muñoz. El H... Muñoz aportó pruebas según las cuales la intervención extranjera en el conflicto español había empezado, y había empezado, además, en los dos bandos. Efectivamente, el Gobierno de la República había mandado a París una comisión con el objeto de solicitar de Léon Blum y del ministro francés del aire, Pierre Cot, el urgente envío de cuarenta aparatos Potez. La gestión había tenido éxito, excepto por lo que se refería al reclutamiento de pilotos. A la vez, algunos voluntarios franceses y belgas habían entrado en España por la frontera de Hendaya, dispuestos a colaborar en la defensa del país vasco, amenazado por los requetés de Mola, que subían por Navarra. Y, lo que era más importante aún, en Praga se habían reunido a toda prisa el Komintern y el Profintern —con asistencia de delegados españoles, entre ellos la Pasionaria y Jesús Hernández—, acordándose la inmediata organización de actos de propaganda en toda Rusia y en una extensa red de fábricas y centros democráticos de otros muchos países, así como la creación preventiva de una brigada de cinco mil hombres voluntarios internacionales, con el material necesario para operar independientemente, y que se desplazarían a España si había lugar. Mientras, la ayuda a los rebeldes seguía un ritmo parecido. Su S.O.S. había conseguido de Mussolini el envío de unas escuadrillas de «Savoia 81» —se ignoraba el número exacto de aparatos—, los cuales, ¡qué remedio!, habían aterrizado en África y fueron destinados, sin pérdida de tiempo, a transportar fuerzas de Marruecos a la Península. Referente a la ayuda de Hitler, nada se sabía en concreto; en cambio, Portugal había empezado a actuar, ofreciendo sus puertos y abriendo su frontera terrestre para el paso de las armas y hombres que los rebeldes consiguiesen.

La reunión o trabajo de la Logia Ovidio, durante la cual se expusieron formalmente estos y otros hechos, tuvo lugar en la calle del Pavo el 6 de agosto, fiesta de la Transfiguración de Jesús. El H... Julián Cervera tenía siempre el capricho de convocar los Trabajos extraordinarios en días que el calendario católico estimaba gozosos. No faltó a la cita ni uno solo de los Hnos..., ni siquiera Antonio Casal, quien no acababa de comprender que, en medio de tan sangrantes sucesos, en la Logia tuvieran que llevar aún guantes blancos.

El coronel Muñoz, hablando en nombre de los militares reunidos en aquel Trabajo gerundense, subrayó su temor de que la participación extranjera en la lucha iniciada en España perjudicara más que beneficiara al Gobierno de Madrid, por la sencilla razón de que no había la menor garantía de que los hombres que defendían la República hicieran buen uso del material que se recibiera, en tanto que los rebeldes, militares profesionales, aprovecharían sin duda hasta el último cartucho.

—La situación es la siguiente —informó el H... Muñoz—: Las fuerzas que combaten a nuestro lado carecen de unidad. Son guerrilleros que acuden aquí y allá sin plan estratégico, al buen tuntún, lo mismo en el Sur que en Madrid, que los que se disponen a salir para Aragón. Su indisciplina e ignorancia son totales, por carencia de mandos. Los únicos oficiales de que se dispone son los oficiales llamados «de dedo», o sea, nombrados por el simple requisito de señalarlos con el índice: «tú, teniente», «tú, capitán».

»En Somosierra, las decisiones militares se toman por mayoría de votos. Casi siempre impone su criterio el que tiene mejor voz. Cualquier mequetrefe se atreve a planear victorias delante de un mapa, y al parecer incluso en el Ministerio de la Guerra hay quien defiende la tesis de que un limpiabotas puede revelarse de pronto como un estratega genial. El carácter voluntario de los milicianos les permite negarse a obedecer, contestar «no me da la gana» o simplemente tirar en cualquier momento el arma y largarse a la retaguardia.

»Tocante a las matanzas de oficiales de Tierra, Mar y Aire que han tenido lugar, pueden considerarse suicidas. El balance es el siguiente: están en nuestro poder la mayor parte de las unidades navales y la totalidad de los puertos del Mediterráneo y del Cantábrico, pero carecemos de un solo hombre que sepa lo que es un timón. En la base de Cartagena el sacrificio de oficiales marinos fue masivo, faltando datos certeros sobre otros lugares. ¡Y la Escuadra es la fuerza decisiva, dada la longitud del litoral! En cuanto al arma aérea y a la artillería, huelgan comentarios. En el frente de Córdoba se han dado casos de artilleros que han disparado contra nuestras propias líneas y otros que, en vista de que el cañón disparaba demasiado lejos, han recurrido al inteligente ardid de recular el cañón.

El H... Muñoz sacó una cuartilla y la leyó para sí antes de proseguir. Se daba cuenta de que su exposición interesaba, por lo que el tono de su voz se iba solemnizando cada vez más.

—El H... Díaz Sandino, de la Logia Nordeste Ibérica, de Barcelona, teniente coronel de Aviación, informa que un aviador «leal» llamado Rexach, el día primero de agosto despegó por su cuenta del aeródromo del Prat y se fue a bombardear Ceuta. El H... Carlos Ayestarán, nuestro querido H... Ayestarán, de la misma Logia Nordeste Ibérica, jefe de los servicios de Sanidad de Barcelona, informa que los milicianos se llevan al frente a sus mujeres y que en Asturias los mineros llevan a cabo las emboscadas nocturnas por el inconcebible sistema de avanzar hacia los puestos enemigos cantando a pleno pulmón *La Internacional*.

»Los ejemplos podrían multiplicarse, pero no hace falta. Se enviará a cada H... de la Logia Ovidio un memorándum completo. De momento sólo añadiré, porque ello afecta a Gerona, que los nombres adoptados por los batallones o centurias que se están organizando en nuestra ciudad, y que han empezado a acampar en la Dehesa, son más elocuentes que mis cuartillas. Centuria «Germen», capitaneada por Porvenir. Centuria «Los Chacales del Progreso», capitaneada por Gorki. Centuria «Las hienas antifascistas», cuyo mando se disputan Murillo y el Cojo, etcétera.

El H... Muñoz dejó las cuartillas, se quitó las gafas y mirando al auditorio concluyó:

—Personalmente, nada de lo especificado me parece cómico, sino lo contrario, y me atrevo a desear que el H... Julio García comparta mi criterio y reserve sus expresiones irónicas para otras circunstancias menos graves.

Se hizo un gran silencio. El coronel Muñoz bajó del estrado y se dirigió a ocupar su silla muy cerca de la columna Jakim. Acto seguido, se levantó el H... Julián Cervera, que presidió el Trabajo, el cual pasó a enunciar algunas sugerencias aconsejadas por los hechos que el H... Muñoz acababa de revelar y de los que él había sido previamente informado.

Primera sugerencia: Enviar a Madrid, al Gobierno de la República, y a Barcelona, al Gobierno de la Generalidad, un nuevo mensaje de adhesión de la Logia Ovidio.

Segunda sugerencia: Enviar a las principales logias de Francia, Inglaterra y los Estados Unidos un detallado informe sobre la situación en la zona, recargando un poco los signos adversos.

Tercera sugerencia: Informar a dichas logias de la ayuda que Portugal presta a los militares sublevados, así como del incalificable apoyo que, en las primeras noches de la revolución, prestaron los faros del Peñón de Gibraltar a los convoyes fascistas procedentes de Marruecos, que cruzaron el Estrecho con tropas regulares y material abundante.

Cuarta sugerencia: Poner el veto a la admisión de mujeres en los frentes de lucha, en primera línea, y destinarlas a servicios auxiliares.

Quinta sugerencia: Aceptar el ofrecimiento de dos ambulancias y de un tren de medicamentos ofrecidos por las Logias de París y delegar al H... Julio García para dar cuenta de ello, en Barcelona, al H... Carlos Ayestarán, jefe de los Servicios de Sanidad.

Sexta sugerencia: Suplicar al comandante Campos, prestigioso artillero, y al doctor Rosselló, cirujano ilustre, que se incorporen a las milicias gerundenses prontas a salir para el frente de Aragón, integradas en la columna Durruti.

Terminada la lectura, el H... Julián Cervera se sentó, sin hacer comentarios, y acto seguido abrió el debate y la rueda de preguntas.

Julio García fue el primero en intervenir. Dirigiéndose al coronel Muñoz, le pidió disculpas por sus expresiones anteriores, fruto de la incorregible manía de buscar el aspecto satírico de las cosas. «Perdóneme usted», repitió Julio, inclinando la cabeza. El H... Muñoz la inclinó a su vez y el incidente se dio por terminado.

A continuación intervino el comandante Campos. Apenas se puso en pie, todos los asistentes advirtieron que la sugerencia de que se alistara para ir al frente le había producido, tal vez a causa de su avanzada edad, un *shock* nervioso. Manifestó que estaba dispuesto. «A la orden», dijo. Su voz fue enérgica, pese a que en el momento en que el H... Julián Cervera lo nombró tuvo la corazonada de que moriría en la aventura. No sabía por qué, pero en seguida se imaginó en el fondo de un barranco rojizo de Aragón, cerca del puesto de mando de Durruti, desangrándose junto a la batería que le había sido asignada.

A continuación habló el H... Rosselló. El H... Rosselló aceptó también la sugerencia que le fue formulada. No era valiente, jamás lo fue. Sin embargo, su vida personal se encontraba en un período tan caótico, que pensó en la posibilidad de que aquella decisión volvería a darle un sentido. La fuga de su hijo Miguel con camisa falangista y la indiferencia con que le trataban sus dos hijas desde el estallido de la revolución, le tenían anonadado. Al escuchar la sugerencia del H... Julián Cervera se dijo que tal vez pudiera hallar la recuperación entregándose a lo suyo, a la cirugía. En el frente, un cirujano podía no sólo hacer bien, sino ejercitarse profesionalmente como en ningún otro sitio. ¡Se encariñó con la idea! Desde su puesto miró al comandante Campos y enlanzando las manos le envió un fraternal saludo.

Los restantes asuntos fueron de trámite. Los arquitectos Massana y Ribas pidieron que se hiciera pública la protesta de la Logia Ovidio contra los asesinatos cometidos por los Comités de Gerona y provincias. Se les contestó que ello era de lamentar, pero que no procedía darle forma oficial y colectiva. Antonio Casal preguntó si la consigna referente a su labor en el seno del Comité seguía siendo la misma: «La misma —le contestaron—. Procure usted conciliar los criterios, conseguir la unidad.»

Se dio por finalizado el Trabajo. Los H... de la Logia Ovidio fueron saliendo por parejas. Julio invitó a Antonio Casal a tomar un café en el bar de los futbolistas, en el que Ignacio en tiempos iba a jugar al billar.

—Menos mal —le dijo el policía al jefe local de la UGT— que no soy ni artillero ni cirujano. ¡En buen lío me hubieran metido!

Antonio Casal sonrío.

—¿No le gustan a usted las balas, Julio?

—¡A mí, sí! —exclamó el policía—! ¡Me pirro por ellas! Es por mi mujer, ¿comprende?

Antonio Casal volvió a sonreír y Julio García, mirándolo, levantó la taza de café y dijo: «A su salud, mi querido socialista.»

Al margen de la opinión de los militares, era palpable que la inesperada, fulminante noticia de que en Gerona y provincia quedaba abierto el reclutamiento de voluntarios para el frente de Aragón —y la no menos fulminante y favorable respuesta— había sacudido como un reguero de pólvora a la «masa neutra» de que David y Olga hablaban y a todas las fuerzas revolucionarias. La ciudad entera comprendió que «aquello» confería a los hechos un nuevo significado. Cada voluntario se respetó más a sí mismo. Cada patrulla o ronda entendió que lo que se había hecho y seguía haciéndose en nombre del pueblo —el «hartazgo» previsto no llegaba— estaba justificado. Muchos remisos exclamaron: «¡Claro, claro! ¡Hay que ir hasta el final!» Canela le dijo a su patrona, la Andaluza: «Me despido, abuelita. Me voy con Murillo al frente de Aragón.»

Como fuere, era preciso reconocer que el general, al definir a los milicianos como meros «asesinos de gente indefensa», pecó de superficial. He aquí que muchos de ellos estaban dispuestos a dar la propia vida por la causa que defendían, como la habían ya dado, en otros lugares, muchos de sus camaradas. ¡Sí, ahí estaban, alineados en la Dehesa, el Cojo, Ideal, y Teo, y Murillo, y tantos y tantos...! Y no cabía ironizar, como hacían los compañeros de trabajo de Ignacio, que la mayor parte «se iban al frente como quien se echa al ruedo en una novillada».

Existía, ¡cómo no!, un punto de alegría inconsciente y contagiosa; pero en el fondo cada cual sabía que las culatas de los fusiles suelen ser, incluso bajo el sol, misteriosamente frías, y el propio Porvenir, por encima de su alucinante aspecto —en taparrabos en lo alto de un camión y dando órdenes con un micrófono en la mano— sabía perfectamente, por sus escaramuzas en Barcelona, lo que es el miedo y cómo retumba el mundo, sobre todo el mundo interior, cuando alguien que está enfrente de uno dispara con un fusil.

Quien más convencido estaba de la gloriosa legitimidad de todo esto era el Responsable. Sin la menor duda, el Responsable vivía su momento estelar. No tenía remordimientos. ¿Para qué? Una imagen sepultaba a la otra. Al recibir el encargo de Durruti: «Organízame esto», su guerra se confundió con su cerebro. Quiso ser el primero en alistarse, pero todos cuantos le querían, empezando por sus hijas, procuraron disuadirlo y lo consiguieron. No era sensato dejar la ciudad en manos de Cosme Vila. Irían al frente sus colaboradores más próximos, los jefes de los comités de los pueblos, etcétera. ¡Oh, sí, qué triunfo para la organización! Era hermoso ser anarquista. El Responsable evocaba su infancia, las pomadas que vendió. Ahora mandaba a sus hombres a la línea de fuego y él permanecería en la retaguardia empujando cada vez más la revolución.

Acaso el instante en que paladeaba más rotundamente su triunfo era a última hora de la noche, cuando se retiraba a pie por las calles solitarias, al lado de Porvenir. Su meta era la céntrica casa de don Jorge, en la que, de momento, se había instalado. En cada esquina, en cada metro de la ciudad veía muestras de la labor que CNT-FAI llevaba a cabo.

—¡Y pensar —decía el Responsable—, que dudabas en venirte a Gerona!

—Lo hice a cara o cruz —admitía Porvenir—. No tengo perdón.

—Ahora, ya ves... Se ha trabajado.

—Cosme Vila está que arde.

—Y lo que arderá.

Marcaban una pausa y miraban a las estrellas.

—Es un verano de aúpa...

—¡Qué importa! Sería invierno y tendríamos el mismo calor.

Seguían andando.

—Y en Zaragoza, treinta mil camaradas esperando...

—Poco esperarán.

Se detenían para frotar las suelas de sus alpargatas contra el bordillo de la acera o para proyectar con el índice la colilla en la pared. A veces, el Responsable volvía la cabeza y veía a Porvenir haciendo gimnasia: «Uno, dos, uno, dos.»

—No seas mameluco.

—Me parieron así.

—¿Hacemos pis?

—Bueno...

—¡No! Aquí no. A lo mejor hay monjas en estas cloacas.

Si descubrían una patrulla de milicianos, se hacían los encontradizos para conocer la consigna de turno.

—«El Papa es un cabrón.»

—«Arriba Carlos Gardel.»

—¡Salud!

—¡Salud!

El piso de don Jorge atraía al Responsable. Éste llegó a la conclusión de que los burgueses sabían vivir. Cada noche, al acostarse, decía lo mismo: «Don Jorge se conocía a fondo la anatomía.» Le gustaba bromear. Con los damascos rojos abrillantaban las pistolas y Porvenir se las ingenió para que, tirando de un cordel, las dos armaduras del vestíbulo levantaran el brazo de tal suerte que daban la impresión de saludar puño en alto.

Llegados frente a la casa, miraban a los balcones y bostezaban.

—No me acostaría. Me quedaría aquí.

—Hale, que mañana hay faena.

El Responsable decía esto precisamente en el momento en que se sentaba en la acera y estiraba las piernas.

—Que me zurzan si te entiendo —argüía Porvenir, empezando a doblar las rodillas para sentarse también.

Las estrellas los miraban.

Cosme Vila vivía un momento más confuso... Seguía siendo el miembro del Comité que más tarde se acostaba. Cada noche, al oírlo entrar, su esposa le preguntaba: «¿Qué hora es?» y Cosme Vila, mientras se quitaba el ancho cinturón y echaba una mirada al pequeño, le contestaba: «Las tres...», «Las tres y media...», «Las cuatro...».

Cosme Vila hubiera deseado que quien organizase la columna para Aragón fuese el Partido Comunista; pero Durruti se le anticipó, lo cual significaba, ¡a qué negarlo!, un prestigio inmenso para el Responsable. Ahora los militantes del Partido que se habían alistado, así como los socialistas y los muy escasos de Izquierda Republicana y Estat Català, tendrían que montar en camiones anarquistas. Él hubiera querido contrarrestar el golpe, dando personalmente ejemplo, alistándose el primero, pero las instrucciones de su jefe inmediato, Axelrod, fueron terminantes: «No hay prisa.»

«No hay prisa.» Era la consigna habitual, que le recordaba a Cosme Vila la tortuga que tenía Julio García. Ya Vasiliev se lo dijo una vez: «En España hay tanta impaciencia, que el que consiga dominar sus nervios y hacer las cosas con serenidad acabará adueñándose del cotarro.» Sin embargo, si era la FAI la que conquistaba a Zaragoza... Cosme Vila consideraba muy doloroso que al cabo de tantos esfuerzos la autoridad moral pasara a manos de anarquistas y el símbolo del heroísmo fuese la bandera de la CNT.

Axelrod, hombre de cincuenta años, nacido en Tiflis, se había reído de tales escrúpulos. Axelrod tenía una frase de Lenin para responder a cada una de las dudas de Cosme Vila. En su último viaje a Gerona advirtió que el jefe gerundense estaba obsesionado por el deseo de vencer, y le salió al paso con dureza: «¿Victoria? ¿Qué importa la victoria? Nosotros somos realistas y prácticos. Ningún jefe debe creer que hemos de ganar necesariamente. Lo esencial es atraer a la masa cada vez más.» Este texto de Lenin desconcertó por completo a Cosme Vila, como le desconcertó enterarse por boca de Axelrod de que el promotor de la revolución rusa citaba a menudo a Cristo en sus discursos y escritos. «Para la masa, consignas simples, querido Cosme. Pero los jefes han de ser útiles, entiéndeme...»

Cosme Vila se aplicaba cuanto podía. Pero Axelrod le causaba desasosiego: Vasiliev era cien veces más transparente, lo que acaso se debiera a que hablaba mejor el español. Axelrod era el símbolo de la contradicción. Cara redonda y mejillas rosadas, a lo burgués; parche negro en un ojo, como los piratas; sombrero a lo *gangster* de Chicago; traje de corte impecable. Axelrod era el primer ruso que Cosme Vila veía vestido con gusto occidental. Su voz era más bien débil, pero todo cuanto con esta voz expresaba eran martillazos. «Halaga la

vanidad de Morales y jugarás con él como con un muñeco.»
«Manda a Gorki al frente, aquí te traería complicaciones.»
«Procura que Teo y la Valenciana sigan como hasta ahora,
peleándose y queriéndose.» «Necesitas una energía furiosa,
cada vez más furiosa.» «Lenin detestaba a los que se pasaban
medio año hablando de bombas sin construir una bomba siquiera.» Axelrod no parecía feliz. Había en su boca un rictus
de tristeza. Morales decía que todos los rusos estaban tristes
porque no sabían si eran asiáticos o europeos, y tampoco sabían si tener un territorio tan inmenso era una bendición o un
castigo. Axelrod daba la impresión de observar las fórmulas
como un autómata, lo mismo si en su interior las aprobaba
como si no. «¿Serás capaz de entender esto? —le preguntó a
Cosme Vila el mismo día de agosto en que la Logia Ovidio
celebró su sesión, es decir, el día de la Transfiguración de
Jesús—. Mi perro me obedece aunque tenga ideas distintas a
las mías. ¡Ahora nos toca ser perros! Luego vendrá la segunda
etapa.» El lugarteniente de Axelrod, Goriev de nombre, fumaba sin parar los mismos pitillos que Olga, pitillos rusos, largamente emboquillados, aptos para ser fumados con guantes.

Cosme Vila se parecía al Responsable en una cosa: tampoco tenía remordimientos. Su memoria era prodigiosa, seguía
creyendo que las lágrimas son agua y que era preciso exterminar al adversario. Con todo, le ocurría algo singular: estaba
menos seguro de sí mismo de lo que la ciudad entera suponía,
detalle que no se le había escapado a Axelrod. Había transcurrido tan poco tiempo desde que leía a Marx a escondidas
en el Banco, que de pronto dudaba de que su preparación
personal estuviese en consonancia con el empuje arrollador de
la obra que había puesto en marcha. ¡El menor error —sobre
todo psicológico— se pagaba tan caro! Lenin había dicho:
«¡Busquemos a la juventud!» Pero he aquí que había personas
que envejecían en un día.

Cosme Vila le temía a la multitud tanto como a la sociedad, a la calle tanto como a su despacho. En la calle le intimidaba el continuo saludo de los milicianos: «¡Salud!» «¡Salud!»,
y no conseguía hacerse a la idea de disponer de un coche. En
el despacho del Partido le intimidaban los nuevos carnets que
cada mañana tenía que firmar. Cierto, el desfile de las fotografías de carnets lo inquietaba sobremanera. Aquellas frentes
estrechas, aquellos ojos y aquellas mandíbulas y orejas denotaban enfermedades de siglos, «silbaban hambre», como dijo

en cierta ocasión Antonio Casal. El fichero era más profundo que el de los suicidas que tenía Julio García, y la momificación de aquellas caras barría toda esperanza de elevar su nivel en una generación.

Soledad... Cosme Vila sufría, en el fondo, de una indecible soledad, lo cual hubiera también sorprendido a todos sus colaboradores, excepción hecha de Morales. Sí, el catedrático Morales, irónico y miope, a menudo leía en Cosme Vila como la nieve que cae leve en la tierra. En realidad, era el confidente de Cosme Vila, el único con el que éste gustaba de platicar a la manera que hacía el Responsable con Porvenir. Su hora preferida era la caída de la tarde, y el lugar el coche del Partido, que Crespo, ex taxista, conducía con maestría hacia las afueras de Gerona, por la ruta de Figueras.

Siempre les ocurría lo mismo, empezaban hablando de insignificancias para que descansase el cerebro, pero apenas se veían rodeados de árboles, de llanura, y desaparecían las cosas, iban ciñendo los temas hasta desembocar en lo de siempre: la revolución, la atención al detalle, la necesidad de la disciplina y el punto de evolución ciega que había en la naturaleza.

—Lo que me molesta de ti —decía Morales— es que no tengas sentido del humor. Axelrod es serio, pero tiene sentido del humor. ¿Cuándo te reirás? ¿Te cuento un chiste?

Cosme Vila negaba con la cabeza y lamentaba que no le gustase fumar.

—Eso no me preocupa. Me preocupa otra cosa. —Hacía una pausa mientras el coche rodada—. Vivir el presente pensando siempre en el futuro. ¿Me comprendes, Morales? No muevo un dedo sin intención.

—Ya comprendo —decía el catedrático—. Te gustaría hacer algo porque sí...

—Exacto.

—Los que hacen las cosas porque sí acaban deseando hacerlas con una intención...

—¡Bueno! ¿No existirá el término medio?

Morales se frotaba las manos como si gozase.

—No creo.

Al llegar a un determinado punto de la carretera que conducía a Figueras, Cosme Vila golpeaba con una lápiz el cristal intermedio del coche, y Crespo, el conductor, le daba media vuelta.

—Tenemos que mandar a Gorki al frente.

—Me alegro.

—¿Por qué?

Morales se reía.

—Permite que me alegre porque sí.

Continuamente veían, manchando el paisaje, carteles revolucionarios.

—De todos modos, todo esto es hermoso... ¡Hay que ver!

—A mí me divierte mucho —comentaba Morales.

—Divertir no es la palabra.

—¡Psé...! No irás a darme lecciones de léxico.

Antonio Casal —el miembro socialista del Comité— vivía un momento de angustiosa perplejidad. Obsesionado por el pesimismo de que daban muestras en la Logia los tres jefes militares, a él no le importaba quién fuese el promotor de la columna dispuesta a salir para Zaragoza, sino la posibilidad de que ésta fracasase. Julio García, al despedirse de Antonio Casal después de su charla en el café de los futbolistas, llegó a la conclusión de que el jefe socialista no había nacido para tomar parte activa en una lucha armada. «Los tres hijos cuentan», se dijo el policía.

Casal seguía siendo un fanático de las estadísticas y de la economía. Todo lo convertía en números, como la tramontana lo convertía todo en cielo visible. El testimonio de la Logia respecto a la intervención extranjera en ambos bandos le dio vértigo. Estaba convencido de que nadie regalaba nada y que lo mismo los aviones Savoia italianos que los Potez franceses serían cobrados de una u otra forma por las respectivas naciones. ¿Cuánto le costaría a España un día de guerra? Imposible calcular. Antonio Casal le había preguntado al comandante Campos el coste de una simple bala de fusil y la respuesta le puso carne de gallina. «Es muy sencillo —le había contestado el jefe artillero, sacando cuentas con los dedos—. Vamos a ver. Cada hombre que tus amigos fusilan... cuesta unas seis pesetas.» El comandante añadió: «Tiro de gracia aparte.»

No obstante, la mayor perplejidad de Antonio Casal se la producía, más que aquel despilfarro, el valor... El arrojo, la valentía... La valentía de que daban pruebas tantos y tantos hombres a lo largo y a lo ancho del país. Él también hubiera querido alistarse —tenía en David un buen reemplazante en la

UGT—; pero la sola palabra «alistarse» le acoquinaba. Claro que era el mejor tipógrafo de la ciudad y que sin él no aparecería día tras día *El Demócrata*; pero le dolía ser cobarde. Sí, Casal entendía que hacía falta mucho arrojo para morir e incluso para matar. Cuando leyó que en Andalucía un conductor de tren se voló a sí mismo junto al convoy que transportaba soldados rebeldes, se quitó con respeto el algodón de la oreja. «Seré distinto a los demás —le confesaba a su mujer—. ¡Pero yo no sería capaz! No, es inútil. No sería capaz.»

Casal era paradójico. Toda su actuación venía determinada, condicionada, por la arraigada creencia de que Ignacio habló, de que lo singular, lo individual, estaba destinado a desaparecer; que más tarde o más temprano sería barrido por el signo de los nuevos tiempos, que a su entender era la socialización. A David y Olga les había dicho repetidas veces: «La socialización es un hecho inevitable. Todo lo personal desaparecerá como desaparece un pajar cuando sopla un huracán.» Pues bien, él sufría por los hombres uno por uno, empezando por su hijo más pequeño y terminando por esos hindúes melenudos y ascetas, por esos hombres sin edad, de costillas al aire, que aparecían retratados en *El Tradicionalista*, al lado de los misioneros occidentales.

La ventaja de Antonio Casal sobre Cosme Vila y el Responsable era que su capacidad de admiración no tenía límites. Vaciló tanto desde que tuvo uso de razón, que los que pisaban fuerte le daban envidia. De Cosme Vila opinaba: «Camina como si supiera adónde va», y lo mismo creía de David y Olga. En cambio, no acababa de entender a los masones de la Logia Ovidio. ¿Qué pretendían, en el fondo? ¿Eran demócratas? ¿Eran demócratas el coronel Muñoz, Julio García, los arquitectos? ¿Por qué tanta jerarquía, tanto protocolo? ¿Por qué los guantes blancos? De todos los gobernantes de la República, a quien más admiraba era a su jefe socialista, Indalecio Prieto, cuyos actos denotaban por partida doble el talento de un dirigente nato y la perspicacia y la experiencia de un hombre de negocios del Norte. Además, Prieto era el único que había sido capaz de pedir, en una alocución radiofónica, piedad para los vencidos.

Antonio Casal tampoco tenía remordimientos... Sus manos estaban intactas. Por otra parte, la causa final era justa. Llevaba años sintiéndolo así en la entraña. Desde niño. Desde que sus padres se comieron la paloma que se posó en el alféizar de la ventana. Pero ocurría que, pese a su carácter exaltado y a sus manos nerviosas, era un teórico; y en la práctica surgían costras, tumores, chocantes pulpos que no figuraban en los textos. Sin embargo, él cumpliría con su obligación y la UGT seguiría su camino, lo mismo que, callada y monótonamente, la imprenta de *El Demócrata*. Sí, seguiría luchando contra la «superstición, la ignorancia, el atraso y la acumulación del capital en manos individuales».

Murillo consiguió un puesto en el Comité. Pese a la obstinación de Cosme Vila, el jefe trotskista de Gerona, camarada Murillo, se sentó a la mesa y dispuso de una silla y un lápiz. «No te preocupes —le dijo con seriedad a Cosme Vila—. Pronto me iré al frente.» Cosme Vila le contestó: «Hasta que lo vea.»

La situación de Murillo era diáfana. En contacto con el jefe trotskista de Barcelona, Andrés Nin, había decidido organizar en Gerona el POUM con toda formalidad. Andrés Nin le causó una gran impresión y puso la primera piedra para que el indolente Murillo, con su cabello y su bigote lacios, con su mirar bovino, empezara a comprender el mundo laberíntico y vario del «viejo Trotsky», como Andrés Nin le llamaba.

Ya tenía local: el piso que fue de Mateo. Y tenía despacho: el que fue de Mateo, en el que sólo habían quedado el pájaro disecado y unos libros, ¡uno de los cuales contenía textos seleccionados de Trotsky! No le faltaba sino prestigio, firmeza. Y Murillo estaba convencido de que sólo una estancia un poco larga en el frente, en primera línea, podría proporcionarle la necesaria aureola para captarse la voluntad de los hombres hasta entonces insatisfechos. «Me voy al frente, regreso con un par de condecoraciones, y a trabajar.»

Murillo se había tomado aquello muy en serio. Le faltaba formación, claro que sí. Pero meses antes no sabía siquiera lo que significaba «formación». La suerte quiso que en la biblioteca de Mateo diera con aquellos textos de Trotsky, a los que precedía una pulcra biografía del disidente ruso. Murillo se pasó veinticuatro horas tumbado en la cama de Mateo, leyendo casi sin parar, bebiendo más café aún que mosén Francisco. ¡Cómo se emocionó! ¡Qué coincidencias en el espacio! Para empezar, Trotsky había nacido el 26 de octubre de 1877, es decir, el mismo día que estalló la primera revolución rusa. Luego, el «viejo Trotsky», con su poderosa cabeza y su barbilla de chivo, había escrito mucho tiempo atrás cosas que ahora, en España, adquirían turbadora actualidad. «Hay que aunar las energías revolucionarias de los obreros y los soldados.» «Un hombre débil puede convertirse en fuerte, en gigante, si encuentra su lugar.» ¡Trotsky había sido expulsado de la escuela! Trotsky se había mofado también, aparatosamente, de la Eucaristía...

Murillo contaba con la adhesión de Alfredo, el andaluz «representante directo del pueblo» y un total de doce afiliados. Cerrado el libro de Trotsky, se fue al lavabo y se miró al espejo. No sabía si iba a convertirse en héroe o en lo contrario. Tal vez le faltara estímulo para dialogar con alguien... Alfredo y Salvio eran demasiado tajantes. Andrés Nin le había dicho: «Actúa siempre como si un millón de muertos te estuviera contemplando.» Sí, claro... ¡Si Canela quisiera acompañarlo al frente! La muchacha se lo tenía prometido, pero era tan caprichosa...

Murillo había cubierto el balcón de la fachada con un gran letrero: POUM. Él dormía en la cama de Mateo. En la cama de don Emilio Santos dormía Salvio, y cuidaba de ambos la criada Orencia, la cual seguía denunciando a diario por lo menos a un par de «fascistas».

El inmueble estaba situado en la plaza de la Estación. Pilar iba con frecuencia a sentarse un rato delante del edificio. Si Murillo salía al balcón, lo miraba con una mezcla de odio, repugnancia y celos. En una ocasión Murillo salió a la calle y pasó cerca de Pilar. Ésta se dio cuenta de que el jefe trotskista llevaba unos zapatos de Mateo y se levantó emocionada y lo siguió largo trecho, procurando pisar por donde el cansino bigotudo pisaba.

Sin embargo, las diferencias de matiz entre uno y otro dirigente no contaban. Todo quedaba anegado en una realidad concreta: unos centenares de milicianos se hallaban ya acantonados en la Dehesa, a punto de marchar. Procedían de los cuatro ángulos de la provincia. La llamada por radio se había parecido a los tan-tan africanos de la que el doctor Relken habló en su conferencia memorable.

Muchos taparrabos..., ¡qué importaba! Alpargatas abiertas..., ¡el detalle carecía de valor! Los camiones estaban allí, veintidós, en fila india. Habían sido requisados en los garajes y ahora los inmensos árboles de la Dehesa parecían extender sobre ellos su malla protectora.

Holgaba registrar nombres: todo ello se haría en Barcelona. El momento de recibir el plato de aluminio, la cuchara y la cantimplora fue emocionante para todos. Los tres adminículos situaron a los milicianos más directamente que el fusil, al que ya estaban acostumbrados. ¡Ah, el repiqueteo del aluminio bajo los millones de hojas verdes! ¡Y qué amistades se liaban en un santiamén!

—Tú... ¿Vamos juntos?

—¿Por qué no?

—Me llamo Lucas.

Se oían risas, y aquí y allá había milicianos que soltaban por su cuenta y riesgo largos discursos. Eran los que querían sobresalir, zafarse del anonimato. «¡El que no quiera jugarse esto —palmada en la mejilla—, que se vuelva a casita!» «¡A mi mujer la he dejado con un candado entre las piernas! ¡A ver si no!» Había milicianos que iban recorriendo los grupos, estrechando la mano de los desconocidos. Un muchacho con pecas, ligeramente jorobado, iba preguntando a unos y otros: «¿Qué sucedería en el mundo si de pronto resultase que todo el dinero es falso?» Y otro decía a los que iban llegando: «Pues a mí, sólo me interesa Hernán Cortés.»

No se veían tantas mujeres como los comentarios del general y del coronel Muñoz hicieron suponer. De los pueblos habían bajado un par de docenas, con mejillas como manzanas y mono azul, con pantalones muy anchos. El gorrito era arbitrario. A unas les sentaba muy bien, a otras muy mal. El Cojo deambulaba a su alrededor pellizcándolas. «¡Eh, so bruto! ¡Que tengo dueño!» El Cojo pensaba: «¿Cuándo seré yo dueño? ¿Cuándo?»

De Gerona destacaba la Valenciana, pegada a Teo; Merche, la hija mayor del Responsable, pegada a Porvenir; Canela, que aceptó sin titubeos la invitación de Murillo y que arrastró consigo otras seis prostitutas. También se incorporaron unas diez sirvientas que por desaparición de sus amos habían quedado libres, entre las que destacaba la que sirvió en casa del notario Noguer. Se llamaba Milagros y, pese a ser andaluza, era alegre como unas castañuelas. Milagros no quiso aceptar ningún hombre tan de prisa, a tontas y a locas. «Cuando estemos donde hemos de estar, veré si encuentro lo que busco.»

Las mujeres, al recibir el fusil, se transformaban. Y ninguna de ellas daba la impresión de que con él iba a atacar; todas parecían destinadas a defenderse.

Cada miliciano conocía su verdad íntima y a medida que se aproximaba el instante de la marcha sentía a flor de piel el escalofrío de lo que imprime un nuevo rumbo a la existencia. Y además, el escalofrío de lo histórico. Quienes se quedaran en Gerona, quienes no iban a combatir por las tierras de Aragón, ya no respirarían del mismo modo, serían distintos y notarían la extirpación. Todo lo referirían, aun sin querer, a los milicianos del frente. Si hacía calor dirían: «Por Aragón se estarán achicharrando.» Si hacía frío dirían: «Figúrate a la intemperie, en Aragón.» Cuando la luna llegara del vientre de Dios a poetizar los sueños de los hombres, pensarían: «Aragón bajo la luna debe de estar precioso.»

Y cuando *El Demócrata* y *El Proletario* publicasen el primer parte de guerra... Y cuando llegara a Gerona el primer ataúd...

A última hora, las familias se desvivieron. «Pide lo que quieras, hijo, lo que te haga falta. Te mandaremos paquetes.» «¿Paquetes? ¡Bah!» «Escribe, hijo, escribe. Ya sabes que...» «Escribiré, no os preocupéis.» «Y no te arriesgues sin motivo, que tú...» «Siempre hay motivo para arriesgarse, pero ya os dije que no os preocupéis.» Porvenir, dando órdenes desde lo alto de un camión, se daba cuenta de que todos juntos vivían una alegría difícilmente repetible.

Entre la masa de hombres, alrededor de quinientos, había unos cuantos cuya situación era particular. Por ejemplo, Dimas, de Salt. Dimas se alistó. No conseguía quitarse de la cabeza «lo del seminarista». Se sentía molesto, y la posibilidad de cambiar de aire se le llegó como llovida del cielo. En la Dehesa, su alta estatura, su palidez, su perfil de «enfermo» o «criminal» difundía a su alrededor un áspero patetismo. Teo le preguntó: «¿Estás seguro de resistir esto?» Dimas lo miró con desconcierto y no contestó.

También era particular la situación de Gorki. Gorki era aragonés, y su barriguita se movía con júbilo cuando pensaba que entraría en Zaragoza, y se quedaba como una piedra cuando miraba el fusil que acababan de darle. Cosme Vila le dijo: «En Barcelona, Axelrod te dará instrucciones.» El total de comunistas alistados no pasaba de treinta y ciertamente quedaban sepultados por los centenares de pañuelos rojos de la FAI.

El comandante Campos acudió también a la cita, fiel a la consigna de la Logia Ovidio. No se atrevió a presentarse con el uniforme militar. Su presentimiento de la muerte seguía atosigándole y procuraba distraerse contando una y otra vez el número de voluntarios, el número de vehículos, los hombres rubios, los hombres morenos...

En cuanto al doctor Rosselló, estaba contento por partida doble: porque dejaba Gerona y porque de Barcelona le comunicaron que dispondría de una ambulancia dotada de todo lo necesario. Algunos milicianos le reconocieron y cuchichearon cerca de él. «¿Se cree que estamos tuberculosos o qué?»

El Responsable organizó como despedida, con éxito apoteósico, el desfile de los voluntarios por las calles céntricas de la ciudad. Fue un acto grandioso. Se levantó una tribuna en la Rambla, donde solían levantarse los tablados para las sardanas. Las autoridades acudieron en pleno, desde el general al Inspector de Trabajo, pasando por Alfredo, por Casal, por Julio García, por Cosme Vila, por los hermanos Costa, éstos procurando no dejarse retratar. Algunas pancartas eran jocosas. «¡Llegaremos hasta Portugal!» «¡Somos la rehostia!» Esta última la llevaba Ideal. Se congregó una gran multitud, que en el momento de tocarse los himnos levantó el puño como lo haría una estatua.

Media hora después, en presencia de una muchedumbre incontable, los milicianos asaltaron los camiones. Los primeros ocuparon automáticamente el techo de las cabinas, sentándose con los pies colgando. Los demás fueron acomodándose y empezaban a darse cuenta de que el equipaje era un engorro. Por fin, la caravana se puso en marcha. El momento había llegado. «¡A Zaragoza! ¡A Zaragoza!» Eran las cuatro de la tarde, el sol convertía en llamas las banderas. El trepidar de los motores era tan hondo que parecía socavar la calzada y los cimientos de los edificios. Había balcones atestados como cuando las procesiones de Corpus o Semana Santa, los había vacíos y hostilmente cerrados. Los milicianos se desgargantaban, querían mirar a cien sitios a la vez y si descubrían a una mujer joven, como la de Porvenir, le mostraban abierta la pechera de la camisa. Al pasar delante de la Tabacalera ocurrió algo inesperado: unas muchachas de la FAI les echaron desde las ventanas un torrente de cajetillas de tabaco. «¡Hurra! ¡Hurra!» «¡Vente conmigo, chata!» Delante de la estación de San Feliu de Guixols, el maquinista los saludó haciendo sonar repetidamente el pito del tren, conmoviendo a todos como si sonara la sirena de un barco. A la salida de la ciudad los milicianos del control se sintieron como avergonzados. «¡Enchufados! —les gritaban desde los camiones—. ¿Os parió una abuelita, o qué?» Cincuenta metros más allá, los voluntarios miraron hacia Gerona y no vieron sino una masa amorfa de casas y enhiestos los campanarios de San Félix y de la catedral. Y después de esto, bruscamente, la carretera sin fin, y árboles y campos y hierba a uno y otro lado. Entonces, furtivamente estremecidos, se miraron unos a otros y unos a otros rompieron a cantar canciones de las que la mayoría sólo conocía las dos primeras estrofas.

En la ciudad se produjo, en efecto, como un vacío cerebral, la extirpación que los milicianos presupusieron. Los edificios que temblaron al paso de los camiones se quedaron luego como fijos para siempre y por un momento un silencio de madrugada raptó las calles. Poco a poco, los cerebros empezaron a inquirir, a formularse preguntas tan preñadas de angustia como las columnas de humo que Mateo y Jorge vieron en la llanura del Ampurdán. Aquellos cuyo corazón marchó en pos de los milicianos se preguntaron si los aviones «Savoias» italianos, de que habló *El Demócrata*, no abandonarían por unas horas el transporte de tropas de Marruecos, dedicándose a localizar la caravana y bombardearla; aquellos cuyo corazón latía con los que se encargarían de la defensa de Zaragoza, se preguntaron si esta ciudad resistiría el ataque de la columna Durruti, que imaginaban apocalíptico. El pesimismo ganó a los dos «pupilos» de turno de la Andaluza, dos fabricantes de tapones, y a todos los de su bando, pues era obvio que el tropel de Gerona no era sino uno más entre los mil que podían formarse en toda la nación. Por otra parte, ¿quién podría negar que había grandeza e idealismo en el gesto de aquellos hombres?

Momento crucial para éstos fue cuando los camiones, inesperadamente, dieron vista al mar. El azul del agua pareció incrustárseles en el pecho como una condecoración. A gusto hubieran penetrado en el agua y seguido adelante hasta el confín, o tatuado el revoque de las casas con sus iniciales y la fecha. Al pasar por Arenys de Mar divisaron el cementerio, inmóvil sobre la colina, y sus cipreses les parecieron una alusión. Nada podía detenerlos y frenar su entusiasmo. Volvieron a cantar, sincronizando con la marcha de los vehículos. Al paso por los pueblos se extrañaban de que no se ensanchasen la carretera y las calles. A veces aparecían siluetas que incitaban a disparar.

Al penetrar en los suburbios industriales de Barcelona los ojos se abrieron como anillos, pues entre los combatientes los había que apenas si conocían la ciudad, y sus chimeneas y las naves de sus fábricas olían a miseria obrera, a explotación. La caravana se dirigió por el puente de Marina hacia la Plaza de Toros, la Monumental, sede del grueso de la columna. La toma de contacto con ésta, pese a los gritos entusiastas de los gerundenses, fue menos brillante de lo que se hubiera podido esperar. El heroísmo quedó anegado en el anónimo. ¡Eran tantos los que se les habían anticipado, los que ya llevaban allí más de veinticuatro horas! Apenas si se oyeron algunos «hurras» y algunos aplausos de bienvenida. A poco, unos hombres con una estrella amarilla en el antebrazo rodearon a los camiones preguntando simplemente a sus ocupantes de dónde procedían: «Pero ¿es que las pancartas no hablan claro?» Porvenir repetía sin cesar: «¡De Gerona! ¡Todos de la provincia de Gerona!» El comandante Campos miraba, buscando en vano un uniforme militar.

Al ver a Durruti, jefe nato y legendario, con su gorra de visera de charol, su gran correaje y su rostro surcado por grietas profundas, todos sintieron un íntimo respeto y ganas de acercársele y cuadrarse ante él. Todos se apearon y se confundieron con los camaradas que el azar les había puesto al lado. Algunos de éstos les hablaron como veteranos, anunciándoles que la columna saldría al amanecer.

El doctor Rosselló vio en la esquina de la Gran Vía una reluciente ambulancia, y se dirigió allí. ¡Allí estaba don Carlos Ayestarán, H... de la Logia Nordeste Ibérica, jefe de los Servicios de Sanidad! Don Carlos Ayestarán era médico analista y farmacéutico. Los dos hombres se estrecharon cordialmente la mano.

—¡Menuda alegría! —exclamó el jefe de Sanidad—. Me estaba diciendo: ¿Y dónde encontraré yo un cirujano de verdad? ¡Mira por dónde! Amigo Rosselló, no le digo nada, ya sabe. Muchas gracias.

El doctor Rosselló estaba más emocionado de lo que él mismo supuso. El indescriptible talante de la columna Durruti, la ingenuidad e insensatez de gran parte de los milicianos, le hicieron prever, y don Carlos Ayestarán compartió su opinión, que su bisturí tendría que trabajar de firme.

—Me miran con malos ojos —dijo, sonriendo, el doctor Rosselló—. Están fuertes, no necesitan ni siquiera aspirinas.

Don Carlos Ayestarán fijó su mirada en dos milicianas que bebían vino en porrón. Se rascó una ceja y preguntó:

—Por casualidad, amigo Rosselló, ¿no será usted especialista en enfermedades venéreas? ¡Ah, allí veo al doctor Vega! Venga conmigo. Se lo presentaré. Será ayudante de usted.

Fue una noche cálida, que transcurrió sin sueño, con el sobresalto de lo ignorado que está al llegar. Los milicianos de los batallones «Germen», «Los Chacales del Progreso», «Las hienas antifascistas», «Los Aguiluchos», «Los sin Dios», etc., se dieron cuenta de que habían dejado de ser un nombre, una huella digital o un hijo, y de que eran realmente unos neófitos, prestos para el sacrificio espontáneo. Nadie les pidió la filiación ni les dio una chapa con un número; sólo rancho y más municiones. Quedaron encuadrados en pelotones, pero el cambio de unidad era factible. Bastaba con solicitarlo verbalmente del correspondiente oficial «de dedo».

Muchos hombres se internaron hacia el centro de la urbe, para conocerla un poco más o para despedirse de ella. Algunos regresaron borrachos; otros, con una mujer. Hubo, ¡cómo no!, desertores y hubo también quien consiguió nuevos adeptos. Varios milicianos, al llegar al puerto, decidieron hacerse marinos y obtuvieron plaza en un barco de carga que salía para Marsella. Porvenir, con sus flamantes estrellas en el gorro, se encontró en el Barrio Chino como el pez en el agua y arrastró consigo a unos veinte afiliados al Sindicato del Espectáculo, tramoyistas, acomodadores, etc., la mitad de los cuales eran homosexuales y llevaban, gustosos, nombres de mujer. La incorporación de esta tribu fue motivo de algazara y chacota. La Valenciana le dijo a Teo: «Mira por dónde tú me gustas más que estas preciosidades.»

Apenas las primeras luces del alba enajenaron la ciudad, la columna Durruti, compuesta de algo más de dos mil hombres, inició su aventura.

Los vehículos utilizados constituían un muestrario completo, que abarcaba desde la vieja motocicleta hasta el camión de varias toneladas. Los camiones estaban en mayoría, y muchas banderas tapaban el nombre del propietario o de la agencia de transportes a que pertenecieron. También abundaban los autocares, y resultaba extraño ver dispuestos en fila india y para el mismo trayecto coches de línea de itinerarios tan diversos. Había unos cuantos coches blindados. Durruti ocupaba uno de ellos. Las planchas del blindaje formaban anchas superficies, idóneas para escribir en ellas CNT-FAI o «Somos la rehostia». Había automóviles pequeños, y un Cadillac que al parecer perteneció a Romanones y cuyos ocupantes eran ahora seis camareros de hotel. Los sitios preferidos seguían siendo los techos de los coches y los estribos. Los de los techos se sentían importantes y sólo pasaban un momento de apuro cuando a lo lejos aparecía un túnel.

Reata multicolor, que iba dispersándose a lo largo de la carretera y los caminos. Los milicianos veían un árbol frutal, o gallinas, o un arroyo de agua clara, y se apeaban sin prisa, despidiéndose jocosamente de los que proseguían su marcha. Los conejos eran sacrificados con arte. «Hoy tú, mañana yo», decían al golpearlos.

En los pueblos era el festín. Las tiendas fueron asaltadas. Había voluntarios que requisaban artículos prácticos, otros cualquier chuchería que se colgaban del cinto o de las cartucheras y que les serviría de amuleto. Las cárceles de los pueblos eran vaciadas al paso de la Columna. Los milicianos disparaban y luego levantaban el puño y gritaban: «¡A Zaragoza!» En cada pueblo había unos cuantos niños que se asustaban; otros, por lo contrario, que gustosamente hubieran ido a la guerra en calidad de mascotas. Lo más diverso fue, quizá, lo que los milicianos se encasquetaron. Sombreros a lo *gangster*, pañuelos en cucurucho, jipijapas, cascos, ¡orinales rotos! Decapitaban el palo de los pajares y se incrustaban los orinales rotos en la cabeza, orinales que pronto tiraban a la cuneta para evitar que los compañeros los utilizaran para repiquetear. Cerca de Lérida fue descubierta una sombrerería, y la colección se enriqueció. Gorki, nombrado capitán, se puso una gorra deportiva, de jugador de golf; Ideal, una cananiera, y el Cojo se lió en la testa una alpargata.

De vez en cuando, Durruti miraba para atrás y se encolerizaba: «¡Bestias! ¡Bestias, digo! ¿Qué os habéis creído?» Se daba cuenta de que antes de llegar a Zaragoza perdería la mitad de los hombres. El doctor Rosselló iba en la ambulancia, al lado de su ayudante el doctor Vega, hombre muy pulido y respetuoso, al parecer. Los dos médicos estaban asustados ante la presencia, cada vez más numerosa, de mujeres. «Esto será una porquería.» El doctor Vega decía siempre: «El desi-derátum.»

Los «oficiales de dedo» se exaltaban más que los demás y en los pueblos tenían más éxito que los simples milicianos. Destacaban, entre todos, Porvenir, que para dar órdenes utilizaba ahora una bocina de entrenador de natación y un ser, un extravagante capitán, como Gorki, que de pronto apareció con chistera y un perro parecido al de Axelrod.

Cada corazón palpitaba por su cuenta. Los milicianos sentían a la vez amor y odio. Se amaban entre sí, unos a otros, a través del sudor, de los taparrabos y de la causa común. Odiaban a los «fascistas» inlocalizables que dejaban atrás y a los que los estarían esperando enfrente, allá en la gran llanura de Zaragoza. Dimas contemplaba sus manos y las manos de los demás. Las manos revelaban todos los sentimientos, el pasado de cada hombre y alguna de ellas, bien leída, acaso anunciara un porvenir cercano y sangriento. Dimas llevaba en el cinto una lata vacía, sin saber por qué. La acariciaba con los dedos como si tuviera con ella algún proyecto definido. Dimas no había estado nunca por tierras de Aragón y cuando le dijeron que había ya penetrado en ellas, miró y vio dos barrancos secos y en lo alto de un monte una higuera calcinada.

Al llegar a un determinado punto, cerca de Caspe, la columna se fraccionó. Un fuerte contingente se dirigió al norte, hacia Huesca, mientras otro seguía hacia el sur, dirección Teruel. Durruti continuó con el grueso de la fuerza por la carretera general, rumbo a Zaragoza.

Llegó un enlace motorizado, portador de un estimable mensaje para Durruti: pronto se les unirían refuerzos de Madrid, enviados por la CNT-FAI.

A todo esto, el atardecer llegó. El sol se puso tras las rojizas colinas. En media hora, el mundo cambió, fue otro. Se encendieron los faros de los vehículos, aunque camuflados, semitapados con arpillera. Los gorros perdieron importancia. Intensificóse el silencio, y de vez en cuando una cabeza se echaba para atrás y dos ojos les hacían guiños a las estrellas indiferentes.

En los camiones se oían blasfemias, besos, ladridos, ronquidos. Algunos conductores daban muestras de cansancio y deseaban dormir. Se chupaban pitillos y de pronto los motores parecían callarse para que se oyera el zumbido de los cerebros.

CAPÍTULO VI

Marta había decidido abandonar la escuela. Primero se lo dijo a los maestros y luego a Pilar. La muchacha se sintió incapaz de resistir por más tiempo la convivencia con Olga y, sobre todo, con David, que había aceptado ser miembro del Comité. Su aspiración hubiera sido huir a Francia; pero, desoyendo con ello los consejos de Ignacio, se opuso mientras su padre no fuese juzgado. «No quiero abandonar a mi padre aquí, dejarle solo. Buscadme algún escondite en Barcelona.»

—Pilar, dile a Ignacio que no cambiaré de opinión.

Marta llevaba todavía las trenzas que le colgaron la mañana de la derrota, y había envejecido cinco años. Lo único que se mantenía vivo en ella, descollante, eran los ojos, en forma de almendra, y la fe en sus ideas, la fe en los postulados de la Falange. Cuando, desde su covacha, oía a David y Olga hablar de la revolución, o bien cuando ponía la radio para escuchar al catedrático Morales, comprobaba una y otra vez que lo aprovechable de las teorías enemigas —socialismo, anarquismo, comunismo— estaba ya implícito en la Falange.

Ignacio se enfureció ante la negativa de Marta a huir a Francia, pero la conocía y optó por complacerla.

¡Un escondite en Barcelona! Bueno, he aquí que Ignacio dio pruebas de eficacia o tuvo suerte. Inmediatamente comprendió que la única persona indicada para sacarlos del atolladero era Julio; y fue a su casa a pedírselo sin ambages. Julio, que llevaba una bata roja, quebró con el índice la ceniza del cigarrillo. «*Le gran complet!*», exclamó. Había salvado al comandante Martínez de Soria. Cuidaba de que la esposa de éste gozase de la debida escolta y pudiera seguir viviendo en su piso. Ahora remataría la obra poniendo a salvo a Marta. «*Le gran complet...!*», repitió. Por otra parte, la idea de que precisamente David y Olga hubiesen aceptado esconder en su casa a la única falangista de la provincia, le encantó. «¿Comprendes, Ignacio? ¡Esto ha de irse al carajo a la fuerza!»

Julio le pidió a Ignacio dos días para reflexionar. ¡Conocía a tanta gente en Barcelona! Pero era preciso atar muchos cabos. Le pidió inspiración a la tortuga y luego al pisapapeles del despacho. Y luego, ¡por una vez!, a doña Amparo Campo. «¿A ti qué te parece?» Doña Amparo hizo un mohín como si se enfadara y fruto de su concentración le salió, como un escopetazo, un nombre: Ezequiel. «¡Ezequiel! No lo dudes, Julio. Es el más indicado.»

Era cierto. Julio lo aceptó en el acto. Ezequiel era un antiguo amigo del matrimonio, barcelonés de pura cepa, que tenía un Fotomatón a cincuenta metros de la Jefatura de Policía. Julio lo conoció cuando el hombre andaba por los cafés haciendo caricaturas. Se llamaba Vilaró, pero firmaba sus caricaturas «Ezequiel», y el seudónimo le quedó para siempre. Por entonces era un bohemio. Llevaba sombrero negro de ala ancha, lacito negro y bastón. Fue Julio quien le dio la idea de instalar el Fotomatón junto a la Jefatura de Policía. «Carnets, pasaportes. ¿Comprendes, Eze? ¡No puede fallar!» Y no falló. La cosa salió adelante, y Ezequiel le estaba muy agradecido a Julio. «Eze no me podrá negar eso. ¡Digo yo! No me lo podrá negar.»

Así que doña Amparo Campo llevó a cabo la gestión. En uno de los primeros trenes procedentes de la frontera que volvieron a funcionar, se fue a Barcelona y se entrevistó con Ezequiel. Éste sentía gran simpatía por Amparo y siempre le decía: «Cuando enviudes, avisa.» Todo parecía calculado para que Marta estuviese a salvo y se encontrase a gusto. Ezequiel vivía con su mujer, Rosita, «una bendición de Dios», y con su hijo Manolín, de catorce años, el colmo de la sensatez. La casa era suya, muy tranquila, en San José de la Montaña. Tenía una salida trasera, un jardín con dos pinos muy hermosos. Y demás, ¡Ezequiel y Rosita escuchaban cada noche a Queipo de Llano! Eran «fascistas», aunque Ezequiel decía siempre que era muy difícil que un caricaturista se tomara en serio a los líderes políticos y a las autoridades. «Comprendedlo. En seguida vemos el lado ridículo de las cosas.»

Julio comunicó el hecho a los Alvear, y todo el mundo aceptó la solución propuesta. «La casa es tranquila, está en la calle de Verdi, en la parte alta de la ciudad, tiene azotea y jardín con dos pinos, tiene radio, gas y electricidad. Por si fuese poco, el dueño se llama Ezequiel, lo cual no es ninguna tontería, ¡y es "fascista"!»

Marta se emocionó. Todo aquello era una ventura. «Parece ser que desde la azotea se ve toda Barcelona hasta el puerto.» «Parece ser que el chico, Manolín, ha aprendido a hacer sombras chinescas en la pared y que Rosita, la mujer, prepara unos flanes que matan el hambre.»

Todos de acuerdo, incluso la madre de Marta, a quien Ignacio visitaba de vez en cuando, se fijó la marcha para el día 14 de agosto. Los riesgos del viaje desaparecieron en un santiamén. Julio se ofreció para llevar a Marta ¡en el propio coche de la Jefatura de Policía! Julio tenía que hacer a don Carlos Ayestarán la visita de que habló en la Logia, y aprovechó la ocasión.

—¿En el coche de la Jefatura?

—¿Por qué no, Ignacio? Ya te dije que esto ha de irse al carajo a la fuerza.

Respecto a la indumentaria de Marta, Julio fue muy minucioso. Al enterarse de que la muchacha llevaba trenzas postizas, exclamó: «¿Lleva trenzas? Estupendo. Tanto mejor.» Además, se pondría gafas oscuras. Y nada de paquetes. Y blusa y falda chillonas y alegres.

Matías Alvear y Carmen Elgazu hubieran querido ver a Marta antes de su partida, pero no sería posible. La orden de los maestros era: sólo Pilar. No obstante, Ignacio desobedeció. La víspera de la marcha, o sea el 13, se dirigió resueltamente a la escuela y saltó sin titubeos la tapia del jardín.

Abrió Olga y se quedó perpleja; pero comprendió que aquello era lo natural y le franqueó la puerta.

—Gracias, Olga.

Poco después los dos muchachos, que parecían no haberse visto desde siglos, se confundían en un abrazo sin fin, conmovidos por la huella que el sufrimiento había impreso en uno y otro. David había salido de casa, y Olga desapareció discretamente hacia el aula.

Entonces Ignacio atrajo a su novia hacia sí y le acarició febrilmente los cabellos. «¡Marta, Marta querida...!» Hubieran permanecido de aquel modo Dios sabe cuánto. A su lado, el agua del acuario era verde. Comprendieron que era hermoso amarse, que había algo tibio en amarse y que en cierto modo con ello se compensaban en el vientre del mundo la ira y las llamas. «Todo saldrá bien. Ten confianza.» «¿Irás a menudo a verme?» «Lo más que pueda.» «¡Cuida de mi madre!» «¡Claro que sí, mujer!»

Ignacio le prometió a Marta que pensaría en ella a cada momento y que no se arriscaría antes de haber contado hasta ciento. Por su parte, Marta le prometió a él que en Barcelona no daría ningún paso sin consultárselo. Ignacio temía que la muchacha, pasado el primer estupor, intentase entrar en contacto con los falangistas barceloneses supervivientes que, según las radios, continuaban trabajando en la clandestinidad.

Fue una escena completa. Apuraron cada segundo el máximo. A intervalos, sólo ellos dos existían. Fue una escena que se grabó en su corazón.

Ignacio salió, se despidió de Olga y regresó a la ciudad. Se entrevistó con Julio, quien confirmó que la marcha sería el día siguiente.

—¿Tienes confianza en mí? —preguntó Julio a Ignacio.

—No me lo explico, pero la tengo en usted. —No satisfecho aún, añadió—: Comprendo que soy tonto, pero la tengo.

Julio, al día siguiente, se mostró digno de ella. Fue exacto y estuvo pendiente de todos los detalles. A la hora convenida, once de la mañana, el coche de la Jefatura de Policía se paró delante de la escuela. Julio estaba sentado detrás, conducía un guardia de Asalto y en el radiador temblequeaba la consabida enseña oficial.

Primero aparecieron en la puerta David y Olga, los cuales llamaron a Marta. Marta llevaba ya dos horas esperando con las trenzas colgando y distrayendo los dedos con las gafas oscuras. Marta se despidió de los maestros fríamente. Sus sentimientos eran contrapuestos. Y lo mismo le ocurrió al penetrar en el coche y estrechar la mano de Julio. Marta no creía que hacer un favor borrase el pasado de los hombres.

El coche arrancó, y a Marta le pareció todo irreal. Encerrada desde el 19 de julio, no había visto una sola imagen del exterior, no había visto ningún cartel y no conseguía imaginarse el aspecto de un miliciano. Su desconcierto era tan grande —y las gafas oscuras teñían tan extrañamente el mundo— que cuando el coche arrancó no supo si santiguarse o no, y no supo si se acercaba a la salvación o lo contrario.

Las calles estaban solitarias, las letras UHP marcaban las paredes, los cubos de basura esperaban en las aceras con algún que otro perro saciándose. Julio le dijo:

—Todo irá bien.

En esto, Marta reaccionó como si hubiese oído un trompetazo. ¡Control de milicianos! Era la salida de la ciudad. La apariencia de aquellos hombres la horrorizó, y cuando advirtió que el coche frenaba se consideró perdida. Pero allá iba Julio, asomando su cabeza por la ventanilla. «¡Salud!» «¡Salud!» El coche aceleró de nuevo y a los pocos minutos rodaba por la misma carretera que llevó a los voluntarios, por entre los mismos árboles, los mismos campos y las mismas hierbas a ambos lados.

Marta bebía con los ojos todo lo que surgía ante el coche. «¡UHP! ¡Muera el fascismo! ¡Viva la FAI! ¡Muera lo burgués!» En cada árbol una letra blanca, y las letras leídas de corrido eran órdenes. En una caseta de peones camineros alguien había escrito: «Al infierno, tres kilómetros» y tres vallas consecutivas decían: «Nitrato de Chile.» ¿Por qué había en Chile tanto nitrato?

Julio tenía ganas de hablar con la muchacha, pero no se atrevía. Esperaba que se presentase la oportunidad. También Marta comprendía que debía decirle algo al policía, por buena crianza, pero se sentía intimidada. Su padre le dijo una vez: «Lo malo de la política es que los hombres dejan de ser sólo hombres y pasan a ser hombres con leyenda.» Julio jugaba con el ala del sombrero y con la boquilla. Marta jugaba con un bolso diminuto, que Olga le ofreció.

A los pocos kilómetros se cruzaron con una fila de coches vertiginosos por cuyas ventanillas asomaban cañones de fusil.

—Los amos del mundo —comentó Julio.

Más adelante había una apisonadora y en lo alto de la rueda dos milicianos, que debían de pertenecer a algún control vecino, estaban sentados jugando a las cartas. «¡Salud!» «¡Salud!»

En la plaza del pueblo de Calella, Marta quedó estupefacta. Tres hombres subidos a un andamio repicaban las campanas con herramientas que llevaban en la mano, ante el jolgorio de la turbamulta que los aplaudía desde abajo. El concierto era aterrador. Julio informó a la muchacha. Se trataba de descolgar las campanas para fundirlas, y era corriente obsequiar antes al pueblo con aquella serenata.

Marta estrujó el bolso que perteneció a Olga y la oscuridad de sus gafas se humedeció por un instante. A la salida del pueblo, se oyeron disparos y más allá enormes banderolas sujetas a los árboles listaban la carretera como en la meta de llegada de los ciclistas. Una de estas banderolas decía: «Mueran los militares.» Marta pareció sollozar y Julio le habló con serenidad, la riñó:

—Pequeña..., ten ánimo. Anda, no crees dificultades.

Marta se esforzó, pareció recobrarse.

—Lo procuraré.

Julio sintió lástima por el ser que llevaba al lado.

—¿No decís, en la Falange, que el desaliento os está prohibido?

Marta sonrió.

—Más o menos, es eso. Decimos: «inasequibles al desaliento».

—¡Inasequibles! —exclamó Julio, cabeceando con fingida admiración—. Así, por las mañanas, la palabra es complicadilla, ¿no? Anda —corrigió—. Quería bromear un poco.

Julio dijo esto con voz tan dulce y persuasiva, que Marta le miró sorprendida.

—Ya sé —admitió Marta.

El resto del trayecto fue tranquilo. Venció la cortesía. Julio comentó algunos detalles del paisaje y en un momento determinado le dio a Marta datos complementarios sobre la familia que la hospedaría. Ezequiel era todo un tipo. Altísimo y delgado, parecía un alambre. Tenía dos obsesiones: aprovechar para el riego el agua del mar y envasar en verano la energía del sol para producir calor en invierno. «¡Un bromista, ya verás! Su mujer se llama Rosita, y siempre le toma el pelo a Ezequiel, diciéndole que es tan feo como las fotografías que salen del Fotomatón.» Su hijo se llamaba Manolín y también tenía dos obsesiones: el mecano y un gato gris, gato que siempre llevaba en brazos.

Marta, protegida tras las gafas oscuras, escuchaba a Julio sin pestañear. ¿Por qué las personas cometían actos que las convertían en irreconciliables? Julio, a su vez, pensaba: «Esta muchacha sabe escuchar». Y le hacía gracia recordar que en la mesa de su despacho, en Jefatura, tenía un botiquín —CAFÉ— con el que Marta salió a la calle el día de la sublevación. Lo guardaba junto a la calavera y unos libros que pertenecieron a Mateo.

Llegados a Barcelona, Marta se aturdió. Los tranvías y algunos taxis habían sido pintados con los colores de la FAI —rojo y negro—, que eran los mismos de la Falange, y de los transeúntes, sobre todo los de edad un poco avanzada, emanaba un conturbador halo de tristeza. Aquí y allá quedaban pequeñas barricadas y continuamente se acercaban al coche muchachas con mono azul pidiendo un donativo para el Socorro Rojo. Julio, que tenía ya unas cuentas monedas preparadas, complacía a las milicianas y les decía invariablemente: «Hale, a comprarse un lápiz de labios, que buena falta os hace.»

En la fachada de un hotel había tres gigantescos retratos que obsesionaron a Marta: Stalin, Durruti y Azaña. «¡Menudo cóctel!», comentó Julio. Y la vestidura de la gente era pobrísima. Nadie llevaba sombrero y pocas personas calzaban zapatos. El calor lo justificaba todo, hasta las camisetas. Había vehículos destrozados y constantemente se oía la sirena de los bomberos. Los coches transitaban a velocidades de vértigo.

El coche de Jefatura se dirigió lentamente hacia la Vía Layetana, hacia el establecimiento fotográfico de Ezequiel. Estaba cerrado, y Julio consultó el reloj. «Claro —dijo— ya es más de la una.» Indicó al conductor que los acompañara a la calle de Verdi, número 315, domicilio de Ezequiel. «Vaya hasta la Diagonal, luego le indicaré.»

En pocos minutos se plantaron en el lugar indicado. El coche paró justo enfrente del número 315. Era un edificio de planta baja y un solo piso, propiedad de Ezequiel, quien siempre contaba que lo compró con el producto de una caricatura que le encargó Mauricio Chevalier. Julio se metió en el bolsillo la pitillera que acababa de sacar y le dijo a Marta: «Aguarda un momento», y se apeó.

Entró en la casa, llamó a la puerta y permaneció dentro unos cinco minutos escasos, al término de los cuales volvió a salir con cara sonriente.

—Puedes apearte —le dijo a Marta—. Te están esperando.

Marta se emocionó. Por primera vez miró al policía con la gratitud dominando cualquier otro sentimiento. «Gracias, Julio —balbució, empezando a inclinar la cabeza para apearse—. Muchas gracias.»

Julio García pareció intimidarse, como le ocurría casi siempre que trataba con una persona distinguida. Marta se apeó y le ofreció la mano a Julio. En el último momento, la muchacha se quitó las gafas oscuras para que el policía leyera la gratitud incluso en sus ojos.

Marta subió a la acera y desde allí esperó a que el coche de Jefatura partiera. Saludó al policía agitando la mano, y cuando el coche desapareció, dio media vuelta y entró en el vestíbulo de la casa.

No tuvo necesidad de llamar. En lo alto de los tres peldaños de acceso a la vivienda, la puerta aparecía abierta y la esperaban en bloque tres personas. Marta se cohibió. Vio a un hombre altísimo, feo como él solo, con lacito negro en el cuello. A su derecha, una mujer mucho más joven, de ojos chispeantes, y al otro lado un niño de catorce años llevando en brazos un gato gris, enorme y soñoliento! Tres bultos. Tres bultos —y un gato— que constituirían su nueva familia, con los que conviviría bajo el mismo techo.

Después de mirarlos dos segundos, mirada que Marta sabía muy bien que era decisiva, se inmovilizó.

—Soy Marta...

Rosita le dio ánimos.

—¡Sin cumplidos, hija! Entra, entra...

Marta subió y penetró en la casa. La puerta se cerró a su espalda y el misterio quedó dentro.

Ezequiel fumaba en pipa y su cara reflejaba una gran curiosidad alegre.

—Adivina nuestros nombres —desafió, con voz de persona acostumbrada a tratar con desconocidos.

Marta fue mirándolos despacio uno por uno.

—Usted..., Ezequiel —señaló al hombre de la pipa—. Usted..., Rosita. Tú, Manolín. Luego añadió—: El gato no sé cómo se llama.

—Se llama *Gato* —intervino Ezequiel. Luego añadió—: En serio. Es el único gato que se llama así.

Marta sonrió y Rosita le dijo:

—¡Anda, quítate ya las trenzas!

—¡Oh, es verdad!

Marta se las quitó y con ello se transformó de tal modo que los tres bultos se movieron. Ezequiel y Rosita pensaron: «¡Jesús, esta chica necesita un reconstituyente!» Manolín no acertaba a explicarse que alguien que iba a instalarse en la casa llevase por todo equipaje un paquete ínfimo y un bolso.

Era la hora del almuerzo y la mesa estaba ya puesta. «Pondré un plato más, no importa.» Mientras Rosita iba por él a la cocina, Ezequiel se empeñó en enseñar a la recién llegada el patio de la casa. Marta siguió al caricaturista y a los pocos segundos exclamó: «¡Magnífico!» En efecto, el patio era limpio, soleado, y contaba con dos bancos de piedra y los dos pinos hermosos y muy altos.

—Luego te enseñaremos el resto, sobre todo la azotea. Se ve todo Barcelona, hasta el *Uruguay*. —Entraron de nuevo y Ezequiel aclaró—: Tenemos hasta cuarto de baño.

—¿Qué es el *Uruguay*? —preguntó Marta.

—El barco donde están detenidos los militares.

Marta se mordió los labios. Fue al lavabo y regresó. El almuerzo no pudo ser más afortunado. Hubo contacto humano. Marta no dejó de observar a su nueva familia y cayó en la cuenta de que Julio la había definido certeramente. Ezequiel era sin duda un socarrón, pero bueno como el pan, sentimental y enamorado perdido de su mujer, a la que siempre motejaba. Incluso entre plato y plato daba chupadas a la pipa. Sus larguísimos brazos le permitían dejarla cada vez en el trinchante, y Marta recordó que el hombre era un artista de las sombras chinescas. Su ocupación principal consistía ahora en atender el Fotomatón, pero de vez en cuando se metía aún en los cafés para sacar caricaturas. «Las caras del Fotomatón salen mucho peor. Aunque yo sostengo que el Fotomatón es el que dice la verdad.»

Rosita era también barcelonesa y en tiempo fue dama de honor en los Juegos Florales de su barrio. Escuchaba a Ezequiel complacida, si bien repetidas veces afirmó que era vanidosillo y que millares de fracasos no le habían curado de su peor defecto: profetizar. «Ahora con la guerra, no te digo... Va a pasar esto, lo otro. ¡Y raramente acierta, palabra!» Ezequiel la pellizcó. Rosita gritó: «¡Ay!» Manolín, cuchara en alto, miró sonriendo a sus padres, y Marta sentía una paz como no recordaba haberla sentido en mucho tiempo.

A la hora del café Rosita le acercó un aro para la servilleta. «No tenemos ninguna con M. Es una P.» Marta dijo: «Lo mismo da.» Pero en el fondo la lastimó comprobar que tampoco allí podía ser del todo Marta Martínez de Soria.

Ezequiel se empeñó en que fumara, y Marta rechazó. Se oyó una voz en la calle: «¡Soli...! ¡La Soli...! ¡Durruti en los arrabales de Zaragoza! ¡La Soliiiii...!» Marta quedó pensativa. Luego se oyó un ruido monótono, proveniente de una casa vecina. Se hubiera dicho que fabricaban moneda falsa. Manolín intervino: «¿Por qué sueltan tantos globos, papá?» Ezequiel diagnosticó: «Espionaje.»

Llegó la hora de levantar la mesa. Rosita le dijo a Marta que le enseñaría el resto de la casa, especialmente el cuarto que le habían reservado. «El papel de la pared es muy bonito. Son pájaros y flores.» Ezequiel vació su pipa, la limpió y le dijo a Marta que se iba al Fotomatón. «Abro a las cuatro.»

—Bueno —añadió Ezequiel, acercándose a Marta con mirada irónica—, ya habrás visto que no nos comemos a nadie. No hace falta que te diga lo único que necesitamos de ti: que seas prudente. Prudente, y que tengas paciencia para soportar a Rosita, lo cual no es fácil. Ayúdala un poco en sus manías de limpiar la casa, y con ello basta. A ser posible, no salgas al patio... Los vecinos, ya sabes. En cambio, puedes subir siempre que quieras a la azotea; y luego me dices que el panorama que se ve es precioso, y yo feliz. En cuanto a Manolín, engaña mucho, ya verás. Querrá hacerte creer que es un sabio, y es un niño mimado. Aquí no corres peligro. Y cualquier cosa que necesites lo dices, y en paz.

Marta vio alejarse a Ezequiel y le dolió que su anfitrión no se atreviera a llevar el ancho sombrero de artista. Sintió por él una admiración que le sorprendió, pues nunca supuso que podría admirar a un hombre que no se pareciera en absoluto ni a su padre ni a Ignacio. Era obvio que Ezequiel pretendió hacerle olvidar los terribles acontecimientos que la habían llevado allí, lo cual había de ser la constante en aquella casa de la calle de Verdi. Aunque ¡ocurrirían tantas cosas! ¿Sería verdad lo de Durruti?

El caso es que Marta, a los dos días de estar en la casa, había sincronizado con aquellos seres. Ezequiel y Rosita eran «de los suyos». Ezequiel decía que le bastaba con verles la cara a los milicianos en el Fotomatón para saber de qué se trataba. «Con decirte que salen favorecidos...» En realidad, lo único que alababa de los rojos era la propaganda y las caricaturas de los periódicos. A su entender, había caricaturistas admirables, lúcidos, y a modo de ejemplo le enseñó un dibujo reciente que representaba a Churchill, fumándose un cañón. ¡Ezequiel! Era un hombre feo, postinero y optimista. Al entrar, tenía la costumbre de saludar con el título de alguna película de actualidad. *Suicídate con música* o bien *El acorazado Potemkin*. Marta se dio cuenta de que las obsesiones de Ezequiel no eran dos, como pretendía Julio, sino tres: destilar el agua del mar, envasar el sol y hablar de Goya. Goya le inspiraba un penetrante respeto y sobre él no admitía bromas de ninguna clase. Un día metió a Rosita en un coche de línea y los dos se fueron al pueblo natal de Goya: Fuendetodos. Ezequiel se apeó y se acercó a la casa natal con tales unción y lentitud, que se hubiera dicho que caminada de rodillas.

Marta vivía un momento de tregua y David y Olga y la escuela se le antojaban increíblemente lejos. Aprendió un poco a cocinar, a hacer calceta y a acariciar el gato sin lastimarlo. De vez en cuando miraba los árboles del patio y de vez en cuando Rosita la llamaba: «Marta, ¿me ayudas a peinarme?» Rosita tenía unos cabellos preciosos. Si los soltaba, caían como una cascada. De noche, Marta se subía a menudo a la azotea y al contemplar el firmamento se acordaba de los «luceros» de que la Falange hablaba. Ezequiel le recriminaba a la Falange lo mismo que Morales le recriminó a Cosme Vila. «Me chincha que los falangistas no tengáis sentido del humor.»

Marta padecía de insomnio. Su cuarto era alegre, pero la soledad la entristecía. A oscuras, desde la cama, sentía la presencia de los pájaros y las flores del papel de la pared, y ello la angustiaba. Si encendía la luz, los pájaros se movían. En la mesilla de noche tenía un frasco de colonia con la que se refrescaba la frente.

Continuaba negándose a leer los periódicos. Tenía curiosidad, pero su repugnancia le impedía tocar el papel. A veces, mientras Ezequiel los leía, ella pasaba por detrás y les echaba una mirada de soslayo. Los titulares eran muy parecidos siempre: avances de las milicias del pueblo, derrotas y retiradas de los fascistas. Un día Ezequiel lanzó súbitamente una estruendosa carcajada: en la *Soli* había salido, en la cabecera del parte de guerra, una errata de tamaño natural. Decía «Leve coñoneo en el frente de Aragón.»

Ezequiel le tomó cariño a Marta, aunque había en ella algo de reserva o de obstinación que no casaba con el temperamento del caricaturista. «Un día te sacaré una caricatura y te colocaré un solo ojo, en mitad de la frente.» Rosita se había entregado a Marta por entero. «Como alguien venga a "liberarte", se las tendrá conmigo»; y al decir esto Rosita enseñaba unos brazos torneados como los de Carmen Elgazu. En cuanto a Manolín, era otro cantar. Marta significó para el muchacho, desde el primer día, el ser que llega de no se sabe dónde para darnos sentido. Marta lo trataba como si fuera ya un hombre —no sabía tratar a los niños—, y ello era lo que más estimulaba al hijo de Ezequiel. Con sus catorce años, Manolín le preguntaba a Marta el significado de muchas cosas. Cuando regresaba de la calle, de cumplir con los recados que le había dado Rosita, era un alud: «Marta, ¿qué significa *enchufado*?» «Marta, ¿qué significa ¡Viva la muerte!?» «Marta, si yo fuera mayor, ¿te casarías conmigo?»

A veces Manolín traía regalos para la muchacha: un poco de regaliz, una nuez, ¡un globo! Un día le trajo un globo de rayas, como el pijama que llevaba Emilio Santos, y le dijo: «Si me quieres a mí más que a la Falange, guárdalo para jugar. Pero si quieres más a la Falange, suéltalo...»

Ignacio le escribía a Marta, pero dirigía la carta a Ezequiel, al Fotomatón. Ezequiel había encontrado un título de película para anunciar a Marta que tenía carta. Al abrir la puerta gritaba: «¡El correo del zar!»; y Marta sabía a qué atenerse y acudía volando a su encuentro.

En las noches particularmente calurosas, la muchacha subía a la azotea y miraba el puerto, donde estaba el vapor *Uruguay*, el vapor-prisión. Y pensaba en su padre, en Gerona y en la orden falangista de no desalentarse por nada, ni siquiera por la proximidad de la muerte.

Julio, en cuanto dejó a Marta al amparo de Ezequiel, en la calle de Verdi, se hizo conducir hasta el Barrio Chino, donde despidió al chófer hasta el día siguiente. De este modo estaría más libre.

Hasta la noche debía hacer tres visitas; pero por lo pronto almorzaría en el Barrio Chino, tan lleno de recuerdos para él. Durante su estancia en la capital catalana, un año largo —allá por 1931—, prestando servicio en la Jefatura de Policía, había adquirido varias costumbres y una de ellas era almorzar cada sábado en algún restaurante barato del Barrio Chino. Esta vez eligió el «Restaurante de los Espárragos», llamado así porque en el escaparate había un banco verde en miniatura, con respaldo ondulado, cuyos listones de madera, colocados horizontalmente, tenían la forma de espárragos. La patrona era la misma, el banco verde estaba allí, sólo el espejo del Anís del Mono había cambiado; ahora reflejaba una cara de Julio más vieja que la de antaño, más trabajada, como si desde entonces hubieran golpeado en ella demasiados pensamientos, un par de revoluciones y una retahíla de minúsculas apetencias frustradas.

Después del almuerzo miró el reloj. Le quedaban libres dos horas lo menos. Se dedicó a vagar sin plan fijo por aquel pedazo doliente de la ciudad. Reconocía uno por uno los establecimientos y bares, los niños eran idénticos a los de antaño, los cines seguían llenando las fachadas de imágenes rutilantes, y en cada esquina había una mujer compuesta de dos ojos cansados y un cuerpo de madera, como los espárragos, vendiendo cualquier chuchería.

La guerra había traído al barrio monos azules y carteles agresivos. En las aceras se vendían sandías, cuyas muestras, abiertas por la mitad, parecían heridas de la tierra. Los limpiabotas eran gemelos de los de Gerona, con su boina, su pitillo en la oreja, su mirada baja y rumiante. En un escaparate había un gato negro como fosilizado y un letrero que decía: «No hay tabaco.» En una casa cuya entrada era inmensa, un aviso decía: «Casa habitada por súbditos extranjeros.» Otro portalón decía: «Casa bajo la protección de la Embajada de Turquía.» En el poco tiempo que estuvo en el Barrio, lo menos seis veces tuvo que entregar donativos para el Socorro Rojo.

A las cuatro en punto se dirigió a efectuar la primera de las tres visitas proyectadas: la Jefatura de Policía, en la que prestó servicio al ser trasladado a Cataluña. Un voceador de periódicos clamaba: «¡Tres milicianos disfrazados de curas han atacado con bombas de mano el aeródromo faccioso de Burgos!» El voceador llevaba un helado en la mano izquierda, y entre grito y grito lo lamía con fruición.

En la Jefatura tuvo suerte. Quedaban en ella varios de sus colegas de entonces, siempre a la orden del jefe de brigada Bermúdez, probablemente el hombre más ecuánime y recto que Julio había conocido, pese a que cortejó antes que él a doña Amparo Campo. Julio fue recibido allí con toda la simpatía que se merecían su sombrero y su irónica boquilla. Le obligaron a sentarse en la mesa que en tiempos ocupó y se pasaron buen rato evocando aventuras profesionales y lo difícil que le resultó pasar el examen de tiro al blanco. Julio, sensible como siempre al ambiente del clan, invitó a Bermúdez y a sus íntimos a fumarse un habano por barba, de los que traía preparados, y entre chupada y chupada escuchó de labios de sus amigos lo penoso que les resultaba tener que fraternizar con advenedizos en la carrera, tener que contemplar impasibles cómo los milicianos se tomaban la justicia por su mano, y realizar toda suerte de servicios desagradables. «Hay mucha venganza personal, mucha —le dijeron a Julio—. Es increíbe.» Todo el mundo les daba órdenes, algunas de ellas tan disparatadas que no sabían si acatarlas o no. «Suponemos que lo mismo te ocurrirá a ti en Gerona.» Le informaron de que había una larga lista de policías detenidos y que los partidos políticos, no satisfechos con las cárceles normales existentes, habían empezado a habilitar sótanos y mazmorras, y también algún convento, y algún chalet lujoso, para instalar en ellos sus «cárceles particulares», llamadas «checas». «Ahí no existe control alguno exterior y pueden hacer con los presos lo que les dé la gana.» De momento se destacaban tres individuos en la labor de organizar la tortura de los detenidos: uno en Madrid, llamado García Atadell; otro en Barcelona, llamado Aurelio Fernández, y el tercero, Vicente Apellániz, en Valencia. Un miliciano de este último alardeaba siempre de que había matado tantos fascistas, «que podía encender un pitillo en la boca del fusil». El jefe de brigada Bermúdez le confirmó a Julio el incremento del número de personas que se refugiaban en Embajadas y Consulados, aunque siempre con el temor de caer en una celada. Por supuesto, a las tripulaciones de los barcos extranjeros arribados al puerto para embarcar a sus súbditos, uno de los espectáculos que más les sobrecogía era la exhibición de momias delante de los conventos de monjas.

En un momento determinado, Julio les preguntó a sus amigos qué noticia tenían de lo que ocurría en la zona rebelde con respecto a los asesinatos. Dos policías resumieron su opinión: «Más o menos, lo mismo que aquí.» Bermúdez negó con la cabeza. «Mi impresión es que no se puede comparar. Desde luego —añadió—, parece ser que quienes lo pasan allí bastante mal son los protestantes y los masones.»

Julio se entretuvo un par de horas con sus colegas, quienes le dijeron que estaban sacando un fichero fotográfico bastante completo de los cadáveres que a diario ingresaban en el Hospital Clínico. «Hay casos asombrosos, un día los verás.» Julio asintió y giró la vista en torno. Su profesión le gustaba, pese a todo. Le gustaba cada día más. Ser policía le inspiraba por dentro un cierto respeto. Se lo inspiraban incluso sus compañeros. ¡Cuánta anónima abnegación! Todos aquellos hombres afrontaban cada mañana el peligro de una emboscada, el tiro de un descontento.

—¿Por qué no te vienes a Barcelona con nosotros? Pide el traslado.

Julio negó con la cabeza.

—Allá soy don Julio —contestó, sonriendo—. Aquí, perdería el «don».

La segunda visita de la jornada correspondió a don Carlos Ayestarán, jefe de los Servicios de Sanidad, el pulcro analista y farmacéutico que tenía su sede política en la Generalidad y su sede masónica en la Logia Regional del Nordeste de España. Don Carlos Ayestarán había saludado hacía poco al doctor Rosselló y al comandante Campos. «Está visto que este mes será el mes de los amigos gerundenses», le dijo a Julio al estrecharle la mano.

Don Carlos Ayestarán era un hombre educado. Olía siempre a agua de colonia. Alto, calvo, con cuello duro. Era de los cinco o seis varones de la ciudad que no habían renunciado al cuello duro. «Van a tomarle por pastor protestante —le dijo Julio— y no le arriendo las ganancias.» «¿Pastor protestante? —rió don Carlos Ayestarán— . Mal lo pasaría en Salamanca.» Su manía era la limpieza, la higiene. Atribuía buena parte de las catástrofes del mundo a la falta de higiene. «E incluso le atribuyo gran parte del mal humor. Yo perdono muchas cosas, pero la basura me revienta. Uno de los peores defectos que los catalanes hemos heredado de los franceses es la tendencia a la suciedad.» El H... Carlos Ayestarán, de la Logia Regional del Nordeste de España, se había atrevido a vaticinar que la guerra civil la ganaría el bando más limpio, más aseado, «planteamiento —añadió— que desde el punto de vista republicano no da pie a excesivos optimismos».

El entusiasmo de don Carlos Ayestarán por la República se contagiaba. Era un hombre leal y trabajador. Estimaba que bajo el régimen republicano una especie de instinto biológico iba colocando cada pieza en su lugar, cada hombre donde era necesario, y que bajo las dictaduras los destinos se veían forzados, desviados por una presión inlocalizable, pero real.

—Bajo un gobierno fascista..., ¿quién sabe? —le dijo a Julio—. Tal vez usted acabara de empresario de bailes flamencos y a mí me destinaran a un lavadero.

Julio, cumpliendo las instrucciones recibidas en la Logia Ovidio, comunicó al jefe de Sanidad que en Perpignan se hallaban detenidas dos ambulancias y un cargamento de medicinas, donativos de los H... franceses. Don Carlos Ayestarán casi aplaudió: «¡Vaya! Esto se anima...» En efecto, en una semana era aquél el tercer donativo para Sanidad. El primero correspondió a unos laboratorios judíos norteamericanos y el segundo a unas damas piadosas de Inglaterra.

Don Carlos Ayestarán autorizó a Julio para traer a España y a Barcelona el pedido mencionado. Hecho esto, se levantó y empezó a pasearse por la habitación, moviendo los brazos como si echara en falta las ceñidas mangas de sus batas de farmacéutico.

—No entreguen nunca nada sin pasar por mi Servicio de Sanidad. Estoy dispuesto a organizar en Cataluña una red sanitaria eficaz y conozco lo que aquí suele ocurrir.

Julio le contestó:

—Descuide.

Platicaron un rato más. Don Carlos Ayestarán le pidió a Julio detalles sobre la revolución en Gerona y Julio lo complació sin ocultar nada. «Esto no me gusta ni pizca», comentó aquél.

De pronto, Julio le dijo:

—Mi querido amigo, aprovechando la ocasión, ¿podría hablarle de un asunto personal?

Don Carlos mudó de expresión.

—¡Claro que sí! —exclamó, dirigiéndose a su mesa y sentándose— . Usted sabe el aprecio que le tengo, Julio.

El policía contestó:

—Muchas gracias.

El asunto era a la vez sencillo y complicado. Julio quería simplemente formar parte de alguna de las Delegaciones de la Generalidad que salían al extranjero a comprar armas, a depositar el oro para el pago, a informar de la opinión internacional...

Don Carlos Ayestarán movió la cabeza.

—Vamos a ver. Concrete usted. Porque ha mencionado usted tres cosas muy dispares. ¿Es que lo único que le interesa a usted es salir al extranjero?

Julio se apresuró a negar.

—¡De ningún modo! Lo que me interesa es lo primero: salir con los compradores de material bélico. He mencionado los otros dos motivos..., simplemente para no cohibirle a usted.

—Ya... —don Carlos juntó las manos como si se dispusiera a rezar y se las llevó a los labios como para besarse las puntas de los dedos— . Permítame una pregunta: ¿entiende usted de material de guerra?

—Ni jota.

—Entonces...

—Es muy sencillo. Me gustaría ir en calidad de policía... Estoy seguro de que me comprenderá usted. Me gustaría controlar un poco las gestiones que se hagan. ¿Cómo se lo diré? Se barajarán sumas importantes...

La cara de don Carlos Ayestarán se iluminó. Por un momento temió que Julio le decepcionara. Ahora le pareció que comprendía al policía. Con súbita energía le dijo:

—Resumiendo... Si no me equivoco, lo que usted desea es ir con la Delegación en calidad de policía, sin que nadie sepa que usted lo es...

Julio reflexionó.

—Bueno... —dijo—. Si se enteran ¡qué más da!

Don Carlos Ayestarán respiró hondo y se echó para atrás.

—Comprendo... —susurró—. ¡Bien, esto está claro!

Parecía mentira que todo se hubiese resuelto con tanta rapidez. Era el sistema de don Carlos Ayestarán. Una vez convencido de la sana intención de la persona que le pedía algo, tomaba la pluma para firmar. En esta ocasión, la propuesta de Julio era razonable y merecía el pláceme.

—O mucho me equivoco —le dijo a Julio— o puede usted contar con el nombramiento. —Julio abrió los brazos en actitud de sincero agradecimiento.

De improviso, don Carlos Ayestarán le preguntó:

—Usted habla francés, claro...

Julio lo miró y sonrió.

—*Oui, monsieur* —contestó, inclinando levemente la cabeza.

La entrevista terminó. Julio se levantó y con él su anfitrión. Don Carlos miró al policía con afecto. Sentía admiración por él y le hubiera gustado tenerlo en Barcelona. Julio le atajó:

—¡De ningún modo! En Gerona soy don Julio. Aquí perdería el «don».

Don Carlos le acompañó a la puerta. En el camino le preguntó:

—¿Qué edad tiene usted, Julio?

—Cuarenta y siete. ¿Por qué?

—¿Le gustaría acompañar a Durruti a Zaragoza?

—En absoluto.

Don Carlos sonrió.

—Es usted un diablo.

—Nada de eso. Soy franco.

Don Carlos prosiguió:

—¿No le gustan los tiros?

—Prefiero el dominó.

—Entonces, ¿por qué se hizo policía?

—Por dos razones. Primera, porque así puedo disparar yo

también. Segunda, porque a lo que jugamos los policías es precisamente al dominó.

En aquel momento llamaron a la puerta, e inesperadamente ésta se abrió dejando paso a un muchacho rubio, de nariz y mentón enérgicos, que llevaba en la mano un precioso reloj de arena. Don Carlos hizo una expresión de agrado y presentó a los dos hombres.

—Es un sobrino mío —dijo— . Me ayuda mucho.

—Tanto gusto. Me llamo Julio.

La voz del muchacho era clara y equilibrada.

—Me llamo Feliciano, pero no es culpa mía. Todo el mundo me llama Moncho.

A la salida del edificio de la Generalidad, Julio García dio una vuelta por el barrio gótico de Barcelona y luego se 'fue a las Ramblas. Entró en un café y pidió telefonear. Se disponía a llamar al Hotel Majestic para concretar la tercera entrevista de las que tenía proyectadas y que consideraba sin duda como la más importante: el doctor Relken. Mientras esperaba la comunicación, se fijó en el título de una obra anunciada en una cartelera exterior: *Sífilis, o toda tú para mí.*

El doctor Relken acudió al teléfono y al reconocer la voz de Julio soltó un «¡Eureka!» jubiloso y halagador. «¡Venga inmediatamente!», le invitó el doctor; y Julio colgó el auricular y encendió con satisfacción un pitillo.

Julio se dirigió al hotel preguntándose por qué le intimidaba tanto el doctor Relken. No era ningún superhombre, en ningún aspecto; y, sin embargo, rara vez se comportaba ante él con naturalidad.

El doctor le esperaba ya en el vestíbulo del hotel, y en cuanto los dos hombres se vieron se acercaron dando muestras de satisfacción y se estrecharon efusivamente la mano. A Julio le pareció que el doctor estaba más pálido que en Gerona, aunque tenía los ojos igualmente brillantes y, por supuesto, la cabeza todavía al rape. «¡Ah! —exclamó el doctor, indicándole a Julio el camino del comedor donde había encargado una merienda—. Es una medida preventiva. Así no me cortarán de nuevo el pelo.»

La mesa elegida era tranquila, junto a los ventanales, bien aireados por un ventilador. El doctor, mientras llamaba al mozo y se ataba, ¡incluso para merendar!, la servilleta a la nuca, recordó con nostalgia «los platos sabrosos» con que lo obsequiara en Gerona doña Amparo Campo. «¿Cómo está su esposa? Supongo que bien... ¿Y el coronel Muñoz? ¿Y los arquitectos Massana y Ribas?» ¡Gerona le había entrado en el corazón! El doctor evocó incluso las «tertulias» del Neutral. «¿Se acuerda, Julio? Dentro de los espejos, parecíamos un millar...»

Julio aguantó el chaparrón, sin acabar de explicarse el interés que el doctor demostraba por Gerona. «No sé si es sincero o si está inventándoselo todo.» Lo cierto es que el hombre no le perdonó detalle, interrogándole incluso sobre el caudal del Oñar y del Ter y sobre la suerte corrida por el orfeón gerundense. «En la guerra se canta de otro modo, ¿verdad?»

Julio llegó a impacientarse. Él estaba allí, en el Hotel Majestic, ¡y se disponía a tomar té con pastas!, porque esperaba mucho de aquella conversación. El policía tenía la certeza de que el doctor Relken, veterano de tantas revoluciones, tendría una opinión personal y serena de los acontecimientos de España. «¿Sabe usted?, a nosotros, los árboles no nos dejan ver el bosque.»

El doctor jugó con él. Fue hablando de menudencias hasta que el camarero hubo llenado la mesa y se hubo retirado, servilleta al hombro.

Entonces miró a Julio sonriendo:

—Bueno, vamos a ver. ¿Qué quiere usted de mí? ¿Qué es lo que le interesa?

Julio dejó en la mesa la taza de té, que quemaba los dedos, y se disponía a contestar al doctor Relken cuando vio pasar por el vestíbulo del hotel a Axelrod y Goriev, con el perro que los acompañaba a todas partes.

—Los rusos... —dijo Julio.

El doctor Relken no los miró. Y tomando una pasta comentó:

—No hablan con nadie, sólo con el perro.

A Julio le parecía que las cosas que decían de los rusos debían de ser exageradas.

—Harán como todo el mundo, supongo —comentó, observando a Axelrod—. A veces hablarán y a veces no.

El doctor siguió sin mirar al vestíbulo. Se anudó con más fuerza la servilleta al cuello.

—No se forje ilusiones, Julio. Los rusos no «hacen» como todo el mundo. —Tomó otra pasta—. Más le diré: no «son» como todo el mundo.

El policía aguardó unos instantes, y en cuanto Axelrod y su

escolta desaparecieron en el interior de un coche, volvió a concentrar su atención en su interlocutor.

—Me gustaría conocer a los rusos —dijo.

—Eso es difícil —contestó el doctor, sonriendo—. Yo viví años en Rusia y no lo conseguí.

Julio tomó un sorbo de té.

—Bien —concluyó—. Volvamos a lo nuestro. ¿Está usted dispuesto a ser bombardeado? Se lo agradezco mucho. —Julio tomó una pasta—. Dígame, ¿qué opinión tiene usted de los militares sublevados? Entiéndame la pregunta. ¿Qué opinión tiene usted del *enemigo*?

El doctor cabeceó indicando que la pregunta no era vulgar.

—No está mal. ¿Qué le diré? —Reflexionó unos segundos—. A mi entender, será duro de pelar.

La expresión de Julio indicó que el policía estaba de acuerdo y el doctor prosiguió:

—Para empezar, me ha llamado mucho la atención su estratagema de transportar por vía aérea tropas a la península. Es un golpe genial. Que yo sepa, la primera vez que se lleva a cabo en toda la historia militar.

Julio no pareció alarmarse demasiado.

—Sin embargo...

—Le comprendo —se anticipó el doctor—. Quiere usted decir que esto no es más que un golpe inicial. Tal vez sí... Pero no espere una guerra fácil. El cerebro que ideó esto, puede idear otras cosas.

Julio tomó otro sorbo de té e hizo una mueca de disgusto.

—Idear otras cosas... No sé hasta qué punto. No tienen apenas nada. Ningún puerto importante, ningún...

—Tiene unidad —cortó, rápido, el doctor Relken—. ¿Le parece poco? Los rebeldes están unidos. —Llamó al camarero y desde lejos le pidió un vaso de agua helada—. ¿Se acuerda usted de la importancia que yo le he dado siempre a «estar unidos»? A los rebeldes los une la religión.

Julio reflexionó y asintió.

—Sin embargo...

—No me ponga usted pegas —sonrió el doctor—. Me ha pedido mi opinión, ¿no? Y yo se la doy después de haber reflexionado. Ahí está. —El camarero llegó con el agua—. Hay una frase de un político de la República, de Prieto, que a mí me interesó mucho. Prieto dijo que lo que más miedo le daba en este mundo era un requeté después de comulgar.

Julio conocía la frase y se rió con ganas.

—A mí también. Es la única cosa de Prieto con la que estoy de acuerdo.

—¿Lo ve? —opinó el doctor—. Ustedes se mueren por contradecirse, lo darían todo con tal de demostrar que el vecino es idiota.

Julio asintió y permaneció súbitamente pensativo.

—Es verdad —admitió. Y encendió un pitillo.

El doctor Relken se tomó con lentitud el agua helada. Por la transparencia del vaso, Julio le veía enormes los labios, multiplicados monstruosamente.

—¿Le parece a usted —prosiguió Julio, cuando el doctor dejó el vaso— que el pueblo español es heroico?

El doctor afirmó sin reticencias.

—Por descontado, lo es. Ahora bien —añadió—, se ha expresado usted con precisión. El «*pueblo* español» es heroico; por lo tanto, también serán heroicos los soldados «fascistas».

—Sí, claro...

—Reflexione sobre lo que ha pasado en el Alcázar de Toledo. O en Oviedo. ¿No escucha usted las radios enemigas?

—No...

—Pues debería hacerlo, se lo aconsejo.

Julio se mostraba cada vez más interesado.

—¿Y sobre nuestra capacidad de barbarie, de crueldad?

—¡Eh, je! —exclamó, satisfecho, el doctor Relken—. Lo estaba esperando. ¿Estará usted contento si le digo que en este terreno todos los países son iguales?

—No —negó Julio—. No estaré satisfecho.

—Pues deberá estarlo, porque así es. Todas las colectividades son iguales. Lo que varía son los estímulos que cada país necesita.

—Pero hay naciones incapaces de lanzarse a una guerra civil.

—¿De veras? La historia es larga. ¿Puede usted citarme una que no haya tenido guerra civil?

Julio frunció el entrecejo.

—Inglaterra es nación culta, ¿no? —añadió el doctor Relken, con creciente autoridad—. ¿Qué me dice usted de la Cámara de los Horrores que se exhibe en Londres y del archivo de criminología que hay en Scotland Yard? —El doctor Relken marcó una pausa—. ¿Y de Alemania, qué me dice usted? Músicos, filósofos, los genios que usted quiera. ¿Existe pueblo más cruel que el alemán? Los nazis son alemanes, no lo olvide usted... ¿Y los japoneses, y los chinos? ¿Por qué se empeñan ustedes en creer que los españoles son peores que los demás?

Julio no parecía estar convencido.

—A mí me parece que cada raza tiene sus inclinaciones...

—¡Alto! Eso es verdad... —El doctor Relken sudaba y echó una mirada al ventilador de aspas horizontales—. En este terreno, mi querido amigo, tiene usted razón. Las inclinaciones de ustedes son... ¿cómo se dice?, ¡ah, sí!: primarias. Son de lo más primarias.

Julio arrugó de nuevo el entrecejo.

—¿Cómo le explicaré? —añadió el doctor Relken—. Por ejemplo..., la manera de matar. ¿Se ha fijado usted? Ustedes matan... a capricho, sin reflexión. —El doctor miró con fijeza al policía—. Más claro: ustedes matan sin apelar a la ciencia.

Julió retrocedió.

—¿A la ciencia?

—¡Oh, le ruego que no se enfade usted! Escúcheme, Julio. Con usted tengo confianza. Y también con doña Amparo... En la provincia de Córdoba han llegado ustedes a fusilar a un hombre y a comerse luego, fritos, sus riñones... —Julio hizo una mueca de asco—. En Madrid, parece ser que cuando pasa por las calles un muchacho voceando «¡Agua fresca y aguardiente!» quiere significar que a la madrugada habrá fusilamientos en la pradera de...

—¿De San Isidro? —apuntó Julio.

—¡Eso es! San Isidro. Los santos, sabe usted, los confundo siempre.

Julio aplastó la colilla en el cenicero.

—Eso... y otros muchos ejemplos, como el de la patrulla que elige siempre, para matar, un sitio poético, a ser posible con flores, eso, mi querido Julio... ¡no tiene el menor interés! —El doctor confluyó—: Ahora lo interesante es la tortura psicológica.

Julio se inmovilizó. El doctor se arrancó la servilleta del cuello y con ella se secó el sudor. Julio, sin saber por qué, optó por no proseguir el interrogatorio. Hizo el propósito de retener en la memoria el curioso ademán del doctor al pronunciar con tanta intención las palabras «tortura psicológica».

Hubo un silencio. Julio se preguntó una vez más: «¿Quién es ese hombre?» Estaban solos en el comedor. El camarero se había sentado en un rincón, con la servilleta en las rodillas, dispuesto a dormitar.

El doctor se animó más aún. Su cara se había coloreado; en cambio, los labios le temblaban como si se esforzase en exceso. Ya no esperó a que Julio le hiciera preguntas; las adivinaba y anticipaba las respuestas. De hecho, Julio fue de asombro en asombro. ¡Qué tipazo el doctor! ¿Sería comunista? ¿Qué hacían, en el Majestic, Axelrod y Goriev?

El doctor le dio valiosos informes. Le confirmó que los faros ingleses de Gibraltar ayudaron a los barcos rebeldes y que en Barcelona la FAI, a la que los botones del hotel llamaban «Federación de Automóviles Imponentes», se había incautado, con instinto certero, de cuatro servicios capitales: Teléfonos, Espectáculos, Tranvías ¡y el Palacio de Justicia! «Los anarquistas con las balanzas de la ley, ¿qué le parece?» Luego añadió que, tan cierto como él sudaba a mares, Hitler procuraría por todos los medios convertir a España en un campo de experimentación bélica, mientras que Stalin, por su parte, procuraría lanzar contra Hitler a las democracias occidentales y no a Rusia. «Hitler es la obsesión de Stalin», subrayó. Si se tomaba Zaragoza y la resistencia rebelde se hundía, no pasaría nada; pero si se prolongaba, la patria de su querido amigo Julio se vería invadida por combatientes de todas las razas. «Lo cual les resultará a ustedes bastante molesto.» Las prostitutas de Barcelona habían fundado el «Sindicato del Amor». Un anuncio de un diario barcelonés izquierdista decía: «La *democracia* de las sedas está en El Barato.» La indisciplina y la ignorancia de los milicianos que habían salido para Aragón eran tales, que varias centurias formaban de cinco en cinco porque sus jefes no sabían contar más que así. Innumerables detalles observados le habían llevado a la conclusión de que algo visceral —repitió la palabra— de España era antirrepublicano; por ejemplo, que la frase «comer en república» fuera sinónima de comer abundantemente y mal, y que incluso el léxico de los ateos españoles estuviera salpicado de religiosidad: «Camaradas de la UGT, es necesario pagar religiosamente la cuota.» Sí, el pueblo español era un pueblo asombroso y pintoresco, un pueblo de hombres bajos y montañas altas, contraste que a él le llamó siempre la atención. Mientras tres jefes de Estat Català tiraron a las Ramblas, desde una azotea, como si fueran papeles, un montón de Hostias consagradas, un nacionalista de Bilbao que no podía comulgar porque inadvertidamente había comido pan con chocolate, salió de la iglesia y, llevándose los dedos a la garganta, se provocó el vómito.

—En España están surgiendo centenares de asesinos, Julio. Lo sabe usted como yo. Pero resulta que los datos normales no me encajan. Comúnmente se dice que diversas enfermedades predisponen a ser criminales: esquizofrenia, ¿se dice así?, herencia sifilítica, parálisis, gordura con tez amarilla, forma triangular de la cabeza, etcétera. Pues bien, en España surgen en cada esquina criminales que escapan a toda clasificación. Hay en España como una profunda necesidad de matar, tal vez porque aquí se cree que la muerte no es definitiva, sino un simple viaje a otra vida imaginada eterna. ¿Sabe usted lo que me llamó la atención en Gerona? Que una madre le dijera a su hijo, pellizcándolo: «¡Ay, te mataría!» Y que en cierta ocasión, al preguntarle yo a Cosme Vila: «¿Qué tal, Cosme, qué hace usted aquí?», me constestara: «Matando el tiempo.»

Julio escuchaba al doctor pasando de uno a otro estado de ánimo. Tan pronto se indignaba con él como lo escuchaba embebido. El doctor Relken, al término de su perorata anterior, añadió que aquellos días habían sido muy intensos para él y a propósito para sus aficiones. Había andado mucho, olfateando aquí y allá. Porque la política y los espasmos colectivos interesaban a la mitad de su ser arrolladoramente, pero sólo a la mitad; la otra mitad prefería siempre el detalle mínimo, como por ejemplo que las criadas del hotel cantaran cada mañana como si nada ocurriera y que por el contrario los animales del Parque Zoológico se mostraran agitados como si entendieran de cataclismos. ¡Ah, sí, la calle era un verdadero espectáculo y cada hombre llevaba impreso en la retina y en la sonrisa el estupor, el deseo de algo grande y al mismo tiempo la nostalgia del vivir tranquilo! Posiblemente incluso las plantas y la materia «advertían» de algún modo que el hombre se había desencadenado; pero ésa era ya otra cuestión...

Llegado aquí, el doctor, inesperadamente, se pasó la mano por la frente y luego se levantó. Julio, por el contrario, seguía clavado en su asiento. El doctor se había agigantado frente a él. Y sin embargo, oyó de sus labios que se había levantado porque no se encontraba bien.

—La verdad es que, desde que estoy en Barcelona, mi salud anda mal... —explicó. Estiró las piernas como queriendo que su sangre circulase y añadió— : ¡Ese aceite! ¡Y ese calor!

—Y luego—: Perdóneme, Julio, he de ir un momento al lavabo...

Julio, al quedar solo, pensó que en efecto el doctor tenía mala cara. Y por enésima vez se preguntó quién era en realidad aquel hombre. Sólo sabía de él que era judío, de Praga, nacionalizado alemán y expulsado por los nazis. Pero ¿le bastaba para vivir con decir a menudo: «me interesa el detalle mínimo» y con teorizar? ¿Y su corazón? ¿Y su pasado? ¿Qué buscaba? Desde luego, escucharlo era un placer; no lo era tanto, a veces, mirarlo a los ojos.

Cuando el doctor regresó, su palidez se había intensificado hasta el punto que Julio se alarmó y le propuso acompañarlo a su habitación y dejarlo solo; pero el doctor lo atajó con un gesto.

—¡Estoy tantas horas solo! —declaró inesperadamente. Y se sentó de nuevo.

Julio, entonces, olvidó los «acontecimientos» y se interesó por él. Y su interés acabó por abrir brecha —¡por vez primera!— en la coraza del doctor. A su alrededor el ventilador de aspas horizontales giraba esparciendo aire fresco sobre la cabeza del camarero dormido.

—¿Tiene usted amigos, doctor?

Fue la pregunta clave. Y Julio se la hizo sin malicia, sin juzgarle, por sincera compasión.

—Creo que no —contestó el doctor—. Ni siquiera creo que usted lo sea. —Arrebujó la servilleta con una mano—. Estamos juntos... por casualidad. Y por matar el tiempo.

Julio protestó. Afirmó «por todos los santos» que podía tenerle por un amigo de verdad y le desafió a ponerlo a prueba en cualquier circunstancia. «Pídame usted lo que sea cuando quiera y lo verá.» El doctor hizo una mueca y Julio, comprendiendo, le atajó al instante. Recordó que el doctor le dijo en cierta ocasión que en España se exigían pruebas constantes de amistad, cuando ésta era algo perspicaz y subterráneo que consolaba incluso a distancia y más allá de los años. «Pero ahora no se me vaya usted al otro lado, doctor. No saque de ello la conclusión de que toda prueba palpable de amistad carece de valor.»

—Tiene usted una tendencia peligrosa a sentirse descontento de sí mismo —prosiguió Julio—. Éste es el peor de los pesimismos, creo yo. A mí me ocurría igual y he luchado contra ello hasta vencer. Ahora parto de la base de que cualquier equivocación que yo cometa pueda cometerla cualquiera, desde mi esposa, Amparo Campo —que por cierto, le adora a usted—, hasta el misterioso delegado ruso, Axelrod. ¡Entiéndame! La democracia de las sedas está en los Almacenes El Barato, pero la democracia de los defectos, la igualdad, está en nuestra pobre vida de cada día.

El doctor no pareció convencerse. Pasaba un momento de profunda desmoralización. Miraba todo cuanto en la mesa había y no encontraba nada que pudiera estimularle. ¡Ni siquiera un vaso de agua! Sufría. Tal vez estuviera más enfermo de lo que podía sospechar.

Julio se calló, comprendiendo que las únicas palabras que podrían liberarle serían las que él mismo pronunciara. El doctor Relken necesitaba un vómito similar al que se provocó el nacionalista de Bilbao.

Por fin el hombre pareció recobrarse un poco. Le pidió un pitillo a Julio.

—Tome, fume usted...

El doctor encendió y sonrió: «Gracias.» Luego añadió:

—Querido Julio, mi drama es simple: no sé quién soy. ¿Me comprende? La gente me tiene por imposible. ¡Bah! ¿Quién puede clasificarme? En Gerona me di cuenta de que me tomaban por excéntrico: o por espía, o por homosexual... ¡Tengo una cabeza tan rara! La verdad es que no soy nada de eso. La verdad se la he dicho: no sé lo que soy. Un hombre sin raíces, ahí está. Expulsado de mi país de adopción, es decir, sin casa propia. Divorciado de mi mujer; es decir, sin corazón. Voluntariamente estéril; es decir, cobarde. ¡Oh, sí, tal vez mi mayor tragedia haya sido ésta, no tener hijos! Usted sabe también algo de eso, ¿verdad, Julio? A veces es terrible pensar que uno terminará en uno mismo. Entonces ¿qué cabe hacer? Seguir por donde ordena el temperamento... El mío me ha ordenado viajar y aquí estoy, ocupando el cuarto de un hotel de cualquier parte. «Curiosidad analítica», me decía antes a mí mismo. ¿Qué hará tal individuo, cómo está el mapa en el día de hoy? Siempre preguntándome. Ando por el mundo preguntando y nadie me dice la verdad. Hablo siete idiomas, pero en ninguno de ellos sé hablar ni con los niños ni con los ancianos. Me interesa el arte, y en estos días me dedico, sin escrúpulos, a comprar objetos robados. Soy ingeniero, y nunca he construido un puente. Incoherente todo eso, ¿no es cierto? ¿Quiere que le profetice una cosa, Julio? Moriré pronto..., y lejos de

Alemania. ¡No quiero que me maten los nazis, no quiero! Son peores aún que «un requeté después de comulgar». Y no los acuso porque esté a sueldo de nadie; mi cerebro me lo pago yo. Lo digo porque los conozco y porque ésta es mi convicción. Aunque, ¿sería feliz sin ellos? Todo lo llevamos dentro, ¿no lo cree usted, Julio? La desgracia de los hombres como usted y como yo es que vamos necesitando más y más sutilezas para gozar. De niños disfrutábamos viendo una rana saltar a un charco; ahora necesitamos muchos halagos, o una revolución... ¿Cómo luchar contra esto? Mire usted... Ahí tiene a ese camarero, dormitando. Mírele las piernas, los zapatos... El sueño de los espíritus simples. El ventilador lo hace feliz. Cuando despierte, será feliz llamándome doctor y sirviéndome la comida. Me cree un personaje. ¡Tengo una cabeza tan rara! Usted y yo no servimos la comida a nadie y tal vez ésta sea nuestra equivocación. Por más que... ¿por qué le hablo de este modo? ¡Sí me gusta vivir! ¡Ah, sí, créame, Julio! Baches como éste los tengo a menudo; pero de pronto reacciono. ¡Déme otro pitillo, por favor!

Tampoco esta vez Julio se perdió una sílaba. Lo escuchó con atención, echando bocanadas de humo y pensando constantemente: «Yo también soy de ese modo...» «Eso también me ocurre a mí.» También él era de clasificación difícil, por más que su mujer le decía a menudo: «Un viva la Virgen, eso eres tú.» Sí, era cierto que todo se llevaba dentro. Ahora llevaba dentro la idea de irse a París con una delegación de la Generalidad, a comprar armas. En algo discrepaba del doctor: a Julio no le parecía terrible, sino todo lo contrario, terminar en uno mismo. ¿A qué prolongar en los hijos tanto azar, tanto monólogo? Por cierto, era aquélla la primera vez que el doctor le había hablado de la muerte, palabra que le inspiraba a Julio verdadero horror. En cambio, una frase le había gustado sobremanera: «Mi cerebro me lo pago yo.» Y también esta otra: «¿Cómo está el mapa en el día de hoy?» ¿Y por qué repudiar la curiosidad analítica? ¿Era mejor cantar cada mañana como las camareras del hotel, o dormir como el camarero? Indudablemente, el doctor era un sentimental y su impavidez un mito. Menos mal que sus depresiones eran pasajeras. Sin embargo, ¿por qué, hablando de las torturas, citó «la tortura psicológica»? Ya sus colegas, los policías, le insinuaron algo sobre el particular. ¿Y de dónde había sacado que servir a los demás podía ser la clave del acierto? Millones de servidores en cualquier continente eran de pies a cabeza una lágrima o una úlcera, entendiendo por lágrima al asco de uno mismo y por úlcera la propia mediocridad.

De pronto, el doctor se levantó, interrumpiendo las cavilaciones de Julio. De nuevo le agradeció el «calor humano». Ya todo pasó. Esperaba verle otra vez, muy pronto... Entretanto, ¡un saludo a Gerona y a todo lo que aquella ciudad contenía dentro de la piedra!

—Un vaso de agua a mi salud... Y póngame a los pies de doña Amparo.

CAPÍTULO VII

En aquellas semanas, los Alvear recibieron dos cartas. Una de ellas iba dirigida a Matías, a Telégrafos, y llevaba la fecha del 3 de agosto de 1936.

Querido tío Matías:

Nos gustaría mucho tener noticias vuestras. ¿Cómo estáis? Confío en que no os habrá ocurrido nada malo y que en medio de todo estaréis tranquilos.

Nosotros bien, sobre todo mi padre, para el que no pasan los años. Yo recibí un papirotazo. Ya no me queda ni la cicatriz. Me gustaría veros, pero ahora es imposible. Si vamos para el frente de Aragón, a lo mejor quién sabe.

Si te parece, no enseñes la carta a tía Carmen. Dale recuerdos, así como a Pilar y a César. A Ignacio un abrazo y que no haga caso de pequeñas tonterías.

Hasta otra. ¡Salud!

Firmado: José.

La segunda carta iba dirigida a Ignacio, fechada en Barcelona el 5 de agosto de 1936.

Querido Ignacio:

No me he olvidado de ti, a pesar de tu desaparición... Estoy impaciente por saber si estás bien, si estáis bien todos en tu casa. Yo como siempre, aunque nos hemos mudado de piso y mi padre pasa una temporada separado de nosotras. Escríbeme,

El sol de agosto, apasionado e inclemente, operando sobre los cerebros y sobre la tierra, decidió que la sublevación se convirtiese definitivamente en guerra, de acuerdo con el profético temor de los militares gerundenses contrarios al «motín». Los rebeldes se llamaron a sí mismos «nacionales» y para designar a los «defensores de la República» hizo fortuna la denominación de «rojos». «Nacionales» y «rojos» frente a frente, apuntándose al corazón. El 6 de agosto, Franco se trasladó de Tetuán a la Península —aterrizó en el aeródromo de Sevilla— para tomar personalmente a su cargo el mando de las tropas, en busca de la «unidad» de que hablaba el doctor Relken. Salió de Canarias el 17 de julio, y al parecer había hecho escala en Casablanca, rumoreándose que en dicha ciudad se disfrazó de mora para pasar inadvertido. La muerte, en accidente, del general Sanjurjo dejó en sus manos y en las del general Mola la responsabilidad de las operaciones y de la organización de la retaguardia. Conquistada la ciudad de Huelva, la columna del Sur proseguía su avance por la frontera de Portugal, hacia Badajoz, en tanto que las unidades que bajaban del Norte habían sido detenidas en Somosiera y en el alto del Guadarrama por los comunistas y los socialistas salidos de Madrid. Mola avanzaba hacia Irún y pedía municiones. Mola quería alcanzar el Cantábrico y cortarle al enemigo su comunicación con Francia por Hendaya.

El Gobierno de la República disponía de unos cuantos jefes competentes, entre los que destacaban el general Miaja y los coroneles Villalba, Rojo y Mangada. La columna de este último era llamada por los propios milicianos «Columna Menguada», debido a los reveses que había sufrido. Faltaban oficiales y jefes provisionales y sobraban oficiales «de dedo», y ¡sobre todo! comisarios políticos, los cuales sembraban la dualidad jerárquica y de consiguiente la confusión. Un decreto del Gobierno acababa de conceder diez pesetas diarias de dieta a los milicianos, y ello los encalabrinó. Sin embargo, muchos comisarios políticos convencían a sus hombres para que ingresaran dicha paga «en la caja del partido».

Gerona vivía pendiente de todos los acontecimientos gracias a la radio, la prensa y el rumor público. Supo de la

117

condena a muerte y ejecución, previo Consejo de Guerra, de los militares sublevados en Barcelona, y de las reiteradas tentativas de suicidio del general Goded. Supo del fusilamiento y voladura del monumento al Sagrado Corazón de Jesús erguido en el Cerro de los Ángeles, en el centro exacto, geográfico, de la Península Ibérica, y de la resistencia, no sólo del Alcázar de Toledo y de Oviedo, sino de Huesca y del Santuario de Nuestra Señora de la Cabeza.

El clima de guerra se lo dieron los partes diarios del Ministerio del Ejército, las noticias sobre los bombardeos, los inmensos carteles que tanto alababa Ezequiel: «¿Tú qué haces para conseguir la victoria?», y sobre todo, los pasos de los delegados soviéticos resonando en las aceras de Gerona, al lado de Cosme Vila.

Entre dichos delegados rusos destacó desde el primer día Axelrod, sucesor de Vasiliev, por su parche pirata en el ojo y por su perro, que a menudo, en el Hotel Majestic, se acercaba al doctor Relken para olerle las piernas. *El Proletario* publicó en varios capítulos una semblanza biográfica de Axelrod, hombre con la cara picada de viruelas, nacido en Tiflis, vieja guardia comunista. Sobre la pérdida de su ojo izquierdo corrían versiones de toda índole. Cosme Vila aseguraba que hizo donación de él a una clínica de Moscú donde se experimentaba la posibilidad de transplante de córnea, pero otros la atribuían a un accidente de pistola. Por su parte, el catedrático Morales creía saber que cuando Axelrod se presentaba con el parche negro significaba que en el Partido soplaban malos vientos y lo contrario cuando se presentaba con parche blanco. Goriev seguía a todas partes a Axelrod, siempre en segundo plano, si bien el Responsable decía que aquello era ficción, y que en realidad Goriev era el mandamás. Goriev no hablaba nunca, limitándose a escuchar, a tomar rapé y a llevarse incesantemente a la boca unas pastillas de color verde.

El día en que Axelrod, desde la emisora de radio de Gerona, se dirigió a la población exhortándola a militarizar las fábricas y a construir refugios antiaéreos, además de instalar reflectores en las montañas de Montjuich y las Pedreras, la gente abrió con dolorosa perplejidad los ojos. ¡Refugios antiaéreos! La expresión caló hondo. ¿Así, pues, el cielo de Gerona podía recibir en cualquier momento la visita de bombarderos de verdad? Axelrod dijo que los reflectores para Gerona los regalaría Rusia, lo cual, desde el punto de vista «de acabar con la oscuridad», resultaba simbólico.

Otra persona que creaba en la ciudad clima de guerra era Gorki. En efecto, Gorki empezó a mandar crónicas a *El Proletario*. Las tituló «Diario de un miliciano en campaña» y las fechaba invariablemente «en algún lugar del frente de Aragón». En ellas el ex perfumista, alcalde titular, describía las primeras escaramuzas de las columnas Ortiz, Durruti y Ascaso, que era la suya. Sus crónicas tenían aire de cosa directa y vivida, y el día en que una de ellas describió la valentía de Teo manejando una ametralladora, Raimundo el barbero se la leyó lo menos cuatro veces a sus clientes milicianos, que seguían afeitándose gratis. Además, los textos de Gorki estaban llenos de aciertos expresivos: «Eso te lo habrá dicho el último cabrón que anoche durmió con tu madre»; «El Gran Chivato», refiriéndose al sol; «Toma, toma, hoy el Papa se pasea del brazo de Mahoma».

También contribuyó al clima de guerra el decreto ordenando que el saludo oficial sería en adelante el puño cerrado a la altura de la sien, o para los que llevaran fusil, el puño cerrado en medio del pecho.

La reacción de la gente era, por lo general, diáfana. Muy pocos admitían la posibilidad de una larga lucha. La mayoría de gerundenses daban por descontado el próximo triunfo del bando a que perteneciesen, por encima de cualquier examen frío y objetivo. Los argumentos del adversario no hacían mella. Estaba en juego algo tan vital, que a la menor duda se movilizaba todo el ser. Buen ejemplo de ello era la viuda de don Pedro Oriol. Al escuchar los alegatos de Axelrod, lo mismo que al leer el nombre de «Gloriosa» aplicado a la aviación «leal», exclamaba para sí: «¡Pronto vais a ver, canallas! A cada puerco le llega su San Martín.»

Ignacio seguía también de pe a pa la marcha de los acontecimientos. Su naturaleza juvenil había logrado vencer el vacío que le causara la muerte de César. Su tristeza y su asco seguían intactos; pero podía simultanearlos con deseos y con curiosidad. La carta de su primo José, de Madrid, le retrotrajo a la visita que éste hizo a Gerona. ¡Qué experiencia más grande constituyó para él! Todavía le duraban sus efectos. Recordó con relieve casi punzante el tenaz y sensual rostro de su primo, su negro cabello, ondulado, su voz, poderosa y chillona. Frases literales le vinieron a la memoria: «Las murallas no impiden entrar sino salir.» «¿Te vienes conmigo, chachi?» «En

Madrid, hasta los socialistas hablan de libertad.» El día en que Ignacio, ambos sentados en el balcón después de cenar, le preguntó si había matado a alguien, José contestó: «¡Tú, a jugar limpio!» ¿Qué habría hecho su primo José bajo aquel sol apasionado e inclemente? ¡Cuántos bidones de gasolina por las iglesias...! Probablemente habría tomado parte en el asalto al Cuartel de la Montaña. Ignacio lo imaginaba por las carreteras de Madrid, al volante de un coche requisado, sembrando el pánico, como se decía que el jinete «fascista» Aldo Rossi lo sembraba por los caminos de Mallorca. Seguro que ahora José se había ido al frente de Aragón. Era un fanático, y posiblemente sería un héroe. Debía de llevar gorra y visera de charol y un brazal amarillo con estrella rojinegra. Las balas lo respetarían, porque era un hombre con suerte y sabía eludir el cuerpo. «¡Hola, cachondas! —les diría a las milicianas en el frente—. ¡A ver si me hacéis pasar un rato agradable!» ¿Por qué no conseguía, como Carmen Elgazu, odiar a su primo?

También la carta de Ana María lo conmovió. «Mi padre ya no vive con nosotras...» Ello significaba que había huido o estaba detenido u oculto. Permitía suponer que al pronto salvó la vida. Ana María había cambiado de domicilio, a buen seguro porque los milicianos se habían incautado del suyo. ¡Ah, su cara pequeña, sus moños uno a cada lado! ¿Dónde estaba la calle de Fernando y quién sería don Gaspar Ley? Seguramente no se atrevía a salir, con tantos milicianos borrachos y tantos vendedores ambulantes y sandías por las aceras. Ana María representaba para Ignacio la ilusión encendida y fugaz. ¿Fugaz? «No hay pobre que no se enamore de una princesa», le había dicho su primo José. Él se enamoró de Ana María. Por ella fue capaz de cruzar fraudulentamente una valla en el mar y estuvo a punto de alquilar un *smoking*. ¡Cuántas cosas le dijo en la barca de la playa y en lo alto de los acantilados de San Feliu! Le habló de la castidad, de la evolución de la materia y de su propia inconstancia. Quiso deslumbrarla y lo consiguió. Ana María era más inocente que Olga. Ahora ella le había escrito con letra un poco temblorosa.

En el fondo, Ignacio padecía también, como el doctor Relken, como millones de seres en el mundo, de soledad. Había vuelto a su soledad porque el mundo lo rebasaba y Marta se había ido; y porque sin Mateo se había encontrado nuevamente sin un amigo de su edad. Desde su soledad, contemplaba lo que ocurría y cada mañana se declaraba vencido y aturdido.

No comprendía a sus semejantes y sus esfuerzos por adaptarse lo agotaban estérilmente. Le resultaba raro ver en los periódicos esquelas sin cruz —rectángulo helado y negro— y que en la sección de anuncios pudiera leerse todavía: «Vendo motocicleta en buen estado» o «Aceptaría alumnos de inglés». Que la vida se hubiese tronchado pero continuase siendo vida, era el misterio que lo perseguía en casa, en el Banco y sobre todo en cada una de las provincias de su memoria. No iba a la barbería de Raimundo ni a ninguna otra. Tampoco a jugar al billar ni a ningún café. No podía leer. Hubiera querido bañarse en el Ter, dado que el horario de verano del Banco Arús le dejaba las tardes libres; pero el río bajaba fangoso y además estaba poblado por gente extraña. Dormía una siesta larga, pese a que don Emilio Santos seguía compartiendo su habitación. A veces, para refrescarse, se descalzaba y permanecía unos minutos de pie, inmóvil, sobre los mosaicos. Luego se vestía, y ayudaba a su madre y a Pilar en alguna faena casera, como, por ejemplo, sostener una madeja de lana con los dos pulgares erguidos. Al atardecer, a veces salía a callejear o subía un momento a saludar a la madre de Marta, que continuaba encerrada y con escolta en el piso de la Platería. O se iba al barrio antiguo, o, impulsado por una atracción indefinible, iba pasando delante de todos y cada uno de los locales enemigos. También, en ocasiones, se iba a la calle de la Barca a platicar con el gordo patrón de El Cocodrilo, el cual decía que la guerra traería como consecuencia el hambre y que el hambre acabaría de una vez con su horrible barriga.

No era raro que eligiese para sus caminatas lugares apartados, como las Pedreras o el castillo de Montjuich, donde Axelrod quería emplazar los reflectores antiaéreos. Aunque, su sitio preferido era la Dehesa, y de la Dehesa un lugar próximo a la Piscina, convertido ahora en cementerio de chatarra. Sí, este cementerio de chatarra, emplazado entre árboles altos y de ramaje verde y espeso, lo atraía también, sin saber por qué. Cada día era mayor, pues los milicianos destrozaban los coches, los camiones y hasta vagones de ferrocarril. Ignacio había localizado en este cementerio un sitio idóneo para filosofar: la cabina de un descacharrado camión, sin puertas. Por el hueco se introducía en ella y se convertía en dueño del vehículo, vigilado, esto sí, por el espejo retrovisor, que día tras día contaba sus arrugas y le daba noticias exactas del color y del dolor de su mirada. Inmóvil en el volante, la soledad de Ignacio era inmensa, y los hierros carcomidos por un lado y los árboles por otro le rodeaban de una paz insólita. Sabía que podía pisar el acelerador sin estrellarse. Sabía que podía frenar bruscamente sin que aumentase la rigidez. Había algo definitivo en la cabina del camión muerto, lo cual parecía fijar también su espíritu. Tal aventura, que lo emocionaba siempre, alcanzó su plenitud una tarde en que le sorprendió dentro una tormenta veraniega. Signos rojos cruzaron el cielo, al tiempo que las nubes, en correcta formación, constituían sobre la ciudad un techo imperforable. Ignacio se santiguó. Algunas hojas se secaron instantáneamente. Y en esto, cayó la lluvia... Agua que arrancó del cementerio de chatarra un lamento indescriptible. Agua dramática que retumbaba con lujuria sobre la cabina del camión. Ignacio no sabía si sufrir o gozar. No sentía sus límites, y ello le provocaba intensa angustia; pero por otro lado era copartícipe de algo grande, quizás excesivo. Ignacio esperó en vano recuperar el dominio de sí mismo, y la tormenta arreciaba. Poco a poco fue encogiéndose, hasta sentirse inválido, niño, hasta no ser. Cuando la lluvia cesó, la tierra era agua, la tierra era de agua y el corazón de Ignacio latía con desesperante debilidad.

A veces, salía de paseo con Pilar. Pero les ocurría algo caprichoso. Los dos hermanos, que en casa seguían dialogando con cariño, fuera apenas se hablaban. En la calle enmudecían, sin encontrar para ello explicación plausible.

Ignacio echaba de menos a Marta. Mientras la muchacha estuvo en la escuela, la sabía cerca; ahora, Barcelona se le antojaba al otro confín. A menudo comparaba su amor por Marta con el que Pilar sentía por Mateo, y no podía menos de reflexionar. Pilar amaba por entero, como un bloque amaría, sin exclusión. Ignacio no tuvo nunca la sensación de darse plenamente. Ignacio tenía un sentido crítico que de pronto taladraba a Marta sin piedad. Y había en su sensibilidad zonas ambiguas, ambiguas y oscilantes, que desorientaban a quienes convivían con él. Olga le dijo en una ocasión: «Constantemente hay en ti algo que muere.» No obstante, era corriente que Ignacio, pensando en Marta, se emocionase hasta llorar. Ahora, por ejemplo, le bastaba con saber que la calle en que Marta vivía era la calle de Verdi, para conectar con frecuencia la radio que Jaime les trajo, en busca de cualquier emisora italiana. Y cuando en el Banco tropezaba con el número 315, que era el número de la casa en que Marta habitaba, lo retintaba deleitosamente. Y una de las veces que subió a visitar a la madre de Marta en el piso de la Platería, la esposa del comandante Martínez de Soria le invitó a ver la habitación soleada que fue de la chica. Ignacio aceptó. Y he aquí que al llegar al umbral se detuvo, miró los muebles uno por uno, despacio, y el papel de la pared, y terminó sintiendo en la garganta un nudo inesperado y dulcísimo.

El día 20 de agosto su pensamiento estuvo de modo especial cerca de Marta, porque fue el día en que el Comité Antifascista abrió el juicio contra los veinte militares de Gerona detenidos. Fue un día de tensión agotadora, pues apenas se supo que las sesiones se celebrarían en la Audiencia, que estaba situada en la plaza de la Catedral, las escalinatas del templo se llenaron de gente que esperó la llegada de los oficiales, los cuales, por parejas, iban siendo transportados en coche desde los calabozos. Ignacio, en contra del consejo de los suyos, se mezcló entre la multitud. Y a las cinco en punto de la tarde vio descender del primer vehículo al teniente Martín y acto seguido al comandante Martínez de Soria. Unos pocos segundos le bastaron para comprobar una vez más hasta qué extremo se parecían el padre y la hija. No fue capaz de pensar en otra cosa. Los hombros del comandante eran los hombros de Marta; la nariz, su nariz; y aquel porte tan suyo, entre noble y desdeñoso. La multitud insultó puño en alto al militar rebelde. La plaza fue un clamor desesperado y no volaron las piedras por temor a herir a los centinelas y no sonó ningún disparo a quemarropa porque el juicio despertaba expectación.

El tribunal, presidido por el coronel Muñoz, lo componían Cosme Vila, el Responsable, Antonio Casal, David y el arquitecto Ribas. Éstos darían su veredicto y un magistrado de profesión, venido ex profeso de Barcelona, aplicaría el Código. Al punto se vio que el comandante Martínez de Soria y el teniente Martín serían condenados a muerte. Los interrogatorios, que durarían una semana, podían ser seguidos desde fuera gracias a una instalación de altavoces. Ignacio no se perdió una sesión. Cada día tomaba asiento en el mismo peldaño de la escalinata de la catedral y cada día escuchaba la voz ligeramente alcoholizada del padre de Marta. El lenguaje del comandante, por lo general, le desagradaba. Era digno y no buscaba atenuantes; pero apenas dejaba de controlarse, un no sé qué altisonante ganaba su expresión.

Por lo común, al término de cada sesión Ignacio regresaba

a su casa con la seguridad de haber pasado inadvertido. Sólo una vez una mujer medio gitana le dijo: «¡Vas a quedarte sin suegro!, ¿eh, chaval?» Ignacio disimuló, pero de pronto salió a escape.

Un hecho lo alarmaba: se daba cuenta, sin lugar a dudas, de que la muerte del comandante le importaba muy poco, tal vez nada en absoluto. Cuantos esfuerzos hacía para compadecerle, eran vanos. ¡Ah, las tretas del corazón! ¡Era el padre de Marta, y siempre se había mostrado comprensivo con él! Todo inútil.

Por el contrario, Pilar seguía el juicio con el alma en un hilo, y ya el primer día prometió que si un milagro salvaba la vida del comandante, ella subiría a pie, descalza, a la ermita de los Ángeles. Ignacio había colgado los libros de Derecho. En todo el verano no había estudiado una lección. Estaba distraído, y por otra parte la sola palabra «Derecho» se le antojaba, en medio de aquel desenfreno, sarcástica.

Sin embargo, si la guerra se prolongaba, ¿qué hacer? ¡Si encontrara la fórmula para interesarse por algo, por alguna materia de estudio! A veces, se preguntaba si no le interesaría la Anatomía. Bueno, en el fondo de estas dudas asomaba, como tantas veces, la ovalada cabeza de Julio. Efectivamente, en cierta ocasión el policía le dijo algo que se le quedó grabado: «Todo tiene su origen en el cerebro. Si yo soy un vivales, se lo debo a mi cerebro. Si tú eres sentimentaloide y empleado de Banca, se lo debes a tu cerebro. Si Axelrod es así y César fue asá, ello se debe a sus cerebros.» Este comentario, unido a una lámina de la cabeza humana que vio en una farmacia, marcaron huella en él, despertándole la curiosidad.

Pero no tenía ganas de someterse a una disciplina rigurosa. Su madre procuraba aconsejarle: «Estudia lo que sea, hijo, lo que sea. Preferiría que estudiaras a que salieras siempre por ahí.»

Matías era de la misma opinión, pero con una salvedad: que estudiara lo que fuera, menos Anatomía.

—¿Por qué quieres abrir las cabezas y ver lo que hay dentro? ¿No están tapadas? Por algo será...

Mosén Francisco e Ignacio, otra vez frente a frente. En los momentos cruciales de la vida de Ignacio, mosén Francisco intervenía, sin que ninguno de los dos se lo propusiera de una

124

manera expresa. En una ocasión, cansado Ignacio de su desequilibrio interior y de dormir con las piernas separadas, el sacerdote lo confesó y el muchacho, durante una temporada, miró de otro modo la existencia. Ahora, lo mandó llamar. Escondido en casa de las hermanas Campistol, las modistas de Pilar, el sacerdote mandó recado a Ignacio para que fuera a verle. La intención de mosén Francisco era entrevistarse con los parientes de todos los fusilados la primera noche, para comunicarles que él los había absuelto y que en algunos casos, como el de César, les había dado incluso la comunión.

Ignacio recibió el recado en el Banco, de labios de una de las hermanas Campistol. Su sorpresa fue enorme, pues desde el 18 de julio no sabía nada de mosén Francisco. Sin saber de qué se trataba, prefirió no alertar en casa. De modo que acudió a la cita solo y con mucha emoción, pues mosén Francisco representaba para él lo genuino y sin trampa, un hombre de buena voluntad.

Ignacio pasó otra vez por la calle de la Barca y llegó a la plaza de San Pedro, llamada ahora «Plaza Bakunin». En el Oñar, encharcado, chapoteaban los chicos, mientras un hombre moreno y triste hacía sonar bajo las ventanas un organillo. En una de ellas vio a la Andaluza con una rosa en el pelo y abanicándose. También aquel barrio significaba para él mucho, pues fue donde por primera vez descubrió la ira de los corazones. Nunca más había olvidado la frase: «Anda y que te emplumen.»

Apenas pulsó el timbre se abrió la puerta, señal de que las hermanas Campistol lo estaban esperando. Poco después caminaba ¡entre espejos! por un largo pasillo y entraba en la habitación discreta, interior, ocupada por el sacerdote.

Mosén Francisco, al ver al muchacho, salió a su encuentro y lo abrazó. Ignacio correspondió torpemente. Ignacio no sabía abrazar. Siempre titubeaba un segundo más de la cuenta y se le enredaban los brazos. El sacerdote vestía «mono» azul e iba sin afeitar. Con ojeras profundas, parecía un enfermo. Calzaba alpargatas, sus ojos rebosaban energía y decisión. Ignacio vio un armario, sobre la mesilla de noche una taza de café y en un ángulo un cajón de herramientas de carpintero o tal vez de fontanero.

—¡Qué alegría, Ignacio! ¡Qué alegría me da verte!

—No faltaba más... ¡Por fin hemos sabido de usted! Otro abrazo en nombre de toda la familia...

Mentira. La familia de Ignacio no sabía nada. ¿Por qué mentía, sin necesidad?

—Bueno —repuso el sacerdote—. Vamos a acomodarnos. —Acercó la silla a la cama—. ¿Qué prefieres, sentarte en la cama o en la silla?

—Lo mismo da.

—¡Bah! Siéntate en la silla, estarás mejor.

Ignacio obedeció y mosén Francisco se sentó al borde de la cama con la naturalidad de quien está acostumbrado a ello. Con la misma naturalidad con que don Emilio Santos se sentaba ahora en la cama de César.

De repente, el vicario de San Félix se levantó y fue a la mesilla por tabaco.

—¿Quieres fumar?

—No, muchas gracias.

Tampoco supo Ignacio por qué rehusó. En realidad, hubiera fumado muy a gusto.

Mosén Francisco encenció el pitillo, se sentó frente por frente del muchacho y a través de la primera bocanada de humo le miró a los ojos. Le pareció leer en lo más íntimo de Ignacio. El sacerdote les decía a las hermanas Campistol que sin duda aquella encerrona le sería muy útil, pues le impedía habituarse rutinariamente a las siluetas. Llevaba semanas sin tener cerca otros rostros que los de las modistas. El de Ignacio se le apareció tal cual era, en un estado de curiosa virginidad.

Mosén Francisco rompió el silencio para decir:

—Tengo la impresión de que te sientes un poco abrumado... Ignacio asintió.

—Así es.

Mosén Francisco no llevaba ninguna intención de sermonear al muchacho. Quiso abreviar. Le dijo que lo había llamado para que supieran que César murió santamente. Él cometió la necedad de introducirse en el cementerio y vio a las víctimas, casi una por una, y las atendió.

—Tu hermano pudo incluso comulgar... Ya sabes —se señaló el reloj de pulsera—. Éste era mi sagrario. César cerró los ojos y su rostro expresaba una serenidad perfecta.

Ignacio se quedó estupefacto. ¡También mosén Francisco sabía mentir! Estuvo a punto de exclamar: «¡Mentira! ¡Mi hermano tenía el rostro monstruosamente destrozado!» Pero el puro titilar de los ojos del sacerdote lo venció, y se calló. Y mosén Francisco siguió pormenorizando... E Ignacio acabó admirando más aún al vicario por cuanto era capaz de pecar un poco, escandalosamente, para ser bueno.

—Ahora sí le aceptaré un pitillo.

Mosén Francisco complació a Ignacio y los dos se quedaron cara a cara. En el piso reinaba un gran silencio, pues las hermanas Campistol habían salido discretamente al balcón.

—¿Cómo están tus padres, Ignacio? ¿Y Pilar?

—Bien, muy bien...

Ignacio contestó automáticamente. De pronto pensó que el vicario se disfrazaba y hubiera sido capaz de morir cantando «Aleluya» por razones opuestas e idénticas a las que impulsaron a determinados gerundenses a enrolarse en la columna Durruti. Dichos gerundenses prometían a los hombres un paraíso terrenal y mosén Francisco les prometía vida eterna; así pues, los hombres morían y mataban para convertir en hecho real la idea de felicidad.

—Mosén Francisco... ¿Por qué cree usted que los hombres se matan?

El vicario tardó en contestar. Durante unos segundos, miró, inmóvil, un punto del mosaico.

—No sé qué decirte, Ignacio. —Luego añadió—: Yo entiendo más de amor que de odio.

Ignacio estimó que la respuesta no solucionaba la cuestión. Volviendo a la carga, ciñó más aún el tema.

—¿Por qué cree usted que mataron a César?

El vicario abrió los brazos en ademán de impotencia.

—No lo sé, Ignacio. —Dudaba—. Hay algo oscuro en los designios de Dios... El hombre hubiera deseado que su salvación fuera más fácil; pero está escrito que tenemos que merecerla.

Ahora fue Ignacio quien miró a un punto del mosaico.

—Me gustaría saber —repitió, balbuceando— por qué mataron a César.

Mosén Francisco hizo una mueca de disgusto. Él hubiera preferido orientar la entrevista por otros caminos. ¡Ignacio le interesaba tanto! Desde aquella confesión... Desde que el muchacho y su madre, Carmen Elgazu, entraron en la iglesia de San Félix haciendo resonar los pasos sobre las losas.

El vicario contestó a Ignacio. Su opinión era que el conflicto no podía individualizarse. El odio no era contra personas, sino contra símbolos.

—Matan con los ojos vendados. Matan al propietario y no

a don Jorge. Matan al médico y no a don Fulano de Tal. Matan al seminarista y no a César.

—Ya...

El vicario se calló otra vez.

—Ahora bien —dijo al cabo de un rato—, esto es peligroso. ¿Comprendes, Ignacio? Un hombre es poca cosa y cualquiera es capaz de admitir que el odio hacia él puede ser ¡qué sé yo! inmotivado, injusto. Ahí tienes el caso de Jesús. Pero cuando durante años y años el pueblo odia determinadas instituciones, fácilmente se concluye que dichas instituciones no están a la altura de las circunstancias.

La alusión era directa. Mosén Francisco conocía detalladamente las acusaciones que Ignacio formulaba contra la Iglesia y no creía que, desde el 18 de julio, el muchacho se hubiese replanteado la cuestión, acorde con el argumento que un día esgrimió mosén Alberto: «En caso de persecución, lo mismo caerían los sacerdotes pecadores que los sacerdotes santos...»

Y no obstante, la contundencia de tal argumento era obvia. Mosén Francisco era un santo y lo había dado todo. Y volvería a darlo una y cien veces; pero ni Blasco, el limpiabotas, ni Cosme Vila, ni Gorki, ni Murillo, lo diferenciarían de cualquier canónigo rentista.

Ignacio captó la intención del vicario, pero no entró en su terreno, pese a que ahora no era ya cuestión de amenazas al Vaticano ni de burlas sobre la Biblia; ahora se le habían llevado a César, con lo que el conflicto se situaba en otra dimensión.

—Entiendo lo que quiere usted decir —opinó—. Pero... ¿No cree usted que los errores cometidos han sido graves? La religión que predicamos en España ha sido siempre terriblemente triste y defensiva.

A mosén Francisco no le gustaba el tema, pero Ignacio, a quien invariablemente el vicario conseguía cautivar, insistió en él.

—Defensiva, tal vez... —arguyó el vicario—. El pecado existe, compréndelo. En cuanto a triste, no creo que tengas razón. Lo que ocurre es que los mandamientos de la ley de Dios son «jabón que no lava», van contra los instintos y ello en un país como el nuestro, sensual por naturaleza, resulta insoportable.

Ignacio se quedó meditabundo.

—En el Seminario nos machacaban con dos ideas obsesivas: la tierra es un valle de lágrimas y hay que despreciar el cuerpo.

—Nunca dije yo eso —adujo mosén Francisco—. En la tierra se puede reír, tú mismo a temporadas te has reído mucho; y despreciar el cuerpo es propio de miopes, habida cuenta de que existe el misterio de la Resurrección.

Ignacio miró al vicario y, parodiando el tono de mosén Alberto, evocó aquello tan antiguo: «¿De qué te servirá ganar el mundo si pierdes tu alma?»

—Planteado de este modo —añadió el muchacho— es una invitación al fatalismo, a no esforzarse aquí abajo, a cruzarse de brazos. Resulta poco consolador. —De pronto, Ignacio agregó—: ¿Sabe usted lo que me dijo una vez un compañero del Banco, la Torre de Babel?

—No, no lo sé.

—Me dijo que si cerraba los ojos y recordaba la iglesia española, no veía sino dos colores: el negro, o sea el luto, y el amarillo, o sea el oro.

Mosén Francisco reaccionó. Dejó caer la colilla y miró hacia la ventana, desde la cual se veían los campanarios. Por un momento se olvidó de Ignacio y admitió que, efectivamente, el día en que aquella persecución cesara —«todas las persecuciones cesan un día u otro», les había dicho a las hermanas Campistol—, deberían ensayar otro lenguaje, superar la rutina. Él mismo había comprobado que, en cuanto desde el púlpito o en el confesonario glosaba algún pasaje poco conocido de la vida de Jesús, todo el mundo redoblaba la atención. Ahora bien ¡esto era difícil! Al hombre español le faltaba el contacto con los animales y las plantas, es decir, con todo aquello que no era humano y que por su misma inferioridad invitaba a ser generoso, invitaba a dulcificar la vida cotidiana.

Sin embargo, Ignacio exageraba, como siempre, porque existía una desproporción entre su avidez de verdad y su experiencia real. Mosén Francisco le dijo a Ignacio que la religión española tenía otros muchos colores además del negro y del amarillo. Tenía el blanco, que era el de la indiscutible castidad de la mayor parte de los ministros. Tenía el gris, que era el de los incontables párrocos que ejercían en el anónimo su ministerio, en pueblos y en iglesias oscuras. Tenía el azul, que era el de los misioneros que surcaban sin cesar el mar, y tenía el color de los sabios. Y además, tenía el color rojo, que era el de la sangre vertida.

—No hay aquí trampa, Ignacio. Los sacerdotes españoles damos la vida por nuestra fe. Podemos haber errado en el detalle, pero hemos predicado el Evangelio puro, y los que ahora mueren abrasados se convierten en antorchas de Dios. En conjunto, y repasando la historia, las conquistas, y pensando en la aridez de nuestro suelo, formamos, creo yo, una milicia digna; y estoy seguro de que en los momentos difíciles como éste recibimos la asistencia del Espíritu Santo. Verás como todo esto pasa, Ignacio, y como la Iglesia renace con brío. Verás como lo eterno está de nuestra parte y qué mudos quedarán los fusiles. Por otro lado, ¿no te parece casi un privilegio ejercer el ministerio en un lugar de la tierra en que la gente conmina a los sacerdotes diciéndonos: «Sed perfectos o de lo contrario conoceréis nuestra ira»? Ello, andando el tiempo, hará nacer alas en nuestros costados. No falsees tu visión, Ignacio. No es cierto que todo aquel que mata tenga razones para hacerlo. El pecado existe, lo repito, y existe Satanás. Además, ningún hombre tiene derecho a castigar en bloque una determinada colectividad; ello es privativo de Dios.

El sol declinaba. Ignacio se sentía fatigado y se preguntó si no tendría ello la culpa de que no encontrara razones válidas que oponer a la inflamada perorata de mosén Francisco. De un tiempo a esta parte, sus facultades de polemista habían decrecido, lo cual quedó patente en su discusión con David y Olga. Como si dudara de la eficacia de las palabras para traducir lo pensado y para aclarar lo oscuro. De dos árboles ¿cuál era el más bello? Entre dos doctrinas ¿cuál sería la mejor? He aquí que mosén Francisco parecía estar en lo cierto; no obstante, Ignacio sentía que, de cerrar los ojos y pensar en la Iglesia española, seguiría viendo los dos únicos colores de que le habló la Torre de Babel: el negro, o sea, el del luto o funeral, y el amarillo, es decir, el del oro.

Se levantó.

—No te he convencido, ¿verdad?

—No, no es eso —replicó Ignacio—. Es que... tengo que irme.

—Ya comprendo.

El suelo estaba lleno de colillas muertas. Mosén Francisco se levantó a su vez. Miró al muchacho con tales ganas de ser comprendido que Ignacio se emocionó. Ignacio le prometió al vicario que de vez en cuando le haría una visita, en el caso de que su entrada en aquella escalera no levantara sospechas. Mosén Francisco negó con la cabeza. «Ven cuando puedas, cuando quieras.» El vicario necesitaba hasta tal punto amistad que se atrevió a invitar a la madre de Ignacio y a Pilar a la misa que, en aquel mismo cuarto, pensaba celebrar el domingo. «Diles que vengan. A las diez. Podrán incluso comulgar.»

En el vestíbulo se abrazaron de nuevo. Mosén Francisco, sin su ancho sombrero de cura, parecía otra persona. Por un lado, quedaba un tanto ridículo; por otro, inspiraba mayor respeto aún. Le confesó a Ignacio que, desde luego, pasaba mucho miedo, por lo que no sabía si intentaría marcharse o no de Gerona. Entretanto, allí estaba, rezando, ¡y aprendiendo a coser! Las hermanas Campistol lo amaestraban en el oficio de la aguja. «Hemos empezado a puntear un mantel.»

Ignacio se despidió. En la escalera alguien había escrito cinco o seis veces consecutivas un nombre de mujer: Luisa. Salió a la calle. Un miliciano estaba sentado en la acera de enfrente, con una gaseosa al lado, incapaz de taladrar con su mirada, ¡escasa potencia la del ojo humano!, la pared de la casa de las modistas y descubrir a mosén Francisco.

Echó a andar. El patrón del Cocodrilo, erguido en el umbral de su tabernucho, se abanicaba con la pala matamoscas. «Abur...», dijo, al ver a Ignacio. El sol se ponía, incendiando allá arriba pequeñas nubes que temblaron como deseos. Los cines habían reabierto sus puertas. En la barbería de Raimundo, tres o cuatro hombres discutían acaloradamente. Entró en la Rambla. Bajo los arcos paseaba Laura, la hermana de los Costa, del brazo de las hijas del doctor Rosselló. A Ignacio le habían dicho que Laura había recuperado su piso —el de «La Voz de Alerta»— y que, en contacto con unas muchachas de Olot, se dedicaba a organizar las caravanas de fugitivos que huían por la montaña a Francia.

Al llegar a su casa no encontró sino a su madre, suelta la cabellera, que acababa de lavarse, y a don Emilio Santos. Su madre estaba hojeando en la mesa un atlas anatómico que Ignacio había comprado, y a la vista de las láminas del cerebro iba exclamando: «¡Jesús!» Don Emilio Santos, semioculto en el rincón en que se apoyaba todavía la caña de pescar, miraba al río. Don Emilio Santos llevaba unos días inquieto y había desmejorado mucho. A salvo Mateo, ahora temía por su otro hijo, Antonio, que estaba en Cartagena y del que no tenía la menor noticia. Rumiaba la manera de dejar por fin libres a los Alvear e irse a Barcelona, y desde allí salir al encuentro de su hijo.

Al poco rato llegó Pilar.

—¿Dónde has estado? —le preguntó Carmen Elgazu, al recibir de su hija un beso.

—Nada, por ahí...

«Por ahí» significaba la plaza de la Estación. Pilar, en cuanto podía, se iba a la plaza de la Estación simplemente para sentarse un rato frente a la casa en que residió Mateo, leyendo el letrero POUM y esperando a ver si salía algún miliciano vistiendo alguna prenda de Mateo.

Con las últimas luces del día, llegó Matías Alvear. Dijo que había estado por la vía del tren de San Feliu, paseando un poco con su compañero Jaime. En realidad, se había ido solo al cementerio. De pronto, encontrándose fuera, sucumbió a una tentación que lo turbaba desde hacía días: ir al cementerio. Llegó allí y le preguntó a la mujer del sepulturero por un nicho que decía: «Familia Casellas.» Al minuto se encontró ante la lápida, rodeado de cipreses. Matías Alvear, que no se atrevía a salir con sombrero, se pasó la mano por la cabeza. Permaneció rígido por espacio de diez minutos, como una estatua sobre el paseíllo de grava dorada. Luego abandonó el cementerio y por la orilla del Oñar regresó a su casa, temeroso de que los niños del barrio y el agua advirtieran que lloraba.

CAPÍTULO VIII

EL SISTEMA REPRESIVO seguía su curso. En los suburbios de las capitales se abrían zanjas para sepultar los cadáveres, y era frecuente que un «fusilado» resultase herido solamente y pudiera escapar a través del bosque y desangrarse o conseguir refugio y salvación en algún caserío. De este modo se salvó un sobrino del notario Noguer. En determinados lugares, por ejemplo la provincia de Ciudad Real, los muertos eran enterrados en féretros improvisados con cajas de leche condensada, féretros que decían: «Consérvese en lugar fresco.» En Figueras, una mujer a la que informaron que el cadáver de su marido yacía insepulto en el cementerio, se fabricó ella misma el ataúd y, llevándolo a cuestas, cruzó la ciudad de uno a otro extremo. En todo el territorio proliferaban los tribunales de todas clases, cuya mímica o cuyo lenguaje con clave sólo eran comprendidos por los guardianes de los lugares en que se celebraba el juicio. Así, en Valencia, los miembros de un Comité de barrio, cuyo jefe era de origen italiano, imitaban a los romanos. Cuando absolvían al acusado, levantaban el pulgar hacia arriba y cuando lo condenaban lo ponían boca abajo. Cosme Vila y el Responsable variaban según el estado de ánimo. A menudo enviaban una pareja de milicianos a la cárcel, sobre todo a las cárceles de los pueblos, reclamando a un preso para ser interrogado en Gerona. Si al lado del nombre había marcada una cruz, significaba que el preso debía ser fusilado por el camino; si había una L debía ser llevado a Gerona sin tocarle un pelo. Las letras contaban; los signos, las cruces. Hubo detenidos que murieron porque su apellido era antipático, otros, por el contrario, se salvaron gracias a ello. Gorki se compadeció de un hombre que se llamaba Manuel Tocino. «Dejarlo —ordenó—. Bastante tiene con el apellido.»

Ezequiel decía que si desde el aire pudieran fotografiarse todos los lugares habilitados como cárcel o calabozo, el muestrario sería impar. En los puertos abundaban los buques-prisión, como el *Villa de Madrid* y el *Uruguay*, en Barcelona; el *España número 3*, en Cartagena; el *Sister*, en Gijón; los *Altuna-Mendi* y *Cabo Quilates*, en Bilbao; el *Isla de Menorca*, en el Grao; etcétera. En el *Sister*, en la puerta de acceso a los calabozos, podía leerse un cartel dantesco en la puerta: «¡Oh, los que entráis, perded toda esperanza!» Por lo común, los detenidos en los buques habían sido encerrados en las bodegas o en el sollado, mientras los guardianes se habían instalado arriba, en los camarotes de lujo. Alrededor de estos buques el mar solía rebosar petróleo. En Cartagena, los cautivos tomaban por turnos el sol que entraba por las rayas e intersticios que la metralla había abierto en los costillares de la embarcación. En Almería, los presos tenían que salir a cubierta para hacer sus necesidades y los milicianos de vigilancia en los muelles se mofaban de ellos y las milicianas los observaban con prismáticos.

En toda la zona, el grueso de los edificios convertidos en cárcel lo constituyeron las iglesias y los conventos, primero porque unas y otros se habían quedado sin dueño y luego porque sus peculiaridades de construcción parecían calculadas para ese menester. En los conventos, las celdas se adaptaban sin esfuerzo y lo mismo ocurrió en el Seminario de Gerona; el indispensable patio estaba allí; la capilla era destinada a «sala de audiencia», situándose el tribunal en el altar mayor, los detenidos en los bancos, y en el coro el público. Para deliberar, y libar, los miembros ejecutivos se retiraban a la sacristía. Hubo frailes y monjas que no tuvieron necesidad de cambiar de morada, que sólo trocaron el hábito religioso por el traje carcelero y la paz por la zozobra.

En Lérida, se convirtió en prisión el cine Astoria. Los detenidos instalados en platea y palcos dormían a gusto en los butacones, en tanto que los relegados a general protestaban. En el escenario, en vez de pantalla había el tablón de anuncios, siempre el mismo, que obsesionaba. En distintos balnearios se habilitaron los departamentos de baños y el cautivo que podía dormir en la bañera se consideraba un privilegiado. Los letreros publicitarios del establecimiento, con la lista de las enfermedades que en él se curaban, solían policromar las estancias de los condenados a muerte. En un cuartelillo de Albacete podía leerse en el despacho del jefe una curiosa inscripción: «Felices los curas y los militares, que no profundizan las cosas.» En una mazmorra de Sagunto, los colchones eran tan delgados que fueron llamados «lenguas de gato». Excluyendo la comida agusanada, los mayores tormentos solían ser el hedor de las letrinas y el sueño en voz alta de algunos detenidos durante la noche. Mientras afuera, en la bóveda celeste, reinaba la armonía, los presos sufrían pesadillas, tiraban coces o se agarraban al compañero, despertándose uno y otro con los ojos desorbitados. Un soldado que se escapó del territorio «nacional» afirmó que en la cárcel de Zaragoza los «fascistas» torturaban a los penados metiéndoles en la boca pelotas de caucho, pelotas cuyo tamaño iba aumentando progresivamente.

Los periódicos ensalzaban a menudo la labor represiva de los tres jefes revolucionarios: Aurelio Fernández, en Barcelona; García Atadell, en Madrid, y Vicente Apellániz, en Valencia. Los tres poseían sus propias «escuadras del amanecer», además de otras fuerzas de «vigilancia», algunos de cuyos agentes exhibían uniforme espectacular. Según datos en poder del Comisario de Policía gerundense, H... Julián Cervera, García Atadell sólo asesinaba a burgueses, militares y curas, en tanto que, en Barcelona, Aurelio Fernández fusilaba también a rivales suyos políticos e incluso a policías de la Generalidad. En Atarazanas ordenó una riza contra los *maquereaux* y se decía que en sus «cárceles particulares» se ensayaban métodos de suplicio.

¡Las checas! El vocablo empezaba a hacerse popular, si bien eran muy pocas las personas que sabían a ciencia cierta qué es lo que se escondía detrás de él y aun abundaban los que lo suponían una pura invención «fascista». El inspector Bermúdez le había dado a Julio el toque de alarma sobre el particular, con ocasión del viaje del policía a Barcelona. Le habló de un local instalado en la calle de Muntaner, 321, bajo control comunista, en cuyas paredes habían sido dibujados varios tableros de ajedrez, así como figuras geométricas a todo color, que causaban a los detenidos agudas crisis nerviosas. También le habló del «palmo de agua» en una «checa» de la calle de Ganduxer y de unos armarios empotrados, con cabina para una persona, en los que sonaban sin cesar, turnándose, una campana y un metrónomo. Julio, pues, supuso que el doctor Relken exageró un tanto al hablar de la falta de métodos científicos en la represión española y sintió viva curiosidad por conocer lo que ocurría en las dos cárceles particulares, «checas», que habían empezado a funcionar en Gerona. Una, al mando de Cosme Vila, instalada en la calle de Pedret, que había sido visitada por Axelrod en persona y en cuya fachada un letrero decía: «Horno de cal.» Otra, al mando del Responsable, instalada en el barrio de la Estación, en un local que en tiempos fue garaje y cuyo rótulo rezaba: «Sindicato de la Madera.» El catedrático Morales, cada vez que alguien lo interrogaba sobre el «Horno de cal», sonreía. Sólo una vez reveló algo, precisamente a un camarero del Hotel Peninsular. «Nada —dijo—. Tenemos allá a un par de curas sentados frente a una pared, en la que el bueno de Crespo, el chófer, escribió aquella famosa frase de Henry Deman: "La Religión lo pasaría menos mal si la Iglesia lo pasara menos bien".»

El catedrático Morales gozaba lo suyo con todo aquello y, hablando con Antonio Casal, quien a veces se quedaba mirándolo como si algo le atenazara el pensamiento, le decía: «No te preocupes. Siempre ha sido así. La historia de los grandes hombres se centra en sus estancias en el destierro o en la cárcel. Acuérdate de Sócrates, de Dante, de Leonardo, de Miguel Ángel, de Cervantes, de Dostoievski, ¡de Lenin! Y no pierdas de vista a David y Olga, si continúan haciendo tantas preguntas...»

Además de las checas y de las cárceles estrambóticas, había las cárceles normales, de plantilla, como las «Modelo» de Madrid y Barcelona. Dichas cárceles constituían mundos completos, de acuerdo con la teoría del Responsable, quien afirmaba que a partir de los quinientos detenidos una cárcel era ya como un pueblo, con gente de todas clases y «barbero en cada galería».

En la de Gerona, en el Seminario, el profesor Civil seguía siendo el veterano, y gracias a su optimismo y serenidad, con mucha frecuencia conseguía sostener la moral de sus compañeros, doliéndole no disponer del piano de su casa. «¡Os enseñaría quién es Chopin!» Era corriente que, al llegar un nuevo «recluta», procedente de algún pueblo de la provincia, éste tomara al profesor Civil por cura ¡y se empeñara en pedirle toda clase de consejos e incluso en confesarse con él! El veterano Civil movía la cabeza. «¡Nada de eso, hijo! Soy un vulgar profesor. Pero tenemos aquí tres curas de verdad, del Asilo. Vete al piso de arriba y pregunta por *los tres mosqueteros*.»

En la cárcel de Gerona se puso de moda jugar a «batallas navales», en las que participaba todo el mundo, incluso varios patronos de las flotillas de pesca de San Feliu de Guixols y Palamós. Abundaban los jugadores de ajedrez —el Rubio se hartaba de dar jaque mate— , los cuales se habían confeccionado tableros de cartón y figuras de corcho, talladas de los tapones de botella. También se jugaba a los *disparates* y, por supuesto, cada cual exhibía su gracia. El Rubio movía con rara comicidad el dedo meñique de la mano izquierda. Un propietario de Hostalrich conseguía agitar las dos orejas sin arrugar la frente ni agrandar los ojos. Uno de los sacerdotes del Asilo, el más anciano, se arremangaba el brazo derecho y en el sitio del bíceps se veía brotar una extraña bolita. Surgieron profesores de francés y de italiano, de solfeo y de prestidigitación. Un pariente del cajero del Banco Arús cada día a la misma hora se ponía a cantar la *Traviata*.

Trato aparte lo merecían los «chivatos», los milicianos desconocidos enviados allí, fingiéndose presos. Los llamaban «submarinos» y el profesor Civil los cazaba en el acto. El castigo para ellos consistía en ser ignorados por los demás reclusos, *incluso en su presencia física*. Tropezaban con ellos, al fumar les enviaban el humo a la cara como si lo enviaran al vacío, nadie los miraba jamás. Raro era el «chivato» que resistía más de una semana tamaña huelga psicológica.

A raíz del juicio de los militares, la fisonomía de la cárcel cambió. El comandante Martínez de Soria, el teniente Martín y el alférez Delgado, cuyas penas de muerte se confirmaron, permanecieron en los calabozos del cuartel, mientras los restantes jefes y oficiales, condenados a cadena perpetua, fueron llevados al Seminario. De modo que en éste se reunieron tres clases de reclusos: los militares, los civiles y los de delitos comunes.

Los militares airearon la cárcel, no sólo con su alegría por haber salvado la vida, sino por sus posibilidades de comentar e interpretar con conocimiento de causa las noticias de la guerra, que a diario se filtraban a través de las cestas de la comida o dentro de las cajetillas de tabaco. La atención de los detenidos cuando los capitanes Arias y Sandoval demostraban ¡precisamente sobre un tablero de ajedrez! que los mandos «nacionales» iban enderezando la situación, era inenarrable. Los tapones de corcho servían para todo... Hacían las veces de generales, de polvorines, de moros y de rojos fugitivos... «¡Imposible que Durruti entre en Zaragoza, ya lo veis!» «Lo dicho: después de tomado San Sebastián, Bilbao caerá sin apenas resistencia.»

En el Seminario reingresaron varios funcionarios del Cuerpo de Prisiones, que los primeros días habían sido barridos. Su presencia mejoró la vida de los reclusos. Dos de ellos, de filiación republicana, que habían ingresado en el Cuerpo gracias a los hermanos Costa, admitían encargos para fuera. El hecho era maravilloso. Además, organizaron en el interior los servicios necesarios y convencieron a varios milicianos para que, sin faltar a la Revolución, se ganaran un buen jornal. Así, un anarquista al que llamaban «el Corbata», se convirtió en barbero y vendía hasta frascos de masaje. Un primo de Ideal llamado «Dinamita», se convirtió en bibliotecario, llevando a la cárcel sorprendentes títulos, fruto de los saqueos: muchas novelas de Dumas, la *Historia de la Revolución Francesa*, de Thiers, ¡*Jeromín*, del padre Coloma, y versos de Pemán! «El Corbata», listo y enamorado de una de las chicas de la Andaluza, ideó un curioso negocio: matar las chinches que habían invadido la prisión. Se ofreció para quemar con un soplete los escondrijos por el módico precio de un duro por celda. El trato fue cerrado y «el Corbata» cumplió... sólo a medias, según el Rubio. En efecto, el Rubio afirmaba que el hombre olvidaba adrede algún nido, al objeto de que su negocio tuviera continuidad.

Los detenidos en el Seminario no veían sino seis especies de animales. En las celdas, chinches, piojos y moscas; en las tapias y en el patio, gatos y hormigas; en el cielo, pájaros.

¡Los gatos! Se constituyeron en la atracción de la cárcel, muy por encima de las batallas navales y de *El Conde de Montecristo*. Sus graciosos movimientos eran seguidos con desbordante alborozo. Simbolizaban lo inesperado, la acrobacia que podía llegar, incluso en el destino personal. Cada uno de ellos fue haciéndose familiar; sus manchas negras, o blancas, o pardas, eran conocidas. El capitán Arias los dividió en «fascistas» y en «rojos». Los «rojos» eran los hostiles, los que erizaban el pelo; los «fascistas», los que se dejaban acariciar. El capitán Sandoval pretendía que había gatos *arrivistas*, que tan pronto militaban en un campo como en otro. En cuanto a los pájaros, a veces regocijaban el corazón; pero, por regla general, despertaban la envidia. Los pájaros disponían de espacio inmenso y de libertad.

De pronto, caía sobre la cárcel como un rayo plomizo. ¿Qué ocurriría? ¿Sobreviviría alguien? Si los «nacionales» avanzaban, ¿no serían ellos sacrificados en represalia?

Había noches en que se posaba sobre los hombros el miedo. Algunos reclusos acababan sentándose en la semioscuridad y apoyando la cabeza en la pared. Entonces los pensamientos iniciaban su danza. Primero se pensaba en la familia, en los parientes, uno por uno. Luego, se evocaban los recuerdos felices: juventud e infancia. Sobre todo, la edad escolar y el primer beso dado a una mujer. Luego, el ritmo se quebraba y las imágenes acudían en tropel, con epilepsia. Era la angustia. «¿En qué estás pensando?» «Nada... Tonterías.» Había momentos en que la boca se secaba, en que se hubiera dado una fortuna con tal de pasear por un bosque o saborear un caramelo de limón.

El miedo llegaba también, con frecuencia, al atardecer. Desde las ventanas de las celdas que daban a la fachada, se veían a lo lejos, a través de las rejas, las montañas de Rocaborda y aun las primeras protuberancias del Pirineo. Otras ventanas permitían botar la mirada por los tejados del barrio. Había reclusos que se quedaban petrificados mirando afuera, como despidiéndose de todo aquello. Otros, por el contrario, permanecían sentados horas y horas en su rincón. Los había que tenían hipo, que se tomaban el pulso y que cambiaban de postura cada treinta segundos. Que de repente se levantaban y echaban a andar, para pronto detenerse en seco y respirar profundamente. En el ala del edificio destinado a las mujeres, el drama era más intenso. La falta de higiene afectaba mucho más a las mujeres, las cuales parecían más irritables y disponían de menos recursos para evadirse con la mente.

En cierta ocasión, uno de los funcionarios del Cuerpo de Prisiones informó al Rubio de que los heridos y enfermos tenían posibilidades de no ser «paseados». Dio el nombre de dos representantes de marcas de champaña que, por estar en la Enfermería, de momento se habían salvado. El dato produjo una conmoción. En las noches del miedo, los reclusos deseaban enfermar y corrían versiones sobre las fórmulas idóneas para provocarse tal o cual dolencia. Dos fabricantes de chocolate, del Bajo Ampurdán, se juramentaron para, en caso de ser llamados por la noche, herirse el uno al otro sin piedad. También se dijo que los locos eran respetados, por lo que, inesperadamente, el más circunspecto de una celda empezaba a fingir que era el Cid Campeador o salía desnudo del lavabo, caminando a gatas.

En el Seminario se supo que pronto se formaría una brigada de trabajo, que saldría a diario por la ciudad a efectuar derribos y adecentar las calles. «¡A lo mejor trabajaré delante mi casa!» «¡Mis hijos irán a verme!» Otros pensaban: «¿Qué puedo derribar yo?» No se sentían capaces de levantar el pico ni de accionar la pala.

También se habló de los batallones de trabajadores. Al parecer, se habían formado cinco en territorio «rojo»; tres en Cataluña, uno en Tarancón y otro en Torrejón. «Si me pica la mosca, firmo la solicitud y andando.» «No digas tonterías.» «Habrá más facilidades para escapar.» «¿Escapar? Tú ibas mucho al cine...»

Varias personas, en la ciudad, entendieron que era necesario hacer algo en favor de los reclusos, intentar ayudarlos, pues los había absolutamente desamparados. Entre dichas personas se hallaba Laura. Laura, que seguía organizando caravanas de fugitivos, en contacto con muchachas de Olot y Figueras, muchachas de filiación monárquica, decidió organizar también este servicio. «¿No existe el Socorro Rojo? ¡Pues nosotras fundaremos el Socorro Blanco!»

Los diputados Costa, que seguían con el miedo a cuestas, procuraron que su hermana desistiera, pero Laura era terca.

—Si mi marido estuviera aquí, aplaudiría mi decisión.

—Como quieras —contestaron los Costa— . Pero antes de una semana irás a parar a la checa de Cosme Vila y entonces ya nos dirás qué hacemos para sacarte de allí.

¡Checa! Decididamente, el nombre se estaba haciendo popular. Y sin embargo, lo mismo Cosme Vila que el Responsable eludían sistemáticamente tratar del tema. Julio interrogó a Cosme Vila, a boca de jarro, y el jefe comunista contestó:

—¿De qué me estás hablando? ¿En la calle de Pedret? Que yo sepa, lo único que tenemos allí es un horno de cal. ¿Es que no has visto el letrero?

¿Y en la zona «nacional»? Los soldados que se pasaban en los frentes de Extremadura y de Aragón continuaban relatando hechos espeluznantes, cuya comprobación desde la zona «roja» era imposible. Julio les daba crédito, sin dudarlo un segundo. «Conozco la raza.» Una vez, al regresar de Telégrafos, adonde fue para charlar un poco con Matías Alvear, le dijo a doña Amparo:

—No daría un real por la vida del hermano de Matías, en Burgos.

—¿Por qué lo dices?

—¡Fíjate! Uno de los jefes de la UGT...

CAPÍTULO IX

LAS TRES FLECHAS en que se subdividió la columna Durruti por tierras de Aragón tuvieron suerte varia. La primera bifurcó hacia el Norte, objetivo Huesca, al mando del anarquista Ascaso. La segunda bifurcó hacia el Sur, objetivo Teruel, al mando del anarquista Ortiz. La tercera, al mando de Durruti y el comandante Pérez Farrás, avanzó por la carretera general, objetivo Zaragoza.

Ascaso y sus hombres avanzaron hacia el Norte, hacia Huesca, montados en los vehículos más dispares, que iban desde el pequeño coche descapotado hasta los carros blindados y los camiones de gran tonelaje, muchos de ellos protegidos de las balas por medio de colchones, con ramaje verde ocultando el radiador. La formación básica de la columna era anarquista y pasaba de los mil hombres. Los comunistas estaban en franca minoría: dos centurias llamadas «Lenin» y «Carlos Marx». Jefes y oficiales lo eran «de dedo» e incluso «de vale». En efecto, antes de separarse de Durruti, Ascaso le presentó a éste, por escrito, una lista de hombres con capacidad de mando. «Vale por un comandante, tres capitanes y cinco tenientes.» Durruti se pasó la mano por la peluda cara. «De acuerdo.» Gorki, que era ya comisario político, fue nombrado de este modo capitán, al igual que dos de los atletas extranjeros llegados a Barcelona con motivo de la frustrada Olimpiada Popular. En el gorro de Gorki, las estrellas lanzaban destellos que provocaban grandes risotadas en Teo y la Valenciana. Sí, era difícil imaginar una silueta menos marcial que la de Gorki: cuello chato, barrigudo, paticorto. Y sin embargo, había en el ex-perfumista aragonés algo concentrado, potente, que le confería autoridad.

La marcha de esta columna Ascaso era lenta. No sólo porque los milicianos se paraban a capricho aquí y allá, sobre todo en los pueblos, sino porque a medida que avanzaban se les rendían o huían pequeños focos enemigos que quedaban en la zona, focos compuestos casi siempre por guardias civiles. Al propio tiempo, la columna recibía incesantemente refuerzos. Campesinos aragoneses, de todas las edades, afiliados a cualquier partido o sindicato, montaban en los camiones en marcha llevando una escopeta de caza, una hoz o simplemente una manta. Las mujeres y los chiquillos los despedían puño en alto. Y ellos les correspondían agitando su boina al sol, hasta que los vehículos se alejaban envueltos en polvo.

La comitiva hizo un alto en el pueblo de Pina, donde Ascaso no consiguió un solo combatiente voluntario. Los vecinos de este pueblo habían implantado por su cuenta el comunismo libertario, considerando que si «todo el mundo se metía en corral ajeno, sería el cuento de nunca acabar». Comprendían, y así se lo declararon a Ascaso, que los «fascistas» se merecían un escarmiento; pero no en Pina. «Aquí no han hecho nada malo y los hemos dejado escapar.» Lo que Pina deseaba era vivir en paz. Y en consecuencia, en vez de gastar los recursos en pólvora, lo que los vecinos hacían era intercambiarse los productos; convertir las tiendas en Economato y habilitar el edificio del Ayuntamiento como punto de reunión y diversión. ¡Oh, sí, el aspecto del pueblo era casi idílico, con los hombres y mujeres trajinando, con los chicos bañándose en las acequias y los animales paciendo! Los frutos colgaban de los árboles y en poco más de un mes los habitantes adquirieron una máquina de hacer cine, líquidos para la fumigación, fosfatos y aperos de labranza. Ascaso, ante el espectáculo, tuvo un momento de indecisión... De pronto ordenó «¡Adelante!», pensando enviar más tarde un destacamento que despertara a aquellos insensatos. Y fue al oír ese «¡adelante!» cuando un mozalbete que estaba sentado en un banco de la plaza echó inopinadamente a correr y montó en un camión, en el camión de Teo. Era un muchacho pelirrojo, al que en el pueblo llamaban *el Perrete* porque sabía imitar a todos los perros. Teo le ayudó a subir diciéndole: «Ven aquí, valiente.»

La columna recibió en Barbastro la importante adhesión del coronel Villalba, quien se convirtió en el asesor militar. El coronel Villalba informó a Ascaso de que el enemigo se había parapetado en el pueblo de Siétamo, a pocos kilómetros de Huesca, con la intención de hacerse fuerte en él, y que era conveniente estudiar el plan de ataque. Ascaso así lo entendió, pero en la práctica ello iba a ser difícil. La columna iba parcelándose cada vez más... «¡Eh, muchachos, por aquí...!» «¡Leche!, ¿por qué tanta prisa?» Muchos vehículos se averiaron y quedaban rezagados. De golpe y porrazo, los milicianos se detenían a hacer puntería, en lo posible utilizando presos de las cárceles o tricornios de la guardia civil. Sin embargo, Ascaso reconocía que, como espectáculo, la parcelación de sus hombres era hermosa, pues poblaba los atajos y los eriales de sombras y de banderas desplegadas.

Ascaso era un hombre singular. No hablaba apenas. Llevaba unos prismáticos enormes y negros, que habían pertenecido al Abad de Montserrat. Con ellos miraba sin cesar el horizonte, y luego se apartaba de todos y liaba un pitillo. Era un hombre duro, aunque para serlo necesitaba esforzarse. A veces tomaba una piedra y la sopesaba con la mano. Si veía un lagarto, le pisaba rápido la cola, lo mantenía inmóvil y al cabo de un rato lo dejaba escapar.

El coronel Villalba le produjo desde el primer momento una mezcla de respeto y de recelo. ¡Militar profesional! ¿Qué escondería en la sesera? Alguien le dijo que el coronel había sido amigo personal de Franco. A punto estuvo de mandarlo a la retaguardia, envuelto en celofán; pero su «Estado Mayor» le aconsejaba lo contrario. Especialmente, los dos atletas extranjeros estimaban que lo que hacía falta era precisamente coordinar los elementos. Tales atletas temían que, en cuanto se tomase contacto con el enemigo, en Siétamo o donde fuera, se produjera la desbandada. Tenían experiencia. Habían luchado en Abisinia contra los italianos. Uno de ellos se llamaba Sidlo, era polaco y lanzador de jabalina. Debido a su poca estatura, se erguía siempre sobre los pies. Su ilusión era matar a un fascista con un tiro de jabalina. El otro era búlgaro y andaba como loco buscando *yoghourt*, que era su alimento básico. Los anarquistas lo llamaban *Polvorín* por la cantidad de instrumentos ofensivos que llevaba al cinto. Era lanzador de peso y tenía una fuerza descomunal en el brazo derecho. A veces parecía bizco; a veces, no.

Sidlo y Polvorín eran comunistas, pero tenían el buen sentido de hablar de la FAI con respeto. Cuando se sentaban para escribir una carta, los milicianos se les acercaban por detrás y, tocando materialmente sus nucas, inspeccionaban el aspecto que ofrecían los idiomas búlgaro y polaco. «Tienen carajo esas palabras». Los dos comisarios se reían. «También tiene carajo beber en bota o en porrón.»

Gorki, con su barriguita y su faja de pana oscura, maldecía el trabajo burocrático que durante años le había anquilosado los músculos. No podía con su cuerpo. No obstante, el ex perfumista se movía como si todo el proletariado universal estuviera contemplándole. Y seguía enviando crónicas a Gerona, e informes secretos a Cosme Vila. «Cuando pueda, montaré una biblioteca y organizaré clases para los analfabetos.» «Deberías procurar que Gerona nos mandara ropa, tabaco, libros de Baroja, de Pedro Mata y de Pitigrilli.» «También nos hacen falta preservativos, y no lo digo por mí, ya sabes.» «¿No conseguirías que Axelrod nos hiciera una visita?»

Ninguna mujer acompañaba a Gorki, y el flamante comisario no sabía si aquello era un bien o un mal. Los atletas extranjeros, Sidlo y Polvorín, consideraban que admitir milicianas era suicida. No obstante, al convencerse de que nadie les haría caso, se encogieron de hombros y se suicidaron, a su vez, gustosamente. Sidlo, el campeón de jabalina, unió su suerte con una muchacha de Tarragona, algo trágica, que siempre decía que quería morir joven. Polvorín hacía buenas migas con una prostituta de Gerona que cada día rezaba a San Pancracio para que no le faltara trabajo. Ascaso legalizó algunas bodas, pues el código anarquista obligaba a los contrayentes a recíproca fidelidad, cláusula que, en opinión de la Valenciana, estaba en el origen del poco predicamento mundial del anarquismo. «Tú, hombre —decía Ascaso en la ceremonia—, prohibido tener otra mujer. En todo caso, antes has de repudiar a ésta, a la tuya, dejarla en libertad.»

Varias imágenes habían impresionado particularmente a los hombres de Ascaso. En primer lugar, las cruces de término, erguidas siempre en un lugar preeminente de los pueblos, dibujando una T mayúscula contra el cielo azul. En segundo lugar, la plástica aparición de los piojos en los intersticios de la ropa y en las axilas. En tercer lugar, el silencio que reinaba en el pueblo de Tamarite cuando penetraron en él. Todo el vecindario, asustado, había huido al monte. En el pueblo no quedó más que un habitante: un hombre de unos cincuenta años, sin afeitar y con figura de mendigo, que esperó a los milicianos en la plaza tocando el saxofón.

La columna alcanzó su objetivo: Siétamo. Estaba a un tiro de cañón, cortando el paso hacia Huesca. Ascaso dio orden de acampar y luego se apartó y no regresó hasta haber pisado un lagarto mayor que los anteriores. ¿Qué ocurriría el día siguiente? Nadie lo sabía, y cada cual se dispuso a llenar como fuese las horas de espera.

Gorki se refugió, como siempre, en sus crónicas para *El Proletario*. A la luz de un candil de aceite —el candil era una lata de sardinas— se sintió especialmente inspirado y escribió una hermosa crónica sobre la sangre y sobre la sed. De la sangre humana dijo que era dulce y que si ningún hombre hubiese vaciado sus rojas venas, nunca habrían brotado amapolas entre las espigas ni existirían las banderas. Luego afirmó que la peor tortura del frente era la sed... En aquel pedazo de Aragón, siempre en manos del capitalismo, la sed era tan honda como lo era a veces la verdad. Lo era tanto, que los milicianos no podían cantar. No les quedaba más remedio que expansionarse repiqueteando en los platos de aluminio y en las cacerolas.

A veces se le acercaba el Perrete y le preguntaba: «¿Cuándo me enseñarás a leer?» Bueno, el Perrete era la mascota, no sólo de Gorki y de la Valenciana, sino de toda la columna. Y es que el muchacho no había salido nunca de su pueblo, Pina. Era aquélla su gran aventura de adolescente. No sabía contra quién había salido a combatir, pero no le importaba. Si tantos hombres «odiaban» a alguien, es que tenían razones para hacerlo, y los pacifistas de su pueblo vivían en la Luna.

144

El propio Ascaso quería al chico de un modo especial y con frecuencia le ponía la mano en la cabeza. No quiso darle armas; pero en su defecto le dio un cornetín. El Perrete sería el corneta de la columna. Con ella tocaría diana y quién sabe si zafarrancho de combate. Y luego, en los descansos «y en los camiones» alegraría el ambiente imitando a los perros como sólo él sabía hacerlo en toda la tierra de Aragón.

La fuerza dirigida hacia el Sur, hacia Teruel, avanzó en idénticas condiciones al mando del anarquista Ortiz, carpintero de oficio. También se le incorporaron muchos campesinos voluntarios, que no cesaban de reiterar su agradecimiento a Cataluña porque había mandado en su ayuda aquella columna. Parecían más tímidos y dubitativos que los de la provincia de Huesca, y muchos de ellos aún más miserables. En cada pueblo, en la carretera, esperaba una comisión de vecinos con provisiones muy humildes, que eran entregadas a la comitiva a su paso. «¡Salud! ¡Salud!» De vez en cuando, en alguna cuneta o recodo, aparecía un cadáver. Ortiz se detenía y si el cadáver estaba boca abajo le daba la vuelta para verle la cara.

La formación inicial de esta tropa a su salida de Barcelona se componía casi exclusivamente de anarquistas, de algunos atletas alemanes e italianos y de la representación gerundense, integrada ésta por Murillo y Canela, por el comandante Campos —el cual no había revelado aún su graduación— y por la colonia de murcianos. Sin embargo, Ortiz recibió muy pronto considerables refuerzos, que lo llenaron de satisfacción: los presos comunes liberados de la cárcel de Valencia y que se presentaron a él encuadrados en las centurias «Hierro» y «Fantasma». Estos presos, exaltados por la reciente encerrona y por el alcohol, se mostraban también reacios a toda disciplina y parecían esperar con ansia el momento de la pelea, a la que llamaban «hule». Muchos de ellos exhibían los brazos tatuados con motivos marineros o con figuras inconcretas, que al doblarse adquirían erótico significado. Llegaron cargados con un arsenal de víveres, sobre todo fruta, y mucha bebida. Murillo y Canela congeniaron con ellos y la muchacha gozó de lo lindo mordiendo naranjas e inundándose con su jugo la cara y el pecho.

En la práctica, fueron estos presos de las centurias «Hierro» y «Fantasma» los que imprimieron su estilo a la columna.

Continuamente se apeaban de los camiones y no cesaban de evocar su estancia en la cárcel. «¿Te acuerdas, Cerillita, del "caldo" para desayunarse?» «¡La mierda no se olvida!» Al pasar por los pueblos, automáticamente se empeñaban en visitar la cárcel y en ella, entre risotadas, parodiaban antiguas inclinaciones, como la de orinarse en algún rincón del patio. A la hora de abandonar el pueblo, según fueran el humor o la declaración de los guardianes, fusilaban a los allí detenidos o los dejaban en paz. Cerillita, que destacaba entre todos y que debía su mote a su delgadez y a la forma de su cabeza, había adoptado la costumbre de saltar sobre los pies desnudos de los presos, procedimiento que sus propios pies habían soportado reiteradamente. Era un muchacho extraño, que llevaba en el petate una navaja cabritera, con la que amenazaba a todos, y un copón pequeño y chato que utilizaba para beber y afeitarse. Ortiz permitía todos estos desmanes porque no le quedaba otro remedio y porque una de sus máximas era: «Todo se andará».

Los atletas extranjeros mostraban por su parte una obsesión por bañarse. Hubieran querido seguir el curso del Ebro, el padre de los ríos españoles. A falta de idioma común, se entendían con los milicianos por la mímica, y se les veía mucho más duchos que éstos en las mil argucias necesarias para crearse comodidades en campo abierto. Su jefe nato era el italiano Gerardi, peludo y gorilesco. Gerardi y los suyos eran también guerrilleros veteranos y hubieran querido disciplinar la columna, aconsejar a Ortiz. Pero éste se mostraba insobornable y, por otra parte, no le faltaban ideas. Le molestaba que tales atletas fueran precisamente alemanes e italianos, y de pronto los miraba con el mismo recelo con que Ascaso miraba al coronel Villalba. A las milicianas que se liaban con ellos, les advertía: «De acuerdo. Pero ¡mucho ojo!»

Las dos preocupaciones de Ortiz eran la artillería y la requisa de animales para el transporte y el porteo. Se daba cuenta de que los cañones eran joyas y de que, bien manejados, cada una de aquellas bocas valía por un batallón. Cuando advertía que los milicianos no sabían siquiera lo que era un telémetro, ni corregir el tiro, y que montaban en los cañones como si fueran carrozas de Carnaval, se desesperaba. Había un almeriense, Sidonio de nombre, que había visto en un circo a una mujer-cañón y se empeñaba en que lo disparasen a él como a la mujer del circo. «Caeré sobre los fascistas y ¡zas!»

En cuanto a la requisa de animales útiles para comer o para el porteo, era a todas luces indispensable, pero su realización originó penosas escenas. Los propietarios de aquellas casuchas de barro y adobe querían a sus conejos y a sus gallinas y, sobre todo, a sus mulos y a sus borricos. Por otra parte, sepultados entre pedregales de tierra rojiza, no habían oído siquiera hablar de revolución. De ahí que, al ver acercarse a unos cuantos hombres con taparrabos y un pañuelo de pirata en la cabeza, y al oírles luego exigir la entrega de los animales, sus ojos se abriesen con espanto. «¡Salud!» «¡Aquí, gente buena!», «Los Chacales del Progreso» «¡Vamos a por Teruel! ¡Viva la FAI! ¡Viva Durruti!». Ellos no entendían semejante lenguaje y el mulo o el borrico, ¡o la cabra!, se movían inquietos. La visión de los fusiles zanjaba el asunto, pero a partir de aquel momento la casucha de barro y adobe se quedaba mucho más aplastada por el sol, mucho más escueta y olvidada del mundo.

Luego, en los camiones, los animales sacrificados para comer parecían dormir, en tanto que los mulos y los borricos, útiles para el porteo, se lamentaban angustiosamente. Había momentos en que daban ganas de descerrajarles un tiro en la sien. Mirados de cerca, se les adivinaba en los tendones del cuello y en los ojos, sobre todo en los ojos, reminiscencias de licuosa y atávica tristeza. Eran mulos y borricos que apenas si habían visto hierba verde. Su piel parecía piedra que de pronto se hubiese convertido en piel y el oscilar de sus orejas parecía medir el tiempo. Por su parte, las cabras anhelaban huir. Levantaban en el camión las patas delanteras, con lo que las tetas se ofrecían con generosidad a los milicianos. Cerillita les ataba en el rabo latas vacías o con un espejo las deslumbraba desde lejos.

La columna no encontraba resistencia organizada, de suerte que cuando Ortiz daba el alto y extendía en el suelo un mapa enorme que llevaba, todos se reían de él. «¿Para qué? ¡Si será babieca!» Sin embargo, al llegar a la vista del objetivo —Teruel—, Ortiz dio orden de acampar. Su intención era reconocer con su escolta, durante la noche, el terreno enemigo y a tenor de lo visto atacar al amanecer. Los milicianos, empeñados en seguir adelante, se solivantaron. Gerardi trató también de convencerlos sin obtener mejor resultado. Por fortuna, en el momento crítico se presentaron a Ortiz unos cuantos guardias de Asalto desertores de Teruel y sus declaraciones orientaron de otro modo el ánimo. El número de defensores de la ciudad era crecido y, pese a las apariencias, todas las cotas circundantes estaban tomadas y las ametralladoras y los fusiles alerta. «Sin una intensa preparación artillera, sería una escabechina.» ¡Escabechina! Ortiz, al oír aquella palabra, cerró los puños y echó atrás el busto.

Y acto seguido intentó imponer su autoridad. Utilizando la bocina que había usado Porvenir y que perteneció a un instructor de natación, reunió a los cuadros de mando y les ordenó un despliegue en abanico, con la idea de dar tiempo a estudiar el emplazamiento. Pero ya muchos milicianos se habían dispersado y algunos de ellos, muy lejos, se ensayaban lanzando granadas de mano. «¡Si serán mamelucos!» Especialmente los componentes de la «Hierro» y la «Fantasma», aguijoneados por Cerillita, parecían dispuestos a tomar Teruel por su cuenta, regalándoselo luego a Ortiz. Avanzaban enarbolando trapos y cantando *A las barricadas* y, de vez en cuando, *¡Adiós Pamplona!* La cárcel, la cárcel reciente los tenía obsesionados.

Por fin llegó la noche, tiñiendo de melancolía el abigarrado campamento, que ocupaba una longitud de varios kilómetros. El cielo estaba muy alto. En la carretera se apagaron los faros de los coches. Sobrevino el cansancio. Pasaban sombras por las vaguadas, y los milicianos, sentados, retrasaban el momento de tumbarse y dormir. Nadie encendió una hoguera —se comió rancho frío—, pero poco a poco los pitillos puntearon la oscuridad. Los pitillos fueron lo cordial, el signo de que los compañeros estaban allí, de que uno mismo era una realidad. Mirando de cerca el botón de fuego, se veían briznas rojas y azuladas que, antes de morir, hacían secretas confidencias. Cuando el pitillo se apagaba, algo quedaba definitivamente atrás. Y el miliciano, sentado, y abierto de piernas, luego de soltar la colilla permanecía largo rato inmóvil, como si meditara el gran salto que debería dar al amanecer.

A los murcianos llegados de Gerona se les hacía raro no oír ni el llanto de sus críos ni el rumor del mar. Estaban acostumbrados a las noches estivales de S'Agaró y de otros lugares de la costa. Uno de ellos, Hoyos de apellido, tenía una hermosa voz y a no ser por las declaraciones de los guardias de Asalto, habría proyectado por la garganta todo lo que sentía en aquellos instantes. Las mujeres que habían unido su destino al de aquellos combatientes, les buscaron a éstos los labios y las manos hasta sentir la sangre circular. Murillo y

Canela, que le temían al relente, se envolvieron en una bandera que decía: «Milicias del POUM.» Hubo quien se durmió abrazado al volante del camión. A medianoche, las mejillas estaban apoyadas en las materias más heterogéneas, desde el aluminio del plato hasta el cuero de las cartucheras. A la hora de dormir, los atletas extranjeros demostraron su pericia. Muchos de ellos se organizaron lechos con hierbajos y una manta, y más de uno consiguió un colchón de los que protegían de las balas a los vehículos.

Por primera vez, en aquella zona antigua como la guerra y el hambre, aparecieron, a trechos, las siluetas de los centinelas. Algunos de éstos colgaron su reloj de la rama de un olivo. Los relojes se balanceaban, mientras los centinelas escrutaban el silencio que tenían enfrente y que, arrastrándose, llegaba hasta Teruel. Las cabras, de vez en cuando, daban tirones negros a las cuerdas que las ataban.

Durruti, Buenaventura Durruti, siguió la carretera general, al mando de la columna, objetivo Zaragoza. Su flecha apuntaba a esta ciudad, en la que tenía cuentas pendientes, donde muchas veces había sido ovacionado con delirio y también perseguido.

El legendario jefe anarquista tenía cuarenta años. Había nacido en León, en 1896. A los veintiuno recorrió España de punta a cabo «en cruzada de agitación social». A los treinta intervino en París en el frustrado atentado contra Alfonso XIII. Repetidamente en la cárcel y desterrado, el día de la sublevación dirigió el asalto a los cuarteles de Barcelona y luego el de las armerías y los cuartos de armas de los buques anclados en el puerto. Era un hombre a la vez duro y sentimental, con un instinto infalible para atraer a otros hombres duros y sentimentales. Siempre decía: «El pasado no cuenta». Porque le pesaba demasiado en la cabeza. Tenía grandes planes para el porvenir, entre los que destacaba el de unir Portugal con España. «Ya estoy harto de que Portugal no sea España», era un sonsonete muy suyo, que pronunciaba pasándose la mano por la hirsuta mejilla. Cuando hubiera acabado con el fascismo, tal vez cruzara al frente de los suyos la frontera de Portugal.

Su columna era la mejor dotada de las tres, la única cuyo aspecto no denunciaba la improvisación. Buen número de vehículos blindados, cañones, morteros, ametralladoras, etc. Dos ambulancias a las órdenes del doctor Rosselló y de su ayudante, el doctor Vega. Caballos y muchos animales requisados al paso. Una banda de música, que tan pronto enardecía a los que encabezaban la comitiva como a los de atrás, a los llamados «farolillos rojos».

Durruti, de vez en cuando, se erguía en uno de los vehículos para controlar la marcha de la columna, advirtiendo que muchos hombres se le quedaban en el camino, sobre todo en los pueblos. Contaba con ello, de modo que ¡adelante! Las milicianas ponían una nota de color, así como el capitán Culebra, llamado así porque llevaba en una cajita una culebra amaestrada, y un muchacho escuchimizado, apodado Arco Iris, porque continuamente aparecía disfrazado de cualquier cosa.

La facción era muy heterogénea ¡qué remedio! Mayoría CNT-FAI —los anarquistas de Barcelona, al mando del capitán Culebra; los de Gerona, al mando del capitán Porvenir—, dos centurias comunistas, una de ellas de atletas extranjeros, y unos cuantos soldados e incluso algunos guardias civiles. Además, en un cruce de carreteras cerca de Osera, se les unieron los refuerzos salidos de Madrid, entre los que figuraba José Alvear, el primo de Ignacio, refuerzos que en el trayecto habían ido liberando muchos pueblos utilizando el ardid de penetrar en ellos al grito de «¡Viva la Virgen del Pilar!». La confusión entre los defensores —confusión y subsiguiente derrota— había sido cada vez enorme, de suerte que muchos de los milicianos madrileños suponían haber encontrado la piedra filosofal para la victoria.

Cada hombre ocupaba el puesto de su elección, pues Durruti, apenas salidos de Barcelona, mandó formar a todos los voluntarios dejándoles escoger el arma que mejor se adaptara a sus gustos o aptitudes. No forzó a nadie. «¡Voluntarios para Artillería, un paso al frente!» «¡Infantería, a la derecha!» «¡Transmisiones y Zapadores, a la izquierda!» Así hasta completar el rompecabezas. Durruti entendió que este sistema era el más racional, pues sabía por experiencia que cada soldado estaba sujeto a atracciones y repulsiones que podían hacer de él un hombre útil o una nulidad. El júbilo de los milicianos le dio la razón. «¡Gracias, Durruti!» «¡Gracias, jefazo!» «¡A mí dame un mortero que cante!» Personalmente, Durruti prefería la ametralladora. La ametralladora se adaptaba a su temperamento por sus reacciones espasmódicas y su modo de chascar. Los cañones tenían a su entender un defecto: no se sabía si aquello que a lo lejos saltaba hecho pedazos era el enemigo o un cacho de muro o de trinchera; en cambio, la ametralladora segaba cuerpos concretos.

La columna avanzaba sin apenas resistencia y su avance había sido precedido de leves incursiones aéreas sobre Zaragoza, en una de las cuales pareció que se había alcanzado el gasómetro, pues subió al cielo una gigantesca llama de fuego y de humo que cubrió el horizonte.

La preocupación de Durruti era hacer compatibles la libertad individual con la eficacia, dando un mentís a quienes, en la guerra y en la paz, proclamaban que el instinto era lo contrario de la inteligencia. Podría decirse que el hombre vivía, al igual que en Gerona el Responsable, su momento estelar. Siempre había soñado con aquello, desde que era niño. Siempre aspiró a ocupar una gran carretera española, bien pertrechado, con un objetivo delante y una masa idealista, cantando himnos, detrás.

En lo posible, y aconsejado por el comandante Pérez Farrás, procuró que el funcionamiento de determinados servicios clave quedase asegurado. De las transmisiones se encargó un francés que se hacía llamar Landrú, de oficio ignorado, pero que tendió una red telefónica perfecta. Un miliciano definió así al francés: «Sabe decir *allo* como nadie y puede pegarte una torta en cuatro idiomas.» Los enlaces, elegidos sin excepción entre los anarquistas amigos de Durruti, fueron dotados de motocicletas y de poderosos cascos. Del camuflaje de hombres y material —una manía de Durruti— se encargó Arco Iris. Arco Iris había aprendido el arte del disfraz en la casa donde había trabajado por espacio de quince años, que se dedicaba a alquilar toda clase de prendas y trajes para compañías de teatro de aficionados, bailes de máscaras, desfiles, etc. Durruti lo sometió a prueba: en un abrir y cerrar de ojos, Arco Iris convirtió un tanque de gasolina en un pajar; un cañón, en un tronco de árbol; un hombre, en un arbolito dotado de movimiento. El servicio de Intendencia lo cedió a unos cuantos matarifes que se habían incorporado en Lérida, y Sanidad la dejó enteramente al cuidado del doctor Rosselló y de su ayudante doctor Vega. «Doctor, me responderá usted de todo lo perteneciente a Sanidad.»

Todo el mundo estaba contento, incluyendo al doctor Rosselló, el cual era la única persona a la que Durruti trataba de usted, tal vez porque lo primero que el doctor hacía cada mañana era afeitarse.

El doctor, probándose en presencia de Durruti unos guantes de cirujano, de origen inglés, le dijo al jefe anarquista: «Quédate tranquilo... y resérvate. No olvides que eres el jefe.»

¡Doctor Rosselló! Tal como deseara en Gerona, la aventura le estaba reconciliando con su profesión. A decir verdad, en Barcelona vaciló y estuvo a punto de hacer marcha atrás. ¡Era tanta la ingenuidad de los milicianos! Pero en cuanto irrumpieron en la carretera general comprendió que había elegido cuerdamente y que su labor sería útil. Sí, era obvio que apenas las armas entablasen diálogo con el enemigo empezarían a llevarle cuerpos maltrechos, cuerpos y espíritus, pues el doctor sabía que la metralla no desgarraba únicamente la carne. ¿Cómo abandonar a aquella gente? El H... Julián Cervera le había dicho: «Nuestro lema es ayudar al prójimo.» ¡Oh, sí! La cosa estaba clara. El doctor Rosselló podía obrar el bien, había ya empezado a hacerlo. Pese a lo cual, el francés Landrú, después de haber sido curado por él de un rasguño en una pierna, le dijo, mirándole a la cara y a las manos: «No sé si eres frío o caliente.»

Durruti quiso también zanjar delante de sus hombres el capítulo de las recompensas y castigos. Fue muy escueto, como siempre. Las acciones heroicas se premiarían con permisos para ir a la retaguardia; con botín; con ascensos y con vales para dormir con mujeres fascistas detenidas en las cárceles de la zona. Las acciones cobardes, la deserción y el robo, se castigarían con penas que podían oscilar desde el salivazo en la cara hasta el cargador en el vientre.

—¿De dónde sacarás el botín? —le preguntó Porvenir.

—No te preocupes, todo lo requisado por mis hombres está guardado, intacto, no muy lejos de aquí.

Así, pues, todo el mundo sabía a qué atenerse y pronto se daría orden de acampar. La comitiva iba ya más despacio, de acuerdo con la majestuosa lentitud del sol, que se ponía mucho más allá del humo que salía del gasómetro de Zaragoza.

Entre los satisfechos, Porvenir. Porvenir había hecho también honor a su palabra: se había casado con Merche, con la hija del Responsable. Se casó en Caspe, de acuerdo con el rito de la columna: pasando él y la novia por debajo de un arco triunfal formado por la coincidencia en el aire de puños cerrados y fusiles. Merche estaba hermosa, con una flor blanca en el pelo, flor que le dio el Cojo, arrancándola de no se sabía dónde, quizá de la espuma de sus labios. Avanzó del brazo de Porvenir y, al llegar al final del túnel, ambos recibieron la bendición esbozada y cómica de un terceto formado por Arco Iris, un atleta rumano y el capitán Culebra, los cuales firmaron luego y legalizaron debidamente el acta.

Otro de los satisfechos era precisamente el capitán Culebra, el cual se había casado con Milagros, la criada gerundense, más aslegre que unas castañuelas, que había servido en casa del notario Noguer. El capitán Culebra, que exhibía recio bigote, tenía fama de intrépido. Se decía de él que merecía ser minero asturiano. La culebra que guardaba en la cajita tapada con paño de hilo, le dio popularidad. El capitán Culebra se hizo anarquista el día que su primera mujer dio a luz un bebé muerto. El capitán Culebra soltó una blasfemia, golpeó la pared y se hizo anarquista. Ahora le decía a Milagros: «¡Nada de hijos!, ¿eh?» Luego añadía: «Te quiero.» Milagros fingía incredulidad: «Ándele con el mocito. ¡Con ese bigote y puede hablar!»

Otro ser contento, o casi contento, era Dimas; el solitario Dimas. En efecto, el jefe del comité de Salt había descubierto un sistema para ventear sus negros pensamientos: la contemplación de las moscas y de las hormigas. Sentado aparte, con el fusil entre las piernas y la cantimplora repleta al lado, miraba a las moscas revolotear y apostaba consigo mismo sobre el lugar en que se posaría cada una de ellas: si en la punta de la nariz, en el gatillo del arma o sobre el tallo de una hierba. Por transparencia les veía el pequeño bulto digestivo, y sonreía con las piruetas de sus patas y le gustaba la serena conformación de sus alas. Prohibido causarles daño a las moscas. Y prohibido, más todavía, dañar a las hormigas. Sí, de repente Dimas había empezado a querer a las hormigas. Lo consiguió cuando se le ocurrió mirar a una de ellas aisladamente, a una sola. Entonces descubrió que aquella temblorosa miniatura vivía en un universo tan completo en sí y tan frágil como las ideas que a él le bullían en la cabeza y como aquella luna que muchas noches lo ponía nervioso. La hormiga avanzaba con rapidez desafiante y nunca se sabía lo que haría luego. De repente, se detenía, volvía sobre sus pasos o se encaramaba a un minúsculo bastón. Parecía sujeta a terribles tempestades interiores, o a un jadeo heredado. A veces se desprendía de ellas un inenarrable y contagioso afán de vivir. Tanto llegó

153

Dimas a querer a las moscas y a las hormigas de Aragón, que se preguntó si en un mundo tan paradisíaco e higiénico como el que la FAI preconizaba no desaparecerían aquellas secretas compañías.

Sin embargo, había alguien en la columna Durruti que en cuestiones de amor y de euforia ¡e incluso de disfraz! les daba ciento y raya a todos. Durruti no lo conocía... No le encomendó ningún servicio especial, no lo nombró hombre-clave; pero ahí estaba él, bastándose a sí mismo, con las estrellas de capitán; era José Alvear, sobrino de Matías. Aquel a quien Carmen Elgazu no conseguía perdonar y que un día se apeó en la estación de Gerona con una maleta de madera llena de folletos clandestinos. Aquel que un día le dijo a Ignacio: «¡Hay que arrasar a las víboras y a la madre que las parió!»

José Alvear había llegado con los refuerzos anarquistas de Madrid. Nunca se acercó a los «puestos de mando», pues odiaba la adulación. Sin embargo, entre los suyos era archiconocido y muy en breve lo sería en la columna. No sólo por su vitalidad ¡sino porque en todas las Milicias Antifascistas era el único individuo que llevaba sombrero hongo! ¡Ah, sí, Arco Iris reventaría de celos al enterarse! José Alvear requisó el sombrero en Madrid, en uno de los palacios de la Castellana, después de participar en el asalto a los cuarteles de la Montaña, asalto en el que se distinguió. Con él formó parte de la procesión que exhibió en lo alto de un palo, por las calles de Madrid, la cabeza del general López Ochoa. Con él patrulló de noche al volante de un Fiat «que tiraba como Dios», desde el cual, antes de «cargárselo» contra un árbol, aplicó a una serie de personas —entre ellas ¡dos marquesas!— la justicia que aprendió de su padre y de la FAI. Con él, en fin, había combatido en la Sierra con la columna Mangada, había saludado de lejos las trincheras «fascistas» y se había casado tres veces desde el estallido de la revolución.

José Alvear admiraba a Durruti, pero no se lo quería demostrar. Por otra parte, había llegado al frente de Aragón un poco cansado, por lo que montó hábilmente la tienda de campaña y se echó a dormir en un colchón-lengua de gato, tapándose incluso la cabeza con una manta.

Durmió nueve horas de un tirón. Y cuando apenas nacido el nuevo día, él hubo bostezado y salido de la tienda de campaña y encendido el primer pitillo, le ocurrió algo que complicó increíblemente su estado de ánimo: reconoció, a pocos pasos, al Cojo. ¡No cabía duda! Allí estaba el sobrino del Responsable, el camarada de Gerona, junto a una pancarta que decía: «Las hienas antifascistas», frotándose como siempre las nalgas y mirando por todas partes como si buscara su propia razón de ser.

José Alvear se hizo una rápida composición de lugar. «¡Claro, claro, había muchos voluntarios de Gerona! José Alvear, sin pérdida de tiempo, tiró el pitillo y se acercó al Cojo. Y después de un brevísimo preámbulo, le preguntó por la familia Alvear; y vio tembletear los labios del Cojo y oyó de boca de éste que el curita de la familia la había «palmao».

José, entonces, notó que su pecho retrocedía y no supo qué hacer. Sin darse cuenta, se quitó el sombrero hongo. Miró al Cojo, luego a la camuflada chavola de Durruti y por último se volvió entero hacia Zaragoza, envuelta todavía en la bruma del gasómetro ardiendo. Entonces recordó a la familia de Gerona, completa, en el comedor, rodeando a César. Los vio uno por uno, Ignacio un poco distraído, y le volvió a los oídos aquel «ora pro nobis». Dio media vuelta y regresó a su tienda. Allá se sentó, tiró el sombrero a un rincón y se pasó largo rato acariciándose la memoria.

La columna Durruti, después de una escaramuza en las inmediaciones del pueblo de Escatrón, llegado tan cerca de Zaragoza que esta ciudad, con sus instalaciones azucareras y sus industrias de material ferroviario, parecía al alcance de la mano. El teniente coronel Díaz Sandino, jefe de las fuerzas aéreas de Cataluña, enviaba sin cesar, desde el aeródromo del Prat, todos los aviones de que disponía, con orden de bombardear las pequeñas concentraciones enemigas que se iban observando. Díaz Sandino anunció desde el balcón del Ayuntamiento que la «rendición de Zaragoza era inminente» e igualmente lo anunció el comandante Pérez Farrás.

Sin embargo, los defensores, que habían empezado a dar fe de vida en los pueblos de La Zaila y Azaila —aparecieron incluso unos escuadrones de caballería—, siguieron mostrándose activos en Quinto, Codo y Belchite. Ello forzó a Durruti a concebir un amplio movimiento envolvente. La tregua que ello supuso facilitó el trasiego de uno a otro campo, lo cual había de alterar las bases de la operación. En efecto, un nutrido grupo de guardias civiles se pasó en bloque a los «rebeldes»;

en compensación, empezaron a presentarse a Durruti, en mucha mayor escala que en Teruel, fugitivos de Zaragoza, sobre todo guardias de Asalto y soldados, así como también paisanos con sus mujeres.

La teoría de estos desertores se parecía a la de los desertores de Teruel, pero con una variante: si Zaragoza no les abría limpiamente las puertas, la culpa la tenía la propia columna Durruti. En efecto, los guardias de Asalto, que llegaban con el terror impreso aún en los ojos, consideraban que fue una necedad anunciar con bombo y platillos el itinerario de la columna, y, sobre todo, invitar por radio y por medio de folletos aéreos a los treinta mil sindicalistas de Zaragoza a que desobedecieran las órdenes de los militares y saboteasen su acción. Las consecuencias habían sido inmediatas y tajantes: Cabanellas, el general sublevado, pese a que terminaba aún sus alegatos con el grito de «¡Viva la República!», había procedido a una sangrienta «labor de limpieza», con un número de víctimas imposible de calcular. Todos los cuadros revolucionarios habían sido diezmados, y entre las familias humildes reinaba el espanto. Ellos mismos no podían exhibir ningún documento de partido o sindical porque los habían tirado o quemado. Por añadidura, un millar de requetés navarros habían llegado en ayuda de Cabanellas. «Compañero Durruti, te estamos contando la verdad. Ha sido un error que ha costado muy caro. Ha costado la vida de muchísimos camaradas. Si quieres nombres, te los daremos. Tus compañeros Gil y Royo fueron fusilados ayer mientras ardía el gasómetro...»

El comandante Pérez Farrás se impresionó mucho al oír semejante lenguaje y por su parte, Durruti, al escuchar los nombres de sus compañeros de la FAI, palideció. No obstante, el jefe anarquista comprendió que no era cosa de dedicarse a lamentar errores, por lo demás inevitables, pues el único sistema de organizar en Cataluña la columna con rapidez fue darle publicidad. Así que pidió más apoyo aéreo y, acuciado por los milicianos, algunos de los cuales habían empezado a operar por su cuenta, sobre todo los del ala Sur, dio las órdenes oportunas para el asalto definitivo a la capital.

—¡Fuego!

Era la primera batalla que merecía el nombre de tal... El singular ruido producido por las diversas armas disparando a un tiempo aturdió a los milicianos. Durruti y Pérez Farrás orientaron las baterías de acuerdo con las indicaciones de los desertores. ¡Aviones, cuidado! Los voluntarios anarquistas se tiraban al suelo, comiendo tierra. ¿Qué ocurría en el mundo? A juzgar por la expresión de los rostros, al mundo le habían dado en el corazón.

El choque se produjo a lo largo de una línea discontinua y arbitraria. A falta de trincheras y de parapetos, se aprovechaban los accidentes del terreno, en especial los montículos y las zanjas. ¡Ah, no, ya no se trataba de hacer puntería contra tricornios clavados en una verja y mucho menos de despanzurrar curas o notarios en una cuneta! Enfrente habían aparecido hombres dispuestos a matar. Soldados. Acción Popular. Falangistas, requetés ¡requetés navarros! y guardias civiles. ¿Dónde se ocultaban exactamente? No se sabía. Donde se esperaba resistencia fuerte, no había nadie; donde el terreno parecía libre, sonaba de pronto una descarga cerrada.

Durruti, desde su observatorio, había visto al enemigo. Había visto boinas rojas —¡suicida, en la guerra, el color rojo!—, camisas azules —¿dispararían flechas los falangistas?— y había visto oficiales y soldados boca abajo arrastrándose hábilmente y ocupando con precisión los ángulos muertos. El resumen era claro. El ala derecha, dirigida por el propio Pérez Farrás, arrollaba al adversario: en cambio el ala izquierda y la cuña central, al mando del coronel Mena, de Tarragona, tropezaban con inesperadas dificultades.

A la media hora de iniciado el combate, lloraba ya sobre Aragón. De los cañones brotaban lágrimas, lo mismo que de las ametralladoras, de los fusiles y de las granadas de mano. Empezaron las ausencias. ¿Dónde está éste, dónde está el otro, dónde está aquél? Un poder oscurísimo succionaba a los hombres, algunos de los cuales, Ideal entre ellos, luchaban cuerpo a cuerpo, mientras otros, entre ellos Dimas, no veían enemigo a su alrededor. En el llano la mezcolanza era tal que la aviación y la artillería se abstenían de actuar para no machacar las avanzadillas propias.

Las balas, e incluso la metralla, parecían salir con destino fijo. Pero, apenas fuera del cañón, y como si la velocidad las cegase, se orientaban a capricho y lo mismo podían matar un gusano que convertir en gusano a un hombre o a una mujer. Era un reparto a voleo, lo contrario de las matemáticas.

También se manifestaban a capricho la valentía y la generosidad. Había individuos y pelotones —los homosexuales del Sindicato del Espectáculo— que parecían olvidarse de que querían seguir viviendo. A otros los acorralaba el pánico y hubo quien, a semejanza de los *arrivistas* gatos de la cárcel de Gerona, cambiaban de talante sin cesar. Por supuesto, influían en grado sumo la voz y la facha de los mandos y el tremolar de las banderas. En cuanto a la generosidad ¿qué decir? Constantemente se producían actos generosos, anónimos y sin duda en honor de ellos Arco Iris se había colocado en la cabeza una corona de laurel. «Tú espera aquí, yo voy delante», era generosidad. «Agáchate tú, que yo soy hombre triste», era generosidad. «Cuidado, Porvenir, que acabas de casarte», era generosidad. Los prismáticos de los jefes no se apercibían de ello, porque tenía lugar en voz baja y a menudo en la intimidad del ser. Pero hubo quien dio la vida por el amigo, hubo quien la dio por el compañero desconocido. ¿Por qué en la charca de sangre se oía glu-glu? Porque las acciones generosas brincaban como las ranas.

Durruti, que seguía en su observatorio, estaba furioso. Transmisiones no funcionaba como Landrú le prometió. Los enlaces a pie llegaban con injustificable retraso. La reposición de municiones era motivo de sorpresas desagradables, pues muchas cajas no contenían el material que sus letras indicaban. De hecho, el único servicio que cumplía a satisfacción era el de Sanidad, dirigido por el doctor Rosselló, quien repartió con tino los puestos avanzados e instaló su Hospital de Sangre en una «Hostería para Chóferes» al borde de la carretera, en cuyo comedor, que habilitó como quirófano, figuraban varios bodegones de caza.

El doctor Rosselló había advertido a los sanitarios: «Las heridas más urgentes son las de vientre, luego las de pecho y cabeza, luego las de extremidades.» Los sanitarios y los camilleros se aprendieron la lección y a los efectos al entregar el herido decían: «Un vientre», «un pecho», «una cabeza», cuando no las tres cosas a la vez.

La reacción de los hombres al sentirse heridos era dispar, sobre todo comparando los dos bandos en liza. En el bando «rojo» abundaban los que barboteaban una blasfemia, en el bando «nacional» los que exclamaban: «¡Dios mío!» Un muchacho de Tremp, a las órdenes del capitán Culebra, apretó los puños y dijo: «Se acabó el carbón.» Un dentista de Zaragoza, que combatía con el escapulario colgado, se rasgó la camisa y musitó: «*Adiós, Pamplona.*» Si la herida era mortal, la diferencia se acentuaba en forma dramática, pues mientras los agonizantes en el campo «rojo» solían tener al lado un rostro de mujer —la compañera que les pertenecía o cualquiera de las milicianas flotantes, sin amo exclusivo—, los moribundos en el bando «nacional» solían tener al lado el rostro del capellán castrense. Era obvio que, cada cual a su manera, se sentía acompañado.

¿Y los prisioneros? Acaso no existiese fin más cruel. ¡De pronto, rodeábanle a uno hombres que no eran sólo hombres, sino fusiles deseosos de matar!

La confusión de las líneas hizo que los prisioneros abundaran por una y otra parte. En el ala Sur, tres «Chacales del Progreso» cayeron en manos de una escuadra de Falange. El cabo falangista era de Zuera y se llamaba Ayuso. Hombre de carnes caídas, fláccido. Los tres «chacales» eran de Barcelona, muy aficionados al billar, muy jóvenes. El cabo Ayuso, que llevaba en la camisa unas flechas monumentales, les preguntó si tenían algo que alegar. Los «chacales», manos arriba y de espaldas, no contestaron. Al oír que el cabo Ayuso preparaba su fusil ametrallador, uno de ello se tiró al suelo mientras otro rompía a gritar: «¡Cobardes, cobardes! ¡Asesinos! ¡Ase...!» No dijo más. El cabo Ayuso disparó calmosamente y los tres muchachos de Barcelona se convirtieron en historia inmóvil.

Simultáneamente, en una cota que cambió de mano seis veces a lo largo de la jornada, el comisario político del batallón «Lenin» hizo prisioneros a dos requetés. Era un comunista de Tarrasa, hilador de oficio, al que llamaban el comisario Siberia porque siempre hablaba de esta región ruso-asiática. El comisario Siberia desarmó a los dos requetés y los miró de arriba abajo, sorprendiéndole el tamaño de la boina y que anduvieran sin uniformes, en mangas de camisa y alpargatas, como si acabasen de llegar del pueblo. De pronto vio que sobre la camisa del más joven de los dos, a la altura del corazón, alguien había bordado una imagen del Sagrado Corazón con unas letras que decían: «Deténte, bala.» El comisario Siberia quiso probar. Sacó su pistola y con toda parsimonia apuntó a la imagen y disparó; y la bala no se detuvo. La bala atravesó la imagen y luego el corazón del requeté. Entonces el hombre hizo un mohín que significaba: ¡qué raro!, sopló el cañón de la pistola y viendo que el otro requeté se movía inquieto, se aprestó a disparar de nuevo. Pero entonces el muchacho, que tenía el color del pergamino, se mordió los labios dañándose e inmediatamente dijo:

—Te prevengo que hemos infestado las aguas del Ebro.

Lo dijo así, sin saber por qué, ante el asombro del comisario Siberia y del propio río, que circulaba allá abajo y cuyo rumor se oía. Lo dijo para desahogarse o por el gusto de imaginar un cataclismo. El comisario Siberia soltó una palabrota horrible, acribilló al requeté, que cayó junto a su compañero, y se dirigió con decisión hacia el telégrafo más próximo para comunicarle la noticia a Durruti.

El ayudante de éste, al saber de qué se trataba, contrajo las facciones con incredulidad. Sin embargo, miró el Ebro, que bajaba fangoso y al que faltaban trescientos kilómetros lo menos para llegar al mar. Durruti preguntó: «¿Qué pasa?», y al enterarse ordenó: «¡Traedme un vaso de esa agua y lo beberé!» Pero ya no daría tiempo a detener el miedo. La infección del agua corrió de boca en boca y de pueblo en pueblo a una velocidad de vértigo. Corrió a través de los hilos telegráficos y a caballo de las motocicletas. «¡No beber! ¡Taponad las acequias! ¡No acercarse a las orillas!»

El forcejeo era lento y doloroso y las acrobacias individuales no podían convertir aquello en combate organizado. El día avanzaba y los milicianos temían ver aparecer los primeros toques de rosa en el cielo. «¡Sus y a por ellos!» Zaragoza no se acercaba... Iba adquiriendo a lo lejos un aire hostil. «¡Adelante!» ¿Cómo?

José Alvear era la alegría de la zona en que peleaba. Tenía suerte e imaginación y al paso de los aviones saludaba con el sombrero hongo, que no abandonaba un segundo. A lo largo de toda la mañana su misión consistió en aconsejar a los neófitos. «¡Quita el seguro, so bruto!» «¡Ponte el plato de aluminio en la cabeza!» Por la tarde coronó él solito una colina y desde allí, con un fusil ametrallador, protegió el avance de doce de sus hombres que buscaban en vano una zanja donde guarecerse. José Alvear, flamante capitán, dispuso de tiempo incluso para observar. «Es curioso —se dijo—. Muchos cuerpos al caer fulminados adoptan en el suelo formas de letras. Aquél parece una X. Aquél, con las piernas abiertas, una V. Aquél, con los brazos extendidos y las manos dobladas, una T.»

Otro ser con imaginación: el capitán Culebra. José Alvear lo estimuló. «¿Quién es el gachó?», preguntó, señalando el sombrero hongo del sobrino de Matías Alvear. «De la FAI de

160

Madrid.» El capitán Culebra, aunque bajo y regordete, como Gorki, no quiso desmerecer de su compañero. Rescató heridos en tierra de nadie, dio órdenes y repartió sorbos de coñac, clavó la bandera en la espalda de un guardia civil muerto. Instalado detrás de una valla anuncio de Jerez, desconcertó al enemigo por medio de cohetes que había requisado en Alcañiz, en un taller de pirotecnia. «¡Ahí va!» El azul —pronto, el rosa— se poblaba de chorros de fuego que se dirigían raudos campo adelante. Milagros miraba hacia arriba: «¿Para qué sirve eso?» «¡Las mujeres a callarse!»

El día dio fatalmente la vuelta sin que la batalla llevase trazas de decidirse. A los «nacionales» les bastaba con esperar a que las sombras se adueñaran de Aragón. Las letras —los cuerpos muertos— eran ya tantas sobre el terreno, que leídas de corrido componían una triste canción, canción que atraía irresistiblemente a las hambrientas hormigas que Dimas contemplara con amor.

Entre los muertos figuraba Porvenir, a pesar de que el muchacho llevaba como mascota una imagen del Niño Jesús con gorro de miliciano y dos pistolones en la cintura. Sí, el muchacho hijo del puerto de Barcelona, no podría mandarle al Responsable, como le había prometido, la cabeza del general Cabanellas. Y tampoco podría hacer feliz a Merche, como se lo había prometido el día de su boda. Murió víctima de una bala aislada, *amateur*, disparada porque sí. Le dio en el vientre e inmediatamente el Cojo, que combatía a su lado, con la boca siempre abierta, como esperando a que un pájaro le picoteara las encías, le preguntó: «¿Qué te ocurre?»

Porvenir murió al ponerse el sol, en el hospital habilitado, en manos del doctor Rosselló. «¡Doctor, no quiero morir!» Pero la hemorragia interna iba desfigurándolo. «¡No quiero morir, Merche, Merche!» Merche le secaba el sudor, mientras el Cojo, sollozando, sostenía en sus manos la mascota del Niño Jesús, sin saber si rezarle o pisotearla.

Hasta que el capitán Porvenir dejó de respirar en la plenitud de sus veintiséis años anarquistas. A Merche se le escapó un grito delirante, grito que agrandó los azules y redondos ojos del Niño Jesús, mientras el doctor Rosselló, todo el día en el quirófano, en la Gran Aduana, con los guantes puestos, decía simplemente: «¡Otro!»

Al término de la jornada, Durruti y el comandante Pérez Farrás desistieron de tomar Zaragoza —en el Norte, Ascaso había desistido de tomar Huesca; en el Sur, Ortiz había desistido de tomar Teruel— y se dedicaron a cumplir la promesa hecha a la columna, a repartir premios y castigos. Durruti castigó a Landrú, de transmisiones; a los enlaces que se retrasaron y a Dimas, que fue sorprendido detrás de una roca contemplando un yo-yo que Arco·Iris le había regalado. Pérez Farrás premió a Porvenir poniendo a su disposición una ambulancia que lo trasladaría, dentro de un ataúd que el Cojo consiguió, a Gerona, acompañado por Merche.

José Alvear y el capitán Culebra recibieron cada uno un vale que decía: «Vale por una dormida con una mujer fascista.» Al capitán Alvear le correspondió la cárcel de El Burgo, entre cuyas mujeres detenidas podría elegir, y al capitán Culebra la cárcel de Alfajarín. Podrían montar en cualquier vehículo que evacuase heridos. Ahora bien, al día siguiente, al amanecer, deberían estar de vuelta.

La noche cayó sobre Aragón. En el momento en que la ambulancia que llevaba a Porvenir arrancó hacia la retaguardia, José Alvear y el capitán Culebra montaron en la parte trasera de un camión de Intendencia, que los conduciría, junto con otros héroes, a cobrar su recompensa.

Los dos capitanes estaban exhaustos, ¡dura jornada!, y se habían tumbado cara a las estrellas del firmamento. José se tapó la cara con el sombrero hongo, el capitán Culebra se tapó los ojos con un pañuelo. A José le molestaba, como si fuera una ventosa, el cinturón de acero inoxidable que llevaba. Al capitán Culebra le molestaba tener que regresar al amanecer.

A medida que se alejaban del frente, éste les parecía irreal. Sonaban lejos, a intervalos, disparos de mortero. «Dame un pitillo.» «¿Ahora? Ahí va.»

José Alvear trataba de imaginarse las mujeres de la cárcel de El Burgo; el capitán Culebra las de la cárcel de Alfajarín. Estaban agotados. De vez en cuando, musitaban: «Zaragoza.» Una hora después de la salida de los dos capitanes, estrujando en la mano el correspondiente vale, se quedaron profundamente dormidos.

CAPÍTULO X

LA ESPAÑA «NACIONAL» tenía comunicación con Francia a través de un pueblo del Pirineo navarro llamado Dancharinea. En Dancharinea había carabineros «fascistas» y ondeaba la bandera bicolor. Cruzar aquella frontera proviniendo de la España «roja» era penetrar en otro mundo. Todos los símbolos que entre los «rojos» eran de vida, en Dancharinea lo eran de muerte, y viceversa. Extraña escisión en el interior de un mismo país.

Los fugitivos de la España «roja» eran legión, por tierra o por mar. Algunos, al encontrarse en el extranjero, se desentendían de la guerra civil y buscaban trabajo o la ayuda económica de firmas comerciales de Francia o Inglaterra con quienes hubieran tenido relación. Otros se instalaban en Italia o en la Costa Azul, donde se pasaban el día en el hotel, pendientes de las noticias de la radio o jugando a las cartas. Pero la inmensa mayoría, apenas repuestos de las emociones de la fuga, se dirigían a Dancharinea, a la España «nacional», con obligada estación en el Santuario de Lourdes, en cuya gruta le pedían amparo a Aquella cuyas imágenes habían tenido que destrozar o quemar.

Todo ello confirmaba las predicciones de Ezequiel, quien siempre le decía a Marta que las guerras se parecían a una de esas cañas con las que los niños soplan pompas de jabón. Los hombres eran pompas de jabón. No se sabía lo que ocurriría con ellos, adónde irían a parar, si se esconderían en una jaula o traspondrían cordilleras. No se sabía si cobrarían importancia o reventarían sin pena ni gloria.

Los oficiales y carabineros «nacionales» que montaban la guardia en la frontera de Dancharinea, estaban ya acostumbrados a las escenas de histérico patriotismo mezclado con lágrimas con que los obsequiaban los fugitivos de la zona «roja». En cuanto éstos, todavía en terreno francés, veían la bandera bicolor, levantaban los brazos y gritaban: «¡Viva España! ¡Arriba España! ¡Viva la bandera nacional!» Aquel pedazo de tela significaba su resurrección. Corrían a su encuentro y la besaban y la estrujaban. «¡Viva España! ¡Viva España!»

Había quien, al cruzar la línea, se arrodillaba y besaba el suelo. Luego abrazaban y besaban a los oficiales y a los carabineros, y les parecía raro que la madera y los árboles y la tierra no participasen de su exaltación jubilosa. ¡Ah, qué lejos —y qué cerca— quedaban Cosme Vila y el Responsable, Durruti y Stalin! El uniforme militar les parecía uniforme de dioses y el café con que eran obsequiados, bebida de dioses también.

¿Correspondían a una realidad tales maravillas? El doctor Relken hubiera dicho: «Cada cual es cada cual», «mi cerebro me lo pago yo». ¡Había tantas vidas, tantos campos, tantos himnos y tantos colores desde este pueblo fronterizo con Francia hasta Sevilla y África! Era preciso cruzar toda Navarra y luego Castilla y luego Extremadura y penetrar en Andalucía y atravesar el estrecho de Gibraltar para llegar a Marruecos. Subir a la meseta y luego bajar. Más de un tercio de España. Más de diez millones de seres humanos. Ello significaba pilas bautismales y cementerios. Inteligencias y corazones. Risas y sufrimientos sin cuento. Ello significaba unidad y diversidad. Ni todos los carabineros tenían estampa principesca ni todo el mundo bebía allí café de dioses. José Luis Martínez de Soria, el hermano de Marta, voluntario en la centuria falangista «Onésimo Redondo», de guarnición en el Alto del León, miraba a su alrededor y pensaba: «Castilla es hermosa.» En cambio, Paz Alvear, prima hermana de Pilar, domiciliada en Burgos, calle de la Piedra, 12, con la cabeza rapada, aceite de ricino en el estómago y cuyo padre, hermano de Matías, había sido fusilado el 20 de julio por la «Patrulla Azul», no tenía fuerzas para pronunciar una sílaba y se pasaba las horas acurrucada en la cocina de su casa, haciendo compañía a su madre.

Éste era el problema que allá, en el fondo del piso de las hermanas Campistol, preocupaba a mosén Francisco. Mosén Francisco había creído siempre que, al cabo de tantos milenios de vida humana y, sobre todo, en virtud de las recientes palabras de Jesucristo, el hombre había ya establecido su escala de valores sobre la tierra, conocía lo que le estaba permitido y lo que no, cuál era la hierba que era preciso cortar. Pues bien, he aquí que, en España, al sonido de unas trompetas, de las pavorosas cuevas de la pasión y de la ignorancia empezaron a surgir manos con fusiles que apuntaban aquí y allá. Al cabo de milenios, se produjo este hecho: Cosme Vila y el Cojo y millares de hombres estimaron que él, vicario de San Félix, era hierba que urgía cortar, así como el obispo y el delegado de

Hacienda y el subdirector del Banco Arús. Paralelamente, un dentista llamado «La Voz de Alerta», así como un muchacho llamado Ignacio ¡y unas modistas llamadas Campistol! estimaban que la hierba que urgía cortar era la del huerto de enfrente: Cosme Vila, David y Olga, los diputados de izquierda, los obreros del Sindicato tal o de las Casas del Pueblo. ¿Qué significaba el macabro juego? Unos se llamaban a sí mismos sacerdotes del bien común y escoltados por hoces y martillos disparaban contra X; otros se creían contables del Espíritu Santo, y escoltados por cruces y cirios disparaban contra Z.

¿Tenía el seminarista César Alvear algo que ver con esta clasificación? ¿El hermano de Matías, en Burgos, era de verdad un asesino?

Nadie lo sabía, todo el mundo lo sabía, nadie defendía nada, todo el mundo lo defendía todo. Pocos eran los que mataban porque sí, pocos los que sabían por qué mataban. Las fronteras de la conciencia eran anfibias. José Antonio Primo de Rivera dijo en un discurso que nadie combatía por una piscina; Ilia Ehrenburg, poeta ruso, escribió que nadie combatía por ideales abstractos, que lo único que el hombre reclamaba era satisfacer apetencias infantiles, egoísmos profundos del ser.

Mosén Francisco sufría por estos esquemas que le ofrecía la observación. Pero no todo el mundo tenía su sensibilidad. Entre los supuestos contables del Espíritu Santo había uno que estimaba saber, sin lugar a dudas, dónde radicaba la verdad: «La Voz de Alerta.»

En efecto, «La Voz de Alerta» había huido de Barcelona en barco hasta Génova. En Génova desembarcó y a los cinco minutos se enteró de la existencia de Dancharinea. Inmediatamente emprendió el viaje hacia la España «nacional», molesto porque tenía que cruzar a Francia de este a oeste, es decir, ver los ubérrimos campos de la nación vecina, y sus ríos, cien veces más caudalosos que el Ter y el Oñar. «La Voz de Alerta» no hizo parada en Lourdes: llevaba los milagros dentro de sí. Bueno, «La Voz de Alerta» fue uno de los millares de fugitivos que penetraron en la España «nacional» sin poner en duda ni por un instante que todo allí era maravilla y que cuantos fusiles disparasen estaban justificados.

«La Voz de Alerta», como era de rigor, fue el primero de los gerundenses que besó la bandera bicolor de Dancharinea. Se anticipó al notario Noguer, a mosén Alberto, a Mateo y a

165

Jorge, a los hermanos Estrada, a todos. Al llegar a la frontera no sólo gritó: «¡Viva España!», sino que se abrazó al asta de la bandera e inmediatamente rompió a llorar. Lloró de tal modo, tan enteramente, que su emoción contagió a los carabineros que lo contemplaban desde su barracón. Un oficial se le acercó y, tomándolo con dulzura del brazo, lo acompañó. «Cálmese, cálmese... Ya está usted a salvo. Ale, que está usted entre amigos. Llenaremos su ficha y quedará usted libre.»

Así fue. El café lo reanimó, y también lo reanimó que el oficial fuera correcto. Era un muchacho joven, bien afeitado, infinitamente más señor que aquellos milicianos que merodeaban por los muelles de Barcelona cuando él subió al barco. Al cabo de diez minutos, «La Voz de Alerta» se encontraba en condiciones de prestar declaración.

¡Santo Dios! Contó de la zona «roja» lo que había visto y lo que imaginó. A medida que hablaba, se convertía en huracán. El dramatismo de sus palabras contrastaba con su impecable traje blanco y con su sombrero, también blanco, de hilo. Sus frases terminaban siempre con la palabra «criminales» y su viaje a Génova adquirió en sus labios caracteres de epopeya.

Llegó un momento que el oficial dejó de anotar. Poco después, cortó:

—De acuerdo, eso basta. ¿Adónde quiere usted ir?

«La Voz de Alerta» se molestó. ¿Qué ocurría? ¿Por qué no le permitían...? Pero se contuvo.

—Al frente —contestó—. Soy dentista.

—En el frente no hay dentistas —dijo el oficial, en tono amable pero negando con la cabeza.

«La Voz de Alerta» no se inmutó.

—Pues... ¡a Pamplona! —eligió—. Desearía ir a Pamplona y presentarme al Jefe de la Comunión Tradicionalista.

—Muy bien. Le daré la documentación y el pase. Espere ahí fuera y le avisaremos cuando algún camión salga para Pamplona.

El oficial le estrechó la mano. Todavía le repitió por dos veces: «Cálmese usted...»

Y al cabo de una hora, el marido de Laura inició su aventura hacia el interior de la España «nacional». El camión pertenecía a Intendencia y le cedieron sitio en la cabina, entre el conductor y un soldado. El conductor era parlanchín. El camión llevaba en el radiador un enorme crucifijo de bronce.

¡Navarra, el país monárquico, el Tradicionalismo hecho

carne, hecha carne la idea por la que él luchaba desde hacía veintiocho años! «¿Quieren ustedes fumar? Tabaco italiano.» «No vendrá mal.» «Tomen... Eso es. ¿Cómo se llaman ustedes?» «Yo, Eustaquio.» «Yo, Lorenzo.» ¡Qué raro! ¿Por qué no se llamaban Fermín? Navarra era hermosa. Colinas suaves, verde de hierba. «La Voz de Alerta» sospechaba que de un momento a otro aparecería en mitad de la carretera Su Majestad el Rey.

Antes de llegar a Pamplona, recibió valiosos informes. Los dos ejes de la España «nacional» —según el soldado— habían sido Castilla y Navarra. Castilla, hecha un mar de camisas azules; Navarra, de boinas rojas. El soldado pronunciaba azul y rojo en el mismo tono, y ello a «La Voz de Alerta» le contrarió. El 19 de julio brotaron como por ensalmo millares de falangistas en Castilla y se fueron al frente. En Navarra se vaciaron aldeas y caseríos. Cada Círculo Carlista se convirtió en cuartel. Se hicieron hogueras con los retratos de Azaña y demás, y los requetés se alinearon y se concentraron en Pamplona. Hubo familias que suministraron once combatientes: el abuelo, el padre y nueve hijos varones. Hubo madres que pidieron perdón por tener sólo cinco hijos, sólo seis. «¿Y la siega...? «Siegas habrá muchas, España sólo hay una.» «Por Dios, por la Patria y el Rey.» Las novias y hermanas colgaban escapularios y detentes en el pecho de los requetés. Las campanas tocaban. Los curas confesaban a los voluntarios en los cafés, antes que se marcharan, y en los altares se encendían cirios altos como los pensamientos.

—Comprenda... Aquí se esperaba esto desde Zumalacárregui.

«La Voz de Alerta» se tocaba el sombrero, blanco, de hilo. Recordaba que la boina inicial fue precisamente blanca. «¡La sangre la enrojeció!» Tan roja la hizo, que el primer acto del dentista al llegar a Pamplona fue comprarse una de tamaño descomunal. Una boina roja y unas polainas. Luego se fue al Hotel Fénix, de la plaza del Castillo, y se miró al espejo. ¡Si Laura lo viera! ¡Si lo vieran sus cuñados! Uno, dos, uno, dos, en el cuarto, que retumbó. Si lo viera el Responsable...

Acto seguido salió al balcón que dominaba la plaza. Colgaduras en las fachadas, serpentinas. Por el centro surcaba una formación infantil con cornetas y tambores. Los niños falangistas eran llamados «flechas» y «pelayos» los niños requetés. Al sonido de la música el balcón se abarrotó de espectadores.

¡También catalanes, también carlistas, que aplaudían a rabiar! Eran fugitivos de la zona «roja», que habían madrugado más aún que «La Voz de Alerta». Éste entró en contacto con ellos y luego, en el *hall* del hotel, los asaeteó a preguntas. Procedían de Olot, de Figueras y de Barcelona. Eran fabricantes, abogados, catedráticos y algunos de ellos se habían pasado con toda la familia. Estaban entusiasmados. Habían decidido fundar un Tercio de combatientes catalanes, que pondrían bajo la advocación de Nuestra Señora de Montserrat y que ofrecerían al mando. Dos rusos blancos y tres franceses de *La Croix de Feu*, huéspedes también del Hotel Fénix, querían alistarse en la Unidad. Por de pronto, quien los apoyaba en el proyecto era el propio jefe de la Comunión Tradicionalista de Pamplona, don Anselmo Ichaso.

«La Voz de Alerta», al oír este nombre, parpadeó. Estaba seguro de haber coincidido con don Anselmo Ichaso en alguna parte, tal vez en alguna concentración en Madrid.

—Es un hombre alto —le dijeron— . Gordo. De cara rojiza.

«La Voz de Alerta» decidió visitar cuanto antes a don Anselmo Ichaso. Sin embargo, resultaba harto difícil trazarse un plan personal, elegir. Continuamente llegaban de la calle noticias que le arrastraban a uno, que lo tentaban a hacer esto o aquello, y al final uno se limitaba a comprarse una trompeta de juguete para meter ruido, salir al balcón y gritar una y otra vez: «¡Viva España!»

Pese a todo, la entrevista don Anselmo Ichaso-«La Voz de Alerta» tuvo lugar aquel mismo día, antes de cenar. Desde el hotel, el marido de Laura llamó al jefe de la Comunión Tradicionalista, el cual, al oír que se trataba de un veterano carlista evadido de la zona «roja», contestó sencillamente: «Venga usted en seguida.»

«La Voz de Alerta» se caló la boina roja a la manera de los soldados alpinistas franceses y, previa una corta visita a la catedral, a la media hora se encontraba en el despacho de la máxima autoridad monárquica de la región. Don Anselmo Ichaso lo recibió rebosante de cordialidad y sus primeras palabras, después de los saludos de rigor, sumieron a «La Voz de Alerta» en la mayor perplejidad.

—¡Vaya, vaya...! No me imaginaba yo así a la famosa «Voz de Alerta» de Gerona... —dijo don Anselmo Ichaso— . Tal vez le sorprenda a usted saber que en nuestro Círculo carlista han sido leídos en voz alta más de una docena de artículos suyos publicados en *El Tradicionalista*...

«La Voz de Alerta», henchido de vanidad, susurró:

—No puede ser...

—Pues, amigo mío, así es... Estábamos suscritos a *El Tradicionalista* de Gerona. ¡Ah, Navarra le dará a Cataluña muchas sorpresas! ¿Un poco de coñac?

Don Anselmo Ichaso... Alto y barrigudo... Todo un señor, con las uñas pulidas y temperamento apoplético. Era ingeniero de profesión y cuando hablaba parecía resoplar. Sus antepasados, navarros hasta Dios sabía cuándo. Habitaba una regia casona, con retratos de Carlos VII y de Vázquez Mella en el despacho; es decir, todo un conjunto con el que el Responsable y también el capitán Culebra se hubieran enfrentado muy a gusto.

Tenía dos hijos y un nieto: un nieto «pelayo», que tocaba el tambor. Su hijo mayor avanzaba hacia Irún a las órdenes del coronel Beórlegui. Se llamaba Germán y fue quien popularizó entre los requetés la costumbre de pintar el cañón del fusil con los colores amarillo y rojo de la bandera de España. El otro hijo se llamaba Javier y había regresado del frente a casa, pero con muletas... «Iba con Ortiz de Zárate y cayó en los combates de Oyarzun, en los arrabales del pueblo. Perdió una pierna.»

Don Anselmo Ichaso tenía un defecto: no dejaba hablar. Su voz era tonitronante, capaz de hundir un puente. A la guerra la llamaba «la Causa». De vez en cuando, en su calidad de ingeniero, hacía una escapada al frente para echarles una mano a los zapadores... Admitió que en Cataluña y el Maestrazgo hubo siempre una minoría carlista inquieta —los actuales residentes del Hotel Fénix daban fe de ello—, pero afirmó que, a no ser por Navarra, el Movimiento habría ya fracasado, como el propio general Mola había reconocido. Gracias a don Anselmo, «La Voz de Alerta» supo que los voluntarios de la región sumaban ya veinte mil y que desde dos años antes, desde 1934, los Círculos Carlistas navarros eran de hecho cuarteles en los que se aprendía la instrucción —y sus excursiones y romerías, pretextos para realizar ejercicios de tiro— y que en ellos se extendían incluso nombramientos de cabo, sargentos y oficiales, como en una Academia. «Ésta ha sido la clave de nuestra eficaz contribución a la Causa. En veinticuatro horas le ofrecimos a Mola una tropa disciplinada y a punto de entrar en fuego.» Seis escuadras formaban un requeté, tres requetés formaban un tercio. Una vez que «La Voz de Alerta» pudo meter baza, le preguntó por el problema del armamento... Don Anselmo le testificó que éste era el aspecto penoso de la cuestión. Faltaban armas, y casi todas las fábricas —Trubia, Toledo, Murcia, etcétera— estaban en poder del enemigo.

En un momento determinado, «La Voz de Alerta» le preguntó:

—¿Y la monarquía?

Don Anselmo se tocó una de sus afiladas uñas.

—Por ahora no es cuestión. Antes hay que ganar la guerra.

«La Voz de Alerta» bendecía el momento en que llegó a Pamplona y entró en aquella casa. Y bendijo como nunca haber dirigido en Gerona su periódico. Congenió con don Anselmo. Éste le enseñó los cuadros que poseía, su famosa colección de Biblias, algunas reliquias carlistas y por fin el más preciado tesoro de la casa: su colección de trenes eléctricos —«ya sé que en Barcelona hay coleccionistas más importantes que yo»— en miniatura. Su pasión más importante era ésta, y comentó sonriendo que la República hubiera podido sobornarlo fácilmente regalándole trenes. En un gran salón, junto al despacho, tenía un enorme tablero como de delineante, pues don Anselmo, debido a su barriga, no podía agacharse hasta el suelo. Siempre había sobre el tablero varios trenes formados, cuyas locomotoras llevaban banderitas nacionales. «La Voz de Alerta» advirtió que una de las estaciones decía: «San Sebastián», y otra «Madrid».

—Son los nombres de las ciudades que pronto caerán en nuestro poder —explicó don Anselmo—. Y el día de la ocupación haré desfilar delante de ellas todos los trenes.

Dicho esto, don Anselmo accionó una palanca y se produjo el milagro. Cuatro vertiginosos convoyes se pusieron en marcha entrecruzándose a mitad del camino y entrando en los túneles y saliendo como una exhalación.

—¡Maravilloso, maravilloso!

—¡Bah! —protestó don Anselmo.

—Lástima que no tenga usted una banderita que diga «Gerona».

—¡Todo llegará, amigo mío, todo llegará!

Volvieron al despacho. Y en cuanto hubieron tomado asiento de nuevo, don Anselmo preguntó:

—Bueno... ¿Y qué piensa usted hacer?

«La Voz de Alerta» volteó la boina roja en sus manos.

—Todavía no lo sé... En el hotel me han hablado de un Tercio catalán que al parecer se formará dentro de poco. Pensé que acaso necesiten un dentista...

Don Anselmo resopló. Pareció meditar.

—¿Le importaría no precipitarse?

Los ojos de «La Voz de Alerta» titilaron.

—No sé a qué se refiere usted. —Luego añadió—: Pero, naturalmente, estoy a sus órdenes.

Don Anselmo cabeceó.

—Tal vez pudiera usted hacer... algo más útil.

Don Anselmo dejó de besarse las puntas de los dedos. Por último le dijo que en el ínterin podría quedarse en Pamplona, en el Círculo Carlista, formando parte de la Redacción del periódico local *El Pensamiento Navarro*.

—De momento, podría usted escribir crónicas sobre la zona roja. O sobre Cataluña.

—¿Y luego...?

Don Anselmo se mantuvo reticente aún, hasta que de pronto decidió acabar con las adivinanzas.

—Verá usted —dijo, acariciando una Biblia que había encima de la mesa—. El caso es que Mola necesita información... No podemos perder tiempo... —«La voz de Alerta» irguió el busto—. ¡No tiene ni mapas siquiera! Toda la cartografía militar quedó en poder de los rojos, en el Ministerio de la Guerra, en Madrid. Utiliza mapas Michelín y guías Taride. Mola estuvo anteayer en este despacho y me comunicó su proyecto de establecer una red de enlaces con la zona «roja» a través de Francia. —Miró a «La Voz de Alerta»—. ¿Comprende usted?

«La Voz de Alerta» no estaba preparado para aquello.

—Pues... le confieso que sólo a medias.

Don Anselmo no hizo el menor caso de la vacilación de su interlocutor.

—Por supuesto —prosiguió— es algo que meditar. Pero yo le di a Mola mi palabra de que le organizaré esto. —Don Anselmo resopló de nuevo—. Información, espionaje, llámelo como quiera... El tiempo irá marcando el compás.

Se hizo silencio. Don Anselmo llevaba en un dedo una sortija que echaba chispas.

—¿Puede usted decirme, antes de cuarenta y ocho horas, si podré contar con usted?

«La Voz de Alerta» pareció un tren eléctrico.

—¡Ahora mismo, mi querido amigo! ¡Naturalmente que sí! Desde este momento estoy a sus órdenes.

Don Anselmo Ichaso cabeceó, satisfecho.

—No sabe usted lo que me alegra no haberme equivocado.

«La Voz de Alerta» se sintió dominado por una gran complacencia. La última frase de don Anselmo Ichaso lo había lisonjeado. Se sentía casi necesario.

Se disponía a decir algo, pero en aquel momento llamaron a la puerta. Don Anselmo prestó atención y dijo:

—¡Adelante!

Era Javier Ichaso, el hijo menor de don Anselmo, el que cayó herido en las inmediaciones del pueblo de Oyarzun. Llevaba la boina puesta, pero al ver a «La Voz de Alerta» se la quitó, con cierta dificultad a causa de las muletas. Su cuerpo era atlético, tórax ancho; pero le faltaba la pierna izquierda desde el arranque del muslo.

«La Voz de Alerta» se levantó como si quien acabase de entrar fuese el general. Le invadió un respeto profundo y sintió asco de sus dos piernas, cabales y sanas. Don Anselmo les presentó. Javier Ichaso inclinó la cabeza. Estaba serio, dolorosamente serio, y con los ojos tan juntos que al pronto obsesionaban. Tendría unos veintidós años, la frente ligeramente abombada, como Julio García, y una barba a lo «Balbo». Al oír que «La Voz de Alerta» era de Gerona, comentó:

—Nunca estuve en Cataluña.

Se sentó con dificultad en un silla próxima a la puerta. Parecía estar sudando. «Por favor, siéntese», invitó a «La Voz de Alerta». Éste obedeció, y Javier Ichaso, desentendiéndose de él, miró alrededor como si buscara su pierna perdida. Debía de andar por la casa sentándose en las sillas tapizadas de rojo y buscando su pierna. De vez en cuando accionaría la palanca para poder ver rodar las locomotoras diminutas.

Don Anselmo exclamó:

—¡Aquí tiene usted a Javier! Nosotros lo llamamos «el chico de Oyarzun».

«La Voz de Alerta» replicó:

—Ha sido un honor para mí.

Muy parecida a la de don Anselmo Ichaso, sonó en la estancia la voz de Javier.

—¿Cuándo llegó usted?

—¿A Pamplona?— preguntó «La Voz de Alerta».

—Sí.

El dentista consultó su reloj e informó, sonriendo.

—Hace exactamente cinco horas y veinte minutos.

Don Anselmo intervino.

—Quería irse al frente a sacar muelas, pero yo se lo he quitado de la cabeza. ¿No habrías hecho tú lo mismo, Javier?

—Creo que sí.

«La Voz de Alerta» se preguntó si Javier le habría dicho que no a su padre alguna vez. Daba la impresión de haber sido inexorablemente tatuado por la personalidad de don Anselmo. El tipo humano que éste representaba no constituía para «La Voz de Alerta» ninguna novedad. Persona admirable si uno militaba en su mismo bando, peligrosísima si uno militaba en el bando opuesto.

Javier Ichaso dio pruebas de mucha mayor curiosidad que don Anselmo respecto a los acontecimientos de la zona «roja». Le hizo a «La Voz de Alerta» preguntas muy certeras, buscando la síntesis.

«La Voz de Alerta» se sintió espoleado y por nada del mundo hubiera confesado que no sabía nada de la zona «roja», por cuanto escapó de ella a las cuarenta y ocho horas de haberse rendido los militares. Su crónica dejó tamañita a la que suscribió en la frontera a requerimiento del oficial. Para halagar a don Anselmo, hizo hincapié en la matanza de propietarios. Para mimar a Javier, resaltó la matanza de «todo hombre joven, bien nacido, con la frente despejada». Habló de la violación de cajas de caudales, de los diccionarios Espasa tirados por el balcón, etcétera. Distinguió incluso entre comités del litoral y comités de montaña o de tierra adentro. «Los comités del litoral son menos sanguinarios, no sé por qué.»

—En fin —concluyó—, aquello es un infierno. La zona ha sido invadida por los «coches de la muerte».

Don Anselmo hizo un signo de aprobación.

—¡Menuda gentuza! Hace mucho tiempo que debimos hacer la limpieza. Llevamos un retraso de varios años.

Esta vez fue «La Voz de Alerta» quien mostró su conformidad.

—En *El Tradicionalista* defendí yo esta teoría. Debimos hacerla cuando la revolución de 1934.

«Limpieza...» «La Voz de Alerta», sin razón para ello, de improviso miró a Javier inquisitivamente. Y captó en el muchacho una mirada mojada que por un momento le transformó la cara. Aquello era ridículo, pero «La Voz de Alerta» sospechó

173

que Javier participaba personalmente en la «limpieza». Incluso se preguntó si los dos ojos no se le habrían juntado al muchacho a fuerza de mirar convergentes al corazón de los ejecutados.

Javier preguntó:

—¿«Coches de muerte» los llaman?

—Eso es lo que ha dicho el señor, Javier. ¿Por qué lo preguntas?

Javier se quedó rígido, sin mirar a su padre.

—Temí haber oído mal.

«La Voz de Alerta» se dio cuenta de que un hilo sutil, complejo, unía y a la vez separaba a padre e hijo. Gustosamente hubiera efectuado el enlace, pero no se le ocurría nada.

Entonces don Anselmo zanjó la cuestión. Volviéndose hacia el dentista preguntó:

—¿Tiene usted libre el almuerzo de mañana? Con mucho gusto le sentaríamos a nuestra mesa. Quiero que conozca a mi esposa.

Apenas si «La Voz de Alerta» disimuló su contento.

—Por supuesto, tengo libre; pero...

—No se hable más— cortó don Anselmo.

«La Voz de Alerta» entendió que debía dar por terminada la entrevista y se levantó. En la casa se oyó un timbre seguido de un ruido de pasos. Don Anselmo también se levantó, aunque sin demostrar impaciencia. Por último, con extrema dificultad, se levantó Javier.

¡Ah, sí! Aquel contacto había sido fructífero. «La Voz de Alerta» se dirigió a la puerta mucho más seguro de sí que antes. Al paso iba admirando los cuadros, los retratos, un enorme mapa antiguo de Navarra. Hubiera deseado acariciar todos aquellos objetos. Detrás, don Anselmo parecía empujarlo con su barriga, y algo rezagado, renqueando, avanzaba Javier.

Al llegar a la puerta, los tres hombres se estrecharon la mano. «La Voz de Alerta» miró con afecto al padre y al hijo.

—No hace falta que les diga hasta qué punto...

La sortija sonrió en el dedo de don Anselmo.

—¡Si no lo hacemos por usted...! Lo hacemos por España.

—Pues más agradecido todavía.

Ya en la escalera, todavía se oyó, por última vez, la voz de don Anselmo.

—Por cierto, me parece que Mola estuvo en Gerona... ¡Sí, seguro! Estuvo allí de capitán.

«La Voz de Alerta» volvió la cabeza emocionado.

—¡Oh, no se forje usted ilusiones! Tengo entendido que encontraba aquello un poco triste. Echaba de menos las palmeras de África.

Después de «La Voz de Alerta», también en la primera quincena de agosto, entraron en la España «nacional» los falangistas Mateo y Jorge. Su entrada fue menos alegre que la de aquél, pues los dos muchachos se enteraron en Perpignan, por boca de unos fugitivos, de lo ocurrido en Gerona. Cuando Mateo supo que César había muerto y que además habían muerto la mitad de sus falangistas, apretó los dientes hasta dañarse. Cuando logró sobreponerse, se cuadró y extendiendo el brazo exclamó: «¡Presentes!» Por su parte, cuando Jorge supo que había perdido a sus padres y a sus seis hermanos, notó que se le paralizaba el corazón y se desplomó sobre la mesa. Su pensamiento inmediato fue: «Me suicidaré.» Nadie se atrevía a decirle nada, a tocarlo, y hasta los limpiabotas se acercaron con dolorido asombro.

A Mateo le costó lo indecible infundirle el ánimo necesario para arrancarlo de aquel café y proponerle entrar en la España «nacional». «Estarás en casa. Te sentirás más protegido.» «Nos iremos a Valladolid. Tal vez encontraremos allí al hermano de Marta.»

Jorge no contestaba. ¡Protegido! ¿Qué significaba esta palabra? El abatimiento de Jorge era absoluto. Los limpiabotas se miraron y, encogiéndose de hombros, regresaron a su trabajo.

Mateo consiguió que Jorge le hablara. Para ello se valió de la palabra *Dios*. La pronunció con temor. Temió que Jorge le contestara con sacrílega ira hacia Aquel que en un instante lo sumió en la más irreparable orfandad. Pero no fue así. Jorge dijo:

—Gracias, Mateo.

Mateo ayudó a Jorge a montar en el tren. Su intención era pararse en Lourdes para pedirle a la Virgen fuerza para sí mismo y para Jorge, y luego proseguir el viaje a Valladolid. Jorge se negó en redondo a apearse en Lourdes. «No sabría qué decir», apuntó. En cambio, dio su consentimiento para dirigirse a Valladolid.

Mateo había elegido esta ciudad por dos motivos. Primero, porque pensaba localizar en ella al hermano de Marta, a José Luis Martínez de Soria, a quien conoció en la visita que éste y su hermano —su hermano Fernando, que cayó en el propio Valladolid, en plena calle, mientras voceaba un periódico falangista— hicieron a Gerona. Sin duda, José Luis les sería útil y podría orientarlos. En segundo lugar, y esto era lo más importante, porque aquella ciudad castellana era en cierto modo la Pamplona falangista. Ya en 1933 José Antonio fijó en Valladolid su doctrina, en un discurso que Mateo se sabía al pie de la letra. De Valladolid era Onésimo Redondo y en Valladolid se efectuaron las primeras concentraciones voluntarias el 18 de julio.

Viaje por Francia, de este a oeste, algo más al sur que el que hizo «La Voz de Alerta» procedente de Génova. Mateo permaneció mucho rato en el pasillo, para no cohibir a Jorge, deseando que éste conciliara el sueño. El paisaje francés se desplegó ante sus ojos acicalado y pródigo. Mateo sintió ante él los mismos celos que «La Voz de Alerta»; pero el falangista disponía para defenderse de un nutrido acopio de réplicas mentales: desde lo difícil que les sería a los ricos entrar en el reino de los cielos, hasta los peligros de relajación inherentes a la prosperidad. El propio José Antonio había dicho: «Cuando quiere agitarse contra nosotros el repertorio de insultos, se nos llama señoritos de cabaret.» En cierto modo, Francia le daba a Mateo la impresión de ser un cabaret inmenso, donde se comía a dos carrillos, se brindaba con vino tinto y donde ejércitos solapados de comunistas y masones, a caballo de la frivolidad y de Rousseau, iban asfixiando la maravillosa e intimidada presencia de las catedrales góticas. Mateo no olvidaría jamás el contraste que advirtió en Banyuls-sur-Mer: la enjuta, apergaminada tez de Jorge, cercada por todas partes de rosáceas y borgianas mejillas de gendarme rosellonés.

Mateo llevaba preparado el ánimo para, al llegar a Dancharinea, decirle a la primera jerarquía que les saliera al paso: «Aquí estamos, a la orden, un falangista solo en la tierra y otro falangista cuya alma es azul.» Tardaba para él este momento. Y se veía precisado a ver desde el tren mansos franceses pescando con caña o jugando a las bochas en la plaza del pueblo. Pero el momento llegó, hollaron suelo español. Por desgracia,

Jorge no reaccionó lo mínimo. Cruzó la raya como un autómata, besó sin fervor la bandera y fue totalmente incapaz de contestar a las preguntas del oficial de turno.

Mateo aclaró el asunto con este oficial y el cuadro eran tan diáfano, que el hombre legalizó su entrada y les extendió, sin más, un salvoconducto para trasladarse a Valladolid.

—¡Suerte! ¡Arriba España!

«¿Oyes, Jorge? ¡Suerte! ¡Arriba España!» Jorge no oía nada, y Mateo sufría porque ¡había deseado tanto que llegara aquel momento! ¡Le hubiera gustado tanto bañar los ojos en el paisaje español, verlo desfilar desde el tren como en una pantalla cinematográfica! Y no podía: Jorge lo necesitaba allí, a su lado. Mateo iba echando ojeadas al exterior, leyendo los nombres de las estaciones. «Navarra es hermosa», se decía. De pronto advirtió que estaban en Castilla. Mateo claudicó. En un instante olvidó a todos los huérfanos del mundo, salió al pasillo, bajó el cristal e hizo que el aire le despeinara y enfriara su piel. Y luego se quedó mirando... Simplemente. ¡Impresionante despliegue de grandeza! Nada de «coquetona» y «muelle» Francia. Grandeza, pobreza, tierra con color de tierra y dolor con dolor de hombre y de mujer.

Mateo acabó por exaltarse cuando, en un apeadero cualquiera, subieron al tren varios pelotones de soldados, los cuales, después de mojarse el gaznate con la cantimplora, rompieron a cantar. Las canciones eran conocidas, ingenuas y los soldados las cantaban horriblemente mal: *Adiós, Pamplona; Riau-Riau; Legionario, legionario.* Sin embargo, a Mateo le dieron escalofríos y casi le hicieron llorar. En aquel preciso instante, de pie en aquel tren sucio, desconchado y lentísimo, tuvo la certeza de que todo iría bien, de que el Movimiento Nacional triunfaría, aun contra la oposición de los periódicos franceses. Pensó que a tenor de esas canciones y del bramido de las armas nunca más habría en España huérfanos como Jorge, ignorantes como Ideal y el Cojo. ¡Se descubrirían hasta ríos subterráneos! Pese, incluso, a la ironía de Ignacio, quien, en cierta ocasión, al oír de labios de Mateo esta última profecía, le hizo observar: «Si tanto ríos encontráis y de tal modo convertís el país en un jardín, acabaremos laxos como los franceses.» ¡Oh, sí! Mateo sabía muy bien que tendrían que luchar, además, contra el escepticismo.

Llegaron a Valladolid. Jorge se fue al lavabo del tren y luego se apeó, ayudado por Mateo. Éste hechó una ojeada panorámica a la estación y vio que el reloj estaba parado y que los ferroviarios, movilizados sin duda, llevaban en el pecho una locomotora en miniatura, sobre bayeta amarilla, que hubiera tumbado de admiración a don Anselmo Ichaso.

Salieron de la estación y le preguntaron a un pequeño «flecha» por un cuartel de Falange. El chico les indicó el camino y echaron a andar. Mateo observó que muchos cafés habían pintado las sillas con los colores de las banderas nacionales, dominando el rojo y el negro de la Falange. Jorge se dio también cuenta de ello. Incluso se paró un momento frente a un escaparate de juguetes, en el que las pelotas eran rojinegras y también lo eran los vestidos de algunas muñecas. En una esquina, un hombre parecido a Blasco, el limpiabotas, vendía corbatas y cinturones falangistas.

Al cabo de una hora estaban instalados en dos camastros contiguos en el cuartel «Onésimo Redondo». Jorge se tumbó y se quedó dormido, lo que Mateo aprovechó para personarse en casa de Marta y preguntar por el paradero de José Luis Martínez de Soria.

En el piso no quedaba más que una vieja sirvienta. «El señorito José Luis está en el frente, en el Alto del León.» Mateo asintió con expresión de respeto. José Luis cumplía con su deber... Era lo natural. Mateo regresó al cuartel. Se cruzó con una procesión en cuya cabeza avanzaban marcialmente, tocando cornetines y tambores, unas cuantas escuadras de «flechas» y «pelayos». «La juventud de mañana será nuestra», pensó Mateo.

En el patio del cuartel, unos voluntarios muy jóvenes hacían la instrucción. Subió y encontró a Jorge acodado en una ventana, derrotado.

—Ten voluntad, Jorge... Comprendo que es terrible. Pero demuestra que eres digno de los que cayeron.

Jorge se volvió un momento hacia Mateo.

—Padre, madre y seis hermanos...

—Ya lo sé, ya lo sé. Es demasiado para un solo hombre.

Jorge se volvió de nuevo.

—¡Tres hermanos pequeños! ¡Tres críos! ¡Así...!

Mateo no sabía qué decir. La Falange no había previsto una extirpación tan radical. Jorge tenía un bocadillo en la mano. Comía constantemente cuanto se ponía a su alcance. O fumaba. Y Mateo leía en sus ojos una obsesión: Jorge pensaba en vengarse.

—Pronto saldremos para el frente, Jorge. Anda. Allí podrás desahogarte.

—¿Desahogarme...? Déjame. No tengo ganas de hablar.

Allí estaba, no tenía ganas de hablar. Mateo no sabía qué hacer con su amigo. Por otra parte, tampoco él podía concentrarse lo debido en el drama de Jorge. También sangraba, sangraba a través de sus falangistas de Gerona, a los que había pedido sacrificio —¡cómo cumplieron!— y a través de César. Recordaba la voz de éste: «¿Qué es lo que pretende la Falange, Mateo?» Y recordaba a Pilar. ¿Qué estaría haciendo Pilar?

¡Y además, se preguntaba si él mismo no sería también huérfano! ¿Qué habría sido de su padre, don Emilio Santos? Era tan débil, daba tan poca importancia a su persona... Y Mateo le quería mucho, se daba cuenta de que le quería cada día más. Al muchacho le preocupaba también la suerte de su hermano, Antonio, falangista como él, detenido en Cartagena desde hacía mucho tiempo. Llevaban dos años sin verse. De niños anduvieron siempre juntos, luego se distanciaron.

Mateo preguntó por el jefe local, para el que en Francia había redactado un informe completo sobre las actividades de la Falange en Gerona. El muchacho de la centralilla llamó a Jefatura y habló con aquél. «Que venga dentro de media hora. Habremos ya terminado el Consejo.»

Mateo asintió. Se despidió de Jorge —«volveré pronto»— y salió a la calle. Respiró el aire castellano, del que alguien había escrito que lo fabricaban los hombres que sabían silbar. Contempló un momento el Pisuerga, el río, confirmándose en la sospecha de que el agua andante enfriaba las orillas, y a la hora convenida entró en la Jefatura Provincial —¡cuántas flechas, cuántas rosas!— como mosén Francisco hubiera entrado en la Basílica de San Pedro.

Un muchacho de la guardia lo acompañó a un despacho del primer piso, sin apenas muebles, con una larga mesa, regia, al fondo. Mateo vio de pie, esperándolo, a un grupo de camaradas, sin duda camisas viejas, que lo saludaban brazo en alto y que acto seguido salieron a su encuentro para darle la bienvenida e incluso abrazarlo «por ser el primer jefe provincial que les llegaba de la zona enemiga».

Mateo se azoró un poco y se armó un lío con las presentaciones y los nombres. Sin embargo, entendió que la máxima jerarquía era allí el alférez y Delegado Provincial de Sindicatos, camarada Salazar. Hombre corpulento, con bigote de foca parecido al de Murillo, muy versado en cuestiones sociales —procedía de las JONS— y en estrecho contacto con varios alemanes llegados a la zona. Estaba en el Alto del León y había bajado con un permiso de veinticuatro horas.

A Mateo le pareció que varios de aquellos falangistas «eran repetidos»: de tal modo los marcaban la camisa azul, los ademanes y el bigote negro. Sin embargo, fijó su atención en un muchacho bajito, del que emanaba un impresionante poder. Iba peinado a cepillo, cuando alguien tenía una frase feliz la subrayaba exclamando «¡nang...!» e iba plagado de emblemas y condecoraciones. Se llamaba Núñez Maza e iba a ser nombrado jefe nacional del Servicio de Propaganda, servicio en formación.

También retuvo el nombre del «contable», eso dijeron, llamado Mendizábal y el de Montesinos. Mendizábal era el administrador y por tener alguna lesión misteriosa valía sólo para Servicios Auxiliares. No obstante, el personaje que fue presentado a Mateo como el más importante de la reunión, fue María Victoria, delegada de la Sección Femenina. Muchacha rubia, de aspecto desenvuelto y alegre, que «siempre mascaba chicle» hasta que se cansaba y lo pegaba en la nariz de cualquier Jefe de Estado cuyo retrato colgara en alguna pared cercana. María Victoria era, ¡por muchos años!, novia de José Luis Martínez de Soria y, por supuesto, menos rígida que Marta.

Salvado el primer azoramiento, Mateo se dominó y al cuarto de hora escaso estaba sentado en el sitio de honor y los tenía a todos embebidos.

No sólo su reseña sobre la Falange gerundense, que fue leída por el propio Mateo en medio de un silencio solemne, impresionó al grupo, sino la personalidad del hijo de don Emilio Santos, al que aureolaba algo secretamente heroico a que sólo podía aspirar quien «llegara del otro lado» y quien hubiera luchado durante meses y meses «a la contra», en un «ambiente hostil».

Núñez Maza hizo hincapié sobre el particular.

—Admitido —dijo— que Soria, Burgos o esto son horchata para la Falange. Lo duro ha de ser Alicante, o Madrid, o Gerona.

Mateo, que acababa de encender un pitillo con su mechero de yesca, asintió con la cabeza.

—Desde luego. Cuando llegué allí nadie había oído hablar

ni de luceros ni del Sindicato Vertical. Y me tomaban por loco.

—Bueno —comentó Salazar, riendo—, por locos siguen tomándonos aquí muchos militares.

El caso es que Mateo los dejó asombrados por su precisión. Les suministró datos sobre cada uno de los partidos políticos enemigos, con una capacidad de síntesis que obligaba a Núñez Maza a pasearse por el despacho dando saltitos, como un simio. Les habló de Cosme Vila, del Responsable, de David y Olga, ¡del doctor Relken! Cuando les contó que el jefe de la rebelión en Gerona fue el padre de José Luis Martínez de Soria todos fruncieron el entrecejo y María Victoria dejó de mascar chicle.

—¿En tu opinión —preguntó la muchacha— tuvo que rendirse forzosamente?

Mateo se mordió los labios.

—No me atrevo a juzgar.

Luego le tocó a él recibir informes.

—Que hablen los «jefes» —dijo, sonriéndoles a Núñez Maza y a Salazar—. ¡Obedecer debe de ser tan cómodo...!

Le enteraron de muchas cosas. Núñez Maza, que hablaba vomitando talento y facilidad de palabra, le dijo que, por un fenómeno de puro mimetismo, el espíritu de Falange ganaba a las masas. «Han descubierto en nuestro estilo lo que andaban buscando sin saberlo. Nos imitan en todo, hasta en la manera de andar. Emplean nuestro léxico. Hasta a los campesinos les parece lógico tratarse de camarada. Una especie de milagro colectivo, semejante al que está viviendo Alemania, que ya José Antonio presintió cuando dijo: "Llegará un momento en que lo que ahora parece un dislate será para todos algo natural."»

Mateo no conocía esta frase de José Antonio y pidió una explicación. Salazar, desde su altura un poco fofa, se la dio:

—No figura en ningún texto. Nos lo dijo un día aquí mismo, en este despacho.

¡Claro, Mateo se encontraba en Valladolid, entre hombres que conocieron a José Antonio mucho! Sobre todo, Núñez Maza, cuya pesadilla era saber que el jefe estaba detenido en Alicante.

—Nos hace mucha falta. Es desconsolador. Con él, en el Alto del León nos lanzaríamos cuesta abajo y no pararíamos hasta Madrid. Y en la retaguardia todo sería aún más ceñido, más seguro.

—¿Más ceñido?

—Sí...

Hablaron Montesinos y Mendizábal, el administrador. El entusiasmo era enorme, pero no faltaban obstáculos. El camarada Hedilla, sustituto provisional de José Antonio, tropezaba con impedimentos. Los requetés iban a lo suyo, e iban a lo suyo los militares, los cuales habían creado en Burgos una Junta de Defensa prescindiendo prácticamente de Falange.

—En cuanto a los curas, nos miran como si les robáramos a Dios. Les gustaría que fuéramos a la muerte cantando: «¡Oh, Virgen santa, dulce corazón!»

De pronto, Mateo se dio cuenta de que todos lo observaban de un modo singular. Doce pares de ojos o catorce mirándolo de arriba abajo. Se estaban preguntando: «¿Dónde colocamos esta pieza?» Era una pieza azul, de calidad, con cabellera exuberante y mechero de yesca. Núñez Maza, adscrito por vocación a Propaganda, tenía la intención de crear unos equipos móviles, dotados de grupos electrógenos y altavoces, que recorrieran la línea de fuego hablándoles a los rojos. «Ese Santos sería ideal. Buena voz, buena presencia. Conoce la zona enemiga y se sabe el credo como nadie.» Salazar, por su parte, pensaba en el Alto del León, adonde se incorporaría al día siguiente. «Allí, con José Luis Martínez de Soria, sería ideal. Disciplinado e inteligente. Le daríamos mando.» Mendizábal, que cuidaba de la Intendencia de varias centurias, pensaba: «Si le dejaran aquí conmigo...»

—Lo que yo querría —dijo Mateo— es irme al frente, llevándome al camarada Jorge, de quien os he hablado. Pero, naturalmente, haré lo que me ordenéis.

No se decidió en seguida y entretanto brindaron con vino de la Rioja, ¡vino monárquico! Mateo se sentía tan feliz que casi lloraba. ¡Llegó a ser tanta su soledad en Gerona! ¡Qué hermoso era sentirse rodeado de inteligencias y brazos afines, ser comprendido con sólo medias palabras, oír a los demás y poder asentir por dentro! «Exacto.» «Yo también lo veo así.» «Yo también hubiera obrado de esa manera.»

No se cansaba de mirar a aquellos camaradas. Núñez Maza, oriundo de Soria, era un tipo curioso. A menudo empezaba a hablar como si se chufleteara, pero su propio verbo lo emborrachaba de tal modo que a los dos minutos «se le iba el humor al cielo» y se sorprendía a sí mismo pontificando.

Mateo tuvo de ello una prueba inmediata. Núñez Maza

empezó a contarles que la víspera, en Salamanca, unos falangistas habían paseado por la ciudad, en un camión, a unos soldaditos que se escaparon del cuartel. Los habían vestido de mujer, con faldas y vaporosos saltos de cama. Núñez Maza, inesperadamente, asoció la anécdota con lo que llamó «la epidermis de los pueblos». «A un francés —dijo, dirigiéndose a Mateo porque acababa de llegar de Francia—, un hombre vestido de mujer le da risa; a un español, le da asco.»

Mateo le preguntó:

—¿Has estado en Francia?

—No —contestó Núñez Maza, repentinamente serio.

Mateo gozaba. De pronto, Montesinos propuso ir a saludar a Jorge, todos juntos. «Para levantarle el ánimo.»

Mateo se opuso.

—Es mejor dejarle solo, y que el tiempo pase.

Mendizábal le preguntó a Mateo.

—¿No te habla? ¿No habla nunca?

—Muy poco.

—¿Y qué dice?

—Sólo cita a sus hermanos pequeños. Y, naturalmente, habla de vengarse.

Salazar, que fumaba en pipa, dio dos o tres chupadas violentas.

—¿Crees que le gustaría formar parte de alguno de los piquetes de ejecución?

Mateo lo miró con asombro.

—¿Cómo has dicho?

—Si le gustaría formar parte de un piquete de ejecución.

Mateo se mordió los labios. ¡Claro! También era lo natural. Estaban en guerra.

—Supongo que le gustaría —contestó Mateo, midiendo las palabras—. Pero precisamente por eso creo que no debemos proponérselo.

—¡Tonterías! —exclamaron, a una, Núñez Maza y Mendizábal.

Salazar, desde el otro lado del humo de su pipa, le preguntó a Mateo:

—Corrígeme si me equivoco. Has dicho los padres y seis hermanos ¿no?

Mateo asintió.

—Eso he dicho.

183

—¡Vamos! ¡A mí me hacen eso...! ¡Bueno! Prefiero callarme... —Y Salazar dio una vuelta entera sobre sí mismo.

María Victoria, Delegada de la Sección Femenina y novia del hermano de Marta, intervino oportunamente. Se dirigió a Mateo y solicitó más detalles sobre Marta, «pues había escuchado con mucha atención todo lo que Mateo contó de ella».

—Marta tiene un hermano enterrado aquí, en Valladolid —prosiguió—. Se llamaba Fernando. Si quieres te acompaño al cementerio a visitarlo.

Mateo aceptó.

—¡No faltaba más! Conocí a Fernando en Gerona, hace dos años.

Núñez Maza propuso:

—Vamos todos juntos y cantamos allí *Cara al Sol*.

Cara al sol, en el cementerio... Mateo tenía ojos y oídos en el alma. Pensó en César, en Pilar, en los luceros y en el Sindicato Vertical. Todavía llevaba en el pecho el mapa de España. Había prometido llevarlo mientras durase la guerra.

Salieron juntos Salazar, Núñez Maza, Montesinos, María Victoria y Mateo. En el coche cabían difícilmente los cinco —el alférez Salazar valía por dos—, pero se acoplaron bien. Núñez Maza conducía a gran velocidad, como si Fernando Martínez de Soria, enterrado en el cementerio, pudiera escapárseles. Mateo lamentó para sus adentros no llevar el uniforme falangista, por lo menos el gorro.

En poco rato llegaron ante la puerta del cementerio y Núñez Maza frenó con escalofriante energía. Inmediatamente apareció el sepulturero, visiblemente alarmado. Salazar, apeándose, lo saludó. El sepulturero iba prestando atención a cuantos salían del coche, y al ver un desconocido, vestido de paisano, Mateo, abrió los ojos con más alarma todavía e indisimulable compasión.

Salazar, tan versado en Sindicatos, lo tranquilizó con un ademán.

—No es nada, Félix. Una visita.

El sepulturero movió la cabeza y se retiró. La comitiva de los cinco falangistas penetró en el cementerio y, con los gorros en la mano, se dirigió al nicho de Fernando Martínez de Soria, situado en la galería izquierda.

Llegados allí se alinearon, mirando la lápida, de mármol blanco, que parecía rechazarles la mirada, devolvérsela, como la pared de un frontón. Salazar extendió el brazo, al tiempo que rompía el silencio con la primera estrofa del *Cara al Sol*. Todos lo imitaron. Fueron cinco cuerpos falangistas, inmóviles, frente a un cuerpo falangista inmóvil, muerto. En el cementerio, en las galerías Este, había otras personas, un matrimonio y un hombre anciano, que al oír el himno de la Falange se volvieron hacia los que cantaban y que con cierta timidez levantaron también el brazo y musitaron la letra.

—Camarada Fernando Martínez de Soria. ¡Presente!

Se dirigieron a la salida y al llegar a ella se cruzaron con dos niños vestidos de «flecha», pero con una diminuta cruz gamada en el pecho.

—¡Mira quiénes están ahí! —exclamó, jubilosamente, Núñez Maza.

Eran los dos hijos de Herr Schubert, delegado del Partido nazi alemán en España. Dos niños que hubieran podido pasar por españoles, excepto en la manera de andar. María Victoria informó de ello a Mateo. Le habló de la gran cantidad de sorpresas que los dos rapaces le daban. Se los encontraba siempre en el momento más impensado, aunque los lugares elegidos parecían denunciar cierta lógica u objetivo.

—Casi siempre se trata de lugares pintorescos, que contengan algo desconocido para ellos, desconocido para Alemania.

Montesinos, el menos intelectual del grupo, preguntó:

—¿Y qué tiene este cementerio que no tengan los cementerios alemanes?

Núñez Maza se indignó.

—Si serás bestia. ¿No sabes que eso de los nichos es propio del Sur, meridional?

—Perdona, jefe, no lo sabía...

Saludaron a los dos niños brazo en alto y éstos correspondieron. Mateo sonrió al verlos de lejos. Llevaban polainas miniatura y botas claveteadas, de riguroso invierno. María Victoria comentó:

—Lo que no comprendo es por qué su padre se llama Schubert.

También los hermanos Alfonso y Sebastián Estrada llegaron a la España «nacional». Su protector en Gerona fue la Andaluza, la cual, a través de Laura, encontró la manera de que los dos hijos del jefe de la CEDA, don Santiago Estrada, salvaran los Pirineos.

Una vez en la España «nacional», los dos hermanos se separaron. Alfonso, el mayor, decidió ingresar en el Tercio Nuestra Señora de Montserrat, pues la idea, nacida en Pamplona, de fundar dicho Tercio catalán había cuajado. Su cuartel general estaba ahora en Zaragoza, en el seminario de San Carlos, y los requetés habían sido destinados a guarnecer el frente de Aragón, sector de Belchite.

Cuando Alfonso Estrada se incorporó a la unidad, se enteró de que formaban parte de ella aquellos franceses «Croix de Feu» y aquellos rusos blancos que «La Voz de Alerta» había conocido en el hotel, en Pamplona. Preguntó por los primeros y un cabo le dijo: «Son valientes, pero siempre parecen estar dando lecciones de sintaxis.» En cuanto a los rusos blancos, eran muy reservados y no había uno solo que no hubiera sido amigo personal del Zar.

El menor de los Estrada, Sebastián, decidió ingresar en la Marina. Supuso que le pondrían trabas, pero no fue así. Se fue a la base de El Ferrol y allí cursó una solicitud, con la documentación necesaria. Fue admitido en seguida y le dijeron que antes de ocho días se haría a la mar.

Sí, ocurría lo que decía Ezequiel: los hombres eran pompas de jabón. No se sabía si irían de dentistas al frente, si se irían con grupos electrógenos a repetir una y otra vez los puntos de Falange, si se irían al mar o a las cumbres. ¡El último que entró por Dancharinea —el último de la primera hornada— fue mosén Alberto! Mosén Alberto recaló también en Pamplona, sin que «La Voz de Alerta» se enterara de ello. El obispo de la diócesis lo encontró cansado y le destinó de capellán a un convento de monjas veladoras, las Hermanas de San José, las cuales lo recibieron como al Papa y escucharon su primera plática con lágrimas en los ojos. De tal forma trataron a mosén Alberto, que el sacerdote sintió remordimientos. «Debo de ser peor que los demás —se dijo—. Infinidad de sacerdotes muertos ¡y a mí me traen otra vez a la mesa chocolate con picatostes!» Hizo el propósito de visitar cuanto antes a sor Teresa, la hermana de Carmen Elgazu, que estaba en las Salesas de Pamplona. El sacerdote oía a su alrededor un léxico que no le gustaba, por su agresividad, y le cayó en las manos una apaciguante pastoral del arzobispo portugués de Mitilene suplicando caridad y prudencia.

El día en que al abrir *El Pensamiento Navarro* leyó una crónica sobre la zona «roja», firmada por «La Voz de Alerta», pegó un salto en la silla. ¡El dentista! Sí, su estilo era inconfundible. Decía «criminales» y destilaba rencor.

CAPÍTULO XI

EL RESPONSABLE ORDENÓ:

—Que no se haya visto nada igual.

Se refería al entierro de Porvenir. El entierro de Porvenir estaba destinado a galvanizar a la población gerundense. El cuerpo del muchacho, sus «restos», como decían sus compañeros, siempre custodiado por Merche, fue botando de camión en camión hasta llegar a Gerona, procedente de la línea de fuego. En Gerona se instaló la capilla ardiente en el gimnasio anarquista. Blasco no se movió de allí; tampoco Santi, tieso como un monaguillo.

El desconsuelo de Merche era total; el del Responsable, poco menos. Hacía muchos años que el Responsable no lloraba. Siempre decía que él era demasiado bajito para llorar, que llorar le sentaba bien a la gente como Teo. Al ver el cadáver increíblemente raquítico de su compañero, se quitó la gorra y, en el centro del gimnasio, le nacieron unos ojos nuevos hechos de agua que se iba cayendo. Sin darse cuenta, se cuadró militarmente. ¡Porvenir! Recordó la calavera con que el muchacho jugó durante un tiempo. ¡Qué cosa más misteriosa era el tiempo, qué transformaciones operaba! ¡Qué cosa más misteriosa era una bala, qué importancia tenía, en el hombre, el corazón!

—Que no se haya visto nunca nada igual.

Así fue. Un entierro lacinante, interminable. Asistieron todas las autoridades. La comitiva serpenteó a lo largo del río a la luz del atardecer. Merche parecía un alma en pena presidiendo el cortejo de mujeres. El Responsable, sin Porvenir, respiraba con dificultad. Cosme Vila, ¡cómo no!, iba a su lado y le había dicho: «Lo siento mucho.» Imposible saber si era verdad. Cosme Vila iba pensando cosas inconcretas y echaba de menos un héroe de los suyos, del Partido Comunista, que fuera el equivalente, que compensara la situación. El ataúd fue llevado a hombros. Escuadras anarquistas se relevaron cada trescientos metros, pasándose la antorcha apagada, la ceniza inminente en que Porvenir se había convertido.

Fue, desde luego, la sacudida más directa que registró la población desde que los camiones se marcharon para la línea de fuego. La presencia de un ataúd situó a las gentes. Hasta entonces, las palabras habían sido símbolos: frente de Aragón, vuelos de reconocimiento, obuses, fatiga, sed... Ahora tenían al lado un muerto. Lo que fue, no era ya. Había alguien enfrente que sabía disparar. Había enemigo.

Al llegar al cementerio, los cipreses presentaron armas. El sepulturero indicó: «Por aquí...» Al descender el ataúd a la fosa, Merche volvió la cabeza; el Responsable, en cambio, clavó su mirada en la caja, sorprendido de que la tierra sirviera para menesteres tan distintos como dar trigo y ocultar para siempre a Porvenir. A Antonio Casal se le humedecieron los ojos. David y Olga parecían estatuas. Los Costa no sabían adónde mirar. En el último momento, Cosme Vila gritó: «¡Salud! ¡Por la revolución!» El Responsable quedó desconcertado, pero la masa de milicianos contestó: «¡Salud!» Fue un grito bronco, que rebotó en todas y cada una de las cruces del recinto y que se perdió más allá de la tapia, en el azul. Merche tuvo el convencimiento de que el eco de este grito llegaría, dando tumbos, hasta el frente de Aragón, y que allá sonaría como un cañonazo.

Veinticuatro horas después, Cosme Vila dispuso del héroe deseado. La compensación no se hizo esperar. Pedro, el disidente, se estrelló de manera estúpida contra un árbol, a seis kilómetros de Gerona, camino de Bañolas. Aquélla era su iniciación como conductor y precisamente el muchacho había eludido la carretera de San Feliu de Guixols, pues en ella el muchacho había intervenido en varias ejecuciones y se decía que tal circunstancia a veces les jugaba a los nervios una mala pasada. Pedro se mató. Nadie sabría nunca cuál fue su error. Lo envolvieron en una bandera y se instaló la capilla ardiente en el local del Partido.

Cosme Vila lamentó infinitamente no disponer de ninguna fotografía heroica de Pedro, pues, con motivo de la muerte de Porvenir, *El Demócrata* publicó una en la que se veía al joven anarquista arengando desde lo alto del camión a los suyos y otra en la que podía leerse perfectamente, encima del fusil, una flecha que decía «Zaragoza». Cosme Vila no tuvo más remedio que inventarse un servicio: Pedro había muerto mientras perseguía un coche de fascistas que intentaban escapar. Los fascistas dispararon, un neumático reventó y el muchacho se estrelló contra un árbol.

Por supuesto, el entierro fue menos espontáneo que el de Porvenir e incluso hubo quien se preguntó: «¿Y ese Pedro por qué no estaba en el frente?» Pero Cosme Vila pudo poner en el balcón la bandera a media asta y *El Proletario* publicar la esquela del muchacho, con el siguiente deseo: «Que la tierra le sea leve». Esta frase enfureció al Responsable, pues eran los anarquistas los que se referían a la Tierra en muchas de sus acciones, hasta el punto de llamarla con frecuencia «la Gran Madre del mundo».

Como fuese, la excitación era grande. El Responsable, que se había puesto un brazal negro en la camisa, dijo en el Comité: «Hay que tomar determinaciones»; y se tomaron. Nadie hubiera osado contradecirle. «Diente por diente.» Cosme Vila añadió: «Hay que demostrar que la sangre del pueblo se paga cara.»

En una sesión rígida, sin apenas palabras, la resolución fue tomada por unanimidad: los militares. Era lo más propio, lo que todo el mundo esperaba. ¿A qué tardar tanto? En última instancia se habían dictado tres penas de muerte: la del comandante Martínez de Soria, la del teniente Martín y la del alférez Delgado. Los condenados a cadena perpetua ocupaban ya sus puestos en la cárcel. ¿Por qué no iban a ocupar los suyos los tres sentenciados? La verja del cementerio seguía abierta de par en par.

Se anunció oficialmente la fecha de la ejecución. Los milicianos prorrumpieron en «¡hurras!» estentóreos. Sin embargo, muchos de ellos no acababan de comprender que se perdonara la vida a los restantes jefes y oficiales. ¿Por qué? El Responsable repetía a unos y a otros: «Cosas de Cosme Vila. El ruso del parche negro se lo ha ordenado así.»

Los tres sentenciados fueron impuestos de la noticia. La última noche, gracias a la intervención del coronel Muñoz, los parientes más próximos obtuvieron permiso para visitarlos. Los barrotes de las rejas estaban bastante separados y permitían incluso besarse.

El teniente Martín no recibió visita. Sus padres vivían en Palencia, o sea en territorio «nacional». Le extrañó mucho que, pronto a huir de este mundo, nadie acudiera a despedirlo. Comprendió que incluso estando muerto podía uno ser huérfano y cuando el alférez Delgado recibió la visita de su padre, el teniente Martín no pudo soportar la escena y rompió a llorar de tristeza y de celos.

El padre del alférez Delgado bajó temblando la escalera que conducía a los calabozos. Era un hombre de tal modo encorvado, que cuando se acercó a las rejas hubiérase dicho que se disponía a colarse entre ellas para abrazar a su hijo. Éste se comportó con dignidad. Dijo: «Hemos jugado y hemos perdido.»

En cuanto al comandante Martínez de Soria, agotado, pálido y ya sin bolas de naftalina en los bolsillos, a medianoche en punto recibió la visita de su esposa, escoltada ésta por un guardia con fusil ametrallador.

Fue una entrevista tan densa que los escasos minutos reglamentarios por un lado les parecieron un segundo y por otro una eternidad. El comandante, asido a los barrotes, miró a su mujer sin hacerse a la idea de que ella seguiría viviendo. Era un hecho difícil de comprender. ¡Habían estado tan juntos siempre, en toda circunstancia! ¿Por qué los corazones se separan si uno de ellos deja de latir? Su esposa, ya enlutada, no hacía sino besarle las falanges de los dedos y gimotear. Besar trozos de piel de aquel hombre que ella había amado y que le estaba diciendo: «¿Crees que me equivoqué? ¿Crees que debí resistir?» ¡Por los clavos de Cristo, no era la hora de juzgar! O tal vez sí lo fuera... Pero ¿cómo? «¿Dónde está Marta, dónde está la pequeña? Abrázala, abrázala fuerte... Y a José Luis, cuando lo veas... ¡Querida! Soy militar, pero siento que flaqueo. Esto es duro. Es duro morir, dejaros, renunciar a todo. ¡Viva España! Ten ánimo. Abraza a Marta y a José Luis...»

Cuando el guardia los separó, el comandante se dio cuenta de que su esposa le había depositado en la mano una fotografía y un paquete de cigarrillos. A la luz de la bombilla de la escalera contempló la fotografía y su corazón se aceleró. Vio a Marta montada a caballo en la vía del tren y a su lado, contemplándola, a José Luis y a Fernando. El comandante adosó la fotografía a su pecho como si fuera a tatuarse con ella. Luego sollozó, lo mismo que el teniente Martín. El más sereno era el alférez Delgado, quien se había sentado en la paja, con la cabeza entre las manos.

Al día siguiente fue cumplida la sentencia. En el piquete de ejecución formaron milicianos de todos los partidos, con el refuerzo del Responsable, quien sólo disparó contra el comandante Martínez de Soria. Todo se hizo en regla, código en mano. Incluso fue levantada la correspondiente acta. Julio García acudió al cementerio para acompañar a una periodista inglesa, Fanny de nombre, llegada de Gerona la víspera y que manifestó deseos de presenciar el espectáculo. Julio García se quedó fuera y escuchó de pie las descargas, con la boquilla en los labios y mirando en dirección al río.

El comandante fumó hasta el último momento y se despidió de sus oficiales gritando: «¡Viva España!» y levantando ligeramente el hombro izquierdo. El alférez Delgado a última hora chaqueteó y las piernas apenas si lo sostenían. En cuanto al teniente Martín, no quiso que le vendaran los ojos y preguntó: «¿Vosotros cómo asesináis, de frente o de espaldas?»

La segunda determinación tomada por el Comité fue la búsqueda del obispo. «Primero, los militares; ahora, el obispo.» Se sabía de muchos obispos que habían caído ya bajo la justicia del pueblo: el de Jaén, el de Almería, el de Ciudad Real. ¿Dónde estaba el de Gerona, oriundo de Olot, vejete ya, muy versado —según el director del Banco Arús— en cuestiones de Bolsa y de fincas rústicas? Axelrod, el hombre nacido en Tiflis, había preguntado por él repetidas veces a Cosme Vila, y éste no había acertado a contestarle.

Se tenía la impresión de que no había salido de la ciudad. «¡Si existieran varitas mágicas como las que delataban la existencia del agua!» En este caso, el zahorí fue Merche. La intuición de Merche, su viudez, mostróse determinante: uno de los hermanos Costa lo tendría escondido en su casa. Antonio Casal, que sentía por el obispo un curioso respeto, exclamó: «¡No digáis majaderías!»

Al anochecer, una patrulla capitaneada por el Responsable irrumpió en tromba en el piso de uno de los Costa y el obispo apareció allí, sentado en el comedor, haciendo solitarios. Tenía al lado un cenicero repleto, pero se ignoraba si lo había utilizado él. «¡Manos arriba!» El obispo se estremeció. Había escondido el anillo episcopal en lo alto del depósito del agua. ¡Si pudiera llevarlo! No le dio tiempo. Temió por la suerte de los hermanos Costa y vio a la sirvienta secándose un ojo con la punta del delantal. El Responsable lo empujó hacia la puerta y luego escalera abajo. El obispo sentía vértigo y se agarraba a la barandilla. «¡No tengas miedo! ¡Es sólo un momento!»

Exactamente, fueron cuatro horas y media. Cuatro horas y media de espera en la checa anarquista, que en tiempos fue garaje, próxima a la estación. Al obispo le dio tiempo a confesar a los que allí penaban: dos propietarios, un fabricante de imágenes y un chófer. A medianoche le esposaron las muñecas, lo que lamentó en grado sumo, pues ello le impediría abrir la mano para dar la absolución. Luego, en un coche negro, fue llevado al cementerio. El coche penetró en la avenida central atemorizando los nichos y a aquel niño con un pato de celuloide en brazos, cuya fotografía César contemplaba siempre. Lo apearon y lo situaron sobre la tierra aún removida que cubría el cuerpo de Porvenir. Una linterna le cegaba los ojos y él musitaba jaculatorias. No se veían fusiles ni se oían cerrojos. Todo ocurría como en una ceremonia de misa negra. Una voz le conminó:

—¡A que no dices ahora que eres católico!

El obispo se sorprendió y dijo:

—¿Por qué no? Claro que lo soy.

Entonces advirtió que la linterna le alumbraba el pecho. Y vio una navaja. Y sintió que le desabrochaban la camisa y luego que le cortaban levísimamente por dos veces la carne. Un corte vertical y a continuación, otro horizontal. Se produjo una tregua. Hasta que la sangre, manifestándose al pronto por medio de tímidos y arbitrarios puntitos, poco a poco fue haciéndose visible, uniéndose, hasta formar dos regueros precisos que por último siluetearon una cruz.

De nuevo se oyeron voces, entre ellas la de una mujer. El obispo no comprendía nada. ¡El vértigo! La cruz. La linterna. ¿Dónde estaba? Sonó un pistoletazo y el obispo cayó sobre Porvenir.

Entretanto, el puesto que él ocupó en la checa lo ocupaba ahora el traidor Costa, diputado de Izquierda Republicana. El guardián de éste era Blasco en persona, quien le decía una y otra vez: «¿Limpia? ¿Necesitas un limpia?»

La tercera determinación tomada por el Comité consistió en crear en la ciudad el clima de guerra que era menester. Se empezaría por los hombres y se terminaría por las fábricas. Los varones disponían de dos lugares idóneos en los que demostrar su hombría: el frente de Aragón y Mallorca. El frente de Aragón necesitaba refuerzos, ¡desde luego!; pero, además, he ahí que el mando catalán preparaba la invasión de Mallorca, a las órdenes del capitán Bayo... Las fuerzas zarparían del puerto de Barcelona y serían casi exclusivamente catalanas. «¡A Mallorca, a Mallorca!» De súbito, la isla mediterránea adquirió carácter de símbolo, de cuya circunstancia el Responsable sacó gran partido, pues en la idea de cruzar el mar latía algo epopéyico. ¡El pequeño Santi se alistó para la expedición, junto con otros veinte milicianos! Se alistaron una treintena de comunistas e, inesperadamente, el gremio de Camareros en pleno. Los camareros, en un rapto de entusiasmo, acordaron incorporarse como tales, en bloque. Fue una extraña decisión que emocionó a la ciudad y que daría ocasión a Ramón, del café Neutral, para conocer nuevas tierras. Por su parte, el barbero Raimundo parodió el léxico que emplearían los camareros en Mallorca: «¿Qué desea el señor? ¿Una bomba de anís o un morterazo con sifón?» El catedrático Morales incrementó la propaganda por radio e inmediatamente corrió la voz de que otros Sindicatos se disponían a imitar el ejemplo de los camareros. Debido a ello, Ignacio pasó unas horas de angustia, pues los empleados de Banca celebraron una reunión general para decidir si se alistaban o no. Por fortuna, decidieron que no. En cambio, los afiliados al Sindicato de la Construcción anunciaron que, en breve, por lo menos los jóvenes, se ofrecerían a las Milicias Antifascistas.

Mallorca, Aragón, el Alcázar de Toledo —el Gobierno estaba dispuesto a minar los cimientos de esta fortaleza, pulverizándola, si sus defensores no se rendían—, las crónicas del comisario Gorki: todo crispó las mentes de Gerona. Cosme Vila entendió que había llegado el momento de aplicar las teorías de Axelrod y procedió a dirigir la correspondiente operación psicológica.

Lo primero que hizo fue prohibir los juegos de azar, excepto la lotería, por considerarlos «burgueses». Al mismo tiempo, emulando con ello a Barcelona, ordenó a las casas de empeño que devolvieran los objetos a sus propietarios, lo cual provocó numerosas trampas y altercados. Mucha gente había extraviado los resguardos y en cambio hubo linces como Blasco que birlaron hasta una máquina de escribir. Luego, en unión del Responsable, visitó a los Bancos uno por uno, ¡ya era hora de que se acordaran de ellos!, y obligó a sus directores a abrir las cajas particulares y hacer entrega de su contenido al Comité. Por último, redactó una lista de muchachas pertenecientes a familias gerundenses acomodadas, las cuales se encargarían en lo sucesivo de fregotear el piso y los lavabos de los locales «antifascistas». «Las mujeres que se encargaban de esto se han ido al frente, de modo que...» El local comunista lo asignó a las dos hijas del propietario del Hotel Peninsular, señalándoles turno de noche.

Luego, dio el golpe maestro. Propuso, y consiguió, la incautación obrera y la militarización de todas las industrias susceptibles de producir material de guerra. «Se acabó la fabricación de cintas, de ligas y de piezas de bicicletas. Hay que fabricar armas, cartucheras, material blindado, piezas de recambio.» La fábrica Soler fue el objetivo inmediato: produciría correajes, polainas y toda clase de artículos de goma y caucho. Luego, ¡las «Fundiciones Costa»! «La ocasión es propicia, digo yo...» A los obreros, el trueque les gustó, dándoles la sensación de que respondían con eficacia al cartel «¿Tú qué haces para ganar la guerra?» Una por una las fábricas fueron cambiando sus rótulos y los hombres que trabajaban en ellas iban a salir teñidos de otro color, iban a respirar otras aleaciones. Antonio Casal fue designado para organizar la consiguiente recogida de metales por toda la provincia, metales aptos para la fundición. Fue una operación a la altura de su destreza. Un lote de camiones se lanzó por las carreteras, como en los tiempos de la Cooperativa de víveres, y cada uno de ellos regresaba con los objetos más heterogéneos. Muchas campanas, portalones, comulgatorios, verjas de jardín y vigas amontonadas en las afueras de los pueblos, en algún solar o en el campo de fútbol, viejos cubos. ¡Cuánto hierro y cuánto bronce! Cosme Vila presenciaba la descarga de los camiones y arengaba a los milicianos. «¡Más, hay que traer más! ¿Queréis ganar la guerra o no?» Llegó un momento en que traer más era difícil. Aldabones artísticos de las masías, de los palacios y de los conventos de la provincia. Aldabones con forma de lagarto, o de serpiente, cabezas de león y manos. Los milicianos, al entregarlos, se reían. Había serpientes que les sacaban la lengua viperina y manos que pesaban increíblemente. Había figuras horribles, como la de Merche en el momento en que disparó el pistoletazo al obispo. «¡Más, hay que traer más!» Entonces el suegro de Cosme Vila, el guardabarreras, sugirió dos ideas: coches viejos de ferrocarril y ataúdes de cinc y cobre. ¡Ataúdes! Se hurgó en la tierra, entre los cipreses. Se fundirían los ataúdes, con los huesos dentro.

—¿Y los técnicos especializados para dirigir las fábricas? ¿Por qué no hablamos con Axelrod?

Axelrod prometió:

—Los tendréis a no tardar.

La siguiente operación —ésta a cargo de David y Olga— consistió en la recogida de donativos para el frente. «Ropa para el frente.» «Las noches son frías en la línea de fuego.» Se pidieron a la población mantas, mochilas, prismáticos, impermeables, guantes. «¡Para las Milicias Antifascistas!» En seguida brotaron de todas partes montañas de prendas varias, algunas de las cuales adquirían en las pilas un aire obsesionante de seres vivos. Carmen Elgazu no entregó nada a ningún centro de recogida; en cambio, fiel a su costumbre, hizo donación de un chaleco de Matías y de dos pantalones de Ignacio a unos vecinos necesitados. A Matías no le gustaba ni pizca cruzarse con alguien que llevase un jersey que fue suyo, o una corbata. Se sentía incómodo e imprecisamente culpable de algo. Le ocurría lo contrario que a Pilar, la cual seguía emocionándose cuando descubría a algún miliciano del POUM llevando cualquier cosa que hubiera pertenecido a Mateo.

No obstante, la petición más espectacular fue, en última instancia, la de los colchones. Cada familia debía entregar un colchón. Así se cumplió. Pasaban milicianos a recogerlos a domicilio, husmeando al paso en los comedores y dormitorios, y las fábricas de San Feliu de Guixols y comarca empezaron a producir colchones de lana de corcho. Cosme Vila, al hacer entrega de su propio colchón, experimentó un consuelo particular. Entregó el colchón de su cama, el único de que disponían él y su mujer, sustituyéndolo por una estera. Por el contrario, a la Andaluza le sobraban colchones. «¡Escoged, escoged! —ofrecía chillando—. ¡Todos tienen la misma historia!» Simultáneamente brotaron talleres de confección mucho más poderosos que el de las hermanas Campistol. Se presentaron gran número de mujeres voluntarias, para cuya labor fueron requisadas las máquinas de coser Singer y fueron utilizadas las enormes cantidades de tela de hilo encontradas en los conventos. La mujer de Antonio Casal ayudó en estos menesteres.

También se inició en la Prensa la publicación del llamado «Buzón del miliciano», destinado a hacerse enormemente popular. Los combatientes enviaban a esta Sección una nota especificando sus necesidades o caprichos y añadiendo las señas: «Necesitaría un par de botas con suela de goma. Camarada Epifanio Grau, batallón "Germen", cuarta Compañía, sector de Huesca.» O gemelos, o libros, o picadura especial para fumar en pipa. Los donativos correspondientes se recogían en la UGT y llegaban más o menos pronto a su destino. El catedrático Morales decía que la idea era conmovedora, pero que tenía un inconveniente: indicaba al enemigo dónde estaban situadas las fuerzas. «Bastaría un poco de paciencia y en quince días, gracias al hermoso Buzón, podría trazarse un plano perfecto de la situación de los Batallones, uno por uno.»

En realidad, ésta fue la quinta operación: la operación defensiva. El enemigo respiraba, ¡hasta qué punto!, y era preciso impedir que coordinara sus esfuerzos. El plan del catedrático Morales se llevó a cabo con precisión. Una serie de hombres-anuncio, sepultados bajo sus pancartas, empezaron a recorrer las calles y a detenerse en los lugares de reunión para escuchar conversaciones. Si éstas eran sospechosas, ¡denuncia! Igualmente, los milicianos recibieron la orden de sorprender por la espalda y separar a las personas que anduviesen juntas, preguntándoles a cada una «de qué estaban hablando». Si las versiones no coincidían, ¡denuncia! Los métodos de identificación fueron también perfeccionados. Por ejemplo en el tren, ¿cómo cerciorarse de si tal viajero de aspecto acobardado era o no era sacerdote? Goriev sugirió un sistema que, según dijo, fue utilizado en Rusia. Tratábase de echar, también por sorpresa, un objeto no muy pesado al regazo del viajero, entre los muslos. Si éste era sacerdote y por lo tanto estaba acostumbrado a llevar faldón, en la mayoría de los casos hacía lo que las mujeres: separar las piernas. Si no era sacerdote, y por lo tanto estaba acostumbrado a llevar pantalones, al recibir el objeto hacía lo que los hombres: juntar las piernas. En cuanto a las monjas, muchas de ellas se delataban al pasar las puertas estrechas. Habituadas a llevar tocas almidonadas, se colocaban de perfil.

Con todo, el aspecto fundamental de la operación defensiva fue el establecimiento de la Censura de Prensa ¡y de la Censura de cartas y de telegramas! Respecto a la primera, las naturales resistencias fueron vencidas gracias al ejemplo dado por los periódicos de Madrid y Barcelona, los cuales aparecían a diario con rectángulos en blanco, censurados, rectángulos que tentaban a los ingenuos a mirar al dorso por si permitía leer algo. Respecto a las cartas y telegramas, ¡la ocupación resultó apasionante! David y Olga, que parecían poseer el don de la ubicuidad, organizaron el servicio en Correos, en el que querían meterse a la fuerza milicianos que apenas sabían leer. ¡Apasionante trabajo el de abrir los sobres y husmear entre líneas, averiguar! ¡Qué sorpresas se llevaba uno! ¡Qué extrañas frases se cruzaban los hombres entre sí, cómo se amenazaban y cómo se querían y qué necesidad tenían de compañía! La correspondencia llegada del extranjero ofrecía interés especial, si bien existían algunos idiomas imposibles. Olga se hacía cruces —e la cantidad de cartas que Julio García recibía de más allá de los Pirineos. ¡Y cayeron en manos de la Censura dos sobres dirigidos bonitamente al «General Franco, Ministerio de la Guerra, Madrid.» ¿Sería una broma? Apasionante también el control de los telegramas... Jaime y Matías Alvear tuvieron que soportar durante las horas de servicio la presencia del centinela de turno que les preguntaba: «Eso de "tío Andrés reunióse con Dolores", ¿qué quiere decir?» Un día fue el propio catedrático Morales quien se introdujo en esta Sección. Y al ver el brazal negro que Matías llevaba en la bata, se tocó las gafas y dijo:

—Si mal no recuerdo, hay una orden prohibiendo llevar luto.

Matías le miró con fijeza, sin aturdirse.

—En todo caso, tendrá que quitármelo usted.

El catedrático Morales parpadeó, vacilante. Por fin, dio media vuelta y se fue.

Las clavijas se apretaban cada vez más, hasta el punto que Cosme Vila se asustó. «Hay que oxigenar los cerebros», dijo. Redactó un programa de diversiones y actos deportivos. Otra vez los combates de lucha libre —el fuerte comiéndose al débil—, bailes, sardanas ¡y cine al aire libre, en la Rambla! Con la pantalla en medio y público a uno y otro lado, la mitad del cual veía las mismas imágenes sólo que al revés.

Cierto, estas sesiones de cine al aire libre —la pantalla colgaba entre el balcón de los Alvear y la fachada del café Neutral— resultaban densas y espectaculares, pues todo el mundo sabía que aquellas noches benignas acabarían pronto, que pronto el frío los barrería a todos de la Rambla. Mientras tanto, los títulos de las películas eran atractivos: *El crucero Potemkin, Los marinos de Cronstadt, El profesor Mambok.* Cosme Vila asistía personalmente a estas veladas y personalmente se encargaba de los altavoces, a través de los cuales hacía de tarde en tarde atinados comentarios.

Aunque su momento culminante, casi triunfal, era el entreacto, es decir, cuando en la pantalla aparecía el monumental «Descanso». Entonces Cosme Vila lanzaba al aire los primeros majestuosos compases de *La Internacional*. En el acto, el público se ponía de pie y centenares de puños parecían amenazar las estrellas. Hasta que la concurrencia cantaba a coro el himno, si bien aplicándole un texto español que las radios y las octavillas habían hecho popular:

> *El día que el triunfo alcancemos*
> *ni esclavos ni dueños habrá.*
> *Los odios que el mundo envenenan*
> *del mundo barridos serán.*
>
> *El hombre del hombre es hermano,*
> *derechos iguales tendrá.*
> *La Tierra será el paraíso.*
> *La Patria, la Humanidad.*

Cada cual dio lo mejor que supo, porque el fascismo era la muerte. Sin embargo, había combatientes con imaginación y otros sin ella. Antonio Casal, cuya capacidad admirativa no hacía más que aumentar, pasó revista a los prohombres revolucionarios de la localidad y llegó a la conclusión de que el más imaginativo de todos era, con mucho, Julio García.

Tal vez tuviera razón. El policía llevaba siempre algo escondido en la sonrisa. Los actos en sí lo dejaban insatisfecho y deseaba siempre conocer sus consecuencias. En el período que la ciudad atravesaba, no sólo se mostró inteligente sino incluso gallardo, lo cual habría hecho las delicias de doña Amparo Campos, a no ser que a ésta le salió una rival.

En efecto, Julio García estimaba que la opinión de la prensa extranjera, de los grandes periódicos, tenía mucha importancia, más que las desmelenadas crónicas que Gorki escribía desde el frente de Aragón. En virtud de esto, se constituyó en jefe de protocolo y en el acompañante de todos los periodistas que procedentes de Francia se apeaban en Gerona; y he aquí que uno de estos periodistas —el que presenció en el cementerio el fusilamiento del comandante Martínez de Soria y el de los dos oficiales— se llamaba Fanny, escribía para una red de periódicos de habla inglesa y no parecía insensible al lenguaje irónico del policía.

Todo el mundo se dio cuenta de ello, pues Fanny era en verdad rutilante, y ante ella doña Amparo Campo no podía hacer sino ennegrecerse más y más los ojos y descubrir más y más sus brazos. Desde el primer momento la periodista encandiló a Julio, gracias, sobre todo, a su cabellera platinada, a su manera de decir «*merci*, Julio» y a los tres aros que llevaba en el anular, correspondientes a sus tres maridos.

Julio acompañó a Fanny, lo mismo que más tarde acompañaría a otros muchos corresponsales, a visitar la catedral, para que la mujer comprobara que el pueblo «respetaba las obras de arte»; luego la acompañó a la Dehesa, para que viera los árboles centenarios bajo los cuales los afiliados del Sindicato de la Construcción abombaban voluntariamente el pecho y decían: uno, dos, uno, dos; y la acompañó incluso al monasterio de Montserrat, también intacto, gracias al cuidado del Departamento de Cultura de la Generalidad. Lo malo de Fanny era que se mostraba insaciablemente curiosa... Claro que ¿sería, si no, periodista? Por fortuna, Julio se defendía con tino: «¡Fanny, por Dios...!» «Eso no... Las mujeres hermosas no preguntan según qué cosas...»

Julio demostró imaginación y, gracias a sus conocimientos de francés y de inglés, era realmente el único gerundense capaz de recibir a los periodistas. Fanny se dio cuenta de ello y le anunció la próxima llegada de varios amigos suyos corresponsales europeos, entre los que figuraban Raymond Bolen, belga, y una de las plumas más agresivas que ella conocía. «Por cierto —dijo Fanny— que Raymond en su última carta me anuncia que traerá consigo un vehículo con imprenta, donativo de la Comisión Internacional de Escritores a la Generalidad de Cataluña.» Julio sonrió. «¿Su cuarto marido?», preguntó. Fanny hizo un mohín y contestó: «*Peut-être*.»

Este éxito de Julio, que nadie le discutió, llevaba séquito... En efecto, de improviso, la prensa de Barcelona asombró a tirios y troyanos con una auténtica bomba: La Generalidad había nombrado al policía gerundense agregado especial en las comisiones que se delegasen al extranjero, sobre todo a Francia e Inglaterra, para comprar armas, medicamentos y cuanto fuese necesario. ¡Don Carlos Ayestarán, el H... de la Logia Nordeste Ibérica, obsesionado por la higiene, se había mostrado determinante! Julio, al confirmar la noticia en el bar

Neutral, en la Logia Ovidio y en la Jefatura de Policía, pareció pedir perdón. «Mi misión no será técnica, compréndanlo. Iré, simplemente, en calidad de policía.»

Antonio Casal se quedó estupefacto, Cosme Vila se pasó lentamente la mano por la calvicie y, por su parte, el Responsable, recordó a Porvenir y se encolerizó: «Conque Francia e Inglaterra, ¿eh?»

Julio García adivinó la animosidad y se enfrentó con cuantos dirigentes le acusaron de «huir de la quema», sobre todo Cosme Vila, quien afirmó que aquello era una paparruchada, puesto que las democracias occidentales no ayudarían nada, que sólo ayudaría Rusia.

El policía, al oír esto, sonrió y apeló al buen juicio y a la mundología de Fanny, quien se puso de su parte. Julio dijo que, de todas las determinaciones tomadas por los antifascistas de Gerona a raíz de la muerte de Porvenir, la suya era sin duda la más eficaz. «Como sabéis, creo más en la inteligencia que en el instinto.» Añadió que consideraba elogiable e incluso poético que el Comité se dedicara a militarizar la ciudad, a fundir manos y serpientes, a abrir las cartas del prójimo y a organizar sesiones cinematográficas; pero que, tal como andaban las cosas —lo ocurrido en el frente de Aragón era un botón de muestra— lo único válido era conseguir que la ayuda extranjera fuera decidida, importante. «Hay que comprar material en cantidades masivas. Se necesitan aviones, tanques... De lo contrario, los moros os sorprenderán aquí cantando *La Internacional* y cosiendo calzoncillos para los camareros que se van a Mallorca.»

Fanny asintió con energía.

—Perdonen ustedes... —dijo, con acento que a Julio le pareció adorable— pero el señor tiene razón... Si no consiguen estas ayudas, *voilà*, todo lo perderán ustedes.

Doña Amparo Campo se enteró de esta intervención de la periodista inglesa y pataleó de rabia.

—¡Ya le enseñaré yo a no meterse donde no la llaman! —Ganó aliento y prosiguió—: Se lo enseñaré en español y en inglés...

CAPÍTULO XII

Cuando Ignacio transmitió a su madre y a Pilar la invitación de mosén Francisco para que fueran a oír misa en el piso de las hermanas Campistol, las dos mujeres se emocionaron lo indecible. Carmen Elgazu decía a menudo que sin la misa no podía vivir. «No será tanto», socarroneaba Matías Alvear. El caso es que la madre de Ignacio, desde el 18 de julio, había hecho lo imposible para localizar algún sacerdote que celebrara clandestinamente el sacrificio del altar. No lo había conseguido. Tuvo que resignarse a captar de vez en cuando alguna misa radiada por las emisoras nacionales y con oír, los domingos, el oficio solemne que Radio Vaticano retransmitía, oficio que era escuchado con fervor por millares de familias de la zona «roja». A Matías no le gustaba arrodillarse delante de una radio, pero Carmen Elgazu le incitaba a ello con mirada entre enérgica y tierna, y el hombre no podía negarse.

La invitación de mosén Francisco le pareció a Matías una temeridad. «¡Vamos! Precisamente en aquel barrio... ¡En cada casa hay siete milicianos!» «Total, ¿qué? —replicó Carmen Elgazu—. También hay dos modistas, ¿no?»

Matías se opuso, pero terminó por ceder. ¡Cualquiera contrariaba a su mujer en una cosa así! Aunque, en realidad, no era precisamente la ceremonia de la misa lo que asustaba a Matías, sino lo que ella iba a traer consigo. No le cupo la menor duda de que poco a poco Carmen Elgazu se convertiría en sacristán de mosén Francisco, en su monaguillo, y que acabaría no sólo llevándole velas y pan de hostia sino confeccionando para él ¡como si lo viera! albas, cíngulos, manípulos y casullas.

—Anda, cobardica, que no pasa nada, ¿me oyes?

Matías Alvear abrió el balcón para respirar aire fresco.

—Como quieras. Si os ocurre algo, encargaré una misa.

Carmen Elgazu y Pilar salieron, algo mejor ataviadas que de costumbre. No llevaban velo, pero sí, en el bolso, dos pañuelos blancos, limpísimos. Era domingo. Aquel día hacía un mes justo que César había muerto. El sol rebotaba en los pañuelos rojos de los milicianos, provocando en los cuellos de éstos pequeños incendios. Tres hombres-anuncio se paseaban con una pancarta que decía: «Hoy, tarde, gran baile en la Piscina». Carmen Elgazu y Pilar llevaban preparada una consigna para el caso de que alguna patrulla las separara y les preguntara de qué estaban hablando; hablaban del verano que pasaron en San Feliu de Guixols. «Tú me decías que tu bañador floreado no te sentaba bien, y yo te aseguraba que eran manías tuyas, que te favorecía mucho.»

Andaban despacio hacia el barrio de Pedret. Al pasar por la calle de la Barca, vieron a un niño que escribía en una pared: «Viva yo.» Luego oyeron a un voceador de periódicos. Voceaba *El Proletario* gritando: «¡Proletario! ¡Con las cartas de un canónigo a su querida! ¡Proletario!...» Hacía una pequeña pausa y a continuación volvía a gritar: «¡Proletario! ¡Con las cartas de un canónigo!» Carmen Elgazu pasó delante del muchacho con la cabeza baja y Pilar le advirtió: «Naturalidad, madre, no seas tonta.»

Apenas empezaron a subir la escalera de las hermanas Campistol, Carmen Elgazu se santiguó. «¡Jesús, qué cosas!» Pilar, de un salto, se plantó ante la puerta y pulsó el timbre. Carmen Elgazu dijo: «Lástima que los hombres no hayan venido.»

Pronto se encontraron en el pasillo de los espejos y luego en la habitación del fondo, la que mosén Francisco había habilitado como capilla. Mosén Francisco se emocionó al ver a las dos mujeres y más todavía cuando se dio cuenta de que Carmen Elgazu se le acercaba con la intención de besarle la mano.

—¡Por Dios, mujer...!

—Nada, mosén Francisco... Que llevo más de un mes sin hacerlo. ¡Y ahora tú, Pilar!

Carmen Elgazu vio el altar preparado; sin embargo, le pidió al ex vicario que la confesara, para poder comulgar. Mosén Francisco aceptó. Se quedó a solas con Carmen Elgazu, el vicario sentado en una silla, en la penumbra, y Carmen Elgazu arrodillada a sus pies. Carmen Elgazu se confesó de poca conformidad a raíz de la muerte de César. «Es horrible, padre, pero no acierto a resignarme.» Luego se confesó de sentir odio, auténtico odio hacia una serie de personas. «Con sólo ver un miliciano le odio, padre, y no puedo impedirlo.» Mosén Francisco le impuso como penitencia que durante ocho días rezara tres veces al día: «Jesús, si es vuestra voluntad, estoy dispuesta a entregaros mis otros hijos.»

Pilar fue también breve. A la muchacha le impresionó arrodillarse a los pies del sacerdote, sin confesionario, y que mosén Francisco hubiera casi cerrado los postigos. Se confesó de lo mismo: «Escasa resignación por la muerte de César y por la ausencia de Mateo, y odio hacia los "enemigos".» Luego añadió: «Y un poco golosa, cuando los de casa no me ven.» Mosén Francisco le impuso como penitencia tres padrenuestros y que un día a la semana procurara no satisfacer los caprichos del paladar.

Las hermanas Campistol se habían confesado recientemente, de modo que todo estaba preparado para que la misa comenzase.

El altar era una mesa cubierta por una toalla de Viático e iluminada por una palomita. Una copa de champaña haría de cáliz, un misal de mano haría de Misal, las hostias serían pedazos de pan, disponían de agua y de vino. ¡Alabado sea el Señor! Mosén Francisco, con su «mono» azul, sus profundas ojeras, mitad chiquillo, mitad pensador, avanzó hacia la mesa e inclinó la cabeza, ajeno a que los espejos repitieran hasta el infinito el cuadro que todos juntos componían.

Fue, tal vez, la misa que Carmen Elgazu recordaría más tarde como la más emotiva de su existencia, más que la del día de su boda. Una de las hermanas Campistol se apostó de centinela en el pasillo, atenta al menor ruido en la escalera. La otra hermana había abierto la ventana para que el sol rebotara contra la nuca de mosén Francisco. Carmen Elgazu y Pilar, dulcemente cubiertas de blanco sus cabezas, se habían arrodillado entre la cama y el ropero, extrañadas de que aquello fuera altar, de que la palmatoria chisporroteasе, de que el misal fuera el Misal y de la ausencia de monaguillo. Daban ganas de no rezar en latín, de clamar en la propia lengua: «Me acercaré al altar de Dios, Dios, que es mi gozo y mi alegría.»

Mosén Francisco parecía ora cirio, ora antorcha, y cuando se golpeaba el pecho éste parecía retumbar. Las hermanas Campistol contestaban en voz bajísima al sacerdote, sin que Carmen Elgazu y Pilar pudieran acompañarlas por desconocer el texto latino de la Misa.

Pero no importaba. Carmen Elgazu rezaba mil plegarias a la vez, si bien echaba mucho de menos el rosario colgándole de los dedos. Cuando vio que el celebrante se corría a la izquierda y oyó la palabra «Epístola» pensó en San Pablo y le suplicó: «¡Protégenos!» Cuando mosén Francisco se corrió a la derecha y pronunció la palabra «Evangelio», Carmen Elgazu pensó en Jesús y rezó: «Quiero amaros como Vos nos habéis amado.» Cuando el sacerdote, sin la ayuda de nadie, se lavó las manos en una pequeña palangana, la esposa de Matías comprendió mejor que nunca que la misa era una herida.

Luego mosén Francisco ofreció el pan. Lo levantó mirando hacia lo alto. Era pan corriente y no de hostia, por lo que el «dánosle hoy» parecía más veraz. Acto seguido, el vicario ofreció el cáliz... ¡Santo Dios, no era cáliz, sino copa de cristal!; es decir, transparente... Los ojos de Carmen Elgazu quedaron prendidos en aquel encantamiento. Era la primera vez que la mujer veía por transparencia el vino del Ofertorio, el vino de la Consagración. El oro y la plata de los cálices eran hermosos, pero impenetrables; la humilde copa de champaña permitía participar directamente de aquel misterio sin par.

Mosén Francisco se volvió hacia las mujeres.

—«Rogad, hermanos, para que este sacrificio mío y vuestro...»

Mosén Francisco abrió los brazos como midiendo con ellos su capacidad de amor. Carmen Elgazu, de vez en cuando, miraba a Pilar, para comprobar si ésta seguía atenta. Le dolían las rodillas, pero ¡qué importaba! Mucho más le dolieron a Jesús. De pronto —¿dónde estaban las campanillas?—: «Santo, Santo, Santo, Señor Dios de los Ejércitos —¡de los Ejércitos!—, llenos están los Cielos y la tierra de tu gloria.» Mosén Francisco terminó este cántico y se hundió en un gran silencio. Sólo se oía a Dios y la gente que subía y bajaba la escalera.

En el momento de la Elevación, mosén Francisco dobló en estatura, contrariamente a Carmen Elgazu, que minimizó. Carmen Elgazu vio el pan, que era ya Cuerpo, y luego vio en la copa el vino, que ya era Sangre. Le pareció que aquélla era la sangre de César mezclada con la Sangre de Jesus. «Todas las veces que hicierais esto, hacedlo en memoria de Mí.» ¡Oh, sí, Carmen Elgazu estaba allí, entre la cama y el ropero, inmóvil, en memoria de César y de Jesús! Que Jesús le perdonara los pecados, especialmente el de odio, y la enseñara a renunciar. Carmen Elgazu tenía ahora la certeza absoluta de que sobre el altar yacía Cristo en persona. «Jesús, proteged a los míos, salvad a mi Patria, perdonad a los que os hacen la guerra.» «Os amo, Dios mío, con todo mi corazón.»

Mosén Francisco apenas se movía y, sin embargo, ocupaba el altar. «Dignaos concedernos alguna participación y vivir en compañía de todos tus Santos, Apóstoles y Mártires, Juan, Esteban, ¡Matías!, Bernabé, ¡Ignacio!» Mosén Francisco juntó las manos e hizo tres cruces sobre la hostia y el cáliz. La palmatoria era el único testigo erguido de la ceremonia. A poco se oyó: «Hágase tu voluntad, así en la tierra como en el cielo...»

Llegados a la Comunión, mosén Francisco se volvió sosteniendo un paño blanco que contenía cuatro minúsculos pedazos de pan. Pilar fue la primera en rezar: «Yo, pecador...» Carmen Elgazu se unió a ella y luego lo hicieron las hermanas Campistol. «Señor, yo no soy digno de que entréis en mi morada...» Carmen Elgazu quiso ser la última en comulgar. Primero lo hicieron las hermanas Campistol, una de las cuales, la que se quedó en el pasillo, cojeaba visiblemente. Luego comulgó Pilar. La muchacha entrelazó los dedos y regresó a su sitio. Finalmente, lo hizo Carmen Elgazu, sin que tuviera necesidad de levantarse y desplazarse, pues mosén Francisco se acercó a ella con decisión. Cuando Carmen Elgazu, arrodillada, se dio cuenta cerró los ojos y echando la cabeza para atrás, ofreció su lengua a aquel Pan que era pan de vida eterna.

Este Pan le invadió el pecho hasta el final de la ceremonia y aún mucho más allá. Estaba segura de que Cristo la habitaba como sus hijos la habitaron antes de ella dar a luz. Y pensó que prefería ese pan al de hostia, pues el de hostia se disolvía con demasiada felicidad. Notaba a Cristo derramarse en su interior, alcanzando incluso la extremidad de sus manos y de sus pies. «Todo lo puedo, en Aquel que me conforta.» Por primera vez desde que estalló la revolución, desde que sonaron en la Rambla las trompetas, se sintió dueña de sí. Y sobre todo, por primera vez desde que murió César sintió una especie de dulce consuelo en el alma. Sí, en el instante en que musitó: «Todo lo puedo...», le pareció que efectivamente podía cumplir con la penitencia que le había sido impuesta por el vicario y ofrecer sin desesperación su hijo al Señor. «Sí, sí, volveré a verlo, lo veré de nuevo en el Cielo.» «Señor, Señor, os ofrezco a César, perdondadme.» «Salvad al mundo, a mi Patria, proteged a Matías, a Ignacio, a Pilar.»

Terminada la misa, Pilar ayudó a su madre a levantarse. Había algo radiante en el rostro de Carmen Elgazu. Incluso mosén Francisco fue testigo de ello. Mosén Francisco, después de soplar la llama de la palmatoria, se volvió y su rostro parecía también radiante.

—Muchas gracias, mosén Francisco...

El vicario sonrió.

—No me llame así en voz alta, que nos van a oír.

—¡Jesús, es verdad!

Pilar intervino.

—Y no digas tampoco «Jesús».

Todos se rieron.

—¿Contenta? —le preguntaron a Carmen Elgazu las hermanas Campistol.

—Ya lo creo. Muchas gracias.

—¿Y tú, Pilar...?

—También mucho. Me hacía falta comulgar.

Carmen Elgazu se miró las rodillas, temiendo haberse ensuciado las medias. Matías siempre le decía que esto de levantar ahora un pie, ahora otro, para mirarse los zapatos o las medias, lo hacía con una gracia inimitable. Las rodillas estaban limpias y Carmen Elgazu dijo:

—Nada, todo está en regla.

Una de las modistas abrió por completo el postigo de la ventana y penetró a raudales el sol.

—¡Mamá, mira qué día tan hermoso!

—Sí, sí que lo es, hija. Anda, vámonos.

Se despidieron. Las hermanas Campistol las acompañaron a la puerta. No así mosén Francisco, quien no salía nunca del cuarto, además de que ahora quería quedarse a rezar la acción de gracias.

—Vuelvan cuando quieran, ya saben.

—¿De veras podemos volver?

—Los domingos, claro...

—Bueno, muchas gracias otra vez.

—Recuerdos a Matías y a Ignacio.

La puerta se cerró tras ellos. La escalera era limpia. Carmen Elgazu empezó a bajar con una agilidad que sorprendió a Pilar.

—Mamá, si vas tan de prisa no puedo seguirte...

Fuera, el cielo tenía el color del mar.

CAPÍTULO XIII

—Ahora estoy desconcertada... Ahora, Ignacio, lo mismo me da... ¡He perdido las ganas de seguir viviendo! Pero me quedan dos hijos, ¿comprendes? Tendré que seguir luchando. Tendré que intentar salvarme y salvar a Marta...

La viuda del comandante Martínez de Soria habló de este modo con Ignacio, el día siguiente de la ejecución de los militares. El muchacho subió a verla y la encontró en un estado de abatimiento extremo. ¡Y los guardias de Asalto custodiándola, protegiéndola! Imposible protegerle el corazón.

Ignacio le sugirió que intentara salir de España a través de algún Consulado. La madre de Marta había ya pensado en ello y suponía que el coronel Muñoz, de quien había recibido una expresiva carta de pésame, no le negaría su apoyo; pero era prematuro. De momento no pensaba en nada ni le importaba nada. No podía ni siquiera rezar.

—Lo único que quiero pedirte es que vayas cuanto antes a hablar con Marta. Que vayas a Barcelona. Yo me siento incapaz.

Ignacio no insistió. Detrás de la mujer colgaba de la pared un enorme mapa de España, con algunos puntos borrosos que el índice del comandante había desgastado. La madre de Marta le inspiraba mucha lástima; en cambio, apenas si el muchacho se acordaba del comandante. En su casa, la muerte de éste había afectado indeciblemente a todos, en especial a Pilar; en cambio, él leyó en el periódico todos los detalles del fusilamiento como si se tratara de una persona desconocida. A última hora, la madre de Marta le dijo:

—Confío en ti, Ignacio. Mi hija te quiere mucho. —Luego repitió, mirándolo con fijeza—. Confío en ti...

Aquellas palabras persiguieron a Ignacio a lo largo del día y también a la mañana siguiente subieron con él al tren que le conduciría a Barcelona. «Confío en ti...» ¡Qué extraña sensación que alguien confiara en uno! ¡Qué extraña responsabilidad! Y qué caprichoso y absurdo el subconsciente del hombre... Toda la noche la pasó soñando en una hermosa pitillera propiedad del comandante y preguntándose a sí mismo si ahora iban a regalársela a él...

¡Una pitillera, el tren, «mi hija te quiere mucho», Barcelona! No podía coordinar. El tren iba abarrotado. Se había propuesto pensar en Marta durante el viaje y no lo conseguía. Llevaba en la cartera el carnet de la UGT. Por dos veces le habían pedido la documentación. «¡Documentación!» Valía más un papel que un hombre. El tren procedía de la frontera y traía periodistas extranjeros cuyos rostros y estilos recordaban a Fanny, y a cada estación subían milicianos que se ponían a cantar *La cucaracha, la cucaracha, ya no puede caminar*... Esta canción obsesionaba a Ignacio, impidiéndole precisamente estarse quieto. Recorría el pasillo, miraba al exterior, donde el campo aparecía abandonado. Cerca del retrete, un coche con las cortinillas corridas decía: «Reservado». Ignacio se dijo: «Estupidez... En la guerra no hay otro misterio que el de matar.»

A mitad del trayecto se serenó un poco y se trazó un plan. Primero pasaría por el establecimiento fotográfico de Ezequiel, para saber cómo se encontraba Marta. No conocía a Ezequiel, pero daba lo mismo. Luego, vería a Marta... ¡Marta! «La quiero mucho, también yo la quiero mucho y lo de pensar en la pitillera ha sido otra estupidez.» Le gustaría, desde luego, conocer a la familia con la que Marta convivía. Julio le había dicho: «Manolín está enamorado de Marta. ¡Te tiene celos!» Se quedaría con ellos a almorzar. Luego, antes de tomar el tren de regreso, llamaría por teléfono a Ana María. ¿Por qué no? Debía hacerlo. Agosto tocaba a su fin. Fue en agosto cuando conoció a Ana María en San Feliu de Guixols; y la muchacha le había escrito una carta amable. «Tengo confianza en ti.» ¡Abrumadora responsabilidad!

Ignacio llegó a Barcelona. Le sorprendía no estar agotado. No se sentía el cuerpo nunca, excepto los cornetes de la nariz, un poco inflamados. De pronto, este hecho le infundía una honda sensación de seguridad.

Salió de la estación. ¡Barcelona! ¡En esa ciudad se examinó de los dos cursos de Derecho! ¡En esa ciudad entregó una vez un sobre «falangista» por encargo de Marta! Millares de casas, millares de hombres, millares de mapas... Los alrededores de la estación olían a carbón, a mercado de verduras, a gasolina de mala calidad. Por fortuna, la Vía Layetana estaba cerca. El aspecto de las gentes era triste o epiléptico. Un gran almacén de maletas decía: «Liquidación», pero no se veía una sola maleta, y en Correos un tablero monumental daba normas para el envío de paquetes y giros postales al frente. Ignacio, pisando blanquísimas letras que decían UHP, se encontró muy pronto en la Vía Layetana, que olía de otra manera, que olía a consignatarios de buques y a papel.

«¡Fotomatón!» A cincuenta metros de la Jefatura de Policía. Entró en el establecimiento y vio a Ezequiel, alto, con lacito en el cuello y melena, apretando entre sus manos la cabeza viva de un miliciano, el cual acababa de sentarse en una de las tres cabinas. Ezequiel le rectificaba la posición de la cabeza diciéndole: «¡Firme! ¡Como si fueras a pasar revista!» El miliciano, de aspecto tímido, parpadeaba y miraba asustado al objetivo, como si éste fuera un cañón. Otra cabina runruneaba por su cuenta y en el momento en que Ignacio la miró, vomitó por el diminuto tobogán la consabida tirilla de seis fotos.

Ignacio esperó, musitando, sin advertirlo: *La cucaracha, la cucaracha*... y cuando la tienda quedó despejada se acercó a Ezequiel y le dijo:

—Soy Ignacio. Acabo de llegar de Gerona.

Ezequiel lo miró con extraña fijeza... Estuvo a punto de exclamar: «¡Documentación!» Pero, de pronto, el ex caricaturista se sintió tranquilo. Recordó la descripción de Marta y dijo: «Sí, eres tú.»

Ignacio sonrió. Sin embargo, había en la sonrisa algo tan esforzado que Ezequiel comprendió al instante que el muchacho traía alguna mala noticia. Marcó una pausa y luego preguntó:

—¿Ha ocurrido algo?

Ignacio asintió.

—Sí... —contestó, cabeceando afirmativamente.

Al saber de qué se trataba, el fotógrafo cerró los ojos y se llevó una mano a la frente. Luego dijo:

—Era inevitable, pero...

—No, no hubo milagro.

—¿Cuándo fue?

—Anteayer.

Ezequiel hubiera querido cerrar la tienda y acompañar a Ignacio a la calle Verdi, pero no se atrevió a hacerlo. «Llamaría la atención.» El golpe sería difícil para Marta. La muchacha estaba bien; pero, como era lógico, tenía miedo. Aunque se había portado de maravilla. «Tiene lo que se llama clase, entiéndeme.» Ezequiel se había sentado en el taburete de la segunda cabina y mordisqueaba su pipa apagada. Ignacio le agradecía su interés. Ezequiel, sin hacerle caso, decidió bruscamente:

—No hay más remedio. Tienes que ir y decírselo tú. —Luego añadió, en tono convencido— : Te quiere mucho.

Ignacio asintió con la cabeza.

—En cuanto sea la una cierro y estoy con vosotros. —Guardó silencio—. Te quedarás a almorzar.

—De acuerdo.

Aparecieron en la puerta tres milicianas fusil al hombro.

—¡Eh, patrón! ¿Zumban esos aparatos?

Ezequiel, sin levantarse y sin quitarse la pipa de los labios, contestó:

—Diez minutos.

—Adelante, pues.

Las milicianas entraron y colocaron con mucha habilidad los tres fusiles en pabellón. Ezequiel se levantó y miró a Ignacio en gesto que significaba: «Lo siento.»

Ezequiel dijo la verdad. Marta se había portado bien. Ignacio erró, en Gerona, al suponer que la política la llevaría a cometer alguna tontería. Sólo en dos o tres ocasiones había pretendido catequizar a Manolín, hablándole de la Falange como si el chico pudiera comprender el significado del nacionalsindicalismo y del sentido jerárquico de la existencia. Aparte de esto, durante el día no salió nunca al patio, y ni una sola vez procuró entrar en contacto con nadie. Ayudaba a Rosita en la casa, intercambiaba con Manolín lecciones de Aritmética por lecciones de sombras chinescas, estudiaba con ahínco italiano y se pasaba, eso sí, horas y horas pegada a la radio, intentando captar la emisora de Jaca, la de Burgos, etc. Y por supuesto, cada noche escuchaba a Queipo de Llano, cuyo léxico, según Rosita, se parecía curiosamente al de Ezequiel.

El comportamiento de Marta le había valido el afecto de todos. Ezequiel le había dicho muchas veces: «En cuanto tu novio, que supongo que lleva bigote, intente arrancarte de aquí, vas a ver la que se arma.» Rosita aseguraba que cada gesto de Marta era una muestra de buena educación. Y en cuanto a Manolín, Julio fue veraz. La presencia de Marta había despertado en el chaval prematuros deseos y era obvio que por serle agradable se hubiera dejado despedazar.

Cuando la muchacha, a las doce menos cuarto, oyó el timbre de la puerta, sin saber por qué se sobresaltó. Rosita le hizo un signo indicándole que ella iría a abrir y Marta se escondió. Segundos después la muchacha reconoció sin error posible la voz de Ignacio y, no acertando a contenerse, irrumpió en el pasillo y salió al encuentro del muchacho. En cuanto lo vio, soltó el gato gris que llevaba en brazos y fue presa de repentina ansiedad. «¡Ignacio!» Se le echó al cuello en un arrebato que no le era habitual. Ignacio no conseguía decir nada y Marta deseaba que éste pronunciara una palabra, pero al mismo tiempo temía que la pronunciara. Ignacio apretaba a Marta contra sí, y continuaba callado. No era necesario que hablase. Sus manos eran expresivas. En efecto, en la manera como empezó a acariciarle a Marta los cabellos, cada vez con más profunda dulzura, Marta fue comprendiendo que había acertado, que Ignacio efectivamente estaba allí como mensajero de dolor.

—Han matado a mi padre, ¿verdad?

Ignacio asintió.

—Sí.

Marta fue víctima de una crisis de desesperación. Golpeó el pecho de Ignacio, como si dentro de él se ocultara algún remedio. Luego estalló en un sollozo y juntó las manos como si rezara. Por último, poco a poco fue despegándose del muchacho hasta que, de pronto, se volvió y, sorteando una silla, echó a correr escalera arriba, en dirección a su cuarto.

Ignacio miró a Rosita, quien con la cabeza le indicó: «Síguela...» Y, súbitamente decidido, atacó la escalera y, guiándose por los sollozos de Marta, que resonaban en la casa, llegó al cuarto de la muchacha. Marta se había desplomado en el lecho. El sol entraba a chorros jugando a capricho con el empapelado de la pared, lleno de pájaros y flores.

Ignacio se sentó en la cama, al lado de la muchacha. «Marta, Marta.» El chico sintió que quería entrañablemente a aquel ser tendido boca abajo y que todo aquello era injusto. Era injusto el mundo y lo era el empapelado de la pared. Y era injusto que él tuviera avidez de fumar y que circularan tranvías pintados de rojo y negro, los colores de la FAI y de la Falange. ¿Y Manolín? El muchacho le había preguntado a su madre: «¿Por qué lo han matado?»

A intervalos, Ignacio pronunciaba frases de consuelo. Le dijo a Marta que no pasara pena por su madre, que él cuidaba de ella y que por lo pronto no corría peligro alguno. Le dijo que su padre se llevó consigo «aquella fotografía en que se te ve montada a caballo». Que sabían dónde estaba enterrado... Por fin, se calló. Esperó a que la muchacha agotara sus dosis de lágrimas y estuviera en condiciones de mirarlo y de hablar. Al cabo de mucho rato, Marta lo miró. Lo miró con gratitud, como siempre, vuelta la cara, que hasta entonces había tenido pegada a la almohada. Y le dijo:

—Ya sólo te tengo a ti...

Ignacio protestó:

—No digas eso, Marta. Tienes a tu madre y a José Luis.

—No, no. Sólo te tengo a ti.

Marta le suplicó a Ignacio que entornara los postigos. Permanecieron mucho rato casi en la oscuridad, ella tendida boca arriba en la cama, él sentado en una silla a su lado. A veces parecía que Marta se dormía, pero de pronto Ignacio sentía la mano de la muchacha buscando afanosamente la suya.

—¡Ignacio....! ¡Es tan fuerte todo esto, tan cruel!

Cuando alguien pasaba por la calle, su silueta se colaba en la habitación por la rendija de luz de la ventana.

Marta padeció varias crisis. En una de ellas hizo como que se reía y en otra se removió en el lecho, su respiración se agitó y en un tono que Ignacio no recordaba haberle oído nunca, le confesó que algo de sí misma la estaba asustando, que se encontraba por dentro llena de odio.

Ignacio se alarmó.

—Sé valiente, Marta... Desecha esos pensamientos... Por favor, haz lo que puedas...

—Hago lo que puedo. ¡Pero no puedo nada! Odio a esa gentuza, Ignacio...

—Cálmate, Marta, te lo ruego.

—Por más que hago, no consigo olvidar aquella cocina, ni a David y Olga... Ni a los milicianos que vi en la carretera. ¡Y desconfío de Julio García! Sí, Ignacio, me da miedo que custodie a mi madre, que conozca estas señas. Me da miedo...

Ignacio se inclinó hacia ella y la besó en la frente. No sabía qué hacer. Había sufrimientos al margen de las palabras. En la penumbra, la enjuta cara de la muchacha era espectral.

Ezequiel llegó a la hora del almuerzo, sin atreverse en esta ocasión a saludar con un título de película. La muchacha no quería de ningún modo bajar al comedor, pero Ezequiel e Ignacio la obligaron. Marta accedió. Pero antes se fue al lavabo y salió de él llevando las gafas oscuras.

Luego se sentó a la mesa con los demás y Rosita trajo en seguida la sopa caliente. El humo se fue directo a los ojos de Marta y ésta se levantó y dijo: «Perdonadme, no puedo...» Y se apartó de la mesa y se sentó en una silla lejos, en un rincón.

Todos respetaron su decisión y se colocaron de modo que nadie le diera la espalda. Fue un almuerzo breve y eterno. Los ruidos parecían tiros. Las palabras habían muerto y si de vez en cuando alguna vivía, parecía también espectral. A veces sonaba un himno en alguna radio vecina y entonces Ezequiel procuraba distraer la atención. Aquella familia conmovió a Ignacio. Eran tres seres que vivían pendientes de Marta, con amor. Un hombre de voz alcoholizada había sido fusilado en Gerona, y ello hacía que Manolín se levantara y, acercándose a Marta, le pusiera con unción el gato en la falda. Y que Rosita le dijera: «¿Una tortilla, quieres que te haga una tortilla?» Y que Ezequiel anduviera en su interior imaginando caricaturas del dolor, muchas caricaturas, sin que ninguna lo satisficiera.

Ignacio se sentía una vez más como derrotado. Cierto, nada le salió a derechas. Soñó para Marta con un valle tranquilo y, sobre todo, con librarla de aquella excesiva seriedad que a veces la hacía antipática, ¡y vino la guerra! Vino la guerra a justificar su actitud...

A los postres, le invadió al muchacho una paz inesperada, Ezequiel le recordó un poco a su padre, y cada vez que Rosita iba a la cocina llegaban al comedor sonidos idénticos a los que Carmen Elgazu provocaba en el piso de Gerona. A no ser por las noticias que él trajo... A no ser por la súbita orfandad.:.

Ignacio hubiera querido quedarse en aquel comedor. Le costaba admitir que estaba allí de visita. Normalmente, debía de ser hermoso permanecer en aquella casa, encerrarse con aquellos seres en aquel piso modesto y limpio, aislándose del exterior. Con un mecano cada vez más complicado en el cuarto de Manolín, con dos pinos gigantescos en el patio. Debía de ser hermoso entornar de vez en cuando los postigos y sentarse con el gato en la falda y fumar mientras Ezequiel contaba chascarrillos o profetizaba: «¡Antes del año 2000 el agua del mar podrá beberse!» ¿Por qué Gerona y el Responsable y el incesante hormigueo del cerebro?

Después del café, que fue lo único que Marta tomó, todo el mundo desapareció y de nuevo los dos muchachos se quedaron solos. Entonces Marta se acercó a Ignaco y le besó interminablemente la mano y la muñeca y luego se le echó al cuello y aplicó su mejilla en la mejilla del joven. Y de pronto, le dio un inesperado beso en los labios, sin fin... Ignacio notó estremecida la carne de la muchacha.

—Marta, Marta...

—Perdona lo que dije antes, Ignacio.

—¡No te apures! Comprendo lo que te ocurre. Te comprendo muy bien.

—Debería ser más valiente.

—¡Bueno! Yo tampoco estoy contento de mí.

—No digas eso.

—¿Por qué no? Debería... ser más eficaz. Resolvértelo todo.

—Haces lo que puedes.

Ignacio se mordió los labios.

—Pues poco... No puedo nada.

Ignacio permaneció una hora más en la casa. Marta se durmió un buen cuarto de hora y el resto lo pasaron hablando. Marta se sintió consolada con la presencia del muchacho y con la ternura que a veces emanaba de éste, ternura que Carmen Elgazu se conocía al dedillo y que era una de las cosas de este mundo que más gozo le había proporcionado.

Marta no sabía imaginar la muerte. Se dio cuenta de ello cuando su hermano murió en Valladolid y ahora se reafirmaba en lo mismo. ¿Qué era la muerte? ¿De verdad el espíritu abandonaba el cuerpo? ¿Era que el espíritu podía cambiar de lugar, desplazarse? Así, pues, ¿tenía forma? ¿Dónde estaría ahora el espíritu que animó a su padre? ¿Por qué al pensar esto la gente miraba a las estrellas? ¿Lázaro resucitó de verdad? ¿Era que no había sido juzgado aún? ¿Así, pues, el juicio en el más allá no era inapelable?

—Ignacio, tengo miedo...

Ignacio imaginó al comandante, muerto. Ignacio, desde su visita al cementerio, podía imaginar la muerte con mucha mayor fidelidad que después de haber visto el cadáver de aquel compañero suyo de billar, hijo de don Pedro Oriol. Supuso que el comandante sonreía ahora en la fosa. Porque el comandante, en los momentos graves, se defendía de este modo, sonriendo. Era altivo y ahora estaría horizontal. Era bebedor y ahora podría beberse las malas acciones e incluso la eternidad. Los arcángeles le nombrarían comandante de sus huestes gloriosas y al mando de ellas bajaría pronto a aquel cuarto absurdamente empapelado y devolvería a Marta el color del rostro, la tranquilidad del pulso, el deseo de vivir y de ganar aquella guerra...

—Marta, no tengas miedo. Yo estoy a tu lado. Y tu padre nos ve...

Ignacio salió a la calle a las cuatro de la tarde. El tren para Gerona no partía hasta las siete y media, de modo que hubiera podido permanecer al lado de Marta mucho rato todavía. Pero la tensión había acabado con sus nervios y sintió ganas de verse libre y respirar. Se despidió de Marta con un nuevo abrazo que humedeció los ojos de Rosita. Por su parte, Ezequiel lanzó uno de sus pronósticos: «Seréis felices, muchachos. ¡Como si lo viera! Seréis tan felices como Rosita y yo lo hemos sido...»

Ignacio, al encontrarse en la calle, echó a andar, a bajar por aquel barrio en dirección al centro. Sabía que tenía algo que hacer —llamar por teléfono a Ana María— , pero no pensaba en ello. No pensaba en nada. Había encendido un pitillo y el pitillo pensaba por él.

¡Barcelona bajo el signo de la revolución! No miraba las cosas, y sin embargo no se le escapaba detalle. Hubiera podido inventariar la ciudad. En una puerta leyó un papel: «Aquí vive un súbdito extranjero.» En una esquina cavaban la tierra: construían un refugio antiaéreo. Ignacio seguía andando, de prisa o despacio, según le diera el sol o la sombra. Tenía el pelo largo y el calor le había relajado las ojeras. Vestía de azul marino y se le marcaban rodilleras en el pantalón.

Al pasar delante de una fuente, su máquina de pensar se puso en marcha y pensó en cosas inconexas: que tenía veinte años, que era un hombre, que en Barcelona había muchos perros, que los perros también morían, que Axelrod, el ruso, tenía el cutis sobado, que el aire era asfixiante, que los pies le dolían... ¿Por qué le dolían los pies? «Es difícil saber por qué las cosas duelen.» Unos pasos más y la sangre le hirvió. Y entonces empezaron a dolerle los árboles que al pasar acariciaba con la mano, la pesada hora de la siesta, un poco la lengua y además toda la suciedad y todo el temblor y todas las esperanzas de aquella urbe casi desconocida.

Subió a un tranvía y ello le espabiló. Bajaba hacia el centro. «Seréis felices, muchachos. ¡Como si lo viera!» El tranviario le cobró prima para devolverle calderilla. Era un hombre con cara de pájaro, que se parecía a Padrosa, del Banco. Ningún pasajero llevaba sombrero ni corbata. Ninguna mujer llevaba joyas ni zapatos de tacón alto. ¡Su indumentaria debía de llamar la atención! ¡Cuánta suciedad! «Todo ha de ser pueblo.» «El pueblo ha decretado la muerte de...» Se apeó, sin motivo, y entonces advirtió que el pitillo se le había apagado, que ya no pensaba por él.

Llegó a la plaza de Cataluña. Inmensas sábanas en las fachadas decían lo mismo que las pequeñas sábanas de Gerona. ¿Cómo estaría Ana María? ¡Cuánto tiempo había pasado! Penetró en las Ramblas, dirección Colón, y se sintió aturdido. Eran una colmena. Una multitud frenética caminaba remolcando los pies bajo los árboles y pisando óvalos de sol. ¿Y quiénes componían esa multitud? Hombres como Ezequiel, mujeres como Rosita y chicos con una Marta en algún lugar y un padre telegrafista y rodilleras en el pantalón. Las mujeres iban muy escotadas y los hombres sin afeitar. «Sí, hay algo soez y una complacencia en lo soez.» Y un enjambre de vendedores ambulantes. Todo se vendía, excepto el corazón. Desde insignias —¿de qué Sindicato, de qué idea redentora?— hasta matasuegras y preservativos y tajadas de sandía y melón.

Ignacio se paró en los quioscos de libros y periódicos. Los titulares de éstos decían: «¡Oviedo, a punto de caer!» «¡Huesca, al alcance de las fuerzas de Ascaso!» Postales de prohombres de todas las revoluciones. De prohombres rusos, húngaros, checos, franceses... ¡Caricaturas de la Pasionaria, de Margarita Nelken, de García-Oliver, de Durruti! Tres locales contiguos de espectáculos anunciaban *Las mujeres*, *Las tocas*, *Qué más da*, títulos que leídos consecutivamente formaban una sola frase. Milicianas del Socorro Rojo ofrecían folletos de todas clases, desde la manera de guarecerse de la metralla en caso de bombardeo, hasta la consigna pedagógica: «Para ser libres por dentro, el maestro tiene que matar al cura.» Ignacio se dijo: «Mejor será que entre en un bar y llame ya por teléfono a Ana María.»

Siguió bajando. Los limpiabotas hacían lo que en Gerona:

216

a falta de zapatos abrillantaban polainas y correajes. En las puertas de las casas no se veía una sola placa que dijese «abogado», o «médico» o «compra-venta de fincas». Éstos y otros títulos similares levantaban, sin más, graves sospechas. En el Liceo, requisado por la Generalidad, se anunciaba la actuación del tenor Lázaro. Y allí empezaba el reino de los fotógrafos ambulantes. Ignacio pensó en Ezequiel. Los milicianos acudían a ellos como subyugados. No se trataba de fotografías para carnet, sino de fotografías para el recuerdo. Querían perpetuar las últimas imágenes de retaguardia o sus primeras horas de esplendor. Adoptaban posturas marciales o se agachaban como los equipos de fútbol. Algunos levantaban un dedo o el puño cerrado para que los viera no sólo el fotógrafo, sino también la revolución.

Ignacio llegó a la altura de la calle Fernando, donde vivía Ana María. Se disponía a telefonear cuando se produjo entre el gentío un movimiento sísmico. Los transeúntes se abrieron en dos mitades para dejar paso a alguien que se disponía a desfilar. Pero era lo curioso que no se oía ni banda de música ni gritos. Algo se acercaba, silencioso y solemne. ¡Acaso un loco solitario, de larga barba, pidiendo la paz!

Ignacio se abrió paso y se colocó en primera fila. Eran mujeres con mono azul y gorro ladeado. Llevaban pancartas y pañuelos en el cuello. Avanzaban por pelotones y cada pelotón representaba una idea. «Derechos de las mujeres antifascistas.» «Lealtad a los nuevos principios.» «Dadoras de sangre.» «Amor libre.» «Consejos para abortar.» «Viva el proletariado universal.»

Imprevisible reacción... Muchos mirones se rieron. Algunos milicianos se dejaron retratar y se juerguearon de lo lindo con el pelotón del «Amor libre». «¡Chatas! —gritaron—. ¡Como no lo exijáis obligatorio!»

Las mujeres no se reían. No se sabía por qué. Pasaban serias, se dirigían al nuevo mundo que estaban forjando y al hacerlo se cruzaron con los vendedores de insignias. Ignacio no se movió. A Ignacio las mujeres le habían inspirado siempre un hondo respeto imprecisable. En cierta ocasión habló de ello con Olga, y la maestra aludió al complejo de Edipo, a la castidad excesiva, ¡qué sé yo! Ignacio ahora no sabía. Miraba a aquellas mujeres y sentía por ellas una pena honda. Le inspiraban tanta pena como el tranviario con cara de pájaro. Pensó en Carmen Elgazu, ¡por supuesto!, en Pilar, en Marta, en la madre de Marta. «Confío en ti...» Pensó en Rosita: «Seréis felices...», y en Ana María. «Dadoras de sangre.» Pensó en Dimas y en que su propia sangre seguía hirviendo. ¿Por qué aquellas mujeres —«las tocas, ¡qué más da!»— paseaban el amor con pancartas por las Ramblas, entre fusiles y caricaturas de la Pasionaria? El amor no era libre nunca. El amor era un gozo y una tortura, un estímulo y una fatiga, era la ley. Aquellas mujeres obrarían cuerdamente regresando a su hogar, si es que tenían hogar, y esperando en él a que un hombre en mangas de camisa se les acercara con violentísima timidez.

Ana María estaba durmiendo la siesta a menos de trescientos metros de la cabina telefónica en que Ignacio acababa de entrar. Calle de Fernando, número 27, tercer piso. Un piso burgués. Su cama era más confortable que la de Marta y estaba rodeada de flores, pero no de pájaros.

El piso era propiedad de un íntimo amigo del padre de la muchacha, Gaspar Ley de nombre, familiarmente Gaspar a secas, dueño —ahora «responsable»— del Frontón Chiqui. El padre de Ana María, tan aficionado a las regatas de balandros, era fabricante de artículos de deporte, desde balones de fútbol y guantes de boxeo hasta raquetas y pelotas de tenis, y durante años suministró a Gaspar el material para el frontón. Su amistad llegó a ser muy grande. La primera semana de la revolución el padre de Ana María fue detenido por dos de sus empleados y llevado a la Cárcel Modelo. En el piso pusieron una placa que decía: «Comisión de Ayuda al Frente.» La madre se ocultó en una casa de campo y Ana María aceptó la hospitalidad de Gaspar, hombre joven, casado con una mujer valenciana, llamada Charo, sin hijos.

Ana María no llevaba ya moñitos a cada lado. A propósito se hizo una permanente de serie, impersonal, aunque por temor a ser reconocida en la calle por algún obrero de la fábrica, llevaba la cabeza siempre cubierta con un pañuelo. Hubiera preferido vivir en un barrio más tranquilo, más alejado del Barrio Chino. Pero, con todo, se consideraba afortunada, pues lo mismo Gaspar que Charo, su mujer, la trataban como una hija. También, al igual que Marta, aprendió a cocinar, también se pasaba las horas pegada a la radio y también leía. En cambio, no estudiaba italiano, pues Mussolini le tenía sin cuidado. Y, fuera de eso, a diario iba a la Cárcel Modelo a llevar el cesto de la comida para su padre y se daba buena maña para introducir en él algún papelito con noticias del exterior, noticias que luego recorrían las galerías como pedacitos de primavera.

Cuando en casa sonó el teléfono, Ana María se asustó. Gaspar había pertenecido a la Lliga Catalana y el teléfono era siempre una amenaza, sobre todo porque algunos de los pelotaris del frontón lo miraban esquinadamente. La hermosa Charo descolgó el auricular y al oír el nombre de Ignacio hizo casi un mohín conquetón y contestó: «Sí, aquí está.» Ana María se lo tenía advertido desde que escribió a Gerona: «Si llama un muchacho llamado Ignacio, avíseme, por favor.»

Ana María acudió casi temblando. ¡Ignacio! Habían pasado tres años día por día desde su encuentro en San Feliu de Guixols. Entonces había balones azules en el aire y los niños ricos de su «pandilla» se paseaban indolentes diciendo «es la monda» y frases por el estilo, poniendo nervioso a Ignacio. Ana María tomó el auricular... y fue el embeleso. La voz de Ignacio se le deslizó hasta el corazón. Era una voz preocupada, pero al mismo tiempo enérgica y afectuosa. La voz de un hombre.

—¡Ignacio...!

Ignacio deseaba verla. Estaba en Barcelona, a trescientos metros escasos, y quería verla.

—¡Qué alegría, Ignacio! Cinco minutos... Bueno, diez, diez minutos y estoy ahí.

—¿Dónde nos encontramos?

—Delante del Frontón Chiqui.

—¿Del Frontón Chiqui?

—Sí, vete allí. Ya te explicaré.

Ignacio colgó y echó a andar despacio hacia el Frontón Chiqui, que estaba cerca. En el camino se le pegó en la frente una mosca, como a veces se clava una maldad. «¡*La Soli*, con las cartas secretas de Alfonso XIII! ¡*La Soliiii...!*» La inminencia de la aparición de Ana María despertaba en Ignacio resonancias dormidas.

El frontón estaba cerrado. Más tarde se animaría mucho, pues el dinero corría fácil y las apuestas eran importantes. En la cartelera, los nombres de los pelotaris eran vascos y sin duda hubieran humedecido los ojos de Carmen Elgazu.

No le dio tiempo sino a clavar la punta del zapato en el hueco de una alcantarilla. Hecho esto, se subió a la acera y se volvió, e inmediatamente Ana María apareció en la esquina de la calle.

Los dos muchachos quedaron mirándose, sobrecogidos. Hasta que empezaron a acercarse uno al otro por la acera, como dos pájaros en una rama horizontal. No estaban seguros de que aquello fuera verdad, pero tampoco lo estaban de que fuese mentira. Ana María pensaba: «Si no desaparece, me tomará las dos manos como hacía antes, las dos». Ignacio pensaba: «¿Por qué se ha cubierto la cabeza?» Poco después estaban frente a frente, mágicamente sorprendidos, sin acertar a decirse nada. ¡Todo había cambiado! No había cambiado nada. Sólo se miraron. Los ojos de Ignacio seguían siendo oscuros y penetrantes. Los ojos de Ana María seguían siendo verdes. «¡Jesús, qué pálido está Ignacio!» «Ana María se ha hecho mujer...»

Ignacio dijo:

—Perdona que me presente sin *smoking*...

Ana María dijo:

—Perdona que me presente con alpargatas...

Ambos se asombraron de la broma recíproca. ¡Con las cosas que les pesaban en el pecho!

El calor era muy fuerte y Ana María le propuso refugiarse en un café solitario que había al lado del frontón, cuyo dueño estaba convencido de que ella era sobrina de Gaspar. Ignacio aceptó, y los muchachos entraron en el establecimiento y se acomodaron al fondo, entre un billar y la correspondiente pizarra, en la que podía leerse aún la clasificación del último campeonato.

La perplejidad seguía aturdiéndolos, y se observaban. Ignacio temió sentir extraña, fuera de órbita, a Ana María, y no era así. La muchacha conservaba su mismo aire sereno, su inconfundible mezcla de astucia y de ingenuidad. Por otra parte, cierto que iba sin pintar y que vestía una simple bata de percal. Pero su rango era indiscutible e Ignacio pensaba que hasta peligroso. La revolución no le había modificado ni siquiera la manera de sentarse. Cualquier miliciano hubiera podido detenerse y gritar en su honor: «¡Muera el fascismo!»

—Pero... ¡no puedo creerlo, Ignacio! ¿Cómo se te ha ocurrido hacerme esta visita?

—Vine a Barcelona y me ha parecido lo más natural.

—¿Natural? ¡A mí me parece sobrenatural!

Hubieran deseado revivir aquellos diálogos debajo del agua

cuando Ignacio la tiraba a ella de una pierna y ella luego lo llamaba «pulpo» o «sátiro». Pero había algo más perentorio. Nada sabían el uno del otro, ni de lo ocurrido a sus respectivas familias. Era preciso aclarar sin dilación este punto para saber si podían seguir bromeando o tenían que llorar.

¡Bueno, referente a Ana María, la cosa no era irremediable! Lo perdieron todo pero todos vivían; y si lo citó en aquel lugar fue porque en la calle del Frontón Chiqui se sentía, gracias a Gaspar, relativamente segura. «Vivimos todos, Ignacio... Y yo soy la misma. Excepto quizás una aversión terrible hacia esta gente... una aversión que a veces me da náuseas. Vivimos todos y hasta confío en que Gaspar se saldrá con la suya y conseguirá sacar de la cárcel a mi padre.»

—¿Y vosotros, Ignacio? ¡Cuéntame!

Ignacio se mordió los labios. Estuvo a punto de ocultarle la verdad. Pero era imposible, y le participó la muerte de César. El rostro de Ana María expresó horror. Una especie de grito que salió disparado fuera, a la calle, y que no regresó. La muchacha se tomó de un sorbo la taza de café, temblándole la mano. Habían entrado dos marinos y a palmadas reclamaban al dueño. Ignacio temió llamar la atención. Le suplicó que disimulase.

—¡Qué horrible, Ignacio! —barbotó ella—. ¡César!

Ignacio no sabía qué decir. La imagen de su hermano se le apareció en los espejos. Ana María musitó, arrastrando las sílabas:

—Acepta mi dolor, Ignacio... De todo corazón.

Ignacio palideció más aún. Había en Ana María algo indefiniblemente dulce. Lo había cuando hablaba de dolor e incluso cuando pronunciaba la palabra «aversión».

Permanecieron un rato mudos, mientras los marinos en el mostrador hablaban del *Uruguay*, el barco en que estaban detenidos los militares. Luego, poco a poco, los nervios cedieron. Pidieron otro café, y la interrupción del camarero y los resoplidos de la máquina «exprés» airearon sus pensamientos. Ana María comentó únicamente: «Claro, claro, es su sistema... A mi padre no le perdonaron que hubiese triunfado. Y a César no le perdonaron que fuera un santo.»

Ignacio suponía que los hechos eran más complicados, pero no se sintió con ánimo de argumentar.

Diez minutos después volvían a hablar de sí mismos. Ana María le recriminó que no le hubiese escrito nunca ni una sola línea. «Lo menos que podías hacer era encargar a tu padre que me enviara un telegrama.»

—Lo terrible es que he de pensar en ti cada vez que paso delante de un Banco... ¿Y tú? Claro, tú pensarías en mí si vieras el mar. Pero tengo la perra suerte de que en Gerona no hay mar.

Ignacio se dijo que el mundo era estrambótico. Sin discusión, le interesaba más lo que Ana María le estaba diciendo que la guerra. «¡Estoy harto de la guerra... y del *Uruguay*!», estuvo a punto de gritar, mirando a los marinos. Pero la realidad se imponía. Alguien había conectado la radio, y habían entrado en el café dos guardias de Asaslto que, mientras se dirigían al billar para empezar una partida, silbaban: *La cucaracha, la cucaracha*...

Ana María tenía la esperanza de que todo terminaría pronto, de que aquello «se les derrumbaría». Tenía en ello una fe ciega.

—Y tú, Ignacio, ¿no opinas lo mismo?

Ignacio tardó un momento en responder. Y luego improvisó. Le ocurría eso. Delante de Marta se ceñía a los hechos sin dar cabida a la fantasía. Delante de Ana María —¡cómo sabía ésta mover las muñecas!— le gustaba poetizar y, en cierto modo, atemorizarla. Le dijo que la lucha era tremenda porque se trataba de dos concepciones de la vida. La del «esto es la moda», que conducía a ignorar el sufrimiento, y la del «tengo hambre», que conducía a encerrar en la cárcel a los que habían triunfado. Y por encima de todo ello estaba España, que era como una caracola de mar en el fondo de la cual se oía el latir de toda la tierra.

—Somos una especie de resumen, entiéndeme... Grandezas y defectos están en nosotros. No cambiamos nunca y somos inútiles como los dedos de los pies. Conquistamos América, sí; pero ¡menudos resultados! Fatalismo, y la navaja y el revólver preparados. ¿Y por qué conquistamos América? Por las mismas razones que nos mueven en esta guerra. Tres razones, Ana María, acuérdate: por Dios, por el diablo y porque sí.

La conversación se prolongó. Trataron mil temas. Ana María repitió que cocinar le gustaba y dijo que por las tardes Charo la enseñaba a coser. En cuanto al Frontón Chiqui, el ambiente era singular. Gaspar se ganaba la vida con él y siempre decía que sería un sitio ideal para el espionaje. «¿Te imaginas? El hombre del marcador podría comunicar lo que fuese, lo mismo que los jugadores golpeando con la raqueta. ¡Y los vendedores de boletos! Los papeles de las pelotas de goma podrían contener cualquier mensaje o nota.»

—Creo que Gaspar tiene razón.

A Ignacio le sorprendió que Ana María le hablara de ello, y por un momento se preguntó si... ¡Tendría gracia que quien se metiera en líos fuera Ana María, en vez de Marta!

Ana María volvió a mirar a Ignacio con dulzura y le dijo:

—Desde luego... yo tampoco nací para guerras, ¿sabes? Yo nací... para estar tranquila.

Entonces Ignacio tuvo un arranque. Encendió un pitillo, la cerilla le chamuscó un poco las cejas, y ello le estimuló. Entre frase y frase se oía el «croc» de las bolas de billar accionadas por los dos guardias de Asalto y el «pschitt» de la cafetera «exprés» del mostrador. Ignacio le dijo a Ana María que cuantas veces le había preguntado: «¿Te acuerdas?», lo había imantado. «Eres un poco mi caracola de mar. Viéndote, todo mi *antes* resuena.» «Aunque pasaran siglos navegaría en aquella barca de San Feliu de Guixols.» Sin embargo, ¡era tan extraño que al cabo de tanto tiempo nada fundamental hubiese cambiado! ¿Era que el cerebro no evolucionaba? Él tenía, al respecto, una doble impresión: a veces volvía a sentirse niño, otras veces era incapaz de admitir que fue niño alguna vez. ¿Y la guerra? Acaso ni siquiera la guerra modificase nada substancialmente. Acaso la guerra no hiciera otra cosa que convertir en actos las hondas inclinaciones. Él era un hombre que dudaba: es decir, fácil presa para el sufrimiento. Con la guerra, sus dudas alcanzaron el máximo y en ocasiones sentía que le dolían las bombas e incluso los árboles y las fachadas... ¡El cerebro! ¿Qué contenía con exactitud? ¿En él residían el destino de cada hombre y su bondad o ferocidad? Con la guerra, los cerebros dejaban de ser claustros y se convertían en milicianos que mataban o en idealistas que se cavaban la fosa. ¡Ah, no!, nada era lógico, y en cada pupila latía un misterio tan grande como la frase que Ana María había pronunciado: «*Nací para estar tranquila.*» Por descontado que él no se atrevía a profetizar; ya que se cuidaba de ello un amigo suyo llamado Ezequiel. Sin embargo, de dos cosas estaba seguro: de no morir en la guerra y de que lo más importante de la vida era amar. «Lo que pasa es que amar en serio es difícil. Mi madre cree que no, pero a mí me parece que es muy difícil.»

«Las mujeres tenéis esto resuelto, por ley natural, pero a los hombres nos cuesta más.» En Gerona, sin ir más lejos, aquel policía que se llamaba Julio quería amar y no lo conseguía sino de vez en cuando. Y había un muchacho anarquista, llamado Santi, que hubiera sido feliz amando, pero se quedó huérfano y los únicos que le acariciaron fueron otros hombres que llevaban fusil. Ésta era la desgracia del ser humano, la incompatibilidad, la exclusión. Amar esto implicaba aborrecer aquello, y ser comunista implicaba aniquilar el individuo. ¡Si durante un minuto, uno tan sólo, en toda la tierra no hubiese nada más que amor! Bello espectáculo. La gente se abrazaría por la calle, los marinos estrecharían la mano de los camareros, el ejemplo cundiría y acabarían amándose incluso los tacos del billar y los objetos. «¿Te imaginas, Ana María? Las puertas de las cárceles abriéndose por sí solas y diciéndole a tu padre: Anda, puedes irte... Tu mujer y tu hija te esperan.» «¿Te imaginas a las balas convirtiéndose en amor? ¿Y las ametralladoras negándose a disparar o disparando billetes de lotería u hojas verdes? ¿Y los barcos dialogando con los peces y las úlceras desapareciendo? ¿Te imaginas que yo me encontrara a mí mismo y te dijera: Mi querida Ana María, ya sé por qué estoy aquí, por qué me duelen los pies y por qué lloro cuando pasan mujeres con pancartas?» «¿Te imaginas? Sería hermoso, sí, y mi carne no reclamaría tantas veces su ración... Podría sentarme a tu lado y mirarte sin vergüenza al fondo de los ojos.»

Ana María estaba embobada, como le ocurrió en San Feliu de Guixols. Tomó entre las suyas una mano de Ignacio y la estrechó. Y lamentó que en su taza no quedara ni una gota de café para brindar. Y le dolió que todo fuera tan breve y no llevar ella, aquella tarde, los rodetes en las sienes. Sin embargo, la incomodó que Ignacio hablara de «la ración de carne». Garpar decía siempre que la guerra tenía un polvillo especial, excitante, que lo justificaba todo y degradaba a todo el mundo. Pero ¿por qué Ignacio no escapaba a esta ley? ¿Acaso era como los demás, como todo el mundo? Entonces ¿por qué sólo él sabía decir cosas como «las ametralladoras disparando hojas verdes» o «los barcos dialogando con los peces»?

¿Y por qué Ignacio insistió en que a los hombres les era difícil amar en serio? ¿Y su padre, pues, Matías Alvear? ¿Y Gaspar, que tanto amaba a Charo? Algo había en Ignacio que el muchacho se callaba, no sabía por qué.

Ana María guardó un momento de silencio e inesperadamente preguntó:

—Dime una cosa, Ignacio... ¿Tienes novia?

Ignacio la miró con decisión.

—¿Novia? ¿Por qué me lo preguntas?

—No sé... —Ana María levantó los hombros—. Dime sí
o no.

Ignacio echó una bocanada de humo y contestó:

—No...

Ana María hizo un mohín indefinible. Medió otro silencio
largo. Hasta que la muchacha reaccionó.

—Tienes que perdonarme —dijo—, pero a tu lado soy feliz.

Una hora después, Ignacio regresaba en el tren a Gerona.
Dos recaderos cargados con bultos dormitaban a su lado. Junto al retrete, un coche decía: «Reservado», corridas las cortinillas. El sol de agosto se ponía al otro lado de todas las montañas. «Seréis felices... ¡Como si lo viera!» Las ruedas del tren
parecían amar a los raíles, y los hilos telegráficos no hacían
más que besarse, separarse y volver a besar.

SEGUNDA PARTE

Del 1 de septiembre de 1936
al 31 de marzo de 1937

CAPÍTULO XIV

A LO LARGO DE LOS MESES de septiembre y octubre se produjeron importantes acontecimientos en el orden militar y en el orden psicológico. En primer lugar, las fuerzas «nacionales» que partiendo de Galicia pretendían enlazar con el general Aranda —éste se hallaba cerrado por los mineros en el interior de Oviedo—, consiguieron abrir brecha, forzar el bloqueo y entrar en la capital de Asturias. El hecho tenía una importancia extrema, pues demostraba que los mineros eran vencibles. Tampoco el bloqueo de Huesca culminó en ocupación. Huesca seguía resistiendo. Teo estaba allí, pegado a la Valenciana, pero su formidable naturaleza no tenía en qué emplearse. Ascaso daba por cierto que los «nacionales» habían desenterrado a Galán y García Hernández y los habían vuelto a fusilar. Con estas y otras noticias, el jefe anarquista encendía el ánimo de los suyos; pero Huesca no se rendía. Un compañero de Teo, voluntario catalán, comentó: «Bueno, ellos habrán refusilado. Pero yo a la palabra sacerdote le he quitado el *sa*.»

En segundo lugar, los «nacionales» ocuparon Irún y San Sebastián. Las fuerzas del general Mola fueron arrollando al Ejército vasco hasta cortarle la frontera con Francia. Fue un combate dramático, prácticamente iniciado el primer día de la revolución. Los vascos se defendían con ardor y con fe. La complexión atlética de la raza les permitió llevar el esfuerzo más allá de lo humano. Hubo momentos —en Peñas de Ayala, en San Marcial— en que lo que brotaba de la tierra no era humo, sino tierra y humo, y en que los cuerpos se adherían a la ametralladora y al parapeto como ventosas dotadas de voluntad. Terrible saber que los que luchaban eran hermanos. Visto desde un avión, ¿qué podía pensarse? Las boinas rojas —entre las que destacaba la de Germán Ichaso, el hijo mayor

226

de don Anselmo Ichaso— eran copos de sangre que salpicaban el Pirineo. ¡Los que luchaban eran hermanos! Los vascos que se oponían al avance de aquellos requetés que gritaban «Viva Cristo Rey» no tenían nada que ver con Durruti ni con Axelrod. Los había del Frente Popular y, mezclados con ellos, algunos voluntarios franceses y belgas, perfectamente disciplinados.

Sin embargo, el núcleo de sus cuadros se componía de nacionalistas vascos, católicos a ultranza, y entre ellos se alineaban, cantando himnos, un hermano de la propia Carmen Elgazu, Jaime Elgazu, el *croupier* del Kursaal, de San Sebastián. De modo que los requetés, al disparar, disparaban contra seres que rezaban las mismas plegarias y que cantaban las mismas canciones: *Riau, Riau; La Sequía; Adiós, Pamplona...* ¡Disparaban incluso contra sacerdotes! Cierto, había sacerdotes separatistas que manejaban el arma con primor, que mientras atendían a los moribundos seguían arrojando bombas. Obraban según su conciencia y estimaban, al igual que el orador sagrado que mosén Francisco oyó por la radio, que defendían la causa del pueblo al modo como Cristo la defendió: «Cristo salió del pueblo», había afirmado el presidente vasco Aguirre. Así lo entendieron los sacerdotes, por lo que preferían combatir con los «gudaris» a ponerse de parte de don Anselmo Ichaso. ¿Qué podía pensarse desde un avión? Que el minuto de amor solicitado por Ignacio no había llegado aún, que todo aquello era pavoroso y que un viento loco batía las legendarias costas cantábricas.

Parte del Ejército vasco derrotado se replegó hacia Bilbao, llevándose en calidad de rehenes a muchas mujeres. Pero hubo unidades que no tuvieron otra salida que Francia. Los combates en el puente fronterizo con Hendaya y en el Bidasoa fueron espeluznantes. Las balas perseguían chascando a los que cruzaban el río a nado o en barca; y en cuanto al puente internacional, hubo fugitivos que fueron alcanzados por un disparo en el preciso momento en que pisaban la línea divisoria. Entraron en Francia muertos, y sus cuerpos muertos se acogerían allí al definitivo *droit d'asile*. Multitud de franceses y de representantes diplomáticos presenciaban desde las alturas la encarnizada batalla, como desde las alturas de Gibraltar los ingleses, provistos de prismáticos, habían presenciado algún combate naval. No comprendían los motivos de la lucha y exclamaban: «*Ah, ces espagnols!*» Había mujeres que arrancaban un botón de las cazadoras de los fugitivos para guardarlo como recuerdo.

Irún fue incendiado. Las casas se derrumbaron. San Sebastián quedó casi intacto y la belleza de su bahía se ofreció a los ocupantes. En la maniobra había colaborado con oportunidad, desde la costa, la escasa Marina «nacional», mientras la «roja» se refugiaba en el Mediterráneo.

En Pamplona, don Anselmo Ichaso, a la salida del tedéum en la catedral, accionó la palanca de su red ferroviaria y todos los diminutos trenes, adornados con gallardetes, desfilaron ante la estación de «San Sebastián», en presencia de su hijo mutilado, Javier Ichaso, y de «La Voz de Alerta», el cual había sido invitado a la ceremonia. Su otro hijo, Germán Ichaso, entró en efecto en la capital de Guipúzcoa con la columna Cayuela. Había prometido tomarse un baño en la Concha, pero no lo hizo. En cambio, en señal de júbilo, echó al agua todas las bombas de mano, que resonaron lúgubremente. Muchos requetés le imitaron y por debajo del agua los peces fueron comunicándose la temblorosa noticia. Ahora las Compañías navarras se transformarían en Brigadas y más tarde en Divisiones.

La victoria del general Mola en un sector tan estratégico como la provincia de Guipúzcoa desató en toda la zona «nacional», desde Galicia y Castilla hasta Extremadura y Andalucía, una explosión de entusiasmo. Queipo de Llano dijo por la radio: «Les dimos una patada en un lugar que yo me sé.» Mateo, ya incorporado al frente, en el Alto del León, en unión de José Luis Martínez de Soria, tensó su brazo hasta casi tocar una estrella. El camarada Núñez Maza, entregado de lleno a los servicios de Propaganda, se desgañitó con los altavoces y María Victoria masticó en Valladolid un chicle especial. Por el contrario, en la zona «roja» la sorpresa fue triste. El Gobierno no dio con la palabra precisa para justificar aquello. Axelrod, el hombre nacido en Tiflis, y con él los militares rusos que trabajaban a su lado, se indignaron contra el Ministerio de la Guerra. En Barcelona, Ana María consiguió, como siempre, introducir el parte en el cesto de la comida destinado a su padre, que seguía en la Cárcel Modelo. Su padre comprendió. En Gerona, el coronel Muñoz se pasó toda una tarde mirando a través de los ventanales.

El tercer hecho de armas más importante de aquel mes de septiembre fue la toma de Badajoz y en consecuencia la unión, el enlace de los Ejércitos «nacionales» del Sur y del Norte a lo largo de la frontera de Portugal, enlace que habría de influir poderosamente en la marcha de los acontecimientos. En efecto, permitía la coordinación de la campaña bajo una sola mano y lanzar las tropas del Sur carretera adelante, en dirección a Toledo, cuyo Alcázar continuaba resistiendo, y a Madrid. Franco mandaba estas tropas. Los moros se mostraban muy eficaces en la ofensiva, sobre todo si los legionarios andaban pisándoles los talones. Sus extraños gritos desconcertaban a los milicianos, por lo que algunos de éstos aseguraban que no eran tales moros, sino frailes disfrazados. El intento de la liberación del Alcázar de Toledo se convirtió de hecho en una carrera contra reloj, de extrema importancia moral. Todo el mundo, fuera cual fuera su bando, se preguntaba: ¿Llegarán a tiempo? Se había probado el incendio por medio de gasolina, pero el ensayo fracasó. Ahora, expertos dinamiteros seguían socavando la fortaleza para hacerla volar. Dos gigantescas minas estaban preparadas, una comunista, otra anarquista, y varios operadores cinematográficos, entre los que figuraba el periodista belga Raymond Bolen, el amigo de Fanny, esperaban el momento. La artillería, colocada casi a los pies de los muros, iba arrancando éstos a jirones y el interior debía de ser un cementerio. El Gobierno de Madrid anunciaba una y otra vez que la rendición era inminente. «¡Resistir es inhumano!» «¡Por lo menos, que dejen salir a las mujeres y a los niños!» Las jefes revolucionarias —Margarita Nelken, Victoria Kent, Federica Montseny y la Pasionaria— afirmaban que el coronel Moscardó, el defensor, era un criminal. Olga abundaba en este parecer. En cambio, el doctor Relken estimaba que militarmente la defensa era un acierto notable, muy representativo del espíritu enfático de la raza, y que ponía en un brete al ingenuo Alto Mando de Madrid.

El cuarto hecho de armas de aquel mes de septiembre fue el singular aborto de la expedición catalana a Mallorca, a las órdenes del capitán Bayo, expedición formada por unos catorce mil hombres, entre los que figuraban Santi y otros muchos gerundenses, así como el Gremio de camareros voluntarios. El capitán Bayo, que se empeñó en que la operación se realizara bajo la bandera de la Generalidad de Cataluña y no bajo la bandera de la República, zarpó del puerto de Barcelona y desembarcó en el litoral mallorquín, en la cala Madrona, al sur de Porto Cristo, y más tarde en la cala Morlando, sin mayores dificultades. La isla estaba escasamente guarnecida y reinaba en ella mucha confusión, aunque los puertos naturales de Sóller, Pollensa y Alcudia habían sido armados con la artillería de los parques. Al pronto, el desembarco de las milicias catalanas sembró por doquier el desconcierto. De tratarse de tropas disciplinadas y aguerridas, la batalla no hubiera tenido color. Sin embargo, los milicianos hicieron gala de una imprevisión y de una insaciabilidad por el botín abrumadoras, dando tiempo a los defensores a reaccionar y a organizarse, distinguiéndose de un modo especial los pelotaris del Frontón Balear. Factor decisivo, sin duda, fue la llegada a Mallorca de una escuadrilla de aviones italianos que se adueñaron del aire y que paralizaron los reflejos de los expedicionarios.

El capitán Bayo tuvo que reembarcar y regresar a Barcelona. En Mallorca dejó muchos muertos y prisioneros y a su vez se trajo para Cataluña algunos soldados que se pasaron a sus filas. La cólera de los derrotados se proyectaba unánimemente sobre el mismo objetivo: la intervención italiana. «¡El marica de Mussolini!» «¡Nos achicharraba como a los negritos!» Los periodistas de Barcelona publicaron en torno al hecho minuciosos reportajes, que en el Banco Arús fueron devorados con avidez, afirmando que la isla balear vivía sometida al capricho de un fabuloso jinete romano, el conde Aldo Rossi, abogado de profesión y destacado miembro del Partido Fascista, quien se paseaba montado en un caballo blanco, de pantalón corto, llevando muñequeras con balines y en el cinto un pequeño arsenal de cuchillos y granadas. Según *El Diluvio*, el conde Aldo Rossi, en pago a la ayuda prestada a las titubeantes autoridades fascistas de Mallorca, les imponía a éstas su voluntad, a la vez deportiva y homicida. *«Fusílate subito...»* Era su expresión favorita. «Algunas mujeres campesinas —decía *El Diluvio*—, viéndole galopar de noche por los polvorientos caminos de la isla, ven en él una especie de encarnación de San Miguel.»

Tales sucesos eran claros como la luz y tuvieron la virtud de fijar las posiciones. Los que deseaban la victoria de los «nacionales», hacían caso omiso de los procedimientos usados y encontraban base segura para sus esperanzas; los que confiaban en el aplastante triunfo del Gobierno de la República comprendieron por fin que, tal como reconocía Prieto en sus discursos y como afirmó el doctor Relken en su conversación con Julio, «el enemigo era fuerte». En todas partes se hablaba de la falta de disciplina y de que sobraba «el obrar cada cual por su cuenta». Las teorías del general —que de pronto había desaparecido de Gerona en unión de sus hijas, misteriosamente reclamado por el Ministerio de Guerra— se confirmaban día tras día. Si los nacionalistas vascos, combatientes de primer orden, no pudieron con las fuerzas de Mola, ¿cómo iban a poder contra los defensores de Zaragoza las abigarradas milicias de Durruti? ¿Y cómo detener a los que avanzaban en dirección a Madrid? Haría falta recomenzar por la base, preocuparse mil veces más del frente y mil veces menos de la retaguardia. ¿Qué hacían tantos coches patrullando aquí y allá? ¿Y tantos hombres útiles pidiendo los papeles por las carreteras? ¿Por qué la columna «Hierro» había abandonado en bloque el frente de Teruel al objeto de «inspeccionar en Levante la marcha de la revolución»? Primero la guerra, luego la revolución. Fue la consigna que se abrió paso, ante la cólera del Responsable, quien entendía que era posible llevar a buen término ambas cosas a un tiempo.

Sin embargo, tales percances no resquebrajaban lo mínimo la moral de victoria existente en la zona «roja». Sus posibilidades seguían siendo muy grandes y en muchos aspectos de la guerra los «nacionales» apenas si podían oponer otra cosa que la técnica, la disciplina y la confianza en los errores enemigos... *El Demócrata*, portavoz como siempre de las estadísticas meticulosas del jefe socialista Antonio Casal, iba publicando al respecto notas muy precisas. «Las reservas del Banco de España siguen siendo nuestras y nuestras las zonas industriales del país y las grandes fábricas de armas. La Marina combate prácticamente entera a nuestro lado —cincuenta unidades, incluyendo doce submarinos— y todos los puertos del Mediterráneo y casi todos los del Norte están, intactos, en nuestro poder. Algo semejante cabe decir de la Aviación. Nuestra red de aeródromos va perfeccionándose, en tanto que la red enemiga está confinada al interior, con pistas de aterrizaje o muy distantes o mal escalonadas. El dominio del aire corresponde a los rebeldes en el escueto frente de Guipúzcoa y es nuestro, de un modo rotundo, en los amplios frentes de Aragón y del Sur.» Todas estas cifras y otras similares demostraban a los gerundenses que, pese a los reveses, por otra parte normales en cualquier aventura de largo alcance, el resultado final no ofrecía lugar a dudas.

Sólo el coronel Muñoz, con su característica objetividad, que entre otros castigos le acarreó el de la soltería, analizaba las circunstancias de otra manera. El coronel Muñoz, desde el 18 de julio, vestía traje de paisano, pero ello no disminuía ni un ápice su competencia en asuntos militares. Su opinión, que no se recataba de manifestar en el café Neutral, al que ahora acudía con frecuencia, acompañado de varios de los empleados del Banco Arús, era que las reservas de oro de que Antonio Casal hablaba y que existían realmente en el Banco de España —España era, probablemente, la tercera potencia mundial en divisas oro— podían ser bien utilizadas y podían no serlo. «Si hay honradez y se transforman en armas, los cálculos de Antonio Casal serán certeros; si sirven para jugar a la ruleta en Montecarlo, todo perdido.» En cuanto a la ventaja inicial que suponía poseer las zonas industriales del país, el hecho era innegable, aunque para una guerra larga las zonas agrícolas tenían también su importancia. «Lo que a mí me asusta es la escasez de técnicos en las fábricas militarizadas, como la Soler. Como muy bien dice Cosme Vila, no es lo mismo fabricar un botón que fabricar una bomba. ¿Y la carencia de determinadas materias primas? Antonio Casal ofrece como solución nuestro dominio en el mar... ¡En la práctica ello no es tan sencillo! Ahora pagamos las consecuencias de haber tirado al agua, en Cartagena, tantos y tantos oficiales... Sí, no me duelen prendas y así lo afirmo: aquello fue una monstruosidad. En la reciente batalla de San Sebastián, por falta de mandos nuestra poderosa Marina se retiró vergonzosamente al Mediterráneo, cediendo el Cantábrico a unos cuantos faluchos enemigos. Y si mis informes no mienten, las tripulaciones de nuestros doce submarinos no se atreven a efectuar la inmersión por temor a no saber luego regresar a flote.» El coronel Muñoz afirmó que algo parecido ocurría en la Aviación. De momento, la superioridad en cantidad de aparatos pertenecía al Gobierno de la República; pero dichos aparatos eran de mil marcas distintas, lo cual impedía la debida coordinación, y además el número de pilotos españoles competentes era muy reducido. «Por descontado, hemos contratado a pilotos franceses y norteamericanos con fuerte prima al enrolarse y otra prima generosa por avión derribado; pero no estoy seguro de que por dinero pueda el hombre convertirse en héroe, y me preocupa también la posibilidad de que, a no tardar, Hitler y Mussolini suministren a Franco una flota aérea superior a la nuestra.»

—Si me permiten mi opinión —concluyó el coronel Muñoz—, les diré que, a mi entender, los nacionales han ganado el primer *round*.

Las teorías del coronel Muñoz no hacían mella. Muy pocos compartían su pesimismo, aun cuando la periodista inglesa Fanny, a menudo presente en el Neutral, juntamente con Julio García, afirmaba con insistencia que las palabras del coronel se ajustaban a la verdad. De hecho, lo que la Torre de Babel le replicaba invariablemente al coronel Muñoz, representaba el sentir de la mayoría. «Mi coronel, todo lo que usted afirma no cambia la raíz de la cuestión. El oro sigue estando en nuestro poder y hasta los humildes empleados de Banca sabemos lo que esto significa. Sin dinero se puede ganar el primer *round*, pero no el segundo. Pese a la broma de los submarinos que no quieren mojarse y a las mil marcas de nuestros aviones, los fascistas se derrumbarán. A Franco no lo salvan ni Alfonso XIII ni el pirata Juan March. ¡Vamos, creo yo...!»

Y el caso es que cada dirigente, desde su puesto, procuraba demostrar que el optimismo general estaba justificado, valiéndose, en ocasiones, de argumentos que invitaban a lamerse las encías. Así, por ejemplo, a finales de septiembre, *El Demócrata* anunció triunfalmente que las esperadas compras masivas de material bélico en el extranjero iban a ser una realidad. «¡El camarada Julio García, en vísperas de salir para Francia e Inglaterra, a comprar armas, formando parte de una comisión oficial nombrada por la Generalidad! ¡Saludos a la comisión de la Generalidad! ¡Saludos al camarada Julio García!» *El Demócrata* añadía que los miembros de dicha comisión eran prácticamente los mismos que en los primeros días de la Revolución consiguieron de Léon Blum y del ministro del Aire francés, Pierre Cot, los cincuenta aviones *Potez*.

Julio brindó en el mueble-bar de su casa, en unión de doña Amparo. «¡A tu salud, querida!» Doña Amparo enarcó repentinamente las cejas: «¿Y por qué permites que te llamen *camarada*?»

También Cosme Vila acumulaba argumentos esperanzadores. Por supuesto, no concedía la menor importancia al viaje de Julio García y «compinches». «Inglaterra y Francia venderán armas al mejor postor.» «Si Franco paga más que la Generalidad, se las venderán a Franco.» Cosme Vila basaba su optimismo en la ayuda rusa. «Sin necesidad de Comisiones ni de policías, Rusia se ha puesto en pie, en favor del pueblo español. Los suministros de personal técnico y de material de todas clases han empezado, por vía marítima, al ritmo que imponen los acontecimientos. En la última semana, cuatro barcos mercantes —el *Rostok*, el *Neva*, el *Volga* y el *Brahmil*— han salido de Odesa y de otros puertos de la Unión Soviética con destino a Cartagena. Dichos barcos, en su viaje de vuelta, se llevarán doscientos voluntarios españoles que, previos los cursillos necesarios, obtendrán en Rusia el título de pilotos de bombardeo o de caza.»

Cosme Vila añadió que Rusia se había decidido a vulnerar el acuerdo de «NO INTERVENCIÓN» en los asuntos de España, recientemente firmado en Londres, al comprobar que dicho acuerdo era un ardid inventado por las democracias para favorecer a Franco. *El Proletario* calificó a Chamberlain de «jesuita disfrazado» y a Roosevelt de «paralítico espiritual». Recordó que Franco había declarado que su maestro era Pétain y afirmó que el Papa enviaba oro a los rebeldes. Por último, refiriéndose al balance militar, al primer *round*, hizo hincapié en que sufrir determinados reveses era conveniente, un reactivo. El pueblo, que tendía a lo gelatinoso y sentimental, empezaría ahora a calibrar debidamente el fascismo. Ahora sabría que los italianos —y lo mismo cabía decir de los alemanes— estaban dispuestos a matar carne del pueblo a lo largo y a lo ancho del país, tal como hicieron en Abisinia. Ahora los campesinos extremeños habrían ya oído de cerca las gumías marroquíes y muchas de sus mujeres e hijas habrían conocido ya la violación. España entera, desde el litoral vasco hasta La Línea y Gibraltar, se habrían impuesto de que la consigna «piedad para los vencidos», lanzada por Prieto, era una criminal añagaza urdida por un espíritu débil.

También el Responsable tenía sus razones para no dudar de la victoria; y las tenían Alfredo el Andaluz, sustituto de Murillo en el POUM, y los arquitectos Massana y Ribas, de Estat Català, y David y Olga; y las tenían todos y cada uno de los hombres y mujeres que al pasar delante de las banderas saludaban puño en alto.

Por otra parte, si bien era innegable que había deficiencias gravísimas, acaso más graves aún que las señaladas por el coronel Muñoz, también lo era que éstas se veían compensadas por los rasgos de eficacia y de entrega que abundaban tanto en la retaguardia como en el frente.

¡La retaguardia! Aparte el éxito creciente del «Buzón del Miliciano» y de la decisión del Director del Banco Arús de entregar al Socorro Rojo el contenido de las cajas particulares confiadas a su tutela, era preciso mencionar la adaptación casi milagrosa de muchas personas a las necesidades creadas por la lucha. Esto último era importante, significaba el triunfo de la dinámica y abarcaba desde la pequeña y casera plantación de tabaco intentada por el suegro de Cosme Vila, el guardabarreras, hasta el espontáneo ofrecimiento de algunas mujeres para conducir camiones y tranvías, la abunancia de jóvenes de ambos sexos que habían empezado a estudiar ruso y la habilitación del «Asilo Durán» para reeducar huérfanos de fascistas y ex seminaristas.

En cuanto al frente, la referencia de los datos positivos hubiera sido interminable. En Barbastro, un miliciano de Ascaso se presentó en la cárcel del pueblo para ver a su padre, detenido por carlista, y en cuanto lo tuvo delante le pegó dos tiros. Escuadras llamadas «de la muerte», porque se comprometían a internarse en campo enemigo y no regresar hasta poderse traer una ametralladora o tres cabezas. Pastores que, desde territorio «nacional», comunicaban noticias por medio de su rebaño de ovejas, agrupando éstas o separándolas de acuerdo con una clave convenida. Matarifes que, de las reses sacrificadas por Intendencia en primera línea, aprovechaban no sólo la carne sino la sangre, imprescindible en los hospitales para las reacciones Wassermann y los cultivos; las tripas, tan necesarias para obtención del hilo «Catgut»; la grasa, de aplicación industrial, para la pirotécnica de la guerra, etcétera. Y otros ejemplos de índole emocional, como el que daban los camaradas del batallón «Germen» en el sector de Teruel, cuyos hombres empleaban sus ratos de ocio en fabricar muletas y bastones para los ancianos y niños mutilados por los bombardeos. Era, ciertamente, un admirable espectáculo el que aquéllos ofrecían talando los árboles, aserrando la madera y puliéndola luego bajo la dirección de un capataz. Cada bastón llevaba las iniciales de su constructor, por lo que Julio García pidió uno para su Museo particular, recientemente enriquecido con un apagavelas antiguo cuyo cucurucho era de plata.

¡Ah, no, nada se había perdido! ¡Cómo iba a perderse! Por

lo demás, el alud de voluntarios seguía a un ritmo creciente, sin contar con que en diversas capitales europeas había empezado el reclutamiento de veteranos luchadores internacionales que a no tardar aportarían su experiencia. Este hecho era trascendental y demostraba la amplia repercusión que iba teniendo el conflicto español. El comisario H... Julián Cervera, al regreso de un corto viaje a Perpignan, trajo la noticia de que se encontraban ya en el sur de Francia, esperando la oportunidad de entrar, no sólo varios lotes comunistas y socialistas, sino un grupo de judíos expulsados de Alemania, cuyo objetivo era «protestar contra la expulsión de que su raza fue objeto por parte de Isabel la Católica». Dichos judíos hablaban el yidish, y entre ellos abundaban los polacos y los árabes palestinianos.

Por otro lado, también los fascistas cometían errores y torpezas, también malversaban los recursos y se creaban enemigos... Para cerciorarse de ello, bastaba con prestar oído a sus emisoras, con leer sus periódicos y, sobre todo, con interrogar a los soldados que se pasaban. La última insensatez radiada por Queipo de Llano decía así: «De Madrid haremos una ciudad; de Bilbao, una fábrica; de Barcelona, un solar.» ¡Estimulante perspectiva! Las «normas» de moralidad pública para el verano, insertas en los periódicos, situaban al lector a principios de siglo; y al parecer, en las exposiciones de pintura y escultura se prohibían los desnudos. Los soldados contaban y no acababan afirmando que las «hijas de buena familia», que en Gerona se dedicaban a fregar pisos y lavabos, en Zaragoza y otras ciudades se dedicaban a complacer a los moros. La prensa francesa describía al territorio rebelde como «la reencarnación de la Edad Media».

Y había más: el otoño trajo consigo dos noticias cuya significación eximía de cualquier otro testimonio. La primera era una pastoral hecha pública por el cardenal Gomá; la segunda, el asesinato de García Lorca. El amarillo y la melancolía del otoño, que con sólo posarse en las azoteas predisponían a la mesura, no consiguieron rebajar de una décima la irritación que se apoderó de todos los antifascistas españoles.

La pastoral del cardenal Gomá, arzobispo de Toledo y Primado de las Españas, calificaba la contienda de «verdadera cruzada en pro de la religión católica» y aseguraba que, «si estaba de Dios que el Ejército Nacional triunfase», los obreros «habrían entrado definitivamente en camino de lograr sus justas reivindicaciones».

¡Cruzada! ¿Y los asesinatos de las Islas Canarias? ¿Y la presencia de los moros? ¿Y la promesa de entrega de las minas del Rif a Hitler, cuya doctrina nazi excluía al catolicismo y lo perseguía a muerte? Cristo había dicho: «La paz os dejo, la paz os doy.» Cristo no había declarado el estado de guerra en los montes y en los valles de Israel.

En cuanto a la segunda noticia, dejó sin respiración a media España. Sí, ocurría eso: que en los dos bandos el enemigo cuidaba de alertar el alma. ¡García Lorca fusilado en Granada por los «facciosos»! ¿Era ello posible? ¡García Lorca asesinado! Nadie se explicaba las razones de semejante crimen. La gitana cabeza y el mirar aceitunado del escritor clamaban venganza desde los cuatro puntos cardinales. Al pronto se culpó del atentado a los guardias civiles. Se dijo que sorprendieron a García Lorca escondido en casa de un amigo y se lo llevaron a un olivar, de noche, y allí lo fusilaron a la plateada luz de la luna que él había llamado «mi historia sentimental». Pero luego se supo que los guardias civiles fueron los simples ejecutores del hecho, que quien formuló la denuncia contra el poeta fue un diputado «derechista», probablemente por rencores personales. David, que muchas veces había hecho notar que la mayor parte de los intelectuales permanecieron adictos al Gobierno, oyó una emisora extranjera al servicio de los militares, que atribuía al poeta un carnet del Partido Comunista. Pero el catedrático Morales primero, y Axelrod después, lo desmintieron. El catedrático Morales había conocido a García Lorca en una visita que el poeta hizo a un pueblo de la provincia, a Cadaqués. García Lorca le había impresionado profundamente, porque tenía «en los ojos y en la palabra ese temblor que suelen tener los grandes y humildes hombres». De ahí que afirmaba que los fascistas habían matado al poeta sencillamente por eso, porque era lo contrario de Queipo de Llano y de Millán Astray, porque representaba el sentimiento y la idea. «García Lorca escribió *Bodas de Sangre* y los fascistas han derramado la suya para brindar.»

Julio García, en el café Neutral, hizo una afirmación que causó el mayor estupor: el poeta era de tal modo diverso, repugnaba tanto el encasillamiento ¡que no sólo fue amigo personal de José Antonio Primo de Rivera, sino que había recibido de éste —y aceptado— el encargo de componer el

«Poema» de la Falange! «Sólo Federico puede hacer eso», había dicho el fundador «fascista». Julio García adujo un dato elocuente en favor de su tesis: «Desde el 18 de julio, García Lorca, en Granada, se había escondido en casa de amigos suyos falangistas. Últimamente, en casa del también poeta Luis Rosales.»

Las palabras del policía indignaron al auditorio. Todo el mundo le recordaba «El romance de la Guardia Civil española» y otros textos similares. «¡No seáis majaderos! —terciaba Julio—. Los guardias civiles han sido sólo los ejecutores. García Lorca tenía amigos hasta en el Palacio Episcopal.»

Era inútil. Por otra parte, lo mismo daba que las circunstancias fuesen ésas u otras. García Lorca había muerto y su muerte —Fanny y Raymond Bolen enviaron a sus respectivas cadenas de prensa un impresionante reportaje necrológico— convirtió al poeta en héroe y en mito. Personas que jamás leyeron una metáfora suya, gritaron: «¡Guerra sin cuartel!» Muchos tricornios rodaron otra vez por la carretera... Y el propio Jaime, en Telégrafos, recordando los Juegos Florales, le confesó a Matías Alvear que aquello era una canallada. Jaime había admirado siempre mucho a García Lorca. «A mí no me matarán nunca por mis versos», dijo con nostalgia. Los poemas de Federico que más le gustaban no eran ni los de los gitanos ni los de Nueva York, eran los de la naturaleza. Siempre llevaba en la cartera la *Canción Otoñal* y el día en que el general Mola entró en San Sebastián, Jaime no pudo menos de leer la primera estrofa al padre de Ignacio y al miliciano que estaba a su lado censurando los telegramas:

> *Hoy siento en el corazón*
> *un vago temblor de estrellas*
> *y todas las rosas son*
> *tan blancas como mi pena.*

CAPÍTULO XV

Ezequiel estaba en lo cierto. Los hombres eran pompas de jabón y no se sabía si con la guerra adquirirían importancia o reventarían a los pocos instantes. Su reacción era con frecuencia imprevisible.

Cierto, no sólo en el frente se abría a veces la espita de la generosidad. También en la retaguardia. Una serie de personas sintieron despertar en sus adentros la necesidad de hacer el bien. Personas dispares, movidas por razones opuestas.

Una de ellas fue el patrón del Cocodrilo. No todo el mundo, en su barrio de la Barca, se había aprovechado del asalto a los barrios «burgueses» y de la revolución. Había familias timoratas que eran más pobres que nunca. El patrón del Cocodrilo las conocía una por una y la puerta de su bar permanecía siempre abierta en su honor. «Hale, toma ese litro de vino, ese par de arenques.» «Tú, coge esos tomates. Y que os aprovechen.»

Otra persona era la propia hija del propio patrón del Cocodrilo, que continuaba recluida en el Manicomio. La muchacha, que se había pasado años y años farfullando la sílaba bo... bo... bo..., de pronto escribió en un papel la palabra «gracias» y circuló por el patio y por las salas dándoselo a leer a todo el mundo. La mujer del Responsable, que también seguía allí, en su puesto, rezando el rosario y sin reconocer a nadie, cada vez que veía el papel se callaba en el acto, y mirando hacia la ventana sonreía.

También los arquitectos Ribas y Massana realizaban buena labor. Las palabras de Axelrod sobre la necesidad de construir refugios antiaéreos encontraron el debido eco en la conciencia profesional de los dos arquitectos, los cuales pusieron manos a la obra, ayudados por el Municipio. En el barrio antiguo, tan lleno de sótanos y «catacumbas» conventuales, les fue fácil; en el barrio moderno hubo que abrir boquetes partiendo de la nada. Uno de dichos refugios fue abierto muy cerca de la casa de los Alvear, detrás del café Neutral, ¡y en su construcción colaboraron los presos del Seminario, dotados de un pico y de una pala! El espectáculo regocijó a mucha gente —los empleados del Banco Arús dijeron: «trabajar es bueno para las arterias»—, pero acabó desagradando a los propios arquitectos, los cuales eximieron del trabajo a los presos ancianos o faltos de salud.

En otro orden de cosas, Ribas y Massana se propusieron salvar obras de arte de la provincia, al modo como el primer día salvaron la catedral, obteniendo buenos resultados. En nombre de la Comisión de Cultura de la Generalidad de Cataluña recorrían los pueblos y aquí recogían una talla del siglo XVII, allí un sarcófago o un mosaico. Gracias a su intervención, las ruinas de Ampurias quedaron a buen recaudo. A veces tenían que enfrentarse con milicianos que los encañonaban bisbiseando: «¡Tocad esto y oleréis a quemado!» Pero ellos no cejaban y era raro que regresasen a Gerona sin haber cobrado pieza. Sólo un derecho se irrogaron: el de incautarse de las campanillas que encontraban en las sacristías, algunas de ellas tan curiosas como el apagavelas adquirido por Julio. Se dedicaron a coleccionar campanillas y el policía les dijo que gracias a ellas holgarían las sirenas de alarma. «Cuando se acerquen aviones, ¡tocad las campanillas y todo quisque a los refugios!»

Otro sentimental fue el coronel Muñoz. No se quitaba de la cabeza el fusilamiento de su amigo y adversario el comandante Martínez de Soria, y la carta que escribió a su viuda fue sincera. Se convirtió en el protector de los militares encerrados a perpetuidad en el Seminario, entre los que figuraban los capitanes Sandoval y Arias, e impidió que fueran encerrados en la checa de Cosme Vila o en la del Responsable. Los parientes de dichos militares le agradecieron al coronel de todo corazón el rasgo y algunos de ellos, ante el asombro del solterón, le obsequiaron con pasteles caseros y con cajas de cigarros habanos.

También Laura se volcó en ayuda de sus semejantes. Cierto, la mujer del dentista tuvo un arranque parecido a aquel que la llevó a prohijar los canteros y picapedreros cuando la revolución de octubre de 1934. Laura, en cuanto supo que «La Voz de Alerta» estaba a salvo, se dedicó de lleno a organizar el Socorro Blanco en la ciudad y provincia. ¡Había tanto que hacer! Por de pronto, buscó colaboración. Y dio pruebas de instinto sagaz. En menos de un mes se aseguró la adhesión de la viuda de don Pedro Oriol, de varias amigas de ésta, de las propias hermanas Campistol, de la mismísima Andaluza y de las hijas del doctor Rosselló. Igualmente obtuvo la valiosa ayuda de dos ferroviarios maquinistas —era preciso enlazar con Francia y Barcelona— ¡y la del sepulturero! El sepulturero, hombre complicado, que fue en tiempo acomodador de cine y que ahora, cuando recorría de noche con una linterna el cementerio, se acordaba de su antiguo oficio.

Laura gozaba lo suyo organizando el Socorro Blanco. Cuando pasaba por la calle y veía los carteles: «¡Denunciad a los derrotistas!» «¡Cuidado con la polilla fascista!», sonreía, y su minúscula cabeza, parecida a una pelota, se movía de un lado para otro. Uno de estos carteles representaba una gigantesca oreja roja y decía: «Atención al sabotaje del rumor...» El rumor... Era cierto. El Socorro Blanco se dedicaba a ayudar a los fugitivos y a los encarcelados, pero cuidaba especialmente de propagar bulos, rumores que sembrasen la confusión.

En pocas semanas de actividad, Laura y sus colaboradores de Olot y Figueras, ¡utilizando de matute los impresos y los sellos de Izquierda Republicana!, llevaron a buen puerto, a Francia, no menos de doscientas personas. Los hijos de don Santiago Estrada fueron los primeros. Sin embargo, la obra maestra de Laura consistió en la salvación de uno de sus dos hermanos gemelos, el protector del obispo, encerrado, aunque no incomunicado, en la cárcel del Responsable... y custodiado por Blasco. Al cabo de mucho esfuerzo, pudo convencerlos de que Blasco era sobornable. «Le conozco, os lo digo yo.» Los Costa no se atrevían, pero Laura porfió. Y resultó verídico. Un importante fajo de billetes obró el milagro de convertir el limpiabotas anarquista en militante del Socorro Blanco. Y puestos a hacer bien las cosas... se fugaron a Francia los dos diputados, los dos hermanos, con las respectivas esposas. Blanco y un par de acólitos acompañaron al grupo al Perthus, en un coche de la FAI. ¿Y el Responsable? Blasco contestó: «Veré cómo me las arreglo.»

Claro es, no todas las pompas de jabón de que hablaba Ezequiel se dedicaban a obras benéficas. Hubo seres que se sintieron progresivamente atraídos por el mal, confirmando con ello la tesis que el doctor Relken le expuso a Julio García respecto de la esquizofrenia y la herencia sifilítica. Buen ejemplo de ello lo suministraba Santi. El ex alumno de David y Olga, desde que regresó del desembarco a Mallorca, sufría periódicos ataques de furor. Su mirar no era normal, y el Responsable se daba cuenta de ello. Un día le dijo a Merche que quería ir a Barcelona a matar de un tiro al elefante del Parque.

—¿Por qué? —le preguntó Merche.

—No sé.

En algún recoveco del cerebro, Santi debía de odiar todo lo que era macizo, lento, tradicional. Probablemente los elefantes le parecían burgueses que vivían muchos años, mientras él presentía corta su desquiciada existencia.

Otra de las personas que iba tendiendo a lo perverso era Axelrod, el hombre nacido en Tiflis. Veterano comunista, llegó a España con misión especial. En «La Casa» le habían ordenado que en lo posible contentase a los españoles «con buenas palabras», haciéndoles creer que Rusia estaba dispuesta, para ayudar al pueblo español, incluso a intervenir directamente. Ello significaba mentir, mentir y mentir. Mentir al prometer a Cosme Vila muchos barcos y mentir al entregar en Cartagena viejos fusiles sobrantes de la guerra de Crimea, cobrándolos por nuevos. Lavarse mintiendo y zamparse tres veces al día apetitosas fuentes de mentiras. Mentir de forma tan hábil que no se enterase de ello ni siquiera Goriev, su brazo derecho, ni siquiera el hermoso perro ucraniano que era su mascota y la del Hotel Majestic. Comportarse de tal modo, tan compenetradamente con la mentira, que de toda su persona, de todo Axelrod, sólo fuese verdad un comienzo de asma que le molestaba mucho y el parche negro que llevaba incrustado en el ojo izquierdo.

La perversidad que iba taladrándole era sutil. Axelrod, hasta su llegada a España, había servido al Partido en incontables ocasiones y siempre lo había hecho, o bien experimentando placer o bien contrariando con dolor su criterio personal. Ahora resultaba que no le importaba nada aquello, que no le importaba nada el conflicto español, ni la pérdida de San Sebastián, y que, pese a ello, seguía cumpliendo escrupulosamente las consignas y se daba cuenta de que las cumpliría hasta el fin. Axelrod tenía cuarenta y cinco años. No comprendía en qué momento le penetró tal frialdad. Tal vez fueron los alimentos del Sur, o tentaciones del pensamiento. «Es preciso dar la sensación de que todos los niños rusos participan del drama español.» «Sería conveniente apropiarse de algún avión italiano o alemán derribado para poder estudiar su fabricación y funcionamiento.» ¡Bah! ¿Por qué? ¿Por qué Goriev estaba allí y el Kremlin tan lejos? ¿Por qué se vivía y qué sucedía al otro lado de todos los porqué? ¿Qué significaban Virgen María y baile flamenco y Fotomatón? Nada. Y sin embargo, Axelrod se daba cuenta de que cumpliría hasta el fin.

También había seres que alternaban la entusiasta actividad con enfermizos exámenes de conciencia. Entre éstos se contaban los maestros, los cuales sostenían interminables diálogos con el surtidor del jardín de la escuela, o bien en Correos, mientras esperaban a que les trajeran las cartas que les correspondía censurar.

—Estoy triste y no sé por qué razón.

—Porque esto no es agradable.

Se referían a los reveses militares. Los maestros, que además de su labor en Correos dirigían los talleres de confección de prendas para el frente y se ocupaban en otros cien menesteres, últimamente habían organizado con sus alumnos una «Exposición infantil de dibujos antifascistas». La exposición se hizo popular y en ella se exhibían, con trazo ingenuo y vacilante, osos que eran generales, cuervos que eran falangistas, edificios destrozados por las bombas, cadáveres y una gran profusión de Hítleres y Mussolinis. Cada día, llegada la hora del cierre de la exposición, David y Olga solían quedarse allí barriendo el local. A veces miraban los dibujos y se preguntaban si era obra buena excitar la quimera agresiva de los niños.

—¿Por qué no? El odio es a veces necesario. Y en este caso lo es.

—Sí, David, pero...

Poco a poco se ponían a hablar de sí mismos. Tenían la impresión de estar envejeciendo con rapidez.

—Tú no envejecerás nunca, Olga.

—¿Por qué no? Como todo el mundo.

—No, no. Tú no envejecerás nunca.

David se le acercaba y le pasaba la mano por la cintura, o le asía una muñeca.

—Eres muy amable, David.

—Nada de eso. Pero no quiero que desfallezcas.

—Si no desfallezco. Tengo más fe que nunca en la victoria.

David le decía que también él tenía fe. No sabía cómo, pero sus ideas eran sanas y un día u otro vencerían en España y en el mundo.

—Pero, entretanto, déjame decirte que te quiero.

—Dímelo.

—Te quiero, Olga.

—Yo también a ti.

—Ya llevamos tiempo juntos, ¿verdad?

—Años.

—Eternidades.

—Y siempre igual.

—Y siempre será igual.

También en el frente los hombres eran pompas de jabón. En todos los frentes. Desde el tranquilo de Córdoba, en el que las balas eran aceitunas, hasta el centelleante de Toledo, en el que se luchaba con denuedo. Desde las cumbres de Navacerrada hasta las orillas del Cantábrico, por las que el general Mola seguía avanzando. Había combatientes anónimos, que todo lo hacían como sin respirar; otros se destacaban poderosamente. Entre estos últimos se contaba un ex cantero gallego llamado Líster y un guerrillero extremeño, llamado el Campesino. Ambos eran jefes de brigada y se imponían por autoridad personal.

En el frente de Aragón, Durruti seguía siendo amo y señor. Sin embargo, los días eran lentos y permitían la lenta evolución de cada cual. Lo mismo en Huesca, que en Zaragoza, que en Teruel, la línea se había estabilizado y se habían cavado trincheras y tendido alambradas. Los «nacionales», trincheras en zigzag, obedeciendo a un plan; los «rojos», trincheras a cordel y sin calcular los ángulos muertos.

Cerillita había evolucionado. No por fuera, sino por dentro. Lamentaba no haber levantado en Valencia, al salir de la cárcel, patíbulos y horcas en la plaza de Castelar, como fue la primera intención de la Columna «Hierro». Ahora se dedicaba a amenazar a todo el mundo con su navaja cabritera y a inventar, al modo de los milicianos gerundenses, contraseñas jocosas: «Franco es un carcamal.» «Los Borgia eran de aúpa.» «A joderse, hermano.»

Otro que había evolucionado, era el Cojo. Una noche, de repente, le pareció que redescubría el mundo. Empezó a fijarse en detalles —nunca lo había hecho— y llegó a la conclusión de que la noche y la tierra eran muy grandes. Miraba Aragón y exclamaba: «¡Jolín, el terreno que hay!» Miraba la noche y le decía a Ideal: «Imponente, ¿no?» El Cojo había heredado la imagen del Niño Jesús que perteneció a Porvenir, la de los ojos asombrados. Le había hecho en la boca un agujero redondo, en el que a menudo introducía un cigarrillo encendido. «Si eres Dios, ¡chupa! ¡Chupa!», repetía, riendo.

En cambio, Dimas, el enfermo Dimas, observador de manos y de hormigas, ahora, mientras despellejaba bellotas, sufría por las pequeñas cosas que la guerra destruía. Los muertos lo dejaban indiferente. No le importaba ni que eructaran, ni que sus relojes pulseras siguiesen funcionando. Dimas no pensaba sino en las pequeñas cosas que la guerra mataba... ¡Singular manía! Cuando un cañón disparaba, pensaba: «Un muro derribado.» «Cristales que se rompen.» Cuando zumbaban los aviones, se decía: «Techos, traviesas de ferrocarril, ¡puentes!» Sobre todo, los puentes destruidos y las vallas de los apriscos y las tuberías del agua le dolían de un modo especial. Los puentes le dolían con dolor de quien desea pasar a otra orilla. Dimas era el contable de lo inerte que sucumbe indefenso, y cuando el doctor Rosselló se interesaba por su estado le contestaba: «Voy viviendo poco a poco; déjeme en paz.»

Gorki, el comisario Gorki, corresponsal de *El Proletario*, había evolucionado... pero dentro de la más pura ortodoxia. Su batallón «Carlos Marx» había ocupado la zona norte del cementerio de Huesca y se había atrincherado en ella. El frente parecía destinado a estar tranquilo, pero ello no era motivo para holgazanear. Gorki convirtió su feudo en un barrio modelo. Las bifurcaciones de las trincheras eran calles con nombre: «Progreso», «Ciencia», «Moscú», «Pueblo». La limpieza se consideraba esencial y papá Pistolas, el búlgaro, decía que la tierra allí podía ser lamida. Los sótanos de un panteón funerario fueron transformados en «Rincón de Cultura», con biblioteca que se nutría de envíos de Gerona y en la que abundaban los folletos de enseñanza bélica: «Cómo resguardarse de la aviación enemiga.» «Cómo aprender a corregir el tiro», etcétera. Y era en este «Rincón», que las milicianas del Partido adornaban con flores, donde Gorki enseñaba a leer. El número de alumnos era considerable, y para enseñarlos Gorki se sentaba en el suelo como César hiciera en la calle de la Barca. ¡Ah, los milicianos! Hombres barbudos deletreando a coro y resistiéndose al abecedario. «¡Tienen mucho aparato estas letras!» Gorki no cejaba en su empeño. Quería que supieran leer de corrido y por cuenta propia las palabras «Lenin, Stalin, proletario, paz» y que pudieran alimentar sus cerebros con los periódicos murales que el batallón confeccionaba. Sidlo y papá Pistolas asistían de observadores a aquellas sesiones y empezaban a sentir por España y sus hombres una admiración imprecisa, algo muy distinto a lo que sentía Axelrod. «Esa gente es tan revolucionaria como puedan serlo los húngaros e incluso los checos», comentó Sidlo. Teo se indignaba con los extranjeros porque tenían la manía de comparar, y la Valenciana barbotaba: «A mí esos *puntos* no me la dan.»

El Perrete, cornetín y payaso a la vez, vivía su momento glorioso. No sólo era el hijo adoptivo de la Valenciana, sino de todas las milicianas del sector. Al muchacho casi lo asustaban tantas caricias, en algunas de las cuales notaba algo anormal. Como los perros de nadie, gustaba de merodear por los lugares pintorescos: la cocina, la improvisada barbería, la enfermería, etcétera. Él no había cambiado, pero sí era otro su prójimo. En efecto, sus compañeros actuales se tomaban a risa sus imitaciones de perros, y tanto más se reían cuanto más descalabrado era el chucho que imitaba; en cambio, en el pueblo, en Pina, era corriente lo contrario. Era corriente que los ojos se detuvieran en él, lo observaran con infinita tristeza. El Perrete no se explicaba la diferencia, y un día le preguntó a Gorki a qué podía obedecer. Gorki le contestó que la guerra era una cosa tan dura, que «a su lado las calamidades de un perro parecían una tontería».

Otra pompa de jabón que había evolucionado era el doctor Rosselló. En el frente encontró la humildad necesaria para atender a quienquiera que fuese llevado a su quirófano, sin distinción, y ni tan sólo cayó en la fácil trampa de llevar a cabo experimentos quirúrgicos a costa de los heridos anónimos. Todo el mundo se dio cuenta de la progresiva nobleza de su rostro y Durruti encontraba más que nunca justificado el tratarlo de usted, hasta el punto que le entregó un talonario de vales mediante el cual podía proveerse de cualquier artículo que le hiciera falta, desde unas tijeras o estricnina a un automóvil, en cualquier establecimiento de la zona.

Una de las más graves preocupaciones del doctor era el incremento de las enfermedades venéreas, hecho previsible aun careciendo de los dones proféticos de Ezequiel. El doctor Rosselló afirmaba que en el frente de Aragón había milicianas que causaban más bajas que los morteros enemigos. Los milicianos empezaban a llamarlas «ametralladoras», mote que Murillo se negaba a aceptar considerando que el daño lo causaban «sin meter ruido».

La distracción del doctor Rosselló era el ajedrez. Se le

habían incorporado un par de jóvenes médicos ingleses y un anestesista y los cuatro, cuando colgaban los guantes, organizaban campeonatos que transcurrían con solemnidad excesiva, casi cómica. Luego, el doctor se dedicaba a escuchar música. Hacía honor a su cargo de presidente de la Asociación Musical gerundense. Tenía una gramola y discos y, cerrando los ojos, se extasiaba con los acordes ¡en su mayoría alemanes! que se apoderaban del aire. Los médicos ingleses solían acompañarlo; en cambio, Ideal murmuró: «Se ha creído que estamos en el teatro.»

También Arco Iris evolucionó. El ex dependiente de la empresa dedicada al préstamo de disfraces, se convirtió en el realizador de cuantos camuflajes exigía la prudencia. El propio Durruti lo reclamó para transformar en tupido bosque su Cuartel General. Arco Iris, que con sólo oír la palabra «guerra» se desternillaba de risa, ideó tomarles el pelo a los «fascistas» que guarnecían las posiciones de enfrente, y al efecto recortó en madera varias siluetas de milicianos de la FAI, siluetas que, accionadas por medio de hilos, al modo de las marionetas, hacía asomar intermitentemente por el parapeto, forzando a los centinelas de turno enemigos de gastarse unas docenas de cartuchos. También ideó la llamada «batería vegetal», consistente en cuatro troncos de árbol embadurnados con impar malicia y emplazados en una zona apartada, como si fueran cañones, los cuales excitaban curiosamente la ira de la artillería enemiga.

También evolucionaban José Alvear y el capitán Culebra, inseparables desde que Durruti les concedió sendos vales para escoger en las cárceles de El Burgo y Alfajarín la mujer que quisieran. El hecho de quedarse los dos dormidos como marmotas en el camión que los llevaba, selló su alianza.

—Tú no eres anarquista ni nada —le decía a José el capitán Culebra, éste con la culebra enroscada al cuello—, tú sólo eres mi amigo.

José Alvear se quitaba el cinturón flexible y en honor de su amigo hacía que el acero se enrollase por sí solo.

—A mandar, cabroncete, a mandar.

Los dos capitanes se habían afectado con los últimos reveses militares y no comprendían que Durruti no pidiera refuerzos y no se decidiera de una vez a tomar Zaragoza. «Sala de espera, la tenía yo en la estación de mi pueblo», clamaba el capitán Culebra. «Se está bien así, ¿no?», insinuaba, sonriendo, el doctor Rosselló. Ellos negaban con la cabeza. Lo que ellos querían, al igual que el Perrete, era bravuconear.

No obstante, mientras el «Altísimo Mando» no despertara de la siesta, tenían que conformarse con dos expansiones muy diversas: la baraja y los altavoces para comunicarse con el enemigo.

Culebra y Alvear organizaban en las trincheras timbas de padre y muy señor mío. Ganar o perder les tenía sin cuidado, entre otras cosas porque casi siempre jugaban con billetes sin valor, emitidos por algún comité de pueblo aragonés. En cambio, les complacía horrores decir «puta» cuando salía una sota y decir «Durruti» cuando salía el rey.

La expansión por medio de los altavoces era vieja historia. Los «nacionales» habían empezado a utilizar este medio de propaganda y Durruti tardó veinticuatro horas en replicarles con una instalación más potente todavía.

Por regla general, los diálogos se parecían mucho:

—¡Eh, rojos, cabronazos! ¿Estáis dormidos o qué?

—¿Dormidos? Pronto lo sabréis. Escribid urgente a la familia.

—¿Qué tal los dos pildorazos de ayer? ¿Entrasteis en calor?

—Uno mató a un escarabajo y el otro no estalló. Dentro había un papel que decía: «Muera el fascismo».

—¿Ah, sí? Desde aquí olemos a fiambre.

—Eso cuéntaselo al último cabrón que durmió con tu madre.

Otras veces una nota sentimental tocaba el aire.

—¡Eh, fascistas! ¡Hijos de Mussolini!

—¿Qué pasa ahora? Abreviar, que tenemos sueño.

—¿Hay por aquí alguno que sea de Alcañiz?

Se oía una voz.

—Sí, yo soy de Alcañiz. ¿Qué pasa?

—Que ayer en tu pueblo hubo *comadroneo*. Una gachí de veinte años tuvo gemelos.

—¿Cómo? ¡La hostia! ¡Dame el nombre! ¿Cómo se llama?

—Un nombre muy así..., muy café con leche. ¡Margarita! Eso es... Margarita Iguacen.

—La conozco, la conozco... Oye...

—¿Qué quieres?

—Si vuelves por allá, si no te matamos hoy de un chupinazo, dale recuerdos de mi parte, de parte de Eustaquio. Ella sabrá...

—¿Eres tú el padre o qué? Serás servido...

Otras veces la nota sentimental era el intercambio equitativo de noticias de uno y otro bando. Cada lunes los «nacionales» daban a los «rojos» el parte de las corridas de toros celebradas en su territorio y los «rojos» correspondían dándoles los resultados de los partidos de fútbol celebrados en el suyo.

El día 26 de septiembre, los capitanes José Alvear y Culebra, disfrazados respectivamente de don Quijote y de Sancho —aquél, con una lanza, éste, con aire de labriego astuto—, decidieron armar la gorda. Enterados de que las trincheras «nacionales» estaban guarnecidas por falangistas y guardias civiles se acercaron a los micrófonos y dedicaron a los primeros el *Cara al Sol*, con el texto modificado burlescamente —dijeron camisa «sucia» en vez de camisa «nueva» y en vez de «volverá a reír la primavera», «mataremos a Primo de Rivera»—, y a los segundos, recitado de punta a rabo, el «Romance de la Guardia Civil española», de García Lorca:

> *Tienen, por eso no lloran,*
> *de plomo las calaveras.*
> *Con el alma de charol*
> *avanzan por la carretera.*

Todo el mundo dio por descontado que los «rebeldes» contestarían a morterazo limpio, de modo que Arco Iris, precavido, se hundió en la cabeza un casco pintado de verde. Pero sucedió lo imprevisto. La respuesta «fascista» no fue de metralla, fue verbal. Una voz rotunda, de locutor profesional, dijo: «¡Atención, rojos, atención! ¡Basta de versos! ¡Toledo es nuestro! ¡Toledo es de España! ¡El Alcázar ha sido liberado! ¡Arriba España! ¡Cabrones, cochinos! ¡Toledo es de España! ¡Ahora vamos a por Madrid! ¡Tararí, tarará...!»

Los milicianos del sector, especialmente el capitán Culebra y José Alvear, se quedaron de una pieza. Muchas veces, en ocasiones similares, habían contestado: «¡Mentira, embusteros fascistas! ¡Mentira! ¡Que os den por el c...!» Pero aquella vez, sin saber por qué, presintieron que la noticia era cierta. «¡Maldita sea!», se oyó. Y otra vez el silencio. El capitán Culebra, vestido de Sancho, abandonó el micrófono y tomó la cajita de la culebra, y José Alvear, vestido de Quijote, abandonó su lanza y tomó en sus manos el sombrero. Y echaron a andar. Echaron a andar encorvados, puesto que sus cabezas no eran

249

de madera. Y con mucha lentitud, pues hasta sus piernas re-
flexionaban. Sin darse cuenta se dirigieron hacia el desierto
en que la «batería vegetal» apuntaba al enemigo. La distancia
era aproximadamente de un kilómetro, tal vez más. Y ninguno
de los dos hombres decía nada y la culebra dormía en la
cajita, que sostenía torpemente su amo.

El enemigo, entretanto, tocaba el himno del *Legionario*, el
Oriamendi, y el *Cara al Sol*. Los legionarios afirmaban que «su
novia era la muerte», los requetés cantaban «la unión» y los
falangistas, como Mateo al llegar a Gerona, decían que en
España empezaba a amanecer. Y lo decían en un momento en
que los pensamientos de Quijote y Sancho eran crespusculares
y en que por la llanura de Aragón pasaban las primeras sombras fantasmales, sombras enfermas como Dimas, acariciantes
como las manos de Merche mientras Porvenir agonizó.

El capitán Culebra y José Alvear llegaron al emplazamiento de los cuatro troncos de árbol que hacían de cañones. Y allá
se sentaron, a los pies de uno de estos cañones. Y José Alvear,
sacando sin fuerza su cajetilla de tabaco, suspiró:

—Hay que joderse.

Y el capitán Culebra contestó:

—Me c... en Mussolini y en Hitler, cien veces y más.

Liaron un pitillo. El papel era de marca Job. Al cabo de un
rato los dos fanáticos acróbatas iban matando con los pies
hormigas y más hormigas.

—Lo que más me ha reventado —dijo de pronto José Alvear— ha sido el tararí-tarará...

Lo que mayormente había impresionado a Durruti, incluso
más que la pérdida de Toledo y su famosa fábrica de armas, y
más que la noticia según la cual los moros y los legionarios
prosperaban incontenibles en su avance hacia Madrid, había
sido la derrota en el Norte, la derrota de los vascos. Durruti
admiraba a los fuertes, y los vascos lo eran en grado superlativo. A los atletas extranjeros les decía siempre: «Si algún rato
os sentís superhombres, avisadme. Os traigo una docena de
vascos y comeréis papilla.» ¿Qué tendrían, pues, los requetés,
que fueron capaces de vencer a los «gudaris» y tomar Irún y
San Sebastián?

Durruti había evolucionado. No vivía de ilusiones. Sus
hombres, los anarquistas, magníficos luchadores en las barri-

cadas, en el frente dejaban mucho que desear. «Libertad y disciplina se dan de bofetadas», le decía a Pérez Farrás. Continuamente recibía informes desagradables, no sólo del frente de Aragón, sino de los restantes. Informes que daban cuenta incluso de vergonzosas deserciones a la retaguardia. Buenaventura Durruti, que en un discurso había dicho: «Renunciamos a todo menos a la victoria», comprendió que era preciso tomar una determinación y la tomó: convertir su feudo de Aragón en base modelo, que sirviera de pauta a todo el Ejército Popular.

Los sistemas podían ser muchos; él escogió el que le dictaba su temperamento. Y su temperamento le aconsejaba imponerse por vía directa, por el escarmiento, cortando por lo sano. Sus compañeros Ascaso y Ortiz, llamados a consulta, le dijeron que Líster y el Campesino, comunistas, estaban empleando ya desde un principio este procedimiento, que se ganaban la obediencia de su tropa a base del ejemplo personal y del terror. La lengua de Durruti chascó. «¡Bueno! Yo no entiendo el ruso. Que ellos hagan lo que quieran. Yo actuaré a mi manera.» Durruti odiaba a los comunistas, sobre todo desde que con voces de halago intentaban captarlo para el Partido.

«Actuaré de mi manera.» Así lo hizo. Montado en un coche blindado, visitó el frente de un extremo a otro, desde Teruel hasta Huesca, y se enfureció. Había quien hacía la guardia cantando. Había quien se presentaba voluntario en una centuria, recibía el plato, la manta y el capote e inmediatamente se iba a segunda línea, donde lo vendía todo, para el día siguiente presentarse a otra centuria y repetir el juego. Había quien recorría de noche los puestos avanzados llevando en la mano un farol encendido. «¡Compañero Durruti, hay que hacer algo!» El coronel Villalba, en su «cuartel general» situado en las cercanías de Siétamo, le dijo: «Yo no me siento capaz de convertir a esta gente en soldados.»

Durruti no era hombre de proyectos a largo alcance. Tenía un defecto: de súbito, como a las hormigas, le entraban irrefrenables ganas de vivir. Era hombre de acción y de ahí que Gerardi, el peludo y gorilesco italiano, dijese de él que hubiese sido un gran jefe de tribu en el desierto. En esta ocasión así lo demostró. De entre las múltiples irregularidades a corregir en sus fuerzas combatientes, irregularidades que habían sido anotadas al dorso de una fotografía de revista que representaba a Marlene Dietrich, estimó que las más urgentes eran dos. Dos anomalías que, con carácter perentorio, le señaló, ¡por fin!, su admirado doctor Rosselló. Se trataba de la epidemia homosexual, que se propagaba en las trincheras, y de las ya famosas enfermedades venéreas, que amenzaban con diezmar la columna.

—Compañero Durruti, lamento hablarte así. Los homosexuales son un peligro, demostrado en todas las guerras. Y en cuanto a las enfermedades, no creo que haga falta enseñarte las estadísticas.

Durruti, que con la indumentaria otoñal parecía más corpulento aún, verdadera torre humana, decidió empezar por ahí. Se echó para atrás el gorro con las orejeras levantadas y miró como siempre a la lejana Zaragoza. Luego ordenó que todos los homosexuales calificados y todas las milicianas atacadas de enfermedad fueran desarmados y conducidos a la estación de Bujaraloz.

El cumplimiento de semejante orden presentó sus dificultades, pues se refería a los tres sectores Teruel, Zaragoza y Huesca. Pero Durruti fue tajante: «Cuarenta y ocho horas bastan y sobran.» «Cuando esté todo listo, avisadme.»

El doctor Vega actuó con energía. Y las sorpresas fueron considerables. La centuria del Sindicato del Espectáculo suministró más de la mitad de los homosexuales. Y también fue desarmado el atleta rumano que ofició de testigo en la boda de Porvenir y Merche. En cuanto a las milicianas dolientes, en efecto eran muchas y su localización presentó mayores escollos debido a las falsas denuncias hechas por los milicianos que querían cambiar de mujer. En total, fueron desarmadas veintiuna. Las escenas eran penosas y muchas milicianas se resistían a ser evacuadas. Entre éstas destacó ¡la Valenciana! Se lió a insultos, pero el doctor Vega se mostró implacable. Y la Valenciana tuvo que subirse al camión rumbo a Bujaraloz, pese a las protestas de Teo y el asombro del Perrete.

En la estación de Bujaraloz, la concentración de ambas redadas resultó impresionante. Todo el mundo suponía que la intención de Durruti era conducir los prisioneros a la retaguardia. Pero el jefe anarquista había decidido para sus adentros otra cosa. En cuanto Sanidad le pasó el aviso «Orden cumplida», Durruti tomó su fusil ametrallador y, montando en su coche blindado, se trasladó a Bujaraloz. En el camino iba repitiéndose a sí mismo: «El pasado no cuenta. Renunciamos a todo, menos a la victoria.»

El coche paró a la salida de la estación, antes del paso a nivel. Por orden suya los detenidos, que sumaban treinta y siete en total, habían sido encerrados en unos vagones de carga situados en vía muerta. Vagones de «Tara 2.000 Kgs.», pintados de bermellón sucio y con puertas corredizas. Durruti hizo una seña y dos milicianos de su séquito personal se apostaron junto a la puerta del primer vagón, en tanto él se apeaba y se colocaba en posición favorable. Del interior provenían gritos: «¡Eh, que no somos mulas!» «¿Te la he pegao a ti, o qué?»

Durruti no se alteró. Dio orden de abrir la puerta, al tiempo que él incrustaba en su costado derecho el fusil ametrallador.

La puerta del vagón chirrió y aparecieron los rostros de los allí encerrados. Y Durruti abrió fuego... Fueron ráfagas secas, perfectas, que en un santiamén convirtieron aquellos cuerpos en muñecos aterrorizados. Los que se caían permitían ver a los que quedaban atrás o acurrucados en los rincones.

La operación se repitió en los vagones vecinos, sin que los de dentro pudieran hacer nada para impedirlo. A una orden suya dos milicianos corrían la puerta hacia la izquierda y ¡zas! La operación duró, en conjunto, cinco minutos escasos. Y nadie estaba capacitado para emitir una opinión.

Terminada su labor, Durruti se colgó de nuevo el fusil ametrallador, dio las debidas instrucciones y montó en el coche. «Andando», dijo. Y regresó raudo a su puesto de mando, donde se sentó y pidió una taza de café.

«¡Compañero Durruti, hay que hacer algo!» La noticia de lo hecho corrió de boca en boca al igual que había corrido la de las aguas del Ebro infectadas. De trinchera en trinchera, desde la sierra de Alcubierre al Pirineo. El último en enterarse de lo ocurrido fue Teo, convertido en barrendero del «Rincón de Cultura». Gorki le comunicó la novedad. Le dijo: «La Valenciana también.»

Teo pegó un grito y soltó la escoba. «¡Maricón!» Levantó los dos brazos como un profeta. Recordó el rostro de Durruti y en nombre de la Valenciana juró que sabría vengarse.

CAPÍTULO XVI

LA COLUMNA «NACIONAL» salida de Galicia para liberar a los defensores de Oviedo, sitiados por los mineros, alcanzó su objetivo. Las fuerzas que ocuparon San Sebastián prosiguieron su avance en el frente del Norte, dirección Bilbao. El Alcázar había sido liberado y el Santuario de Nuestra Señora de la Cabeza seguía resistiendo. El resumen de la campaña, pues, era favorable a la España «nacional».

En la España «nacional» se respiraba un clima de confianza en el mando militar. La confianza era merecida y todas las papelerías del territorio agotaron los mapas de la Península Ibérica para sobre ellos poder seguir la marcha de las operaciones. Según fuera el mapa, España aparecía sucia o recién estrenada, vigorosa o incierta, con muchas o pocas carreteras. Había mapas en color que eran una fiesta en la pared, si bien las manchas rojas y blancas no coincidían con los territorios ocupados por los beligerantes. Los mapas de las zonas productivas de España eran graciosos. En ellos se veían olivares, naranjales, chimeneas, muchachas campesinas ordeñando vacas, etcétera. El mar rodeaba estos mapas de bobalicones peces situados aquí y allá, repartidos en el azul. Todos estos mapas se llenaron de banderitas clavadas, como si España fuera un insecto disecado. En todos los mapas Portugal aparecía sin banderitas, idílico, constituyendo una envidiable unidad.

Tal vez la victoria más popular fuera la conseguida con la toma de Toledo y la liberación del Alcázar. A medida que pasaban los días e iban conociéndose detalles, la gesta de los defensores de la fortaleza iba adquiriendo aureola mítica. Se hablaba de «espíritu numantino» resucitado entre aquellos muros, y algunos periódicos publicaron la biografía de uno de los combatientes allí muertos, Ángel Ribera, el cual, según la opinión de sus compañeros, fue un santo arquetipo, alma ejemplar que sonreía entre los obuses y la dinamita. Los «nacionales» deseaban liberar también a los defensores del Santuario de Nuestra Señora de la Cabeza; pero, dada su lejanía, la operación no parecía hacedera. Entretanto, se les suministra-

254

ba todo lo posible por vía aérea y se había enlazado con ellos por medio de palomas mensajeras.

Don Anselmo Ichaso hizo desfilar tod⌐ ⌐ los trenes delante de la estación que decía «Toledo». Sin embargo, el jefe carlista, en este caso, acusaba al mando de sentimentaloide, de haberse desviado del objetivo principal, que era la carretera de Madrid, para acudir a liberar al Alcázar, con una pérdida de tiempo tal vez irrecuperable. Con todo, el golpe mortal era evidente y los periódicos extranjeros, unánimes en dar respetuosa cuenta del hecho, circulaban de mano en mano.

En el bando «nacional», Núñez Maza, cuyo equipo, compuesto de cuatro falangistas, contaba, gracias al alemán Schubert, con cámara cinematográfica, filmó a los soldados entrando en la ciudad; en el bando «rojo», el periodista belga Raymond Bolen, amigo de Fanny, filmó a los milicianos huyendo de ella. El padre de José Alvear estuvo en Toledo, y una y otra vez se estrelló contra el Alcázar, al igual que sus compañeros.

La guerra seguía siendo, en su conjunto, guerra de escaramuza, que era la que preferían los moros y los milicianos. Sin embargo, el camino emprendido por uno y otro conducía fatalmente a la guerra grande, la de verdad.

El mando «nacional» se preparaba sin duda para ello y lo demostraba la creación de Academias para sargentos y alféreces «provisionales», academias sagazmente concebidas, entre cuyos instructores había alemanes que por haber servido en Sudamérica dominaban más o menos el español. Los solicitantes para ingresar en los cursillos de alférez solían ser muchachos muy jóvenes, de aspecto decidido y abierto, a los que embriagaba la idea de llevar una estrella en el pecho.

Otro síntoma de ampliación bélica era lo que sucedía con las dos armas básicas de que hablaron Casal en *El Demócrata* y el coronel Muñoz en el café Neutral: aviación y marina. El número de aviones aumentaba a diario en ambas zonas, si bien los rojos seguían dominando en proporción de cuatro a uno, gracias, en parte, a la campaña desencadenada en Francia —a la cual no era del todo ajeno Julio García— bajo la consigna *Des avions pour l'Espagne!* y a la creación de la Escuadrilla Internacional de Voluntarios, capitaneados entusiásticamente por el escritor André Malraux. A finales del otoño de 1936, se calculaba que los «nacionales» contaban con ochenta aparatos por trescientos veintitrés sus adversarios.

Los aparatos «rojos» seguían siendo del más variado origen y la escasa combatividad de la mayor parte de los pilotos extranjeros —contratados a sueldo eludían en lo posible internarse en campo enemigo, limitándose a una labor defensiva— preocupaba a los dirigentes, obligándolos a dar, en este aspecto, la razón a Cosme Vila y volver la mirada hacia Rusia. Rusia, por supuesto, había enviado su pequeño cupo, su cupo representativo, del que formaba parte anecdóticamente una muchacha de menos de veinte años, cuyo avión fue herido por un antiaéreo en el sector de Talavera, forzándola a lanzarse en paracaídas y entregarse a los «nacionales».

En la Aviación «roja», que los periódicos habían bautizado con el nombre de «La Gloriosa», destacaban el piloto Rexach, que seguía actuando por su cuenta; los franceses Gilles y Bourjois y los ingleses Griffith y Martin Drew. Muchos de los aparatos eran adornados con una gran mancha roja, y entre los pilotos que eran padres de familia se extendió la costumbre automovilística de llevar en un rincón del parabrisa un zapato del benjamín de la familia. En la aviación «nacional» destacaron muy pronto García Morato, incansable entre las nubes, y el capitán Carlos de la Haya. La divisa de García Morato era: «Vista, suerte y al toro» y su popularidad, incluso entre los pilotos «rojos», era tal, que muchos de ellos, al despegar, se saludaban diciendo: «Que no te encuentres con el grupo de García Morato.»

Carlos de la Haya tenía en su haber incontables viajes al Santuario de Nuestra Señora de la Cabeza, abasteciendo a sus defensores, y su capacidad técnica era juzgada sin par.

En cuanto a la Marina, la superioridad numérica de las unidades «rojas» seguía siendo aplastante y muy escasa su actividad. Por contraste, los «nacionales» se mostraban eficaces en la vigilancia de los puertos enemigos —Sebastián Estrada patrullaba a bordo del Torpedero 19— y, además, en sus astilleros de El Ferrol había sido ya botado el crucero *Canarias*, al que se daban los últimos toques, y se aceleraba la construcción de otro crucero, el *Baleares*, esperando que pronto podría hacerse a la mar. Los observadores ingleses opinaban que, dada la longitud del litoral español, «ganaría aquel de los dos adversarios que dominara el mar».

La guerra se extendía cada vez más. Guerra civil, cuyos contrastes y paradojas eran innúmeros. En el Monasterio de Guadalupe, los milicianos asaltantes sorprendieron en el templo a frailes y moros entonando los mismos cánticos. Jorge de Batlle, el falangista huérfano, que había pedido el ingreso en la aviación para poder satisfacer su deseo de venganza —ital vez consiguiera bombardear Gerona!—, supo que uno de los mejores pilotos «nacionales» de la escuadrilla de García Morato era llamado «Satanás», mientras que, en el frente de Córdoba, un dinamitero «rojo» era llamado «Arcángel». En Almería, una miliciana le decía a su hijito: «A ver, monín, pon la cara que ponían los fascistas en la playa, cuando los mataban»; entretanto, en Gerona, la mujer de un miliciano de la calle de la Barca vestía de luto a sus hijos cada vez que en la provincia caía asesinado un médico. En Asturias, los voluntarios del «pueblo» que no tenían arma blanca se apoderaban de las guadañas de la siega; en el frente de Huesca, los «falangistas» que andaban escasos de armas automáticas repiqueteaban con picardía en las cacerolas y platos simulando el ruido de las ametralladoras. En Barcelona, las echadoras de cartas, varias de las cuales eran amigas de Ezequiel, hacían su agosto entre las madres y las novias de los combatientes «rojos»; en Andalucía, Queipo de Llano no conseguía enrolar a los gitanos, que le desaparecían por los atajos, mientras lanzaban en dirección a los cuarteles o a las trincheras maldiciones faraónicas. Los «rojos» consideraban importante sacar de Madrid el tesoro del Banco de España, ponerlo a buen recaudo y, en consecuencia, una comisión salió para Valencia y Cataluña en busca de un lugar seguro. Los «nacionales» consideraban importante que el correo llegara puntual a los soldados y no regateaban esfuerzos para, día tras día, adaptar los sistemas de enlace a las sinuosidades de la línea de fuego.

El consabido péndulo seguía funcionando. Los dos bandos se influían inevitablemente y a menudo se copiaban el uno al otro. Sin embargo, en el fondo de cada cual regía más que nunca la frase del doctor Relken que tanto impresionó a Julio García: «Mi cerebro me lo pago yo.»

En el bando «rojo», la autoridad seguía dispersa, escondidas las opiniones; en el bando «nacional», la Junta de Defensa instalada en Burgos decidió nombrar un jefe único, un jefe de Gobierno, que centralizara en sus manos la responsabilidad. El nombramiento, después de algunas incidencias, recayó en el general Franco, por considerar que éste reunía en su persona la experiencia, la juventud, la serenidad y su inveterado conocimiento de los asuntos de Marruecos, aspecto básico en un momento en que las fuerzas moras se derramaban por los campos de batalla.

El Decreto decía así: «Se nombra Jefe de Gobierno del Estado Español al Excelentísimo Señor General Don Francisco Franco Bahamonde, quien asumirá los poderes del nuevo Estado. Se le nombra asimismo Generalísimo de las Fuerzas de Tierra, Mar y Aire, y se le confiere el cargo de General Jefe de los Ejércitos de Operaciones.»

El Ejército del Norte seguía al mando del general Mola y el del Sur al mando del general Queipo de Llano. Al defensor del Alcázar, general Moscardó, se le confió la División que se organizaba en Soria.

A tenor de los acontecimientos, día tras día aumentaba el número de fugitivos de la zona «roja» que entraban en la España «nacional». Ocupados Irún y San Sebastián, el paso de Dancharinea ya no tenía objeto y todo el mundo utilizaba la frontera de Hendaya, que fue abierta inmediatamente al público.

La ocupación de Guipúzcoa convirtió a muchas personas en cometas sin dirección: a todos los guipuzcoanos que huyeron a Francia o hacia Bilbao. En cambio, fijó de un modo rotundo la vida de otras muchas personas, entre las que se contaban «La Voz de Alerta» y Javier Ichaso, el hijo mutilado de don Anselmo Ichaso.

En efecto, con la ocupación de San Sebastián, don Anselmo creyó llegado el momento de dar forma oficial a sus propósitos de organizar el Servicio de Información. El servicio sería de espionaje, pero esta palabra era altisonante, y, sobre todo, delatadora. «SIFNE» fue el preferido: «Servicio de Investigación del Nordeste de España.»

«La Voz de Alerta», con su gigantesca boina roja y sus polainas, recibió las órdenes oportunas. Se instalaría en San Sebastián, en un piso de alquiler módico, y se llevaría consigo a Javier Ichaso, incapacitado para volver al frente. El jefe supremo sería, por supuesto, don Anselmo, quien haría periódicos viajes a San Sebastián. «La Voz de Alerta» le representaría, y Javier sería el brazo derecho del dentista.

La primera labor que incumbía a éstos era organizar un equipo de colaboradores cuya lealtad no ofreciera duda, por lo que en su mayoría se extraerían entre los fugitivos de la zona «roja». El presupuesto sería escaso, y sin embargo era preciso que dichos colaboradores, cada cual en lo suyo, fueran hombres bien dotados. A medida que el Servicio extendiera sus palpos, se necesitarían más y más especialistas; pero, de momento, cuanto más discretamente pudiera actuarse, mejor.

—Naturalmente, hay una serie de puntos urgentes: escucha de radios, lectura de periódicos, cacheo en la frontera, descifrado, decriptación, control de puertos franceses y contraespionaje. En este papel lo encontrará usted todo señalado. Organice en seguida los enlaces con Francia y, a través de éstos, con Gerona, Barcelona y Madrid. Y no olvide, por favor, que Mola sigue valiéndose exclusivamente de planos Michelín y Guías Taride.

«La Voz de Alerta» se exaltó. Su entusiasmo era enorme y ni por un momento le pasó por la cabeza que la misión lo desbordaría. Los primeros días, cuando Navarra y todo lo que veía de ella le resultaba ajeno, se fumaba muchos pitillos mirando al horizonte; pero esto era ya historia.

Sus reflejos eran rápidos, de modo que ya antes de salir para San Sebastián le dio a don Anselmo dos nombres de posibles colaboradores: el notario Noguer, en Francia; Laura, en la zona «roja». «La Voz de Alerta» ignoraba hasta qué punto su esposa estaba ayudándole ya en Gerona. Don Anselmo asintió: «Lo dejo en sus manos.»

En cuatro días efectuaron el traslado a San Sebastián. El piso que alquilaron en la calle de Alsasua era espacioso. Lástima que desde él no se viera la Concha, la bahía. Javier repitió varias veces: «Es una lástima». De Pamplona se llevaron a una joven sirvienta llamada Jesusha, muy conocida de los Ichaso. Don Anselmo acudió a la estación a despedir a los tres y les dio consejos por riguroso turno. «Usted, mi querido dentista, un minuto antes de empezar a actuar, léase el texto de Josué, II, del Antiguo Testamento.» «Tú, hijo, no olvides que para Dios no hay héroe anónimo.» «Y tú, Jesusha, mata de hambre a los señores... pero poco a poco.» Acto seguido el tren arrancó y don Anselmo, envuelto en humo, dijo para sí: «Prefiero los trenes en miniatura.»

En cuanto estuvieron instalados en el piso de la calle de Alsasua —la parte delantera se destinó a oficina y la trasera a vivienda—, «La Voz de Alerta» y Javier Ichaso se sentaron en sus correspondientes sillas y leyeron el texto de Josué, II, recomendado por el padre del requeté mutilado. Decía así: «Josué, el hijo de Nun, envió dos hombres de Sittim para espiar secretamente... Ellos llegaron a la casa de una mujer, que era una cortesana llamada Rajab, y vivieron con ella.»

¿Qué quiso dar a entender con ello don Anselmo Ichaso? Era fácil adivinarlo. Quería persuadirlos de que la labor a que iban a entregarse databa de los tiempos más remotos, que era más antigua que la Masonería e incluso que el Cristianismo.

—Ya lo ves, Javier —dijo el dentista—. Somos los dos hombres de Sittim, dispuestos a espiar secretamente... ¡Lástima que no hayamos encontrado aquí a la cortesana llamada Rajab!

El mutilado de la frente abombada y los ojos juntos se rió.

—Se la reclamaré a mi padre.

Salieron luego a dar una vuelta para conocer el barrio. El otoño encendía hogueras en el cielo de San Sebastián, lo mismo con el alba que al atardecer, y en la bahía el agua de pronto dejaba de ser agua y se convertía en la cobertura, en el escondite de los peces, de las algas, de los barcos hundidos y de millones de mundos que vivían en las profundidades ignotas. «La Voz de Alerta» se alegró al descubrir que había una iglesia y una pastelería muy cerca de su casa. Javier se alegró al ver que los cafés más próximos disponían de confortables sillones.

Luego pusieron manos a la obra, con éxito. En quince días la red de enlace, a través de Francia, hasta Barcelona y Madrid, empezó a tener forma. En San Juan de Luz, el agente sería un francés monárquico, *maître* del Hotel Fénix. Éste enlazaría con el agente de Perpignan, que, efectivamente, sería el notario Noguer. Un ferroviario enlazaría con Laura en Gerona, y Laura enlazaría con Barcelona, Valencia y Madrid. En el interior de la España «nacional» se establecerían grupos o células que se dedicarían al contraespionaje y a orientar a los agentes que, por necesidades del Servicio, tuvieran que cruzar las líneas y actuar en la zona «roja».

El contraespionaje era necesario porque los «rojos» se les habían anticipado y contaban ya con organización propia. Por el momento, don Anselmo Ichaso creía saber que el cabeza de dicha organización era un hombre joven llamado Dionisio. No se sabía nada más de él... «Hale —comentó "La Voz de Alerta", acariciando una pila de carpetas azules que acababan de traerle—, a encontrar al tal Dionisio antes de que termine la guerra.»

El primer objetivo que se propusieron fue el de reproducir

en fotocopia la cartografía existente en el Ministerio de Guerra, en Madrid. Cartas militares, planos del Instituto Geográfico al 1 por 50 000, planos de costas marítimas al 1 por 20 000, planos planimétricos de las grandes ciudades «rojas», etcétera. «La Voz de Alerta» suponía que pedía la luna y no era así. Pronto el notario Noguer le comunicó que «el servicio estaba efectuándose con la mayor rapidez». «La Voz de Alerta» se tocó los lentes, la montura de oro de los lentes, y pensó que, sin duda, Laura había intervenido en aquello. La idea de la colaboración con Laura a través del espacio le agradó desde el primer momento, aunque temía que el Comité de Gerona acabara descubriendo a su mujer.

Javier Ichaso se encargó de revisar concienzudamente los periódicos que llegaban de la zona «roja», así como de escuchar las radios. Todo cuanto le llamaba la atención lo registraba en una ficha. Por supuesto, confirmando los temores del catedrático Morales, el «Buzón del Miciliano» publicado por *Solidaridad Obrera* constituyó en seguida su más directa fuente informativa con respecto a la situación de las fuerzas de Aragón. También tomaba nota del alud de visitantes extranjeros que eran homenajeados en la zona «roja».

Escuchar las radios se le hacía muy pesado, y las interferencias, los botones y la franja luminosa acababan poniéndole nervioso. «¡Maldita pierna!», blasfemaba a veces, añorando el frente.

La revisión de periódicos extranjeros y la escucha de las emisoras francesas, inglesas e italianas corrió a cargo de «La Voz de Alerta» en persona, auxiliado por el ex director de una Academia de Idiomas de Lisboa con el que establecieron contacto. Este hombre, de casi sesenta años de edad, Mouro de apellido, tenía una paciencia infinita y no regateaba una hora de servicio. Era un poco sordo, por lo que sorprendían la diligencia y la puntualidad con que captaba los mensajes radiofónicos que se ponían a su alcance. A la semana justa de comenzar el examen de la prensa extranjera, se comprobó que se podía contar con dos insuperables informadores militares: los artículos que desde Barcelona y Madrid enviaban a París los observadores franceses Armengaud y Rieu Vernet. Sus comentarios sobre el frente «rojo» e incluso sobre la retaguardia eran prodigios de objetividad y de sentido común.

Faltaban descifradores y descriptadores; faltaban hombres capacitados para obstaculizar y sabotear los cargamentos de armas que, desmintiendo el escepticismo de Cosme Vila, salían de puertos franceses con destino al Levante español; faltaban aparatos de radio-emisión; faltaba experiencia, ¡faltaba dinero! Pero había buena voluntad y lo importante era no desanimarse, cuidar los reflejos y ser escrupuloso.

Don Anselmo Ichaso había pertrechado a «La Voz de Alerta» con toda suerte de documentos que garantizasen su labor, y por su cuenta había escrito además a todas y cada una de las autoridades de San Sebastián y de la frontera para que le dieran facilidades, sin inmiscuirse en su trabajo. Todo ello constituía para el dentista un arma de dos filos. Por un lado, lo halagaba; por otro, lo abrumaba de responsabilidad. Simultáneamente, recibió la inesperada visita de un alemán de medio pelo, quien llevaba consigo un aval de don Anselmo. Este alemán se le presentó como antiguo agente de espionaje en la guerra mundial de 1914 y su charla había de hipnotizar a «La Voz de Alerta» y a Javier Ichaso, pues estribó en indicarles una serie de procedimientos y ardides, a cual más taimado, para evacuar noticias y también para recibirlas. Un sistema para «penetrar» en las oficinas ministeriales y de los Estados Mayores era el soborno de las mujeres de la limpieza, cuya misión debía consistir simplemente en escamotear cada mañana, para entregarlo luego, el contenido de las papeleras. Otro sistema eficaz era el soborno de la mecanógrafa o mecanógrafas del despacho señalado como objetivo, cuya astucia debía consistir en cambiar «cada vez» el papel carbón, separando y guardando los papeles ya usados, que más tarde al trasluz podrían leerse sin dificultad. El alemán les aconsejó el reverso de los sellos de las cartas como lugar a propósito para anotar y enviar un mensaje. También solían pasar con extraña impunidad los simples periódicos doblados, con la franja mugrienta. Otro camino eran las valijas diplomáticas; los anuncios en determinados periódicos, etcétera. A su entender, lo más laborioso solía ser la obtención de noticias veraces sobre los convoyes marítimos, por la dificultad de penetrar en los muelles; el falseamiento, hecho a propósito, de los horarios y el cambio de bandera en alta mar. También los puso en guardia contra los agentes «mercenarios» que, en el momento crucial, podían pasarse al enemigo, contra los agentes charlatanes —«los españoles lo son por temperamento»— y contra los borrachos. Y aconsejó la utilización de mujeres, a ser posible no demasiado

inteligentes, pero serenas, capaces de dramatizar y que lleva-
sen un bebé en brazos.

¡Fascinante campo de acción! «Mucho cuidado —aconsejó
el alemán, para terminar— con tomar lo espectacular por lo
útil...» Eso les dijo, desapareciendo inmediatamente después,
no sin dejarles un número de teléfono del mismo San Sebastián, al que podían llamarle en cualquier circunstancia.

«La Voz de Alerta» y Javier Ichaso tardaron un minuto en
poder abrir la boca y cuando lo hicieron fue para incrustarse
en ella un pitillo.

—¿Qué te parece?

—Con su permiso, me quito la boina.

«La Voz de Alerta» sonrió satisfecho... Había entrado con
buen pie. «Josué, el hijo de Nun, envió dos hombres a Sittim
para espiar secretamente...» «La Voz de Alerta» no había cambiado. Seguía con sus filias y con sus fobias, y pronto se pasea-
ría por la maravillosa ciudad donostiarra con facha de almirante y alternaría con la buena sociedad, con «margaritas» y
muchachas que servían en los improvisados comedores del
Kursaal.

Por supuesto, le gustaba el Cantábrico porque era más
fuerte que su propio espíritu. Escribió una larga carta a Pamplona, a mosén Alberto, cuya visita recibió antes del traslado,
al final de la cual le decía: «Me avergüenza confesarlo, mosén,
pero casi soy feliz.» ¡El mismo autorreproche que mosén Alberto se hacía en el convento de las monjitas, cada vez que
éstas le servían chocolate! «La Voz de Alerta», además, se
convirtió sin querer en el automático «cónsul» de todos los
fugitivos de Gerona y provincia que llegaban desorientados a
San Sebastián. En seguida daban con él o, mejor dicho, con su
boina, pues era la suya la mayor de la ciudad y todo el mundo
sabía que pertenecía al «distinguido dentista catalán». A estos
fugitivos los informaba a su manera... Les decía que los requetés llevaban en los frentes todo el peso de la lucha, que en
Falange había mar de fondo, que muchos generales querían la
monarquía, etcétera. Y desde luego, censuraba a los muchos
catalanes que, apenas llegados a la zona «nacional» procedentes de Lourdes, lo primero que hacían era irse con una mujer;
lo segundo, empezar a sentirse «separatistas», y lo tercero,
echar una mirada panorámica con el propósito de encontrar
un sitio estratégico para montar un negocio o levantar una
fábrica.

Sus relaciones con su secretario Javier Ichaso eran complejas. A veces miraba al muchacho, veintiún años, pensando: «Me gustaría tener un hijo de esa edad.» Un hijo, por supuesto, con la mirada menos obsesiva, más elástico y con más sentido del humor. La figura de Javier, con las muletas, con los dos ángulos bordados en el antebrazo, correspondientes a las dos heridas, recordaba sin descanso que vivir era un hecho arduo, serio.

Javier Ichaso sentía por el dentista franca admiración. Comprendía que «La Voz de Alerta» había ensanchado su horizonte mental. Javier Ichaso era víctima de su padre como Jorge lo fue del suyo, de un padre autoritario, de autoritaria barriga, absorbente, y cuyas ideas se circunscribían a Navarra, a España y al deseo de tener rey.

—La verdad le digo. Antes de hablar con usted, confundía a Zumalacárregui con Napoleón.

El pensamiento de Javier encontró en «La Voz de Alerta» la lisonjera justificación intelectual de muchas actitudes e ideas que él, Javier, había adoptado desde siempre por instinto, incluyendo la mismísima idea monárquica. En efecto, «La Voz de Alerta» dio a ésta una dimensión incluso geográfica. Inventarió todo cuanto la comunidad humana les debía a los reyes, bajo cuyo patrocinio se habían realizado la mayor parte de las conquistas en todos los terrenos. «Inspiran respeto y autoridad, son aglutinantes y emana de ellos una jerarquía natural. En cambio, te sería muy difícil, en una reunión sin uniformes, distinguir quién es el presidente de la República y quién es el jefe de Falange.»

Javier Ichaso se infantilizaba también cuando entraba en la oficina dirigida por Mouro, el políglota portugués, y entraba allí el mismísimo dentista captando toda clase de emisiones o traduciendo de carretilla, sin el menor error, el *Times* o *Le Figaro*. Javier Ichaso no hablaba más que español con acento navarro. «Claro, claro —se decía, pensativo—. Además de Navarra y de España, hay otras tierras.» Estas tierras le parecían al muchacho enormes... Y más enormes aún cuando, al ponerse en pie, recordaba que llevaba muletas.

Lo mismo le ocurría con respecto a la religión. El día que «La Voz de Alerta», al término de un desfile que ambos presenciaron desde el balcón de su casa, le dijo a Javier: «Vamos a ver: acabas de cantar diez veces "Por Dios, por la Patria y el Rey". ¿Qué es Dios para ti?», Javier puso cara triste. No supo qué contestar. Encogióse de hombros y dijo: «Todo.» Pero él mismo se dio cuenta de que la respuesta no era válida.

Esto era lo curioso. Javier Ichaso tenía tan honda fe religiosa, que por ella se hubiera dejado matar; sin embargo, jamás se le ocurrió justificar dentro de sí tal creencia, como nunca tampoco se le ocurriría a Carmen Elgazu. Javier había heredado esa fe como heredó el apellido. Y «La Voz de Alerta» le dijo que no, que la fe era algo más importante que heredar una nariz o unas orejas. Que debía razonar la idea de Dios, so pena de convertirse en un ignorante o en un déspota. ¡El dentista hablando de despotismo! Ocurría eso, que la admiración de Javier Ichaso estimulaba a «La Voz de Alerta», el cual acusaba al muchacho de defectos de que él mismo era víctima en grado superlativo.

—Dios no es sólo un escapulario y un cirio. Tu religión es miedosa. Es religión de escrúpulos. Pecas y no vives hasta que te has confesado... ¿Crees realmente que un hombre puede ofender a Dios con malicia infinita?

Javier Ichaso se defendía, porque era obtuso sólo a medias y porque intuía vagamente que, por otra parte, sus convicciones heredadas le daban a menudo una gran fuerza interior. Pero ahora comprendía que se calaba la boina roja porque había nacido en Pamplona, y que de haber nacido en Pekín o en Melbourne, se cubriría de otro modo la cabeza y tal vez tuviera aún las dos piernas.

«La Voz de Alerta» gozaba en el fondo abrumando a Javier.

—¿A que no sabes quién inventó el saludo puño en alto?

—Pues... no sé.

—Deberías saberlo. Un alemán. Edgar André. Fundó la Sociedad de Combatientes Rojos. Su grupo lo imitó, y luego el saludo fue imponiéndose.

Javier, sentado, sostenía las muletas entre las piernas.

—¿A que no sabes —proseguía el dentista— dónde murió la Virgen, la Madre de Jesús?

—No lo sé.

—Hay dos versiones. Unos dicen que murió en Éfeso; otros que en Jerusalén. ¡Bueno!

Javier Ichaso juzgaba a «La Voz de Alerta» incluso «gran señor». El muchacho navarro comía horrores, con voracidad; el dentista, muy poco, lo justo, excepto cuando se festejaba alguna victoria. «La Voz de Alerta» podía llevar con naturalidad sombrero blanco ¡y en el cuarto de baño su cepillo de dientes aparecía siempre intacto! En cambio, el cepillo de Javier a los pocos días quedaba inservible.

Y el caso es que «La Voz de Alerta» estaba a la recíproca, es decir, que admiraba a Javier. Primero, porque era joven. ¡Veintiún años! Eso sí que era hablar un idioma importante... Segundo, porque tenía una voz tan poderosa como la de don Anselmo, mientras que la del dentista era aflautada. «Con esa voz, yo extraería las muelas sin necesidad de instrumental.» Y por último, porque Javier era fácilmente conmovible. Sí, de pronto sus dos ojos se separaban lo normal y entonces ¡pese a las ejecuciones de Pamplona! la expresión del muchacho era franca, de bondad.

—A veces te pareces al buen Samaritano.

«La Voz de Alerta» era otra cuestión. Desde hacía unos cuatro años el frío se había apoderado de su intimidad. En Gerona tuvo que reconocer muchas veces que sólo amaba *El Tradicionalista*, a Laura y al daño que ocasionase a los enemigos; ahora, en San Sebastián, sólo sentía apego por el espionaje y por su criada Jesusha, que a él lo llamaba señorito, mientras que a Javier lo tuteaba. ¡Sí, le ocurría con Jesusha lo mismo que con Dolores en Gerona! Sentía afecto por ella, y cuando los domingos la veía salir acicalada y con un gran bolso exagerado, se enternecía. «Debo de ser un gran tímido —pensaba el dentista—, puesto que la gente que me sirve, que trabaja para mí, me cohíbe de ese modo.»

CAPÍTULO XVII

Alguien, en la zona «rebelde», había olvidado por completo la palabra felicidad: Jorge de Batlle, el huérfano. Por fin obtuvo permiso para formar parte de un piquete de ejecución. Sin embargo, tal como predijo Marta, ello no le consoló en absoluto. Ver caer a un solo hombre no le bastaba a Jorge, quien necesitaba, por lo menos, fusilar a tantas personas como víctimas hubo en su familia de Gerona.

No obstante, la noticia de su admisión en los cursillos de ingreso en el Arma Aérea, que ¡por fin! recibió —en el plazo de cuarenta y ocho horas debía presentarse en el aeródromo de Tablada, en Sevilla—, lo alegró. No sólo porque el título de piloto le daría la oportunidad de vengarse, sino porque volar significa la fuga, la huida por los espacios. María Victoria, que se había mostrado muy cordial con Jorge, opinaba que cuando alguien sufría como sufría el muchacho, no tenía otra alternativa que lo muy grande o lo muy pequeño: «o el misticismo o la borrachera».

Mateo despidió a Jorge en la estación. Ante el asombro de éste, Mateo, en el último adiós, no le dijo «camarada», sino «hermano». «¡Adiós, hermano!» Jorge se conmovió y por un momento admitió que un amigo podía realmente, con el tiempo y en gracia de los recuerdos comunes, convertirse en hermano, sustituir a los hermanos de verdad; pero bastó con que el tren arrancase y dejara atrás los andenes de la estación para que Jorge se sintiera otra vez solo, solo con un absurdo maletín que María Victoria le había dado.

En cuanto a Mateo, al decir «hermano» pensó en el suyo, detenido en Cartagena, y también en su padre. Cuando el convoy desapareció, Mateo dio media vuelta y regresó despacio al cuartel, preguntándose por qué no habrían llegado aún a San Sebastián los camaradas Rosselló y Octavio. Éstos salieron de Gerona también el día 19 de julio. ¿Qué había ocurrido? ¿De toda la Falange gerundense no quedarían más que él y Jorge?

Mateo vivía unos días de exaltación, aprendiendo en el patio del cuartel el manejo del fusil y de las distintas marcas de granadas de mano, pues hasta entonces no había disparado sino con pistola. Ahora, fuera Jorge y terminada la instrucción, podría salir sin pérdida de tiempo para el destino que él eligió: el Alto del León, en el camino hacia Madrid, donde lo esperaban el que sería su alférez, Salazar, y el hermano de Marta, José Luis Martínez de Soria.

Su intención era incorporarse en seguida; sin embargo, no quiso demorar el cumplimiento de un deber que estimaba ineludible; visitar a la familia Alvear residente en Burgos. La propia Pilar le había encarecido: «Anda, sí, que luego me contarás cómo es mi prima. Recuerda que se llama Paz.»

Paz... Mateo gestionó el permiso necesario y montó en el tren con destino a Burgos, la ciudad castellana que prácticamente se había convertido en capital del territorio dominado por los militares. En la estación compró, para el viaje, un ejemplar de un semanario de reciente aparición, que se llamaba *La Ametralladora*, semanario de humor, un humor nuevo y sano, que arramblaba con infinidad de tópicos y de viejos moldes. Schubert, el alemán nazi con el que Mateo, en Valladolid, había entablado cordiales relaciones, opinaba que *La Ametralladora* era una estupidez; en cambio, Núñez Maza, Mendizábal, María Victoria, y más que todos ellos el alférez Salazar, se desternillaban de risa con sólo ver un árbol dibujado por Tono. Mateo se acomodó en el tren y, después de santiguarse, empezó a reírse con *La Ametralladora*, ante el pasmo de una mujer campesina que sostenía en la falda una cesta repleta de huevos.

A lo largo del trayecto, Mateo dudó entre contemplar el paisaje de Castilla, leer *La Ametralladora* o conversar con la mujer de la cesta de huevos. Por fin decidió atender sucesivamente a las tres cosas, e incluso le quedó tiempo para evocar a sus camaradas falangistas de Valladolid, así como a Schubert, el alemán, y a Berti, el delegado del Fascio italiano, a quien también fue presentado. Berti era un hombre rapidísimo; siempre parecía que se le estaba escapando el avión. A Mateo le hizo gracia comprobar que Schubert pronunciaba con respeto el nombre de Mussolini, en tanto que Berti pronunciaba con cierto retintín el de Hitler.

Llegados a Burgos, al filo del mediodía, Mateo consultó las señas que llevaba en un papel: calle de la Piedra, 12. ¿Por qué de la Piedra? Un barrio apartado, solitario. Se dirigió a él, notando en la frente el constante martilleo de la palabra «Alvear». ¿Cómo sería la familia Alvear, de Burgos, del misterioso Burgos? ¡Matías le había hablado tanto de su «hermano de Burgos», también telegrafista! Jefe, o poco menos, de la UGT... ¿Qué le habría ocurrido? ¿Y a Paz, la prima de Pilar? ¿Y a la madre y al hermano de ésta?

Quien le abrió la puerta fue la tía de Pilar, mujer enjuta, despeinada. Mateo se presentó.

—Me llamo Mateo. Llego de Gerona... Soy gran amigo de Ignacio... y novio de Pilar.

La mujer clavó sus secos ojos en la camisa azul de Mateo.

—¿Cómo sé que es verdad?

Mateo, sereno, le enseñó una fotografía de Pilar que llevaba preparada.

—Mi intención es saludarlos y saber...

La mujer lo invitó a pasar. Y apenas Mateo penetró en el comedor recibió la primera fortísima impresión: una muchacha algo mayor que Pilar, tal vez de diecinueve años, estaba sentada en un sillón con la cabeza afeitada y el rostro de color de pergamino.

Era Paz, la prima de Pilar. La hija de aquella mujer enjuta y del telegrafista, jefe, o poco menos, de la UGT. Muchacha de porte noble, que recordaba un poco a Olga y de la que Matías había dicho: «Reparte folletos para la Organización. Ayuda a su padre.» Era la muestra inequívoca de que un vendaval de extraño signo había azotado aquel hogar. Paz no dijo nada, miró a Mateo con intención indescifrable y de pronto se levantó como presa de terror.

Su madre la tranquilizó.

—No temas... Dice que llega de Gerona... Que es el novio de Pilar.

Paz se atiesó y de pronto volvió a su sillón. Entonces la madre, estallando en repentinos sollozos, le explicó a Mateo:

—A mi marido se lo llevaron unos falangistas el primer día y no hemos vuelto a saber nada de él. ¡Oh, si usted supiera...! —marcó una pausa—. ¡Lo habrán fusilado! ¡Lo habrán fusilado!

Había hecho toda clase de indagaciones y no obtenía sino una respuesta: «Está detenido.» A todas las familias obreras de Burgos les contestaban lo mismo.

En cuanto a Paz, le pegaron de mala manera, le hicieron tragar medio litro de aceite de ricino y luego, con una navaja, le afeitaron la cabeza, como podía ver. «¡Es horrible, es horrible!» El chico, de trece años, estaba en el campo, en casa de unos parientes.

Mateo se quedó estupefacto. Todo aquello era duro, era cruel. ¿Qué pensar? ¡No quedaba tiempo para análisis ni teorías!

—Por favor, ayúdenos... Usted, que es de los *suyos* y que quiere a Pilar, mire a ver si encuentra a mi marido, si consigo saber algo. ¡Esto es horrible! ¡Y yo no puedo más!

Mateo se conmovió. «Usted que es de los *suyos*.» Salió de la casa como pudo, impresionado por el aspecto de Paz, por su color apergaminado. Salió después de jurar a las dos mujeres que haría cuanto estuviera en su mano para saber algo y para defenderlas. En aquel momento lo hubiera dado todo para que la UGT y los principios que él defendía no fueran enemigos irreconciliables.

Su peregrinación fue un insensato fracaso. Por entre banderas y niños que tocaban tambores anduvo preguntando, mostrando su documentación. «Arturo Alvear, de la UGT. Era telegrafista. A ver, mira en las listas.»

Las listas eran miradas.

—Chico, aquí no está. Ya ves...

Mateo rebotaba de un local a otro.

—No, no veo aquí ese nombre. ¿Alvear has dicho? No...

En uno de los cuarteles de Falange, un hombre ya maduro, con la camisa azul abombada en el pecho, como hinchada por su respiración, le miró con curiosidad.

—¿Has dicho que era de la UGT? —Torció la cabeza y añadió—: Miau...

Miau... Esta expresión se clavó en la frente de Mateo y más allá. A las dos horas obtuvo la penosa confirmación. Arturo Alvear, socialista, Secretario local del Sindicato, había sido fusilado la segunda noche por una de las patrullas de limpieza... Estaba enterrado en el cementerio, en la fosa común de los primeros días. Le enseñaron a Mateo el nombre en la lista con la cruz al lado.

Mateo balbuceó:

—Pero...

—¿Por qué te interesaba el gachó?

—Un pariente.

—Era un rojo de postín.

¿De postín? ¿Los había de postín? Mateo estaba avergonzado. La guerra era un cuchillo de mil colores. No sabía qué hacer. No se atrevía a regresar a la calle de la Piedra y enfrentarse con aquella mujer enjuta y con la prima de Pilar.

—¡El gachó me interesaba porque era un hombre!

Eso gritó, en el interior de su cabeza, por debajo de su gran cabellera negra. Otra vez andaba como un sonámbulo, ahora con el pitillo en una esquina de los labios. ¿Por qué todo aquello? Pensaba cosas inconexas, en la definición de Matías: «Mi hermano es un poco cerrado.»

Afrontó la situación y asistió al espectáculo de dos mujeres que lo atravesaron con su dolor como si él hubiese capitaneado la mortífera patrulla de la segunda noche. Miraron su camisa azul y su gorro con odio imposible de contener.

Paz barbotó:

—Sois unos canallas...

Mateo esperó con calma. No quería dejarse abatir ni sacar conclusiones. No les habló de César, ni de Jorge, ni del humo que desde Gerona llegó al cielo. Quería permanecer allí lo necesario para, por lo menos, protegerlas a ellas. Por un momento imaginó a Paz con sus cabellos ya crecidos, probablemente del color del trigo castellano. ¿Qué tenía Paz que lo aturrullaba de aquel modo?

Mateo les dijo:

—Daría cualquier cosa por haber llegado a tiempo.

Nada pudo hacer en favor de las dos mujeres, a no ser dejarles discretamente en una silla su dirección de Valladolid y todo el dinero que llevaba encima. Para encontrarles trabajo adecuado o algo que aliviara su situación necesitaría quedarse unos días en Burgos y no podía hacerlo: el Alto del León lo esperaba... Mateo se preguntó si en la Centuria de Falange de que formaría parte en la Sierra no figuraría casualmente algún miembro de la «patrulla de limpieza» que fusiló a Arturo Alvear, hermano de Matías Alvear...

Salió a la calle, zarandeado por mil pensamientos. Todo aquello le parecía al mismo tiempo lógico e incoherente. Hasta subir aquella escalera, supuso tener resuelto el escrúpulo de si en aquella guerra era o no legítimo matar... ¡Claro que sí! Y he aquí que de repente...

Tenía los nervios en tensión, como pocas veces los había tenido. Cada imagen que salía a su encuentro era un vapuleo. «Sois unos canallas.» «¡Si usted supiera!» Mateo había tomado sin darse cuenta la dirección opuesta a la estación y se encontró en una esquina desértica, sintiendo la necesidad absoluta de desahogarse como fuera.

La composición de lugar fue rápida: o una iglesia, o un prostíbulo. Como María Victoria había dicho, «lo grande o lo pequeño». Situar ambas cosas en un mismo plano le hirió; y no obstante, era así dentro de él, con toda evidencia.

¡La catedral! Debía de ser hermosa... Anduvo al azar. Nunca había ido con una mujer. Pensó en Ignacio y se atolondró. «Hay sistemas de precaución.» ¿Y Pilar? ¿Por qué recordaba ahora tanto a Pilar?

Poco a poco iba ganándole una sensación de fortaleza, de fortaleza inadecuada para él, de fortaleza excesiva y desbordante. Ello le pareció un mal síntoma, puesto que a las iglesias acostumbraba a dirigirse con el ánimo opuesto, con recogimiento y deseo de humildad.

Pasaron unos soldados cantando. Su aspecto delataba que

«iban», no que «volvían». Ignacio un día le hizo notar, en la calle de la Barca, que cuando los soldados «iban», cantaban de un modo y cuando «volvían» cantaban de otro. En todo caso, él era soldado y no cantaba de ningún modo.

El instinto le aconsejó seguir a aquellos soldados, y a los cinco minutos se encontró frente a un vestíbulo cuya puerta, de color de chocolate, aparecía discretamente entornada. En la fachada de al lado colgaba un farol sobre una Purísima rodeada de flores. Mateo tiró el pitillo y, echando por la borda muchas cosas, empujó la disimulada puerta. «¿Has dicho que era de la UGT...? Miau...» Poco después estaba de «vuelta», sin cantar tampoco de ningún modo.

El tren le devolvió a Valladolid. Comió horrores en la cantina de Falange. Castilla era inmensa... Desde el tren, a veces, parecía un milagro horizontal.

En el departamento de Mateo iban dos soldados jugando al ajedrez con un tablero miniatura, muy gracioso. Lo habían colocado en medio de los dos, sobre el asiento, aprisionándolo hábilmente con los muslos. Los dedos eran mayores que el rey y resultaba incomprensible que el jugador no derribase cada vez todas las piezas del adversario. Al lado de Mateo una anciana cabeceaba, mientras el periódico burgalés, con yugos y flechas, se le deslizaba por las rodillas hacia el suelo.

Mateo llegó a Valladolid muy tarde y en el trayecto de la estación al cuartel le dieron por tres veces el alto. Durmió bien, pues consiguió no pensar. Durmió nueve horas de un tirón, hasta que alguien lo despertó diciéndole: «Salida para el Alto del León, a las doce.»

¡Ah, claro...! El Alto del León. Aquél era el día escogido para incorporarse al frente. Pues sí que iría preparado... Tenía la boca seca y bebió de su cantimplora.

No le dio tiempo sino a visitar a María Victoria en la Jefatura de Falange. María Victoria le colgó del cuello un escapulario e intentó darle ánimo... «No te preocupes. ¡Mi novio y Salazar han matado ya a todo el ejército enemigo!» ¡Ah, claro! Su novio era José Luis Martínez de Soria, y Salazar el alférez alto, gordo, cachalótico, versado en Sindicatos y amigo del agente nazi que se llamaba Schubert, nadie sabía por qué..

—Gracias, guapa. Y... ¿qué le digo a José Luis?

María Victoria, con rápido ademán, se quitó de la boca un chicle y lo pegó en la mano de Mateo.

—Dale esto. —Luego añadió—: Y dile que si tarda en venir a verme me escaparé con un coronel.

Mateo, que no sabía qué hacer con la mano y el chicle, sonrió.

—A mí no me darías ningún miedo.

—¿Por qué?

—Un chicle es algo que une, ¿no?

—¡Bah...! —exclamó María Victoria—. Un poco empalagoso.

Cinco minutos después, tuvo ocasión de despedirse de Berti, el delegado del Fascio italiano, que iba impecablemente uniformado. Era un hombre de cara grande, de aspecto combativo. Podía tomársele por un italiano emigrante a América que hubiera hecho allí una gran fortuna; lo contrario del miope Schubert, el delegado nazi, que más bien parecía un expulsado de América que allí lo hubiese perdido todo, excepto la inteligencia y la tenacidad.

Mateo, en presencia de María Victoria, le preguntó a Berti si era cierto que en Mallorca «se había abierto camino» un miembro del partido fascista romano, conde Aldo Rossi... Berti clavó los ojos en Mateo. «Ignoro lo que entiendes por *abrirse camino*. Sólo puedo decirte que mi caro amigo Aldo Rossi lleva varias semanas en las Islas Baleares cumpliendo órdenes del Partido y, desde luego, en beneficio de España.»

Mateo asintió y, obligado por la necesidad de no pensar en sí mismo, le preguntó a Berti si los rumores referentes a la próxima llegada a España de soldados italianos y alemanes eran ciertos. Berti hizo un mohín tranquilo.

—Creo que sí. Por lo menos, la llegada de italianos. Infantería...

María Victoria intervino, sonriendo:

—También lo es la llegada de alemanes. Servicios técnicos...

Mateo asintió y Berti dijo:

—Ya lo ves. Sabe más ella que nosotros.

Llegó la hora y Mateo, despidiéndose de María Victoria, de Berti y de todo el mundo, abandonó Jefatura. Recogió en el cuartel su macuto, su manta y todo lo que le hacía falta, y poco después se encaramaba, en compañía de otros falangistas, a la parte trasera de un camión de Intendencia que llevaba la matrícula L-1, que significaba Primera Línea.

Los falangistas que iban con él estaban un tanto exaltados,

pues por la mañana habían asistido a los solemnes funerales que se habían organizado en Valladolid por el alma de Ricardo Zamora, el gran futbolista, de quien se decía que había sido fusilado en la zona «roja». A los pocos kilómetros, el camión fue dejado atrás por el coche y la escolta de «Torerito de Triana» que se dirigía a torear quién sabe dónde.

Sí, la decisión de Mateo había sido el Alto del León... Núñez Maza, bajito, de Soria, jefe o poco menos de los Servicios de Propaganda, intentó por todos los medios ganarlo para su equipo. Recorrerían los frentes; estrenarían unos altavoces modernos que eran de aúpa. Mateo rehusó. Quería conocer la trinchera humildemente, su barro y su miedo. «¡Pasarás también mucho miedo! —argumentó Núñez Maza—. Casi siempre acabamos liándonos a tiros. De ahí que cuando nuestros propios jefes nos ven llegar, ponen cara de pocos amigos.» Mateo se negó. La suerte estaba echada, y Salazar lo esperaba en el Alto del León.

La ruta que el camión L-1 seguía, la ruta de Madrid, estaba jalonada de torreones que, situados en las colinas, en otros tiempos sirvieron para la transmisión de señales. El paisaje se rarificaba, en los muros y paredones se leía: «¡Alistaos a la Falange!» «¡Ahora o nunca!» «¡Ni un hogar sin lumbre, ni un español sin pan!» «¡Nitrato de Chile!» Las piernas de Mateo, sentado encima de unos sacos de cemento, colgaban fuera y el viento, al azotarle la cara, le producía bienestar.

Al atacar la cuesta del Alto del León, 1 800 metros de altura, oyó morterazos. Se sobresaltó. Era su bautismo de guerra. Por los atajos se veían soldados y mulos, reatas de mulos porteando. Había una luz extrañísima, como si fuera nieve-luz, y toques de blanco imitando a Arco Iris disfrazaban las cosas.

Llegados a la cúspide, donde estaban las trincheras y los parapetos —las chabolas quedaban al abrigo—, Mateo se bajó de un salto y se desanimó. Aquello no era la guerra, sino una parodia de la guerra. Las defensas, las alambradas, los puestos de guardia, todo parecía un juguete. Había un nido de ametralladoras que semejaba realmente un buzón de Correos. El conductor del camión, que se apeó de la cabina mordisqueando un fabuloso emparedado de chorizo, advirtió la perplejidad del novato y le dijo:

—No te engañes, ¿sabes? Eso basta para pringarla.

«Pringarla...» Expresiva palabra, veraz, tan veraz como la palabra Pilar y como la palabra «Miau...».

Preguntó por el paradero del alférez Salazar y apenas si supieron de quién se trataba. «¡Ah, sí, el Elefante! ¡Salazar! ¡Aquella chabola del fondo!»

Mateo tomó la dirección indicada y a los dos minutos se encontró frente a Salazar, quien había salido a la puerta a recibirlo, enfundado en un interminable capote gris que casi le rozaba el suelo. Mateo comprendió lo de «elefante». Un elefante que resoplaba y que, en la puerta de la chabola, bailaba un zapateado, pues el alférez estaba muerto de frío.

—Bien venido, hijo de la Tabacalera. Anda, pasa. Tomarás café.

Mateo entró en la chabola y se convenció de que todo en Salazar era voluminoso, colosal. Colosal estufa, colosales mujeres pegadas en la pared, colosal camastro, colosal cachimba, que a Mateo le hubiera partido el labio inferior. Salazar era, por supuesto, un extroverso. Llevaba el capote, la camisa y el mono llenos de emblemas, y sostenía correspondencia con seis madrinas a la vez. Armaba mucho ruido y mostrábase partidario de la acción. Su padre era agente de Bolsa en Salamanca y al parecer «sólo le divertían las operaciones importantes». Para Salazar, la operación importante por realizar en España era terminar de una vez con la pereza y con el atraso en los sistemas de producción. Hablaba como Antonio Casal, aunque llevando en la oreja, en vez de algodón, un papelito con los puntos de la Falange. «Yo estoy aquí, bailando de frío y soportando a esos barbianes —señaló a dos falangistas que asomaban la cabeza por la puerta— para ver si a base de Sindicatos Verticales y de látigo acabamos con la siesta nacional.» «Esta guerra es la consecuencia de tanto hablar. Fíjate en mí, es que no paro... Primero, hablamos del sexo o de fútbol: Luego nos llamamos unos a otros hijos de puta y, de repente, tiros, la ensalada.» Salazar admiraba a los alemanes por su capacidad laboral. Confesaba que, en Burgos, el agente nazi Schubert le había causado con sus teorías una gran impresión. «Los alemanes trabajan, aquí nadie da golpe. ¿Ves esta chabola? Podríamos tener hasta calefacción y sí, sí. Parlotear y la siesta.»

Salazar le presentó a dos falangistas, que entraron frotándose las manos. Mateo no retuvo los nombres.

—Tanto gusto. ¡Arriba España!

Mateo sentía por Salazar un decidido afecto, sobre todo porque el alférez salmantino sabía reírse a carcajadas. Carcajadas que le agitaban el bigote de foca, murillesco, y que, si los ecos eran favorables, se propagarían sin duda hasta los parapetos «rojos».

Mateo recibió las instrucciones precisas. Quedaba incorporado a la centuria «Onésimo Redondo» y destinado a la escuadra de José Luis Martínez de Soria. «José Luis es cabo, está hecho un cabo de postín.» ¿De postín? ¿Había cabos de postín?

—Ejercita con el fusil, que he visto que lo llevas como si fuera un bebé. Hay poca munición, de modo que conviene no marrar. Aquí lo más duro es el frío, las guardias. ¡No, no te eches un farol! Mañana me dirás... Pero todo lo soportamos porque, en los días claros, desde aquí vemos Madrid...

Salazar acompañó a Mateo a la posición avanzada, de donde José Luis Martínez de Soria era cabo. El alférez echó a andar delante de Mateo, con su corpulencia fofa, y con la boca emitía ruidos que no se sabía si eran bostezos, palabras o blasfemias.

Poco después, Mateo y el hermano de Marta, José Luis, se encontraron frente a frente. Salazar le había anunciado la visita a José Luis, de modo que éste se situó en el acto. De un salto abandonó el camastro al lado de la estufa, en el que llevaba una hora pensando en las musarañas, y habiendo saludado al alférez se dirigió al recién llegado.

—¡Mateo!

—Exacto.

—Chico, no te hubiera reconocido. —Se refería a su primer encuentro en Gerona.

Los dos falangistas se abrazaron, lo que Salazar aprovechó para decir: «Me voy... No quiero estorbar.»

José Luis y Mateo se llamaron camaradas, encendieron un pitillo y se sentaron, con la postura de Gandhi, en un mismo camastro. En un rincón de la chabola colgaba un Petromax y a su lado destacaba como un disparo un calendario con una mujer espléndida y rubia en bañador.

—¿Quieres coñac?

—Se acepta.

José Luis le cedió la cantimplora, bromeando.

—¡Ah!, pero ¿crees que es coñac?

Mateo, mientras bebía a chorro en la cantimplora, encogió los hombros y procuró resistir, no cerrar los ojos ni toser.

—Hoy mismo te propongo para la Medalla Militar.

Se rieron. El encuentro iba siendo afortunado. Mateo se

dijo que José Luis tenía pinta de intelectual, lo contrario de Salazar. Se le veía reservado, averiguador y probablemente escéptico. Aunque, si fuera escéptico, ¿habría subido el primer día al Alto del León?

Era algo más bajo que Mateo y muy friolero. A menudo se enfundaba el pasamontañas, del que sólo asomaban dos ojuelos como lentejas y una pipa miniatura que, comparada con la cachimba del alférez, parecía un chupete. Pero Mateo advirtió que la boca de José Luis era enérgica y fuertes sus muñecas. Sin motivo aparente, Mateo les daba a las muñecas tanta importancia como Carmen Elgazu se las daba a las orejas. Y más iba a dárselas en lo sucesivo, cuando, de acuerdo con el rito de la centuria, le colgaron en su propia muñeca, la izquierda, la chapa ovalada, metálica, con el número que en caso de herida o muerte permitiría su identificación.

Los primeros minutos fueron, lógicamente, neutros, como de tanteo. Pero, al igual que les ocurrió a Ignacio y Ana María al encontrarse en Barcelona delante del frontón, el tanteo no había de durar más allá de cinco minutos, para dejar paso al tema «Gerona». El propio José Luis lo enfocó. Después de echar una mirada a una fotografía de María Victoria clavada en la pared con una chincheta, miró a Mateo a los ojos y acto seguido le rogó que lo pusiera al corriente de la situación de su familia.

Entonces ocurrió que Mateo se dio cuenta de su casi total ignorancia del tema, puesto que abandonó Gerona sólo hora y media después de la rendición de los militares. De hecho, lo único que sabía era lo que le habían contado en Perpignan otros fugitivos y, naturalmente, todo lo relativo a la capitulación.

Mateo se lo dijo a José Luis, añadiendo:

—Compréndelo... Por supuesto, en la lista de asesinados que me dieron en Perpignan no figuraban ni tus padres ni Marta. Tu madre tal vez siga en su piso. Marta debe de estar oculta en algún lugar. En cuanto a tu padre, lo que te dije: en el calabozo, esperando la sentencia.

José Luis Martínez de Soria suspiró levemente. A veces había temido lo peor para los suyos. ¡No todo estaba perdido! Ahora bien, había en todo aquello una mancha oscura, una incógnita, que era preciso descifrar. Mateo había dicho claramente: «Tu padre se rindió sin condiciones.»

—Dime una cosa —preguntó José Luis—. Esa rendición

sin condiciones... ¿Es que mi padre no tenía otra salida?

Mateo contestó cautelosamente, lo mismo que cuando María Victoria le hizo, en Valladolid, la misma pregunta.

—Naturalmente, no lo sé... No soy militar. —Luego añadió—: Tal vez no la tuviera.

José Luis Martínez de Soria volvió la cabeza hacia la puerta, como si por ella pudiera llegar la verdad. Marcó una pausa. Finalmente, comentó:

—Algún día habrá que comprobar eso.

Mateo se alegró de haber salvado aquel trance, y ello le infundió ánimo para anticiparse a la segunda inevitable pregunta de José Luis.

—La duda estriba ahora en la suerte que correrá tu padre y el resto de los jefes y oficiales detenidos. En mi opinión —Mateo bajó la voz—, no quedan muchas esperanzas.

José Luis disimuló el choque que estas palabras le produjeron, confirmando con ello la opinión de Julio García respecto de los falangistas y de los comunistas. «Llorar no les está permitido. Lo consideran una debilidad.»

—¿Y los otros falangistas? Tus camaradas...

Mateo contestó:

—Casi todos murieron.

José Luis Martínez de Soria miró a Mateo, esta vez juzgando al muchacho. Mateo no se inmutó y se puso a hablar de Marta, deshaciéndose en elogios.

—Una especie de María Victoria, pero en serio —opinó sonriendo. Y le contó que el día de la sublevación se lanzó a la calle con el botiquín que decía CAFÉ.

—¿Y mi madre?

—No salió... Permaneció en el piso.

—¿Y qué fue luego de Marta? ¡Ah, sí, ya me lo dijiste! Que debe de estar escondida en algún lugar...

Algo había en José Luis que intimidaba a Mateo. Una extraña aureola de integridad. Por supuesto, había cambiado mucho desde su viaje a Gerona. Salazar lo llamaba «Kant», porque siempre andaba devanándose los sesos. Su rincón en la chabola se parecía al de Gorki, aunque más sucio: libracos, un mapa zodiacal y un candil. Candil y abstracciones fluctuantes allí, altos como cirios navarros. ¡Bueno, los dos muchachos habían de congeniar! A José Luis Martínez de Soria no le gustaba lo colosal y le tenía sin cuidado el tamaño de las cosas. Su única madrina de guerra era su novia, la alegre

278

María Victoria, y el nazismo se le atragantaba un poco, interesándose mucho más por el fascismo italiano. No achacaba los males de España a la pereza, sino a la ignorancia. Si era falagista, y en consecuencia totalitario, era porque consideraba que la masa del país no estaba capacitada para ser demócrata, para gozar de elecciones y de Parlamento. «La democracia aquí sería un suicidio.» Y si amaba a España y pronunciaba la palabra España varias veces al día no era, como en el caso de Núñez Maza, por ansias de Imperio, por el recuerdo de América y por estimar que el tipo humano español era superior, sino por lo contrario, «porque en España está todo por hacer». Una de las frases de José Antonio que no conseguía digerir era ésta: «Ser español es una de las pocas cosas importantes que se pueden ser en la vida.» «Con perdón —decía José Luis—, aquí José Antonio soltó una idiotez. Cualquier persona de cualquier país es importante, desde el más pobre campesino de Albania hasta el más zascandil de los milicianos que nos combaten.» Tampoco era José Luis un fanático de la «acción por la acción». «Creo en la inteligencia. En el frente, los inteligentes acaban teniendo incluso más puntería.»

José Luis Martínez de Soria le causó a Mateo una grata impresión. Tal vez un poco altivo..., pero esto correspondía a la familia. Más tarde Mateo se enteraría de que el hermano de Marta era hombre de inquebrantable voluntad y de que, sin tener ningún parecido con Kant, vivía realmente un mundo mental aparte. En vez de darse buen tiempo, como se lo daban casi todos los soldados, él leía sin cesar y escribía a María Victoria o estudiaba. Leía libros políticos, le decía «te quiero» a María Victoria o estudiaba para juez. En efecto, todo lo jurídico lo fascinaba, aun reconociendo que había dos cosas en la creación cuyos límites no se conocían: la intención de un hombre y el cielo, el cielo astral. «Cuando esto termine, se necesitarán hombres que sepan juzgar. Que sepan juzgar... a sus propios padres.» ¡Rara seguridad!

José Luis Martínez de Soria era educado. Le asignó a Mateo la correspondiente guardia —dos horas en una avanzadilla—, pero por ser la primera, tuvo la delicadeza de acompañarlo él mismo todo el rato. Y allí tuvieron ocasión de seguir hablando y de presentir allá al fondo, detrás de la niebla y de la distancia y de la guerra civil, a Madrid.

Congeniaron desde luego... «¿Y tú, José Luis, por qué eres falangista? ¿Qué es lo que te captó de la Falange?» José Luis empequeñeció sus ojos mirando al horizonte, y de repente, soltó una inesperada respuesta:

—La Sección Femenina.

Mateo se rió. Mateo se sabía a sí mismo demasiado serio. En cierta ocasión, Matías Alvear le reprochó y con razón «que mezclaba las cosas serias hasta en la sopa». José Luis acababa de darle una lección.

Al término de la guardia regresaron a la chabola y en el camino anduvo pensando que lo bonito de la Falange era que aglutinaba la gente más dispar, personas tan opuestas como Salazar y José Luis Martínez de Soria.

Llegados a la chabola, encontraron al padre Marcos esperándolos. «Me enteré de que la familia había aumentado.» Mateo quiso cumplir con el padre Marcos, capellán de la unidad, y no pudo. El malestar que sentía desde que en Burgos empujó la puerta color de chocolate, en presencia del padre Marcos, se le hizo insoportable. Y con todo, no estaba todavía en disposición de confesarse.

El padre Marcos advirtió que Mateo miraba como aturdido y lo achacó a la extrañeza del primer día.

—Esto te gustará, ya verás.

¡Cómo no había de gustarle! El padre Marcos se despidió. Y puesto que el cabo José Luis Martínez de Soria tenía que hacer, Mateo permaneció un rato solo, hasta que llegó un falangista que, abriendo una lata de sardinas, las comió y luego aprovechó el aceite para untarse la cara. «Con el frío, la piel se corta y el aceite es una solución.»

A la noche, ya acostados uno al lado del otro, Mateo y José Luis Martínez de Soria continuaron hablando y Mateo se enteró de muchas cosas. De que Salazar procedía de la JONS y tenía ambición política. De que Alemania no quería reconocer al Gobierno Militar de Burgos, sino exclusivamente a la Falange. De que si Marta pasaba a la España «nacional», sería una gran ayuda para María Victoria, que estaba organizando el Auxilio Social. Finalmente, Mateo se enteró de que Falange tenía en estudio un plan para liberar a José Antonio de la cárcel de Alicante.

—¿Cómo? ¿Qué estás diciendo?

—Lo que oyes.

—Pero...

—Esta vez se ha previsto todo. Más de lo que puedes pensar.

—¿Por qué dices *esta vez*?

José Luis Martínez de Soria miró a Mateo.

—Porque, hasta ahora, todos los intentos han fracasado.

CAPÍTULO XVIII

PILAR HABÍA INTERRUMPIDO su diario. No se atrevía a dejar constancia escrita de sus impresiones, pues éstas seguían concentrándose en un nombre tabú, en un nombre proscrito: Mateo. Pensaba en el muchacho con obsesiva frecuencia, relacionándolo con todas las cosas, y la separación y el tiempo no hacían sino magnificar en su espíritu el halo de aquel hombre que acababa de oír en el Alto del León: «Porque, hasta ahora, todos los intentos han fracasado.»

Mateo veía, entre brumas, a Madrid; Pilar, con claridad casi pungente, veía la silueta de Mateo. Y el recuerdo de éste hacía de la muchacha un ser mejor, la obligaba por dentro, hasta el punto que Carmen Elgazu, desde su mecedora colocada al fondo del comedor, junto al balcón, a menudo miraba a su hija pensando que había barrido para siempre el peligro de la frivolidad. En ello influía ¡qué remedio! la austeridad con que era preciso vestirse, llevar alpargatas y no zapatos con tacón alto, no pintarse las cejas ni para arriba ni para abajo. Pilar no llevaba sino un detalle iluminado: los pendientes, que se le columpiaban con gracia cuando retiraba los platos de la mesa, o fregaba el suelo, o cuando se alzaba de puntillas para besar a su padre, Matías Alvear.

Pilar había accedido a leer los periódicos, pues entre líneas podía deducirse mucho. Pilar en la calle evitaba las zonas en que se tocaban himnos, y cuando pasaban milicianos les volvía la espalda simulando mirar un escaparate, y al ver a los reclusos del Seminario trabajando a pico y pala en el lugar más impensado se hacía tres cruces en la palma de la mano. Por la noche era la primera en conectar Radio Sevilla para oír a Queipo de Llano, quien a veces le recordaba determinadas formas verbales utilizadas por el comandante Martínez de Soria.

Un día, Pilar tuvo un arranque inesperado: subió al piso en que vivió Mateo, requisado ahora por el POUM. La idea le vino súbitamente al encontrarse en la plaza de la estación. Vio el letrero POUM en la fachada, recordó a Mateo y subió. Confió en que en la escalera se le ocurriría algún pretexto válido y así fue: preguntaría por las señas de Murillo, en el frente de Aragón. Entró y su silueta descolló entre los fusiles, los mapas y los sellos de caucho. Los milicianos no sospecharon nada, la tomaron por alguien de la familia o por una ex novia del jefe. Sin embargo, no le dieron las señas. Pero ¡qué importaba! Pilar pudo contemplar durante unos minutos el que fue comedor y ver a través de una puerta entreabierta el que había sido despacho de Mateo: la mesa, los sillones, la librería. ¡Cómo olía aquello a tenacidad, a camisa azul! Ni siquiera los carteles y los gráficos, ni siquiera los mosquetones y los sellos de caucho habían podido reemplazar el antiguo olor. Pilar se entretuvo lo que pudo, aspiró fuerte, dio media vuelta, sintió que casi era feliz y que casi lloraba, y por último se lanzó escalera abajo, sintiendo que en la barandilla había fragmentos de las manos de Mateo.

La vida seguía de este modo para Pilar, con la zozobra que a fuerza de prolongarse se convertía en monótona; hasta que el día cinco de octubre, coincidiendo con que en Barcelona y en Madrid empezaba a funcionar el SIM y en la Dehesa de Gerona morían, asesinadas por el otoño, millones de hojas, la muchacha se topó en la Rambla, bajo los arcos, con las hermanas Rosselló, las cuales le preguntaron sin remilgos si quería formar parte del Socorro Blanco, labor capitaneada por Laura, al objeto de ayudar a los presos, facilitar la huida a los perseguidos, etcétera.

—No puedes negarte, Pilar. Te han matado a un hermano y Mateo era el jefe de la Falange. Son cosas que cuentan, ¿no?

Pilar se quedó estupefacta. Sintió un pánico tan enorme, que se avergonzó. La vida estrenaba para ella una empresa de responsabilidad fuera de lo común. Una voz profunda habló dentro de sí: «Yo no valgo para eso.» Pero las hermanas Rosselló, menos agraciadas que ella y sin embargo con una decisión envidiable en la mirada, la interrogaban con esperanza, prontas a simular que una de ellas se abrochaba una alpargata, en el caso de que se les acercase un miliciano.

Pilar sosegó su respiración y acertó a balbucear:

—Tengo que pensarlo. Ya os contestaré.

—Te han matado un hermano.

Apartóse de ellas, cruzó perpleja la calzada de la Rambla y subió al piso. Saludó a su madre, le entregó a don Emilio Santos un paquete de tabaco que había comprado para él y se encerró en su cuarto. Allí se mordió los puños y meditó. Se imaginó disfrazada de espía, escondiendo papeles en el reloj —al modo como en el reloj mosén Francisco escondía las hostias—, en el escote, en el interior de un diente postizo... Se imaginó encañonada por Cosme Vila y el Responsable ¡o por Olga! y gritando: «¡No sé nada, no sé nada!» Bueno, ésta era la verdad. No sabía nada ni del mundo ni de sí misma. Sólo sabía de César, de Mateo y de la incertidumbre que latía en su corazón.

Cuando Ignacio regresó del Banco, con el pelo muy crecido ¡y otro paquete de tabaco para don Emilio Santos! lo llamó con mucho sigilo y le expuso lo sucedido.

—Aconséjame. No sé qué decir. Tengo miedo. Haré lo que tú me digas.

Ignacio, al pronto, se indignó.

—Pero ¿qué se han creído esas estúpidas? Diles que te dejen en paz.

—Es que tal vez tengan ellas razón. Sin hacer nada tampoco estoy tranquila.

—Tú no has nacido para eso.

—Entonces ¿para qué he nacido?

—Para seguir como hasta hoy, ayudándonos a todos en casa.

—No sé si lo que dices es un piropo... —Pilar se lastimaba los dedos—. ¿Qué diría Mateo?

—Mateo... probablemente te metería en un lío.

Pilar cerró los puños.

—¿No lo ves?

—Para Mateo lo único que importa es ser héroe y yo estoy harto de leer esta palabra en todas partes —Ignacio dudaba—. Además, ¿qué es lo que deberías hacer? ¿Qué te han dicho?

—No sé. Ayudar a los que huyen. Y a los presos...

—¿A los que huyen?

Ignacio, inesperadamente, miró a su hermana con detenimiento. Había crecido, se había desarrollado, era una mujer. También olía Pilar a pan tierno y a niñez. «No, no sirve para eso», pensó. Y sintió que la quería, que no quería perderla, que no debía permitir que se mezclara en el lío.

—No quiero perderte, Pilar... Déjalo. Todo se hará lo mismo sin ti.

—Entonces... es que soy una inútil.

—¿Por qué dices eso?

—Marta aceptaría. Marta salió el dieciocho de julio con el botiquín.

—No es lo mismo. ¿Es que tú te entusiasmabas cantando *Cara al Sol*?

—Antes, no.

—Ahora tampoco. Ahora es el sentimiento, el deseo de que esto acabe. Pero ni a ti ni a mí nos entusiasma el *Cara al Sol*.

Pilar bajó la cabeza e Ignacio se le acercó, tomándola de las dos muñecas. La chica temblaba. Temblaba de la cabeza a los pies —¡espía!—. Temblaba de vergüenza y pensaba que claudicando se ganaba el desprecio de Laura, de las hermanas Rosselló, de Queipo de Llano, de España ¡y de Mateo!

—Si pudiera hablar con Mateo...

Ignacio la abrazó y le besó la frente.

—Anda, pequeña..., que nuestra madre te necesita.

Carmen Elgazu estaba asustada porque se rumoreaba que iban a ser llamadas muchas quintas, entre ellas la de Ignacio. ¡Ignacio con un fusil! ¡Ignacio con Durruti en el frente de Aragón! Era más de lo que la mujer podía concebir.

—Si eso llega, mejor que te escondas donde sea, que te marches... Cualquier cosa menos presentarte.

Matías Alvear compartía la opinión de Carmen y ambos vivían ahora esta pesadumbre y miraban a su hijo como si de un momento a otro fuera a desaparecer. Sobre todo de noche, se despertaban amedrentados y como palpando el aire. Matías disimulaba y había empezado de nuevo a pescar en el río desde el balcón, en el Oñar, que bajaba fangoso por las primeras lluvias, dando la impresión de que los peces saldrían de color del cloro. Pero no pensaba sino en Ignacio. Cabía, desde luego, que éste siguiera las huellas de Mateo y de otros muchos que huyeron a Francia; pero era voz popular que en los últimos días los carabineros habían sorprendido en el Pirineo tres caravanas.

Carmen Elgazu había sufrido, además, una pérdida sensible: mosén Francisco. Mosén Francisco había decidido huir, refugiándose en Barcelona, y Carmen Elgazu, debido a ello, se había quedado sin misa, sin consuelo espiritual, «como los salvajes», había dicho. ¡Y en el momento en que, por encargo de las hermanas Campistol, se disponía a elaborar ella misma, en su casa, las pequeñas y divinas esferas blancas! «Tal vez haya sido un castigo —se dijo—, pues pensaba hacerlo a escondidas de Matías.» Le dolió mucho sentirse privada de aquel medio directo de santificación. Mosén Francisco decidió huir porque su escondite dejó de ser tal, desde el momento en que en la escalera de las dos modistas un arrapiezo había escrito, al carbón: «¡Aquí hay un cura!» Ignacio fue a despedirse del sacerdote y éste le confesó que en Barcelona no conocía nadie ni sabría a dónde ir.

—Al viaje no le temo —dijo—. Todo está preparado. Ignoro si seré mujer o comisario político, pero no hay peligro. En cambio, en Barcelona...

Ignacio caviló y le dijo que, de no encontrar solución por su cuenta, se presentase en el establecimiento fotográfico de Ezequiel. «Delante de la Jefatura de Policía. Ya verá usted "Fotomatón". Va en mi nombre y seguro que Ezequiel lo acogerá.» También le dio el número de teléfono de Ana María y le explicó que Marta estaba en la calle de Verdi, número 326.

Carmen Elgazu asistía con dolor a ese despliegue de cuanto amaba. No se sabía lo que iba a ocurrir. La Generalidad acababa de crear las cartillas de racionamiento. ¡El Decreto se publicó el 13 de octubre, 13 y martes! Pero esto no la asustaba. «En la cocina me las arreglaré.» ¡No faltaría más! Había nacido para eso, para amar y para sostenerlos a todos en los momentos de apuro. Aprovechando que Matías había vuelto al turno de día, ella y su marido habían empezado a salir de vez en cuando a tomar el aire, pues Carmen Elgazu engordaba mucho, perdía ligereza y necesitaba caminar. Habitualmente se iban a la Dehesa. La mujer pasaba por Telégrafos a recoger a Matías y ambos se dirigían al Parque de los árboles innumerables, en uno de cuyos bancos decidieron adquirir un perchero y donde Porvenir, con taparrabos y un micrófono en la mano, arengó a los suyos antes de salir para la muerte. «¿Te acuerdas, Carmen, de aquellas carreras ciclistas, de los campeonatos de bochas, de los pintores aficionados?» Una tarde vieron en la Dehesa congregada una multitud y se asustaron. Pero no se trataba de ninguna manifestación sino ¡otra vez! del faquir Campoy. El hombre se había comprometido, como siempre, a ser enterrado por unas horas, y luego resucitar. Estaban ya abriéndole la zanja, profunda como un relato bíblico, y el faquir tomaba jugo de limón. Cuando Carmen Elgazu vio a aquel hombre esquelético, sin afeitar, se hizo también cruces en la palma de la mano y pensó en el cementerio y en

César. ¡Ah, si César pudiera también...! Le entró un deseo incontenible de ir al cementerio y se lo dijo a Matías. Éste titubeó, ocultándole que por su parte sería ya la cuarta vez que lo visitaba. Matías, pues, accedió. Dieron media vuelta y bordeando el río de fango y de peces de cloro fueron al cementerio, donde Carmen Elgazu lloró sin consuelo, donde lloraban incluso sus brazos y sus cejas, ante la pasividad de los niños y de la lápida que decía «Familia Casellas». ¡Singular cementerio! La capilla era ahora «Panteón de los mártires de la libertad» y en sus rectángulos dormían, confundidos, los jugos de hombres que se habían odiado entre sí. Matías sintió en la espalda que el sol moría también y le dijo a su mujer: «Vámonos...» Y en aquel momento cantaron los pájaros y a Carmen Elgazu se le antojó oír la voz de César en el Collell diciéndole: «Madre, intenté jugar al tenis, pero me cansaba demasiado.»

De vuelta a casa se encontraron con otra sorpresa, que nunca pudieron imaginar: don Emilio Santos también se había ido... Había desaparecido, como desaparecería el faquir Campoy. El padre de Mateo llevaba quince días lo menos insistiendo: «No quiero comprometeros por más tiempo. Basta ya. Y me gustaría saber algo de mi hijo Alfonso, irme a Cartagena y saber de él.» Total, acabó sincerándose con Ignacio, el cual, ayudado en esta ocasión por el cajero del Banco Arús, le consiguió una cédula falsa y un puesto en la cabina de una ambulancia. Don Emilio Santos se había ido y apenas Carmen Elgazu vio su cama vacía, que perteneció a César, barruntó que a su amigo le ocurriría algo malo. El padre de Mateo no había dejado sino un ramo de flores para Carmen Elgazu —¿cómo se haría con él?— y una nota que decía: «Hasta siempre.» Matías se avergonzó un poco de sí mismo pues en el fondo confesó que se felicitaba por ello. «Estaremos más tranquilos.»

Al día siguiente, Matías se fue a Telégrafos un poco más sosegado. La presencia del miliciano de turno apenas si le importaba ya; en cambio, le apenaba cada vez más que no se recibieran telegramas de alegría.

¡Ah, Telégrafos, Correos! Un pequeño mundo... Los carteros tiraban riendo a la papelera muchas cartas dirigidas a «fascistas» y los encargados de la ventanilla de los sellos cobraban propina para empaquetar debidamente lo que se mandaba a la línea de fuego a través del Buzón del Miliciano. Este Buzón había abierto también el Servicio de Giros postales para los milicianos. Matías no podía menos de reflexionar en silencio ante aquellas colas de mujeres esqueléticas, con chicos en los brazos, que enviaban al frente, a sus hijos o a sus maridos, veinte pesetas, quince pesetas, ¡diez!... ¿Cabía algo más miserable? La pétrea cabeza del león que presidía la fachada parecía desmelenarse y rugir.

David y Olga seguían examinando a diario la correspondencia extranjera y también la destinada a la provincia de Gerona. También les daba grima la horrible, la mísera grafía o letra de los sobres de las cartas. A fuerza de leer éstas por centenares, en diagonal, les había nacido un sexto sentido para descifrar las metáforas empleadas. «No te olvides de saludar a la madre de Juan», significaba «no te olvides de rezar a la Virgen». «Cuando recibas ésta, se aproximará el cumpleaños de mamá», significaba «se aproxima la fiesta de la Virgen, no lo olvides». «El día de Navidad me harté de turrón, como antes», significaba «el día de Navidad comulgué, como solía hacer antes». La Virgen era «mamá», «beber champaña», «tomar un reconstituyente», «contemplar la hermosa y redonda luna». Conseguir pasarse era «aprobar el examen», «haberse restablecido de la gripe». No conseguir pasarse era «continuar con el dolor de muelas», «necesitar escayolarse la pierna otra vez».

David y Olga tan pronto se enfurecían como sentían una especie de rubor. Y es que, en octubre de 1934, cuando ambos fueron encarcelados, valiéndose de los funcionarios de prisiones se habían enviado también billetes con clave. «No estoy seguro, pero me parece recordar que el 15 de diciembre del año pasado fuimos al campo», significaba «se rumorea que el 15 de diciembre nos soltarán».

Los maestros entraban de vez en cuando a saludar a Matías, por más que éste los recibiera con la mayor sequedad y pretextando casi siempre que «tenía trabajo». Querían congraciarse con él, y, de ser posible, con toda la familia. Pero no lo conseguían. El brazal negro de Matías era el foso, la separación.

El día en que aparecieron las cartillas de racionamiento, Olga se apresuró a hacerle una visita a Matías para decirle: «No paséis pena por eso. A Carmen Elgazu no le faltará nada... si está en nuestra mano.» Matías miró a Olga.

—¿Y por qué tenéis que establecer diferencias?

La maestra no supo qué contestar. Por otra parte, había

hablado de este modo porque, confirmando con ello los pronósticos de Antonio Casal, eran de prever restricciones cada vez más graves. Casal había dicho: «A los fascistas les faltará la industria pesada y a nosotros nos faltará el pan.»

Matías sólo rompía su silencio con los maestros en el caso de que pudiera darles una noticia adversa, por ejemplo, el incontenible avance nacional hacia Madrid. Entonces les decía que todas aquellas boberías —censurar cartas, enviar paquetes o matar seminaristas— no torcerían la marcha de la guerra, porque una guerra no podía ganarse con el desorden y el pillaje.

—Perderéis por eso, por el desorden, el robo y el sabotaje. Además..., ¡venid! Vais a leer este telegrama... —Se acercaban al receptor y Matías tomaba hábilmente la cinta con la mano—. No, éste no, pero da igual. Ya conocéis los textos de la mayoría, ¿no? «Abuelo Juan reunido con tía Dolores.»

David y Olga replicaban:

—También los militares matan a la gente.

—Eso yo no lo sé...

A veces era Ignacio quien acudía a Telégrafos a buscar a su padre. Los dos hombres se necesitaban mutuamente, más que nunca. Matías se había quedado sin tertulia en el Neutral e Ignacio se había quedado sin amigos y hasta sin cementerio de chatarra. Habitualmente subían a la vía del tren, donde no se oían himnos ni había milicianos, y cruzaban el puente de hierro en dirección a las canteras. Allí les daba el sol, veían a sus pies las aguas del Ter, a su derecha los campanarios y la fuga de los raíles les parecía una imagen de esperanza.

—Tu madre necesita que la queramos mucho, Ignacio.

—Ya lo sé.

—Y Pilar.

—¿Es que no me porto bien?

—Desde luego que sí. Pero, esta vez, sé constante...

—¿Y si llaman a mi quinta?

—Tendré que hablar con Julio de eso.

—No podría hacer nada. Tendré que marcharme.

—Espero que encontrarás otra solución.

Matías invitaba a su hijo a fumar. Ignacio aceptaba y colgándose el pitillo de los labios, esperaba a que su padre se lo encendiera. La mano de Matías temblaba al darle fuego. La llama era una caricia, la expresión caliente del amor que Matías sentía por su hijo. El humo eran las palabras que hubiera querido decirle y que no acudían a su memoria. Poco después, los dos reanudaban la marcha, chupando el tabaco con voluptuosa fruición. Tabaco que empezaba a ser de mala calidad, que apestaba y atacaba los bronquios. Tabaco que olía a guerra, a guerra y a mercado negro, a mezclas disparatadas. A veces, de pronto, oían lejos el resoplante tren que procedía de la frontera y poco después el gusano de hierro brotaba en la curva que había allí, paralela al meandro del Ter. Invariablemente, padre e hijo procuraban apartarse a la misma orilla, pero no siempre lo conseguían. A menudo el fragor del tren los dividía, dejándolos cada uno a un lado. Entonces, mientras iban pasando coches y más coches —interminable convoy—, Matías e Ignacio sufrían. Y cuando la serpiente metálica había cruzado y padre e hijo volvían a verse, se sonreían, respirando con alivio, y estaban a punto de exhumar de su tristeza el saludo de los neumáticos Michelín.

CAPÍTULO XIX

LA SERIE DE REVESES sufridos por las fuerzas «leales» eran tan evidentes, que todo el mundo coincidía en que precisaba tomar medidas. Y se tomaron. Cayó el Gobierno y subió a la Presidencia, sustituyendo a Giral, el jefe socialista Largo Caballero, quien además tomó a su cargo el Ministerio de la Guerra. Un Gobierno en el que, ante el asombro del doctor Relken, fueron adjudicadas a la FAI las carteras de Industria, Comercio, Justicia y Sanidad y en el que se dio entrada a los nacionalistas vascos. Un Gobierno mucho más revolucionario y enérgico que el anterior y que de inmediato inspiró una gran confianza popular, excepto entre las filas comunistas. En efecto, Largo Caballero era llamado el Lenin español, no el Stalin español. Marxista puro, toda su trayectoria demostraba que deseaba implantar en España la dictadura del proletariado, el marxismo, pero independientemente de Moscú. Un marxismo español, adaptado al temperamento de la raza y a las circunstancias por las que ésta atravesaba. De ahí que los comunistas ortodoxos se colocaran a la defensiva y que Cosme Vila sentenciara: «Seguimos nadando entre dos aguas.» El inspector de Trabajo, que conocía de antiguo al nuevo jefe del Gobierno, dijo de él que era hombre meditabundo y tenaz, gran organizador y célebre por sus prolongados silencios. Tenía más calma que los demás y, de pronto, más vitalidad y decisión. Se llamaba Francisco, al igual que el general Franco, por lo que el catedrático Morales comentó: «La batalla va a ser de los dos Franciscos.» Largo Caballero era, por lo visto, signo de contradicción. Había quien lo consideraba un plebeyo —su origen era humilde: obrero albañil y estucador—, había quien lo consideraba un señor. En Burgos se decía de él: «Tiene mucho de largo y poco de caballero.» Y *La Ametralladora* publicó una caricatura suya, expresiva, que hubiera entusiasmado a Ezequiel, en la que se veían los dos bigotes de Stalin convertidos en martillos y aplastándole la cabeza.

Sin embargo, la renovación parecía indicar que el nuevo jefe quería atacar por la base. En el frente fue leído el decreto de unificación de las Milicias. «Se acabaron la parcelación y los esfuerzos autónomos. Milicia única bajo mando único. Todos los milicianos de todos los partidos obedecerán a la misma voz.» En la retaguardia se publicó el decreto de disolución de los Comités Antifascistas. «Se acabaron los Comités de los pueblos actuando por cuenta propia y sin rendirle cuentas a nadie.» ¡Oh, todo aquello era una subversión! Un paso adelante, según David y Olga; un paso atrás, un horrible paso atrás, según el Responsable, quien, erguido en el rincón del piso de don Jorge, en el sitio que ocuparon las armaduras, le dijo a Merche: «De esto al fascismo hay un paso.»

No había tal. Simplemente, Largo Caballero coincidía con Matías Alvear en achacar gran parte de los reveses al desorden y al despilfarro y, en apoyo de esta teoría, en su primer discurso soltó una sentencia lapidaria: «La impetuosidad de la raza hace a los españoles eficaces obedeciendo, pero peligrosísimos mandando.» Ahí estaba. Aquellos milicianos, ¡y las milicianas!, bien canalizados, bien «mandados», serían capaces de edificar —Largo Caballero, al igual que los masones, empleaba de preferencia términos de construcción— una España nueva; pero en cuanto se les dio fusil y poder, el espectáculo fue desolador.

La primera decisión que tomó Largo Caballero fue la de asegurar el buen funcionamiento de Intendencia. «Mientras en el frente de Aragón sobran los víveres, en el frente del Sur hay milicianos que no comen más que tomates crudos, con sal y aceite.» Luego obligó a los jefes de Unidad a inventariar con rigor la tropa de que disponían. «En un sector de la Sierra combaten mil quinientos hombres y tienen asignadas cuatro mil raciones y un suministro de material bélico capaz de colmar las necesidades de un Cuerpo de Ejército.»

La segunda decisión consistió en proceder a una gigantesca recogida de las armas de todas clases que seguían en la retaguardia, «vigilando la revolución». El éxito de esta recogida superó incluso los cálculos que Antonio Casal, entusiasmado, publicó en *El Demócrata*. Aparecieron, en los lugares más inverosímiles, verdaderos arsenales de cartuchos, de fusiles, de fusiles ametralladores e incluso, ocultas, media docena de baterías artilleras.

Algunos milicianos, sobre todo en Cataluña, se solivantaron y prefirieron tirar las armas antes que entregarlas. Torpe iniciativa, peligrosa para la paz de los campos y para los niños que jugaban en ellos. A un hijo de uno de los pelotaris del Frontón Chiqui, el frontón de Ana María, le estalló una granada, matándole en el acto.

La tercera decisión tenía por objeto acabar en el frente con los actos de terrorismo «no justificados». Jefes y oficiales fueron impuestos de su deber de levantar atestados y cursar denuncias. «Los milicianos han llegado a mantear a los prisioneros, colocándoles un lápiz en la mano derecha y obligándolos a escribir en el techo su apellido; cada subida, una letra.» Largo Caballero soñaba con una guerra pura en la línea de fuego. Estaba convencido de que «luchar» equivalía a «unificarse». En las noches en que no podía dormir —su insomnio era tan proverbial como sus silencios—, iba imaginándose a los voluntarios del pueblo cada vez con más dominio de sí, con más austeridad. Y a cuantos le objetaban que semejante optimismo era opuesto a la opinión que Carlos Marx tenía de los «proletarios», Largo Caballero contestaba: «Marx no conocía al hombre español.»

Otra decisión afectó a los servidores de Sanidad. Los informes que Largo Caballero recibió —el doctor Rosselló fue uno de los consultados por emisarios del Gobierno— coincidían en que Sanidad funcionaba satisfactoriamente. Sin embargo, tratándose de un servicio tan decisivo, del que dependía la vida de tantos y tantos combatientes, era preciso perfeccionarlo todavía más. Largo Caballero actuó con rapidez. Una serie de coches-cama, de las grandes líneas de ferrocarril, así como los automotores disponibles, fueron convertidos en coches-hospital. Fueron repartidos una gran cantidad de bolsas, de botiquines de campaña, que contenían tubos de goma para hemostasis; instrumental quirúrgico; pinzas Kocher y Pean; tijeras-bisturí y sueros antitetánicos y antigangrenosos. Diversos edificios, enclavados en puntos estratégicos del territorio, fueron destinados a Sanidad; así, por ejemplo, en Asturias, el Monasterio de Covadonga se habilitó como leprosería. El peor enemigo era la cochambre, la suciedad. ¿Cómo combatirlo? Sería preciso domeñar incluso los elementos. En la propia Gerona, el agente malsano era el río Oñar, y en muchos puntos del litoral era el mar, con zonas en que nadie se atrevía a pescar por temor a que los peces se hubieran alimentado allí de carne humana, de la carne de los «fascistas» tirados al agua.

La quinta decisión, ésta de orden preventivo, se refirió al «Socorro Blanco». Urgía acabar con él. Urgía vigilar a todas las Laura, a todas las hermanas Rosselló, a todas las hermanas Campistol... Largo Caballero llenó fachadas, pueblos, carreteras de carteles invitando a la vigilancia. «Prestad atención al rumor.» «El enemigo acecha quizás en vuestra propia casa.» «Un revolucionario auténtico no transmite un secreto militar ni a su madre, ni a su hermana, ni a su novia.» Largo Caballero llamó a los propagandistas de rumores, de «bulos», *fabricantes de derrota* y en su honor respetó las checas existentes y permitió la apertura de otras muchas. El anarquista García-Oliver, su ministro de Justicia, lo ayudó en esta labor. «La Justicia debe ser cálida —afirmó el ministro—. La Justicia debe ser viva y no encerrada en los moldes de una profesión. La Justicia no debe ser solamente popular, sino primitiva...» En Valencia empezó a actuar el chekista ruso Leo Ledaraum. En Madrid, junto al Socorro Blanco, germinó espontáneamente el llamado Auxilio Azul, organizado por muchachas falangistas.

Sin embargo, Largo Caballero, realista, tan realista que al parecer en muchas cosas coincidía con Julio García, entendió que todas las anteriores medidas serían ineficaces si no se procedía a una fantástica compra de material bélico, especialmente aviones y tanques. Éste fue, de hecho, su principal objetivo, ya que la llegada de unos cuantos barcos rusos significaba una ayuda insignificante. Sobre todo los tanques, constituían para Largo Caballero una obsesión, así como la ametralladora la constituía para Durruti. Gran número de delegaciones salieron al extranjero provistos de divisas y plenos poderes. Además, «hay que conseguir la movilización de todos los obreros del mundo, que todos los obreros del mundo se solidaricen con nuestra heroica lucha».

El coronel Muñoz, a la vista de este programa, hizo una mueca. «Todo eso está bien —sentenció—. Pero ¿y los milicianos? No se cambia una raza con cambiar dos artículos del Código.»

La intervención de don Carlos Ayestarán en favor de Julio fue determinante. *El Demócrata* no mintió: el policía salió con destino a París y Londres, formando parte de la Delegación de la Generalidad, cuya misión era no sólo comprar armas y pagarlas, sino observar de cerca la marcha del reclutamiento de voluntarios internacionales dispuestos a salir para España, cuyos principales banderines de enganche estaban en la capital francesa. La primitiva idea de Julio —conservar el anónimo— fue sustituida por la opuesta. La Logia Ovidio consideró un honor, un prestigio, airear la noticia de que uno de sus miembros había sido elegido para una embajada de tanto fuste.

Julio García, que a la salida de Gerona prometió a doña Amparo Campo traerle un par de obsequios «europeos», se convirtió sin dificultad en el alma irónica de la Delegación, compuesta en gran parte de hombres dubitativos, que todo se lo tomaban a la tremenda y que consideraban sacrílego aprovechar el viaje para visitar salas de espectáculos y cabàrets. «Lo cortés no quita lo valiente», les decía Julio, arrastrándolos hacia una vida nocturna llena de encantos.

El policía dispuso muy pronto, en Londres, de una compañera inseparable: Fanny, la periodista inglesa. Mujer más alta, más centelleante y más cosmopolita que doña Amparo Campo. Julio prefería su compañía a la de los diputados catalanes de la Delegación; sin contar que la mujer les era positivamente útil. Julio García se chifló por Fanny, si bien procuraba no excederse. Constantemente se sorprendía mirando a aquella mujer, rubia y de ojos turbios, como lo haría un colegial.

—¿Por qué me miras de ese modo?

—Porque me gustas.

Sí, Fanny le gustaba. Le gustaba cuando decía que ella no era comunista, ni anarquista, ni socialista: que no era nada. Que era una simple periodista enamorada de lo clásico y que deseaba el triunfo del débil, es decir, del obrero, del obrero universal. Le gustaba que Fanny hubiera tenido ya tres maridos, que llevara en el anular los tres aros y reservara sitio para un cuarto. Le gustaba que bebiera como él, más que él, y que a veces le quitara con tacto la boquilla de los labios. Le gustaba que hubiera nacido en Londres y que no alardeara de ello, que tuviera una voz un poco de cazalla, y que citara a Keats y a Baudelaire. No le gustaba, en cambio, que a él lo llamara *spaniard* con voz a propósito para llamar a un gato o a un chucho. «¡Llámame Julio, por favor!» Bueno, Fanny lo complacía, pronunciando la jota de modo adorable.

Julio García, consciente de que se comportaba como un niño, apenas si tenía secretos para Fanny. No podía remediarlo. Con sólo sentirse mirado por Fanny se turbaba y estaba dispuesto a tracionar los carteles que Largo Caballero había pegado en toda España.

En aquellos días, los secretos que Julio revelaba a la periodista inglesa no pecaban precisamente de monótonos. La cosa marchaba, al parecer, y en honor a la verdad no todo lo conseguido era atribuible a la Delegación de que él formaba parte, sino a gestiones anteriores. El alud de ayuda a la «España Republicana» había comenzado. Hasta el momento, casi todo el material recibido llevaba marca francesa o checa, y el primer barco arribado a puerto «leal» había sido el mejicano *América*; pero últimamente las fuentes de suministro habían empezado a proliferar en muchos países de Europa —el Comité de No Intervención era burlado a placer— y, por supuesto, en Rusia, aunque Julio García sospechaba que Rusia no enviaría armas de calidad, sino armas rechazadas por su Ejército. De todos modos, una red de firmas bancarias y productoras esparcidas por el Continente, previamente pagadas con el patrimonio nacional hispano, recibían los pedidos, los cobraban y garantizaban su llegada a la frontera española. Julio se sabía de memoria la sede de dichas firmas, por lo menos de las más destacadas: París, Londres, Copenhague, Amsterdam, Zurich, Varsovia y Praga. «Siete ciudades —le decía a Fanny—, siete pecados capitales.» Julio pretendía saber incluso de dónde zarpaban los barcos y qué rutas seguían. «Puerto de Gdynia, en Polonia, dando la vuelta por los mares del Norte. Puertos griegos, cruzando aguas mediterráneas, Fanny, aguas latinas como yo... Puertos ingleses y franceses, ¡toda clase de puertos!, y toda clase de barcos, muchos de ellos bajo pabellón inglés, de la S. Navigation, o francés, o cambiando el pabellón en alta mar cuantas veces sea necesario.»

¡Oro! Julio García pronunciaba las dos sílabas como si fuera a soltar dos anillos de humo tan redondos como los aros que Fanny llevaba en el dedo. Y es que el balance, según el policía, daba qué pensar. El primer mes de guerra habían salido para París, desde Madrid y por vía aérea, cinco mil kilos de oro. Ello había continuado con el mismo ritmo hasta aquella fecha de octubre, en que la necesidad obligó a hundir la mano hasta el fondo: medio millón de kilos de oro acababan de ser embarcados en Cartagena con destino a Odesa. «Siete mil quinientas cajas, Fanny, ni una menos. Añade ahora los lingotes que nos hemos traído nosotros y los que acompañan a otras delegaciones que andan por ahí. ¿Comprendes lo que te quiero decir? Mi país, mi bendito y pobre país, que ha creado no sé cuántas naciones de América sin que dichas naciones se lo pidiesen, está tirando ahora su riqueza por la borda, cambiando el oro por cartuchos y aviones. Claro que ¡qué más da! Antes lo cambiábamos por cálices y por custodias. En la catedral de Gerona..., ¡bueno, para qué continuar!»

Fanny escuchaba al policía con una mezcla de desprecio y admiración, como le ocurría al policía con el doctor Relken. Estaba segura de que Julio García no tenía escrúpulos y de que si podía cobraría comisión por la labor que llevaba a cabo. Por de pronto, el policía le había dicho en un momento de euforia: «Mi querida Fanny, no creo que esté prohibido tener discos, tortugas, ficheros ni comprarle enormes brazaletes a la legítima esposa».

Fanny aseguraba que no comprendía a los españoles. Los días transcurridos en Gerona la habían desconcertado. «De repente todos parecéis labriegos, primitivos; de repente, todos parecéis de buena pasta. Ese Responsable, por ejemplo, ¿quién es? A veces sabe mirar como si fuera un rey. Ningún inglés puede mirar así. ¡Y la cabeza de Cosme Vila! La cabeza de Lenin, la auténtica. Y esos maestros, y el apuesto coronel Muñoz... Para no hablar de ti, astuto policía, que mientras estás hablando de regalarle brazaletes a tu mujer, me miras desnudándome.»

Fanny no comprendía a los españoles y desde su escote, su voz de cazalla y su Keats, desconfiaba de los beneficios de aquella guerra civil, fuese quien fuese el vencedor. Algo le molestaba de Julio; el policía era impermeable a las bellezas de Londres. Prefería, con mucho, a París. «¡El Támesis es un río combativo, es petróleo!; prefiero el Sena, decadente pero *charmant*.» El clima inglés acatarraba a Julio, y le desagradaba «el espíritu gregario de la población.» «Aquí no necesitáis un Hitler para ser todos iguales.» De toda Inglaterra, únicamente le interesaba Fanny, Bernard Shaw y Scotland Yard. Visitó Scotland Yard y a la salida comentó: «Compadezco a los delincuentes ingleses. Esa gente sería capaz hasta de descubrir que mi estimado jefe, el comisario Julián Cervera, es tonto de capirote.»

Terminada su labor en Londres, la Delegación se trasladó a París. Fanny, que quería regresar a España, acompañó a Julio, sin olvidar su máquina de escribir portátil. En París los esperaba una singular aventura: la de los voluntarios internacionales. Su reclutamiento para la guerra de España había empezado hacía unas semanas. Según el parte dado a Julio por don Carlos Ayestarán, el embajador ruso en Madrid, Rosenberg, había informado a Stalin de la gravedad de la situación, y Stalin, entre bastidores, había encargado al Partido Comunista Francés, por razones de vecindad con España, del cometido de formar las Brigadas Internacionales. Thorez delegó en André Marty la jefatura de esta misión y André Malraux, intelectual y experto en arte, fue nombrado asesor de cuanto se refiriese al arma aérea. Largo Caballero hubiera deseado que dichos voluntarios extranjeros se encuadrasen en unidades españolas, pero al no poder presentar un cuadro de mandos apto, tuvo que ceder.

A través de las Internacionales Comunistas se abrieron oficinas de reclutamiento en otros muchos países, además de Francia; prácticamente, en toda América del Norte y en todo el norte y centro de Europa. Pero Francia era el aglutinante, con oficinas, no sólo en París, sino en Lyón, Marsella, Burdeos, Toulouse y el lejano Orán. En París, el banderín de enganche más importante estaba en la Casa de los Sindicatos de la Avenida Mathurin Moreau, por lo que Julio y Fanny se instalaron en un hotel muy cercano, el Hotel «Progrès», desde cuyo balcón veían las colas de hombres que llegaban sin cesar, con maletas parecidas a la que José Alvear exhibió cuando su viaje a Gerona.

La consigna era ésta: reclutar hombres de todos los países, formar con ellos brigadas llamadas mixtas —que para operar se bastasen a sí mismas—, las cuales podrían convertirse en pioneros de un ejército internacional comunista siempre dispuesto a intervenir en Europa y en América. Thorez, el checo Gottwald y los italianos Palmiro Togliatti y Luigi Longo recorrían constantemente los banderines de enganche, asesorados en el aspecto militar por el general soviético Walter y por otros jefes rusos profesionales.

Julio García y Fanny comprobaron muy pronto que el reclutamiento era un éxito y creciente el entusiasmo. Se había producido una suerte de contagio, de atracción del que era víctima el propio policía gerundense, el cual, en vez de emplear las horas en gozar de la capital francesa, de su color, olor y misterio, apenas si se movía de la Avenida de Mathurin Moreau. En opinión de Julio, dicho éxito se debía en primer lugar a la habilidad propagandística, y en segundo lugar a las excelentes condiciones económicas que se ofrecían a los alistados, singularmente a los técnicos.

Los técnicos fueron los primeros en cruzar la frontera española. Obreros especializados en construcciones navales habían ya salido para Valencia y Cartagena; mecánicos de aviación, operadores de radio, técnicos de antiaéreos, etcétera, muchos de ellos de origen ruso o adiestrados en Rusia, se instalaron en Madrid. Axelrod, en Barcelona, se multiplicaba en su labor de enlace, y el doctor Relken, con sólo dar una vuelta por los alrededores del Majestic, comprobaba que sus vaticinios —guerra internacional— se cumplían inexorablemente. El Frente Popular francés dio las facilidades necesarias para sortear los obstáculos formales que implicaba la existencia del pacto de No Intervención. A los voluntarios se les retiraba el pasaporte, sustituyéndolo por otro español, con nombre y apellidos españoles, o bien documentos equivalentes a presentar en Perpignan y más tarde en la frontera. Los pasaportes retirados salían rumbo a Moscú, donde la GPU se dispuso a utilizarlos para sus espías, sutileza que había de escandalizar a «La Voz de Alerta». Por supuesto, los pasaportes más estimados eran los de los voluntarios americanos, con vistas al envío de agentes a los Estados Unidos.

Los voluntarios afluían de todas partes, de todos los países, a veces enviados por los respectivos Partidos Comunistas, a veces presentándose por su cuenta y riesgo. En cada país surgían pontífices de la propaganda. En Inglaterra, lo fueron el Partido Laborista y la duquesa de Atoll. En Bélgica, lo fue el presidente de la Segunda Internacional, Debruchère, etcétera. El administrador general, Mauricio Thorez, se mostró minucioso en todo cuanto atañese al financiamiento de semejante ejército internacional, cuyo precedente más directo acaso fueran las «Compañías Blancas» del aventurero francés Bertrand Duguesclin. Por supuesto, el pago fundamental, básico, se haría con el «tesoro nacional español», con el oro de que habló Julio García. Sin embargo, se calculaba que ello no bastaría ni con mucho, de modo que se ordenó la postulación en todas partes, desde las fábricas de Rusia, una por una, hasta las salidas de los cines, ¡y de los estadios y de los circos!, en Checoslovaquia o en Nueva York. «¡Ayuda al pueblo español!» «¡Ayuda para nuestros hermanos españoles!» Las adhesiones fueron muchas y los sistemas de recaudación muy varios. Checoslovaquia organizó orfeones de jóvenes marxistas que recorrían ciudades y pueblos cantando para «Los Voluntarios de la Libertad», que saldrían para España. Pablo Casals, con su maravilloso violoncelo, recorría con el mismo objeto centenares de kilómetros. También se movilizaron los escritores Ralph Foz, inglés; Ludwig Renn, alemán; el citado Malraux y ¡cómo no! Ilia Ehrenburg, el infatigable corresponsal de *Pravda*. Ilia Ehrenburg afirmó que la recaudación más caudalosa fue la obtenida en la inmensa Rusia, a la que contribuyeron no sólo las fábricas sino las escuelas y los clubs de ajedrez.

Guerra internacional, ¿cómo dudarlo? Colas en las oficinas de reclutamiento de París. Julio García y Fanny vivían minuto a minuto el milagro. Tal heterogeneidad de razas y de orígenes no dejaba de tener grandeza. Sí, había algo grande y legendario en el hecho de que aquellas colas se formasen. De los puntos más alejados del globo, desde el Ártico y Sudáfrica y desde Méjico a Vladivostock, hombres fanáticos o desesperados, hombres sinceros o mercenarios, catedráticos o vulgares perseguidos por la justicia, coincidieron en París dispuestos a «derrotar al fascismo». En su mayoría tenían de España una idea embrionaria, basada en el sol y en largas cabelleras. Su aspecto global a Julio le parecía inquietante —«aquí hay mucho toxicómano», diagnosticó— pero es ley que una hermosa luz imprescindible se esconda en los ojos de quien sale voluntario para luchar. Y aquellos hombres, a semejanza de los que se congregaron en la Dehesa a las órdenes de Porvenir, o en Pamplona con la boina roja, o en Castilla con la camisa azul, se disponían a abandonarlo todo para irse a combatir. Muchos de ellos firmaban un documento que rezaba así: «Yo estoy aquí en calidad de voluntario y estoy dispuesto a dar, si es necesario, hasta la última gota de mi sangre para salvar la libertad de España, la libertad del mundo entero.»

Fanny envió seis emotivas crónicas a su red de periódicos, indicando que la mayor parte de los voluntarios contaban de cuarenta a cuarenta y cinco años y que entre ellos los comunistas activos estaban en minoría. Los más de aquellos hombres eran sencillamente desplazados. Obreros sin trabajo de los puertos de El Havre, Marsella o Singapur, italianos exilados, soldados de la Legión extranjera francesa, perseguidos por la justicia y, desde luego, verdaderos idealistas que, habiendo perdido el amor por la patria que los vio nacer, el sentimiento de dependencia, hallaban sustitución y estímulo en defender una causa que juzgaban digna y beneficiosa para todo el género humano.

A Julio García, semejante clasificación no acababa de satisfacerle. A veces, a media noche se despertaba y si Fanny estaba también despierta —Fanny le franqueaba la puerta de su habitación noche sí, noche no—, le sacudía el brazo y se ponía a filosofar. «¡Qué sabemos! —decía—. El hombre es muy complejo. Cada voluntario se habrá alistado para librarse de algo íntimo, personal. ¿No crees, querida Fanny, que todo lo hacemos para vengarnos de algo íntimo, personal?» Fanny sonreía. «¿Puede usted aclararme, míster García, por qué se atreve usted a tutearme, y de qué cosa íntima se venga usted cada vez que me besa tan apasionadamente?»

El hecho era que la pareja se las ingeniaba para conversar cada día con los voluntarios de turno en las colas. El conocimiento de idiomas de Fanny y la esplendidez de Julio invitando, facilitaban la empresa. No era raro que la periodista, al minuto escaso, le dieran un codazo a Julio y le dijera: «Tráeme otro. Éste es un plomo.» Sin embargo, la criba los llevó a conocer y tratar varios hombres de sumo interés. Con dos de ellos conectaron especialmente: con un «idealista» sueco, bautizado Polo Norte y con un judío de origen alemán, bautizado el Negus en gracia a su barba idéntica a la del príncipe etíope.

El sueco era un hombre de cuarenta y dos años, en perpetua indignación porque todo el mundo le preguntaba de buenas a primeras si le gustaba mucho esquiar. Lo bautizaron Polo Norte por la situación geográfica de su país, pero también porque tenía el pelo completamente blanco. Era silencioso y observador, y en cierto sentido recordaba el invierno. Le ilusionaba venir a España porque en España había formidables montañas y, por tanto, variedad. «La gente de países llanos como el mío es uniforme», decía. Julio le objetó: «Bendita uniformidad la de Suecia, Dinamarca y Holanda... Significa que todo el mundo vive bien.» Polo Norte miró compasivamente a Julio: «No lo crea. El dinero satisface a muchas personas, pero no a todas. Todos hemos conocido millonarios muy desgraciados.» «Entonces —concluyó Julio— ¿qué defenderá usted en España? ¿El capitalismo, la pobreza?» «Yo soy un idealista —contestó Polo Norte—. Voy a España a aprender. Por ahora no le digo más.»

El Negus era otro cantar. Cuarenta y cinco años. Había hecho la guerra del 14. Enseñaba a todo el mundo una fotografía de cuando era niño, en la que su expresión era pacífica y boba. Su origen judío lo mantuvo constantemente próximo al drama, hasta que se calentó y se fue a los Estados Unidos. Allí descubrió que su vocación era el robo, y como consecuencia, las cárceles. Ahora había regresado de América con una maquinilla de afeitar, un mechero y un reloj que el Partido Comunista Norteamericano regaló a cuantos compatriotas se alistaran para la guerra de España. Fue sincero. «Voy a por los fascistas, claro que voy. Pero también espero que los españoles serán agradecidos.» El Negus miraba a Fanny con codicia, pero no a toda su persona, sino al anular en que la periodista llevaba los tres aros de matrimonio. «Nos veremos en España, amigo —le dijo Julio—. Por ahora no le decimos más.»

La encuesta era tentadora. ¿Y el coronel francés Vincent? ¿Y Paulina, la mujer de André Marty? ¿Y Togliatti, que adoptó el nombre de Alfredo? Tales jerarcas·nombraban «a dedo» los grados subalternos, según la ambición y capacidad de los individuos. Así, Polo Norte fue nombrado sargento; el Negus, teniente.

La mayoría de estos voluntarios, distribuidos por secciones, se dirigían a España en ferrocarril, ruta Toulouse, Perpignan, Cerbère. Pronto, el tren 70, que salía de París por la noche, fue conocido por «el tren de los voluntarios». Julio García y Fanny decidieron regresar a Gerona en uno de esos trenes, en cuanto las gestiones de la Delegación de Compras hubiesen finalizado. «Quiero verlos borrachos. ¡Menudas pítimas! ¿No estás de acuerdo, Fanny? ¡Será bárbaro!»

Cada día la carga era distinta y básicamente la misma. El

trayecto era largo y en su transcurso se liaban amistades, se intercambiaban conocimientos —éste hablaba de Turquía, el otro de China, el otro de Brasil—, ¡se bebía! y se cantaban canciones. Los franceses cantaban *La Carmagnole* y *El joven guardia*. Los ingleses cantaban *It's a long way*, al compás de las ruedas del tren. Los italianos cantaban *Bandiera Rossa* y llevaban, por lo general, bufandas rojas, de seda. El himno unificador era *La Internacional*, y el ademán que todo lo expresaba, desde la voluntad hasta el miedo y el arrojo, el puño cerrado.

Al llegar a Perpignan se les incorporaron voluntarios que se encontraban ya en pueblecitos próximos a la frontera, esperando órdenes, o que no se atrevían a cruzar a pie la línea. El entusiasmo de estos pioneros al verse respaldados por la colectividad del tren 70 era contagioso e inyectaba a todos nuevos bríos.

El esfuerzo de los voluntarios dotados de pasaporte especial para aprenderse de memoria y pronunciar medianamente su nuevo nombre, el que les había sido asignado, era jocoso. Muchos terminaban por desistir de su empeño y optaban por algún apodo fácil y al alcance de todas las lenguas. De ahí surgieron motes que hubieran tumbado de admiración a Arco Iris. Francia suministraba nombres de mujeres que valían para la ocasión: «Pompadour», «María Antonieta», «¡Juana de Arco!» Italia facilitó nombres de artistas, escritores y santos: Miguel Ángel, Maquiavelo, Dante. ¿Y España? Hubo peleas por llamarse Felipe II y «Torero» y también «Olé».

En los pueblos españoles situados a lo largo de la vía férrea, el paso de los voluntarios produjo emoción y se hizo muy popular. Gerona se encontraba en el camino, de modo que Cosme Vila, a la hora prevista, enviaba a la estación grupos de manifestantes provistos de banderas y de pancartas en todos los idiomas. Tales representaciones a veces resultaban emocionantes, como la de cuarenta niños sordomudos que habían llegado a Gerona, a través de Francia, evacuados de un Sanatorio de Santander, con motivo de los combates del Norte. Los cuarenta niños habían sido debidamente uniformados y cada uno dotado con una banderita de papel. Fueron concentrados en el andén, debajo del reloj. En cuanto el convoy atracó —convoy compuesto de alemanes, polacos y ucranianos— y los rostros de los voluntarios asomaron sonrientes por las ventanillas, los cuarenta niños sordomudos abrieron la boca para gritar y no pudieron; y entonces agitaron con redoblado frenesí las banderitas de papel. Los voluntarios, ignorando la causa de aquel silencio infantil, se desgañitaron e hicieron toda clase de gestos incitantes. Hasta que Olga salió en ayuda de unos y otros y, aproximándose a la cabeza de un grupo de mujeres socialistas, empezó a gritar reiterada y estentóreamente: «¡Viva la Revolución! ¡Muera el Fascismo! ¡Vivan los voluntarios de la libertad!»

En Barcelona, el recibimiento era también aparatoso, organizado al alimón por la Generalidad, por el cónsul ruso Owscensco y por Axelrod, el hombre de las promesas. El presidente Companys se emocionaba cada vez de modo singular, pues era espiritista y llegó a sus oídos que entre los voluntarios abundaban los espiritistas. Los voluntarios paraban poco en la capital. Inmediatamente seguían ruta hacia el Sur, por orden de Largo Caballero. En efecto, éste había elegido como cuartel general de las Brigadas Internacionales la pequeña ciudad de Albacete, estratégicamente situada entre el Mediterráneo y Madrid. El 12 de octubre llegaron a esta ciudad los primeros contingentes, que se instalaron en la plaza de Toros y en el ex cuartel de la Guardia Civil. Los guardias civiles de la localidad habían sido asesinados, en julio, entre los muros del cuartel, los cuales aparecían aquí y allá salpicados de sangre. André Marty, con su boina tan enorme como la de «La Voz de Alerta», subido en una silla arengó a los recién llegados; pero muchos de éstos miraban dichas manchas de sangre con recelo, particularmente dos muchachas suizas, comunistas, llamadas Germaine y Thérèse, enfermeras de profesión. La sangre en el cuartel significaba muchas cosas y tal vez fuera un mal presagio. La sangre era la bufanda roja, de seda, del cuartel.

La irrupción de tal abigarrada humanidad produjo en Albacete una convulsión indescriptible. Los «internacionales», como fueron llamados, pasaban en un tris de la timidez a la ferocidad, de regalar el rancho a un pobre anciano a fusilar a toda una familia si sus miembros se negaban a cederles la vivienda. Y no se hacían a la idea de que el sol de España no les aplastara la cabeza. Bebían más aún de lo que Julio supuso y había mujeres españolas que compartían su sed y otras que, por el contrario, se encerraban en sus casas, bajo siete llaves. A veces, todos los internacionales parecían idénticos, anónimos, hijos de un padre común, que podía ser el sufrimiento;

otras veces, cada uno de ellos sugería una leyenda personal y lejana, que lo mismo podía haberse acunado en Prusia que a los pies de los Urales. La mezcla de acentos, de mímica, la mezcla étnica y espiritual era una gigantesca ampliación de la que se daba entre los atletas que se marcharon con Durruti al frente de Aragón. André Marty y sus asesores militares cuidaron de conferirles en lo posible un aspecto igualitario. Los uniformes llegaron de Francia, y se adoptó el casquete de los cazadores alpinos. Fue necesario, por otra parte, echar mano de intérpretes españoles para las misiones de enlace. Se presentaron muchos, entre ellos uno de los dos estudiantes de matemáticas que Cosme Vila había captado en Gerona los primeros días de la revolución.

Inmediatamente se acordó la publicación de un periódico en varias lenguas, que se llamó precisamente *Voluntarios de la Libertad*, lo cual no impedía que algunas unidades decidieran publicar aparte diarios o folletos. El vehículo-imprenta con que los «escritores internacionales» obsequiaron a la Generalidad de Cataluña, fue a parar a Albacete y resultó ¿quién lo diría? que el invernal Polo Norte era linotipista.

André Marty y Luigi Longo comprendieron desde el primer momento que el único medio eficaz para conseguir disciplina en aquel «saco de cangrejos», como los denominó el doctor Relken, era el terror. André Marty obró en consecuencia, y, en consecuencia, en las afueras de Albacete fue cavada otra zanja entre las innumerables que arañaban ya la tierra española, la tierra del sol, del olé y de las largas cabelleras.

El doctor Relken, que por la prensa se enteró en el acto de la llegada de los voluntarios, abandonó el Hotel Majestic y se trasladó a Albacete. Llevaba consigo una carta de presentación firmada por Axelrod y dirigida al propio André Marty; pero de momento prefirió no utilizarla y observar desde la sombra. ¡De cuántas cosas se enteró! ¿Por qué Julio García no se reunía con él? Supo que André Marty había llegado con órdenes de exterminar a los trotskistas. «¡Pobre Murillo!», pensó el doctor. Vio a los técnicos organizarse en zonas acotadas: cartógrafos, observadores de aviación, etc. Asistió a varias rápidas ceremonias de nombramiento de comisarios políticos y se dio cuenta de lo fácil que iba a ser introducir en aquella organización «espías fascistas»; bastaría con conocer tres o cuatro idiomas, tener presentación y ser prudente. Igualmente comprobó que el servicio mejor organizado era el de Sanidad, al mando del doctor Oscar Telge, e hizo un viaje a Almansa, donde acampó la artillería, y otro a La Roda, donde se instaló la caballería, al mando de un veterano revolucionario llamado Alocca, que últimamente era sastre en Lyón.

Caballos, hombres, fusiles, ametralladoras, cañones —el doctor Relken acarició estos últimos, porque procedían de Checoslovaquia—, casquetes alpinos y fantásticas saharianas. ¡Cuánta promiscuidad! Y entretanto las tropas «nacionales» avanzaban por la carretera de Toledo hacia Madrid, y Jorge, en el aeródromo de Sevilla, ponía los cinco sentidos en las clases para piloto. Y Julio se disponía a regresar a París, en compañía de Fanny, pues la Delegación de la Generalidad había ultimado su quehacer y el policía había cobrado ya la discreta comisión que le ofreció ¡una filial de la casa Krupp! Y Stalin quería hacerlo todo, como siempre, a la chita callando. Y Antonio Casal maldecía a los ingleses, pues según noticias mezclaban la chatarra entre el material cobrado por bueno. Y por toda Europa y América se organizaban mítines y recaudaciones a favor del «pueblo español», y los obreros de Kiev, de Stalingrado, de Leningrado, de Rostof y Odesa seguían entregando jornales. Y Madrid se iba llenando de rusos: aviadores en los hoteles Bristol y Gran Vía, periodistas y técnicos en el Gaylord's. Y los cuarenta niños sordomudos refugiados en la provincia de Gerona eran devueltos, sin banderitas, a su idílica residencia del pueblo de Arbucias, donde se miraban unos a otros bajo los árboles. Y Teo, en el frente de Huesca, seguía barbotando, en honor de Durruti y con nostalgia de la Valenciana: «Me las pagarás.»

La afluencia de voluntarios fue tal que Albacete rebosó, y fue preciso instalarlos en localidades adyacentes. Los espiritistas enlazaban de una a otra localidad a través de los pensamientos y, llegada la noche, fluctuando entre el vapor del vino y el humo del tabaco, todo el mundo se hacía preguntas.

¡Ah, la guerra sería la respuesta para cada cual! Sería la gloria, la derrota, el enriquecimiento, la regeneración. Y, en muchos casos, la dulce penetración en la eternidad.

CAPÍTULO XX

Esta vez la alarma llegó por el mar. Por el mar tranquilo y azul, y concretamente por la bahía de Rosas, en la que en tiempos mosén Alberto dirigió excavaciones descubriendo una necrópolis. El hecho ocurrió bajo un luna otoñal, poco después del regreso de Julio García a Gerona. El comisario Julián Cervera recibió aviso telefónico de que «un buque enemigo» se paseaba a lo largo de la costa catalana. El aviso resultó cierto: tratábase del crucero *Canarias*, el cual penetró de pronto como un cetáceo en la bahía de Rosas y abrió fuego. Veintidós bombazos, que retumbaron como trompetas de juicio final, uno de los cuales averió el edificio de la escuela. La gente huyó despavorida, pues no había defensa contra el monstruo ni se sabía cuál era su intención; lo más probable, el exterminio de la tierra. Toda Cataluña imaginó que se trataba de la preparación de un desembarco, que iban a desembarcar la Legión y los moros. Esta última palabra, que olía a aceite, corrió de boca en boca fundiendo el espanto y la cólera. Una cólera imponente y amarga que arrancó de labios del coronel Muñoz la frase: «Militarmente, entiendo que eso del desembarco es un bulo», a lo que Cosme Vila replicó: «A mí lo que me parece un bulo es que usted sea militar.»

El pánico se apoderó de la región, y en muchos lugares patrullas de milicianos montaron en camiones e invadieron las carreteras que conducían al litoral, mientras grupos de mujeres se desplazaban en sentido inverso, hacia el interior. Abundaban los «fascistas» que no acertaron a ocultar su contento, que al parpadear destilaron ironía. Aquello bastó. La represalia, lo mismo en Gerona, que en Barcelona, que en Lérida, que en Tarragona. Los oficiales del *Canarias* estaban lejos de sospechar que la presencia de su barco, que su bulto sobre las aguas, significaría para muchos la muerte.

El Comité de Gerona, no disuelto aún pese a la orden del Gobierno, se reunió con urgencia. También de la ciudad salieron para Rosas, con encomiable rapidez, varios destacamentos; pero lo más inmediato fue impedir que la población de Gerona y su provincia ayudara a los atacantes mediante señales y sabotajes. En poco más de tres horas, la cárcel oficial, la del Seminario, duplicó el número de detenidos, lo mismo que las cárceles clandestinas del Partido Comunista y del Partido Anarquista. También se ordenó la entrega de pilas eléctricas, de lámparas de mano. También, por orden inlocalizable, en el pueblo de Orriols fue incendiada una casa en la que habían sido encerradas dieciocho personas.

Un patético incidente tuvo lugar en la carretera de Figueras. Alfredo el andaluz, sustituto de Murillo en la jefatura del POUM, en unión de otros dos milicianos, decidió dar «el paseo» a un propietario del pueblo de Palafrugell que, al ser detenido, hacía de ello un mes escaso, había dicho con sarcasmo: «Hoy, yo; mañana, veremos». Lo llevaban esposado en un coche pequeño, hasta que, al llegar a un control de carretera, junto a un bosque tupido, el propietario tuvo una idea diabólica, mortal: sacó el brazo por la ventanilla y gritó: «¡Somos falangistas! ¡Arriba España! ¡Viva el *Canarias*!» Los milicianos de guardia en el control reaccionaron como cumplía a su obligación. En un segundo apuntaron al coche y lo acribillaron, acribillaron a sus ocupantes. Murieron instantáneamente el propietario de Palafrugell y Alfredo el andaluz: los dos milicianos recibieron heridas del color de la sangre.

La noticia llegó a Gerona en versiones muy deformadas. Blasco declaró: «No se puede negar que el gachó tuvo c...» Santi, cuyos ojos, contrariamente a los de Javier Ichaso, se extraviaban cada vez más, dijo, contoneándose como un bailarín: «Ahora ya no quiero matar al elefante del parque, ahora quiero matar a la ballena.» «¿Qué ballena?», le preguntó Blasco. «Pues ese barco de Rosas, el *Canarias* fascista. ¿No ves que nos puede zumbar?»

Santi ignoraba ¡por suerte! que entre la tripulación del crucero *Canarias* figuraba un gerundense, el hijo menor de don Santiago Estrada, el cual lo hubiera dado todo para que la noticia del desembarco fuera cierta. El muchacho temblaba con el mar. ¡Si los cañones fueran anteojos! Le parecía oler no a mar, sino a tierra. En pocas semanas, Estrada había llegado a la conclusión de que el mar era excesivamente igual en todas partes, y tener su costa natal, la costa ampurdanesa, tan cerca, constituía para él una tortura similar a la de Tántalo.

Axelrod, que acompañado de su perro hacía ahora frecuentes viajes a Gerona y a la frontera, por el lado de Agullana y La Bajol, consideraba una teoría típicamente abstracta y católica la de que la sangre de los mártires era semila de ubérrimos frutos. Él no creía sino en los vivos, porque entendía que el hombre era olvidadizo por naturaleza, y ponía como ejemplo la Unión Soviética, que desde 1917 se dedicaba al exterminio de los enemigos del pueblo, sin que éstos recogieran por ninguna parte los pretendidos frutos. De ahí que no le turbaran lo mínimo, excepto en fugaces momentos de depresión o cuando le salpicaba algún desarreglo de la salud, las noticias sobre represalias, incendios, zanjas y más zanjas. «¡Adelante, Cosme Vila!» En cambio, la mujer de éste, al desfilar ante la capilla ardiente que se levantó en torno al cadáver de Alfredo el andaluz y advertir que la muerte había rejuvenecido curiosamente al militante trotskista, les dijo a sus padres, los guardabarreras: «Me da mucha lástima que mueran tantos hombres. Y tengo miedo por Cosme. A veces, cuando Axelrod habla con él, le mira como extrañado de que siga viviendo todavía.»

- Los gerundenses perseguidos a raíz del bombardeo por mar ignoraban tales matices y decidieron huir, no demorar su proyectada fuga un solo minuto. Apenas el *Canarias* se retiró —veintidós disparos, un rato de espera y desaparición—, nuevas caravanas se formaron hacia Francia. Laura no tuvo materialmente tiempo de atar bien los cabos, y varias de estas caravanas fueron sorprendidas por los carabineros en pleno monte. La esposa de «La Voz de Alerta», jefe del Socorro Blanco, lloró sin consuelo. Las hermanas Rosselló —¿dónde estaban los falangistas Miguel Rosselló y Octavio?— intentaban convencerla de que la culpa no fue suya, pero era inútil. «No me lo perdonaré nunca.»

Hubo dos fugitivos con suerte: la madre de Marta y mosén Francisco. Fugitivos con destino a Barcelona. La madre de Marta, viuda del comandante Martínez de Soria, había recobrado energías y se decidió a pedirle una entrevista al coronel Muñoz. Horas después de recibir el recado, el coronel se personó en el piso de la viuda, a la que besó la mano. «En nombre de mi marido quiero pedirle a usted que encuentre el medio adecuado para que yo me reúna con mi hija, y una vez conseguido esto, que las dos podamos salir de España, tal vez por mar, a través de algún consulado.»

El coronel Muñoz no pestañeó siquiera. «Considérelo usted como hecho», contestó. La madre de Marta leyó sinceridad en los ojos del coronel. Por un lado, se lo agradeció; por otro pensó: «¿Así, pues, los jerarcas de la revolución tienen manera de salvar a las personas que les interesa?»

—Se lo agradezco mucho, coronel Muñoz.

—Haré lo que pueda.

Así fue, y todo había de salir como trazado a compás. La viuda del comandante Martínez de Soria fue conducida a Barcelona en una ambulancia del hospital. El coronel Muñoz la despidió al pie del vehículo y le dijo: «Hoy pernoctará usted en el consulado de Guatemala y mañana usted y su hija, provistas de pasaportes en regla, subirán la pasarela de un barco italiano que zarpará rumbo a Tánger.»

—De nuevo las gracias, coronel...

—Le deseo mucha suerte.

¡Curioso! La viuda del comandante había soñado muchas veces en la posibilidad de ser protegida por un consulado. Pero invariablemente se había figurado el de un país poderoso: Inglaterra, o tal vez el Canadá. ¡Guatemala! Era simpático aquello. ¿No había en Guatemala montañas cubiertas por orquídeas blancas, las más bellas orquídeas de la tierra?

Le dio tiempo de avisar a Ignacio y hablar con él unos minutos. Ignacio se emocionó y le pareció que un soplo de vida había transformado a aquella mujer.

—Adiós, hasta que Dios quiera...

—Adiós... y bese a Marta de mi parte. Dígale... —Ignacio hizo un gesto—. ¡Bueno, es igual! Bésela de mi parte...

El otro fugitivo de Gerona fue mosén Francisco. Ahí Laura, que finalmente fue la que se ocupó del asunto, atinó. Todo salió a pedir de boca. Mosén Francisco se convirtió en obrero mecánico e hizo el viaje ¡en la locomotora del tren que en la frontera recogía a los internacionales! Los ferroviarios del Socorro Blanco lo escondieron en aquélla, tiznándole de pies a cabeza, y en las estaciones mosén Francisco, con una llave inglesa en la mano y gafas negras, simulaba luchar con alguna avería de la máquina. Entre estación y estación contemplaba, a través del humo y de la carbonilla, el paisaje amado e incluso convenció a sus anfitriones para rezar, en cuanto dieron vista, en Barcelona, a las cúpulas de la Sagrada Familia, una avemaría humilde, una avemaría mucho más poderosa que los infernales resoplidos del tren.

Mosén Francisco se anticipó a la madre de Marta. Se le anticipó cuarenta y ocho horas en su fuga a Barcelona, lo suficiente para que Marta pudiera garantizar ante Ezequiel la personalidad del vicario.

Éste, apenas se apeó en la estación de Barcelona, apenas dejó de sentir a su lado la protección de los dos ferroviarios, tuvo la impresión de que a lo largo del andén enormes ojos lo miraban inquisitivamente, empezando por el ojo del reloj. Nunca hubiera sospechado que tantas cosas en el mundo pudieran parecer ojos. Procuró serenarse, disimular. Ahora bien, era sacerdote. Y lo que uno es ¿no se trasluce al mirar, no lo delata el ademán, aun llevando mono azul, carnet de la UGT y un cajón de herramientas? Al salir de la estación oyó a su espalda los pitidos de las locomotoras y por un momento temió que fuesen sirenas de la policía.

La encerrona había sido larga, entre espejos, en casa de las hermanas Campistol. «Cuando os persigan en una ciudad, huid a la otra.» Apenas sabía andar y sentía la palidez resbalarle por las mejillas. En el trayecto no vio sino montañas y el color ocre de octubre; en Barcelona, casas, hombres, los colores de la revolución. Fue un impacto para el vicario comprobar que los instintos galopaban desnudos. No sabía adónde ir. Avanzó por el paseo de Colón y, al llegar a los pies de la estatua, pensó: «¿Por qué no he ido a pasar delante de la catedral?»

El puerto estaba allí, rebosante de lentejas diminutas llegadas de Odesa, de baterías de costa recién engrasadas. Siguió andando Paralelo arriba, hasta los palacios de la Exposición, que habían sido tomados al asalto por una masa de refugiados aragoneses. Los palacios que en 1929 exhibieron maravillas industriales, exhibían ahora bocas famélicas, que al hablar acentuaban la última sílaba. ¡Refugiados! Todo el mundo se desplazaba; era el ciclón de la guerra.

Mosén Francisco orinó detrás de un pabellón y abandonó en el suelo su caja de herramientas. Con ello se sintió libre, encendió un pitillo y se internó por las Rondas, y luego, volviendo sobre sus pasos, tomó la dirección del Barrio Chino, de acuerdo con el consejo que le dio Ignacio. A media tarde se encontraba exhausto. Sentóse en un bar frente al cual una inscripción decía: «Menos comités y más pan.» ¡Pan! Mosén Francisco tenía hambre. Pidió un bocadillo y un vaso de vino. El vino era vino, pero el vaso no era cáliz. Lo alzó, lo miró y lo bebió. «Confío en Vos, Señor; haced conmigo lo que os plazca.»

Poco después, una mujer se le sentó en las rodillas. Fue el más grande de los sustos, casi un grito. «¡Calma! ¿Por qué todo aquello?»

—¿Qué haces aquí?

—Aquí estoy.

—Sales del hospital...

—Sí.

Era una mujer sin edad. Cuando pasaban cerca los milicianos y los miraban, mosén Francisco, sin poderlo evitar, apretaba un poco a la mujer contra sí.

—Eres un aprovechado. ¿Invitas?

—No faltaba más...

También bocadillo y vino, vino para la Loli, vino que era vino, vaso que no era cáliz.

—Cuéntame algo.

—¿Yo?

—¿Pues quién va a ser?

Pasaban niños y perros y, arrastrándose por la calzada, la infancia y las promesas que mosén Francisco había hecho el día de su ordenación.

—¿Luego nos iremos?

—Tengo que hacer.

Los minutos parecían horas, ¡pero la mujer pesaba poco sobre las rodillas de mosén Francisco! Dramática belleza de la tentación...

—¡Salud y muchas gracias, «rajao»!

Salud, cuerpo de Dios, alma de Dios...

Mosén Francisco se levantó, aturdido. Pagó y echó a andar, desentumeciéndose, en dirección a la Vía Layetana, al establecimiento fotográfico de Ezequiel. Se sentía desfallecer, no quedaba otra salida. Las carteleras seguían clamando lo mismo que cuando el viaje de Julio: «Sífilis, o tú para mí.» «Adán no era hombre.» Al cruzar las Ramblas asistió, estupefacto, a la manifestación de unas treinta mil personas que se dirigían en bloque al puerto a dar la bienvenida al mercante ruso *Zarinym*, que traía alimentos para Cataluña.

Pasado el aluvión, reanudó la marcha hasta llegar frente al establecimiento de Ezequiel. Miró al interior: las cabinas runruneaban y un grupo de milicianos esperaban el turno. Ezequiel estaba allí, fijando cabezas, y era tal y como Ignacio lo describió: altísimo, melena, con gestos que de repente adquirían comicidad y una evidente honradez en toda su persona.

Mosén Francisco rectificó su plan y llamó a un taxista. Los milicianos lo asustaron y además pensó que Ezequiel no le conocía, por lo que le pondría en un apuro. Mejor ir directamente a la calle de Verdi, donde Marta podría responder por él.

Al cabo de un cuarto de hora llamaba al domicilio de Ezequiel. Le abrió la mujer de éste, pero ni siquiera les dio tiempo a intercambiar una palabra; Marta, desde el comedor, reconoció al vicario, rápidamente. Salió al encuentro de mosén Francisco y no supo si abrazarlo, darle la mano o estrechársela. Pero lo importante era que el vicario había llegado a buen puerto.

En cuanto estuvieron sentados en el comedor, ¡y mosén Francisco pudo quitarse las gafas oscuras!, presentó su solicitud: necesitaba quedarse allí, con ellos, en aquella casa. Era un cobarde y necesitaba protección. «Ignacio me dijo que...»

—No se apure, reverendo —cortó Rosita, la mujer de Ezequiel—. Está usted en su casa.

Mosén Francisco sintió que algo parecido a un leve vuelo de pájaro le rozaba las mejillas, devolviéndoles el color. «¿Por qué, Señor, sois tan bondadoso? ¿Por qué escucháis mis plegarias? ¿Es que no soy capaz de sufrir?»

Manolín miraba al vicario con gran curiosidad. Éste iba a preguntarle algo al chico, pero Rosita se anticipó con una hermosa pregunta: «¿Le gustan a usted las lentejas, reverendo?»

¿Cómo advertir a Rosita que no le llamase reverendo? ¿Por qué tanta claudicación?

Rosita dijo:

—A Eze le gustará tener un cura en casa...

—¿Quién es «Eze»? —preguntó, torpemente, el vicario.

—Ezequiel. ¿Quién va a ser? Un profeta que las acierta todas sin cobrar un céntimo.

—Ezequiel..., bonito nombre.

Inesperadamente, Marta rompió su silencio y se rió.

—¿De qué te ríes, hija?

—De las patillas que lleva usted.

—¡No me hables! Son culatas de fusil.

Manolín no decía nada, pero pensaba algo que lo entusiasmaba. Exactamente pensaba que si el sacerdote se quedaba en la casa, cuando hubiesen pasado unos días pediría confesarse. Se ilusionaba con esto: confesarse en un lugar que no fuese la iglesia. «Por ejemplo, en el patio, debajo de los pinos.»

Ezequiel llegó a la una y cuarto, como de costumbre. Su

saludo cinematográfico no podía faltar esta vez. «¡A comer!», bramó en el pasillo, mientras se acercaba al comedor. «¡El negro que tenía el alma blanca!»

Sin problema. «Pese a ser cura, no parece usted mala persona.» Ezequiel confió siempre en su buena estrella. Ahora mismo, en pleno torbellino, creía a pies juntillas que ni a él ni a sus protegidos les ocurriría nada malo. «Quédese usted... Y a ver si me convierte, que ando un poco flojillo.» Se las prometió muy felices con mosén Francisco, porque le pareció que el vicario era alegre y al margen de prejuicios.

—Sí, quédese usted. Comerá muchas lentejas, pero paciencia. La patrona las disimula muy bien. Por lo demás, somos gente casi tratable, lo cual es mucho en los tiempos que corremos.

Marta puso la mesa —estrenaba un delantal amarillo— y todos se sentaron. En cuanto la fuente ocupó el centro y el humo subió enhiesto como el de la hoguera de Abel, mosén Francisco pidió permiso para bendecir. «Claro que sí...» Mosén Francisco inclinó la cabeza. Manolín aprovechó para fisgar si llevaba tonsura o no. Ezequiel, al terminar, le dijo al sacerdote:

—Me alegra que no rece usted en latín. A lo mejor me entero de algo...

Tan pronto la guerra era un páramo inacabable, la Gran Monotonía, como imitaba al rayo, cambiando en un instante el destino de los seres. Marta llegaría a conocer las dos cosas. Monotonía en la cocina de David, rayo en el domicilio de Ezequiel. Cuarenta y ocho horas después de la incorporación de mosén Francisco a la familia que se había formado en torno a Rosita, y en el momento en que el vicario se repetía para sí «esto es una bendición» llegó el aviso: el aviso fue la madre de Marta esperando a su hija en el interior de un coche que frenó delante de la puerta. «Que se traiga sólo lo indispensable; pañuelos, un par de medias, nada. No hay tiempo que perder.» El Consulado de Guatemala aguardaba la llegada de las mujeres. La consigna en la puerta sería: «Orquídea.» Marta se enteró de ello como si le hablaran a través de un tabique lejano. De forma atropellada y caótica se despidió de Ezequiel, de Rosita, de Manolín, de mosén Francisco, ¡del gato! Con lágrimas en los ojos. «¿Qué ha pasado, madre?» «¡Abrázame, hija mía! Mañana salimos en un barco italiano para Tánger. Por una vez, el coronel Muñoz ha sido un caballero.»

Marta y su madre prosiguieron, sin contratiempo, su aventura. En la calle de Verdi se notó el cambio; los espíritus tardarían unos días en adaptarse. «Han salido ustedes perdiendo», dijo mosén Francisco, mitad convencido, mitad coqueteando. Rosita había ya observado que mosén Francisco a veces exageraba con su humildad. «Es usted un coquetón, ¿verdad, reverendo?» «¿Cómo? Tal vez sí... ¡Pero, por Dios, Rosita, no me llame usted reverendo!»

El vicario se sentía a gusto en la casa, donde se resarcía de los espejos de las hermanas Campistol. Acordóse que mosén Francisco sustituyera a Marta en las clases que Manolín necesitaba y, como era de rigor, el chico correspondía introduciendo a mosén Francisco en el sutil mundo de las sombras chinescas. Torpe mosén Francisco... Retorcía sus dedos una y otra vez sin acertar siquiera a siluetear un conejo, que era lo más sencillo; en cambio, Manolín clavaba en la pared, con pasmoso realismo, toda clase de milicianos y toda clase de curas. El antiguo oficio de Ezequiel, su instinto por las caricaturas, le había permitido enseñar con maestría a Manolín. El día que Marta se marchó, para olvidar la tristeza organizaron una brillante sesión a cuatro manos. Ezequiel y Manolín, sincronizando sus veinte dedos, consiguieron en la pared imágenes espléndidas y originales, entre las que destacaban un obispo con tiara y báculo y un Cristo arrastrando su cruz.

Ezequiel se dejó ganar fácilmente por el sacerdote, sobre todo porque podía discutir con él. Uno y otro, al dialogar, deformaban, sin advertirlo, su propia personalidad. Mosén Francisco, que era muy realista, fingía creer que la vida consistía en una interminable sucesión de prodigios. «Todo es cuestión de fe. ¿No pudo Moisés cruzar el Mar Rojo? ¡Pues...!» Ezequiel, que en el fondo sólo creía en lo que no se podía demostrar, simulaba tener el pensamiento lógico e incluso ser mezquino. «Nada de Moisés, mi querido amigo, nada de prodigios... Aquí se trata de estudiar Física y Química, ¿comprende?»

Ezequiel correspondía a mosén Francisco trayéndole de fuera periódicos y noticias. Al vicario se le había despertado el interés y sabía que Ezequiel, cuyo establecimiento estaba tan cerca de la Jefatura de Policía, podría arreglárselas fácilmente para estar al tanto de la marcha de la guerra y de los sucesos de la ciudad.

Y era verdad. Ezequiel coincidía muchas veces, en los cafés próximos al Fotomatón, con agentes de policía, amigos suyos, y raro era que no les sonsacara algo. Por este conducto mosén Francisco supo que el avance «nacional» hacia Madrid seguía incontenible y que en Valencia acababa de formarse una Junta organizadora de un homenaje a Blasco Ibáñez, en el próximo aniversario de la muerte del escritor.

A mosén Francisco le dolía interesarse de verdad por la marcha de la guerra, porque la guerra consistía en lo dicho: en amar a éstos por odio a aquéllos. No, él no había nacido para alegrarse al oír: «Hemos causado al anemigo setecientas bajas.» ¡Bajas! ¡De qué modo escueto se referían las cosas, con qué frialdad se bautizaban las catástrofes!

Sus escrúpulos seguían vivos, lacerantes y más lo laceraron al enterarse de que el obispo de Gerona, aquel que lo ordenó sacerdote, que le transmitió los poderes, había caído en el cementerio de su ciudad. Por otra parte, un día Rosita llegó descompuesta de la calle. De regreso de una tienda de muebles se había encontrado delante del Hospital Clínico y asistió allí al desfile de grupos de personas que, conteniendo su pena, buscaban entre los cadáveres de turno algún deudo desaparecido.

—Todos los días pasa mucha gente por el Hospital. Aquello es horrible.

Ezequiel corroboró la afirmación de su mujer. Ezequiel estaba al corriente de aquello por dos fotógrafos, conocidos suyos, que eran los encargados de retratar los cuerpos precisamente con vistas a su identificación.

—Por cierto —le dijo Ezequiel a mosén Francisco— que tales fotografías han revelado algo extraordinario, que no es lógico que usted ignore. Han revelado que casi a diario, determinados cadáveres, exclusivamente cadáveres masculinos, presentaban un orificio idéntico, siempre en el mismo lugar: la palma de la mano derecha. El hecho llamó la atención de los médicos del Hospital, hasta que por fin se ha descubierto la verdad. Dichos cuerpos corresponden a aquellos sacerdotes que en el momento de ser fusilados levantan la mano derecha para bendecir a los milicianos. Siempre hay una bala que les agujerea en diagonal la mano, la mano abierta de par en par.

La respiración de mosén Francisco se detuvo. El vicario

miró a Ezequiel, luego a Rosita y por último fue incapaz de contener una especie de alarido. El increíble documento de los sacerdotes de la diócesis de Barcelona le confirmó que la vida se componía de milagros. Sollozó amargamente, ante el estupor de Manolín, y sintió que le penetraban violentos deseos de ser bueno.

Aquella noche no pudo dormir. La cama era tan blanda y confortable, que le parecía que tenía clavos. De nuevo se preguntó por qué había huido de Gerona, por qué no salía a la calle y gritaba ante todo el mundo: «¡Yo también soy sacerdote y pido que me matéis y que me agujeréis la mano derecha!»

Su vergüenza se tradujo muy pronto en actos. Al día siguiente les dijo a Ezequiel y a Rosita que no podía con aquella confinación. «Ayudadme a encontrar el modo de ejercer mi ministerio, de confesar a la gente y de darles la comunión. ¡Qué sé yo! En este barrio habrá, supongo...»

No le dejaron terminar. Ezequiel arrugó el entrecejo, pero Rosita fue más decidida.

—Tengo entendido que hay muchos sacerdotes que confiesan, vestidos de paisano... En los andenes del Metro, en las últimas filas de cualquier cine. Una vecina me dijo que...

—No entiendo. ¿Cómo dice usted, Rosita? Explíqueme... ¿Cómo saben las personas que aquel señor del andén es sacerdote y que confiesa?

—Porque tienen una consigna. «Estaré leyendo el periódico.» «Estaré jugueteando con el mechero.» En fin...

El rostro de mosén Francisco se iluminó.

—Rosita, por Dios... ¿Me encontraría usted personas que acudiesen a mí? Si yo pudiera...

Ezequiel intervino. No quería que el vicario se les muriese de añoranza, y además estaba claro que Rosita se había puesto de su parte.

—No se preocupe usted por eso, reverendo. Tendrá usted clientes.

El resto fue fácil. Se trataba de elegir el lugar a propósito y de que Rosita corriera la voz por el barrio.

A la noche, Ezequiel le trajo un plano de la urbe y lo extendió en la mesa del comedor. Manolín dijo en seguida:

—¡El Tibidabo!

—Nada de eso amigo —replicó Ezequiel—. Menos humos.

Después de mucho mirar, estimaron prudente que el lugar elegido estuviera lo más lejos posible de la calle de Verdi, y el más a propósito les pareció el Parque de la Ciudadela, al lado de la estación de Francia.

—Podría sentarme en un banco leyendo *El Diluvio* y teniendo una caja de cerillas, a mi lado, a la izquierda.

—¡Ele! —rubricó Ezequiel—. Cerca de la fuente de la Sirena.

El vicario se acarició la barbilla.

—¿Y disfraz?

Rosita intervino.

—Yo creo que tal como viste usted ahora, con mono azul.

—Quizá sí.

Ezequiel echó los brazos atrás, como si hiciera gimnasia.

—Falta algo... —musitó—. ¡Ya está! Unas letras en la espalda, como si fuera un empleado de alguna industria o de alguna marca de...

—¡Uralita, S. A.! —gritó Manolín triunfalmente.

Y, ante el asombro del chico, se aceptó por unanimidad.

Uralita, S. A... *El Diluvio*, caja de cerillas, fuente de la Sirena... Rosita inició su labor entre las vecinas y se asombró de la gran cantidad de ellas que le merecían confianza. «¿Cómo es posible que, siendo nosotros tantos, nos tengan así acorralados?» La buena noticia se transmitió como si fuera una mala noticia, y mosén Francisco empezó a gozar y a sufrir en el Parque de la Ciudadela, junto a la estación de Francia.

Se le antojaba raro estar sentado allí, leyendo y releyendo cien veces el periódico, sin enterarse de su contenido. Los granos de arena se familiarizaron con él y quizás algunos pájaros, que a veces lo miraban como si quisieran también confesarse. Cada vez que alguien asomaba por las avenidas circundantes, el corazón le daba un vuelco. «Ahora...» Su busto se atiesaba, pese a sus esfuerzos. Pero no. Era un alma distraída que no se daba cuenta, que era incapaz de advertir que detrás de Uralita, S. A., bordado en rojo, se escondía el perdón de los pecados.

Pronto todo aquello mejoró y empezaron a acudir asiduamente personas que temblaban aún más que el propio vicario. Personas que se sentaban a su lado, procurando no aplastar la caja de cerillas, llevando en la mano un libro, o un capazo, o migas de pan para las aves.

—Ave María Purísima...

—Sin pecado concebida.

Un rosario de pecados. Mucho odio y mucha sensualidad,

y murmuración y envidia, y desavenencias familiares. Avaricia y olvido de Dios.

—Soy mala, padre. Soy una pecadora.

—También yo soy pecador. ¡Váyase tranquila! Que Cristo la acompañe.

El penitente, hombre o mujer, esperaba un momento, mirándose las alpargatas, hasta que de pronto se levantaba y se iba oteando a derecha y a izquierda, acompañado por Cristo y por aquel sacerdote de mono azul que al decirle *Ego te absolvo*, se había mirado con rara atención la palma de la mano derecha.

Había mañanas fecundas, otras estériles. Un día quien se sentó a su lado fue otro sacerdote; otro día, un hombre con dos pistolones. El corazón de mosén Francisco dejó de palpitar. ¿Sería una trampa? *Ave María Purísima*. No, no era trampa. Otro día se le presentó Manolín. El muchacho encontraba aquello divertido y al final de su inventada lista de pecados le susurró al oído:

—Hoy no hay lentejas.

Terminado su cometido, el vicario acostumbraba a levantarse, doblar el periódico y regresar andando a la calle de Verdi. Recorría entera la ciudad, para ejercitar los músculos. Al pasar delante de los bares y tabernuchos, se acordaba de la mujer rubia, sin edad, que le dijo: «Eres un aprovechado, ¿invitas?» En el camino se detenía husmeando. Siempre paseaba por la Rambla de Cataluña, una de cuyas horchaterías empezaba a ser llamada Radio Sevilla, pues en ella coincidían a diario, simulando hablar de fútbol, grupos de personas que comentaban la emisión de Queipo de Llano. «La fábrica de armas de Toledo vuelve a funcionar a toda marcha.» «Cuando entremos en Madrid, abriendo el vientre de Prieto sacaremos grasa para varias generaciones.» «Las vanguardias de nuestras tropas han llegado a Carabanchel Alto.»

Gracias a esas caminatas mosén Francisco se enteró de que había guerrilleros en el Montseny y de que los presos del *Uruguay* habían sido trasladados a la Cárcel Modelo. Presenció algunos entierros lúgubres: un cochero en el pescante, una caja de madera sin pintar, sin forrar y ningún acompañante. Siempre llevaba calderilla para los postulantes del Socorro Rojo y un poco de tabaco para los ancianos que encontraba al paso, en las aceras o en el Metro. «¿Tú qué haces para ganar la guerra?» «Las noches son frías en la línea de fuego.»

Una mañana, el vicario se acordó de que existía Ana María. La llamó. La llamó por teléfono y la citó ¡cómo no! en el
parque de la Ciudadela. Ana María acudió sin tardanza, al día
siguiente, llevando unos pendientes parecidos a los de Pilar.
Se sentó al lado del vicario, pero no para confesarse sino para
preguntar por Ignacio. ¡Oh, sí!, el pecado de Ana María consistía en estar enamorada, pese al tiempo transcurrido. Enamorada de un muchacho que vivía en perpetua inquietud.
Mosén Francisco se dio cuenta de que Ana María ignoraba la
existencia de Marta y se calló, sin saber si procedía bien o
mal. Los dos se rieron mucho. Parecían novios. Y de este
modo los pilló la puesta de sol y más tarde la hora del cierre
del parque. El guardián los echó. Parque inmenso, algo des-
cuidado, cuyo rey era el elefante que Santi había deseado
matar.

CAPÍTULO XXI

Iba a dar comienzo «la batalla de Madrid», que la población de
ambas zonas, así como las radios y los titulares de la prensa,
juzgaban decisiva. De su resultado dependía, acaso, el futuro
de la guerra. Cada cual se preparaba a su manera. En Pamplona, don Anselmo Ichaso había construido en su red eléctrica una simbólica estación que decía «Madrid» y, para el día en
que sus trenes diminutos pudiesen desfilar delante de ella victoriosamente, tenía preparada una fiesta en su casa. En San
Sebastián, «La Voz de Alerta» proyectaba comerse, con la ayuda de Javier Ichaso, al que continuaba dando lecciones de
savoir faire, una lata de caviar que adquirió en su último viaje
a Biarritz. Por su parte, en Madrid, Santiago Alvear, padre de
José Alvear y hermano de Matías, recorría la ciudad de punta
a cabo, gritando: «¡No pasarán!», y el escritor ruso Ilia Ehrenburg, que entraba y salía constantemente de la España «roja»,
declaraba a sus lectores: «A pesar del bullicio y de las luces de
los cafés, se nota en la cara de los españoles el hastío».
Lo cierto era que, al igual que en otros tiempos en víspera
de elecciones, las fuerzas de uno y otro bando parecían tomar
aliento para la embestida. Todos los Mateo Santos, los Núñez
Maza y los Ichaso, es decir, todos los «nacionales» de ambas

zonas vivían auscultándose el corazón. Todos los Durruti, los Gorki y las Paz peladas al rape, es decir, todos los «rojos» de ambas zonas, vivían tomándose el pulso. La inmensa fosa que separaba las dos Españas a no tardar se llenaría de heroísmo, de generosidad, de hombres muertos.

En el bando «nacional» reinaba la confianza. Las columnas de Yagüe venían cosechando éxitos ininterrumpidos desde que se lanzaron a la conquista de Badajoz. Nada las detuvo y por la misma ruta que siguió el Moro Muza y que siguieron los almorávides en el siglo XI, llegaron a Toledo y Maqueda, dejaron atrás estos objetivos y ahora se encontraban a las puertas de Madrid. Tenían Madrid al alcance de la mano, sometido al martilleo de la aviación. El general Mola era el principal portavoz de dicho optimismo. Desde el inicio de la campaña había prometido: «Pronto tomaré café en Madrid», por lo que en el café Molinero, de la capital, unos camareros irónicos habían reservado una mesa que decía: «General Mola», mesa intocable, que esperaba al general desde el mes de julio. En aquellos últimos días de octubre, éste había reiterado por la radio su desafío, anunciando además que a las cuatro columnas que convergían sobre la ciudad cabía añadir una quinta; la «quinta columna», formada por los innumerables «patriotas» que en el interior de Madrid sabotearían los esfuerzos de los defensores y ayudarían a las «tropas liberadoras». La confianza era tan grande que sorprendía a los periodistas extranjeros invitados al acontecimiento, pues desde el comienzo de la guerra habían oído que precisamente la característica de los mandos «nacionales» era la prudencia. Esta vez no fue así. Todo estaba preparado para irrumpir en la capital y dotarla en seguida de lo indispensable. Hileras de camiones de Intendencia se aproximaban lo más posible, aparcando en las carreteras y caminos. Algunos de estos camiones decían ya: «Plaza Tetuán, Madrid.» «Glorieta de Bilbao, Madrid.» Millares de banderas nacionales se aprestaban a ser clavadas en los balcones y millares de retratos del general Franco estaban también dispuestos a presidir todos y cada uno de los edificios de la capital. Estaban previstos el fluido eléctrico, el abastecimiento de agua, ¡las barras de labios! y las bandas de música de las distintas unidades chorreaban notas alegres. La confianza era compartida, ¡cómo no!, por la tropa. Los moros miraban a su ídolo indígena, el coronel Mizzian, con respeto casi supersticioso. Los legionarios se electrizaban al oír las arengas del general mutilado Millán Astray, quien llevaba siempre consigo, además de su gorro ladeado, un librito de meditación, titulado *Palabras de aliento*, del padre jesuita Daniel Considine. Los falangistas, además de los himnos de rigor, cantaban:

> *Tengo un dolor no sé dónde*
> *nacido de no sé qué*
> *sanaré yo no sé cuándo*
> *si me cura no sé quién.*

Y por su parte, los requetés, vuelta la cabeza hacia Navarra, cantaban:

> *No llores, madre,*
> *que me voy a las armas.*
> *Nada vale el cuerpo,*
> *sólo vale el alma.*

Los uniformes eran variados como en una gigantesca ópera, y muchos soldados del Ejército llevaban en el casco algo comestible, especialmente latas de conserva, para entregarlo a la población madrileña. Sí, Madrid estaba allí, a vista de hombre. Acaso pudiera tomarse la ciudad sin disparar un solo tiro. En Roma, en Berlín, en Lisboa y en Tokio se esperaba con fruición el comunicado del triunfo.

En el bando «rojo» el estado de ánimo era más vario. Los militares profesionales, entre ellos Rojo y Mangada, confiaban en poder contener a los atacantes, precisamente porque éstos venían luchando sin descanso desde Extremadura. ¡Estarían exhaustos! Y sus efectivos disponibles, según los informes del servicio de espionaje —éste, encabezado, en efecto, por el llamado Dionisio— y de los desertores de la zona «nacional», no podían sumar más de cinco mil hombres. ¡Cinco mil hombres cansados, ocupando una capital de un millón y pico de habitantes!

La defensa se organizó apelando a todos los recursos de la inteligencia y del instinto. Largo Caballero anunció al pueblo y a los combatientes que, por fin, gracias a la ayuda extranjera, que comenzaba a ser eficaz, se disponía de armamento mecanizado idóneo para la lucha. «¡Tenemos aviones, tenemos tanques, tenemos cañones de gran calibre! ¡Podemos concentrar en Madrid cincuenta mil voluntarios! ¡A resistir! ¡A re-

sistir, heroico pueblo de Madrid! ¡El fascismo no pasará!»
Por otro lado, se nombró una Junta de Defensa de la capital
presidida por el general Miaja. Al lado de éste, Rojo, Pozas,
Asensio y Masquelet, técnico en fortificaciones, y, además, el
embajador ruso, Rosenberg. Los Partidos y los Sindicatos establecieron centros de reclutamiento en distritos y calles, donde se suministraban armas y mal que bien se encuadraban las
unidades. Combatientes de las cercanías, de Somosierra, de
Cuenca, etcétera, abandonaban sus puestos y se dirigían a la
capital. Se formaban apresuradamente batallones de toda suerte: Batallón de barberos, de dependientes de comercio, ¡de las
cigarreras de Madrid! Llegaron Líster y sus hombres: Líster,
el cantero comunista, adiestrado en Moscú, y llegó el Campesino, con sus labriegos levantados en tierras extremeñas: el
Campesino, hombre de la tierra, que llamaba «despanzaburros» a su fusil ametrallador. Llegó de Andalucía la unidad
«Espartacus» y se alineó con rigor el 5.º Regimiento, que representaba al marxismo ortodoxo. Quien tenía buen pulso,
dispararía hasta morir; quien no, a fortificar. Ésta fue una de
las consignas dadas por la CNT, cuyos jefes Mora, Cipriano
Mera y Del Val hicieron alardes de un admirable sentido del
mando. Centenares de manos empuñando de la mañana a la
noche toda suerte de utensilios abrieron zanjas, ¡zanjas de
nuevo!, en el cinturón de la ciudad, levantaron parapetos de
ladrillo, con sacos, e incluso con paquetes de periódicos inven-
didos, y emplazaron armas en todas las alturas y en todos los
agujeros. El trabajo recordaba el rítmico martilleo de las canteras de Gerona, multiplicado hasta el infinito.

Los servicios de Propaganda y el instinto del pueblo hicieron circular, por añadidura, rumores de espeluznante eficacia.
La prensa y la radio anunciaron, primero, que los «oficiales
nacionales» habían recibido de Franco una lista de cien mil
obreros a los cuales fusilar como botín de guerra; segundo,
que Franco, valiéndose de proyectiles especiales, echaría unos
soporíferos que adormecerían a la población, dejándola indefensa. Plataforma para el odio lo fue, además, la frase de Mola
relativa a la «quinta columna». Los dirigentes moderados clamaban contra el general. «¡Si será bellaco! ¿Cómo contener
ahora a los exaltados?» Los exaltados eran Líster y el Campesino, los incontables anarquistas que bajaban del monte y la
gente dispuesta a morir. Hubo un proyecto, no realizado, de
ejecución colectiva de los cinco mil detenidos en la Cárcel

Modelo. Se formaron Tribunales Populares, en sustitución de los comités autónomos, que juzgaron a razón de veinte individuos por hora. El frenesí se veía incrementado por las bombas aéreas —«bombones» eran llamadas—, una de las cuales cayó en el Metro de Atocha haciendo una carnicería.

El Gobierno —los Ministerios y sus servicios— temía que abandonando Madrid para trasladarse a Valencia abriría una brecha en la moral de los defensores. Pero estimó que no cabía otro remedio y Largo Caballero, contra viento y marea, dio la orden de traslado. Como era de esperar, el clamor de los milicianos se manifestó ululante. «¡Traidores! ¡Mangantes! ¡Huyendo de la quema! ¡Tienen canguelo!» Intentóse impedir la marcha. Los coches que salían en procesión hacia la retaguardia tenían que abrirse paso entre puños crispados e insultos. En las afueras de Madrid, en la Venta del Espíritu Santo, un control anarquista, en el que figuraba el padre de José Alvear, detuvo a cinco ministros y al alcalde de la ciudad, Pedro Rico, con ánimo de «hacerles» justicia por desertores. El jefe, Del Val, logró impedirlo con una orden telefónica. Pero el pueblo no perdonaba y aquella cobarde noche de huida fue bautizada, por partida doble, «noche del Miedo» y «noche de la Gasolina».

El deseo de resistir, de pronto se vio aupado por una aparición casi fantasmal: las primeras unidades de las Brigadas Internacionales, procedentes de Albacete. Iban precedidas por majestuosos blindados rusos que se adueñaron de las calles madrileñas como carrozas de un carnaval desconocido. El cañón de sus torretas era un dedo, una acusación, un anatema que apuntaba a los moros de Mizzian, y a los legionarios de Yagüe y Millán Astray. Desafiaban a Mola, a Queipo de Llano, a Mateo y a José Luis Martínez de Soria. Se produjo en la ciudad un momento de silencio. ¿Qué ocurría? «Guerra internacional.» Algunos espíritus casi se sintieron halagados y buen número de perros, entre los que figuraba el de Axelrod, estaban tan excitados que recordaban al muchacho de Pina, al Perrete. El silencio se prolongó hasta que, inesperadamente, empezaron a oírse las sonoras pisadas de «Los Voluntarios de la Libertad», la mayoría de los cuales llevaban botas claveteadas. Eran hombres como torres, todos parecían como torres y entre ellos hubiera sido difícil localizar a Polo Norte y fácil localizar al Negus. Llevaban casquete alpino y abundaban en sus filas impresionantes cazadoras de piel blanca de cordero.

Marciales, veteranos, fusil al hombro, ¡sabían respirar! No se les veía los ojos, pero sí la mirada. Se les veía la mirada, pero no los pensamientos. ¿Pensamientos? «¿Efectivamente todo nace en el cerebro?» Cosme Vila creía que sí, mosén Francisco creía que no, el doctor Relken y Fanny, pese a su vida ajetreada y cambiante, no habían resuelto todavía la cuestión.

«Son rusos...» «Son rusos...» La población cuchicheó que todos aquellos hombres eran rusos, incluyendo al sueco idealista y a un pelotón de brasileños que desfilaban como lo habrían hecho en la pasarela de un escenario de variedades. Los madrileños ignoraban de aquellos hombres lo elemental, de dónde eran y por qué habían venido. ¿Cómo serían sus mujeres si es que las tenían? ¿Y ellos, fueron niños alguna vez? ¿Cómo era posible que hubiesen abandonado países lejanos y se encontraran ahora en Madrid, embriagándose de aplausos y de balcones? ¿Sabían que en España se pagaban jornales de hambre? ¿Cómo demostrarles gratitud? ¿Besándoles con unción la cazadora de piel blanca? «¡Salud, salud!» «¿Cómo os llamáis?» André Marty, desde Albacete, había enviado al combate aquellos primeros batallones, denominados «Garibaldi», «Dimitroff» y «Commune de Paris». ¿Quién fue Garibaldi, qué ocurrió en la Commune de París? Al mando, el general soviético Kleber, judío-húngaro, que acaso participara en el asesinato de la familia del zar. Jefe político, el italiano Nicoletti, quien apenas llegó a las trincheras miró hacia Toledo, volvió la vista a Madrid y sentenció: «Para tomar esta ciudad, si no la arrasan con la aviación, harían falta sesenta mil hombres.»

La aviación... Confirmándose la promesa de Largo Caballero, el primero de noviembre aparecieron en el cielo de Madrid flamantes aparatos del Gobierno, desconocidos hasta entonces. El bombardero «S-B 2», llamado «Katiuska»; los llamados «Chatos», los llamados «Moscas», los biplanos «Rasante» y «Natacha», etcétera. Sobre todos los «Ratas», velocísimos, con los planos de color carmesí, dibujaban en el azul telegramas de esperanza. «¡Son nuestros, son nuestros!» Los aviones eran también acusadores dedos que apuntaban a los tres mil quinientos —no más— hombres cansados que, por la ruta del Moro Muza y de los almorávides, habían llegado a Madrid.

El fervor defensivo, que se contagiaba como el azul en el mar, creaba la ilusión de que la plaza era inconquistable. «Si yo lo doy todo, y me abstengo hasta de comer, si llevo tres días sin dormir y apenas ver a mis hijos, si soy un pobre hombre nacido peón, o fontanero, o sereno, si somos así miles y miles y todo lo hemos ganado sudando, y ahora fortificamos a Madrid, ¿cómo es posible que el fascismo triunfe, que nos aniquile a todos?» «El fascismo no te hará nada, mentecato —contestaba alguien—. El fascismo es un nombre, no tiene gatillo ni dedo para disparar. Quienes nos aniquilarán, si pasamos el rato charlando, serán Franco y sus secuaces. Serán Hitler y Mussolini y la grandísima p... que los parió.»

Los jefes de la CNT, que en aquellas horas críticas, ¡cómo se hubiera enorgullecido el Responsable!, mantuvieron su temple, aquel temple que un día llevó a José Antonio a exclamar: «¡Ah, qué lástima que esos hombres no nos comprendan!», echaron una ojeada al cinturón defensivo y dijeron: «No basta. Todavía hay aquí brechas. Necesitamos más fuerzas aún.» En cambio, el embajador ruso, Rosenberg, le había dicho al general Miaja: «Eso, ¡por fin!, me gusta. Madrid se encuentra ahora en la situación de Petrogrado en 1918. Si hay disciplina, se resistirá.» Pero los anarquistas sólo conocían a Rosenberg por el despliegue de fotografías suyas en la prensa. Así que, sus tres jefes, Mora, Cipriano Mera y Del Val, estaban decididos a no ceder la hegemonía que la CNT se había merecido una vez más, dando más que nadie voluntarios para la muerte. «¡Miaja, Kleber, Líster, el Campesino! De acuerdo. Pero aquí nos falta nuestro jefe, el único que no nos traicionará. Aquí nos hace falta Durruti.»

«¡Que venga Durruti! ¡Que venga Durruti!» Se formó una voz única reclamando al jefe, voz que llegaba bronca a oídos de los rusos del Hotel Bristol, los cuales tenían presentes las palabras de Lenin: «En el mundo quedan muchas cosas que han de ser destruidas a hierro y fuego si queremos la liberación de las clases trabajadoras.»

Federica Montseny, la diputada catalana, anarquista, nombrada ministro de Sanidad —«señora ministro» la llamaban los ujieres—, fue la encargada de salir volando hacia el frente de Aragón para convencer a Durruti. «Durruti..., Madrid te necesita.» El hombre que odiaba a los homosexuales y a las prostitutas enfermas y que quería invadir a Portugal, se cuadró y barbotó: «¡El pasado no cuenta!» Y se tocó la gorra con visera de charol. Y dio orden de trasladarse a Madrid, de trasladarse en sentido inverso a como lo habían hecho los coches del Gobierno.

Fueron cuatro mil hombres que, montados en camiones

rápidos como balas o renqueantes como el Cojo, se lanzaron en dirección a Madrid, por la carretera general, carretera que las tropas francesas llamaron el «Boulevard de Cataluña». «¡No pasarán!» Con Durruti iban Arco Iris; el capitán Culebra, con su cajita de madera cubierta con un paño de hilo; José Alvear, con su sombrero hongo; otros muchos anarquistas conocidos y, por supuesto, el doctor Rosselló y sus ayudantes, al que el «ministro» de Sanidad, Federica Montseny, prometió el Hotel Ritz para acondicionarlo como Hospital de Sangre, así como otro «vale» que le permitiera incautarse, en almacenes y establecimientos de Madrid, de todo cuanto necesitase.

La entrada de Durruti en Madrid colmó el entusiasmo de los defensores. Por un momento, los internacionales parecieron achicarse ante aquel gorila humano, cuyo nombre, Buenaventura, presagiaba lo mejor. Durruti preguntó: «¿Dónde hay más peligro?» El general Miaja le contestó: «En la Ciudad Universitaria». Durruti comentó: «Eso me gusta.» Curioso que a Durruti le gustara luchar en la Ciudad Universitaria. ¿Se reirían de él los libros de texto? ¿Moriría aplastado por el tomo de una enciclopedia? «¡A la Ciudad Universitaria!» El jefe anarquista hincó su garra en aquella zona, cerca de Líster, del Campesino, del general Lucasz y del general Kleber, quien desde la Facultad de Filosofía y Letras, donde tenía instalado su Cuartel General, le mandó un mensaje de saludo firmado con la sola inicial: K.

Ya todas las piezas ocupaban su lugar. Ya todo el mundo se había dado cita a ambos lados de la fosa. Los combatientes «rojos» escaseaban de tabaco y los combatientes «nacionales» escaseaban de papel de fumar. A un lado había curas y «deténte, bala»; al otro lado, Cerillita llevaba un copón para afeitarse. ¿Y el general Mola? El general Mola consideraba que el general Miaja era un mediocre general y confiaba en la «Quinta columna»; el general Miaja consideraba que Franco era un estratega de primer orden y confiaba en la *cantidad* de fuerzas. Cincuenta mil milicianos. Era obvio que los «nacionales» no disponían de los sesenta mil de que habló Nicoletti y que, pese al consejo de los alemanes, no estaban dispuestos tampoco a arrasar la ciudad.

No se sabía lo que iba a ocurrir. La guerra era cálculo, pero también magia. José Alvear irrumpió en el café Molinero y se empeñó en tomar café en la mesa reservada al general Mola. Su padre, disgustado por no haber matado a los cinco ministros, o por lo menos al alcalde, Pedro Rico, había abandonado la Venta del Espíritu Santo y se había ido a su casa, a dormir. Había un interrogante en el aire; y lo había en Tokio, en Moscú, en Londres, en Praga... Quienquiera que mirase con atención el mapa de Europa, sobre todo el reparto y situación de sus provincias espirituales, comprendía que cada batalla de aquella guerra tendría vasta repercusión en lo futuro.

Sí, la guerra era magia... Pronto se tuvo de ello pruebas concluyentes. En el momento en que una bala atravesaba los dos pulmones de Durruti, la República de El Salvador reconocía el gobierno de Franco —primera adhesión oficial— y Manolín, en la calle de Verdi, le preguntaba a mosén Francisco: «¿Qué, cuántos clientes ha tenido usted hoy?»

En las horas que precedieron al inicio de la batalla, multitud de ojos, entre los que destacaban los de Carmen Elgazu, redondos y negros, se elevaron al cielo en súplica de ayuda. «Proteged a los nuestros», rezó Carmen Elgazu, la cual no podía olvidar que Matías Alvear había nacido en aquella ciudad en la que tantos hombres iban a morir. Por su parte, Ezequiel, en Barcelona, dándose cuenta del progresivo temblor de las cabezas de los milicianos que se sentaban en los taburetes del Fotomatón, le soltó a Rosita uno de sus lapidarios vaticinios: «Llámame profeta barato, si quieres, pero vaticino que antes de una semana Franco bailará un chotis en la Puerta del Sol.»

El ejecutor de las órdenes del Estado Mayor de Franco iba a ser el general Varela, quien, como de costumbre, vestía cazadora de gamuza y llevaba guantes blancos. En la frente de Varela había una sombra de preocupación. Sin embargo, todo estaba dispuesto. Carros de combate, camiones blindados, morteros, soberbios escuadrones de caballería al mando del general Monasterio, aviones y elevada moral. ¡Claro que sí! Los edificios babélicos de Madrid —la Telefónica, Correos, Palacio Real— atraían a los combatientes, sobre todo a los que eran madrileños o tenían alguien o algo amado en Madrid. También eran muchos los que no conocían la capital de España y esperaban aguijoneados por la curiosidad. De ahí que montar guardia en una colina dominante fuera privilegio, aunque arriesgado, y más privilegio todavía disponer de unos prismáticos. La aviación «roja», después de hacer unas acrobacias, lanzó octavillas que recordaban que aquellas fechas de noviembre eran el decimonono aniversario de la revolución rusa.

Los diálogos eran escuetos.

—¿Cuánto habrá de aquí a la Puerta del Sol?

—¿En línea recta?

—Sí.

—Pues... una media hora.

—¿Cómo?

La respiración quedaba cortada y en el interior de la mente brincaba la pregunta: «¿Cuándo atacaremos, mi general?»

Inmediatamente. El 6 de noviembre, al amanecer. En los días precedentes los «nacionales» habían combatido con furia a la caza de observatorios estratégicamente emplazados, realizando como siempre determinados movimientos envolventes, que por su parecido y su periódica repetición empezaban a ser llamados «bolsas», «bolsas del Mando nacional». En una de estas bolsas, cerca de Torrelodones, el jefe rojo, apellidado Domingo, en el último momento envolvió su cuerpo en la bandera tricolor y se pegó un tiro en la sien.

El capitán Culebra había advertido que, en las horas que precedían a un combate, su bicho domesticado se excitaba inexplicablemente. «Que me chinchen si lo entiendo.» Aquel día fue la excepción. Aquel día el bicho estaba aletargado. No quiso ni beber leche ni comer queso, y su amo y José Alvear, eternamente juntos, se miraban incapaces de descifrar lo que la anomalía significaba.

—¡Fuego!

El general Varela dio la orden y se abrieron las espitas de la metralla y del plomo. Bombas aéreas y millares de proyectiles cayeron sobre Madrid sembrando el exterminio. La matanza era loca. Se desplomaban los edificios —«¡cuidado, allí vive mi novia!»—, se decapitaban los monumentos, reventaban las tuberías, y los entrañables hilos que llevaban la luz a los hogares colgaban desflecados, combados, como restos de telaraña. Todas las sirenas de la tierra anunciaron la desventura, en medio de cuyo fragor no se oía una sola voz humana. Los hombres no hacían más que disparar y que combarse como los hilos eléctricos. ¿Y los parapetos, y las trincheras y los centenares de ametralladoras? ¿Y el general Kleber? «¡Cuidado, allí está el Museo del Prado!» «¡Cuidado, allí aprobé mi bachillerato!» Cuidado, artilleros, yo amaba aquellos árboles...

Un obús incendió el convento de Padres de la Trinidad.

Dos mulas despanzurradas corrieron un trecho con las entrañas colgando. Los madrileños se refugiaron en las estaciones del Metro, especialmente las de Cuatro Caminos, Tribunal, Progreso, Antón Martín y Atocha. El pasillo subterráneo de éste se convirtió en sala de espera para lo que el destino ordenase. Los madrileños que no conseguían refugiarse a tiempo eran recogidos por los camiones de la basura y conducidos al Depósito de cadáveres. «¡Resistiremos!» Luis Companys, el Presidente de la Generalidad de Cataluña, pareció oír este grito, pues mandó desde Barcelona un piloto con la misión de echar simbólicamente sobre la ciudad sitiada una corona de laurel.

Cuando los observadores «nacionales» entendieron que la preparación era suficiente, el general Varela dio la segunda orden:

—¡Adelante!

Ahí se produjo lo inesperado. La réplica de los defensores fue tan varonil y contundente, que los atacantes se inmovilizaron sobre el terreno. «¡No pasarán!» Las espitas de la metralla y del plomo, esta vez proyectadas en sentido contrario, cayeron sobre ellos. La artillería disparaba desde las inmediaciones del Palacio Real; algunos cañones habían sido emplazados en el último piso de los edificios. Ojos de ametralladora resplandecían en cadena y, sobre los tejados, cruzaba la «Gloriosa», dispuesta a enseñorearse del cielo. «¡No pasarán!» Todo el cinturón de Madrid se convirtió en un solo clamor. «¡No pasarán!» Los atacantes gritaban: «¡Adelante, que ya son nuestros!» Mentira. Detrás de cada árbol, de cada ventana y de cada saco de arena se escondía una voluntad. Y apenas una posición quedaba desguarnecida, brotaban de la tierra combatientes de refresco. En determinadas zonas, los milicianos desprovistos de arma esperaban anhelantes la caída de un compañero para hacerse con su fusil. Mujeres de todos los sindicatos ayudaban trajinando, llevando municiones, cantimploras, ejerciendo tareas de enlace y espoleando a aquellos hombres que, súbitamente iluminados, ofrecían el pecho y la vida, mientras a sus espaldas discos lejanos tocaban *A las barricadas* y *La Internacional*.

El general Varela comprendió al punto que se había producido una mutación. Los informes que llegaban a su puesto de mando reconocían que los defensores formaban un ejército experto, sin duda mandado por jefes intrépidos, que disponían de material de excelente calidad. El general Monasterio, que con sus escuadrones de caballería tanteaba aquí y allá en busca de brechas de penetración, fue conciso: «Largo Caballero no mintió. Gran parte del material que utilizan es óptimo y las Brigadas Internacionales han alterado los términos de la lucha. El enemigo con que nos enfrentamos en estos momentos no tiene el menor parecido con la pandilla de guerrilleros que conocimos hasta hoy.»

¡Brigadas Internacionales! Fue el elemento perturbador. Aquellos hombres que Fanny y Julio vieron hacer cola en los banderines de enganche, en París. El general Lucasz, con su comisario político Vittorio, el general Kleber, con su comisario Luigi Longo, los batallones Garibaldi, Dimitroff y Commune de Paris, y otros muchos batallones. «¡Voluntarios de la Libertad!» Un nimbo poético seguía enmarcando su intervención. Al igual que ocurrió en Aragón, cada uno de sus gestos implicaba una enseñanza para los neófitos milicianos. Sabían guarecerse del fuego enemigo, las culatas de sus fusiles se adaptaban como ventosas a sus hombros. ¡Defendían tantas cosas! Polo Norte estaba allí. Y nadie le preguntaba por Suecia ni por qué había venido. Su pelo era blanco; sus disparos, certeros. Linotipista de profesión, ahora defensor de la Facultad de Filosofía y Letras. El Negus estaba también allí. No pensaba en su raza, judía, ni en su país de origen, Alemania. Disparaba. Defendía España, el mundo, y confirmando la tesis de Julio, se vengaba de algo íntimo, personal; se vengaba, al igual que José Alvear, de las muchas mujeres burguesas que desde su fealdad física y su escasa educación había amado en vano. También estaban allí los dirigentes comunistas españoles Jesús Hernández, Díaz, Mije, Uribe... Las fuerzas «nacionales» no conseguían reponerse de la sorpresa. El Alto Mando ordenaba al general Varela una y otra vez: «¡Adelante! ¡Avanzar!», pero la Infantería vacilaba. Especialmente, los moros. Los moros, excelentes maniobreros en campo abierto, en terreno ancho, lloriqueaban angustiosamente ante aquel tipo de guerra suburbial, la guerra del palmo a palmo, del forcejeo, del piso por piso. Además, la aviación los aterrorizaba, ya que «si al morir su cuerpo quedaba descuartizado y sucio, no sería admitido en el reino de Alá». Tampoco los legionarios se movían a sus anchas. Los legionarios, incomparables en el asalto a la bayoneta y en el lanzamiento de granadas de mano, a la vista de los carros de combate se cohibieron y miraron de extraña manera a sus jefes. «¡Adelante! ¡Avanzar!» Pero los «rojos» exclamaban: «¡No pasarán!» Y los falangistas y los requetés y los guardias civiles andaban desconcertados.

Eran días de noviembre, días con escarcha. Madrid se convirtió en cementerio, en muladar. Con el alba asomaba el sol. Ojo irresoluto que apenas si se atrevía mirar el vientre agusanado de la ciudad. El sol recorría su camino, amando especialmente a los niños, a los niños escondidos en Cuatro Caminos, en Tribunal, en el subterráneo de Atocha. Al atardecer, se iba, se despedía amoratadamente. Ojo cárdeno que lloraba por los muertos de la jornada. Cuando los muertos eran muchos, al día siguiente permanecía oculto en el claustro ignoto y enviaba en su lugar viento frío o nubes grises que amortiguaban los sonidos. Nubes que lloraban en su nombre, llanto parecido al sirimiri del Cantábrico, que Carmen Elgazu tanto añoraba.

En Madrid se producían erupciones volcánicas: humildes seres que, a la sombra del general Miaja, se convertían en héroes y cuyas frentes se llenaban de estrellas. Un botones del Hotel Palace les plantó cara de tal suerte a los carros de combate, que fue ascendido a teniente. La mujer de un peón caminero «clavó» de tal modo un coche blindado, que fue nombrada sargento. Cuatro guerrilleros del Campesino, llamados Pancho Villa, Sopaenvino, Salsipuedes y Trimotor, fueron nombrados capitanes. Era, sin duda, una defensa pertinaz. A retaguardia de los atacantes, en el sector de Talavera, los pilotos «rojos» lanzaban de noche, en paracaídas, bengalas de larga duración, que se mantenían en el espacio iluminando los objetivos.

El general Mola llegó, procedente del Norte, al teatro de la lucha. El general Mola llegó del Norte, es decir, sin tener aún experiencia directa sobre el poderío de las Brigadas Internacionales. Horas después de su llegada, ordenó la prosecución a ultranza del ataque, cuyos dos objetivos inmediatos eran: el primero, la ocupación de la Casa de Campo; el segundo, el cruce del Manzanares.

La orden del general Mola ¡se cumplió...! A costa de sangre fue derribado parte del muro de la Casa de Campo y los legionarios y los regulares indígenas se derramaron por entre las encinas de aquella mancha borrosa, mancha que, vista desde el aire, confería al paisaje una singular ancianidad. El Manzanares fue cruzado y se penetró en el Parque de la Moncloa y en la Ciudad Universitaria, en la que doscientas ametralladoras «rojas» disparaban sin tregua. Fueron ocupados el Palacete de la Moncloa, la Residencia de Artistas Franceses, el Hospital Rubio, el Asilo de María Cristina y el Hospital Clínico. Cinco mil presos de la Cárcel Modelo sufrían la tortura de ver a los «suyos» aproximarse a los muros de la prisión, sin conseguir llegar a ella.

Todo sería inútil. Los atacantes estaban extenuados y no había posibilidad de relevo, en tanto que, desde Albacete, André Marty seguía enviando más y más batallones de «Voluntarios de la Libertad», los cuales iban taponando, con precisión no exenta de belleza, los flancos que habían sido vulnerados.

«Que prosiga el ataque.» Aleramo Berti, delegado fascista italiano, sin dejar de llevarse a la boca caramelos ácidos en cuyo envoltorio destacaba la efigie de Queipo de Llano, contemplaba el desarrollo de las operaciones y opinaba que aquella lucha era estéril y que lo sensato sería renunciar y atrincherarse. Schubert, nazi alemán, con su miopía y aspecto apocado, opinó que la guerra era la guerra y que en consecuencia se imponía arrasar Madrid. En el bando «rojo» el general Kleber y el general Lucasz no acertaban a explicarse la suicida tozudez del enemigo, cuya inferioridad era manifiesta, y Líster farfullaba una vez y otra: «Aquí los cascamos a todos.»

La suerte estaba echada. Nicoletti, al calcular que se hubiesen necesitado sesenta mil hombres para forzar las defensas de la ciudad, calculó seguro. En cambio, Ezequiel fue mal profeta. Las plegarias de Carmen Elgazu se extraviaron camino del cielo. Por primera vez desde el 18 de julio los «nacionales» fracasaron, fracaso que sus jefes iban conociendo en su propia carne, puesto que Castejón cayó herido, cayó herido el jefe marroquí Mizzian e incluso el general Varela iba a sufrir el arañazo de tres cascotes de metralla.

«Nuestras fuerzas han realizado un movimiento de repliegue y se atrincheran en las líneas conquistadas.» Don Anselmo Ichaso reaccionó con violencia. Al tiempo que se aplazaba la fiesta que anunció y que tiraba a la basura la estación «Madrid», que tenía preparada, escribió a «La Voz de Alerta»: «Ha fallado el Servicio de Información.» Por su parte, «La Voz de Alerta» renunció al caviar y su criada Jesusha se pasaba las tardes en el Buen Pastor haciendo pucheros. Tan desorbitadamente aumentaba el desencanto en la retaguardia «nacional», que los periodistas extranjeros acosaban a Núñez Maza preguntándole: «¿Es lógico que pierdan ustedes tan fácilmente el ánimo, que se desmoronen de este modo?» «¿Cree usted que, en caso de adversidad, esta zona resistiría tanto como ha resistido la zona "roja"?»

La zona «roja»... En la zona «roja» las masas se echaron a la calle vitoreando al general Miaja, a Moscú, a la CNT, a todo cuanto era revolucionario y les pertenecía en algún sentido... «¡Madrid, la tumba del Fascismo! ¡Madrid, invencible! ¡No pasarán! ¡La victoria está cerca!» El Cojo creyó eso, que la victoria estaba cerca, y también lo creyó Teo. Se multiplicaron las felicitaciones y los ascensos. «¡Viva Largo Caballero! ¡Vivan los hombres llegados de Hungría, de Checoslovaquia y del Paraguay!» Felicitaciones al batallón «Los que no corren», formado por ancianos y hombres cojos. Felicitaciones a las dos enfermeras suizas Germaine y Thérèse, cuya destreza y abnegación salvaron la vida a muchos heridos, y a los porteros que subieron a las azoteas para hostigar a los «pacos». ¡Felicitaciones al doctor Rosselló! El doctor Rosselló, que al apropiarse del Hotel Ritz instaló el quirófano en los sótanos, convirtiéndolo en hospital modelo. Felicitaciones a la Pasionaria y a Margarita Nelken, las cuales recorrieron las líneas una y otra vez arengando a los milicianos. Se produjo un estado de cordialidad propicio a la comprensión mutua. El Campesino, hercúleo e inmunizado contra las balas, dijo de los anarquistas: «Son menos tontolicos de lo que me había figurado.» En justa correspondencia, los anarquistas dijeron del general Kleber: «Menudo tipejo.» José Alvear se dedicó a pintarrajear en las aceras, con caracteres enormes, las iniciales de la FAI, en tanto que su padre moría acribillado, recibiendo la felicitación póstuma de los dos camilleros que lo tiraron a una zanja.

De hecho, el único que no prodigó alabanzas fue el embajador ruso, Rosenberg. Rosenberg, visto el desarrollo de los acontecimientos, entendió que el ataque fue tan mal planteado que haberlo contenido no presuponía ninguna hazaña. «Un juego. Nunca entenderé a los españoles.» Hizo un viaje a Valencia y a la salida del despacho del Presidente del Gobierno, en el que irrumpió con una imponente escolta de técnicos militares, le dijo a Largo Caballero: «Rusia ayudará... Rusia ayudará cada vez más. Pero hay que unificar rápidamente el Ejército y nombrar comisarios políticos de confianza. Además, poco a poco, hay que acabar con los anarquistas y con el POUM.»

Largo Caballero miró con fijeza al embajador y le contestó:

—No olvide usted que no estamos en Rusia, sino en España. España es un país pequeño pero orgulloso, y lo primero que necesita es que sean de su confianza los embajadores.

El frente se estabilizó. Madrid no fue conquistado. El general Mola no bebería todavía café en el Molinero y todas las estatuas de Madrid aparecieron adornadas con graciosos casquetes de papel. En ambas zonas, de Norte a Sur, de Este a Oeste, se tuvo la certeza de que la guerra sería larga.

CAPÍTULO XXII

La escarcha de noviembre y el frío se habían trocado en lluvia. Dios se había hecho lluvia y la lluvia caía mansa sobre Bilbao, gris sobre Gerona, amarilla sobre los campos de Castilla y los eriales de Teruel. Llovía incluso sobre el mar —¿por qué llueve sobre el mar?— e incontables Cármenes Elgazu sentían todo el espanto del invierno que se acercaba, inmersos los hombres en la guerra. La guerra en verano era como un despliegue en abanico, el triunfo de los arroyuelos de agua clara; pero en invierno... Sólo la hija del patrón del Cocodrilo, recluida en el Manicomio, seguía enarbolando aquella pancarta que decía: «Gracias.»

Guerra larga... Ningún colapso fulminante, ninguna circunstancia insólita. Los dos bandos irían agigantándose hasta que uno de ellos reventara sumergiendo con su jugo al adversario. Guerra larga...

A Carmen Elgazu le gustaba que lloviese porque ello le recordaba a Bilbao. Cuando llovía, Carmen Elgazu echaba inmediatamente serrín en el rellano de la escalera, e Ignacio, al ver el serrín, se acordaba en el acto del Banco Arús y de don Jorge. Cuando llovía, Carmen Elgazu colocaba en la entrada del piso un cubo para escurrir el agua de los paraguas y le decía a Pilar: «Anda, hija, ponte las katiuskas y ten cuidado, no vayas a tropezar.»

Cada vez que Carmen Elgazu miraba el calendario, veía señalada en rojo la fecha del 25 de diciembre. ¿Traería el 25 de diciembre la explicación de lo que estaba ocurriendo? Carmen Elgazu oía las gotas de lluvia claquear en el río. ¡Ah, aquella blanca Navidad de Gerona, cuando copos del cielo tiñeron la tierra y todos juntos, con Mateo, subieron al campanario de la catedral! Aquello fue libertad, belleza y vida. Aquello fue algo hermoso y una sentía que el frío era bueno porque se detenía en la piel. Si ahora nevaba, ¿qué pasaría? El frío en la guerra debía de cortar como diez guadañas. La nieve en la guerra debía de ser barro maldito. «Señor, protegednos. Proteged a esta familia que os ama.»

Matías Alvear, en Telégrafos, le decía a Jaime: «Este año, por Navidad, no podré comunicar con mi hermano de Burgos. —Luego añadía—: Estoy seguro de que mi hermano ha muerto.» A Matías Alvear le daba miedo Queipo de Llano. «Es un bruto.» Creía que Queipo de Llano representaba a quienes, en la otra zona, podían ser responsables de que en Burgos su hermano hubiese muerto. Jaime le contestaba: «Mataron a García Lorca. ¿Qué se puede esperar?»

Ignacio veía también con ánimo intranquilo acercarse el invierno. Julio le había dicho: «La guerra será larga, me temo que de un momento a otro llamarán a tu quinta.» Era cierto. Y el muchacho no sabía qué hacer. ¡Francia, España «nacional»...! ¿Cómo abandonar a aquellos tres seres del piso de la Rambla? Sin embargo, también tendría que separarse de ellos en caso de presentarse a filas. Hubiera querido huir, huir tal y como huyó Marta... Pero no veía el modo. Laura había suspendido *sine die* las expediciones a Francia y al parecer, perros adiestrados rastreaban el Pirineo. ¿Y Julio? Matías Alvear le dijo a Ignacio: «Bien está, hijo. Acabaría pareciendo nuestra nodriza. Pensaremos por nuestra cuenta y algo saldrá...»

Algo saldrá... Los propios compañeros de Ignacio en el Banco Arús vivían sobre ascuas, pues la llamada de quintas afectó ya a uno de ellos, a Padrosa. Padrosa tuvo que dejar la pluma por el fusil —lo contrario de lo que aconsejaban David y Olga cuando, en tiempos pasados, querían abolir el Servicio Militar— y su silla vacía era el aviso constante. El cajero le dijo a Ignacio: «No seas tonto y preséntate voluntario. Podrás enchufarte. Si esperas a que te llamen, te darán un machete y comerás mucha trinchera.» ¡Machete! De pronto, palabras remotas adquirían significado. La palabra «machete» se incrustó en la mente de Ignacio como si la hubiera lanzado Sidlo, el anarquista extranjero campeón de jabalina.

Y por si fuera poco, Marta se había ido. La guerra era la dispersión. Todo ocurrió como en un sueño. De la cocina de la escuela, Marta había pasado a Barcelona, a la calle de Verdi, y de la calle de Verdi, al Consulado de Guatemala. ¡Guatemala! Otra palabra que, de pronto, adquiría significado.

Marta, ¡por mediación del coronel Muñoz!, consiguió hacer llegar a manos de Ignacio una carta escrita con letra apresurada y jubilosa.

Querido Ignacio: Todo ha salido bien. El coronel Muñoz ¡por una vez! ha sido un caballero. Mi madre ha ido a buscarme a la calle de Verdi y las dos estamos ya en el Consulado de Guatemala, desde donde te escribo. Mañana zarparemos, no sé a qué hora, rumbo a Tánger, en un barco italiano.

Pensaré en ti a todas horas. ¡Querido Ignacio! Yo había soñado con estar juntos siempre, siempre, y la guerra se ha interpuesto. Pero te quiero. Y te querré dondequiera que vaya, cada día más.

Nuestra intención, puedes imaginarla: entrar cuanto antes en la España nacional. Tal vez pueda allí ser útil a España, a la Falange. Allí encontraré a mi hermano José Luis y a Mateo...

Prométeme una cosa, Ignacio: que harás lo imposible para reunirte conmigo. ¡Prométemelo! ¿Lo intentarás? No pierdo la esperanza. Gerona me da miedo... Inténtalo. Mil veces te digo: inténtalo...

Tuya siempre, MARTA.

Ignacio tuvo celos. Tuvo celos de la Patria, del *Cara al Sol*, de Mateo y del hermano de Marta. «Ser útil a España, a la Falange...» Temió que Marta en la España «nacional» lo olvidara todo, que olvidara incluso amar y se alimentara exclusivamente de yugos y flechas.

«Mañana zarparemos rumbo a Tánger...» «¡En un barco italiano!» ¡Qué insólito resultaba todo aquello! «¡Marta, también yo soñé con estar contigo siempre, siempre!» «¡También yo te quiero y te querré cada día más dondequiera que vaya!»

«También Gerona me da miedo... Y me da miedo el invierno que se acerca. ¡Que Dios te proteja, Marta!»

Desde mediados de noviembre hasta fin de año ocurrieron muchas cosas. Guatemala, Italia y Alemania reconocieron, como antes lo hiciera la República de El Salvador, el Gobierno de Burgos, de Franco, éxito internacional y diplomático que, aun siendo notable, no compensaba del revés militar sufrido en Madrid. Y luego, además, por extraño signo murieron, en poco menos de veinticuatro horas, José Antonio Primo de Rivera y Buenaventura Durruti. José Antonio murió el día 20, fusilado en Alicante; el 21 murió Durruti, en la Ciudad Universitaria, de una bala disparada desde el Hospital Clínico por mano desconocida, tal vez por un comunista o por un enemigo personal.

José Antonio Primo de Rivera, de quien Núñez Maza opinaba que era quien era, primero por talento natural y segundo porque bebió en las enseñanzas de Ortega y Gasset, murió fusilado. Las reiteradas tentativas de liberación de que José Luis Martínez de Soria le habló a Mateo el día de la llegada de éste al Alto del León, fracasaron. Fracasó la primera, consistente en una propuesta de canje del fundador de la Falange con un hijo de Largo Caballero, que se encontraba detenido en Sevilla. El Gobierno de la República, pese a la aquiescencia de Prieto, no accedió a ello y el propio Largo Caballero, que tenía la convicción de que su hijo había sido fusilado por Queipo de Llano, se desentendió de la propuesta. Fracasó la segunda tentativa, consistente en el envío de un emisario falangista, vieja guardia, a Alicante —emisario que desembarcó el 24 de septiembre en el puerto de esta ciudad, desde el torpedero alemán *Graff von Spee*, anclado en aguas territoriales—, con la misión de sobornar con dinero a unos jefes de la FAI. Fracasaron las intervenciones del duque de Alba, de Sánchez Román, otra vez de Indalecio Prieto y de varios ministros ingleses y franceses. Y fracasó, por último, por motivos ignorados, la última tentativa —en la que tomó parte el alférez Salazar— que había de consistir en un nuevo desembarco en Alicante, con el propósito de irrumpir en la cárcel de José Antonio y raptar por la fuerza al detenido.

En el Alto del León, esta última tentativa había despertado esperanzas. La partida del alférez Salazar —al parecer, debía reunirse en Sevilla con otros seis camaradas— había sido emocionante. El alférez estaba intranquilo y toda la centuria formó delante de él cantando el *Cara al Sol*. Salazar había dicho: «No me importaría dar mi vida por salvar la de José Antonio».

Todos lo vieron partir, deseándole lo mejor. «¡Arriba España!» «¡Arriba siempre!» Mateo, para sus adentros, se dijo: «Yo también daría mi vida por salvar la de José Antonio.»

La semana subsiguiente constituyó para los falangistas del Alto del León una tortura. Apenas se hablaban y, en las horas de guardia, miraban con fijeza las estrellas. «Nos proponemos —había dicho José Antonio— devolver a España y a los españoles el orgullo de serlo.» ¡Dios, si el intento tuviera éxito! José Luis Martínez de Soria recordó la visita que José Antonio hizo al Duce el año 1933, a raíz de la cual Mussolini declaró que el jefe de Falange Española era «uno de los espíritus más bellos que había conocido».

Pero la suerte se mostró definitivamente adversa. Fue Núñez Maza el encargado de subir al Alto del León a comunicar la noticia a sus compañeros. Ignoraba los detalles, pero ni siquiera se llegó a intentar el desembarco. Incomprensiblemente, una emisora de radio africana alertó a los «rojos» de lo que se tramaba.

—¿Cómo es posible?

—No sé. Salazar no ha regresado todavía. No sé más.

Al día siguiente, uno de los chóferes que subieron con los camiones de Intendencia afirmó en tono exaltado que en Valladolid circulaba con insistencia un rumor de lo más desagradable. «Al parecer —dijo—, dos de nuestros camaradas al llegar a Sevilla se emborracharon y se fueron de la lengua en un café, con unas mujerucas. De ahí la denuncia de la emisora africana, que fue la de Tánger.» Nadie dio crédito a tamaña insensatez. «Cuando Salazar regrese, sabremos la verdad.»

Por de pronto, la única realidad era ésta: José Antonio, a instancia de varios ministros del Gobierno y del Partido Comunista, había sido juzgado en Alicante y condenado a muerte.

Un fugitivo de la zona «roja» suministró los datos precisos a las jerarquías de la Falange, a Hedilla y a su Consejo Nacional. Durante el juicio, la autodefensa de José Antonio constituyó una pieza oratoria de primera calidad, en virtud de la cual no sólo los miembros del tribunal, sino todos los presentes en la sala —milicianas y milicianos que invadieron los escaños, ávidos de contemplar de cerca al «señorito»—, perdieron por un rato la facultad de odiar. Además, José Antonio en su discurso patentizó su angustia por el río de sangre que manchaba a España, ofreciéndose para ir a la zona «rebelde» y gestionar allí el alto el fuego, un armisticio, empeñando su palabra de regresar a Alicante, donde propuso dejar en concepto de rehenes a sus diversos parientes detenidos.

Por desgracia, el ofrecimiento no cuajó. Y en la madrugada del 20 de noviembre, José Antonio, acompañado por dos falangistas y dos requetés del pueblo de Novelda, que habían sido procesados y condenados con anterioridad, fue conducido al patio de la cárcel, donde se encontraba ya formado el piquete.

Los cinco hombres se alinearon, y José Antonio les dijo a los milicianos del piquete: «Apuntad bien, porque os van a hacer falta todas las municiones.» Acto seguido, José Antonio tiró el abrigo al suelo, cruzándose de brazos, y avanzó ligeramente el pie izquierdo. Sonó una descarga, y José Antonio cayó, el primero. A continuación, cayeron sus cuatro compañeros, los dos falangistas y los dos requetés de Novelda.

El cadáver de José Antonio fue trasladado al cementerio y al ser bajado del camión se desprendió de aquél un pequeño crucifijo que José Antonio llevaba sujeto con una cinta roja. El conserje del lugar, Tomás Santonja, recogió el crucifijo y lo prendió de nuevo en los restos de José Antonio, en el pecho. Poco después, el fundador de la Falange quedó inscrito en el libro IV de los Registros del Cementerio, con el número 22.450, fosa número 5, fila novena, cuartel número doce.

El conocimiento de estos hechos exasperó a los falangistas del Alto del León. Mateo repitió por lo bajo el número 22.450 y se dijo que haría lo posible por acordarse de él, en tanto varios camaradas suyos —Salazar no había regresado aún...— se juramentaban para esclarecer sin tardanza lo ocurrido en Sevilla.

—Caerá quien caiga.

—¿Juramos?

—¡Arriba España!

—¡Arriba siempre!

Por lo demás, la noticia de la muerte de José Antonio se propagó en seguida a ambas zonas. En la zona «roja» fue dada escuetamente, sin alardes, lo cual originó que en Barcelona, en «radio Sevilla», la horchatería de la Rambla de Cataluña, corrieran versiones para todos los gustos. En ciertas localidades, las muchachas «fascistas» se colgaron en el pelo una discreta tirilla negra en señal de luto. Pilar fue una de ellas, si bien Matías Alvear, al darse cuenta, se la arrancó de un tirón, como un día había hecho con el cilicio de César.

En la zona «nacional» varios falangistas, entre ellos Mateo, decidieron llamar a José Antonio «el Ausente». Mosén Alberto comentó: «Eso es idolatría.» Pero la palabra hizo fortuna. José Antonio era el ausente irreemplazable. José Antonio, en momentos como aquéllos, momentos de desaliento por la derrota de Madrid, con su integridad y verbo cálido hubiera orientado los corazones. Salazar había dicho: «Con él todo sería aún más ceñido...» Ceñido y seguro. Con él la unidad estaba garantizada. «José Antonio adoptaba ante cada circunstancia la actitud exacta, noble y eficaz.» Ahora el jefe nacional sustituto, Hedilla, autodidacto de Santander, se sentiría abrumado por la responsabilidad.

La repercusión de la muerte de José Antonio fue grande. En Burgos, la tía de Pilar y su hija Paz podrían dar fe de ello. La sangre vertida en Alicante las salpicó. Tres jóvenes falangistas irrumpieron en su casa, las atiborraron de aceite de ricino y se despidieron luego dándoles cariñosas palmadas en las mejillas.

La muerte de Buenaventura Durruti se produjo en la Ciudad Universitaria de Madrid. El dios anarquista se había empeñado en tomar al asalto el Hospital Clínico. En un momento dado, al apearse del coche que lo llevaba, una bala le penetró. Desplomóse Durruti, un grito ácido rodó por los aires y la plana mayor del jefe llevó a éste al Hotel Ritz, convertido en Hospital de Sangre, donde un enjambre de médicos a las órdenes del doctor Rosselló intentaron salvarle. Fueron horas de ansiedad, pues los camaradas de Durruti consideraban que aquella vida era patrimonio del pueblo. Incluso las Brigadas Internacionales enviaron representación al Hospital y el propio general Miaja pedía ser constantemente informado. Todo fue inútil. Durruti expiró, sin apenas recobrar el conocimiento —sólo en un momento balbució: «Seguid luchando»— y los mármoles del Hotel Ritz contemplaron con estupor cómo hombres duros, al cabo de una vida de desafío a tantas cosas, se tiraban como chiquillos al suelo, entre exclamaciones de rabia.

El cadáver fue trasladado a Barcelona y a su entierro asistieron, según cálculos de la periodista Fanny, trescientas mil personas. Durruti había muerto entre los suyos. De haber caído en terreno enemigo, habría bajado en silencio a una humilde fosa. O lo hubiesen despellejado los cuervos, siempre neutrales.

La sacudida fue casi eléctrica y en Gerona esta vez le tocó a Merche ponerse una tirilla de luto en el pelo. ¿Se cruzaría por la calle con Pilar? Los lutos se cruzaban, ¡claro que sí!, bajo la lluvia de noviembre. Había lutos permitidos; otros, no. Santi, el loco de Santi, decía por todas partes: «Ahora ya no quiero matar al mar. Ahora quiero matar al frente de Madrid.»

Entre esos exaltados apocalípticos contábase José Alvear. José Alvear había llegado a sentir por Durruti auténtica veneración, pese a que siempre decía de él: «Y cuidado que es feo...» José Alvear se personó en el Ritz, en compañía del capitán Culebra, y al ver el rostro de Durruti ya muerto, empequeñecido sobre la almohada, se excitó increíblemente. Por otra parte, el primo de Ignacio estaba borracho. Se lanzó a subir y bajar escaleras. Entraba y salía de los cuartos y abría los grifos. Canela, vestida de enfermera, recién llegada del frente de Teruel, iba en pos del muchacho procurando calmarlo. «Pero ¡estáte quieto, haz el favor!» José Alvear no podía con su rabia y Canela temió que cometiese una locura.

De pronto, el capitán Alvear se acordó del doctor Rosselló. El doctor Rosselló era el cirujano que había abierto en canal a Durruti ¡y tenía un hijo falangista! El Cojo se lo había dicho a José. El Cojo había añadido: «No hay quien entienda este lío.»

José hizo una mueca y le dijo al capitán Culebra:

—Acompáñame al quirófano.

—¿Qué pasa?

—¡Quiero hacerle una pregunta al matasanos! —José añadió—: Vente conmigo, me portaré bien.

Su amigo accedió y bajó con él a los sótanos del Ritz. Allí encontraron al doctor lavándose las manos en un lavabo del pasillo, rodeado de sus colaboradores.

José Alvear se plantó delante de él e inclinando la cabeza y echándola para atrás le espetó a boca de jarro:

—Durruti ha muerto. ¡Pero apuesto a que tu hijo falangista vive todavía!

El doctor tomó una toalla y empezó a secarse, sin perder la calma.

—¿A qué viene eso?

José Alvear miró a su alrededor.

—¿Oís, compañeros? ¡Un hijo falangista y él aquí, abriéndole la barriga a Durruti!

El doctor Rosselló sintió sobre sí varias miradas inquisitivas.

—Oye, mentecato —dijo, con súbita energía, colgando la toalla—. ¿Y si a uno le nace un hijo tuerto? Mi hijo tiene diecinueve años. Cuando me enteré de que cantaba *Cara al Sol* le eché de casa. ¿Qué quieres? ¿Que lo busque y lo mate?

José Alvear eructó y pareció que su mano buscaba la pistola. En aquel momento se encendió en el pasillo la lucecita verde, que significaba que el doctor Rosselló era esperado en el quirófano.

—Anda, decídete... —desafió el cirujano—. Me llaman al quirófano. Mátame o déjame trabajar. —José eructó de nuevo y miraba al capitán Culebra como pidiéndole consejo—. Te advierto —continuó el doctor Rosselló— que no te pego un tortazo porque estás borracho.

Dicho esto, abrióse paso con dignidad. Todo el mundo desfiló y quedaron solos el capitán Culebra y José Alvear. El capitán Culebra sonreía. «A esto le llamo yo hacer el *ridi*.» José Alvear gimoteó un poco. Se sostenía difícilmente en pie. ¿Dónde había dejado el sombrero hongo?

Su espalda fue resbalando por la pared hasta que el primo de Ignacio quedó sentado en el suelo, en el pasillo.

—Durruti ha muerto —repetía—. Durruti ha muerto. ¡Qué cabronada!

En el mismo instante, Salazar se emborrachaba en un bar de Valladolid, en la más completa soledad. Se había echado el gorro para atrás y le decía a la patrona:

—¿Tengo yo cara de idiota? ¿No? Pues lo soy.

Inesperadamente, todo el mundo advirtió que Navidad andaba cerca. Primera Navidad de guerra. Todo el mundo sintió encima y debajo de la piel que casi dos mil años antes Alguien había dicho: «Paz en la tierra a los hombres de buena voluntad.» Alguien, un hombre, parecido a cualquier otro hombre. Más bien alto —1,84 metros—, con el hombro derecho ligeramente inclinado, al parecer, a resultas de su oficio de carpintero. Hombre de rostro sin duda ascético. No existían fotografías de él, pero su rostro fue sin duda ascético. Hombre de voz profunda. No existían grabaciones de su voz, pero ésta fue sin duda profunda. Hombre que expulsó a los demonios, a los fariseos, que sanó enfermos y devolvió la vida a los muertos.

Si ese Hombre estuviera ahora en Gerona, en Madrid, en Burgos, ¡cuánta sangre podría detener!

Y el caso es que ese Hombre estaba ahí, a punto de llegar, con el más portentoso don de la ubicuidad. Hecho un amasijo diminuto en el vientre de una mujer. Llevaba en la frente una estrella no militar, una estrella sin más, luz que tenía forma. Llegaría en el momento en que en Barcelona se incrementaban pavorosamente los abortos y que en Norteamérica moría la esposa de Einstein, de aquel que estudiaba la luz. Llegaría en el momento en que «La Voz de Alerta» entregaba a sus superiores del SIFNE planos de ciudades enemigas en los que figuraban los objetivos que bombardear. Oportuna llegada. «Paz en la tierra a los hombres de buena voluntad.»

El Hombre traería consuelo y desesperación. «Así, de esta manera, se portará mi Padre celestial con vosotros, si cada uno no perdonare de corazón a sus hermanos.» «En verdad os digo que todas estas cosas vendrán a caer sobre la generación presente.» Oiría asombrado a los voceadores de periódicos gritando: «¡Número extraordinario! ¡Cartas de Pío XI a su querida!» Y, con parecido asombro, oiría al infatigable Núñez Maza dirigirse al enemigo: «¡Rojos, que Dios está de nuestra parte!»

¿Qué significaban semejantes palabras? Todo el mundo advirtió que Navidad andaba cerca. Y discretamente, hombres y mujeres, aun sin perdonar de corazón a sus hermanos, se colgaron en el cabello y en el pecho una brizna de ternura y de emoción.

La Generalidad de Cataluña quiso impedir que se celebraran la Navidad y los Reyes Magos como antaño, y sustituyó esas fiestas por la «Semana del Niño». El niño en abstracto, puesto que el Niño-Dios era concreto. Protección al niño, regalos. David y Olga fueron a Arbucias, el pueblo idílico, y, como antaño la CEDA, abarrotaron de juguetes y pasteles a los cuarenta niños sordomudos evacuados de Santander. Cosme Vila sacó de paseo a su niño, a su hijo militante, y le enseñó Gerona bajo el signo de la revolución. El niño de Cosme Vila ya no se mordía el pulgar del pie: mordía la oreja de su padre, riendo. Doña Amparo Campo se lamentaba con Julio de no haber tenido un hijo, de terminar en sí misma. «¿Has visto los carteles? ¡Semana del Niño! A veces me da una rabia...» Antonio Casal tomó de la mano a sus tres chicos y los llevó al circo, a un circo que acababa de llegar y cuyos payasos bromeaban a costa del Gobierno y decían «boniatos» en lugar de «bonitos». Aparecieron niños por todas partes, sin excluir a Manolín, quien de vez en cuando se daba un paseo hasta el que fue Consulado de Guatemala. Niños que eran de verdad niños, niños que parecían mozos e incluso hombres, niños que levantaban el puño, otros que rezaban a escondidas. «Paz en la tierra...»

Extraño fin de diciembre, extraña Navidad de 1936... La Logia Ovidio de Gerona la festejó reuniéndose como de costumbre en la calle del Pavo. Los H... se abrazaron unos a otros entre las columnas Jakin y Boaz: se abrazaron por el triunfo de Madrid. El coronel Muñoz pronosticó: «Mil novecientos treinta y siete será el año decisivo.» Los arquitectos Ribas y Massana tenían ganas aquellos días de agitar todas las campanillas de su colección. El comisario Julián Cervera dedicó un recuerdo a Unamuno, que acababa de morir en Salamanca, sin que se supieran detalles, y otro recuerdo a García Lorca. Julio García dedicó un recuerdo al doctor Rosselló, quien en medio de su titánica labor se había acordado de enviarle para su museo particular el cinturón de Durruti. Antonio Casal, cuyo rostro, al decir del catedrático Morales, cada día se parecía más a una cifra, se sacó un papel del bolsillo y dijo que, si sus cálculos eran exactos, en aquellos momentos los «fascistas» disponían de unos cien aviones, contra más de trescientos el Gobierno de la República. Casal supuso que le dedicarían una ovación; nada de eso. El director del Banco Arús se levantó y deseó para todos «buenas fiestas».

En los frentes, a lo largo de las trincheras, corrió el escalofrío de lo eterno. Muchos combatientes pensaron que en el día de Navidad no se podía morir. En el Alto del León fue servida ración extraordinaria. Ciertamente, no hubo tregua, ni en el mar, ni en el aire, ni en la tierra. Sin embargo, millares de balas anónimas desviaron generosamente su ruta y algunas bahías se parecieron, por su quietud, al lago de Galilea.

Y los combatientes cantaron. No era la semana del niño; era Navidad. Unos cantaron para sí mismos, otros para el mundo entero.

También la familia Alvear celebró a su manera la Navidad... Días antes, Carmen Elgazu propuso:

—Tenemos que construir el belén...

Matías la miró y replicó:

—Ni lo pienses.

—¿Por qué no?

Carmen Elgazu tenía una idea.

—Dentro de esta cajita. —Y sacó del costurero una cajita rectangular de corcho, en la que guardaba los botones, y se la enseñó a Matías. Matías miró un momento el fondo de la cajita y suspiró:

—De acuerdo, tendremos belén.

Así fue. La mañana de Navidad, Ignacio y Pilar confeccionaron en la mesa del comedor tres minúsculas figuritas de papel: San José, la Virgen y el Niño. Por su parte, Matías se hizo cargo del asno y del buey, pero sin conseguir nada que se pareciese lo mínimo a ninguno de los dos animales.

—¡Caray con la pareja!

Carmen Elgazu ironizó, entre bromas y veras:

—Tú tienes la culpa. ¿Cuánto hace que no te confiesas?

Pilar acudió en ayuda de su padre y pronto la cajita de corcho se transformó en el portal de Belén. Inmediatamente la colocaron encima de la radio y buscaron en ésta una emisora que retransmitiera villancicos. Ignacio tuvo suerte, dio con Radio Jaca y desde aquel momento todos guardaron silencio, escucharon con devoción en torno al aparato. En la parte trasera de éste resplandecían discretamente las bujías.

A la hora de la comida se bromeó, en el intento de olvidar a César.

Carmen Elgazu depositó en el centro de la mesa canelones y pollo, y Matías Alvear clavó en éste, como una bandera, la cartilla de racionamiento.

—¡No te burles! —dijo Pilar.

—Si no me burlo... —contestó Matías—. Me río, que es peor.

Ignacio había comprado un poco de turrón de Alicante. Se empeñaron en que Carmen Elgazu lo comiera, rompiéndolo con sus propios dientes.

—¡Si no podré, si no podré!

—¡A probar...! ¡A romperlo...!

Carmen Elgazu se llevó un pedazo a la boca y todos, mirándola con fijeza, imitaron con las mandíbulas los esfuerzos que ella hacía para masticar.

—¡Duro con él, duro con él!

Carmen Elgazu soltó por fin una carcajada y con ella se le

fue el turrón. Matías, entonces, recogió de la mesa los pedacitos y los fue comiendo poco a poco.

—Está riquísimo —dijo.

Terminada la comida no sabían qué hacer, e Ignacio propuso jugar a las cartas. Sabía que a sus padres les gustaba
mucho, aunque Matías prefería el dominó. Nunca habían jugado los cuatro a las cartas y en vida de César cinco eran demasiados. Formaron parejas: padres contra hijos, en lucha desi-
gual. Matías se las sabía todas; Pilar, ninguna. Matías le hacía
constantes guiños a su mujer, la cual le preguntaba con asombro:

—Pero ¿qué pasa?

—¡Te estoy diciendo que he pillado el as!

—¡Pues dilo de una vez!

Los padres ganaron todas las partidas. Y con ellas, muchos
besos. Y miradas de cariño por parte de Ignacio y Pilar. Ignacio llevaba de hecho muchos meses sin gozar de una velada
como aquélla. Le pareció que no era cierto que estuviera absolutamente solo y que algo había en el hombre además del
cerebro. Prolongaron la sesión hasta media tarde, hasta que
las sombras empezaron a flotar sobre el río.

Merendaron en paz. Merendaron cerca del río, de la caña
de pescar, cerca de la radio, la cual de vez en cuando les decía:
«Amaos los unos a los otros». Nadie quiso admitir que acaso
una de las sombras que pasaban fuera correspondiera a César.
En el comedor no había sino luz, luz discreta en los corazones
y en las bujías de la radio. Era Navidad. Los pensamientos de
los cuatro seres eran un poco más que pensamientos.

CAPÍTULO XXIII

EN EL PUERTO DE GÉNOVA, un hombre extrañamente impasible,
que vestía el uniforme del Partido Fascista Italiano, arengó a
cuatro mil «camisas negras» que embarcaban para luchar en
España.

«Camaradas: Este momento es importante. Vais a España,
nación hermana, para impedir que el comunismo se apodere
de aquel pedazo de Europa y plante su garra en Marruecos, es
decir, en África. España tiene más de la mitad de su territorio

sometido a la vil tiranía de las hordas rojas, que se han lanzado a una acción destructora en su suelo sólo comparable a las de Gengis Khan o de Atila. Patrullas a mano armada son dueñas de las vidas y del patrimonio familiar. En ciudades y pueblos se propagan los incendios y son abatidos los templos y los edificios culturales. Fuerzas de orden, al mando de unos cuantos militares de prestigio y con la ayuda de juventudes españolas monárquicas o bien ganadas por el estilo fascista, se levantaron contra el Frente Popular y libran desde hace meses contra Moscú y sus secuaces una guerra civil primitiva y cruel. El Duce ha decidido acudir en su ayuda y al hacerlo no le ha movido sino el afecto por España y la necesidad de responder al comunismo golpe por golpe. Quien ose afirmar que los propósitos que mueven al Duce son otros, miente. Italia desea la paz de Europa y mantener buenas relaciones con las democracias occidentales, aun convencida de que el credo político de éstas es un error. No hacemos más que corresponder al vergonzoso envío de Brigadas Internacionales organizadas en Francia por orden de Moscú y en las que figuran no pocos italianos traidores. No hacemos más que demostrar al mundo que se acabó para Italia la hora de la inhibición. Dondequiera que se nos necesite, acudiremos. Dondequiera que se nos provoque, el Duce responderá. Abisinia es un ejemplo vivo y también lo es vuestra presencia aquí en estos momentos. ¡Camisas negras! ¡Voluntarios italianos! Id a España y respetad a nuestros hermanos españoles, hermanos en cultura y en religión, hermanos hasta en el color de la piel. Colocad muy alto, como siempre, el pabellón de Italia. Respetad a las fuerzas marroquíes que luchan a las órdenes de Franco y no olvidéis que el hombre español es hombre noble y celoso. Buen viaje, queridos camaradas. No se trata de una conquista, sino de un abrazo. ¡Eso es! Id a España con los brazos abiertos a la generosidad. Respetad sus costumbres. Italia, repito, no reclama nada a cambio. Sólo el orgullo de haber servido una vez más a la salvación de Europa. ¡Camisas negras, viva Italia! ¡Viva España! ¡Viva el Fascio! ¡Viva el Duce!»

Cuatro mil camisas negras se hicieron a la mar. Un mar de enero frío y alborotado. Eran hombres de toda Italia, la mayoría de las provincias del Sur, gesticulantes y en apariencia alegres. Llevaban pequeños instrumentos, abundando las armónicas. El silencio prolongado los hundía en una rara depresión. Muchos de ellos eran, en efecto, voluntarios y habían luchado en Abisinia; pero también abundaban los reclutados del servicio regular. Los mandaba un general muy joven, Roatta, de estampa enérgica, quien creía que era preciso renovar la táctica empleada hasta entonces por las tropas «nacionales». «Motorización», decía. Esta palabra la había aprendido en el desierto, donde los kilómetros eran el gran obstáculo. «Carros de combate abriendo brecha, tropas motorizadas y aviones en vuelo bajo.» «Atacar Madrid de frente, en oleadas sucesivas de Infantería, fue un grave error.» El general Roatta miraba a sus hombres, algo más de cuatro mil, y los veía fogueados, con moral excelente. Pero él confiaba en las máquinas, en la superioridad del acero y de la rueda. La orden que llevaba era la de no inmiscuirse en la política interior española, de lo cual cuidaba el astuto Aleramo Berti.

La mayor parte de aquellos hombres que flotaban sobre el mar tenían de España y de sus habitantes una idea casi tan embrionaria como la de los «Voluntarios de la Libertad». ¿Hermanos de cultura, de religión, de color de piel? «¿Qué significa esto? ¿Y los toros? ¿Y la dominación árabe? ¿Y esos bailes espasmódicos agitanados y tristes, cuyas letras no hablan sino de la muerte? ¿Qué tienen de común Ávila y Nápoles, los monumentos de Goya y las vírgenes de Rafael? El Mediterráneo y el concepto de Dios, nada más... Y la raíz del idioma.» ¡Oh, no, no bastaba aquello para sentirse unido en la vida de cada día! Sin embargo, los camisas negras iban bien dispuestos. Todos llevaban en el macuto un minúsculo diccionario de tapa roja, en el que aprenderían la traducción de *ragazza*, de *barbiere* y de *ciao*... De repente, cada cual miraba con fijeza al mar y se preguntaba por qué se había metido en la aventura. ¿Para combatir contra Moscú? ¿No sería por el bonito uniforme? Alguien había dicho: «Vestid con un bonito uniforme a los italianos idealistas e irán a combatir para asegurar el suministro de bacalao a los groenlandeses.»

Los cuatro mil hombres llegaron al puerto de Cádiz en los primeros días de enero. Aleramo Berti, del Partido Fascista, estaba allí, así como el embajador italiano recién nombrado y varios técnicos militares. El recibimiento que se les hizo fue apoteósico. Queipo de Llano, dueño del Sur, organizó los actos a la perfección. Cádiz se prestaba a ello, pues era ciudad brillante y clara, con pinceladas de ocre y rosa parecidas a las de muchas fachadas romanas. En los discursos abundó una palabra: «lazo». Los himnos ahogaron a las armónicas. Aparecieron flores brotadas de no se sabía dónde y las *ragazze* sepultaron a los italianos bajo una cascada de serpentinas con los colores de su bandera.

Los italianos tenían hambre y sed, y Cádiz los satisfizo. Querían desfilar, y Cádiz los satisfizo. E inmediatamente el general Roatta se reunió con los militares españoles y sonó entre ellos, con insistencia. el nombre de Málaga. Por otra parte, la cosa estaba decidida: aquél era sólo el primer destacamento. El día 14 llegarían otros seis mil camisas negras; a fin de mes, otros cuatro mil. Tantos cuantos hicieran falta. Hablar de «guerra larga» era suicida y revelaba un inadmisible sentimiento de inferioridad. El Duce aportaba su experiencia. Se acabó el guerrilleo. Italia, país de motores, de conductores, simbolizaba por naturaleza lo moderno. Entretanto, era preciso organizar determinados servicios en la región en orden al acomodamiento de los camisas negras. Plantar letreros que dijeran: *Commandamento, Corpo di guardia, Estafeta Legionaria, Posta*. Buscar buenos hoteles para la oficialidad y conseguir para los soldados voluntarios un clima amable y amistoso.

Entre la multitud que había acudido al puerto a recibir a los italianos, y que luego los vitoreó por las calles, figuraban Marta y su madre. Fue una feliz coincidencia. Las dos mujeres, que se vieron obligadas a permanecer en Tánger por espacio de unas semanas, debido a una inoportuna indisposición de la viuda del comandante Martínez de Soria, habían desembarcado en Cádiz unas horas antes que los camisas negras. Su emoción al besar, en el puerto, la bandera bicolor, por la que el comandante había dado la vida, fue indescriptible. Rodaron los ojos por todas partes, al igual que Mateo al apearse en Valladolid. Y al enterarse, nada más poner pie a tierra, que los italianos estaban a punto de llegar, se instalaron en el hotel más próximo, desde cuyo balcón pudieran asisir al acontecimiento y enronquecer gritando: «¡Viva Italia! ¡Viva España! ¡Viva España! ¡Viva el Duce! ¡Viva Franco!»

Jamás olvidarían la emoción de su encuentro con aquellos hombres venidos de «la nación hermana» para defender a España. Los camisas negras les parecieron más vigorosos y autoritarios de lo que habían supuesto. A Marta le parecieron hasta guapos y, por supuesto, con más fantasía que los soldados españoles. Los había que se parecían a Ciano, y algunos a Mussolini. La madre de Marta, mientras los aplaudía con fervor, recordaba el viaje que el comandante había hecho en 1933 a Roma, para entrevistarse con el Duce...

Cuando, terminado el desfile, los italianos pudieron derramarse libremente por la ciudad, invadiendo las estrechas calles y los cafés y las tabernas, Marta y su madre salieron del hotel para, al igual que la población gaditana, mezclarse con ellos, estrecharles la mano, prenderles medallas en el pecho y decirles «gracias». La madre de Marta, pronto agotada, regresó al hotel; pero la muchacha, lamentando en el alma no disponer aún de una camisa azul, prosiguió deambulando. Su entusiasmo era hondo, sereno. Estimaba simbólico que la antiquísima Italia acudiera en ayuda de España a través precisamente de Cádiz, la más antigua ciudad de Europa, la Gades trimilenaria.

Sin saber cómo, Marta se encontró en el mostrador de un bar rodeada de rostros morenos que la llamaban *ragazza* y *signorina* y que le ofrecían tabaco. Marta estaba aturdida, hasta que uno de esos rostros se impuso a los demás. Pertenecía a un muchacho algo mayor que Ignacio. Muchacho que les dijo a sus camaradas: *Ciao...!* y que, una vez a solas con Marta, la invitó a sentarse en un plácido rincón del establecimiento, ayudándola a despojarse del abrigo y acariciándole con arte la bufanda.

—Me llamo Marta.
—Yo, Salvatore.
—¡Salvatore! Bonito nombre.
—¡Bah!
—¿De dónde eres?
—De Roma.
—Yo, de Valladolid.

El camarero les sirvió café y, levantando las dos tazas, brindaron. Brindaron por Roma y por Valladolid, por España y por Italia. Brindaron por la camisa negra de Salvatore y por las camisas de todos sus camaradas. Se bebieron de un sorbo el café. ¡Y Marta fumó! Fumó un pitillo italiano, un pitillo fascista, que olía a puerto de Génova y a «Corpo di guardia».

Marta le contó a Salvatore que había huido de la zona «roja» en compañía de su madre. Salvatore ya sabía «que las españolas iban siempre con su madre..»

—En Génova nos han dicho... *respetar*. —Y el muchacho puso su mano, riendo, sobre la mano de Marta, la cual la retiró.

Salvatore entonces le contó que él quería ser buena persona, pero que Moscú se interponía en sus propósitos, que se interponían las guerras.

—Abisinia, primero... España ahora... Pero me gusta.

—¿El qué?

—Todo esto.

De vez en cuando, Marta pensaba en Ignacio. ¡Si él la viera en aquel momento! En Cádiz, en un café, fumando y bebiendo, con un hombre al lado que tan pronto se la comía con los ojos como miraba a su alrededor y preguntaba: «¿Por qué esa gente vive tan pobremente?»

Fue un encuentro afortunado. Marta se marcharía a Valladolid, pero se escribirían.

—¿Quieres ser mi madrina? En Ita...

—¡No faltaría más!

Marta le dijo a Salvatore que, en nombre de un botiquín que decía CAFÉ y que ella amaba mucho; en nombre de Falange y de España; en nombre de visiones horribles; en nombre del agradecimiento que ella sentía por quien adorando su patria la abandonaba para defender lejos una causa justa, sería su madrina, desde Valladolid y dondequiera que él se encontrase.

—Te escribiré y te mandaré tabaco.

—También me gusta mucho el chocolate...

Pocos días después, en el puerto de Hamburgo, un hombre extrañamente excitado, que vestía el uniforme del Partido Nazi Alemán, arengó a trescientos voluntarios, técnicos de servicios auxiliares de Aviación, que embarcaban para luchar en España.

«Camaradas: En nombre de vuestro Führer vais a dejar la tierra alemana. Para la travesía vestís uniforme civil, pero al llegar a vuestro destino recuperaréis vuestras insignias, presididas por la cruz gamada. Sois voluntarios del Führer en la lucha contra el comunismo y contra los Frentes Populares que las democracias protegen. Esta vez os toca luchar en un país de pasado glorioso, España. Luchar en las filas de la Legión Cóndor. El cóndor, la mayor de las aves que vuelan. ¡Que el Führer os proteja! ¡Que Alemania os proteja! España es plaza estratégica de primer orden y no debe ser abandonada al enemigo. Tened, como siempre, confianza ciega en los mandos, de los que iréis recibiendo cuantas consignas os hagan falta.

Dos cosas hay sagradas en España para los españoles: la primera, el sentimiento religioso: la segunda, el recato de las mujeres. España es país católico: debéis respetar las ideas y las supersticiones de las gentes. España es país de tradición familiar: debéis respetar a sus mujeres, comportaros con la mayor corrección. Allí representaréis al pueblo alemán, que no acude en plan de conquista, sino para replicar adecuadamente a las Brigadas Internacionales que el comunismo ha enviado a España. El general Francisco Franco es ahora el jefe de los españoles que se levantaron contra Moscú. En cuanto lleguéis a vuestro destino, será, pues, vuestro jefe. Obedecedle, a través de vuestros mandos. Sus órdenes serán ley, lo mismo que las órdenes de vuestro general Von Sperrl. Tomad nota de que, oficialmente, "os vais de maniobras al Báltico". Es voluntad del Führer que por el momento nadie, ni siquiera vuestras familias, sepan que os encontráis en España. De ahí que en la correspondencia evitaréis cualquier alusión que pueda delatar que os encontráis en un país del Sur, a cuyos efectos se os entregarán cartas postales impresas a propósito. Asimismo, se os entregarán ahora el reglamento de la Legión Cóndor, un diccionario y una gramática. Esforzaos en aprender el idioma español y procurad no cometer errores. Lucharéis del brazo de voluntarios italianos, y es también consigna que evitéis el menor roce con ellos. Os consta el afecto que el Führer siente por el Duce. Ni un gesto que pueda traslucir un sentimiento de superioridad. Mucho tacto, también, en vuestras relaciones con las tropas moras. Tienen más supersticiones aún que los católicos: respetadlas. Uniforme limpio, regalad ramos de flores, sed especialmente amables con los mutilados de guerra, con los ancianos, con los niños. Nada más por hoy, y buena suerte. Estoy seguro de que seréis dignos soldados de la Legión Cóndor y que cumpliréis vuestro deber de alemanes. Nada más. ¡Heil Hitler!»

Trescientos hombres vestidos de paisano y con extraños casquetes se hicieron a la mar. El barco llevaba bandera de Panamá, pero al llegar a la altura de la costa francesa se izó el pabellón de Liberia. Se dirigían a Vigo, puerto gallego, ciudad de hermosas rías adentrándose en la tierra. Eran nazis, y por tanto dotados de una idea común, de una voluntad común. Que el cóndor fuera la mayor de las aves existentes, les gustó. Se habían acostumbrado al colosalismo, a valorar el tamaño de las cosas. Incluso sus cajas de cerillas eran robustas, y por ello les gustaba el mar, tan inmenso, y por ello las banderas de Panamá y de Liberia se les antojaban caricaturales. También tocaban la armónica; pero, sobre todo, cantaban. Se pasaron la travesía cantando, bebiendo cerveza, estudiando la gramática española; una gramática exprofeso en la que figuraba toda la terminología militar, especialmente la del arma en que servían, así como términos de cocina, de aseo y de religión. Se les hacía raro pronunciar «Vaticano» y «Dios» en español. Les salía un Dios redondo y un poco colérico. El comandante Plabb era su jefe y les repitió hasta hartarlos que no debían mezclarse en la política interior española, de lo que se encargarían directamente los delegados del Partido. De los trescientos voluntarios, más de la mitad tenían de la geografía de España una noción exacta, así como del descubrimiento de América y del reinado de Carlos V; pero ignoraban que casi todas las mujeres españolas eran morenas y que en el Sur había regiones enteras pobladas por gitanos. La predisposición afectiva era favorable. Sentían afecto por España, sin saber por qué. El general Von Sperrl ignoraba este detalle, pero no lo ignoraba Schubert, el miope Schubert, quien esperaba con el alma en un hilo la llegada de la Legión Cóndor. ¿Y por qué, si España era tan hermosa como les enseñaron en la escuela y en los recientes cursillos de preparación, se les obligaba a hablar del Báltico? «¡A sus órdenes!» ¡Qué remedio!... En cuanto a los italianos, ¿cómo evitar tomarlos un poco a risa? Abisinia fue bocado fácil y ellos eran unos fanfarrones. Sin embargo, la consigna estaba clarísima y el Führer era amigo del Duce. ¡Mutilados, ancianos, niños...!; de acuerdo. ¿Tendrían permiso para disparar alguna vez? El barco seguía su ruta. Entre aquellos trescientos voluntarios había alemanes de todas partes, de Prusia, de la Selva Negra. Si no bebían, reinaba la corrección. Se gastaban unos a otros bromas ingenuas y desde el mar miraban en dirección a las costas atlánticas guiñando un ojo, un ojo que parecía un faro. Admiraban a Franco, lo mismo que el doctor Relken, porque había tenido la idea de transportar por vía aérea las tropas de Marruecos. Discutían sobre aviadores rusos y franceses, que serían los enemigos directos. Según el comandante Plabb, los rusos no sabían volar con poca visibilidad y los franceses eran buenos pero excesivamente cautelosos. Los españoles debían de ser excelentes pilotos de caza; algo menos, de bombardeo... ¡Bueno! Todo esto se vería en tierra, cuando ocuparan sus puestos, con la cruz gamada en el pecho.

Los trescientos hombres llegaron de incógnito a Vigo e inmediatamente, en un tren nocturno, se trasladaron a Salamanca. En Salamanca los esperaban el embajador Von Faupel, el general Von Sperrl y el delegado del Partido, Schubert. Al día siguiente se organizó un gran desfile militar, en colaboración con las tropas. La población se mostró tan entusiasta como la de Cádiz al paso de los italianos. «¡Viva Alemania! ¡Viva Hitler! ¡Viva España!» Salamanca era hermosa, con piedras de color de la vejez humana... ¿Unamuno había muerto?... ¿Cómo murió, qué dijo...? No hacer preguntas... Uno, dos, el paso de la oca. Perfecto. Respetar el Vaticano y las supersticiones. Muchachas inquietas les colgaron de la solapa cintas con las banderas españolas. ¿Qué significaban aquellas boinas rojas? Monarquía, atraso, reacción... Lo que allí importaba era la Falange, aquellas camisas azules que hablaban de servicio y del Imperio.

En los balcones, aparte los rostros del embajador y sus colaboradores, habían otros rostros alemanes satisfechos. Eran comerciantes, llegados para negociar intercambios de materia prima y para procurar cobrar en divisas el material suministrado por Alemania. Los cañones tenían su precio, pero ¿y las vidas? ¿Cuánto valdría una vida, una vida alemana segada en el aire o en la tierra? No se sabía. La peseta «rebelde», de Salamanca, empezaba a cotizarse en Londres más que la «roja». Los «rojos» habían abierto con ácido las cajas del Banco de España y esto, como Julio García predijo, llegó a conocimiento de la Bolsa Internacional. Por otra parte, Alemania podía imprimir por su cuenta una cantidad ilimitada de pesetas «rojas» y ponerlas en circulación en Barcelona o Madrid. O podía soltarlas desde un avión o abandonarlas, en cajitas impermeables, en la corriente del río...

La población aclamó a aquellos hombres disciplinados, provistos de postales bálticas, de canciones y de una gramática. Y entre las personas que con mayor entusiasmo gritaron ¡Heil Hitler!, figuraban ¡cómo no! el infatigable camarada Núñez Maza. El camarada Núñez Maza había llegado a Salamanca la víspera, con motivo de la inauguración de la Emisora Nacional, maravilla fabricada precisamente en Essen, que había sido utilizada en la Olimpiada de Berlín y cuyos estudios estaban situados en el edificio de San Bernardo. En la emisión inaugural había hablado Franco, por primera vez desde los micrófonos, y luego había cantado Celia Gámez. El entusiasmo del propagandista soriano Núñez Maza, al enterarse de que trescientos técnicos del país constructor de aquella emisora iban a desfilar al día siguiente, fue enorme. Núñez Maza admiraba Alemania tanto como Salazar. Y admiraba también el esquema del credo nazi: «Discriminación racial, obediencia, trabajo común y propósito de acabar con la influencia de los judíos.» «Quien no siga a esa gente —le dijo Núñez Maza a Mateo, en Valladolid— quedará retrasado doscientos años.» De ahí que en el desfile aplaudiera como un crío y contemplara a los voluntarios llegados de Hamburgo con la misma expresión de Cosme Vila el primer día que llegó a Gerona Axelrod.

El camarada Núñez Maza, al término del desfile, por mediación de Schubert, que siempre se mostraba amable con él, consiguió citar en los estudios de la emisora al comandante Plabb, jefe de la expedición. Cuando el comandante hizo su aparición, Núñez Maza se cuadró y lo saludó con el saludo nazi. Los rodeaban retratos de Franco y de José Antonio, yugos y flechas y un mapa de operaciones.

La idea de Núñez Maza era que el comandante dirigiera a la población un mensaje radiado, pero el Mando militar le prohibió hacerlo. Nada de alardes. Así que tuvo que limitarse a charlar con él ¡en mal francés! y a pedirle de vez en cuando a Schubert que le echara una mano.

El comandante Plabb era un hombre de unos cuarenta años, sanguíneo y vital, técnico en antiaéreos. Hablaba como si expulsara con violencia las frases. Era de Bonn, «lugar muy hermoso, por donde pasa el Rhin, camino de Colonia» y donde, al parecer, el Führer construía sobre una colina grandes pabellones para aviadores.

Núñez Maza le dijo que le agradecía mucho su presencia en España.

—Es un deber —contestó el comandante.

Núñez Maza sacó la tabaquera y el librillo y le invitó a fumar. El comandante aceptó y, ante el asombro del propio Schubert, lió el cigarrillo, lo mojó con la lengua y se lo colgó de los labios, despolvoreándose luego las manos.

—¿Eh, qué tal?

—Magnífico.

El comandante los tranquilizó.

—No hay ningún secreto. Antes de venir a España nos hemos familiarizado con unas cuantas cosas.

Núñez Maza le acercó el mechero y a continuación se hizo un silencio. El falangista, por decir algo, comentó:

—Antiaéreos debe de ser agradable.

—No lo crea —contestó rápido el comandante, echando la primera bocanada de humo.

—¿No...? ¿Por qué?

El comandante levantó picarescamente los hombros.

—No me gusta «hacer caer» las cosas.

Schubert sonrió. Era evidente que su compatriota le gustaba. Se disponía a aclarar: «Pero a veces no hay más remedio que "hacer caer"», cuando el comandante Plabb, dirigiéndose a él, en vez de dirigirse a Núñez Maza, preguntó:

—¿El general Franco es falangista?

Schubert, según costumbre, tomó un poco de rapé.

—Creo que no —contestó, por fin.

Núñez Maza precisó:

—Nos considera demasiado izquierdistas.

El cigarrillo del comandante Plabb estaba a punto de reventar por el centro y el hombre mojó de nuevo la parte engomada. Luego preguntó, esta vez dirigiéndose a Núñez Maza:

—¿Cuántos falangistas tienen ustedes en el frente?

Núñez Maza, sorprendido, intentó concentrarse; pero Schubert hizo innecesario el recuento, diciendo:

—Unos ochenta mil...

—¿Y requetés?

Schubert se sacó el pañuelo para limpiarse las gafas.

—Menos. Unos cuarenta mil...

Núñez Maza miraba con asombro a los dos alemanes. Le pareció que el comandante había pronunciado la palabra «requetés» con intención especial. Volviéndose hacia Schubert, comentó:

—Se lo sabe usted de memoria...

Schubert tosió discretamente.

—Forma parte de mi trabajo. —Seguidamente, mirando al comandante Plabb, agregó—: ¿No le gustan a usted los reyes, comandante?

—Ni pizca —contestó Plabb.

Núñez Maza, al oír aquello, puso cara alegre, casi infantil. El comandante se dio cuenta y añadió que el nazismo consideraba que la idea monárquica era decadente, un lastre. «En

355

Italia, el rey se oponía a que el Duce apoyara a España. El Duce ha tenido que imponerse.» Por su parte, él era hijo de toneleros. Había visto a su padre, en Bonn, luchar con la madera, para darle forma, y tal vez por ello era partidario de la acción.

—No entiendo, no entiendo —concluyó—. España necesita una mano fuerte e independiente. Una mano nueva. No entiendo que en los desfiles se cante: «Por Dios, por la Patria y el Rey.»

Núñez Maza replicó, mintiendo:

—Yo no canto eso.

Acto seguido, se arrepintió de sus palabras. ¿Qué le ocurría? Era un intelectual rápido y brillante, y ante aquel hijo de toneleros sentía una incómoda timidez. Y por culpa del idioma francés se expresaba con torpeza. Dominóse cuanto pudo y quiso probar si el comandante Plabb estaba al corriente de la marcha de las operaciones. Aludió al fracaso de la ofensiva de Madrid.

—En la guerra —contestó el comandante, midiendo las palabras—, no se puede ser sentimental. —Inesperadamente, apuntó con el cigarrillo a Núñez Maza—. Si es preciso, hay que destruir...

«Hay que destruir.» Lo mismo que opinó Schubert, el cual seguía todavía limpiándose los cristales de las gafas. El comandante Plabb había dicho aquello como si el responsable de la salvación de Madrid fuera el propio Núñez Maza. «Claro, claro —pensó el falangista—, no es lo mismo tocar este tema siendo nativo de Bonn que siéndolo de Soria.» De todos modos, ¿rectificaría el comandante si la ciudad a destruir fuera Bonn? El comandante miraba con detenimiento el retrato de José Antonio. Núñez Maza se dijo: «Me da la impresión de que Schubert puede también ser un sentimental, pero no el comandante Plabb.» Luego añadió, indignado consigo mismo: «¿Con qué derecho estoy juzgando a estos dos hombres? Al fin y al cabo, están aquí para defender a España.»

El comandante Plabb se volvió hacia Núñez Maza.

—¿Me permite una pregunta? Si no quiere, no conteste.

Núñez Maza recobró, con la rapidez de reflejos que le era característica, el dominio sobre sí mismo.

—¿Por qué no? Es usted mi huésped.

El comandante Plabb se miró la cruz gamada que llevaba en el pecho.

—Se trata de Franco... De Franco otra vez.

—Adelante.

—Ha dicho usted que Franco los considera a ustedes demasiado izquierdistas. ¿Y ustedes qué opinan de él?

Núñez Maza midió sus palabras.

—¿Se refiere usted a la Falange?

—No, no. Me refiero a los falangistas.

Núñez Maza se rascó una ceja.

—Consideramos que es un buen general, que es honrado y capaz de ganar la guerra.

El comandante Plabb cabeceó:

—Así, pues, están ustedes satisfechos de la manera como la ha llevado hasta ahora...

Núñez Maza atiesó el busto.

—Excepto el ataque a Madrid, sí.

El comandante Plabb no pareció quedar muy satisfecho. Schubert consultó el reloj y dijo:

—Comandante, es la hora. Nos esperan.

—¡Ah, sí! Ha hecho usted bien en avisarme. —Se levantó poco a poco—. ¡El joven es tan inteligente!

Núñez Maza se levantó a su vez y no contestó nada.

—¡Ah! —exclamó el comandante Plabb, después de dar unos pasos y señalar a la calle—. El desfile, muy hermoso.

—Gracias, comandante.

—He tenido mucho gusto.

—¡Arriba España!

Schubert, rezagado a propósito, le susurró a Núñez Maza:

—Luego hablaremos.

Los dos alemanes se fueron. Núñez Maza, delegado de Propaganda, permaneció un rato inmóvil, con las manos a la espalda e irguiéndose periódicamente sobre sus pies. Pensó que la guerra civil era una cosa triste y que en España estaban coincidiendo varias. Porque también en la zona roja había alemanes e italianos y también, aunque en menos escala, franceses en los dos bandos. ¡Tres, cuatro, cinco guerras civiles en España! El falangista de Soria se sacó del bolsillo un grano de café y se lo llevó a la boca.

En el fondo, todo aquello lo halagaba. Y a no ser por las víctimas, podría decirse que tan fantástico choque le proporcionaba intenso júbilo, le daba la medida de su propia valía. «Antes de la guerra, ¿quién era yo? Un muchacho de provincias, con cierta facilidad para aplicar adjetivos inesperados.»

Ahora el fin perseguido era grande, enorme, llenaba no sólo la edad que él tenía, veintiocho años, sino cualquier edad.

Núñez Maza hubiera querido permanecer mucho rato a solas, pensando en la necesaria mano fuerte para España. Pero oyó sonar abajo el claxon de su coche, coronado por altavoces, y decidió marchar. Se cuadró ante el retrato de José Antonio diciendo en voz alta: «¡Presente!», y dando media vuelta se fue.

Pero estaba escrito que aquel día querían retenerlo. En la escalera encontró a Salazar y a Aleramo Berti, ambos con expresión seria.

—¿Qué pasa?

—Nada. Querríamos hablar contigo un momento.

CAPÍTULO XXIV

LA ESTUFA DEL DESPACHO, APAGADA. El ventilador, inútil en un rincón. Un gran silencio en la ciudad, como si todo el mundo hubiese muerto. Cosme Vila está sentado ante su mesa, tiritando sin darse cuenta. Desde que empezó la guerra, Cosme Vila ha adelgazado; el espíritu se le come la carne. Su mujer, intranquila, a veces se atreve a llevarle un bocadillo. Pero a ella el local del Partido la intimida mucho, por lo que Cosme Vila le dice: «Anda, vete, déjame trabajar.»

Tiene que escribir a Gorki, pero no acierta a concentrarse. Está desconcertado. Barcelona ha sido bombardeada por mar —día 13 de enero, bautismo de sangre—, y ello ha desconcertado a Cosme Vila. Junto a la apagada estufa, el jefe comunista contempla como hipnotizado todo lo que en el despacho es vertical. No sabe por qué lo hace y le consta que es inútil; pero va contando. El tubo que arranca de la estufa: uno. El lápiz que él sostiene en la mano: dos. Las patas de los muebles: tres. La lámpara que baja del techo: cuatro... Cuatro objetos, diez, veinte objetos verticales en el despacho. El mundo se divide en líneas, como la palma de la mano. Debe de haber también líneas verticales en el corazón. Pero el suyo, aquella tarde, lo siente redondo como un tambor. Y los proyectiles lanzados desde el mar sobre Barcelona, al igual que los que cayeron sobre Rosas, trazarían una parábola —una línea curva— antes de caer sobre la tierra horizontal.

Querido camarada Gorki: Te escribo con carácter particular. ¿Cómo estás? El parte dice siempre «sin novedad», pero sé que no modificarían el texto porque tú u otro camarada murieseis. Bueno, ¿qué te parece, canalla perfumista? ¡Ganaremos la guerra! ¡Se ganará! «Madrid, la tumba del fascismo.» He plantado esa frase en el despacho y no me canso de leerla. ¡Las Brigadas, asombro del mundo! Es una lástima que no estés aquí. Ayer pasó un tren de canadienses y norteamericanos (entre éstos muchos negros) e incluso japoneses y chinos. No puedo remediarlo, esta solidaridad me convierte en un sentimental... ¡alegre! ¿Me imaginas de buen humor? Pues lo estoy. Sí, camarada Gorki. Acuérdate de nuestra primera reunión al formar el Comité... Tenías poca fe y ya lo estás viendo. Por lo demás, yo hago aquí lo que puedo, luchando siempre contra la FAI y contra la indiferencia y el sabotaje. Las fábricas no rinden, hay muchos emboscados y pocos técnicos. Axelrod mandó dos, pero la falta de idioma común entorpece las cosas.

De todos modos, el motivo de esta carta es más bien hablar de ti y de tu labor... Querría felicitarte por tu última crónica sobre el traidor de Chamberlain —los ingleses defienden Gibraltar— y por la buena marcha de tu Rincón de Cultura en ese frente de Huesca. No deja de ser curioso que haya sido necesaria una guerra y unas trincheras para que el Partido pueda enseñar a leer a centenares de hombres hechos y derechos que el capitalismo había abandonado. Tenemos que hacerlo todo, enseñarlo todo —un camión te llevará uno de estos días libros y folletos—, desde el alfabeto a los hombres hasta el «parto sin dolor» a las mujeres, método nuevo que ha traído de Rusia el profesor Lyrie. Pero todo está saliendo según el «plan previsto». Estoy contento, aunque me molesta tener la estufa encendida sabiendo que en el frente pasáis frío. ¡Ah, camarada Gorki! ¿Cuándo volveremos a estar aquí todos juntos, celebrando la victoria? Bueno, ya todos no podrá ser... Faltará la Valenciana. Y quién sabe si alguno más. Ahora me he quedado sin los dos estudiantes. Los mandé de intérpretes a Albacete y están encantados. Alfredo murió (ya te lo había dicho) y pensé que ello facilitaría el deshinchamiento del POUM. Pero resulta que Murillo cayó herido en Madrid y está al llegar en plan de héroe. Veremos de curarlo y reexpedirlo pronto. ¡Si no fuera por la FAI y el POUM! Pero, como tú sabes, Largo Caballero está haciéndoles el juego.

Nada más, camarada Gorki, ¡ex alcalde enchufado! Dime si

*has adelgazado y si también ahí te perfumas. Ya lo ves, estoy de
humor. ¡Lo estoy! Hasta mi suegro me dijo ayer: «Cualquier día
de éstos nos cuentas un chiste.» No sé si llegaré a tanto, pero
todo podría ser.*

Cosme Vila inventaba... Inventaba su buen humor, como
inventaba el fuego de la estufa. Lo hacía por Gorki. En realidad, de unos días a esta parte, sentía una gran tristeza. Intentaba vencerla yendo a la estación a vitorear a los voluntarios
internacionales, repitiéndose una y otra vez: «¡No pasarán!»,
pero era inútil. El propio Axelrod lo notó y lo miró de un
modo que significaba: «No nos fallarás ahora, ¿verdad?» Claro, Cosme Vila estaba preocupado por el alud de niños que
llegaban a Gerona evacuados de Madrid, y por la convicción
de que el enemigo contaba, en Gerona, con varios espías.
Conjeturas las hacía a montones, pero lo que él quería era dar
con el cabecilla. Por otra parte, también en el plan particular
las cosas se le ponían difíciles. Su suegra estaba enferma, tal
vez tuberculosis, y su mujer, creyendo que le daría una alegría,
señaló el cartel: «Semana del Niño» y le anunció que estaba
nuevamente encinta. Cosme Vila se llevó un susto mayúsculo
y la obligó a abortar. Fue la primera vez que ella se le rebeló,
empleando, además, palabras dulcísimas. Cosme Vila tuvo que
meterla en un coche y llevarla al Hospital, donde todo salió
torcido, hasta el punto de que al poco rato pudo verla en
medio de un charco de sangre que se agrandaba cada vez
más. Cosme Vila no sabía que la sangre de un ser allegado
fuera más roja que la de las banderas. Aquel día lo aprendió.
¡Y sintió que quería a su mujer! No creía que amar fuese de
por sí debilidad, pero desde luego predisponía a una suerte de
felicidad desorbitada. Y luego le ocurrió que, al regresar a
casa, se sintió solo. Soledad: su herida nunca cicatrizada.
Siempre pensaba en el mundo entero, siempre escribía «centenares, millares» —al igual que los que redactaban los partes
de la guerra— y él estaba solo en casa, o solo en el despacho,
hipnotizado por las líneas verticales. Sí, la carta que le había
escrito a Gorki aquella tarde era, tocante a la alegría, una
invención... Cosme Vila estaba triste, y por el momento no le
contaría ningún chiste a su suegro. Además, el frío le afectaba
mucho también. «No me sorprende —pensó— que muchas
guerras y revoluciones estallen en verano.» El frío lo paraliza-

ba. «Probablemente, pese a todos mis esfuerzos, sigo siendo un meridional.» Y tenía escrúpulos, porque, temiendo el contagio, no había entrado ni una vez a preguntar a su suegra: «¿Qué tal estás?»

La estufa del despacho del Responsable, encendida. CNT-FAI ha abandonado el gimnasio y se ha trasadado al piso de uno de los diputados Costa. El ventilador, inútil en un rincón. El mapa de operaciones, una gran fotografía de Bakunin, otra de Durruti, otra de Eliseo Reclus; y, pequeño, dentro de un marco, Porvenir. El Responsable está sentado, con la gorra puesta. Es un pequeño Napoleón. Tiene a su lado un hornillo eléctrico para calentarse café. En este momento el café barbotea y los hilillos eléctricos tiemblan y se amoratan como si estuvieran agonizando. El Responsable recibe a menudo la visita de su hija Merche, que lo está convirtiendo en un goloso.

—¿Por qué te querré tanto, papá?

—Porque soy el no va más.

El Responsable se dispone a escribir una carta a José Alvear, pues *La Soli* de Barcelona ha publicado un reportaje sobre el comportamiento de éste en el frente de Madrid y sobre su amistad con Durruti. Pero ocurre que escribir cualquier cosa le cuesta al hombre grandes fatigas. Caligrafía infantil, haches a voleo y, falto de las lecciones de Gorki, no encuentra manera de expresar lo que siente. Por eso ahora vacila —no sabe si reclamar la ayuda de Merche— y contempla hipnotizado las líneas horizontales que hay en el despacho: la mesa, el techo, el mosaico del piso, las cuartillas, el tampón, sus dedos. ¡Cuántas cosas! Muchas cosas viven acostadas, tumbadas siempre, como si tuvieran sueño. Es el sueño universal..., el sueño de las cosas. El Responsable, tan bajito, no había pensado nunca en ello, pues lo que él querría era estar de pie.

Compañero Alvear: Por si no la tienes, ahí va La Soli *donde se te nombra. En la foto estás que da gusto verte, pero me hubiera gustado verte nombrado por otros motivos que por la muerte de Durruti. Todavía es el momento que no me hago a la idea. ¡Y* El Proletario, *dos líneas! Son unos canallas. Estoy destemplado y con muchas ganas de dejar la retaguardia e irme* *con vosotros. Tanta sangre de la CNT y por culpa de Hitler y ese* macarroni *de Mussolini la guerra continúa. El día 13 bombardearon Barcelona por mar. Ya lo sabrás. ¡Empieza bien el año! Cada día llegan de Madrid más niños evacuados y me huele que Cosme Vila trama algo con ellos. Cuando él dice que le duele la cabeza, agárrate, que vienen curvas. Ahora se hace el pavo real por eso de las Brigadas, cuando tú y yo sabemos que si Madrid se salvó fue por los nuestros. Morales miente a menudo, pero algún día le diré «nanay» y le quitaré al tío los lentes. Y hablando del tío, supongo que mi sobrinito el Cojo se porta bien, dentro de lo animal que es. Dile que bueno, y díselo también a Ideal, que me han dicho que se había casado. ¡Si será marica! Aquí el que está enfermo es Santi, que la noche de Rosas quería matar el mar. Y el que, según me huelo, se está forrando, es Julio, que cada día se va a París a comprar pólvora y aspirinas. Te digo que estoy triste, que hay mucho cuento y mucho «ya lo haré». De la Soler salen polainas que al contacto con el aire se derriten, como los obispos de los sepulcros. Habrá fascistas allí, seguro que los hay. Me duele no verte disfrazado de capitán. A veces pienso que tú y Merche... Bueno, me callo. Ya has visto que, después de Madrid, los fascistas se han quedado mutis. ¡Y que han concedido la Laureada a la Virgen del Pilar! Para mondarse. Os mandamos un camión de revistas y postales. A ver si estas postales de «gachís» os inspiran. Claro que tú... ¿Es verdad que les bailas a los comunistas el chotis con la música de* La Internacional? *¡Y yo que te miré un poco esquinao! Bien, compañero Alvear, escribe algo y te felicito por lo de* La Soli.*

El Responsable era insincero, no sabía por qué... Se inventaba la tristeza, cuando lo cierto era que pasaba unos días contento. En su ánimo, las buenas noticias vencían las malas. ¡Cuatro ministros de la CNT en el Gobierno! ¡Seis Fiats facciosos derribados en Madrid! ¡Los fascistas, mutis! Y por si fuera poco, dos sonrisas nuevas en casa, dos niños de Madrid. El Responsable los había recogido por nostalgia de los que Merche hubiera podido tener con Porvenir. Se llamaban uno Pepe, el otro Antolín, y se pasaban el día recortando banderitas y correteando por los soportales de la Rambla. Para Merche eran también un consuelo y a escondidas de su vegetariano «papi» les daba buenos bistés. El Responsable, al regresar a casa, sintiéndose abuelo, se sentía niño. Y también estaba alegre porque habían «cascao» a Murillo. Y porque en un viaje que hizo a la frontera vio los quepis de los gendarmes franceses. El Responsable se creyó que era una broma. Al enterarse de que no era así, se puso de buen humor y todavía le duraba. Ahora, su aspiración inmediata era saber qué diablos se llevaba entre manos Axelrod, que dos veces a la semana subía con su perro, en un misterioso camión, a un pueblo pirenaico que se llamaba La Bajol, en el que había unas famosas minas de talco. «¿Para qué querrán el talco un hombre y un perro?» El Responsable estaba tan alegre, que a no ser porque en el cine sólo ponían películas con el bigote de Stalin, se hubiera ido al cine. Y empezaba incluso a reírse de cosas que en los primeros días de la revolución se tomó muy en serio, como por ejemplo los vales para «sostenes» y la colectivización de las barberías. Sí, se reía pensando en ello y pensando en los días que estarían pasando «sus» detenidos, los de su cárcel particular, pues, por inspiración de Blasco, habían sido privados de toda clase de papel, lo cual los hacía salir del W.C. hipando y caminando de una forma rara. El Responsable silbaba mucho, sobre todo zarzuelas, contagiado de Pepe y Antolín, los dos chicos de Madrid. Por otra parte, contrariamente a Cosme Vila, a él le estimulaba el frío. La Dehesa, por ejemplo, ubérrima y primaveral, le asfixiaba como si tuviera demasiados brazos. La Dehesa desnuda de enero le exultaba, dándole sensación de libertad. «Por eso me quieres tanto, Merche, porque no hay por donde cogerme, porque soy el no va más.»

Dos hombres y una mujer en la que fue iglesia de San Félix —ta-ta-ta; Teo disparó—, en lo que fue sacristía, iglesia ahora convertida en almacén de víveres, en gigantesca cooperativa. Los sacos se amontonaban sin poder llegar al techo, sólo a los púlpitos. Forman laberintos que los niños del barrio recorren pinchando los sacos y abriendo el bolsillo si lo que mana de éstos les apetece. La iglesia huele a cereales, a madera quemada, a esparto. Hay lenguas ahumadas en las columnas y hasta en la bóveda. Hay notas de órgano escondidas todavía en los intersticios de la piedra. Extraña resonancia de los pasos, del silencio. En el altar mayor hay un montón de bacalaos que desde lejos semejan un túmulo con un ataúd. La pila bautismal es ahora recipiente de aceite, vertido en ella para probar su calidad. La mujer de Casal entró allí un día y, sin advertirlo, hizo como si tomase agua bendita.

Antonio Casal, David y Olga en la sacristía, abarrotada de trigo de Bulgaria y de garbanzos. Son las seis de la tarde. El sol se ha pegado un tiro al fondo de las montañas de Rocacorba. «Parecía un avión que se caía al mar.» No saben si están tristes o alegres. Más bien tristes. Los tres aplastan con la puntera de los zapatos cualquier cáscara que descubren en el suelo. Hablan lentamente, sentados donde antes hubo albas y casullas. Antonio Casal lleva el algodón en la oreja ¡y David fuma! Se ha decidido a fumar, «pero no por el tabaco, sino por el humo». Olga viste una curiosa sahariana de charol que le echó desde la ventanilla del tren un voluntario internacional. La lleva con respeto, como llevaría un alma. No se oye nada en la iglesia, ahora almacén. Los tres tienen frío. ¿Por qué hará tanto frío en las iglesias? Hablan de cosas heterogéneas. David dice: «A los rusos les gusta mucho jugar al ajedrez.»

David y Olga están alegres porque su escuela vuelve a funcionar. Los niños refugiados de Madrid los animaron a ello y han encontrado profesores ayudantes en aquellos muchachos de *Claridad* que estudiaron con Ignacio. Antonio Casal está triste porque su mujer le preguntó: «¿Y qué será de esos chicos si Cosme Vila los manda a Rusia? ¿Te imaginas que mandaran allí a los nuestros?» Eso lo dijo porque era el rumor de toda la ciudad, rumor que *El Proletario* no había desmentido.

La mujer de Casal no cesa de preguntarle a éste «porqués». ¿Por qué tantos trenes, tantos aviones, tanta muerte? Ella no ha comprendido nunca ni siquiera por qué se pone el sol. Ella tiene tres hijos y querría ir con ellos siempre al circo, como fueron por Navidad. Prefiere los payasos, e incluso los elefantes, a los militares y a los milicianos. Preferiría que hubiera más circos y menos masones.

Antonio Casal, David y Olga están tristes porque la guerra será larga. No se forjan ilusiones. Si se abaten seis Fiats, llegarán otros seis. A veces, ven fotografías y se animan; pero a veces temen que la guerra se perderá. Al igual que Cosme Vila, sancionan la anarquía y el sabotaje y, en virtud de su labor de censura en Correos, pueden leer mucha prensa extranjera. Por ella se enteran de que en el frente hay milicianos que apenas sale el sol abandonan la manta y que reclaman otras apenas anochece; de que en los alrededores de Madrid se ha declarado una epidemia de paludismo; de que en la provincia de Gerona se talan pinos al buen tún-tún y en vano *El Demócrata* clama: «Cada pino talado es una batalla perdida.» Los tres socialistas prevén el agigantamiento progresivo del fantasma del hambre, y ello los entristece. Ya se forman colas por doquier. Y hay que proveer a diario no sólo a los hombres de primera línea, sino a dos ciudades de más de un millón de habitantes, Madrid y Barcelona, y a pueblos innumerables. Y los campesinos, sobre todo los de la huerta levantina, se niegan a sembrar porque las patrullas en el año anterior se les incautaron de todo. «Necesitaríamos millares de iglesias abarrotadas como ésta —dice David—, para no tener que comernos muy pronto hasta las saharianas de charol.»

Los tres están alegres porque Pablo Casals, «el más grande violoncelista nacido» —frase del doctor Rosselló—, no sólo daba conciertos recaudando fondos para los voluntarios internacionales, sino que acababa de negarse a tocar en la Alemania nazi y había hecho pública su adhesión a la causa del heroico pueblo español; y están tristes porque en Granada las más rumbosas gitanas bailan cada noche para los militares, sean éstos alféreces imberbes o barbudos coroneles.

Tristeza y alegría ¡qué extraña mezcla! David ha tirado la colilla de su pitillo y Olga la ha aplastado con el pie. Casal dice: «Julio es un lince.» Y de pronto, David gira la vista en torno y descubre en un rincón de la sacristía una mano de escayola. Debe de ser una mano de Cristo. Frunce el entrecejo, le vuelve la espalda y le pregunta a Casal:

—¿Adónde van a parar los que mueren?

Casal y Olga parpadean. ¡Qué pregunta, en labios de David! Sabido es. La boca se les llena de hormigas o de peces. Van a parar a la tierra o al mar.

—Si van a parar a la tierra o al mar, ¿por qué luchamos?

Inaudita cuestión. Se lucha por el presente y para que los que vengan tengan un hogar y sean dueños de su pensamiento y no tengan que huir de Madrid ni abandonar las mantas cuando salga el sol.

—Pero la vida dura muy poco. No sé si vale la pena...

¿Qué le ocurre a David? Olga se le acerca. Ha sido un momento de flaqueza. Esas preguntas que, según creía el padre del Responsable, nacen en el mundo intestinal. Olga acaricia la angulosa cara de su hombre y Casal vuelve la espalda a la pareja. Los rosetones de la iglesia son ahora esferas negras. Se oyen ruidos bajo la nave de San Félix. No se sabe si provienen del órgano que hubo allí, y que Teo destruyó, o si son los niños del barrio que andan agujereando los sacos para proveerse de cereales llegados de Bulgaria.

Habitación número dieciocho del Hotel Majestic, habitación limpia, impersonal. Axelrod, tumbado en la cama, fuma con lentitud un cigarrillo ruso de larga boquilla. Recuerda su infancia en el campo, en Tiflis. La colchoneta era de esparto, o de espinas. Toda su infancia está llena de pinchos que le taladraban la piel y de deseos insatisfechos. Sus padres no podían comprarle nada, ni siquiera enseñarle a leer.

Está contento por múltiples motivos. Por lo de Madrid; porque tiene noticias de que pronto será nombrado cónsul de Barcelona, en sustitución de Owscensco, éste reclamado por Moscú; porque el informe militar sobre el rendimiento de los aviones rusos enviados a España, para su bautismo de fuego, ha sido favorable. Además, el Hotel Majestic —¿qué se habrá hecho del doctor Relken?— le gusta. Le gusta porque su clientela es de tránsito, porque no entabla allí ninguna amistad, hecho básico para él, que, al igual que Stalin en sus primeras etapas revolucionarias, teme que los afectos humanos constituyan un lastre para su actividad. A este respecto, le complace haber enviado a Moscú el siguiente informe: «En opinión del abajo firmante, el pueblo español es de por sí soberbio, indisciplinado, religioso y sensible a la amistad, lo cual le imposibilita para ser comunista en el sentido nato.» Al mes de llegar, Axelrod le dijo a Goriev: «En verdad que el único comunista que he encontrado aquí es Cosme Vila.»

Axelrod está contento y se diría que sonríe incluso el parche negro de su ojo, ojo que perdió de una manera estúpida en un tiroteo que hubo en Varsovia. ¿Por qué piensa tanto, incluso en el Hotel Majestic, en Cosme Vila? Porque, en su opinión, Cosme Vila se parece a Lenin, no sólo físicamente, lo cual resulta obvio, sino incluso en algunos tics —por ejemplo, posar las manos en el regazo, los dedos entrelazados— y aun en manías tan particulares como escribir sentado en la escalera. Sí, a Lenin le gustaba, lo mismo que a Cosme Vila, esto: echarse de costado en una escalera y escribir sobre el peldaño superior. Además, la austeridad... Ambos habían dormido muchas noches de su vida en el suelo, o en un camastro sin colchón, y habían pasado mucha hambre. Lo único molesto para Axelrod era que la sencillez de Lenin desembocó a la postre en uno de los entierros y de los mausoleos más espectaculares que la humanidad pudo concebir, siendo así que el entierro de Cosme Vila a buen seguro sería tan anónimo como lo era ahora su vida privada.

Otro motivo de satisfacción en aquellos días de 1937, primeros del año: Stalin, cuyo temor a la muerte era conocido en el Kremlin, acababa de llamar al profesor Alexandre Borgomolets, especializado en trabajos para la prolongación de la vida. Borgomolets, junto al doctor Nicolás Sparawski, médico de cabecera de Stalin, había salido para la región de Abkhazi, en el Cáucaso, donde al parecer vivían casi cuatro mil centenarios. Stalin había dicho que estaba dispuesto a someterse a cualquier tratamiento con tal de prolongar su vida. Axelrod tenía de todo ello noticia fidedigna y no le extrañaba, como le extrañaba a Goriev, que ni *Pravda* ni *Izvestia*, los dos grandes periódicos rusos, hablaron de ello. Axelrod no había olvidado el juego de palabras que sobre dichos periódicos se hizo popular en Rusia, juego basado en el nombre de *Pravda*, que significa «verdad», y el nombre de *Izvestia*, que significa «noticia»: «En Rusia tenemos una Verdad que no trae noticias, y unas Noticias que no dicen ninguna verdad.»

Axelrod está contento. No comunica a nadie el fin que persiguen sus viajes al pueblo pirenaico gerundense de La Bajol, y lo único que le incomoda es la próxima llegada de uno de los jefes de la GPU.

Habitación sobre el río, sobre el Oñar. Una cama con edredón brillante, azul. Una mesilla de noche, sillas y un tocador. En el espejo asoma el rostro de Pilar. La muchacha ha llegado de la calle —ha estado haciendo cola para el jabón— y después de cenar se ha sentado en su cuarto, dispuesta a proseguir su Diario. Ni un solo día ha dejado de escribirlo, si bien, no atreviéndose a hacerlo sobre el papel, lo ha hecho en el secreto claustro de su mente. «Diario mental» lo llama Ignacio, y la definición le parece muy justa a Pilar, pues, según dice, ella no siente nada —de cuanto le ocurre o sueña— en el corazón... Todo lo anota en la mente, que sitúa entre los dos ojos, debajo de la piel. «¿También te ocurre a ti eso, Ignacio?» Mateo es su Diario. Mateo y los escrúpulos por no haber aceptado la propuesta de las hermanas Rosselló. Pilar siente, en esa noche de enero en que la tramontana llega helada de Francia, una gran tristeza. Ahora ha de pensar por su cuenta, Mateo no puede hacerlo por ella. Pilar apenas se reconoce. Capta sutilezas que nunca imaginó y asocia ideas, lo cual estaba prohibido en el taller de las hermanas Campistol. Ignacio ha llegado a la conclusión de que, con la responsabilidad, la inteligencia de su hermana ha despertado. Sin embargo, Pilar es menos feliz que antes y tanto mundo como parece posible y pensable la asusta. ¡Incluso se pregunta qué es un espejo y cómo puede estar segura de que ella no es también una simple imagen reflejada de otro ser!

Ignacio la sorprende escribiendo su Diario mental y jugueteando con los pendientes. La besa en los cabellos. ¿Por qué lo hará? Antes le decía: «No pienses nada.» Ahora le dice: «Piensas demasiado.» Ignacio lleva este invierno una extraña boina que le da aire extranjero o algo así. Se la quita y comenta con Pilar la desaparición de don Emilio Santos, de quien no consiguen obtener la menor noticia. Pilar se entristece más aún, increíblemente, pues recuerda a don Emilio como a un corazón silencioso que ha pasado saludando. También Ignacio se ha entristecido y se sienta en la cama con la mano abierta, como si sostuviera un tazón grande de leche. Los dos hermanos están solos y se quieren, junto al Oñar, río que no se oye ni se ve, pero que está allí como la vida. Ignacio dice de repente:

—Ya sé lo que haré. Me meteré en Sanidad. Mañana mismo empiezo a estudiar Anatomía.

Pilar está ausente. Piensa en la Cárcel Modelo, en don Emilio Santos y en Mateo.

—¿En Sanidad...?

—Sí. Ya sabes que lo he intentado todo para huir a Francia y no hay manera. Los guías están asustados, y ni siquiera Julio se atreve a acompañarme a la frontera. Ingresaré en Sanidad y mucho será si en un par de semanas no consigo pasarme a la España nacional.

—¿Y por qué Sanidad?

—Es humano.

Humano... «Todo es humano —piensa Pilar—. Amar y pecar y tener ojos verdes.»

—¿Qué haremos sin ti? —lo ha preguntado sin moverse. Está exhausta. Todo lo hace y lo dice sin moverse de la silla.

—¿Y qué haré yo sin vosotros?

Amar y dudar. Ignacio no puede hacer otra cosa. Lleva el estigma. Tiene una vida demasiado personal. Anda como los demás, pero de otra manera. Se coloca una boina y le sienta fatal. En el Banco atiende a los clientes y muchos de ellos le preguntan: «¿Cómo se llama usted?» Empiezan a tratarlo de usted, pese a la revolución.

Su obsesión, la de millares de muchachos, es la incorporación a filas, la llamada de quintas. ¡El cuartel! Hay quien se empareda entre ladrillos para no presentarse. Hay quien se hace un neumotórax o simula locura o enfermedades horribles. Y también hay soldados que al presentarse al cuartel blasfeman creyendo que es obligatorio... Ignacio no se mutilará el cuerpo ni blasfemará. Estudiará Anatomía, sobre todo lo relativo al cerebro, y se alistará en Sanidad... si puede.

—¿Qué estará haciendo Marta?

—¿Qué estará haciendo Mateo?

Ahora están alegres. Además del río, sienten la presencia de Marta y de Mateo. Una y otro están allí, al lado del espejo, en el monasterio de la sangre.

Entra Carmen Elgazu, los hombros cubiertos con una toquilla gris, de lana, llevando en una temblorosa bandeja dos grandes tazones de leche.

—¿Qué os pasa? Es hora de acostarse.

Ignacio no le hace caso y prosigue:

—Tú, Pilar, deberías hacer algo. Deberías colocarte en algún sitio.

—¿Dónde?

—No sé, en alguna oficina.

—¿Oficina?

—Ganar algo. Y distraerte.

Carmen Elgazu deposita uno de los tazones en el tocador, junto a Pilar, y con una cucharilla disuelve el azúcar.

—¡En una oficina! —exclama—. ¡Con esa gentuza!

—¿Por qué no?

De pronto, procedente del comedor, se oye la voz de Matías, quien acaba de cerrar la radio.

—Lo mejor sería que Julio la colocara en Abastos.

Carmen Elgazu entrega el otro tazón a Ignacio, y sin dejar de disolver el azúcar mira con seriedad hacia el comedor.

—¡Nada de eso! Con esa gentuza...

Otro silencio. Una gran tristeza. Los cuatro están convencidos de que «algo hay que hacer, además de amarse».

CAPÍTULO XXV

EL SEMANARIO HUMORÍSTICO *La Ametralladora* seguía ganando batallas en el frente y en la retaguardia «nacionales». Humor basado en el absurdo, en el ataque frontal al tópico y a la frase hecha, en la estilización de lo macabro.

—¿Cuántos años tiene usted?

—Pepe.

Este Pepe lo significaba todo. Que el espíritu debe reír, que la edad no importa, que nadie ha de meterse en corral ajeno. Era un Pepe oriundo de Madrid, que con la guerra había visto derrumbarse muchas cosas que parecían inmutables.

—Yo me llamo Purita.

—Yo no.

Era un no seco y certero como un disparo. *¡La Ametralladora! ¡La Ametralladora...!* El semanario oxigenaba la mente y pronto influyó de forma visible en el léxico de millares de combatientes. Sus modernas caricaturas eran un desafío y probablemente no hubieran gustado ni pizca a Ezequiel.

Los detractores de *La Ametralladora* eran muchos. Muchos militares de profesión, muchos sesudos catedráticos... La gente joven definía a una persona: «No entiende *La Ametralladora*.» Eso bastaba. Todo el mundo sabía a qué atenerse.

Entre las personas que detestaban *La Ametralladora* se contaba mosén Alberto. No es que mosén Alberto estuviera triste a la manera de Cosme Vila; más bien se sentía inadaptado, dolencia del alma que *La Ametralladora* no podía curar. Mosén Alberto seguía en Pamplona, en el convento de monjas. Redactaba un nuevo catecismo inspirado en unos cuantos libros pedagógicos que adquirió en Perpignan, pero ello no le bastaba. Echaba de menos su despacho en Gerona, el Museo Diocesano, Cataluña... Cada vez más le parecía que Navarra era un país instintivo, primario. Don Anselmo Ichaso, con quien el sacerdote había entrado en relación, le dijo una vez: «Padre, a usted le parecerá primario todo lo que no sea Cataluña, incluyendo Oxford, Montecasino y los templos del Tibet.» Tal vez fuera cierto. Mosén Alberto se sentía catalán como nunca, y en las espaciadas visitas que hacía a sor Teresa, la hermana de Carmen Elgazu, recitaba el mismo estribillo: «¡Ay, sor Teresa!, cuando esto acabe la invitaré a usted a conocer mi tierra.»

Inadaptado... Le propusieron irse en calidad de capellán castrense al Tercio catalán de Nuestra Señora de Montserrat, y no quiso. Mosén Alberto era antimilitarista por naturaleza y dijo que no. Pero ello aumentó su mal humor, cuyas válvulas de escape eran el cine, en el que se colaba de vez en cuando, y, sobre todo, los sermones al grupito de monjas, que le servían como a un arcángel.

Cierto. Mosén Alberto era el primer sorprendido del tono de sus pláticas. Se había tornado trágico, más aún que cuando, en 1934, en la cárcel de Gerona, les habló a los reclusos izquierdistas. Aterrorizaba a las monjas con visiones tremebundas. Y al comprobar que aquellos cerebros cubiertos de blanco no le ofrecían la menor resistencia intelectual, hacía retumbar la capilla. Había momentos en que las monjas se sentían absolutamente responsables de la guerra que asolaba a la nación. El día en que mosén Alberto se enteró de la muerte del obispo de Gerona, la plática versó sobre: «La falta de oración es una manera indirecta de crucificar.» Por otra parte, el sacerdote estaba al corriente de las ejecuciones realizadas en Navarra por los requetés —don Anselmo Ichaso había sentenciado: «Para que un tren circule hay que despejar la vía»— y no se cansaba de repetir: «Esto clama al cielo.»

Otra persona impermeable al humor de *La Ametralladora* era «La Voz de Alerta». El dentista hojeó una vez el semanario y al leer que una vaca entraba en una tienda de instrumentos musicales y preguntaba si podían afinarle el cencerro, exclamó: «¡Qué idiotez!» y nunca más tomó contacto con aquel papel. Tampoco su segundo en el SIFNE, Javier Ichaso, se divertía con la revista, ni siquiera con los inefables diálogos de don Venerando.

Sin embargo, «La Voz de Alerta» tenía más motivos de satisfacción que mosén Alberto. El SIFNE, que empezó siendo una oficina embrionaria, tomó en seguida formidable incremento gracias a lo que «La Voz de Alerta» llamaba «el patriotismo de los huidos de la zona roja». En efecto, por una u otra razón, la mayoría de fugitivos, sobre todo los de la provincia de Gerona, seguían recalando automáticamente en aquel piso de la calle de Alsasua, que la sirviente Jesusha mantenía limpio y brillante. La gente se dirigía a él en busca de orientación y «La Voz de Alerta», que andaba siempre a la caza de nuevos agentes para el Servicio, sabía atender con tanta solicitud a todo el mundo que empezó a ser conocido por «el Cónsul amable». «¡Amable yo! ¡Lo que persigo es un buen decriptador y alguien que entienda el danés!»

La clave del éxito de «La Voz de Alerta» consistió en aunar de modo inteligente obediencia e intuición. Intuición personal y obediencia a Anselmo Ichaso, con el que estableciera un correo diario, desde San Sebastián a Pamplona y viceversa.

Don Anselmo Ichaso estaba encantado con los resultados obtenidos. La base previa, la red de agentes, había sido establecida con extrema precisión. El esquema inicial, ya conocido, que desde San Juan de Luz, a través de Perpignan y Gerona, alcanzaba a Barcelona, Valencia y Madrid, se había enriquecido con inesperadas colaboraciones. En Perpignan, el notario Noguer, previo consentimiento de Mateo, contó por unas semanas con el refuerzo de los falangistas Octavio y Rosselló, los cuales, después de duro forcejeo con las autoridades francesas, obtuvieron el anhelado *droit d'asile*. El notario destinó los muchachos a controlar la mercancía enviada a los «rojos» desde los puertos de Marsella y Port-Vendres y los muchachos cumplieron a plena satisfacción. En Gerona, Laura obtuvo la colaboración del sepulturero y su mujer. En Barcelona, al margen de las células autónomas, que muchas veces, por falta de experiencia, provocaban represalias nerónicas, ayudaban positivamente al SIFNE varios grupos de falangistas, al mando de un joven abogado llamado Roldán. A los agentes de Madrid, capitaneados por un espía mercenario, apodado Difícil, se debía que ¡por fin! el general Mola dispusiera de una cartografía militar en regla, réplica exacta de la del Ministerio de la Guerra. Y en cuanto a los agentes de Valencia, dirigidos por el padre Estanislao, que había adoptado el seudónimo de Marisol, actuaban con tal eficacia que a su sección se debía, no sólo que no atracara un solo barco en todo el litoral levantino sin que su carga quedara anotada, ¡sino que de antemano se estuviera en contacto con el ingeniero que había empezado a construir el cinturón defensivo de Bilbao!

El trabajo en el SIFNE, a medida que los servicios adquirían solidez y cohesión, resultaba más y más estimulante. Periódicos de lo menos veinte países eran escrupulosamente leídos por el equipo del políglota portugués, doctor Mouro, y atentos oídos intervenían las emisoras de radio de Europa, África y América. Los consejos del «misterioso alemán» habían sido puestos en práctica, de modo que muchos mensajes con clave partían rumbo a la zona «roja» al dorso de los sellos de correo, o en simples periódicos doblados y con faja mugrienta, sistemas preferidos al uso de tintas invisibles, que ya no eran secretos para nadie. El contenido de estratégicas papeleras «rojas» iba a parar a San Sebastián, así como buen número de papeles de copia, de papeles carbón, fácilmente legibles al trasluz. En las aduanas de Hendaya y La Línea eran desnudados todos los viajeros que no pudiesen suministrar dos nombres de residentes en España que los garantizasen, y a veces el cacheo resultaba tan exhaustivo que, sobre todo las mujeres, protestaban con pataleo y chillidos. Los agentes instalados en zona enemiga elegían, para intercambiarse los documentos, los lugares más insospechados: urinarios públicos, salas de espera de médicos, ¡frontones! Para depositar paquetes y maletas, con suma frecuencia utilizaban las Consignas de las estaciones de ferrocarril.

Por supuesto, las trampas eran muchas y muchos los fracasos. Capitanes de barcos mercantes que se ofrecían a los agentes del SIFNE en Francia para dejarse aprisionar en alta mar, con todo el cargamento y ser conducidos a un puerto «nacional». ¿Cómo saber si el tal capitán haría honor a su palabra? Don Anselmo Ichaso decidió por principio «pagar después de la operación, no antes». El timo de quienes se presentaban ante «La Voz de Alerta» con un minucioso plano de cualquier zona o ciudad «roja», en el que estaban señalados todos los objetivos militares, ¡los cuales eran pura invención! Paralelamente, la fantasía de que hacían gala muchos confidentes espontáneos, fugitivos de los «rojos», que al ser interrogados hinchaban a placer los datos y las cifras. Y por supuesto, la vacilación de muchos franceses sinceramente «franquistas», pero que hacían marcha atrás en cuanto olían la posibilidad de que el servicio para el que se habían comprometido pudiera lesionar los intereses de su país.

Con todo, el más insaciable fantasma era el Servicio de espionaje enemigo... No cabía duda. En contra de las suposiciones de don Anselmo Ichaso, que consideraba a los «rojos» incapaces de levantar una organización sólida, éstos iban demostrando que contaban con ella. No sólo en sus bombardeos apuntaban certeramente, sino que abundaban los sabotajes, especialmente en las líneas férreas y en la frontera portuguesa, por la que entraba mucho material alemán. La última eficaz demostración del espionaje enemigo se dio en la batalla de Madrid, en la ofensiva del Jarama. El general Miaja estaba enterado de antemano, con todo detalle, de la operación. Su respuesta y la colocación de sus peones, uno por uno, dieron de ello pruebas irrefutables.

La teoría de «La Voz de Alerta» iba estructurándose de un modo lógico y sobre ella había empezado a basar la labor de contraespionaje. La principal fuente de espías enemigos radicaba en los obreros. A renglón seguido, las mujeres. «La Voz de Alerta», tal vez obsesionado por el precedente que en su bando sentara Laura, estaba seguro de que las viudas e hijos de los fusilados laboraban con tenacidad fanática. Luego los pastores... Pastores dueños de los movimientos de sus ovejas, o que pasaban continuamente de un campo a otro a través de los montes de Huesca, de Cuenca y de Granada. Don Anselmo Ichaso ponía el grito en el cielo, pero «La Voz de Alerta» no se arredraba. «¿Qué quiere usted que yo le haga? ¿Que me disfrace de carabinero y me plante allí con un fusil?» Las valijas diplomáticas y los informes de los corresponsales de prensa extranjeros, que gozaban de una absoluta impunidad... «Me aguantaré hasta que me harte —decía "La Voz de Alerta". ¡Pero se me están calentando los cascos!» Luego, el apoyo de todos los izquierdistas de la tierra. Y tal vez, algún que otro morito joven, asistente de algún jefe de Estado Mayor.

A «La Voz de Alerta» le daba en el corazón que por esa línea, en el frente de Madrid o en el de Granada, llegaría a desmontar el importante tinglado. No olvidaba que, si bien lo corriente en las cábilas marroquíes fue la adhesión incondicional al llamamiento que hizo Franco, no faltaron jefes ancianos que, al ver partir a sus hijos para la Península, les susurraron en el último momento: «Id a matar españoles...»

«La Voz de Alerta», que cada día, antes de empezar su tarea, se iba a la iglesia del Buen Pastor a comulgar, lo cual aumentaba todavía más la reputación de caballero intachable que se había ganado entre las damas aristocráticas de la ciudad, exactamente el día de Reyes obtuvo un señalado triunfo: consiguió detener al famoso Dionisio de que don Anselmo Ichaso le habló en la primera entrevista que tuvieron en Pamplona y del que el propio «alemán misterioso» había afirmado que era la cabeza de dragón del espionaje enemigo.

¡Dionisio! Su detención fue increíblemente fácil. Dos agentes, que se habían desplazado a Vitoria siguiéndole los pasos a una muchacha rubia, de insignificante aspecto, de pronto advirtieron, a cincuenta metros escasos de donde se encontraban, la presencia de un hombre con gorra de pana, que, fingiendo naturalidad, se ocupaba en colocar un artefacto extraño a los pies de un bellísima central eléctrica. «¡Alto ahí!» Fue cosa de poca monta. El hombre y la muchacha fueron conducidos al despacho de «La Voz de Alerta». El hombre se encerró en un mutismo total, pero de nada le sirvió, por cuanto, a los diez minutos de interrogatorio, la chica rubia confesó: «Se llama Dionisio.»

«La Voz de Alerta» casi lloró de alegría, lo mismo que Javier Ichaso. ¡La cabeza del dragón! Don Anselmo Ichaso felicitó al dentista diciéndole: «Se mueve usted en el SIFNE como pez en el agua.» «La voz de Alerta» estaba seguro de que, a fuerza de paciencia y del empleo de medios científicos, Dionisio acabaría por expulsar todo cuanto sabía, delatando al paso a sus colaboradores. Sin embargo, estaba de Dios que no ocurriera tal cosa. Contrariamente a su conciudadano Julio García, «La Voz de Alerta» no pensaba nunca en la palabra «suicidio». Pero, Dionisio, sí. Dionisio, una mañana como cualquier otra, se suicidó. Al salir de uno de los interrogatorios en el despacho de «La Voz de Alerta», esposado y acompañado por un centinela, de pronto fingió tropezar, viró en redondo y se tiró por la ventana del pasillo.

El desconcierto de «La Voz de Alerta» fue mayúsculo. Jamás pudo imaginar tanto «heroísmo» en aquel hombre con gorra de pana y ojos inquietos. «¡Canalla!», barbotó. Jesusha, la sirvienta del dentista y de Javier Ichaso, al enterarse del incidente, gimoteó, soltó el trapo, como si Dionisio fuese algo suyo.

La segunda actividad de «La Voz de Alerta», la que le valió el remoquete de «Cónsul» de los fugitivos de la zona «roja» —fugitivos de Gerona y provincia—, le proporcionaba también gran número de sorpresas. Muchos de aquellos hombres sufrían un radical cambio en cuestión de pocos días. Llegaban a San Sebastián como purificados, dispuestos a darlo todo. En breve se habituaban a la nueva circunstancia, olvidaban sus recientes peligros, reencontraban sus anteriores egoísmos.

En aquel mes de enero, de entre las visitas que recibió «La Voz de Alerta» en su despacho, destacó la de los falangistas Miguel Rosselló y Octavio. Y de entre las entrevistas que le fueron solicitadas desde Francia, destacó la de sus cuñados, los hermanos Costa, que lo citaron en un hotel de Biarritz. «La Voz de Alerta» recibió a Rosselló y a Octavio con efusión, pese a que la Falange seguía sin gustarle ni tanto así. Y es que la aventura de los muchachos en los puertos franceses lo merecía. El notario Noguer le había escrito: «Octavio se introducía en los muelles como una lagartija y Rosselló parecía un perro policía oliendo las municiones en las cajas que decían: *Parfums* o *Champagne.*»

«La Voz de Alerta», al término de un brindis con los muchachos, en el que estuvo presente Javier Ichaso, y contando de antemano con el beneplácito de Mateo, propuso a aquéllos que siguieran colaborando con el SIFNE. No hubo dificultad. Los dos falangistas se habían habituado al servicio.

—Por mí, hecho.

—Por mí, también.

«La Voz de Alerta» sonrió, complacido.

—Tú, Rosselló, quedarás adscrito al grupo *Josué*, en el frente de Madrid. Saldrás pasado mañana, con una carta para el coronel Maroto, de la 6.ª Bandera de la Legión, el cual te dará instrucciones. Supongo que te destinará a visitar el Madrid rojo... ¡No te asustes! Visitarlo y regresar. Por supuesto, necesitarás un poco de sangre fría; pero tal vez te estimule saber que, en Gerona, tus dos hermanas pertenecen al Socorro Blanco, a las órdenes de mi mujer, y que tu padre se encuentra en el Hotel Ritz, de Madrid, convertido en Hospital de Sangre, salvando la vida de docenas de milicianos. Sólo necesito que me jures dos cosas: que en Madrid no intentarás entrevistarte con tu padre, pese a que te hayamos comunicado su paradero, y que preferirás morir antes que caer con documentos en manos del enemigo.

Rosselló reflexionó:

—Lo de mi padre, lo juro... No me entrevistaré con él. Lo otro, no puedo garantizarlo.

«La Voz de Alerta» sonrió de nuevo.

—Así me gusta. No eres fanfarrón y te felicito por ello.

Octavio quedó adscrito al grupo llamado *Noé*, que actuaba

en el frente de Granada. Se presentaría al capitán Aguirre, del tercer Tabor de moros. Al oír esta última palabra, Octavio bromeó: «Preferiría volver a Marsella.» Su misión consistiría en husmear, en rastrear por aquel sector.

—Observa a los moros, sobre todo a los moros jóvenes. Bueno, el capitán Aguirre te explicará...

Los dos falangistas se interesaron por el paradero de los demás fugitivos gerundenses.

—Un muestrario —les informó «La Voz de Alerta»—. Jorge, aviador; Mateo, ya sabéis; José Luis Estrada, marino. ¡En fin! Mosén Alberto, en Pamplona... Y yo aquí, ya veis, solterón e invitado a todas las fiestas de la alta sociedad donostiarra.

Rosselló, el hijo del doctor Rosselló, H... de la Logia Ovidio, preguntó al dentista:

—En el caso de que yo muriera, ¿ayudaría usted a mi padre?

«La Voz de Alerta» reflexionó y parodió la anterior respuesta del muchacho.

—No puedo garantizarlo.

Octavio se dirigió a Javier Ichaso.

—¿Estáis enterados de los constantes bulos que circulan en Francia en torno a un posible armisticio?

—Figúrate —respondió Javier—. Nos pasamos el día oyendo la radio y leyendo la prensa...

«La Voz de Alerta» no comprendía tanta ignorancia, tanta frivolidad. Brillantes parlamentarios ingleses, franceses y belgas, declaraban a diario: «Hay que reunir en un país neutral a los dirigentes de ambas zonas y concertar un armisticio. Y que luego el pueblo español elija un sistema de gobierno ecuánime y a gusto de todos.» ¡Por los clavos de Cristo! ¿Qué significaba tanta mamarrachada? ¿Todavía no se habían enterado? ¿Cómo casar a la Justicia con la Barbarie, a Dios con la Pasionaria? Él, «La Voz de Alerta», no claudicaría jamás. Llevaría el combate hasta el límite, hasta la eternidad. Y con él, millares y millares de hombres y mujeres de la dos zonas. Biarritz y los Gobiernos democráticos vivían en la luna.

Biarritz... Los hermanos Costa citaron a «La Voz de Alerta» en esa ciudad. Los Costa, llegados a Francia sanos y salvos, en compañía de sus esposas, primero se instalaron en París, donde centralizaron el capital que tenían disperso en Bancos suizos e ingleses, y una vez tranquilos sobre el particular y contando, además, con el valor de las joyas que sus mujeres llevaron consigo, decidieron hacer una visita a «La Voz de Alerta», pues se encontraban desorientados. «La Voz de Alerta» acudió a la cita de Biarritz. Sin embargo, su aire de triunfador fue desde el primer momento tan antipático y ofensivo, que los Costa, abrumados, abreviaron al máximo la entrevista. Claro... ¡menuda victoria significaba, para el dentista, la presencia allí de los dos diputados! «¿Y pues? ¿Y los donativos para los obreros? ¿Y las subvenciones a la piscina y al democrático fútbol?» Los Costa, que volvían a fumar puros habanos, se encogieron de hombros. No era ocasión de filosofar. «¡Qué vamos a hacerle! Nos hemos equivocado todos.»

El dentista negó con la cabeza.

—Nada de eso. Os equivocasteis vosotros; yo, no. Y vuestras mujeres tampoco, supongo. Con sólo verlas comprendo que me están dando la razón. —Marcó una pausa—. Bien, ¿y qué pensáis hacer? ¿O qué queréis de mí?

Los Costa se sentían humillados.

—Nada... Ahora, nada. Esperar...

—Esperar ¿qué? Claro, lo que todo el mundo... Esperar a que los requetés navarros liberen a Gerona y os devuelvan las canteras.

Una de las dos mujeres intervino.

—No te sirve de nada tener ojos. Eres un soberbio y serás más desgraciado que nosotros. Vámonos ya.

También los Costa lo miraron largamente.

—Anda, regresa a San Sebastián y allí cuélgate unos escapularios.

«La Voz de Alerta» se levantó y saludó, despidiéndose.

—*Ciao...!* —y montó en su coche, un Citroën que el Servicio le había adjudicado y que antes de la guerra perteneció a un diputado socialista.

Tomó tranquilo la ruta de San Sebastián, silbando mientras conducía. A su derecha, el mar aparecía y desaparecía como en muchos hombres la sensación de juventud. En los controles de la carretera bajaba la ventanilla y después de saludar echaba a los soldados un puñado de cigarrillos franceses.

Llegado a su despacho de la calle de Alsasua, encontró a todos sus ayudantes —inferiores, los llamaba él— cumpliendo con su deber. Tuvo, como siempre, una frase cariñosa para su criada Jesusha, la cual le preguntó: «¿Quiere algo más el señor?», pues era jueves y estaba libre por la tarde. Luego se tomó el baño —el cuarto de aseo parecía una clínica dental— y por último se instaló en su despacho y llamó a Javier Ichaso. Su euforia le reclamaba auditorio y nadie mejor que Javier podía desempeñar ese papel.

—¿Qué te han parecido mis conciudadanos falangistas?

—Me han gustado mucho. Sobre todo, el más alto.

—¡Ah, ya!, Rosselló... —«La Voz de Alerta» agregó—: Su padre es masón, aficionado a la música y un mal bicho. Al hijo le gustan los coches. ¿Hay alguna novedad?

Javier Ichaso, sentado junto a la ventana, dio una palmada a una de las dos muletas que sostenía entre las piernas.

—Poca cosa. El políglota profesor Mouro está un poco resfriado...

—Los portugueses se resfrían constantemente. ¿Por qué será?

Javier Ichaso miraba a su jefe de modo que parecía mofarse de él. Lo cual era insólito, pues la admiración del muchacho por el dentista no había mermado un ápice.

—Por la radio he captado una pintoresca noticia: ha muerto el árbol más alto de Inglaterra. Una secoya gigante, de unos cincuenta metros de altura. ¿Le gustan a usted los árboles, jefe?

—Me tienen sin cuidado. ¿Qué más?

Llegados ahí, Javier Ichaso decidió no prolongar su desusada actitud.

—Nada importante —dijo, señalando con ademán ambiguo un sobre que yacía en la mesa—. Esta carta de Pamplona. —El sobre estaba abierto—. Es de mi padre.

«La Voz de Alerta» la tomó y empezó a leerla, un tanto extrañado, pues la carta no había llegado con el correo normal. A medida que leía, se fruncía su entrecejo. Se fruncía con cólera y humillación, tal como unas horas antes les ocurriera a los Costa. Entretanto Javier Ichaso, que había encendido un pitillo, acariciaba sus muletas con expresión casi divertida.

El contenido de la carta, escueto, breve, implicaba sin duda una lección. El Dionisio que el dentista consiguió detener en Vitoria, el hombre callado y austero que intentó volar aquella central eléctrica y que un día como cualquier otro, al salir de aquel mismo despacho, puso heroico fin a su vida, no era el Dionisio real, sino un doble de éste. Un doble que se sacrificó adrede, que «se hizo detener» adrede y que se mató para no delatar a nadie y para que el Dionisio real pudiera proseguir impunemente su labor.

Don Anselmo Ichaso afirmaba que no cabía duda al respecto y que ampliaría detalles. Ni siquiera la muchacha rubia detenida conjuntamente estaba enterada de la sustitución. El hombre suicida era un obrero de Zamora, empleado en una fábrica de cemento, en tanto que el Dionisio real, mucho más joven, era montañés y un poco más alto.

«La Voz de Alerta» no se atrevía a levantar la mirada y enfrentarse con Javier Ichaso. Este seguía fumando con ostensible delectación... El dentista se había quedado como petrificado, excepto una ligerísima orla de espuma que le recorría los labios.

Marta Martínez de Soria —Mar-Mar la llamó el italiano Salvatore en su primera carta— entendía perfectamente la intención del humor de *La Ametralladora*, lo juzgaba inteligente y original, pero no conseguía reírse con él. Marta era seria, demasiado, y con el tiempo y los avatares dicha seriedad iba apoderándose más y más de su rostro. No se reía con *La Ametralladora*, pese a que el semanario era lo único que conseguía iluminar durante un rato la expresión de su madre, la viuda del comandante.

Ambas mujeres habían ya salido de Cádiz y se encontraban en su tierra, en Valladolid. Habían recuperado su piso y hasta su vieja sirvienta, Basilia de nombre, la cual las informó de que José Luis y Mateo estaban en el Alto del León en la centuria «Onésimo Redondo». Inmediatamente enviaron un telegrama a los dos muchachos, notificándoles su llegada. Luego, Marta, tal como Ignacio predijo, se vistió de azul y le escribió a su novio una postal firmada con seudónimo, postal que entregó aquel mismo día a un policía amigo que se iba a Francia. «Échela en Francia, por favor...»

Pronto la casa fue un desfile constante de antiguas amigas de la madre de Marta, en su mayoría esposas de militares. Acudían a saludarla y a darle el pésame por su viudez. La madre de Marta lloriqueaba sin consuelo, pensando que, si en vez de pillarles el Movimiento en Gerona los hubiera sorprendido en Valladolid, en aquellos momentos su marido se encontraría luchando como un bravo en cualquier frente. La injusticia del azar y de la geografía era sabida, vieja historia, pero no por ello dañaba menos a quien la padecía en su carne. A Marta le dolían, quizá por encima de todo, las reticencias que observó en algunas preguntas alusivas al modo como se produjo la rendición en Gerona.

Cuando Marta se enteró de que la mandamás, o casi, de la Sección Femenina, era María Victoria, la novia de José Luis, se personó en la Jefatura, y en cuestión de quince minutos se encontró con el nombramiento de Delegada Provincial de Auxilio Social, con la misión de atender a las necesidades de la retaguardia, en tanto el frente Norte permanecía quieto, y de trasladarse a primera línea cuando se iniciara la ofensiva, al parecer, inminente, sobre Bilbao. María Victoria le dijo: «No sabes la emoción que produce ir entrando en los pueblos liberados. Es un espectáculo inolvidable... incluso para mí, que me olvido de todo.»

La jovialidad de María Victoria había de resultar refrescante para Marta. Su «futura cuñada» se comprometió a desarrugarle la frente en menos de un mes. «En menos de lo que dura un cursillo de alférez.» Para empezar, la peinó de otro modo, le colocó un par de brazaletes, le colgó del pecho, junto a las flechas bordadas, un minúsculo librito para autógrafos que era una preciosidad, y le dijo: «En la Sección Femenina tenemos reputación de feas, ya lo sé. Pero es un bulo que hace circular Stalin, un sabotaje. Demuestra por ahí que es un sabotaje y empieza por pintarte los labios con este lápiz llegado directamente de París.»

María Victoria tenía los ojos verdes. Le cambiaban a cada instante, pero ella afirmaba que los tenía verdes. También Marta tuvo que pagar el tributo: María Victoria le pegó en el dorso de la mano el chicle que estaba masticando. El padre de María Victoria era militar, teniente coronel de Artillería. Andaba por Oviedo. Era un hombre tranquilo, apegado a lo tradicional. Si Ezequiel profetizaba, el padre de María Victoria hacía lo contrario: citaba constantemente el pasado. La chica le dijo una vez: «Papá, te contradices tan a menudo que contigo es más difícil adivinar el pasado que el futuro.»

María Victoria quería mucho al hermano de Marta, a José Luis. Cuando Salazar y otros camaradas se reían de él y lo llamaban Kant porque no cesaba de estudiar, María Victoria se unía al coro, pero por dentro estaba convencida de que el muchacho llevaba en su interior una de esas fuerzas arrolladoras que no defraudaban más que en caso de muerte. Lo quería tanto, que con la excusa de acompañar a Marta le dijo a ésta:

—Anda, vamos al Alto del León. Ese camión de ahí sale dentro de un cuarto de hora. Pero... ¡arréglate un poco, por favor! ¿A ver las uñas? Limpias, naturalmente. Pero ¿qué opinarías de un poquitín de esmalte, nada más que un poquitín? ¡Hale, obedéceme, que soy jerarca!

Prefirieron ir ellas al frente, mejor que esperar a que Mateo y José Luis obtuvieran permiso. La madre de Marta les dijo:

—Por lo menos, traedme a José Luis. Es el único varón que me queda...

El camión salió. Ruta castellana. «¡Alistaos en la Falange!» «¡Coñac Domecq!» Piedra gris, cielo lejano y el frente cerca. A la altura de los pájaros silbaba un viento helado que hacía exclamar al conductor del camión: «¡Contadme algo, chicas! ¡Algo subido de tono! Me estoy helando...» A María Victoria le gustaba viajar en la cabina de un camión. Por un rato le hacía sentirse hombre.

La llegada de las dos muchachas al Alto del León fue apoteósica. Quien más quien menos, toda la centuria llevaba allí unas semanas sin ver a una mujer. Un enjambre de astrosos, hediondos y barbudos moscardones rodearon en un instante el camión, y Marta temió que las mantearan.

—¡Pellízcame, que veo visiones!

—¡Oye, pinche! ¿Qué día es hoy?

—¿Las sorteamos o qué?

—Guapas...

—¡Reguapas...!

—¡Ay, María Victoria...! Que te conozco...

—¿Y la otra quién será?

La otra era Marta. Feliz porque a última hora se había aplicado un poquitín de esmalte en las uñas. Feliz porque aquellos hombres, en los que todo era auténtico, desde los lamparones del capote hasta el tufillo a paja quemada, y a sardinas de aceite, les hacían tanto caso. Feliz porque de pronto un gigante fofo se plantó ante ellas y cuadrándose les dijo: «Sin novedad, mis generales.» Era Salazar, que llevaba ya ocho días reintegrado a su puesto sin haber dado la mínima explicación sobre el frustrado intento de liberar a José Antonio. Sus camaradas lo habían acosado en todas las formas imaginables y la respuesta del alférez había sido invariable: «No hubo suerte.» Mateo había dicho: «Si supiera que es cierto lo de la borrachera en Sevilla, no me importaría pegarle un tiro.»

Salazar se disponía a invitar a las dos chicas a tomar café en su feudo, pero no le dio tiempo. Los falangistas habían organizado un desfile en regla por delante de Marta y de María Victoria. Un cabo gastador abría la marcha, llevando un corneta a su lado. Después, la tropa, formada de a tres, marcando el paso y cantando: «*Si te quieres casar con las chicas de aquí, tendrás que irte a buscar capital a Madrid*.»

—Vista a la derecha... ¡mar!

Terminado el desfile, fueron acompañadas a la posición avanzada que ocupaban José Luis y Mateo. Los dos hombres y las dos mujeres temblaron y luego se abrazaron con efusión. Las palabras no bastaban. Ni los ojos.

José Luis preguntó como pudo:

—Pero... ¿dónde está mamá?

—Mamá se ha quedado en casa —le informó Marta—. Hemos supuesto que te darían permiso para bajar con nosotras...

—Sí, supongo que sí.

Las preguntas se interferían. ¿Cómo estaba Pilar? ¿Cómo estaba Ignacio? ¿Y Gerona, y los Pirineos y el mundo? ¿Barco italiano? ¿Guatemala? ¿Tánger? Pero ¿qué diablos hicieron?

—No vale viajar tanto... Luego os pareceremos unos palurdos.

—Y que lo digáis... ¡He conocido a un italiano! Además, es guapo y se llama Salvatore...

—¡Vaya!

José Luis había rodeado con sus brazos el cuello de su novia, la hermosa María Victoria, y la apretaba contra sí. Mateo quería hacer lo propio con Marta, pero no se atrevía.

—Nada de palurdos —dijo Marta, después de una pausa—. Nada de eso. Al contrario. Nos parecéis los mejores hombres del mundo y luego os pediré vuestro autógrafo para un librito que me han regalado. Nos parecéis... ¡qué sé yo!

No quisieron emocionarse demasiado. Los dos muchachos procuraron hacerlas vivir en pocos minutos una síntesis de lo que era la parte activa del frente. Les facilitaron un casco a cada una. Marta tenía pequeña la cabeza y el casco se le hundió hasta el cuello. Luego, les dieron un fusil y las condujeron a las aspilleras, para que dispararan simbólicamente, por lo menos una vez. «Los rojos están allí, detrás de aquella loma. ¿Veis el humo?» María Victoria no acertaba a sincronizar la culata del fusil con su hombro, mientras que Marta acertó de buenas a primeras. «Mi padre me enseñó.» Luego les hablaron de la reducida, cerrada vida que llevaban allí. «La baraja, los candiles, el Petromax, el frío, el correo, el camión...» Marta añadió: «Las discusiones, los celos, la nostalgia, ¡las madrinas!» José Luis concluyó: «Y los pensamientos.»

Las dos muchachas sentíanse como protegidas, vivían con rara plenitud la sensación de que alguien velaba por ellas y por España. De que aquellos hombres, en lo alto de aquel monte, se sacrificaban por un ideal que algún día sería grandioso, iluminador. «Arma al brazo y en lo alto las estrellas.»

—¿Un cigarrillo?

—¡Claro que sí!

María Victoria se sacó del bolsillo un minúscula pipa.

—No os asustéis. Me la regaló una chica alemana. Es estupenda.

Llegó Salazar y, al ver la pipa de María Victoria, sintió que su inmensa cachimba era ridícula y la escondió.

Las sombras llegaban al Alto del León, a toda la patria. Llegaban de no se sabía dónde y se ignoraba con qué finalidad. Lo mismo oscurecían los corazones que le permitían al hombre el necesario descanso. A ras de los pájaros el viento silbaba más y más, tanto más cuantas más sombras llegaban de no se sabía dónde.

Fueron llegando falangistas, más falangistas. Aquello era una conmoción. Pero ya no decían «guapas» ni proponían sortearse a María Victoria y a Marta. Y era que Mateo había encendido una hoguera a cuyo resplandor la vida de cada uno se incendiaba en deseos de ser útil. Las dos chicas echaron ramaje seco al fuego y éste subió con inmenso sufrimiento. Y ése fue el instante elegido por Salazar para iniciar el *Cara al Sol*. Y rompió a cantar. Y todos se le unieron. ¿Por qué, Señor, los ciegos no veían? Algo bailoteaba delante de los ojos. No se sabía si eran chispas de fuego, copos de nieve o el remordimiento de Salazar cortado en pedacitos.

Otra persona que no reía con *La Ametralladora* era Paz Alvear, domiciliada en Burgos, calle de la Piedra, 12, en cuya cabeza, pelada al rape, empezaba a asomar la pelusilla. Su novio era de Logroño y trabajaba en Telégrafos, como el padre de la chica. De ahí que, a veces, antes del 18 de julio, cuando todo en la tierra era felicidad y cuando el muchacho ardía en deseos de comunicarse con Paz, lo que hacía era enviarle un telegrama. El propio padre de la chica lo registraba sonriendo y acto seguido el repartidor salía zumbando con su bicicleta a llevárselo a Paz a domicilio.

Paz Alvear formaba parte del espionaje en zona «nacional» que «La Voz de Alerta» quería descoyuntar. También su madre. Hasta ese momento poca cosa pudieron hacer, aparte de lo propio del Socorro Rojo, especialmente repartos de víveres entre amigos de su padre, de la UGT, que estaban escondidos. Pero, de repente, su jefe inmediato en Burgos, que era un guarnicionero llamado Venancio, les dijo: «Es la ocasión.» Y les propuso un trabajo para cada una. Paz podría salir con una cajita colgada del cuello a vender tabaco, cerillas, chicles, piedras de mechero, etcétera, sobre todo por los cafés frecuentados por militares y ESCUCHAR... Su madre debería procurar introducirse como mujer de limpieza en algún centro oficial o en el domicilio de algún jefe ¡y llevarse los papeles de las papeleras...!

—Los fascistas atacarán ahora Málaga y me temo que no podremos defender la plaza. Pero el Sur es secundario. Lo que importa es que se estrellen cuando intenten atacar a Bilbao. Así pues, alerta con todo lo que se refiera al frente Norte. —El guarnicionero se dirigió a Paz—. No olvides que te lo pedimos en memoria de tu padre.

Venancio se había enterado del sacrificio del agente de Zamora, del doble de Dionisio. Pero tampoco conocía a éste, al Dionisio real. Sólo sabía que era joven, que detestaba los Partidos políticos y que amaba los Sindicatos. En cuanto a las dos mujeres, sólo en una ocasión habían oído hablar de Dionisio.

La madre de Paz tanteó el terreno, pero de momento fracasó. Las mujeres de limpieza debían ser de confianza... En cambio, Paz empezó en seguida con su trabajo, cuyos preparativos la emocionaron como si de la finura de sus oídos dependiera el futuro del mundo. «Bésame en las orejas, madre.» Se cubrió la cabeza con un pañuelo alegre y luego, delante del espejo, dudó entre maquillarse de niña boba o de chica frívola. Optó por esto último. «A los militares les gustan las cejas alargadas con lápiz y las pestañas con mucho *rimmel*.» ¡Adelante, pues! Paz se miraba. Se sabía atractiva, pero odiaba el sufrimiento. El lavabo en que se arreglaba era pobre como un dedo sin uña.

La cajita repleta, colgada del cuello por una correa larga

que no le molestara en el pecho: «¿Estoy bien así?» Casi se rió. Su madre movió la cabeza. «Hija, qué barbaridad. Si pareces otra cosa...»

No importaba. Paz hacía aquello por su padre, por su novio, por el Socorro Rojo y la UGT, y para ganar la guerra. Bajó con cuidado la escalera. «¡Claro que ganaremos! Cuando los alemanes e italianos ataquen a Bilbao, se llevarán un susto de órdago.»

En cuanto Paz llegó a los cafés céntricos, su cerebro rompió a hablar:

«No sé si serviré yo para eso... ¡Militares! Y falangistas y moros. Huelen a... "¡Tabaco, cerillas... Sí, señor. Son diez con cuarenta..." Si alguien me reconoce... ¡Ametralladoras! ¿Qué están diciendo? Nada, no oigo... "¡Tabaco, hay tabaco!" Nada que hacer, alférez... Te crees guapo. Si te vieras como te veo yo... A ver si me entero de algo. Mi padre quiere que me entere de algo. "¿Falta tabaco? ¡Señores, hay chicles...!" ¡Bah, cuándo chismorreo! Que si el comandante, que si el coronel... ¡Claro que ganaremos! En Málaga, no; pero en Bilbao... "¡Tabaco!" Bueno, aquí no hay nadie. Me voy a... "¿Cómo? Sí, hay cerillas." Retratos de Franco, retratos, retratos. Claro, los retratos que tenían preparados para la ocupación de Madrid. Empieza a refrescar. O será que no he tomado nada caliente... Aceite de ricino os querría yo vender.»

Al cabo de dos horas, Paz estaba agotada y muerta de frío. Entró en el café Colón. Se fue a los lavabos y allí, sola y rodeada de losetas blancas, se echó a llorar. Las gotas le caían sobre los paquetes de tabaco. Su turbación era grande y al no saber por qué lloraba, se entristecía más aún. Su padre fue cliente asiduo de aquel café. En aquellas mesas, sobre todo, en las del fondo, jugaba a menudo a las cartas. Paz salió del lavabo y en la puerta contigua, gemela, leyó *Caballeros*. Sin duda su padre había empujado muchas veces aquella puerta, pues cuando jugaba o cuando discutía se ponía muy nervioso. Paz sorteó las sillas y, saliendo a la calle, tomó la dirección de su casa. Se llevó a la boca un chicle de los que vendía, pareciéndole que el sabor inicial la mareaba.

Desde muy lejos vio su casa, el balcón humilde, las persianas. Aquélla era su calle, en ella transcurrió su infancia y por ella le llegaron todas las penas y también alguna que otra mariposa alegre. En las paredes de todas y cada una de aquellas fachadas, la niña había jugado a la pelota: «Regular, sin mover, sin reír, una mano, la otra...» ¿Por qué, ya siendo niñas, decían *sin reír*? ¿Lo dirían también las niñas de «los fascistas»?

Paz subió la escalera y entró en su casa. Estaba agotada. Su madre había salido. Pasándose la correa por encima de la cabeza se liberó de la cajita, que dejó sobre una silla. Acercándose a un espejo pequeño que su padre utilizaba para afeitarse, Paz se quitó el negro de las cejas y el *rimmel* de las pestañas. ¡Si pudiera quitarse el negro del alma!

Los senos le dolían.

CAPÍTULO XXVI

A PRINCIPIOS DE FEBRERO se encontraban ya en España los contingentes italianos previstos, los cuales habían formado las brigadas «Flechas Negras» y «Flechas Azules». Intérpretes españoles, entre ellos el tenor Fleta, servían de enlace. El exuberante temperamento de los oficiales y de los soldados había abierto brecha en el afecto de mucha gente. Sin embargo, por prejuicios de raíz oscura, y pese a que los aviadores legionarios se habían ganado en buena lid el título de valientes, existían dudas sobre la eficacia guerrera de los italianos, especialmente de los que operarían por su cuenta, sin mezcla de tropa española. La situación tenía mucho de desafío: «Exigimos de vosotros que sepáis morir.» Salvatore, que escribía a Marta casi a diario, se hizo eco de esas dudas. «¿Por qué esa desconfianza?» Salvatore estimaba que para ser buen soldado no era indispensable pisar recio como los alemanes ni llevar en la camisa tantas calaveras como los voluntarios del Tercio.

Los italianos desembarcados en Cádiz iban a ser puestos a prueba en la operación de Málaga, sobre cuyos pormenores Queipo de Llano y el general Roatta habían llegado a un acuerdo. La ofensiva, al igual que la Reconquista, partiría de las bases dominantes de la sierra de Ronda, en poder de los «nacionales». Pronto se supo que los «rojos» estaban dispuestos a plantar cara y que en consecuencia habían concentrado en la zona gran número de efectivos, si bien muy incoherentes y con artillería escasa, a las órdenes del general Villalba.

La operación constituyó un éxito completo. El día 8 de febrero fueron ocupados la ciudad y el puerto. Queipo de Llano no defraudó a sus radioyentes, y el culto general Roatta, el más joven de los generales italianos llegados a España, hizo gala de una pericia extrema. Desde el primer momento las tropas maniobraron con elegancia, arrollando al adversario. La «motorización» anunciada por Roatta pilló de sorpresa al enemigo, así como el ágil empleo de la artillería ligera ¡y de los lanzallamas! Los lanzallamas hicieron su aparición y sus chorretes de fuego parecían rayos de muerte. La aviación «nacional», con base en el aeródromo de Tablada, se adueñó del aire. ¡Y Jorge, el huérfano Jorge, hizo su *debut*! Jorge había terminado los cursillos en dicha base y soltó las primeras bombas, que parecían gotearle del cerebro. También los cruceros *Canarias* y *Baleares* actuaron con eficacia, bombardeando la costa. La desbandada «roja» fue tal, que por un momento pareció factible la idea del conde Ciano consistente en perseguir al ejército enemigo hasta Almería y subir luego hasta Valencia. Pero, de pronto, a la altura de Motril, la prudencia o la falta de reservas aconsejaron dar por terminada la operación.

En Málaga cayó prisionero el corresponsal inglés Arturo Koestler y fue encontrada una misteriosa maleta propiedad del general Villalba, la cual contenía, al parecer, una extraordinaria reliquia: la mano de Santa Teresa de Ávila. Corrió la voz de que dicha reliquia era la auténtica y que sería ofrecida al general Franco para que la llevara consigo a lo largo de la campaña.

La gente de Málaga relató el inevitable capítulo de horrores. Salvatore, cuyos vivarachos ojos parecían taladrar cuanto se le ponía por delante, descubrió en una hondonada una serie de cadáveres que llevaban una grotesca colilla en la boca. Núñez Maza, que entró en la ciudad con su equipo de propaganda, mostró a Aleramo Berti, al miope Schubert y a los periodistas un recorte de diario que por sí solo daba testimonio de las matanzas efectuadas por los anarquistas: se trataba de una felicitación a «los camaradas enterradores» del cementerio de San Rafael por su labor sin descanso durante días y días desde el estallido de la revolución. Un hospital había sido destruido por completo, a excepción de un crucifijo, a cuyos pies una nota escrita con letra dubitativa decía: «Te respetamos por inocente.» Parte de los detenidos en las cárceles habían sido evacuados por los milicianos y conducidos ¡a pie! rumbo a Almería.

En la España «nacional» la victoria de Málaga produjo gran júbilo, sepultando por unas semanas el desencanto por el fracaso del ataque a Madrid. Todo el mundo decía: «Málaga, la hermosa.» Conquistar lo hermoso era tan importante como conquistar lo útil. Don Anselmo inauguró la estación «Málaga». Mateo, recordando que Pilar había nacido en Málaga, perdió el dominio de sí. Seguía en el Alto del León, que estaba nevado. Tomó una cantimplora de coñac y le dijo a José Luis Martínez de Soria: «Con permiso, ¡voy a cometer un barbaridad!» Y se emborrachó, cosa increíble en él. Los olés andaluces se multiplicaron, y en la zona «roja» el propio Matías, al oír el parte, se levantó, tomó a Carmen Elgazu de la cintura y la obligó a dar vueltas en el comedor. Carmen Elgazu sonrió: «Chico, el día que caiga Madrid me haces papilla.» Cuando, poco después, llegaron a Gerona dos trenes de refugiados de Málaga, la familia Alvear los contempló con emoción, recordando su estancia en aquella ciudad mediterránea.

Victoria moral, botín considerable. En el puerto, los barcos *Satrústegui* y *África*, además de diez mil toneladas de petróleo, trenes, ametralladoras. ¡El mar azul! El mando «rojo» se sintió incómodo. Los militares rusos, espoleados por Orlov, flamante jefe de la GPU recién llegado a España, exigieron responsabilidades y fueron detenidos y encarcelados varios generales, entre ellos Asensio, Martínez Monge y Martínez Cabrera.

La victoria de Málaga, en la que participaron voluntarios portugueses llamados «viriatos», enardeció a los «nacionales», los cuales, nuevamente seguros de sí, se aprestaron a lanzar sin apenas reposo una ofensiva en gran escala en el sector de Madrid. La palabra «Madrid» tenía gancho e incluso misterio. Inspiraba temor. No se trataba de entrar en Madrid, sino de apretar más aún el cerco. El ataque no sería frontal. Sería una maniobra envolvente, destinada a cortar de buenas a primeras la carretera de Valencia.

Las tropas italianas fueron también citadas al combate... Trasladadas rápidamente desde Málaga, se les asignó como objetivo la toma de Guadalajara, en tanto que las tropas españolas cruzarían los ríos Tajuña y Jarama. Roatta había recibido un balazo en Málaga, pero la herida fue leve y el general italiano se encontraba ya restablecido y dispuesto a repetir su gesta del frente del Sur.

Pero los hados de la guerra habían decidido lo contrario... El ataque se saldó con un terrible desgaste, lo mismo por parte española que por parte italiana. Los ríos Tajuña y Jarama quedaron sembrados de cadáveres del Tercio, de moros y de «alféreces provisionales». Cadáveres que formaban pila hasta lo alto de las cotas del Pingarrón. Al mismo tiempo, en la zona de Brihuega, en Guadalajara, el Cuerpo de Tropas Voluntarias italianas sufrió un aparatoso descalabro. Habiendo avanzado con arrojo y pericia, de pronto la infantería se encontró inmovilizada en el barro —empezó a llover con imprevisible violencia— mientras los carros de combate y otros vehículos motorizados, hundidos en las charcas de las carreteras y caminos, no podían ni siquiera hacer marcha atrás.

El general Roatta no había previsto la posibilidad de que se le opusieran elementos atmosféricos. Pronto se abrió fuego contra él, desde ángulos diversos, obligando a los legionarios a multiplicarse. «¡Adelante!» Imposible. Los motores no funcionaban, estaban anegados y su impotencia desesperaba a los infantes. Por otra parte, el enemigo hacía gala de un tesón admirable y su aviación iba adueñándose del cielo, debido a que sus aeródromos, situados al sur de Madrid, estaban secos y permitían el despegue de los aparatos, mientras que los aeródromos con los que Roatta contaba, eran lagunas.

Inesperada vulnerabilidad. Los comentaristas italianos achacaron la derrota a esos factores y algunos de ellos insinuaron que determinadas tropas españolas que debían distraer al adversario remolonearon. Como fuere, esta vez los mandos «rojos» no serían castigados, sino lo contrario. Especialmente las Brigadas Internacionales 13, 14 y 15 y las tropas de guerrilleros de Líster y del Campesino se cubrieron de gloria. Sobre todo el Campesino, con su negrísima barba y su «despanzaburros», parecía una fuerza de la naturaleza. «¡Hale, *macarroni italiano*, chupaos eso!» «¡Hijo-putas, maricas, hijos del Papa, *pa-trás*!» Alguien le había enseñado a decir *gigolo*, y le gritaba *gigolo* al general Roatta. El Campesino se olvidó incluso de Moscú —Líster no decía Moscú, sino «La Casa»— y escoltado por dos dinamiteros lanzaba con honda bombas de mano en nombre de España. De prolongarse un poco más el combate victorioso, hubiera luchado en nombre del Cid.

El mando de Madrid lanzó las campanas al vuelo y Fanny

lamentó horrores haberse perdido aquello. Los caricaturistas de la zona, que tanto admiraba Ezequiel, llenaron las paredes de siluetas italianas con el rabo entre piernas. Las agencias de prensa del mundo entero difundieron las listas del enorme botín capturado entre el barro, con las correspondientes fotografías. Entre el botín figuraban cartas italianas manchadas de sangre, impresos para el envío de giros postales, mapas, efigies de un Mussolini enérgico arengando a las multitudes desde un balcón.

¡Guadalajara! La palabra se convirtió en símbolo, que se unía al símbolo «Madrid». La mesa reservada para el general Mola en el café Molinero seguiría desocupada durante mucho tiempo... Por segunda vez quedaba demostrado que el Estado Mayor «rebelde» podía equivocarse como cada quisque. Los «lanzallamas» sorpresa se habían convertido en mangueras de agua. En Gerona se organizó un baile en el local de la UGT, durante el cual David y Olga no cesaron de dar vueltas «en honor de la cobarde Italia».

La cobarde Italia... Fue el sonsonete que recorrió la España «nacional». Los italianos fueron llamados, sin matices, «Corriere de la Sera», y la matrícula CTV de sus coches pasó a significar ¿Cuándo te vas? Guadalajara se convirtió en deshonor y chiste. «Una cosa es cantar ópera y otra arrear candela.» «¡Corrían como Nuvolari!» Corrían, corrían. Salvatore se desgañitaba: «¿Cómo íbamos a correr, si el barro nos llegaba a las rodillas?» Mil doscientos muertos italianos, tres mil quinientos heridos italianos, convertidos en chiste. Aleramo Berti lloró de rabia, mientras su colega Schubert, el miope nazi, mandaba a Berlín un informe exhaustivo en el que calificaba a todos los mediterráneos, sin excepción, de «instintivos» y «primarios».

¡Si el profesor Civil hubiera podido defender sus principios! Por lo demás, eran muy numerosos los españoles que parecían alegrarse o poco menos del fracaso italiano, y entre ellos figuraba Javier Ichaso. Javier Ichaso hizo un viaje a Biarritz, por encargo de «La Voz de Alerta» y coreó estrepitosamente, sin saber por qué, las irónicas carcajadas de los diplomáticos. El embajador italiano escribió a su Gobierno: «La ayuda italiana provoca entre los españoles torrentes de gratitud hacia Francia e Inglaterra.» Cabía exceptuar, desde luego, a las enfermeras de los hospitales, con las que los voluntarios italianos trazaron muchos idilios, algunos de los cuales iban a durar hasta la muerte. Uno de estos voluntarios fue Salvatore, herido en la mano izquierda. Salvatore, sin olvidarse por ello de Marta, en el Hospital Provincial de Valladolid le dijo a la muchacha que le vendaba la herida:

—Una palabra tuya, y mañana mismo ocupo Guadalajara por mi cuenta.

Las consecuencias del fracaso envolvente en torno a Madrid fueron penosas. Los «nacionales» se vieron obligados a llamar más hombres a filas, a extremar el rigor en el establecimiento del «Plato Único». —«La Voz de Alerta» decía: «¡bueno!, eso significa servir varios platos en uno solo»—, y los «viriatos» portugueses, así como algunos destacamentos irlandeses recientemente llegados, comprobaron que la palabra «tristeza», empleada por Cosme Vila y el Responsable, era certera. Una gran tristeza planeó sobre quienquiera que meditara un poco y sólo se libraban de ella las personas frívolas o los soldados aptos para gozar de los encantos de la camaradería. Se intensificaron los rezos, los cirios ganaron en altura y se vendieron más ejemplares de *La Ametralladora*. De pronto, los ojos se miraban unos a otros diciéndose: «Es una cosa terrible una guerra civil».

En ese momento exacto empezaron a circular toda clase de rumores relativos a la actitud del general Franco. Entre los falangistas corrió la voz de que el general «era partidario acérrimo de la guerra larga, de llevar la guerra a ritmo lento». Al parecer se lo había declarado sin ambages al embajador italiano. «La guerra que dirijo no es una conquista, es una liberación. Ocuparé región por región, pueblo por pueblo, ferrocarril por ferrocarril. Pero donde mis tropas entren he de tener la seguridad de poder implantar un régimen político y por lo tanto he de tener guardadas las espaldas, lo cual es todavía prematuro. Nada de destrucciones masivas, sino un afianzamiento previo de nuestro credo en la retaguardia, a la que tampoco puedo imponer excesivos sacrificios. He de preocuparme incluso de la salvación espiritual del enemigo. Si no lo hiciera así, ganaría la guerra, pero conduciría a mi país a la ruina.»

Núñez Maza era, sin duda, el hombre mejor informado

sobre la cuestión. El privilegiado puesto que ocupaba en Propaganda y su libertad de movimientos le permitían introducirse en cualquier sitio a cualquier hora. Y cuando no él, delegaba sus poderes en cualquiera de los cuatro falangistas que lo acompañaban y lo ayudaban en su labor.

De hecho, pues, Núñez Maza fue quien alertó a sus camaradas de la Falange sobre la «gravedad de la actitud del general Franco». El primer aviso lo tuvo en Salamanca el día en que coincidió en la escalera del local del Partido con el agresivo Berti, delegado fascista, y con Salazar. «Sube con nosotros, querríamos hablar un momento contigo.» La entrevista fue cortísima. Llegados arriba, Berti resopló, como era su costumbre, y desembuchó: «Sólo queremos que sepas esto: Franco va a lo suyo. Considera a la Falange no ya un grito izquierdista, sino una aventura juvenil y poética, de la que será preciso ir prescindiendo poco a poco.»

El segundo aviso se lo dio Schubert, el miope delegado nazi, y Núñez Maza se alarmó más aún, puesto que todo cuanto proviniera de Alemania era para él artículo de fe.

—Amigo Núñez Maza —le dijo Schubert, aspirando rapé, como le era habitual—, creo poder afirmar que Franco está decidido a inclinarse progresivamente del lado de la Iglesia y del capitalismo. Si la Falange no reacciona de manera fulminante... y sin contemplaciones, antes de nada se encontrarán ustedes barriendo las escaleras de los círculos carlistas.

El tercer aviso le llegó de la propia Falange... En efecto, dos días después de su entrevista con Schubert y coincidiendo con que un avión alemán había hundido el barco ruso *Kommsomol*, el camarada Hedilla, sustituto provisional de José Antonio, le mandó llamar y le dijo:

—Camarada Núñez Maza, parece ser que Franco está dispuesto a unificar la Falange y el Requeté, asumiento él la Jefatura. Esto ha de considerarse como un atentado a la doctrina de José Antonio. Sube al Alto del León y entrega este comunicado a los camaradas de la centuria «Onésimo Redondo».

Núñez Maza salió disparado como un rayo por la carretera de Madrid, y los *slogans* falangistas escritos en las piedras le parecían otros avisos. Llegó al Alto del León, que seguía nevado, y diez minutos después, en la chabola de Salazar, estaban reunidos doce falangistas, entre los que figuraban Mateo y José Luis Martínez de Soria. El informe de Hedilla ratificaba la declaración verbal hecha a Núñez Maza, confirmaba todo lo dicho por Berti y por Schubert, y terminaba solicitando la opinión de «los camaradas del frente».

—Decidme cuál ha de ser, en vuestra opinión, la conducta que la Falange ha de seguir.

Fue una sesión dramática, a la luz del Petromax, presidida por el calendario que representaba una mujer rubia en bañador. Los capotes olían a rancho y Salazar, que desde su peripecia sevillana, no esclarecida aún, hablaba menos y reflexionaba más, despedía humo por el agujero de su cachimba.

Un muchacho llamado Montesinos, después de acariciar con las dos manos la cantimplora, rompió el fuego.

—Mi opinión es muy sencilla. Es la opinión de Clemenceau: «La guerra es una cosa demasiado seria para dejarla en manos de los militares.»

Hubo un murmullo. No estaban allí para intercambiar frases ingeniosas, sino para decidir, en conciencia, procurando adivinar la postura que, en caso de estar presente, hubiera adoptado José Antonio.

Varios falangistas quisieron dejar sentado que nada de aquello les pillaba de sorpresa. Tiempo ha sospechaban que al general Franco el mando se le había subido a la cabeza, y citaron como testimonio la sistemática adulación de que era objeto en la prensa y la arrogancia y profusión con que se hacía retratar. Alguien afirmó, sonriendo, que los «rojos» lo llamaban el general «Kodak», cosa que el camarada Montesinos desmintió, afirmando que tal mote se aplicaba al teniente coronel Dummont, de la XIV Brigada Internacional.

Mendizábal, de Intendencia, intervino:

—No creo que la cosas tenga misterio —comentó—. A Franco le interesa la guerra larga por eso, para tener tiempo de convertirse en mito y de este modo eliminar a todas las fuerzas que, el día de mañana, puedan disputarle el poder. Con una guerra relámpago, ya se sabe: la Laureada, un par de monumentos y otra vez al cuartel.

Mateo y José Luis se indignaron. No podían soportar que se hablase tan a la ligera de quien desde el 1.° de julio había conducido el Movimiento salvador con perfecta honradez y eficacia, y entendían que si Franco permitía o cultivaba el halago de su persona, lo hacía para evitar la dispersión. Mateo concluyó:

—Todos los jefes han procedido de esta suerte, desde Abraham y Napoleón hasta los reyes de Inglaterra y Maciá, el ex presidente de la Generalidad de Cataluña. Por otra parte, está demostrado y nos consta a todos que si Franco tomó la jefatura de la nación fue porque los demás generales lo votaron.

Salazar, que procedía de las JONS, acudió en apoyo de Mateo. Afirmó que, por de pronto, nada le impedía creer que Franco era un hombre admirable.

—Deseo como cualquiera de vosotros el triunfo de la Falange, y que la Falange consiga el poder. Pero plantear ahora la alternativa es estúpido e inoportuno. Tal vez la fusión de Falange y Requetés sea inevitable. Por otra parte, no estoy seguro de que contemos ni siquiera con el mínimo de falangistas preparados para cubrir las jefaturas de las cuarenta y nueve provincias españolas.

Núñez Maza se indignó. Habló de derrotismo. Pretendía saber mucho más de lo que el camarada Hedilla decía en su informe.

—Comparar a Franco con Abraham y Napoleón es ridículo. No, aquí no se trata de «evitar la dispersión» ni de zarandajas por el estilo. Franco ha comunicado a los Gobiernos de Italia y de Alemania que lo que necesita de ellos es simplemente que le suministren armamento, que hombres «le van a sobrar». Y les ha prevenido de que para la organización de la España futura no se dejaría influir una pulgada desde el punto de vista ideológico. No olvidéis que su maestro es Pétain y que el Papa ha bendecido su bandera. —Núñez Maza agregó—: No admitiré nunca la fusión de Falange con los Requetés.

Montesinos coreó estas palabras, al igual que la mayoría de los allí presentes. La cachimba de Salazar era una chimenea de barco, contrastando con la diminuta pipa de José Luis Martínez de Soria. Uno de los falangistas se pegó a sí mismo un puñetazo en la mano derecha y luego mostró a sus compañeros una placa robada en un tren, que decía: «Peligroso asomarse al exterior.» Los rostros estaban congestionados. Sin embargo, José Luis Martínez de Soria y Mateo no dieron su brazo a torcer respecto de Franco y juzgaron que su declaración de «independencia ideológica» era elogiable, digna de un buen español y de un hombre no rastrero.

—A mí no me haría ninguna gracia —arguyó Mateo— que a cambio de unos cuantos aviones me tatuaran una cruz gamada en el cogote.

En ese momento, Salazar se levantó, gigante, convirtiendo

en cucurucho la lona de la chabola y opinó que era preciso concretar el diálogo en torno al tema de la pretendida Unificación.

—Es cierto —asintió Mendizábal, increíblemente excitado—. Propongo que votemos. Que votemos sí o no.

—No se trata de votar sí o no, puesto que quienes han de decidir son el camarada Hedilla y el Consejo Nacional. Votemos concediéndole o negándole amplios poderes para hacer lo que le plazca, exigiéndole, eso sí, que sean consultados todos los falangistas que están en el frente. Aunque supongo que eso lo habrá hecho ya.

Hubo un silencio.

—¿Qué se entiende por «lo que le plazca»? —inquirió Mendizábal.

—Todo —contestó Montesinos, marcando sus palabras—. Desde un simple manifiesto de la Falange, publicado simultáneamente por todos nuestros periódicos, hasta la acción directa si se estima necesario.

—Voto en contra de la Unificación.

—En contra.

—En contra.

Nueve falangistas votaron en contra, Mateo y José Luis, a favor; Salazar votó en blanco.

Núñez Maza se dirigió a los disidentes.

—Dadnos vuestra palabra de que guardaréis el secreto.

Mateo dijo:

—Somos mayorcitos, creo yo...

Intervino Montesinos.

—Es que... A ver si nos entendemos. Este asunto puede no ser nada, pero, según se tercien las cosas, puede obligarnos... ¡yo qué sé!

—A ver si te explicas.

—Nada.

Guardóse otro silencio, preñado de mal humor, y a renglón seguido se dio la sesión por terminada. Todos se levantaron y salieron fuera a respirar aire puro. Núñez Maza y el intendente Mendizábal montaron en el coche del primero y emprendieron cuesta abajo el regreso a Valladolid.

Ambos habían comprendido perfectamente lo que Montesinos quiso insinuar: la supresión de Franco... Montesinos era un exaltado, un irresponsable. Decididamente, aquello tomaba un cariz feo. Y a todo esto, ¿quién era Franco? ¿Cómo era?

¿Cómo era su personalidad humana? Cuantos le conocían daban de él versiones dispares y el propio Núñez Maza, a quien el Generalísimo había concedido audiencia por tres veces, forzado a describirlo no sabría por dónde empezar. Schubert había dicho de él: «Es un generalito colonial.» Por el contrario, el embajador italiano Cantaluppo lo tenía en gran estima, sobre todo por su serenidad. Mateo se inclinaba más bien por considerar al general Franco un hombre seguro de sí, enamorado de la profesión castrense, con toda la astucia y capacidad combinatoria de la raza gallega. «Una cosa es indiscutible: su instinto de mando. Por algo lo eligieron los demás generales. Ahora bien, ingresó en la Academia a los catorce años, si no me equivoco. Esto significa que su formación es estrictamente militar y que, por lo tanto, su concepto del deber, de la justicia, de la disciplina, etcétera, difiere del que podamos tener los demás, del que pueda tener un médico, un abogado o el Consejo de Administración de una empresa metalúrgica.» José Luis Martínez de Soria recordaba que su padre le había contado impresionantes hazañas de Franco en la guerra de África. «Por algo fue ascendido a general a los treinta y cuatro años. De lo que no estoy seguro es de que siempre haya sido tan devoto del Sagrado Corazón como lo es ahora.»

¿Cómo saber? De hecho, la mayoría de las personas en todo el territorio «nacional» sólo habían visto a Franco en los balcones y tribunas, en las fotografías, ciertamente innumerables, y sólo habían oído su voz por radio. Sí, era bajo de estatura; pero también lo fueron Napoleón y Lenin y lo era Mussolini. Su voz era mucho más débil que la de Salazar; pero la de Salazar tenía la desventaja de que en un momento dado la oían en Tánger. María Victoria, hija de una estirpe de militares, suponía que Franco era un hombre que escapaba a una definición esquemática, más complejo que Schubert, que el general Roatta e incluso que Largo Caballero. Se decía de él que hablaba francés, alemán y un poco de inglés, sorprendiendo que tiempo atrás hubiese asistido a unos cursillos tácticos en Versalles. A la edad de veinticuatro años, sus deberes militares le obligaron a aplazar reiteradamente sus proyectos matrimoniales, por lo que los legionarios a sus órdenes solían cantar, con música de *La Madelon:* «El comandante Franco es un gran militar, que aplaza su boda para ir a luchar.» Tocante a su serenidad, a la impresión que daba de que para él no contaba el tiempo, era también interpretada de distinta manera. Según muchos extranjeros, en un país como España, de hombres crispados y reacciones histéricas, ello era una virtud' que había de llevarle al triunfo; por el contrario, muchos españoles entendían que Franco no era sereno, sino marmóreo e incapaz de reflejos normales. Núñez Maza daba por sentado que los intelectuales no le hacían ninguna gracia, mientras la madre de María creía saber que Franco podía recitar de memoria capítulos enteros del Quijote, especialmente aquellos en que era Sancho Panza el que llevaba la voz cantante.

El agigantamiento de la figura de Franco, consecuencia inmediata del desarrollo de la guerra, no se producía únicamente en la España «nacional». En el territorio «rojo» ocurría lo propio. Los periódicos valencianos escribían *Von Franko*, indicando con ello que el general rebelde se había «germanizado» y *El Diluvio* empezó a llamarlo «limpiabotas internacional», en atención «al modo cómo se humillaba ante las potencias fascistas». Las radios catalanas pretendían que era de origen judío; las radios madrileñas afirmaban que, a partir de la conquista de Málaga, antes de tomar cualquier decisión abría la maleta del general Villalba y se pasaba dos o tres horas rezando ante la reliquia de la mano de Santa Teresa de Ávila. En los diarios murales con que las brigadas de André Marty amenizaban la vida de las trincheras, se aconsejaba no minimizar la valentía militar «del jefe fascista», y el doctor Relken, en Albacete, no cesaba de repetir: «Cuidado con don Francisco, que se las sabe todas.»

Gerona no era excepción y, a lo largo del mes de marzo, en que tuvo lugar la batalla de Guadalajara, en la ciudad de los Alvear se tomaron determinaciones equivalentes a la del Plato Único de la España «nacional» y brotaron diálogos muy semejantes al sostenido en la chabola de Salazar. Dichas determinaciones tendían a dotar al Ejército del Pueblo de bases incuestionablemente sólidas, habida cuenta de la prolongación de la guerra. «Todos los militares de carrera, incluidos los retirados o los que cumplían condena en las cárceles, se incorporarán a sus respectivas armas, y todos los hombres comprendidos entre los veinte y los cuarenta y cinco años aprenderán la instrucción.» En cuanto a las reuniones, lo mismo las de los locales de los partidos que las de los cafés, solían tener un final parangonable con el que tuvo la celebrada en el Alto del León.

«Incorporación de los oficiales profesionales.» Ello significaba que los detenidos del Seminario, entre los que figuraban los capitales Arias y Sandoval, trocarían la cárcel por el cuartel; es decir, serían devueltos al punto de partida, ahora con el respeto un tanto supersticioso de los milicianos. «Instrucción obligatoria para los hombres de los veinte a los cuarenta y cinco años.» Ello significaba que los seglares, generalmente agrupados por oficios y aun por empresas, cada día antes del trabajo, a las siete de la mañana, se concentrarían en la Dehesa y, provistos de fusiles de madera, marcarían el paso y expelerían por la boca bolsas de aliento helado. Así se hizo y la Torre de Babel destacaba entre todos, mientras que los arquitectos Massana y Ribas, renunciando a posibles privilegios, formaban como el primero. Matías pasaba de la edad y se libró; no así Jaime, quien exclamó: «¡Un poeta haciendo la instrucción!» En cuanto a Ignacio, la orden le afectaba de lleno, pero se negó a presentarse y decidió sin dilación sus planes de huida, de huida de Gerona.

«Reuniones y tertulias en los locales de los partidos y en los cafés.» Una de ellas podía servir, como siempre, de resumen: la que se celebraba periódicamente en el café Neutral. El protagonista volvía a ser Julio García, cuyo predicamento era mayor que nunca debido a sus viajes al extranjero en compañía de gente importante. Asiduos al café volvían a ser el cajero del Banco Arús, la Torre de Babel, Blasco, David y Olga, Casal y el coronel Muñoz. Y muchos comparsas, al fondo de los espejos. Últimamente, Julio había cobrado otra pieza: Murillo, jefe local del POUM, quien, en efecto, había llegado del frente de Madrid con un brazo en cabestrillo y aureola de héroe. Sobre las mesas flotaba, además, el nostálgico recuerdo del camarero Ramón, el cual, a raíz de la expedición Bayo, cayó prisionero en Mallorca.

El día en que la aviación alemana hundió el *Kommsomol*, el barco ruso, conmoviendo con ello la opinión pública, Julio tuvo en el Neutral una «actuación» —así definía ahora doña Amparo las intervenciones de su marido— memorable. Por supuesto, el estado de ánimo del policía era el adecuado para sus dotes de deslumbramiento, pues la víspera habían partido de Gerona con destino a Rusia ciento cincuenta niños refugiados —Cosme Vila se salió con la suya, empujado por Axelrod—

y se preveía para fecha próxima el envío a Méjico de otro contingente análogo, éste patrocinado por Murillo, en atención a que en Méjico se había refugiado Trotsky, es decir, el egregio jefe supremo de Murillo y del POUM. Julio García, que presenció en la estación la ceremonia de despedida, se había horrorizado. La expresión de los niños era alelada. En vano Axelrod y Cosme Vila los arengaban afirmando que Moscú los recibiría con los brazos abiertos, que la patria soviética los estaba ya esperando para adoptarlos y hacer de ellos hombres de provecho. Los niños, huérfanos en su mayoría, tiritaban en la estación. Tenían frío, no entendían de política y sentían en su diminuta entraña que tampoco en Rusia localizarían a sus respectivos padres, que era su mayor deseo.

En ese día, Julio García, que se presentó en el Neutral exhibiendo un pintoresco mechero francés, de madera, en forma de tapón de champaña, echó el resto. Entre bromas y veras, dirigiéndose por turnos a cuantos le escuchaban, fue desmontando con implacable rigor los motivos de optimismo de que su auditorio estaba animado, especialmente a raíz de la victoria de Guadalajara.

Empezó refiriéndose a la llamada de nuevas quintas, estimando que tal medida engrosaría el número de combatientes, pero no su calidad. En su opinión, eran tantos los «fascistas» que se incorporarían, aparte los descontentos y los *bon vivants*, que el sabotaje, ya abundante, aumentaría en un ciento por ciento. «¿Os imagináis a los sobrinos de don Jorge de Batlle con un fusil en la mano? ¿O a los cuatro hijos del delegado de Hacienda, "paseado" el 18 de julio? Prefiero no pensar en ello, porque la sangre de los valientes milicianos que lucharán en las proximidades de esos caballeros me horroriza...»

—Y lo mismo cabe decir —añadió Julio, acariciando entre los dedos de la mano derecha una enorme copa de coñac vacía— de la incorporación de los militares jubilados ¡o encarcelados! Con permiso de quien haya firmado el decreto, y con permiso del coronel Muñoz, aquí presente, eso será *la monda*, para usar una expresión que encanta a Fanny, a mi querida tigresa Fanny. ¡Es tan fácil enviar un pelotón a tal cota en vez de a tal otra, desorientar a la artillería propia, olvidarse de pedir municiones! Parte de dichos oficiales serán enviados a las fábricas de armas; de acuerdo. Me parece estar viéndolos. Uno limará la cabeza de los punzones percutores para que no hieran el fulminante, otro desviará el punto de mira, otro...

¡qué sé yo! Las piezas saldrán para el frente con retraso y hechas cisco; y en cuanto nuestros queridos Gorki, Teo y el propio comandante Campos intenten hacer uso de ellas, o no funcionarán, o estallarán allí mismo, o se convertirán en saltamontes. Cualquier cosa, menos hacerle un rasguño al enemigo, al que *El Proletario* sigue llamando «traidor» y «rebelde».

El coronel Muñoz, en quien convergían las miradas, se creyó en la obligación de decirle a Julio que estaba exagerando. En primer lugar, sin mandos era imposible seguir la lucha. En segundo lugar, no todos los oficiales llamados eran fascistas ni mucho menos. En tercer lugar, un ejército —contando, claro está, con un mínimo de disciplina— era un engranaje que obligaba por automatismo a obedecer, que obligaba incluso a muchos individuos que en su fuero interno tenían la intención de resistirse a ello.

—No creo necesario exponer ejemplos ni dar nombres de oficiales y soldados que por equis circunstancias se vieron alistados en el Ejército de la República, y que, pese a sus ideas contrarias, han cumplido como los buenos. —El coronel Muñoz marcó una pausa y agregó—: Y, desde luego, mi tesis es válida para el Ejército enemigo. Con los «rebeldes», y perdonen la palabra, luchan ¡y obtienen medallas militares! hombres que de corazón están con nosotros.

Julio García depositó en la mesa, cuidadosamente, la copa de coñac vacía.

—¿Existe en nuestro Ejército ese mínimo de disciplina que mi querido coronel Muñoz ha juzgado indispensable?

El coronel vaciló.

—Quiero suponer que sí —dijo—. De lo contrario, no creo que hubiéramos salvado Madrid ni que hubiéramos resistido en el Jarama y en Guadalajara.

Los arquitectos Massana y Ribas estaban un tanto asombrados. El lenguaje del coronel no era el mismo que éste empleaba en la Logia Ovidio. Supusieron que no quería hacerse impopular y respetaron su actitud. Con todo, prefirieron cambiar de tema y, dirigiéndose a Julio, le preguntaron por la repercusión de la guerra española en el extranjero: en Francia, en Bélgica, en Inglaterra...

—Usted, Julio, que llega de esos países, ¿qué nos cuenta? ¿Qué dice aquella gente?

Esta vez Julio se encontró más a sus anchas.

—De Bélgica no puedo hablar —admitió modestamente—

porque sólo estuve allí de paso. Pero sí puedo hablar de Inglaterra y de Francia... ¡y hasta de Holanda! ¡Ah, es preciso aceptar los hechos! Nuestra guerra interesa en esos países casi tanto como en España y, en cierto sentido, más aún. Quiero decir que sería fácil encontrar franceses e ingleses mucho más enterados que cualquiera de nosotros de lo que aquí ocurre... ¡No exagero, señores! ¿Qué sabemos, por ejemplo, los gerundenses? Que comeremos muchas lentejas, que José Antonio Primo de Rivera descansa en paz y que en Madrid los Internacionales se emborrachan que da gusto. ¡En París y en Londres están enterados incluso de que los comunistas quieren acabar con Prieto y de que el jefe de la GPU en España se llama Orlov! Sin embargo, la gran sorpresa la tuve en Holanda. ¿Cómo les diré...? Es difícil de explicar. No nos comprenden. El conserje del hotel, ¡un holandés sin bicicleta!, me preguntó: «Perdone usted. ¿Qué es un fusil?» A Fanny, que tenía la amabilidad de acompañarme a todas partes, le preguntaban: «¿Por qué los españoles tienen la sangre tan caliente?» ¡Bueno, Fanny se reía! En resumen, la verdad es ésta: nos consideran unos monstruos. *Voilà*. Los holandeses no sólo no comulgan —y pido perdón por la palabra— con las teorías proletarias, sino que aspiran a que los escasos proletarios que quedan en la nación pasen a ser burgueses.

Se oyó un murmullo. Antonio Casal, el más interesado por aquel aspecto de la cuestión, intervino, objetando que tal vez esa aspiración fuera corriente entre los conserjes de hotel holandeses, pero que sin duda no lo era entre los ciudadanos británicos. El jefe socialista continuaba hipnotizado por todo cuanto se refiriese a Inglaterra.

Julio García hizo una mueca de condolencia.

—Lamento, mi estimado amigo Casal, tener que desilusionarle. Lo de Inglaterra es peor.

—¿Cómo que es peor?

—No exagero, no exagero en absoluto. Inglaterra está deseando cada vez más que Frango gane... ¡Les pido perdón, señores! Inglaterra quiere que Franco gane porque si ganáramos nosotros —es decir, Stalin— les peligraría Gibraltar.

Casal se indignó, y también David y Olga. Pero Julio soltó una carcajada y nadie supo si hablaba en broma o en serio.

Luego el policía suscitó el tema de las armas decisivas.

—Ya conocéis mi opinión. Es muy bonito ver a esos vejetes —y no lo digo por ti, barbero Raimundo— aprendiendo la instrucción en la Dehesa, a las siete de la mañana. Pero con eso no disminuiremos la incesante entrada de tanques alemanes en la zona franquista, tanques más pequeños que los rusos —los rusos son catedrales—, pero de una movilidad que ya, ya. Y tampoco se neutralizará el efecto de los gases asfixiantes que de un momento a otro saldrán de Nápoles con destino a Cádiz.

Era la manía de Julio. Asustaba al auditorio con el pronóstico de armas terroríficas, al modo como, en Pamplona, mosén Alberto asustaba a las monjas con visiones ultraterrenas.

—En París, tuve una entrevista con el profesor Risler, sabio francés que se nos ofreció para montar en Barcelona una fábrica antigás, y con un colega suyo que pretende haber descubierto un nuevo asfixiante. Eso es positivo, creo yo, y no mandar pobres criaturas a Moscú, a tocar la balalaica. Hacen falta cerebros. Alguien que descubra la gasolina sintética o la fórmula para provocar niebla artificial. ¡Si alguno de ustedes pudiera ofrecer una patente! ¿Usted, coronel Muñoz? Lástima... ¿Y ustedes, mis queridos arquitectos? ¿Tampoco? ¡Qué contrariedad! ¡Estoy autorizado para pagar bien! ¿Qué haremos, pues? Está visto que en Gerona no hay cerebros. ¡Camarero, un buen café! ¡Huy, olvidaba que tampoco hay buen café!

A las dos horas de tertulia los ánimos estaban exaltados. Murillo escuchaba a Julio acariciándose el bigote de foca con su sola mano útil. El coronel Muñoz se clavaba sin querer las uñas, porque entendía que Julio daba en el blanco. En cuanto al cajero del Banco Arús, pensaba que el policía debía de tener las espaldas bien guardadas para atreverse a emplear públicamente tan desconsiderado lenguaje.

David intervino.

—Entonces, ¿usted qué haría para ganar la guerra?

Julio hizo rodar sobre la mesa el mechero-tapón de champaña y luego se acarició los muslos. Por fin contestó:

—Muy sencillo... Buscaría una persona, o dos, dispuestas a morir.

Todo el mundo quedó perplejo y Casal exclamó:

—¡Hay millares de personas dispuestas a morir!

Julio asintió con la cabeza.

—Ya lo sé... Pero yo me refiero al suicidio, que es una cosa más desagradable. ¡Escúchenme! Necesitaríamos alguien..., ¿cómo lo diré?, dispuesto a trasladarse a la otra zona y matar a Franco y a Mola. ¡Eso, señores, sería un golpe! Se lo digo yo.

Un suicidio pero un golpe. Un golpe perfectamente factible... Eso, señores, sería paralizar a distancia los motores del enemigo.

Hubo un momento de estupor. Quien más quien menos admitió que aquello era el Evangelio. En efecto, si alguien se suicidaba para inmovilizar un tanque, ¿cómo nadie lo haría para...? ¡Curiosa coincidencia! Julio hablaba de este modo apenas una semana después de que Montesinos, en el Alto del León, a la luz del Petromax, insinuara algo parecido.

David miró con fijeza a Casal y luego se dirigió al policía.

—¿Por qué no se encarga usted de eso personalmente, Julio?

Julio no se inmutó. Negó con la cabeza, sonriendo.

—¡No, no! Por desgracia, no tengo pasta de héroe... Además, ¿qué diría mi mujer? No, de ningún modo. No puedo hacerle esa trastada. Sin contar con que... Franco y Mola son personas, ¿no? Son militares, pero personas. ¡Ah, si Teo no fuera exclusivamente fuerza bruta! —Julio se dirigió a Casal—. Por supuesto, la persona idónea debe reunir una serie de cualidades: inteligencia, entusiasmo, atractivo personal... —Al decir esto, como tocado por una idea repentina, se volvió en dirección a Olga—. Olga, ¿qué le parecería si...? ¿No podría usted encargarse de eso, Olga?

Olga se quedó rígida y entendió que aquello era una broma de mal gusto. No sabía si levantarse y salir del café, o si pegarle un bofetón a Julio. Por fin barbotó:

—Es usted un insolente.

Julio se multiplicó en los espejos.

—No sé por qué habla usted así, Olga. Al fin y al cabo, se trata de un servicio, ¿no? Y hay precedentes de mujeres heroicas...

David estaba hecho un basilisco. Iba a decir algo, sin duda algo enérgico, a juzgar por el temblor de su mentón; pero he ahí que Murillo, desde su silla arrinconada, terció inesperadamente en la conversación:

—¿Cree usted, señor Ciencias —le dijo a Julio, en tono socarrón—, que yo reuniría condiciones para este asunto?

Todo el mundo miró al discípulo de Trotsky. Murillo parecía hablar en serio. Era el jefe del POUM, y se había curtido en los frentes de Teruel y de Madrid.

Julio hizo un gesto. Luego devolvió al bolsillo el mechero francés y, por último, dijo:

—Lamento, amigo Murillo, contestarle que no, que no creo que reúna usted condiciones.

—¿Por qué?

—Porque para aterrizar en Salamanca hace falta ser valiente y usted no lo es. ¡Oh, no se sulfure! Un valiente —y perdone la alusión— no se dispara a sí mismo en la mano, como usted hizo en Madrid, para poder venirse al Neutral a tomarse unas copitas con los amigos.

CAPÍTULO XXVII

La guerra larga repercutió también en los Alvear, lo mismo en la familia de Gerona que en la de Burgos, que en el último representante que quedaba de la de Madrid: José.

José Alvear se enteró de la muerte de su padre, Santiago, pero por más que hizo no pudo localizar el cadáver, sepultado junto con otros muchos en una zanja del frente de Madrid. El muchacho se enfureció, miró al cielo con ira —luego se preguntó quién había allá arriba, responsable de su orfandad— y por último decidió hacerse dinamitero. Él y el capitán Culebra habían visto por Madrid a unos hombres forzudos que llevaban una gran mecha amarilla cruzándoles el pecho y al preguntar por ellos supieron que eran «dinamiteros», nuevo tipo de combatiente surgido a raíz de la estabilización del frente de Madrid. Buena cosa le pareció a José ser dinamitero, habida cuenta de que ansiaba vengarse del mundo. Horadar la tierra y ¡pum! hacerla estallar. Fue admitido, junto con el capitán Culebra, y en el momento en que la yesca amarilla, amarillo de espiga, les cruzó el pecho, ambos se sintieron importantes.

Guerra de minas... El general Miaja había decidido abrir galerías subterráneas para hacer volar las posiciones enemigas de la Ciudad Universitaria. Mineros asturianos y extremeños se constituyeron en capataces e iniciaron la tarea. El alcantarillado de Madrid, la electricidad a pie de obra y el personal especializado en perforaciones facilitaron la labor. ¡Guerra de minas! Pronto José Alvear y el capitán Culebra avanzaron como topos por debajo de tierra, como si buscaran tesoros o vetas de felicidad. Los «nacionales» habían de tardar mucho en dar la réplica, en disponer de la técnica necesaria para abrir contragalerías. De momento no podían sino colocar en los lugares amenazados «soldados-escucha», cuya misión era oír... ¡y de pronto saltar hechos pedazos! Las escuadras que dichos soldados formaban fueron bautizadas «escuadras del sacrificio». En su mayor parte se componían de legionarios que se relevaban dramáticamente, y por sorteo, cada cuarto de hora.

Consecuencia de la guerra larga... Cuando una mina había volado, José Alvear se escupía en las manos y salía a la superficie. Allí, en compañía de sus camaradas ¡o de Canela, que a diario le hacía una visita! —desde el hospital podía ir al frente en tranvía— , se entretenía en criticar a los rusos hospedados en el Hotel Bristol, en ponerles motes a los monumentos de Madrid, tapados para protegerlos de los bombardeos —a la Cibeles la llamaban «la Pudorosa» y a Neptuno «el Emboscado»— o bien en distinguir con el estampido la procedencia de los morterazos. «Éste es de Franco. Éste es nuestro.»

Canela significaba para José Alvear la alegría. La muchacha nunca olvidaba llevarle un bocadillo —«¡puá! —exclamaba José— , ¿esto qué es: carne de rata o de fascista?» —ni darle un beso que mataba de celos a todos sus camaradas. El capitán Culebra le decía: «Deja a este mamarracho y vente conmigo. Pásate a mis *líneas*.» Canela negaba con la cabeza. «Mientras lleves esa caja con tu asqueroso animalito, ni soñarlo.»

En Burgos, el desenlace de la batalla de Guadalajara había infundido nuevos ánimos a Paz Alvear. Ello y la noticia que le dio Venancio, su jefe inmediato: «Están al llegar quinientos bombarderos rusos. Los mandan por barco, desmontados. ¡Se armará la gorda!»

Paz Alvear era ya una muchacha con cabellera normal. Había dejado de ser monstruo y podía salir a la calle sin pañuelo en la cabeza. Seguía vendiendo tabaco por los cafés; sin embargo, Venancio, que tenía con ella vastos planes, le encargó una misión halagadora: ir a Segovia, a entrevistarse con la viuda del heroico agente que murió en manos del SIFNE, que murió «para que el Dionisio real pudiera actuar impunemente».

—Entrégale esta cantidad. Y dile que nunca les faltará nada, ni a ella ni a sus hijos.

Paz Alvear cumplió el servicio con emoción. La mujer exclamó:

—¿Dices que no me faltará nada? ¡Me faltará todo! Mi marido ha muerto.

Paz Alvear regresó en tren a Burgos, conmovida. En el trayecto, sin saber por qué, se acordó de Mateo. «¿Qué habrá sido de aquel fascista, novio de Pilar...? A Paz le hubiera gustado conocer a Pilar y a Ignacio. «¡Todos fascistas! Dura es la guerra...»

Dura e interminable... lo mismo en Burgos que en Gerona. En efecto, de acuerdo con la opinión de Ignacio —«algo tienes que hacer»— y vencidas todas las resistencias y escrúpulos, Pilar obtuvo una plaza en la Delegación de Abastos. La intervención de Olga fue decisiva. «Comprendo, comprendo —dijo la maestra, al recibir la visita de Pilar—. No me des ninguna explicación.» El día primero de abril, la chica empezó a trabajar. Las oficinas estaban instaladas en un piso recién incautado, que perteneció a uno de los hermanos Costa. Mientras éstos, en Francia, se entrevistaban con el notario Noguer —¡el trasiego de barcos y armamento empezaba a atraer su vocación industrial!—, las paredes de dicho piso de Gerona se llenaban de gráficos y estadísticas alimentarias y de retratos revolucionarios. Debajo de uno de estos retratos, exactamente el de Engels, Pilar rellenaba a mano y en catalán cartillas y más cartillas de racionamiento, ¡a las órdenes de la Torre de Babel! La Torre de Babel era su jefe inmediato. «Me pasan de un Alvear a otro», había dicho el empleado del Banco Arús. La Torre de Babel con sólo hacer la instrucción descubrió que su temperamento guerrero era escaso, que sólo le apetecían los Servicios auxiliares, y consiguió que en la Caja de Reclutas certificaran que tenía sombras dudosas en los pulmones.

Pilar no podía con su corazón. «Aunque sea rellenar cartillas, esto es colaborar.» Además, varios compañeros la miraban esquinadamente. Su consuelo fue Asunción, su antigua amiga, hija de militar. Trabajaba allí, en la misma sección. «Claro, como *ellos* no saben escribir, necesitan de nosotras.» Asunción les temía a los arranques de Pilar. «Mucho cuidado —le advirtió—. Aquí, dos únicos temas de conversación: trapos y cine.»

El trabajo de rellenar cartillas le dio a Pilar idea cabal del escaso número de apellidos gerundenses que conocía. Nombres y más nombres que no había oído jamás. A veces procuraba imaginar un rostro o una peripecia detrás de un apellido determinado. «¿Florencio Portas? Debe de ser albañil.» «¿Loreto

Rutllán? Mujer gorda, con tres hijos.» «Te equivocas —rectificaba Asunción—. Mira lo que pone ahí. Soltera.» Cuando encontraba el nombre de una persona amiga, se esmeraba en escribirlo. Deseaba que le correspondiera la letra S para poder escribir Mateo Santos, pero se quedó con las ganas. En cambio, Asunción consiguió la letra A. «Ahí están los Alvear», dijo. Mientras escribía ¡con letra redondilla! el nombre de Ignacio, tuvo una idea y la expuso a Pilar.

—¿Qué te parece? No creo que se dieran cuenta si incluyera el nombre de César. Tendríais una ración más.

Pilar se quedó lívida. Se afectó lo indecible y casi se le saltaron las lágrimas.

—¿Cómo te atreves?

—Perdona, chica. No quise ofenderte.

No, no se había ofendido. Pero ocurría que Pilar vivía con los nervios en tensión. En la calle, Murillo, que parecía estar esperándola en las esquinas, la miraba con desfachatez e incluso silbaba a su paso; y en la oficina, sus compañeros decían con machacona frecuencia «cochinos fascistas» y semanalmente había de presenciar cómo los dos técnicos rusos que dirigían la fábrica Soler se entrevistaban con la Torre de Babel y recibían un vale oficial que hubiese satisfecho con creces a cinco familias numerosas.

Dos noticias para Pilar; una buena y la otra mala. Las hermanas Rosselló se cruzaron con ella en los porches de la Rambla y, parándose un momento, le entregaron con disimulo una nota. Era una nota escrita de puño y letra por don Emilio Santos, ¡el día de Navidad!, en la que el padre de Mateo les comunicaba que hasta dicha fecha estuvo detenido en Barcelona, en la Cárcel Modelo, pero que de un momento a otro iba a ser trasladado «no sabía dónde». «¿Adónde? —se preguntó, aterrorizada, Pilar—. ¿Y por qué aquel retraso en recibir la nota?» Se fue corriendo a casa, avergonzada más que nunca de no colaborar con Laura y con las hermanas Rosselló, y decidieron pedirle a Ezequiel que visitara a don Emilio y cuidara de él todo lo posible.

La buena noticia, mejor que buena, le llegó a Pilar por intermedio de David. Se trataba de una postal que llevaba matasellos francés, de Toulouse, postal de firma ilegible pero cuya letra fue reconocida al instante por Pilar: era letra de Mateo. Iba dirigida a la muchacha. Pilar se quedó mirando a David, con la cartulina temblándole en la mano.

—Pero...

David sonrió.

—Olga se ha tropezado con la postal en Correos, al censurar la correspondencia extranjera. «¿Quién puede escribir a Pilar, desde Francia?» —me ha preguntado—. No era muy difícil adivinarlo, ¿verdad?

Pilar no acertaba a decir nada.

—¡En fin! Aquí tienes la postal...

Pilar ofreció la mano a David.

—Muchas gracias, David.

David la saludó, con su emotividad de siempre, mientras la chica echaba de nuevo a correr hacia su casa quemando la distancia.

La guerra larga se llevó también a Ignacio. Quince días antes de que su quinta fuese llamada, previéndose que la cosa era inevitable, el muchacho tomó la decisión. Se entrevistó con Laura, la cual lo desanimó definitivamente respecto a las posibilidades de escapar a Francia. Llevaban mes y medio sin organizar ninguna expedición, pues las dos últimas habían costado la vida a siete personas. «Hay que esperar. Esperar a que los carabineros y los milicianos recobren la confianza y se descuiden de nuevo.»

Ignacio decidió intentar su ingreso en Sanidad, en calidad de voluntario. Julio lo recibió en su casa, abierto el rutilante mueble-bar. A su lado doña Amparo, luciendo un largo collarete de fabricación francesa.

—¿Adónde quiere ir?

—A Madrid.

—¡Caray! Y lo dices así, Madrid...

Ignacio vaciló unos momentos.

—Bueno. Si Madrid no puede ser, Barcelona...

—Ya.

Julio estaba serio, más serio que de ordinario.

—Dime una cosa, Ignacio. ¿Qué entiendes tú de Sanidad?

—Lo mismo que usted de comprar ametralladoras.

La respuesta le salió al muchacho como una flecha, y dio en el blanco. Julio se volvió hacia él y sonrió. Sus ojos dijeron: «Eres un chico listo.»

—Si estoy en lo cierto —agregó el policía—, lo que necesitas es Sanidad, pero un trabajo de oficina, ¿no es eso?

Ignacio asintió. Luego dijo:

—De todos modos, me he preparado un poco. Examíneme si quiere.

—Vamos a ver —Julio se reclinó en el mueble-bar—, ¿cuántos huesos tiene mi mujer?

—¡Julio! —exclamó doña Amparo.

—Trescientos veintisiete —contestó Ignacio.

—¿De qué substancias básicas se compone?

—De hierro, cal, agua, azúcar y sangre.

Doña Amparo, azorada, miraba alternativamente a los dos hombres.

—Pero... ¿qué estáis diciendo? ¿Qué os pasa?

—¡Bravo, muchacho! —subrayó Julio, haciendo caso omiso de su mujer—. Trato hecho. Cuenta con la plaza, en Barcelona.

Julio confiaba en don Carlos Ayestarán, ex comisario de Sanidad en la Generalidad de Cataluña, y por entonces Administrador-Jefe de un gigantesco almacén de medicamentos con destino al frente, instalado en la que fue iglesia de Pompeya, en Barcelona. Dicho almacén era, de hecho, el que nutría todos los hospitales y ambulancias del frente de Aragón.

Cuarenta y ocho horas le bastaron al policía para obtener la respuesta afirmativa.

—Preséntate a don Carlos Ayestarán con esta carta mía... Es un caballero, recuérdalo. Mucho más decente que yo. Él te pondrá en contacto con un sobrino suyo, con el que sin duda te conviene relacionarte. Tiene tus ideas... Sí, eso es. Le conozco poco, pero me consta que tiene tus ideas. Se llama Moncho y está con don Carlos en la oficina, aunque creo que trabaja también unas horas en el Clínico.

—¿Cómo ha dicho que se llama?

—Moncho. Me pidió perdón por llamarse así. Un tipo listo.

Ignacio miró a Julio García. ¡Cuántos favores le debían ya! Imposible no desearle lo mejor.

Ignacio se acercó a doña Amparo para despedirse, y le besó con naturalidad la mano.

—¡Vamos, chico! Ni que fuera una señora de Londres... —Doña Amparo añadió—: Que tengas suerte, Ignacio... Ya sabes que te lo deseo de verdad.

—Ya lo sé.

Ignacio se volvió hacia Julio.

—Bueno... —El muchacho no sabía qué decir.

—No digas nada. Recuerdos...

El policía acompañó al muchacho a la puerta. En el pasillo, le puso cariñosamente la mano en el hombro.

—Julio...

—Déjalo estar... —Julio marcó una pausa—. A Barcelona, tranquilo. —Luego añadió, inesperadamente—: Tranquilo, y a sabotear lo que puedas.

Ignacio se paró en seco.

—¿Qué le ocurre, Julio? ¿Por qué ha dicho eso?

Julio no se inmutó

—Porque sí... Porque lo harás. —Luego añadió—: Y me parece muy natural.

Una vez más, Ignacio hubo de reconocer que Julio era astuto. Porque sabotear fue desde el primer momento su verdadera intención. Sabotear cuanto le fuera posible, haciendo caso omiso de las constantes amenazas que al respecto publicaban los periódicos.

En el piso de la Rambla, la escena de despedida fue un tanto patética, pues todos sabían que lo que Ignacio pretendía era pasarse cuanto antes «al otro lado», razón por la cual hubiera preferido ser destinado a Madrid.

—¿Y si se te presenta una oportunidad en seguida? —le dijo Carmen Elgazu, abriendo las manos y pegándolas a las mejillas de Ignacio—. ¡Hijo, ya no volveremos a verte!

—¿Cómo va a presentárseme estando en Barcelona?

—No lo sé...

Evitaron la despedida en la estación. Los abrazos tuvieron lugar en el piso de la Rambla. Carmen Elgazu le preparó a Ignacio la maleta, con el mismo amoroso temblor que cuando se la preparaba para el Seminario. Matías procuraba ser fuerte, pero carraspeaba sin cesar y sus ojillos parecían eléctricos. «Anda, chico... Escribe a menudo.» Pilar se colgó del cuello de Ignacio y repitió por centésima vez:

—¿Qué haremos sin ti?

Ignacio se fue, vestido de paisano. Se fue para la guerra larga. Dejaba atrás mundos, amores y paz. En el tren le dolían las rodillas, no podía estarse quieto. El mes de abril había estallado y ello se anunciaba con timidez en el cielo y en los campos. Ignacio fumaba, sin pensar. Sentía y soñaba, no podía pensar. Era un tren lento, abarrotado, que le recordó el que los trajo de Málaga a Gerona. Gente triste, mucha gente, humo y carbonilla que se metían en los ojos y en la boca. Le obsesionaba la figura de un recadero dormitando —el mismo trayecto desde hacía treinta años— y también el timbre de alarma. Éste era una manecilla sólida que invitaba a levantarse y a tirar de ella. «¡Detenerse, detenerse! ¡Muchacho inquieto, de veinte años, marcha contra su voluntad para la guerra larga! Dispuesto a sabotear...» Debajo del timbre de alarma, una placa de metal dorado amenazaba con multar a quien parara el tren sin motivo justificado.

Ignacio llegó a Barcelona a las ocho de la mañana. Antes de presentarse en la oficina de Sanidad, a don Carlos Ayestarán, quiso resolver el problema del alojamiento. Su intención era pedirle a Ezequiel que lo admitiera en su casa, hasta tanto no encontrara una pensión que le ofreciera garantía de seguridad. Subió a la calle de Verdi. El fotógrafo, con su buen humor de siempre y el gracioso lacito en el cuello, lo recibió con extrema cordialidad, al igual que Rosita.

—Nos encantaría, nos encantaría poderte solucionar eso. Lo malo es que tenemos arriba a mosén Francisco, ya sabes. La cama que ocupó Marta, la ocupa ahora el vicario. ¿Qué te parece, Ignacio? ¿No será mucho jaleo? ¿No nos meteremos todos en un lío?

El tono con que Ezequiel habló y la expresión de Rosita tranquilizaron a Ignacio.

—Esto se arreglará —terció Rosita—. Hay que encontrar la manera...

—Dormiré donde me digáis —interrumpió Ignacio—. Y sólo por unos días, mientras busco una pensión.

Ezequiel movió sus brazos como hélices.

—¿Qué te parece, Rosita?

—Estoy pensando.

—Podría dormir con el vicario. A su edad no es el ideal, pero...

—¡Ya está! —exclamó Rosita—. Puede dormir en la habitación de mosén Francisco, en un diván. Le arreglaremos un diván. En el barracón del patio hay un somier y... ¡de acuerdo, Ignacio! Puedes quedarte.

—Muchas gracias.

Ezequiel le habló de mosén Francisco. El vicario había conseguido la documentación de un miliciano que murió en el frente y andaba todo el día por ahí, con un mono azul y la cabeza vendada, simulando estar herido.

—¿Y qué hace en la calle? ¿Sigue confesando?

—Todo. Lo hace todo.

Rosita intervino.

—Hay una cosa que ni siquiera Ezequiel la sabe, que sólo me la ha dicho a mí: entre las vendas, en la cabeza, esconde las Sagradas Formas y cada día las reparte por el barrio, entre los enfermos.

—¡Vaya...! Conque ¡esas tenemos! De modo que...

—No te enfades, Eze... Algo hay que hacer, ¿no?

Ignacio quiso subir al piso a saludar a mosén Francisco. Lo encontró durmiendo aún y el muchacho no lo despertó. Permaneció unos minutos contemplando aquel cuerpo tendido en la cama. La cabeza vendada le daba a mosén Francisco un aire monstruoso. Por otra parte, el vicario roncaba y respiraba con dificultad. «¡Si pudiera adivinar lo que está soñando!» En la mesilla, el mismo frasco de agua de colonia que usó Marta. En las paredes, pájaros y flores de papel. Por entre los postigos penetraba un rayo de luz y se oyó fuera una voz potente: «¡La Soli!... ¡El Diluvio!»

Ignacio bajó. Ezequiel estaba a punto de salir para el Fotomatón. Rosita le dijo al muchacho:

—Comeremos puntuales. A la una y cuarto. ¿Te gustan los garbanzos?

—Sí, mucho.

Ezequiel, que cada mañana al levantarse se hacía unas inhalaciones de eucalipto, metiendo la nariz en un cazo humeante, se sonaba todavía, con un gran pañuelo.

—Anda, vámonos. Tomaremos el mismo tranvía.

Media hora después, Ignacio se presentaba en la calle de París, a don Carlos Ayestarán. En el balcón, un inmenso letrero con la cruz roja decía escuetamente: «Sanidad.» Todo el personal vestía bata blanca, como en un hospital, e Ignacio recordó la observación de Julio: «La manía de don Carlos Ayestarán es la higiene. Si quieres ganártelo, procura que te sorprenda lo menos tres veces al día lavándote las manos.»

Don Carlos Ayestarán lo recibió con exquisita corrección. A Ignacio no le pareció tan nervioso como Julio se lo había descrito. Llevaba cuello duro y era verdaderamente calvo, con calvicie brillante, propia de quien se frota a diario con alcohol. Ignacio sabía que aquel hombre había organizado en Cataluña y Aragón una red sanitaria eficaz, que por desgracia iba malográndose progresivamente a medida que los puestos establecidos se acercaban a la línea de fuego. Al estrecharle la mano,

Ignacio pensó: «Nadie diría que es masón.» Don Carlos dijo para sí: «Nadie diría que este chico fue seminarista.»

—Julio me dijo que te presentara a mi sobrino Moncho. En estos días no lo tengo aquí. Se ha ido con permiso, pero regresará el lunes. Será tu jefe. ¡Bueno! A trabajar... y espero que seas prudente.

Ignacio le agradeció mucho a don Carlos esta frase y el tono amistoso con que fue pronunciada.

—Don Carlos, si en algún sentido puedo serle útil, ahora u otro día, estoy a sus órdenes.

Oficina de Sanidad... Pese a la actitud de don Carlos, el trabajo constituyó para Ignacio, desde el primer momento, motivo de desasosiego. Aquello no era el Banco Arús, donde trabajar significaba ganar un sueldo y ayudar a la familia. La sensación de que «colaboraba» con el enemigo lo acosó con más fuerza que a la propia Pilar en la Delegación de Abastos. ¡Escribir «Milicias Antifascistas», «Ejército del pueblo», «Columna Carlos Marx»! Insoportable crispación, que acaso diera al traste con su buena voluntad y lo llevara a cometer algún disparate.

Por las mañanas le fue asignado trabajo de archivo y por las tardes debería atender a los milicianos sanitarios que se presentaban con hojas de pedido, a veces con simples vales. Ignacio debía controlar y legalizar estos pedidos y llevarlos a la firma, con cuyo requisito los milicianos se presentaban en el almacén de Pompeya a retirar la mercancía.

La correspondencia que archivaba por las mañanas lo ponía de mal humor. ¡Donativos de Inglaterra, de Francia, de Estados Unidos! Vengan ambulancias y desinfectantes, sueros y botiquines... ¿Qué era lo que las grandes democracias querían curar? ¿El dolor de estómago de Cosme Vila? ¿El ojo ciego de Axelrod? ¿Las enfermedades venéreas de los milicianos? Ignacio no se hacía la idea de que todo aquel material desfilara ante sus ojos sin que él pudiera destruirlo. Le sorprendió que los donativos enviados por la Cruz Roja fueran tan escasos. Don Carlos Ayestarán estaba indignado. «La Cruz Roja nos está fallando. Muchas listas de desaparecidos, pero material, nada.» A don Carlos esto le enfurecía tanto como el hecho de que el ministro de Sanidad fuera la comadrona Federica Montseny, de la FAI. «¡Un anarquista, ministro de Sanidad! ¡Una comadrona!»

En cuanto a su trabajo de tarde, atender a los milicianos,

ponía un insoportable nudo en la garganta de Ignacio. Y siempre temía que entrara alguno que lo conociera, el Cojo o Ideal. En un principio, supuso que todos los milicianos le repugnarían por igual, pero la experiencia le demostró que no. Algunos anarquistas resultaban hasta simpáticos, por la luz ingenua de su mirada y por la lógica correlación entre sus ideales y su actitud. En cambio, los comunistas... ¿Qué hacían con los sueros y con el esparadrapo? ¿Lo mandaban todo a Moscú? ¿Infectaban a los milicianos que no eran del Partido? También le repugnaban los seudointelectuales de Estat Català. Hablaban con énfasis, sobrecargando de sentido y emotividad cada palabra, como a poco que se descuidaran les ocurría a David y Olga. A veces Ignacio se quedaba clavado en el sitio: cuando el «miliciano» era una muchacha hermosa y entraba saludando con el puño en alto. Ignacio no lo podía remediar. Se le hacía cuesta arriba admitir que una mujer hermosa levantase el puño. Él no lo levantaba nunca, tampoco decía: «Salud.» Siempre se las ingeniaba para simular que tenía tos, que estornudaba o que alguien lo llamaba de otro sitio.

Tocante al personal, a sus compañeros de oficina, era muy vario. Había lo menos una docena de mecanógrafos repartidos por el piso, piso que perteneció a un prohombre de la Lliga Catalana. A las cuarenta y ocho horas, Ignacio hubiera podido establecer sin error posible la filiación de cada cual. Bastaba para ello con analizar el léxico que empleaban, el tono de voz con que correspondían a los saludos, la manera como echaban la primera mirada a los periódicos, a las banderas o se ponían al teléfono. Cuatro lo menos de estos mecanógrafos eran «fascistas» sin lugar a dudas. Apenas si hablaban. El resto, se comunicaban noticias sin parar y bromeaban sobre Madrid y Guadalajara.

Una muchacha llamó en seguida la atención de Ignacio: la encargada de la centralilla telefónica. Enclenque, ensimismada, pálida como la nieve. Vivía en perpetuo susto, daba la impresión de que esperaba que de un momento a otro le ocurriera una catástrofe. Varias veces la mirada de la chica se cruzó con la de Ignacio y ambos sintieron la clandestina complicidad.

En la vertiente opuesta, también había alguien que obsesionó a Ignacio más que los demás: el conserje. Un miliciano ya de edad, sin piernas, de la FAI. Se arrastraba por la oficina sobre un carrito de ruedas. A veces parecía un sapo; sin embargo, era alegre y tenía la cabeza mayor de lo normal. Se llamaba Gascón. Cuando sonaba el teléfono, pegaba un increíble salto para alcanzarlo. Llevaba un gran correaje con dos pistolas. Cada mañana, después de leer el periódico, decía lo mismo: que el sitio ideal para él sería la torreta de un tanque. «Allí, sin piernas y con una ametralladora ¡sus y a por ellos!» A Ignacio lo miró esquinadamente desde el primer momento. «¿De Gerona eres tú...? ¿Qué mosca te ha picado...?»

Cuando quería desaparecer unos minutos, Ignacio se daba una vuelta por el inmenso piso y se encerraba en el cuarto de baño. Un cuarto de baño con azulejos negros, obsesionantes, en el fondo de cuya seca bañera yacían dos cornucopias. En vez de papel higiénico había una pila de folletos farmacéuticos ensartados en un alambre. La literatura de tales folletos era precisa y optimista. Todo lo curaban, incluso las hondas dolencias del ser. Ignacio confiaba en que cualquier día le curarían la angustia de tener que escribir cada mañana «Milicias Antifascistas».

El primer sábado le dijeron: «Mañana te toca guardia en Pompeya.» ¡Santo Dios! A las ocho de la mañana se fue a la iglesia convertida en almacén, en el que entró como si entrara para oír misa. Nunca había estado allí. El templo estaba abarrotado, al igual que el de San Félix de Gerona, pero en él, en vez de sacos de garbanzos y de cereales búlgaros, había pirámides de cajas de madera que decían: «Frágil» y montañas de paquetes agradables al tacto, con inscripciones en todos los idiomas. En el altar mayor había vendas y gasas para cubrir todas las heridas de la tierra; en la pila bautismal, estricnina y aspirina. Aquello era un laberinto. ¡Y estaba solo! ¿Qué ocurriría si fuera a la sacristía y abriera los grifos? El agua empezaría a deslizarse hasta salir por la puerta de la calle... Sin embargo, las gasas no eran espoletas. Las gasas y medicamentos servían para curar, y el dolor humano era siempre respetable. ¡Al diablo con los escrúpulos! ¿Y un incendio? No acertaba a decidirse. Hasta que oyó un extraño ruido. Dos chasquidos y luego algo que se arrastraba. Salió de la sacristía y por entre los pasillos interminables vio al mutilado Gascón, el conserje, avanzando con su carrito.

—Salud, camarada...

Ignacio lo miró. Ignacio llevaba un lápiz en la oreja y este detalle le infundía seguridad.

—¡Hola!

Gascón continuó:

—Pasaba por aquí y me he dicho: Voy a entrar un momento a ver al curita ese que está de guardia.

—¿Curita? —Ignacio parpadeó.

—¡Bueno! Es un decir. —Gascón empezó a liar un pitillo, sacándose la petaca y el librillo de debajo los muslos—. De todos modos, ¡qué quieres! Me emperraría en creerte de los nuestros y no podría. ¡Palabra! No podría.

—No te entiendo.

—¡Bah! Ni falta que hace. ¿Quieres fumar?

Ignacio se guardó el miedo para sí; en cambio, su deseo de inutilizar de algún modo aquellas pilas de medicamentos le produjo tal escrúpulo que aquella misma noche, después de cenar con Ezequiel y mosén Francisco, antes de acostarse en el camastro que habían habilitado para él, llamó aparte al vicario y le explicó lo que ocurría. Mosén Francisco fue tajante:

—Sería una canallada. En la guerra, los medicamentos son sagrados, incluso perteneciendo al enemigo.

—Monsergas. Esto es una guerra civil.

—Ignacio..., cálmate. ¿Me oyes? No pierdas la cordura.

Ignacio torció el gesto. Luego sonrió. Porque el vicario le estaba diciendo esto ¡con la cabeza convertida en sagrario, con la cabeza vendada, vendaje que no se quitaba nunca por temor a un brusco registro en la casa! «¡No pierdas la cordura!» ¿Es que no la había perdido él, mosén Francisco? ¿Acaso era cuerdo seguir confesando en los parques y en los cines, asistir a los moribundos del barrio, vagar en torno a la Cárcel Modelo y los cuarteles por si alguien necesitaba de sus servicios?

—Es otra cosa, Ignacio. Reconoce que lo que yo hago es otra cosa.

—De acuerdo, sí. Pero es que yo no puedo confesar ni dar la comunión. Y algo he de hacer.

—Cuando puedas, pásate a la España nacional.

¡Mosén Francisco! La integridad del sacerdote a veces asustaba al muchacho. Se daba cuenta de que debía aprovechar aquellos días para sacar de su compañía el máximo fruto. Porque aquello duraría poco... Lo presentía, como el coman-

417

dante Campos presintió, al incorporarse y partir para el frente de Teruel, que moriría en la guerra.

Mosén Francisco ejecutaba los más atrevidos actos con una alegría y una inconsciencia desconcertantes. Ezequiel decía simpre: «Sí, ya sé. Nos llevará a todos al paredón, y encima tendremos que estarle agradecidos».

Mosén Francisco e Ignacio tomaron por costumbre dialogar un rato antes de acostarse. Ignacio esperaba la llegada de Moncho, el sobrino de don Carlos Ayestarán, pero Moncho no llegaba. Así que el vicario era su amigo, además de Ezequiel. Ezequiel era todo un hombre. Pese a la desmesurada longitud de sus brazos, conocía sus límites. Cuando advertía que sin él la conversación podría remontar el vuelo, desaparecía en el acto, pretextando sueño o lo que fuere. Manolín, a veces, se quedaba con el gato en brazos, absorto, procurando retener las palabras que brincaban en la mesa. Y continuamente pensaba: «Aquí Marta hubiera dicho esto y lo otro.» «Aquí Marta hubiera saltado como un tigre.» Manolín le tenía celos a Ignacio, aunque no comprendía que a una persona se le pudiera tener celos y al mismo tiempo quererla como él quería al muchacho.

Una noche especialmente benigna, el vicario e Ignacio decidieron subir a la azotea. La luna los atrajo, la luna y el rutilante firmamento. Se llevaron una silla cada uno. Mosén Francisco se cubrió con el capote que le dieron en el cuartel «Carlos Marx», Ignacio le había pedido a Rosita una manta. Se acomodaron en las sillas. Planeaba un hondo silencio sobre Barcelona. Se presentía, lejano, el puerto, y más allá del puerto, el mar. A intervalos llegaban a sus oídos unos como golpes de azadón: debían de estar construyendo por el barrio algún refugio antiaéreo. También, intermitentemente, de la cima del Montjuich o del Tibidabo brotaban poderosísimos haces de luz que tanteaban el cielo, sin duda ejercitándose por si aparecían aviones.

Después de comentar durante un rato las noticias de la jornada —se hablaba de que los «nacionales» iban a iniciar el ataque a Bilbao—, mosén Francisco se hundió debajo del capote como si éste fuera una casulla y le preguntó a Ignacio:

—¿A que no sabes qué día es mañana?

—¿Mañana...? —Ignacio parpadeó—. Jueves...

—Exacto... —El vicario marcó una pausa y añadió—: Jueves Santo.

El corazón le dio un vuelco a Ignacio. ¿Cómo había podido olvidarlo?

—La verdad...

—No te apures. —Mosén Francisco cambió el tono de la voz—. ¿Te acuerdas, en Gerona, en estas fechas? De la subida al Calvario, de la procesión...

Ignacio se emocionó. Se arrebujó con la manta.

—Claro que sí... Me acuerdo de todo. —Marcó otra pausa—. Me acuerdo de mi madre...

—Eso es. De tu madre. —El vicario repitió—: De Carmen Elgazu, subiendo el Calvario...

Ignacio tardó un rato en contestar.

—Subiendo... y cantando...

—Eso es. Cantando...

Guardaron un silencio largo, que llegó hasta el mar.

Entonces el vicario le dio a Ignacio una noticia increíble: con un grupo de amigos había decidido celebrar la procesión del Viernes Santo, a pesar de las circunstancias. En principio habían encontrado la solución. «A veces el Espíritu Santo se acuerda de que existo.» Vestidos, cada cual a su manera, de paisano, de militar, las mujeres vestidas de milicianas o de enfermeras, en la tarde del Viernes Santo se concentrarían con disimulo, sin mirarse unos a otros, en la puerta de cualquier iglesia y a la misma hora que en los años anteriores empezaba la procesión echarían a andar, más o menos en comitiva, siguiendo cualquier itinerario tradicional.

—¿Comprendes, Ignacio? Tenemos que defendernos. Seremos un par de docenas. Yo iré delante con la cabeza vendada. Es decir, llevaré a Cristo en la frente. Y siguiendo mis pasos, Ezequiel y Rosita y Manolín y otros amigos del barrio, un poco desordenados, confundiéndose adrede con los transeúntes. Muchas monjas querrían acompañarnos, pero se lo he prohibido; incluso a las que ya pueden prescindir de la peluca. ¿Comprendes, Ignacio? Me agrada esto, de veras. ¿Tú crees que alguien sospechará? Yo creo que no. ¿Quién podría imaginar que un miliciano herido, con una pistola en el cinto, encabeza una procesión?

Ignacio contuvo la respiración. Estaba a punto de sollozar. «¡Cuente conmigo!», quiso gritar. Pero se contuvo. «Nadie, nadie sospechará», dijo para estimular a mosén Francisco. Pero él tenía miedo, tal vez porque aquello era muy grande. ¿Y si pasaba Axelrod? ¿No habría instruido a su perro para que olfateara las procesiones clandestinas? ¿Y si pasaba Gascón o mosén Francisco de pronto rompía a cantar: «¡Perdónanos, Señor...!»?

Ignacio permaneció mudo, bajo las estrellas. Entonces mosén Francisco le habló del espíritu y de la voluntad.

—El espíritu es algo muy noble. Puede doblegarlo todo. Conozco a un ciego que, sin saber cómo, acierta cuando aparece el Arco Iris. De pronto señala con el índice y dice: «Ha salido el Arco Iris.» Y anteayer asistí a un muchacho moribundo, que me entregó todo su dinero para que lo hiciera llegar a manos del miliciano que lo detuvo y que ahora está enfermo.

Ignacio se irguió un poco en la silla. El primer ejemplo le interesó; el segundo le incomodó, sin saber por qué.

—¿Qué tiene que ver eso con el espíritu? Déjeme pensar en la procesión.

—Sí tiene que ver. Amar al enemigo.

—¿Amarlo? ¿Ama usted a Cosme Vila?

—No. Pero es que yo soy un pobre diablo.

—¿Y yo he de entregar mi dinero al Responsable?

—Si éste cayera enfermo ¿por qué no?

Ignacio se excitó extrañamente. Siempre le ocurría eso cuando se enfrentaba con lo que a él le parecía virtud excesiva.

—Se lo ruego. No insista. Déjeme pensar en la procesión...

Se impuso un silencio mucho más largo que los anteriores. Ignacio encendió un pitillo y fue sintiéndose nervioso. Al cabo de unos minutos dijo, inesperadamente:

—¿Sabe que a veces creo que no podré aguantarme? Tengo ganas de abrazar a una mujer.

Mosén Francisco no se escandalizó, como Ignacio hubiera deseado.

—No te lo vas a creer —dijo—, pero el día que llegué a Barcelona yo abracé a una más de media hora.

—No sé lo que quiere decir.

—¡Bah! —cortó el vicario, haciendo un gesto. Luego añadió—: Una cosa te pido. Si caes en la tentación, levántate en seguida. Y, por supuesto, ocúltaselo a Ana María.

Pocos días después llegó Moncho. Llego de Madrid. Primero visitó a sus padres, que estaban en Lérida —su padre era veterinario—, y luego, por encargo de su tío, don Carlos Ayestarán, estuvo en Madrid visitando el último Hospital de Sangre que se había constituido para los combatientes de las Brigadas Internacionales. Era un hospital enorme, bajo la dirección de un médico canadiense llamado Simsley. Lo bautizaron «Hospital Pasteur». Don Carlos Ayestarán, que sentía honda gratitud por la presencia de los internacionales en España, a través de Moncho se ofreció al doctor Simsley para garantizarle el suministro farmacéutico, siempre de acuerdo con el doctor Rosselló, éste en el Hotel Ritz. Moncho cumplió correctamente su misión. El muchacho había llegado a un inteligente acuerdo con su tío: ambos jugarían a cartas vistas. Moncho era «fascista» y lo sería hasta el fin. Don Carlos lo protegía por fidelidad familiar. En pago a esta protección, Moncho colaboraría con su tío sin traicionarle nunca, sin tergiversar una orden ni sabotearla. Si algún día decidía romper el compromiso, esconderse o pasarse al enemigo, se franquearía con su tío y en paz.

El recíproco mantenimiento de la palabra empeñada facilitó mucho las cosas respecto a Ignacio. Don Carlos fue el primero que, rubricando el comentario de Julio, le dijo a Moncho: «En la oficina hay un muchacho nuevo, de Gerona, con el que podrás conspirar. Dile que estoy contento con él, pero que no me haga nunca una trastada. Y si viene a cuento, hazle saber que me horroriza que alguno de mis hombres lleve sucias las uñas.»

El encuentro entre Ignacio y Moncho fue más afortunado aún que el que tuvo lugar en el Alto del León entre Mateo y José Luis Martínez de Soria. Moncho era algo mayor que Ignacio, veintitrés años, y más alto. Estudiaba Medicina y entretanto hacía prácticas de anestesia en el Hospital Clínico. Su mirada era tan serena que a veces asustaba. Enamorado de la montaña, de las excursiones y de la nieve, su cabellera era de un rubio dorado, tostado por el sol de las cumbres. Siempre llevaba corbata blanca y zapatos negros. No buscaba contraste, sino compensación.

—Me han dicho que seríamos amigos.

—Eso espero.

—Te advierto que yo escucho a Queipo de Llano.

—Yo también.

Moncho fue la solución, incluso para lo referente al alojamiento de Ignacio. En efecto, las cosas se complicaron en casa de Ezequiel. Ignacio sorprendió por dos veces a Gascón acechando por la calle de Verdi en una camioneta del café Debray y también a mosén Francisco, al salir de casa, le habían pedido la documentación con mal disimulada reticencia. Ezequiel les dijo: «O vivir separados, o morir juntos. A elegir.»

Moncho le propuso a Ignacio:

—No te preocupes. Vente a mi pensión. La patrona es comprensiva... y guapa.

Fue coser y cantar. La pensión, barata pero limpia, estaba en la calle de Tallers. En tiempos fue de viajantes de comercio, pero ahora se nutría de conductores de camiones de gran tonelaje. La patrona aceptó a Ignacio y le destinó el cuarto contiguo al de Moncho, cuarto ventilado, en el que había un gran armario de luna. ¡Santo Dios! Ignacio llevaba unas semanas sin verse entero... Le pareció que había cambiado mucho. Se encontró a sí mismo «impersonal». «Lo mismo puedo ser soldado de Sanidad que empleado de un Banco.»

Desde el primer momento Moncho había intuido que Ignacio era un emotivo y que la soledad le afectaba. Necesitaba que las cosas a su alrededor le acompañasen, le flanqueasen. Por eso le dijo:

—En cuanto te hayas instalado, vente a mi cuarto. Tomaremos café.

Ignacio no tardó ni diez minutos. Se limpió las uñas y, saliendo al pasillo, llamó con un silbido a Moncho. Éste abrió la puerta al instante e Ignacio se sintió halagado. Entró y se sentó en la cama de su amigo. Mientras éste preparaba el café, Ignacio lo observó. Moncho era huesudo, enérgico, de ademanes cortos y precisos.

—¡No me dirás que eres zurdo!

—¡Vaya! No lo puedo ocultar...

Sin saber por qué, incluso este detalle le gustó a Ignacio.

—¿Azúcar?

—Sí. Soy goloso.

Ignacio giró la vista en torno. La habitación de Moncho definía a éste. A la altura de la cabeza, la agresión de seis láminas anatómicas, entre las que destacaban otras tantas fotografías de las más altas montañas del mundo. Las láminas correspondían a su afición por la Medicina, las montañas a su «escuela de endurecimiento» como él llamaba al alpinismo. Sobre la mesilla, el reloj de arena que Julio le vio en la Generalidad, cuando visitó a don Carlos Ayestarán. Luego unas cartas de *bridge*, un álbum filatélico. Todo allí tenía cierto aspecto mesurado, trazado a compás.

—¿Conoces mucha gente en Barcelona?

—Cinco o seis personas.

—Bastan para ir tirando.

Moncho era un hombre enamorado de la naturaleza, de todo lo que fuera natural. Su padre, veterinario, siempre le dijo que el dolor de los animales que curaba lo sentía como propio.

—¿Tu padre a qué se dedica?

—Es telegrafista.

—Ya. —Moncho reflexionó y añadió—: La profesión del padre influye mucho, ¿no crees?

—Supongo que sí.

Ignacio le invitó a fumar y Moncho rechazó.

—¿Por qué has elegido Sanidad?

—Nunca sé muy bien por qué hago las cosas.

De pronto se sentían distanciados, pero luego volvían a unirse. Moncho hablaba despacio y miraba con frecuencia el reloj de arena. Ninguna fotografía de mujer en la habitación.

—Odio la guerra. ¿Y tú?

Ignacio contestó:

—Odiarla es poco.

—Algún día vendrás al hospital.

La dueña de la pensión llamó a la puerta y Moncho acudió a abrir. Habló con ella un momento y volviéndose le dijo a Ignacio:

—La señora te advierte que a los huéspedes les está prohibido tener radio.

En cuanto la patrona se hubo retirado, Moncho levantó una cortinilla de un rincón y le mostró un aparato picudo, disimulado entre libros.

Ignacio sonrió. Moncho no se parecía en absoluto a mosén Francisco ni a Mateo. Tenía el autodominio de aquél, pero no por razones sobrenaturales, sino por espontaneidad.

—¿Más café?

—¿Por qué no?

—Yo puedo tomar el que quiera y luego dormir como un bendito.

—¿Te gusta vivir en una pensión?

—Me he adaptado.

El café era bueno, Ignacio lo paladeó. Seguro que hacer café era otra de las cosas que la montaña le había enseñado a Moncho.

—¿Qué pico es aquél?

Moncho miró para arriba, a una de las fotografías de la cenefa.

—El Everest. —El sobrino de don Carlos añadió—: Allí no hay guerra civil.

Ignacio sintió que la imaginación se le disparaba y encontró placer en ello. ¿Por qué Moncho era tan metódico, y tan «cada cosa en su momento y en su lugar»?

—¿Tienes novia?

Moncho negó con la cabeza, cabeza como de madera, con los nervios y las aristas. Y de apariencia antigua.

—No la tengo, pero es como si la tuviera. Salgo con una muchacha mayor que yo, con la que me llevo muy bien.

—¿Cómo se llama?

—Yo la llamo Bisturí.

Ignacio no recordaba a nadie que diera tantas facilidades para ser interrogado.

—¿Bisturí?

—Sí. Es partidaria de la acción ¿comprendes?

—No, no comprendo... No sé a qué acción te refieres. ¿Dónde dejo la taza?

—Ahí mismo, en la mesilla.

—¿De veras no quieres fumar?

—Ahora sí. Gracias. —Moncho encendió el pitillo—. Pues sí... Bisturí comparte mis ideas y me ayuda.

—¿En qué?

—Me ayuda a vivir... y también a destrozar neumáticos. ¡Sí, no pongas esa cara! Neumáticos de los camiones que se van al frente. Yo le suministro ácido potásico y ella, en combinación con un chico que está en el Parque Móvil, lo inyecta en las gomas y éstas se corroen y de pronto se quedan plantadas en la carretera.

Moncho hablaba sin énfasis. Tenía una meta concreta y a ella se dirigía. Ignacio le preguntó:

—¿Sabes si tu... digamos Bisturí, podría enterarse de si una persona muy amiga está en la Cárcel Modelo?

—No sé decirte, pero se lo preguntaremos. ¿Cómo se llama esa persona?

—Emilio Santos. No, por favor, no tomes nota. Nada de papeles.

—Tienes razón —admitió Moncho—. Emilio Santos. Me acordaré.

Hablaron mucho rato aún. Moncho llegó de Madrid muy impresionado por las cosas que el doctor Simsley, el médico canadiense del Hospital Pasteur, le había contado de los combatientes internacionales. Entre ellos el número de toxicómanos era muy crecido y en general se comportaban como mercenarios en suelo extranjero. Pero de pronto parecía que querían equilibrar la balanza o reconciliarse con la vida y se convertían en héroes. «No es cierto que todos sean luchadores veteranos. Los hay que no habían disparado un tiro en su vida.» «Lo que más ha impresionado al doctor Simsley es su aguante en el hospital. Son fatalistas y un poco niños. Una palabra amable, ¡incluso un caramelo!, y soportan las curas sonriendo. Exceptuando, claro está, a los que te dicen: Doctor, si no me cura usted lo mato.»

Ignacio observó que Moncho tocaba los más diversos temas alterando apenas el tono de la voz. Probablemente lo hacía por educación.

Moncho se lo aclaró:

—Nada de educación... Es que ya sabes cuál es mi trabajo en el Clínico: anestesista. ¿Te haces cargo? Un poco de éter... y todos iguales.

Ignacio miró una vez más la angulosa cara de Moncho y luego su corbata, blanca, y sus zapatos, negros.

—Si tan escéptico eres, ¿por qué has tomado partido en la guerra?

—Por comodidad... Quiero ser médico, ¿entiendes? Los militares suelen garantizar el orden público; de modo que si ellos ganan podré estudiar en paz.

—No sé si hablas en serio o en broma.

—¡Bah! Soy un hombre sin complicaciones.

—¿A qué lo atribuyes?

—A haber vivido mucho en los pueblos.

—Yo siempre he vivido en la ciudad.

—Es un error.

Ignacio volvió a girar la vista. Las láminas anatómicas le herían los ojos, sobre todo las de color rojo. Una de ellas representaba el cerebro dividido en compartimientos, y se acordó de la observación de su padre: «¿No está tapado el cerebro? Por algo será...»

Moncho le dijo que, según cuales fueran sus planes, tal vez le conviniera a Ignacio hacer en el Clínico algunas prácticas sobre vendajes, inyecciones, corte de hemorragias, etcétera.

Ignacio le dijo: «Claro que me convendría. Pienso pasarme a los nacionales.»

—Ya...

Moncho se quedó súbitamente serio. Sus cabellos eran dorados y su mirada serena. Con la mano izquierda —era zurdo— se sacó el pañuelo y se sonó.

Ignacio de sopetón, le preguntó:

—Otra cosa, si no te molesta. ¿Crees que el hombre es libre?

Moncho lo miró:

—No le preguntes esto a un anestesista. —Marcó una pausa y añadió—: Nos rodean fuerzas secretas ¿comprendes?

Ignacio reflexionó.

—¿Crees que vivir vale la pena?

Monchó dobló el pañuelo y se lo guardó. Luego contestó:

—El protestantismo opina que sí.

Ana María... Ana María, al recibir, en casa de sus protectores, Gaspar y Charo, la llamada telefónica de Ignacio, entendió que vivir valía la pena. Mantuvo el oído al teléfono hasta mucho después que Ignacio colgara; y luego, pese a su color negro, apretó el auricular contra su corazón.

Poco después los dos muchachos salieron juntos, como antaño, como aquel verano en San Feliu de Guixols. Salieron aquella misma tarde, en cuanto en la oficina de Sanidad dieron las siete y en cuanto Gascón, de guardia en la puerta, le dijo a Ignacio, al ver pasar al muchacho: «Salud, curita...» Ignacio seguía sin querer decir «Salud». Decía «suerte» o hacía un ademán ambiguo.

Ignacio esperó a Ana María en el lugar convenido, cerca del domicilio de la muchacha. La esperó entre los quioscos de libros de las Ramblas, que seguían repletos de fotografías de prohombres de la revolución. Ana María apareció con toda puntualidad, vestida como una modistilla.

—¿Trajiste contigo los ojos?

—Valiente pregunta... ¿No los ves?

Luego saldrían otras muchas tardes y el encuentro sería siempre el mismo: dos miradas que se funden, timidez y necesidad de elegir las palabras.

Ignacio, cansado de la monotonía de la oficina y de su esfuerzo para escribir «Milicias Antifascistas», proponía siempre a Ana María lugares pintorescos para darse las manos, mirarse y gozar. Por ejemplo, las salas de billar, donde nadie le diría «curita», o el Parque de la Ciudadela, en el que mosén Francisco instaló su «confesionario» o, con más frecuencia aún, los andenes del Metro. En efecto, bajaban al andén de cualquier estación del Metro poco concurrida y allí se sentaban, viendo pasar sin prisa trenes y más trenes. La llegada del convoy, con el faro delante, era tan inevitable y tan exacta que ello confería a sus relaciones, por unos minutos, una curiosa seguridad. Sí, nada había tan cierto, tan previsible como el regreso de los convoyes del Metro. «El Metro es como tú —le decía Ana María a Ignacio, jugando con los dedos del muchacho—. Se va, pero vuelve.»

Un par de veces fueron al Frontón Chiqui ¡y apostaron y perdieron! «Bueno, creí que ahí tenías influencia.» En el frontón había siempre seres solitarios que miraban con frecuencia a la puerta de entrada, como temiendo la aparición de alguien. También con frecuencia visitaban a Ezequiel en el Fotomatón. Ezequiel los atendía bien, los saludaba con títulos de películas y los retrataba gratis, e incluso le hizo a la muchacha una caricatura muy graciosa; pero cada vez, al despedirse, depositaba con disimulo un papel en la mano de Ignacio, papel que decía invariablemente: «Farsante, ¿y Marta?»

Ana María se avergonzaba de su casi felicidad. ¿Y la guerra? ¿Y su padre en la Cárcel Modelo? ¿Y su madre, en el campo, con lo que le desagradaban los animales? ¿Y los detenidos del *Uruguay* y el fracaso de Guadalajara?

A su manera, la muchacha tenía ideas propias y a menudo, cuando Ignacio pretendía deslumbrarla con algún tema fuera de lo común, Ana María se le anticipaba y daba su opinión. Por ejemplo, ella creía que Ignacio tenía perfecto derecho a incendiar los almacenes de la iglesia de Pompeya. Y estaba de acuerdo con Moncho respecto del libre albedrío: «¿Libre? ¡Ja, ja! Yo me esfuerzo en no quererte, y ya ves: aquí, encadenada.» No creía que el amor fuese egoísmo. «Yo lo daría todo por ti.» Pero tampoco creía que amar mereciese por sí una recompensa. «¿Por qué recompensa? El amor llega y ¡pum! ¿Qué mérito tengo yo? Ninguno. Me cosquilleaste los pies debajo del agua y ¡hale! chiflada, hasta hoy.»

Cuando advertía que Ignacio estaba en vena, le facilitaba las respuestas.

—¿Todavía te gustaría deslizarte sobre el agua?

—Tú eres el agua.

—¿Te acuerdas del sol rebosante en la arena?

—Tú eres el mar.

—¿Y de aquel concierto de guitarra en la Colonia de San Feliu de Guixols?

—Tú eres cualquier hermoso rumor.

Una cosa molestaba a Ignacio: que Ana María le hablara tan a menudo y con tanta vehemencia de Gaspar Ley, el hombre que la tenía alojada en su casa.

—¿Qué hay de excepcional en ese señor? Administra un frontón, de acuerdo. ¿Y qué más? ¿Por qué dices que es un tipo excepcional?

—Porque lo es. Sube a casa y te convencerás.

—¿Subir yo? ¡Vamos!

Tenía celos. Y era que Ana María le gustaba cada vez más. Era valiente y eficaz. Su padre, en la Modelo, podría dar fe de ello. Y Gaspar Ley y Charo, la esposa de éste. Todo lo hacía con singular desparpajo y alegría. A menudo la muchacha pasaba por la calle de París, mirando los balcones de la oficina de Sanidad. Y era raro que Ignacio regresara a la pensión sin encontrarse con una nota de Ana María en el casillero. A veces era sólo el nombre, *Ana María*, o el envoltorio de un terrón de azucar utilizado por Ignacio en el café, o un billete de Metro. A menudo le escribía postales representando algún paisaje o monumento gerundense, sobre todo la Dehesa, las escalinatas del Seminario o los arcos de la Rambla.

Un día, la muchacha le miró con fijeza y le conminó:

—Prométeme que no te pasarás a la otra zona... Prométemelo.

Ignacio le sostuvo la mirada.

—¿Hablas en serio?

Ana María cruzó con timidez las manos en el regazo. Luego contestó:

—Sí y no.

Los dos callaron. Se encontraban en el andén de «Liceo». Los trenes llegaban, final de trayecto, y se volvían, mientras arriba la ciudad vivía envuelta en un halo rojizo compuesto de luz, de humo de fábricas militarizadas, de pasiones súbitas y del enorme sol de abril, que acababa de morir.

Otro día, Ana María le preguntó:

—¿Por qué no me das el número de teléfono de Pilar, en Abastos? La llamaría desde casa. Le daría una sorpresa.

TERCERA PARTE

Del 31 de marzo de 1937
al 25 de diciembre de 1937

CAPÍTULO XXVIII

LOS ALEMANES INSTALADOS en la España «nacional» observaban y luego comentaban; los italianos solían proceder a la inversa, lo cual no implicaba que cometieran más errores, pues con frecuencia su intuición se mostraba certera.

Los dos representantes más calificados de Italia, el diplomático y el del partido fascista, tenían poco en común. El embajador, Roberto Cantaluppo, hombre de exquisita sensibilidad, se hacía notar por su prudencia y sentía un respeto innato por los derechos del prójimo; el vanidoso delegado fascista, Aleramo Berti, presentaba las cosas —y se las presentaba a sí mismo— a la medida de sus deseos, era un poco cínico y cuando decía Italia parecía decir: «Imperio Romano.» El talante del embajador era el mismo en público que en privado; en cambio, el ególatra delegado del Fascio era tímido en su casa, y sus tres hijos, de menos de diez años, le hacían una perrería tras otra desde por la mañana hasta por la noche.

Los dos representantes más calificados de Alemania diferían también mucho entre sí. El embajador, ex general Faupel, que había estado unos años en Argentina y que en tiempos fue jefe del cabo Hitler, era un caballero extramadamente concienzudo y formal, aunque de inteligencia poco elástica; el delegado nazi, Schubert de apellido, inseguro al enfrentarse con los meridionales, disponía de una rotunda fuerza interior y ni siquiera delante de sus hijos ocultaba su creencia en la superioridad de la raza aria.

También diferían entre sí los hombres que personificaban la Alemania y la Italia combatientes. El representante italiano era Salvatore, el ahijado de Marta, muchacho dinámico, que lo mismo disertaba sobre política que sobre los problemas de la desratización de los barcos mercantes, o sobre el clima australiano. Por supuesto, se mofaba de Aleramo Berti, excepto cuando éste se refería a Guadalajara, donde Salvatore cayó herido. El representante de los combatientes alemanes no era un soldado raso; era el comandante Plabb, oriundo de Bonn y jefe de unas baterías antiaéreas. El comandante Plabb era hombre sin doblez, por lo que le incomodada tener que escribir a su familia mintiendo, describiéndoles el Mar Báltico en vez de la llanura castellana o el maravilloso paisaje de Asturias. En ningún momento cumplió la consigna de no hablar de política con los españoles. Rebosaba nazismo por el uniforme y aprovechaba cualquier ocasión, incluso estando con mujeres, para catequizar a su auditorio.

En la práctica, y pese a defender intereses comunes, alemanes e italianos chocaban, tanto en el frente como en la retaguardia. En Sevilla, los italianos no podían soportar que los alemanes en pleno invierno se bañasen en el Guadalquivir. «Eso no es serio», decían. Por su parte, los alemanes no soportaban la retórica italiana en los cafés y en los tranvías. «Siempre parece que han descubierto una mina de oro o que andan cazando mariposas.» Los aviadores alemanes despreciaban a los infantes italianos y éstos se vengaban pisándoles al pasar u orientándolos erróneamente si les pedían unas señas o las propiedades de cualquier bebida que desconocieran.

Por parte italiana, posiblemente era Aleramo Berti quien mejor había aprendido español y se había familiarizado con la idiosincrasia española. «A los españoles no les gusta que se les llame ignorantes, pero no se ofenden si hábilmente se les demuestra que lo son.» Por parte alemana, sin duda el comandante Plabb era el que más progresos había hecho. Cierto, el sanguíneo y vital técnico en antiaéreos se había dedicado intensamente a la gramática y al diccionario, y además había prestado mucha atención a la gente del país, lo cual le obligó a replantearse buena parte de sus primeras impresiones. Por ejemplo, ya no hablaba de los requetés con la ligereza con que lo había hecho en sus contactos con Núñez Maza y con el propio Aleramo Berti. Los había visto emprender marchas agotadoras llevando una cruz delante y cantando el rosario, y pese a entender que se trataba de superstición, admitió que ésta tenía grandeza. «Al fin y al cabo, es necesario tener un ideal.» También le sorprendió la importancia de la organización prostibularia. Había muchas prostitutas en España y, recordando la advertencia que les fue dada en el puerto de

Hamburgo: «la mujer española es recatada», se dijo que en el fondo la solución era inteligente: «Un buen surtido de carne profesional y el resto de las mujeres, fieles y en paz.» Siempre le decía a Schubert: «No sea usted timorato. Los españoles estiman a los alemanes y nos hacen caso. Aconséjelos, sobre todo a Hedilla y a los falangistas. Y si fracasa usted, insista a través de Berlín.»

Aleramo Berti era un escéptico con respecto a la posible fascistización de España. «Italia es un pueblo anárquico en los detalles y en el porte exterior; pero cuando intuye que la empresa es grande, obedece. En toda la historia hemos sido así; en cambio, los españoles han perdido el hábito de creer que hay capitanes y palabras que merecen perpetuarse.» Salvatore se reía de tales generalizaciones. «Vuelves la frase al revés —le decía a María Victoria, mientras ésta le vendaba la mano— y todos tan contentos.»

El caso es que las predicciones de los alemanes e italianos respecto a los proyectos del general Franco, proyectos cuyo mensajero fue Núñez Maza, se manifestaron verídicas y obraron sobre unos y sobre otros como espina irritativa. Los alemanes irguieron el busto y los italianos tiraron al suelo el cigarrillo sin fumar: Franco anunció oficialmente que iba a proceder sin pérdida de tiempo a la unificación del Requeté y de la Falange, creando el Partido Único.

Aleramo Berti se calló y en casa fue más que nunca el payaso de sus hijos: en cambio, Schubert mandó a Berlín otro de sus prolijos informes. De cualquier manera ambos delegados coincidieron en profetizar dramáticos acontecimientos provocados por el anunciado decreto. Cierto que, pulsando determinados ambientes, la cosa parecía inevitable, pues las reacciones eran varias y había comentarios para todos los gustos. Mientras los Anselmo Ichaso estaban dispuestos a acatar la Unificación, a condición de que el jefe que se nombrara no fuera falangista, muchos falangistas accederían a ponerse boina roja sólo en el caso de que el jefe no fuera requeté. Por otra parte, Hedilla, Núñez Maza y otros jerarcas de la Falange, reunidos en cónclave en Salamanca, acordadon oponerse de modo rotundo al proyecto, sin admitir componendas. Finalmente, sobre unos y otros gravitaba una masa mayoritaria que estimaba que la medida era racional y que Franco acertaría a encauzarla del modo más pertinente. De esta masa formaban parte José Luis Martínez de Soria, Mateo, «La Voz de Alerta» y Javier. «La Voz de Alerta» sentenció: «La decisión es justa y Franco no se detendrá ante nada.»

Acertó. Al margen de la opinión de unos y otros, la Unificación fue un hecho. El día 19 de abril salió publicado el decreto. Los falangistas conservarían la camisa azul y llevarían boina roja; los requetés conservarían la boina roja y llevarían camisa azul. Los dos himnos serían oficiales y obligatorios. El *Cara al Sol* y el *Oriamendi*. El organismo se llamaría Falange Española Tradicionalista y de las JONS. Su único jefe, el general Franco. El Consejo Nacional estaría formado por seis falangistas y seis requetés. La ocasión era solemne, los decretos suplementarios garantizarían el cumplimiento de la orden y el júbilo había de ser ruidoso en toda España. Todos aquellos que en la chabola de Salazar votaron en contra, así como otro reducido número de falangistas que luchaban en torno a Hedilla, se dispusieron a ser consecuentes con su juramento. La idea de asesinar a Franco, que cruzó meteóricamente por el cerebro de Montesinos, se desflecó en el interior del muchacho, y los demás no se acordaron de ella siquiera. En cambio, se creyó en la posibilidad de crear en Salamanca un estado de conciencia, y al efecto Hedilla cursó instrucciones a los falangistas del Norte, especialmente a sus conciudadanos de Santander, para que abandonasen el frente y se concentraran «en la histórica ciudad de Unamuno». En resumen: se declararon en rebeldía.

Sin embargo, el plantón tuvo escasa resonancia. Hedilla, mecánico de Santander, inteligente, autodidacto, pero soberbio y carente del necesario poder personal, no consiguió una movilización eficaz. Por otra parte, el entusiasmo popular era enorme e incuestionable, desbordándose con motivo de los festejos organizados para celebrar la publicación del decreto. Y, como remate, a los pies de uno de los falangistas rebeldes estalló una granada de mano, lanzada por un falangista sevillano adicto a Franco, y la muerte instantánea de aquél dio a los amotinados idea cabal de lo que acontecería si se encerraban en su actitud.

Hedilla se sintió abandonado a sus fuerzas y desorientado. Y el final de la aventura no tardó en llegar: él y sus colaboradores más directos, entre los que figuraban Mendizábal y Montesinos, fueron arrestados y encarcelados. Los demás se retractaron a tiempo y entre éstos figuraba Núñez Maza, el cual desapareció en dirección al frente de Madrid, dispuesto a mar-

432

tillear a los «rojos» internacionales o dinamiteros, comunistas o de la FAI, cantando las excelencias de los veintisiete puntos de José Antonio. Schubert comentó: «Ese Núñez Maza es una alhaja. Es bajito, pero es una alhaja.» Por su parte, el comandante Plabb sentenció: «Ha ocurrido lo que tenía que ocurrir. Franco era un jefe sin partido y la Falange un partido sin jefe. Pero tampoco los monárquicos sacarán tajada. Aquí quien gobernará será esa mano de Santa Teresa que Franco lleva siempre consigo.»

Un industrial barcelonés, del ramo de la confección, recién entrado en la España «nacional», se frotó las manos: «¡Faltarán millares de camisas azules y millares de boinas rojas!», exclamó. Pidió permiso para montar una fábrica y «La Voz de Alerta» le dijo: «Si te vas a Sevilla, Queipo de Llano te lo arreglará. Consigue un crédito bancario y Queipo te facilitará el montaje de la fábrica. ¡Pero date prisa, que todo el mundo reclama ese uniforme!»

Era cierto; el júbilo aumentaba por horas, como si la Unificación fuera algo esperado desde siglos. Los requetés hablaban de luceros y los falangistas de reyes, sin que se les trabase la lengua. La propaganda caló sin dificultad en las masas adictas y entre los simples combatientes. Fuera de eso, se rumoreaba que Franco iba a dar una satisfacción a la retaguardia que la compensaría del fracaso de Madrid: emprendería la anunciada y fulminante acción contra Bilbao y acabaría luego con el frente Norte. Esta idea aguijoneó a la multitud. Y por primera vez sonó el nombre de «Caudillo» refiriéndose a Franco. ¡Caudillo! Salvatore, convaleciente de su herida, en el hospital de Valladolid, recordó: «El Duce empezó a ser llamado Duce en 1922.» El comandante Plabb, de nuevo en el frente del Norte, dijo: «El Führer empezó a ser llamado Führer en 1933.» En 1937, una parte de España iba a ensayar el caudillaje... en el momento en que estallaba en la tierra la primavera y en que el Papa publicaba en Roma una Encíclica condenando con impresionante energía la doctrina nazi.

«La Voz de Alerta» y Javier Ichaso se pusieron la camisa azul. Su criada Jesusha se mofó de ellos y el dentista le dijo: «Disciplina, Jesusha, disciplina.» Al Alto del León llegó un camión de intendencia con boinas rojas. José Luis Martínez de Soria y Mateo se colocaron con énfasis cada cual la suya, se miraron y por último Mateo comentó: «¡Pareces Satanás!» El padre Marcos, que hacía poco había recibido como donativo alemán una maleta conteniendo un altar plegable, se puso boina roja, al igual que Núñez Maza, a quien se hubiera dicho que le había nacido algo loco, desorbitado, en la cabeza. Los requetés catalanes del Tercio de Nuestra Señora de Montserrat, de guarnición cerca de Belchite, se pusieron camisa azul. Mientras, un moro notable, en las orillas del Jarama, le decía al falangista Octavio, recién incorporado en calidad de agente del SIFNE: «La boina roja es peligrosa en el frente. Demasiado visible.» A lo que Octavio repuso, sonriendo: «Alá proveerá.»

La unificación era básica, en opinión del Alto Mando. Por Salamanca se rumoreaba que incluso Unamuno había sido partidario de ella, de una España «única», citándose el comentario que en plena Universidad le hizo al general Millán Astray, a raíz de una diatriba de éste contra Cataluña y el País Vasco. «Una España disgregada, sin el País Vasco y sin Cataluña, sería como un cuerpo tuerto y manco.»

La primavera trajo también en la zona «roja» un intento de unificación en gran escala, acorde con el automático movimiento pendular que se producía en los dos bandos y que le hacía exclamar a Cosme Vila: «Si algún día matan a Mateo, al día siguiente caeré yo.»

Las desavenencias en la zona no habían hecho sino aumentar, y cuantas personas se esforzaban en proyectar luces sobre los verdaderos culpables tropezaban con mil contradicciones. El doctor Relken, tan amable de la síntesis, había ya renunciado a ello y en Albacete se dedicaba a fisgonear entre los internacionales y a comprar imágenes de valor producto de saqueos e incendios. En Gerona, Antonio Casal quiso entretenerse en contar y numerar las fracciones que en primera línea y en las provincias de retaguardia se llamaban «antifascistas», y en cuanto advirtió que se acercaban al centenar dejó la pluma en la mesa y se fue a su casa a jugar con los pequeños, siguiendo con ello el ejemplo de Aleramo Berti.

Sin embargo, no faltó quien se arrogó la facultad de aislar y acusar a «los dos grandes responsables»: el nuevo embajador ruso, sustituto de Rosenberg, Gaiskis de nombre, llegado a Valencia a mediados de marzo. Gaiskis, con la ayuda del cónsul Owscensco, de Orlov, jefe de la GPU, y de Axelrod, el maestro y tutor de Cosme Vila, declaró que los principales focos de infección eran dos: uno, atávico; otro, reciente. El primero era el anarquismo, diferenciando con torpeza conceptos tan interdependientes como los de los «sindicatos» y «partido político» —vieja disputa entre Bakunin y Carlos Marx—, y el reciente era el POUM, el desviacionismo trotskista. Trotsky fue declarado por el nuevo embajador Gaiskis «traidor a sueldo de la Alemania nazi» y de la boca de éste salió un curioso lamento dedicado a los niños huérfanos que a través del gerundense Murillo fueron evacuados a Méjico. Sobre la CNT-FAI, holgaban los comentarios.

La decisión de acabar a rajatabla con dichos focos fue tomaba simultáneamente en Cataluña y Valencia. Graves deserciones del frente rojo al nacional, especialmente en el país vasco, aconsejaban acelerar la apertura del proceso. Un inmenso tinglado publicitario preparó las masas para el acontecimiento, a través de discursos, artículos y pancartas. Todos los hombres de sentido común, con mando o sin él, desde Indalecio Prieto y el general Miaja hasta las dos enfermeras suizas, Germaine y Thérèse, y Cosme Vila, pasaron simultáneamente al ataque. Antonio Casal denunció en *El Demócrata* que, en Sabadell, el POUM construía carros blindados, que en vez de mandar a la línea de fuego se reservaba «para las necesidades del partido en la retaguardia». El catedrático Morales hizo un viaje a Barcelona y regresó afirmando que la FAI, dueña de la Telefónica desde el inicio de la guerra, boicoteaba las comunicaciones entre los partidos no anarquistas y proclamó su horror ante el hecho de que, a consecuencia de la colectivización anarquista de los espectáculos, los cantantes profesionales cobrasen quince pesetas diarias, igual que un acomodador, y que el Teatro del Liceo se viera invadido todas las noches por catervas de milicianos borrachos que entraban gratis. Y el propio Raimundo, tan aficionado a los toros, supo por un huido de Córdoba que en Andalucía los anarquistas habían asaltado las ganaderías y acabado con ejemplares cuya estirpe tenía tres siglos. «Por si fuera poco, Ortega, La Serna y Bienvenida —le informó el refugiado—, están toreando en la zona fascista.»

Pero había más. Sin saber por qué, los asesinatos se habían recrudecido, sobre todo en Barcelona, y afectaban incluso a conocidos hombres de la UGT o de la Izquierda Republicana. Moncho, en calidad de anestesista del Hospital Clínico, tenía ocasión de comprobar el hecho con sólo girar diariamente una visita al Depósito y su asombro no tenía límites al enterarse de la identidad de alguno de los cadáveres. ¿Por qué treinta tranviarios asesinados en cuarenta y ocho horas? ¿Por qué un tipógrafo de *La Publicidad*? ¿Por qué un diputado de Izquierda Republicana? En el plano de la política, Álvarez del Vayo, al regreso de sus contactos con las grandes democracias europeas, afirmó que la presencia de cuatro ministros anarquistas en el Gobierno constituía un grave desprestigio internacional, sobre todo desde que el anarquista García-Oliver, ministro de Justicia, había «legalizado» jurídicamente la unión libre entre milicianos y milicianas y anunciado su decisión de municipalizar la vivienda en todo el territorio.

Por añadidura, los anarquistas y el POUM obstaculizaban los planes del Partido Comunista con respecto al oro español y al destino que debía darse a los cuadros del Museo del Prado. Julio fue testigo de ello, al igual que Cosme Vila. ¡Por fin se puso en claro el objetivo perseguido por Axelrod y su perro en sus periódicos viajes al pueblo de La Bajol, pueblo gerundense a una hora de camino de la frontera francesa...! Se trataba de encontrar un buen refugio para los lingotes del Banco de España que no iban a convertirse en armamento, para el tesoro de la Corona de Aragón, etcétera. Y este refugio fue hallado en las minas de talco de La Bajol. Axelrod y oscuros personajes españoles habían empezado a dirigir la apertura de una galería en la mina, con el proyecto de alcanzar una profundidad de trescientos metros bajo la cima de la montaña. Los obreros especializados eran también mineros asturianos. Se instalaron dos ascensores para bajar a la cámara, la cual estaría dotada incluso de calefacción. Los camiones con el material necesario llegaban allí de noche y, pese a los cuidados en los relevos de guardia, el olfato del Responsable consiguió descubrir el manejo, amenazando con darle mortífera publicidad. Cosme Vila le dijo: «Simples precauciones, camarada. Todavía no ha sido llevado allí un solo gramo de oro. ¿Qué quieres? ¿Que la aviación de Franco se meriende el tesoro de Madrid? Como te pases de listo y denuncies lo que luego no puedas demostrar, te mato.» El Responsable habló con Julio y éste contestó: «Que yo sepa, de momento no son más que precauciones. Aunque, a decir verdad, es poco esperanzador que, mientras Miaja habla de victoria, los escondrijos se busquen a una hora escasa de la frontera.» El Responsable dio tres vueltas enteras al gran parque de la Dehesa, musitando: «O ellos acaban conmigo, o yo acabo con ellos.»

En cuanto a las obras del Museo del Prado, pese a existir para ellas un cobijo a propósito en los sótanos del Banco de España en Madrid, construido por el duque de Alba —cobijo con un puente levadizo y un lago—, el temor de que Franco entrase en la ciudad cuando la ofensiva de noviembre indujo al Gobierno a iniciar entonces el traslado de los cuadros a Valencia. Dicho traslado fue dirigido por el poeta Rafael Alberti, quien últimamente había escrito: «Hoy, mar, amaneciste con más niños que olas.» El embalaje presentó grandes dificultades, que los técnicos de una galería de pinturas consiguieron resolver. El medio de transporte elegido fue el camión. Algunas cajas con cuadros de gran tamaño, como *Las Meninas* o el *Carlos V en Mülhberg*, que dada su altura no hubiesen pasado por el puente colgante de Arganda, fueron colocadas en los flancos exteriores del camión. El proyecto de poner a salvo el Museo alarmó a los anarquistas, los cuales temieron que los rusos se apropiaran de él. Gaiskis, el nuevo embajador, al enterarse de ello se indignó y gritó: «¿Cuándo empezaremos a desarmar a esa gente?»

¿Cuándo...? En seguida, sin pérdida de tiempo. Con el estallido de la primavera, la FAI y el POUM quedaron sentenciados. Ante la perplejidad y el dolor de quienes, como Antonio Casal, aspiraban a unir todos los esfuerzos para derrotar al fascismo, el 3 de mayo la Generalidad de Cataluña dio orden a los guardias de Asalto y a los Mozos de Escuadra de que ocuparan la Telefónica de Barcelona, el centro-clave en poder de la FAI. Aquél fue el inicio del combate. Se oyó un ulular por toda la ciudad y Charo, la mujer de Gaspar Ley, cerró todas las ventanas del piso. Los anarquistas abrieron ojos como granadas de mano y se alertaron unos a otros con sólo la respiración. De toda la región empezaron a llegar a Barcelona escuadras de la FAI; las de Gerona, al mando del Responsable en persona, escoltado por Santi. Especialmente en las estrechas calles del casco antiguo brotaron barricadas como en Gerona cuando la huelga general. ¡Llegaron anarquistas incluso del frente! ¿Qué ocurría?

La Generalidad, pese a contar con el apoyo de los comunistas, de los socialistas e incluso del Estat Català, se sintió impotente para contener aquel alud de fusiles rojinegros y reclamó la ayuda del Gobierno Central, del Gobierno instalado en Valencia desde que Largo Caballero decidió abandonar

Madrid. Esta obligada petición de ayuda fuera de Cataluña entristeció profundamente a catalanes como los arquitectos Ribas y Massana y como David y Olga: «Bueno, volvemos a las andadas. Otra vez Cataluña es incapaz de resolver sus propios problemas». «¿Qué nos falta, Olga, qué te parece? ¿Instinto político? ¿Por qué nos falta, di?»

El Gobierno de Valencia estaba prevenido, y Antonio Casal opinó que en realidad este escalonamiento de las etapas había sido calculado de antemano. De Valencia zarparon dos amenazadores barcos que penetraron en el puerto de Barcelona, al tiempo que Largo Caballero anunciaba el envío a la capital catalana de mil quinientos guardias de Asalto. El tiroteo se extendió por toda la ciudad y el establecimiento fotográfico de Ezequiel, por su proximidad con la Jefatura de Policía —Julio García, al recomendarle el lugar a su amigo no había previsto tal contingencia—, fue acribillado reiteradamente. Las balas alcanzaron las pequeñas fotografías de carnet expuestas en las vitrinas y Ezequiel aseguró luego que los correspondientes milicianos debieron de sentir sin duda alguna la herida en la frente. Ignacio estaba entre horrorizado y contento, lo mismo que la muchacha encargada de la centralita, enclenque y pálida como la nieve, y con la que las miradas de complicidad eran ahora continuas. ¡Oficina de Sanidad! El trabajo arreció. Constantemente se presentaban milicianos reclamando medicamentos. Terminaron por ir directamente al almacén de la iglesia de Pompeya. Don Carlos Ayestarán, al principio, se hizo el remolón, cuando los peticionarios eran los anarquistas; pero Moncho le advirtió que Gascón, con su carrito de ruedas, estaba al acecho y que había dicho, como quien no quiere la cosa: «Si se nos sabotea, mi pistola cantará una canción.»

Durante cinco días Barcelona fue un campo de lucha parecido al de las orillas del Tajuña y del Jarama. Fanny envió sangrientas crónicas a sus periódicos y Ana María se acercó al teléfono para llamar a Ignacio lo menos veinte veces, sin conseguirlo, debido a las averías en las redes telefónicas. El Responsable instaló su feudo en la plaza de Urquinaona, donde levantó un parapeto con sacos terreros; a su lado, Santi, barbotando: «Ahora quiero matar a los coches blindados fabricados en Sabadell.» Murillo quedó en Gerona, al cuidado de su herida. Brotaban en las aceras manchas rojas parecidas a las que en la zona «nacional» habían nacido en la cabeza de los falangistas que aceptaron la unificación. Las radios acuciaban a la gente, caían pancartas sobre el asfalto y desplomábanse aquí y allá milicianos. Se hubiera dicho que un gigante con pala iba recogiendo los cadáveres, y había momentos en que este gigante parecía ser Axelrod, quien de vez en cuando se asomaba a su balcón en el Hotel Majestic. Axelrod se acordaba mucho de sus comienzos revolucionarios en Tiflis. ¡Cuánto tiempo había pasado! También allí hubo necesidad de disparar, también allí los cadáveres olían.

Los anarquistas, y con ellos el POUM, perdieron la batalla. El Gobierno de Valencia se adueñó de la ciudad y, de acuerdo con la condición impuesta previamente, Cataluña le hizo entrega de la Comisaría de Orden Público. Inmediatamente se produjo como un inmenso proceso popular contra los anarquistas, de cuya defensa se encargaron los millares de muertos que éstos habían tenido desde el 18 de julio. A cuantas acusaciones se le hacían, la FAI contestaba con listas y más listas de hombres muertos y con fotografías de héroes. Entre éstas figuraba una, expresiva, de José Alvear, con las mechas amarillas de dinamitero cruzándole el pecho. Los vencidos regresaron con la cabeza gacha a sus puestos, unos al frente, otros a sus pueblos respectivos. El Responsable luchó hasta el último instante en su barricada, ganándose la admiración de Santi, a su lado, y la de su hija Merche, que desde una azotea contempló incansablemente a su padre. El Responsable regresó con el espíritu roto, porque le constaba además que Cosme Vila había deseado en todo momento que muriera en la refriega. Ahora le preguntaría: «¿Qué tal, qué tal te ha ido el viaje?» Santi no comprendía que el Responsable no hubiera hipnotizado a los guardias de Asalto y a los traidores de la Generalidad, que no hubiera lanzado contra ellos serpientes venenosas. Santi se pasó el trayecto gimoteando y con la cabeza reclinada en el hombro de Merche, viendo desfilar fuera el lujurioso paisaje de la tierra que él amaba.

No se incoó expediente oficial contra la CNT-FAI, pues ésta amenazó con retirar de un golpe todos sus combatientes de primera línea. En cambio, el POUM fue llevado a la picota, de la que no se librarían ni Andrés Nin, el jefe nacional, amigo personal de Trotsky, ni Murillo, el jefe gerundense. Y además, se produjo la inevitable caída del Gobierno de Largo Caballero y con él la de los cuatro ministros anarquistas.

¡Gobierno nuevo, nuevo Presidente! En efecto, el doctor don Juan Negrín subió al poder. El doctor Negrín era un hombre culto, políglota, fantástico gastrónomo y hablador infatigable, lo contrario de su cauto antecesor. Un médico: tal vez consiguiera curar la revolución. Sobre todo, contando con la ayuda de Prieto, quien dispondría del Ministerio de la Guerra. Indalecio Prieto, el admirado de Casal, «el único capaz de organizar un verdadero ejército». Teoría que David y Olga compartían, si bien los maestros temían que en esta ocasión a Prieto no le cupiera más remedio que acatar las órdenes de Moscú.

Ésta era la dificultad, en opinión de Julio García. Eliminados los anarquistas, nada se opondría al dominio absoluto de los rusos. «Amigos —dijo en el Neutral Julio García—, mañana mismo Amparo y yo empezaremos a estudiar el ruso.»

La repercusión de la ingente batalla fue enorme e influyó decisivamente sobre las instituciones y los hombres. En el frente de Teruel, el cenetista Ortiz y sus fieles murcianos dejaron de cantar. En el frente de Zaragoza, varios anarquistas, entre ellos el solitario Dimas, se asustaron y, armados hasta los dientes, se refugiaron en los dos vagones que Durruti utilizó para acribillar a los homosexuales y a la Valenciana. En el frente de Huesca, Gorki enriqueció su rincón de Cultura con una clase sobre higiene y evitación de epidemias, mandando instalar en las trincheras varios servicios completos de baño y ducha, servicios que Teo se negó a utilizar.

En los lejanos y tranquilos frentes de Andalucía, la derrota de los compañeros anarquistas catalanes sembró entre los milicianos la desmoralización. En Andalucía, los anarquistas seguían teniendo mayoría y hasta entonces se habían pasado la guerra mofándose de Queipo de Llano, atacando a Granada y Córdoba y cantando coplas de pena. En cierto sentido eran felices, pues la tierra andaluza parecía inacabable y, seccionados los grandes propietarios, cada individuo era de hecho minifundista, dueño del polvo que pisaba. La derrota catalana levantaba espectros delante de sus ojos, interrogantes que ninguna saeta podía exorcizar.

Pero donde el resultado de la lucha repercutió con más dureza fue en el frente de Madrid y no sólo entre hombres como el capitán Culebra o José Alvear, sino incluso entre los combatientes de las Brigadas Internacionales. Los voluntarios de las Brigadas Internacionales estaban hartos de los anarquistas, que de noche les robaban hasta las ametralladoras, pero algunas de sus tretas les hacían gracia y, además, algunos mandos se habían encariñado con el plan de Largo Caballero de montar un ataque masivo contra las líneas fascistas de Extremadura, al objeto de llegar a la frontera de Portugal, cortando nuevamente en dos el Ejército de Franco. Ahora, renovado el Gobierno, tal ofensiva no tendría lugar. Desde el primer momento los rusos la habían saboteado, negándole a Largo Caballero la aviación necesaria. Por tanto, los sucesos de Barcelona implicaban un viraje sensacional. Quedaba asegurado el incremento de la disciplina; ahora bien ¿era ello deseable? La vida en los parapetos era vida si en ellos podía beberse coñac a chorro, cantar lo que pluguiere, olvidarlo todo, desde los sufrimientos de la niñez hasta el nombre español escrito en el pasaporte. ¡Era tan dulce conseguir galones rápidamente, ser aplaudido por las calles, inyectarse morfina y soñar que Madrid flotaba entre nubes blancas sin aviones, a resguardo de la obsesionante escuadrilla de García Morato!

El Negus, que había caído herido en El Pingarrón, se encontraba en el Hospital Pasteur, el hospital que Moncho visitó en Madrid, y al leer la reseña de lo ocurrido en Barcelona se indignó consigo mismo porque no sabía si todo aquello era un bien o era un mal. Sus vecinos, entre los que abundaban los sudamericanos, se reían de la FAI, del Pingarrón y del Negus, porque decían que en sus países ocurría lo propio, que nunca se sabía si los cambios políticos serían para mejorar o lo contrario. Federica Montseny, la comadrona ministro, desposeída de su cartera, la anarquista que tanto había ayudado al doctor Rosselló, dijo con solemnidad: «Ahora, mis queridos voluntarios, veréis espectros sin necesidad ni de soñar, ni de beber, ni de drogaros.»

Federica Montseny no habló en vano. Pronto el frente de Madrid, sobre todo el guarnecido por los internacionales, se pobló de espectros. Fantasmas que exhibían prismáticos y gruesas botas, que se apeaban de un coche negro, casi siempre blindado, y se pasaban horas y horas inspeccionándolo todo sin pronunciar una sílaba. Espectros que de pronto montaban de nuevo en el coche negro y desaparecían por donde habían venido, dejando tras sí una resaca como de hielo. ¿Quiénes eran? No se sabía. Sin embargo, era frecuente que a las pocas horas llegase a las trincheras una orden de arresto, de traslado o algo peor. Tratábase de centinelas oscuros, de nacionalidad rusa. Observadores enviados por el embajador Gaiskis, por Orlov, o por Axelrod. El Negus rugía: «¿Y los combatientes rusos dónde están? ¿Cuántos hay en tu brigada? ¡En la mía, uno! Uno sólo, de un pueblo ucraniano.» Tales espectros eran comisarios políticos. Y no podía apelarse contra ellos al general Kebler, el que firmaba con la sola K., porque se había esfumado. Espectros con paladar, pero sin lengua. Capaces de pegarle un tiro a un caballo y por supuesto a un hombre.

¡Qué formidable subversión! André Marty, el de la boina inmensa, aseguró: «Ahora ganaremos la guerra.» Y también lo aseguró, desde el púlpito de la iglesia de los Capuchinos, Margarita Nelken, en un mitin monstruo que allí se celebró. «Rusia ayuda, Rusia ayudará...»

Los voluntarios internacionales rumiaban todo esto en el parapeto. Muchos de ellos tenían enfrente a los moros y a Octavio, a los legionarios y a Miguel Rosselló, ya incorporado, e inesperadamente oían la voz de Núñez Maza o de uno de sus acólitos gritando: «¡Eh, cochinos rojos! ¡Vamos a por Bilbao! ¡Se acabó la siesta! ¡Dios está con nosotros! ¡Viva el requeté!» ¡Ah!, sí, la Unificación...

¿Y quién mataría a Franco? ¿Montesinos? ¿Julio García, Olga, Murillo? ¿Por qué no un par de espectros nacidos en Tiflis o en una aldea ucraniana?

Desde la derrota anarquista en Barcelona, los internacionales no respiraban a gusto sino cuando tomaban un tranvía y se iban al centro de Madrid. Allí los esperaba ¡seguro! una novia parecida a Canela y a Merche, con la que se entendían por la mímica y con sólo repetir media docena de palabras españolas que habían aprendido: «guapa, dinero, gachí, cerveza, salud». Estas novias les pedían a los internacionales víveres, tabaco e ilusión para el pensamiento. Los internacionales las complacían. Organizaban bailes y eran muchos los que preguntaban: «Te gustaría tener un hijo, *gachí*?»

Mister Attlee visitó el frente de Madrid para felicitar al Ejército del Pueblo. Y, desde América, enviaron entusiastas adhesiones los artistas Clark Gable, Errol Flynn, Katherine Hepburn y Marlene Dietrich, así como el escritor Aldous Huxley.

Otros heridos a distancia por los sucesos de Barcelona: los anarquistas combatientes en primera línea. «¡Nos faltó Durruti!» Durruti era para ellos, como José Antonio para los falangistas, el Ausente. El capitán Culebra, dinamitero, se enfureció de tal modo que se dirigió resueltamente al alcantarillado de la Ciudad Universitaria e hizo volar la Casa de Velázquez y a seis legionarios andaluces, mientras José Alvear se dedicaba, junto con Canela, a requisar coches parados por las calles, a penetrar en los buenos hoteles y a robarles whisky y galletas a los periodistas extranjeros, entre los que destacaba, por su envidiable humanidad, el americano Hemingway. Aislado, envejecido y pobre andaba por las trincheras de Madrid el voluntario de Pina, el Perrete, el niño imitador de perros, que se llevó un gran susto el día en que ladró a su lado, como sólo se ladra en la estepa, el perro de Axelrod.

Un hombre feliz: el Campesino, el guerrillero comunista convertido en general. Celebró el aplastamiento anarquista vendando los ojos de los tres camisas negras que le quedaban de los ciento veintiún italianos que hizo prisioneros en Guadalajara. Les vendó los ojos, los sacó a campo abierto y ordenó a su escolta —a los guerrilleros Pancho Villa, Seisdedos, Sopaenvino y Trimotor— que cada vez que él gritara «¡fuego!» ellos dispararan una descarga al aire. El Campesino entonces se situó junto a los italianos, con un lápiz en la mano. «¡Fuego!», ordenó. Y al sonar la descarga él pinchó con el lápiz el antebrazo del prisionero más cercano. La reacción de éste fue espectacular: pegó un salto histérico y se cayó redondo, y sintió incluso cómo dulcemente la sangre empezaba a huir de él... El Campesino soltó entonces una imprecación y repitió: «¡Fuego!» Otro pinchazo y otro italiano caído en redondo; y luego el tercero... Y luego, la gran risa del Campesino, que fue alejándose con su «despanzaburros», con su niñez en la memoria, con sus insignias de general...

La jugada del Campesino corrió de boca en boca por el frente y arrancó de Líster, su rival —el que llamaba a Moscú «La Casa»—, un comentario sarcástico: «Algún día el pinchazo a lápiz se lo daremos a él.»

La primavera había traído este otro ensayo de unificación en Madrid, en Barcelona y en todas partes. Había fracasado. Por ello Gascón, el mutilado sin piernas de la FAI, se arrastraba ahora por la oficina de Sanidad diciéndole a Ignacio: «¿Qué, estarás contento, no? ¡Hale, dile que no a Gascón!»

El doctor Roselló recibió una carta de Julio en la que éste le comunicaba que sus hijas formaban parte, entusiásticamente, del Socorro Blanco de Gerona. «De su hijo, Miguel Roselló, no se sabe nada.» El doctor Roselló llevaba ya nueve meses en campaña, sin otro descanso que el sueño. Se miró al espejo y, al igual que Pilar, se preguntó: «¿Quién soy yo?» Tenía una cabeza poderosa, los pelos de las cejas parecían púas, una extraña humedad en los ojos que, a veces, cuando operaba en el quirófano, parecían rezar. Estaba asombrado de su resistencia, del equilibrio que había conseguido. Nada le dolía, perfecta coordinación. «Soy una cabeza poderosa, soy un hombre al que la guerra ha enseñado que curar es hermoso.» Le sorprendía que su hospital fuera el Hotel Ritz. Una vez se había hospedado allí, en un viaje que hizo con motivo de un concierto. Ahora ocupaba una habitación en el primer piso. Cuando lo reclamaban con urgencia en los quirófanos, instalados en el sótano, sonaba el timbre de al lado de su cama y se encendía en la pared una luz verde.

Había calma en las líneas de fuego y por otra parte se había incorporado al Hospital un competente médico brasileño, Durao de nombre. El doctor Rosselló creyó que podía hacer un viaje relámpago a Gerona: ver a sus hijas y regresar. Así lo decidió. Subió al coche, un Ford negro, suntuoso, y le ordenó al conductor, apellidado Zamorano: «A Gerona.»

El vehículo se lanzó carretera adelante. El doctor monologaba: «Mis hijas metidas en el Socorro Blanco... Julio ha hecho bien en avisarme». Hacía tiempo que no sabía nada de ellas y tampoco nada de Miguel. No estaba seguro de que quisieran abrazarle. «Son tan testarudas..» El paisaje que cruzaban era desértico. Pensó que toda España era un desierto con sólo los oasis de las llamadas «gestas históricas» y de los letreros del coñac Domecq y de los neumáticos Michelín. Le extrañaba ver tierras y campos y olerlos a través de las ventanillas. Se había aislado tanto con su trabajo... Ya no era más que médico, y un poco musicólogo. Había roto con Gerona, con sus hijas y casi con la Logia Ovidio. ¿Por qué Zamorano, el conductor, iba tan de prisa? Porque estaba de mal humor. A Zamorano sólo le interesaba su mujer, y le molestó tener qué dejarla. «¡Cuidado con ese camión!» El doctor Rosselló respiraba... «Respira, médico, respira.» Su hijo Miguel sentía repugnancia por él. ¿Dónde estaría ahora? No lo sabía... Miguel se enteró de que él se dedicaba a abortos y le odió. «Bah... Hay momentos en que se cree que lo mejor es eso, que no nazca nadie más.» Y por otra parte, en el Hospital Ritz se había resarcido con creces. ¡Cuántas vidas había salvado! ¡Y cuántas pifias! Aquel pobre chico de Teruel... Los médicos deberían ser Dios. El doctor pensó en la tristeza de los heridos del vientre. «¡Doctor, doctor! ¿Me curaré?» Los de mortero llegaban como si nada y de pronto ¡zas! la hemorragia. Menos mal que el cloroformo... ¡Ah, qué experiencia, un hombre dormido! No era nada y era un hombre. Estaba muerto y no lo estaba. El paisaje seguía siendo desierto, pero tenía grandeza. También a veces tenía grandeza la guerra. Y también, a veces, cuando le daba la gana, Canela era dulce. Más letreros. El doctor pensó que la guerra se perdería y que a él lo juzgarían sus hijas y lo juzgaría Miguel. Él exclamaría: «¡Soy médico, aquí me tenéis, cortadme brazos y piernas!» Le extrañó comprobar que por las carreteras había todavía controles de la FAI. Y volvió a oler los campos y la tierra. Recordó a Gerona. ¡Qué palabra más preciosa! Recordó al coronel Muñoz, a David y a Olga... Zamorano seguía conduciendo con prisa y mal humor.

Ochocientos kilómetros casi de un tirón, con sólo una parada en Aragón para almorzar y otra en Barcelona para tomar un café y echar un vistazo al aspecto de la ciudad. Al atardecer el coche daba vista a Gerona. El doctor reconoció a lo lejos los campanarios y se le humedecieron los ojos como si en efecto se dispusieran a rezar. La puesta de sol era grandiosa como la muerte de aquel chico de Teruel. El doctor estaba orgulloso de sí mismo, de su vida reciente. Y recordó que, en su infancia, la carretera por la que ahora avanzaba le parecía ancha como el mar. Cada uno de aquellos árboles tenía en su recuerdo mil años lo menos y tantas hojas como años. Lo asustaban los espantapájaros. Los campanarios le parecieron eternos. Y comprobó que la Central Eléctrica estaba aún allí, en el sitio de costumbre, complicada como una mano humana. Y que la abundancia de bicicletas y de sendas laterales hacían presentir la ciudad. ¡Gerona! El doctor había nacido en aquella ciudad, precisamente en la calle del Pavo. Y en un solar convertido en fábrica, y frente al cual pasaban en aquel momento, dijo por primera vez: «Te amo.»

Fanny, la periodista Fanny, encontrándose en Barcelona, recibió una carta de su colega Raymond Bolen, corresponsal de una cadena de periódicos de habla francesa, invitándola a reunirse con él en Albacete para luego trasladarse juntos a Madrid. Fanny, después de enviarle a Julio un cariñoso telegrama —telegrama que Matías Alvear recibió y que rejuveneció unos cuantos años al padre de Ignacio—, abandonó el Hotel Viena, de Barcelona, y se trasladó a Albacete. La primavera había puesto en evidencia las arrugas de Fanny, las de los ojos y de la boca. Ella desviaba la atención exaltando más aún su pelirroja cabellera y cruzándose en bandolera la máquina fotográfica. En el tren iba pensando en Julio. «Lástima que no sea inglés.» También iba pensando en la guerra. ¡Si no costara tanta sangre! Le ilusionaba ir a Madrid y también ver a Raymond Bolen, el corresponsal belga, tan inteligente y tan zoquete a la vez... Fanny se había acostumbrado a beber y las mejores crónicas le salían cuando había bebido, sobre todo whisky. «Deberían de envasar el whisky en cantimploras y no en botellas», decía. La cantimplora le gustaba tanto como su máquina de escribir, máquina con funda acharolada que también desviaba la atención de las arrugas de sus ojos. Fanny cruzaba España, dirección Albacete, repitiéndose que era un desierto. «Pero también en los desiertos se puede ser feliz.» Prácticamente, desde París no había vuelto a coincidir con las Brigadas Internacionales. Se acordaba mucho del Negus, de Polo Norte, de los judíos. «Ellos salvaron a Madrid.» Julio le había dicho que seguían entrando voluntarios a razón de unos quinientos diarios, ¡pero Julio era a menudo tan exagerado!

En Albacete se reunió con Raymond Bolen. Encontró a éste desconcertado, pese a que acostumbraba a ser dueño de sí. El organizador de las brigadas, André Marty, había cometido allí tales hazañas que era llamado «El carnicero de Albacete». Hazañas no sólo en el cuerpo y en el espíritu de la población española, sino de los propios voluntarios internacionales. La heterogeneidad de éstos reclamaba, por descontado, una mano dura. Pero ¡todo tenía un límite! André Marty, con su inmensa boina alpina francesa y un pánico ante los periódicos informes que le reclamaba Stalin, había llegado a dejar seco de un tiro a un luxemburgués que se lamentó del rancho y a dos rumanos que una mañana se negaban a levantarse. «Disparó así, delante de la tropa, y moviendo sólo sus bigotazos y las comisuras de los labios.» Varios oficiales de profesión imitaron su conducta. Había familias en Albacete y de la comarca que no conseguían reaccionar, que vivían enloquecidas.

Fanny y Raymond Bolen partieron hacia Madrid en el coche de éste. La máquina de escribir de Raymond Bolen, mayor que la de la periodista inglesa, llevaba funda blanca y daba saltitos en la parte trasera del coche, escoltada por tres máquinas fotográficas propiedad de Bolen. Sí, Raymond Bolen era un corresponsal importante. Sus crónicas eran leídas en Bélgica y Francia y las reproducían periódicos de Suiza, del Canadá y de las colonias. «Mis crónicas tienen éxito porque en ellas no hablo de los muertos, sino de los vivos.» Era su lema. Raymond Bolen, devoto de Chesterton, creía como éste que lo que fascina en el circo a los espectadores no es el hecho consumado sino su posibilidad; no es la caída del *trapecista*, sino el *peligro* de que se caiga. A Fanny le hubiera gustado que Raymond, en el coche, le diera un beso. O tantos besos como máquinas fotográficas llevaba. Bolen era un hombre alto y rubio, de asombrosa expresividad en la sonrisa. Podía sonreír de mil maneras distintas, con mil matices. En el coche llevaba varias mascotas, y conducía con guantes. Su abuelo había sido de la guardia real. Era muy supersticioso. Creía en los horóscopos. Estaba convencido de que el hombre es una mera partícula de algo grande, una minúscula parte de un Todo imprecisable. «Todo nos influye, Fanny. Las manchas del sol, el cultivo del azafrán.» No tenía facilidad de palabra, pero todo cuanto decía era sin duda fruto de meditación. «La guerra rejuvenece, Fanny, aunque creas lo contrario. Excita el interés por algo y ello rejuvenece. La guerra tiene argumento y por eso mientras las fuerzas están igualadas no hay suicidios.» Los letreros se sucedían unos a otros. «No pasarán», «Muera el fascismo». Cabalgaban por la Mancha y Fanny hubiera preferido un coche descapotable. Raymond le dijo: «Anda, sé buena chica y enciéndeme un pitillo.»

Llegaron a Madrid al mediodía y se instalaron en el Hotel Princesa, aquel en que José Alvear y Canela escamoteaban bebidas y tabaco. Allí estaba, en el *hall*, el escritor ruso Ilia Ehrenburg. Raymond Bolen conocía a Ehrenburg y lamentaba que estuviese entregado a Moscú: «Sería un escritor fenomenal, pero se cree en la obligación de demostrar en cada página que los curas tienen queridas.» Salieron a dar un paseo. Hubo alarma aérea y se refugiaron en la estación del Metro de Goya. Luego siguieron andando y Raymond compró a un vendedor ambulante seis distintivos sindicales, pues hacía colección de ellos, y a otro vendedor pepitas de soja que fueron masticando. Se oía el cañoneo de la Ciudad Universitaria y alguien les dijo que los cañones «fascistas» se oían menos que los «rojos», pues el sonido de aquéllos se prolongaba hasta perderse por la llanura de Madrid, en tanto que el sonido de los cañones rojos rebotaba, con maravilloso efecto acústico, contra el paredón de la Sierra. Adquirieron un arsenal de periódicos, muchos de los cuales aparecían censurados, con grandes espacios blancos. Fanny no acertaba a explicarse la animación de las calles ¡y de los cafés! Con el frente a escasos metros, con la ciudad sitiada. «Los españoles son tipos raros.» Raymond Bolen comentó: «Dicen que se parecen a los rusos, pero yo he estado en Rusia y no veo que sea así.» Fanny hubiera querido llegar aquella misma tarde a las trincheras, a la línea de fuego, pero Raymond se opuso: «No seas impaciente.»

En algunos barrios vieron colas larguísimas debido a la progresiva escasez de muchos artículos. En dichas colas abundaban los ancianos y las mujeres, siendo frecuente que éstas se pincharan con alfileres para provocar alborotos y ganar unos puestos. Cuando sonaban las sirenas de alarma, podía ocurrir cualquier cosa. O bien que la calle quedara desierta en un segundo, o bien que las mujeres continuaran estoicamente haciendo cola. Ancianos paralíticos estaban allí con el sillón de ruedas e iban avanzando penosamente, la cabeza gacha y una manta en las rodillas.

A la noche, Fanny se llevó la gran sorpresa. ¡Raymond escribió de un tirón una espléndida crónica contando con todo detalle cómo vivían los voluntarios belgas en los parapetos de Madrid! «Seguro que será mucho más real que las que escriba luego, cuando haya visto el tema con mis propios ojos.» Era una de las teorías de Bolen. «Tan cierto es lo que se imagina como lo que se ve.»

Después de cenar, Fanny y Bolen permanecieron en el bar del hotel fumando y mirando al techo. Hemigway bebía a su lado, mientras charlaba con Ilia Ehrenburg. Hablaban de poesía inglesa. Raymond pensaba en el «carnicero de Albacete», en la radio emisora que los rusos había instalado en «El Vadat», entre naranjales, cerca de Valencia, y en lo que les dijo un capitán francés: «Malraux se ha largado. Los rusos exigen el control absoluto de la aviación.» Por su parte, Fanny contemplaba a un botones del hotel que, escondido detrás de una columna jugaba al «yo-yo», y a intervalos pensaba en la guerra y en que le gustaría visitar luego la España «nacional».

—No cruces los pulgares así, Fanny, que trae mala suerte.

El doctor Relken vivió una endiablada peripecia. En Albacete se descubrió que andaba comprando imágenes y joyas, y huyó antes de que le echaran mano. Pasó a Alicante, donde descargaba un barco ruso, cuyos marinos eran agasajados por la población como si fueran zares. Los marinos rusos efectuaban grandes compras, sobre todo en las tiendas de zapatos y en las relojerías. El doctor Relken siguió hasta Valencia y en Valencia compró más joyas, esta vez a unos anarquistas que se disponían a huir a Francia. El doctor Relken tuvo mala suerte. Una patrulla comunista sorprendió la maniobra y los detuvieron a todos. Los anarquistas desaparecieron en lo alto de un camión y el doctor Relken fue llevado a Barcelona e ingresado en una cárcel del Partido, situada en un convento de monjas de la calle Vallmajor. El doctor facilitó varios nombres que podían responder por él, entre ellos el de Julio García. Pero de momento quedó a buen recaudo y todo el botín, que en honor a la verdad cabía en una maleta, le fue confiscado. A los tres días de estar encerrado en la celda número 7, oscura y maloliente, el doctor Relken empezó a temer que aquello tuviera un fin sangriento. Se dio cuenta de que aquella cárcel no era cárcel común, como la Modelo, sino que pertenecía al Partido Comunista. El doctor se miró las manos. «He de hacer algo.» Se tocó la frente. «He de inventar algo.» No oía sino los intermitentes pasos de los centinelas, y los suspiros procedentes de las celdas vecinas.

El doctor Relken imaginó convertir la cárcel en la checa más eficiente de la ciudad. Por ahí presintió la salvación... ¿Acaso no era ingeniero? ¿Por qué no tentar la suerte? En el corto diálogo que al entrar sostuvo con el jefe del establecimiento, el camarada Eroles, hombre jorobado y sin alegría, el doctor sacó la impresión de que se las había con un miliciano ignorante, obcecado y ambicioso. ¿Qué más podía desear?

El doctor puso en orden sus conocimientos y solicitó audiencia con el camarada Eroles. ¡Coser y cantar! El miliciano jorobado, al escuchar las explicaciones del doctor Relken, quien extremó su acento checo-alemán, movilizó espasmódicamente sus ojos de rana. El doctor se dio cuenta de ello y le describió a su interlocutor, con lenguaje plástico, la celda llamada del «huevo», la del «frío y el calor», la de «la campana», la de los «ladrillos cruzados». Eroles pareció subir al sexto paraíso. Tal vez pensara en algún camarada a quien deslumbrar. El resultado fue inmediato: el doctor Relken sería dotado, en el primer piso, de un tablero enorme de delineante, parecido al utilizado por don Anselmo Ichaso para hacer corretear sus trenes eléctricos. Se le ahorraría el corte de pelo, tendría comida aparte, le serían devueltas las imágenes —no, en cambio, las joyas—, y finalizado su trabajo recibiría en premio la libertad.

El doctor Relken puso manos a la obra. Lo primero que pidió fue un plano de la conducción de aguas del edificio, de la instalación eléctrica e incluso de la instalación del gas. Luego pidió una campana, tres relojes de pared iguales, y una gama de colorantes. Recorrió con lentitud los sótanos y el jardín del convento y acto seguido se puso a trabajar, a diseñar las celdas. Trabajaba en mangas de camisa, sudando por la frente y las axilas y bebiendo vasos de agua. El camarada Eroles le visitaba constantemente y con frecuencia asentía con la cabeza y le dedicaba al doctor una sonrisa de complicidad satisfecha. «Sabes tú mucho, doctor.» «¡Bah! Prefiero que me lo digas cuando haya terminado.»

Finalizada su tarea cotidiana, el doctor Relken era devuelto a su celda, si bien se le entregaban dos periódicos del día. Terminada la lectura, cuando la oscuridad entraba por el ventanal, el hombre reflexionaba. Pensaba que, de hecho, la guerra no le había cambiado la piel. Seguía obrando por cuenta propia, seguía viviendo en soledad, con cíclicos estados de depresión, de los que se recobraba fácilmente.

Su gran temor era que Eroles no cumpliera con su palabra, que una vez terminado el trabajo la experiencia de las celdas se volviera contra él. Confiaba que el temor sería infundado. ¡Eroles era tan ignorante! Tal vez consiguiera tentarlo para realizar en otras cárceles instalaciones similares.

De vez en cuando recorría los pasillos y aplicaba el ojo a cada una de las mirillas. Un día, en una de las celdas, ante su asombro, reconoció a un ciudadano gerundense: don Emilio Santos, padre del falangista que lo agredió en el Hotel Peninsular. Don Emilio estaba sentado en un rincón, contemplándose el dorso de las manos, separadas éstas como si las ofreciera a dos manicuras.

Murillo desapareció. Dejó de dormir en la cama que había sido de Mateo, dejó de ir al Neutral, dejó de perseguir por la calle a Pilar y de silbar cuando la muchacha pasaba por su lado. La gente supuso que, avergonzado por la revelación de Julio García respecto a la autoherida, había decidido regresar al frente.

La verdad era muy otra. Murillo había sido detenido por una patrulla comunista, por orden de Cosme Vila. La sentencia dictada contra el POUM empezaba a cumplirse. Los periódicos afirmaron que el POUM había gestionado con «los fascistas» una paz por separado; en Gerona, *El Proletario* aseguró que las pruebas de dicha traición eran concluyentes y que en el momento oportuno se harían públicas para vergüenza de los interesados.

Murillo fue llevado a la checa comunista, en la que, ante su desesperación, el catedrático Morales lo acusó de espía. En vano el muchacho se defendió. El catedrático Morales le instaba una y otra vez: «Confiesa ya, canalla.»

La checa comunista gerundense era singular, y respondía al temperamento del catedrático Morales. Sin duda el doctor Relken superaba a éste en conocimientos técnicos, pero no en imaginación. La celda en que Murillo fue encerrado, en compañía del suegro de los hermanos Costa —detenido en represalia por la huida de los dos diputados—, y de Salvio, el lugarteniente de Murillo en el POUM, no presentaba otro elemento de tortura que unas cuantas siluetas de mujeres desnudas, pintarrajeadas en la pared. Al verlas, a Murillo se le secó la boca. Se dispuso a borrarlas, pero Salvio lo desanimó: «Lo hemos probado todo. No lo conseguirás.»

En el ala de la checa destinada a las mujeres, el catedrático Morales tenía a su disposición a la criada Orencia, novia de Salvio, que se había dedicado a denunciar curas «a cien pesetas cabeza»; a la suegra de los Costa y a varias esposas de guardias civiles. Orencia era la única mujer inscrita en el POUM y el catedrático Morales la obligó a comerse a pedacitos el carnet del partido trotskista. En las paredes de la celda, habían sido dibujadas y coloreadas con sanguina varias siluetas de hombres desnudos.

El catedrático Morales, cuya intención era acabar pronto con todas las mujeres pertenecientes al Socorro Blanco de Gerona, se había encariñado con la checa por espíritu de venganza y para liberarse de una profunda herida recibida en su amor propio. En efecto, el catedrático se había forjado la ilusión de acompañar hasta Moscú a la expedición de niños que desde Gerona fueron enviados a Rusia. Y llegado el momento, por orden de Axelrod, fue suplantado por seis maestros de escuela que habían huido de Asturias. Cosme Vila intercedió en su favor, pero fue inútil. Axelrod sonrió y dijo algo extraño. «¡No, no..., el camarada Morales es demasiado listo para ejercer de niñera!»

Antes de que el sol de verano cayera mortífero sobre Gerona, el piso que perteneció al POUM y anteriormente a Mateo fue requisado y sellado. *El Proletario* seguía anunciando que en fecha próxima haría públicas las pruebas de la traición de Andrés Nin, en Barcelona, y de Murillo, en Gerona. Entretanto, Pilar le rezaba padrenuestros a César para que la Delegación de Abastos, que buscaba un local para ampliar sus oficinas, se fijara en aquel de la plaza de la Estación. De esa manera podría visitar a placer el piso en que vivió Mateo y, con un poco de suerte, tal vez pudiera trabajar en su mismísimo despacho.

CAPÍTULO XXIX

En el mes de julio se produjeron importantes acontecimientos, entre ellos el ataque a Bilbao. Las acciones preparatorias habían empezado el 31 de marzo, tres días antes de que en Madrid el escultor Benlliure empezara a moldear un busto del general Miaja y de que la Sociedad Londinense de Librería vendiera por quinientas libras esterlinas el último pasaporte que utilizó Mussolini antes de asaltar el poder.

La operación no era un secreto para nadie. El propio general Mola, que había alineado cincuenta mil hombres, entre los que figuraban Germán Ichaso, el primogénito de don Anselmo, y Salvatore, ascendido a cabo en «Flechas Azules», conminó al pueblo vasco a la rendición diciendo: «Estamos en condiciones de arrasar a Vizcaya.» Pero la rendición no había de tener lugar, pese a la intervención diplomática italiana y a los esfuerzos de Inglaterra. Bilbao evacuó por tierra y por mar a parte de la población civil y se dispuso a la defensa creando alrededor de la capital un cinturón de hierro, que los periódicos declaraban inexpugnable. Ingentes cantidades de hierro y de hormigón, galerías y mano de obra experta fueron suministradas por aquella zona industrial. Sin embargo, en este cinturón faltaban, según los técnicos, observatorios adecuados y el todo exigía un número de defensores demasiado crecido, no inferior a los sesenta mil. Por si fuera poco, la noticia según la cual el ingeniero constructor de dicho cinturón, Goicoechea de nombre, se había pasado con todos los planos, resultó cierta, arrancando de «La Voz de Alerta» un expresivo: «¡Eureka!» No obstante, Javier Ichaso estaba inquieto, pues comprendía que la operación era difícil y que en ella el mando se jugaba muchas cosas. Su padre le había dicho muchas veces que los carlistas habían perdido sus dos guerras civiles precisamente porque no habían conseguido entrar en Bilbao. ¿Serían suficientes cincuenta mil hombres? El general Mola había transportado a aquella zona más de cuarenta baterías artilleras, muchos tanques y toda la aviación alemana e italiana disponible. Un alarde. Allí estaba el comandante Plabb observando el cielo, que amenazaba lluvia, y afirmando que, si las cosas no cambiaban, el dominio del aire estaba asegurado. El comandante Plabb no comprendía por qué razón los rusos no transportaban al Norte todos sus aparatos. «No hay quien entienda a esa gentuza.»

El interior de Bilbao era una amalgama de entusiasmo y de dudas. *Gudaris* dispuestos a dar la vida, otros estimando que resistir era suicida, sugerencias para entregar bonitamente la ciudad a Inglaterra, ancianos resistiéndose a abandonar su hogar. Entre los primeros se encontraba Jaime Elgazu, *croupier*, hermano de Carmen Elgazu. Era separatista y estaba dispuesto a dar la vida. Entre los últimos se encontraba la «abuela», la madre de Carmen Elgazu, la de las cartas en tinta violeta, que finalmente se había instalado en Bilbao con sus dos hijas solteras, Josefa y Mirentchu, en un confortable piso de la calle Donostia. No quiso marcharse. «¿Adónde iremos? Pase lo que pase.» La abuela juzgaba la situación muy embarullada y, aun doliéndole todo cuanto ocurría, deseaba que entraran los «nacionales» para «por lo menos oír misa en paz». Su hijo Jaime, al despedirse de ella con un beso, sentenció: «No hables de paz, madre. Si es preciso, arrasarán el mundo.»

La operación empezó bajo el signo de la lluvia torrencial y de la niebla. La lluvia atemorizaba a los italianos, de nuevo alineados en gran número a las órdenes del general Roatta,

quien quería desquitarse de Guadalajara. «Aquí, en el Norte
—les decían los requetés a los camisas negras—, la lluvia y la
niebla son lo normal.» De ahí que los verdes fuesen profundos,
grandes las cocinas y largos los apellidos. Sin embargo, los
prismáticos se empañaban, los pies de los soldados se entume-
cían como los de los detenidos en la celda «del palmo de
agua» y los artilleros maldecían su perra suerte.

A consecuencia de la niebla murió, ¡quién hubiera podido
predecirlo!, el propio general Mola, jefe supremo de las operaciones del Norte. Su avión se estrelló cerca del pueblo de
Pedroes, contra una montaña. El piloto perdió toda visibilidad
y se estrelló. La noticia se divulgó con rapidez, produciendo
estupor y miedo. Aquel que conminó al pueblo vasco a la
rendición, hombre alto y testarudo, se había rendido para siempre en un paraje yermo entre Vitoria y Burgos. Era una muerte extraña, de mal agüero. *El Diluvio* escribió: «Escupimos
sobre el cadáver del Verdugo navarro.» Por el contrario, don
Anselmo Ichaso le dedicó, en el periódico carlista, una inmensa cruz. Por su parte, Montesinos, que seguía en la cárcel
pendiente de juicio, sentenció: «Primero, Sanjurjo; luego, José
Antonio; ahora, Mola. Franco se ha quedado solo, amo absoluto de la situación.»

Desde el frente de Huesca, Gorki mandó a *El Proletario* un
inesperado artículo necrológico, pues por aquellos días murió
también, en Moscú, María Ilinicha Dulianova, hermana de
Lenin. Gorki trazó un paralelismo entre Lenin y Mola, ambos
jugadores de ejedrez y muertos a la misma edad. «Pero los
ojos de Lenin eran más potentes que los de Mola. Y además,
Lenin amaba a los hombres y hasta a los gatos, y Mola sólo
amaba a los cochinos requetés.»

El asalto definitivo tuvo lugar al mando del general Dávila
y estaba escrito que nada podría contenerlo: ni el fanatismo
heroico de los *gudaris*, ni las arengas del ministro del Ejército,
el bilbaíno Indalecio Prieto, ni la sustitución del general defensor Martínez Cabrera por el general Gamir Ulibarri. Oleadas
de trimotores cubrieron el cielo, despejando la tierra para que
avanzaran por ella los tanques y la infantería. Se tomó el
Monte Sabigán y fue arrasada Guernica, la ciudad del árbol
legendario, símbolo del nacionalismo vasco, en la que estaban
guardadas la espada de Zumalacárregui, la guitarra del trova-
dor regional Iparraguirre y los escapularios de Íñigo de Loyo-
la. La versión común atribuía el hecho a la aviación alemana,

la Legión Cóndor; no obstante, la emisora de Salamanca culpó de la destrucción a los mineros vascos. Era obvio que éstos, con el cinturón de hierro, en el que de noche se veían muchas luces indicando que el trabajo febril no cejaba, pretendían que Bilbao emulara la gesta de Madrid, pero tal pretensión se evidenció desorbitada. Proyectiles de toda suerte, perforantes, rompedores, incendiarios; estallando a percusión, a tiempo y a doble efecto; cañones, obuses y morteros cayeron torrencialmente sobre los defensores. El mar se convirtió en camino de huida, lo mismo que la carretera que conducía a Santander. El Cantábrico se pobló de barcos y barquichuelos de toda índole y tonelaje que tomaban la dirección de Francia, muchos de los cuales eran apresados por las unidades «nacionales» que patrullaban por las cercanías de la costa. La fuga a través de la noche y el agua era dolorosa. La ola próxima podría traer consigo un barco «fascista» armado de fusiles. El mar podía ser cementerio.

El 17 de junio, día en que el Gobierno de Valencia adelantó de una hora los relojes —horario de verano—, el *croupier* Elgazu cayó prisionero de los italianos. Había luchado como un jabato en el campo fortificado de Monte Calamúa. Tuvo que rendirse, junto con quinientos hombres, los cuales se juramentaron para no hablar sino en vascuence. Los italianos, al pronto, los trataron con cortesía, pero ante la provocación, un comandante gritó: «Si no contestáis en castellano, os mando fusilar». El *croupier* Elgazu pasó entonces por la vergüenza de cuadrarse ante un oficial nacido en Ancona, que intentaba sonsacarle «datos de interés militar». El *croupier* se encogía de hombros de un modo que recordaba a Ignacio y pensaba en su madre, la abuela Matilde, a la que toda la familia llamaba Mati. «Ya lo ves, madre —pensaba—. Ésta es la paz.» Paz de italianos, que al oír la palabra Guadalajara pronunciada por los *gudaris*, se volvían con los ojos airados. Paz de moros que brincaban por las colinas de Vizcaya y que ocupaban el pueblo de Somorrostro, en el que vivía el marido de la Pasionaria, bautizado «el Pasionario». Paz de brigadas navarras, de legionarios, de Núñez Maza y de don Anselmo Ichaso, cuya red de ferrocarriles se llenó nuevamente de banderitas bicolor.

Se entró en Bilbao el 19 de junio. Años antes, por aquellas fechas, Mateo e Ignacio habían aprobado los exámenes y Pilar le decía a Carmen Elgazu: «Madre, pronto se bañarán en el Ter los atletas del pañuelo en la cabeza, que tanto te gustan».

Salvatore fue uno de los primeros soldados que entraron en la capital, resintiéndose de la herida a causa de la humedad, y apenas se encontró en la plaza del Arenal rompió a llorar de emoción. Desde niño había oído hablar de la ciudad vasca, de sus Altos Hornos, de sus minas, de sus astilleros y de sus ciclistas, «mejores trepadores que los ciclistas italianos», en opinión de Marta y de María Victoria. Los defensores, antes de marchar, volaron los puentes sobre el Nervión, incluso el levadizo, si bien pronto pudo cruzarse el río gracias a una pasarela levantada sobre barcazas por los ingenieros pontoneros. Salvatore, al llegar a los puentes, caídos como toboganes, contempló la ría, turbulenta y sucia. El espectáculo era grandioso y le retrotrajo a la memoria sueños antiguos. Localizó a un cameraman alemán plantado en lo alto de un vehículo, con trípode y un maletín extraño. Pasó delante de él airosamente, con la esperanza de ser filmado. Delante de un edificio de planta baja encontró desparramados por el suelo un montón de cuadernos escolares y volvió a emocionarse. Contenían trabajos infantiles, las firmas de los niños, la puntuación del profesor. También se encontraban aquí y allí sobres y cartas. Ello le recordó la promesa hecha a Marta: «Te escribiré desde Bilbao.» Rellenó la postal que llevaba previsoramente y poco después descubrió asombrado que el general Roatta se había ya ocupado en montar *Postas* para sus comunicativos soldados.

Germán, el hermano de Javier Ichaso, murió en la toma de Bilbao, aunque su familia no se enteraría de ello hasta unos días después. Javier Ichaso, como si desde San Sebastián presintiera que algo ocurriría, pidió permiso a «La Voz de Alerta» para visitar a Bilbao, y «La Voz de Alerta» se lo concedió. El muchacho, en una de las ambulancias enviadas a Vizcaya desde Guipúzcoa, llegó a la ciudad conquistada, desquiciados sus nervios por no haber podido coadyuvar a aquella victoria antiseparatista. Montado materialmente sobre sus muletas se paseó por Bilbao, arrancando carteles que decían: «No pasarán», o escribiendo debajo: «Hemos pasado.» Tan pronto pisoteada con un solo pie, frenéticamente, los escombros, como sus dos ojos, muy juntos, se licuaban y le obligaban a pararse, con un nudo en la garganta, delante de un edificio destruido. Los moros pasaban disimulando el botín que acababan de cobrar en cualquier piso y los camiones sonaban sus impacientes bocinas para que el mutilado muchacho se apartara y les dejara libre la calle. Inesperadamente, se encontró no lejos del campo de fútbol, del estadio de San Mamés, adonde había ido varias veces acompañando al Osasuna, el equipo de Pamplona. ¡La lucha no era ahora para meter goles, sino para salvar la Patria! El estadio le inspiró un respeto inexplicable, más que el Ayuntamiento y que la Diputación e incluso, ¡válgame Dios!, que la iglesia de Nuestra Señora de Begoña. ¿Por qué le ocurrían tales cosas? Se sentó, agotado, contemplando el paso de los incontables prisioneros, cuyo aspecto recordaba el de los hombres que había fusilado en Pamplona. Sintió lástima; o tal vez fueran el cansancio y la sed. Hasta que se acordó de un consejo de su jefe «La Voz de Alerta»: «Nada de sentimentalismos, Javier. La guerra es la guerra.»

Pese a todo, había en Bilbao ventanas y galerías intactas y por una de ellas asomaba con frecuencia la blanca cabeza de la vieja Mati, la madre de Carmen Elgazu. La abuela, apoyada en su bastón, vio a los que huían y a los que llegaban. Vio a Salvatore, al cameraman alemán y a Javier Ichaso. Sus dos hijas solteras, Josefa y Mirentchu, estaban en la calle aclamando a los vencedores. Ella agitaba también su bandera de papel y rezaba un rosario emocionado, si bien cada vez que aparecía un tanque cerraba el mirador. La abuela Mati, de ojos chispeantes y enérgicos, era vasca hasta la medula. El texto del *Guernicaco Arbola* la había conmovido desde niña: «Pido a Dios que me conceda la gracia de terminar mi vida en este suelo tan amado.» Pero no estaba tranquila, pues se rumoreaba que los «nacionales», al ocupar Málaga, habían tomado represalias espantosas. «Si hacen aquí lo mismo, que Dios los maldiga.» La abuela era insobornable. Y además, eficaz. El mismo día 19 escribió ¡en tinta violeta! una larguísima carta a Gerona —«a ver si a través de Francia la carta les llega»—, y se empeñó inútilmente en conseguir comunicación telefónica con Pamplona, para hablar con su hija monja, sor Teresa.

Las consecuencias de la toma de Bilbao eran obvias. El nacionalismo vasco quedaba relegado al exilio, desterrado, pese a contar con tres ministros en el Gobierno de Valencia. Los «nacionales» ganaban el puerto más importante del Cantábrico y se aseguraba para fecha próxima la liquidación de todo el frente Norte, la toma de Santander y Asturias. Por otra parte, la zona conquistada era vital y las pérdidas del ejército vencido se elevaban a unos treinta y dos mil combatientes, según confesión del propio general defensor, Gamir Ulibarri. Pese a lo cual y a la cuantía del botín —sobre todo en buques, fondeados en la ría o en reparación en los astilleros—, *El Proletario* gerundense insertó una audaz interpretación de la pérdida de Bilbao que decía así: «Ahora podremos centrar más libremente nuestra atención en los otros sectores de la lucha.» Cosme Vila, al leer esto se indignó y Julio García soltó una carcajada que asustó a doña Amparo. En cuanto a David, escribió en *El Demócrata*: «Ahora Inglaterra coqueteará más aún con los militares, tratando de salvar sus intereses en las minas y en las industrias de Vizcaya.»

Carmen Elgazu se enteró por dos conductos de la toma de Bilbao, su ciudad natal. Primero por una nota que, desde la oficina de Abastos, le envió Pilar: «Mamá, estoy muy contenta. Me he comprado una blusa amarilla.» Era la contraseña. Luego se enteró por otra nota, escrita de su puño y letra de Matías en un impreso de telegrama que le llevó, en persona, el poeta Jaime. «Ignacio llegado bien.» Era también la contraseña. La reacción de Carmen Elgazu fue jubilosa. Levantó los brazos y agitó en el aire el papel azul. Luego, al quedarse sola, se dirigió a la cajita de corcho en la que guardaba todavía el belén y, arrodillándose, rezó, en vascuence, la oración de gracias ante las diminutas figuras de papel que Ignacio y Pilar confeccionaron la víspera de Navidad. Por último, se arregló el moño, se lavó las manos en la cocina y cruzando el pasillo salió al balcón que daba a la Rambla, dispuesta a saludar triunfalmente a cuantas personas conocidas y afines pasaran por la calle.

Aprovechando la llegada a Gerona del doctor Rosselló, la Logia Ovidio se reunió en Trabajo extraordinario, como en sus mejores tiempos. La calle del Pavo vio pasar una vez más la sombra de los Hermanos masones gerundenses, incluyendo al director del Banco Arús, con su pipa humeante. Y es que había novedades. El coronel Muñoz debía incorporarse al frente de Teruel, donde lo esperaba ¡desde hacía meses! el comandante Campos, quien continuaba presintiendo que moriría en la guerra. Los arquitectos Massana y Ribas iban a ser nombrados jefes del Comisariado de Inmigración, organismo de creación indispensable, visto el movimiento de refugiados que llegaban de todas partes. El doctor Rosselló fue invitado a recuperar su puesto de Director del Hospital de Gerona, el cual, por su situación en la retaguardia, se estaba convirtiendo en importante centro de readaptación. El doctor Rosselló manifestó que prefería regresar a Madrid y el H... Julián Cervera, que presidía el Trabajo, dijo: «Lo dejo a su elección.» Antonio Casal recibió la orden de informarse de un modo completo y veraz de todo cuanto el Partido Comunista proyectase y realizase en las minas de talco de La Bajol. También Julio García recibió instrucciones: Julio proseguiría con sus viajes al extranjero, en los que, aparte su misión como delegado de la Generalidad, conectaría como siempre con los H... franceses e ingleses que más se interesaban por la guerra de España y, desde luego, rectificaría sin excusa ni dilación la actitud derrotista que adoptaba habitualmente en sus tertulias en el café Neutral.

El Trabajo de la Logia se desarrolló bajo el signo de la inquietud, debido a la marcha de los acontecimientos. Todos los H... estaban nerviosos, sobre todo Antonio Casal. A la caída de Bilbao, que fue calificada de desastre, cabía añadir los criminales bombardeos fascistas sobre Valencia y el fracaso del ministro del Ejército, Indalecio Prieto, en su intencionado proyecto de convertir el conflicto español en conflicto mundial. El H... Julián Cervera informó con detalle sobre el particular. Indalecio Prieto, H... grado 33, compartiendo el sentir de muchas Logias, estaba convencido de que lo único que podía salvar la situación era la extensión del conflicto. Para ello, aprovechando que la escuadra alemana había bombardeado por mar, ferozmente, la población de Almería —en represalia por los diversos ataques de la aviación «gubernamental» contra el crucero italiano *Baltesta* y el alemán *Deutschland*—, se le ocurrió que podía perseguirse a los navíos alemanes por el Mediterráneo y hundirlos, provocando con ello el estallido. «La idea era soberbia —opinó el H... Julián Cervera—. Por desgracia, el Presidente del Gobierno, señor Negrín, quiso consultar a Moscú y Moscú opuso su veto. Naturalmente —terminó el H... Julián Cervera—, a Rusia no le interesa que la guerra se acerque a su suelo.»

Luego se habló de las obsesionantes expresiones «Quinta Columna», «Sabotaje» y «Emboscados». Lo mismo el Ejército Popular que los servicios auxiliares del mismo se convertían en coladores. El coronel Muñoz informó que eran tantos los que en el frente de Madrid se pasaban al enemigo, sobre todo al amparo de la noche, que se habían colocado latas vacías de conservas y planchas metálicas fuera de las trincheras al obje-

to de que los fugitivos, al pisarlas, hicieran ruido y se delata-
ran. El doctor Rosselló citó el caso de un batallón entero de
reclutas procedentes de un pueblo turolense llamado Libros,
que al llegar a Madrid tuvo que ser internado en bloque por
presentar lamentables síntomas de intoxicación. «Un médico
desaprensivo, o un practicante, les infectó adrede las vacunas.»
Antonio Casal habló de sabojate en la Comisaría de Abasteci-
mientos, en la que docenas de cartillas habían sido extendidas
inadecuadamente, combinando a placer los nombres y las señas. Los arquitectos Ribas y Massana, cuya manía era el sabotaje de la palabra, el bulo, tenían la certeza de que la llegada
de refugiados vascos agravaría al máximo el problema. «Los
vascos son católicos y al comprobar lo que aquí ha ocurrido,
se cerrarán en banda.» Uno por uno fueron interviniendo, sin
exceptuar al director del Banco Arús, quien aludió al despilfarro financiero y «a las comisiones cobradas indebidamente,
lo mismo en España que en el extranjero». Por último, habló
Julio García. Su intervención fue un resumen. Un hecho era
revelador de la importancia del sabotaje: en menos de un año
de guerra y contando inicialmente con todos los recursos, «el
Gobierno de la República ha perdido diez mil kilómetros cuadrados de territorio y siete de las provincias que el 18 de julio
quedaron en su poder». Julio informó sobre la situación fuera
de España. En cada *hall* de hotel y mesa de café había un
observador franquista. Se dedicaban al espionaje no sólo fascistas inveterados como el notario Noguer o el falangista Octavio, ¡sino personas como los hermanos Costa! Buena parte
del producto de las recaudaciones «pro-pueblo español» era
escamoteado antes de llegar a su destino y el armamento adquirido era pagado a tan fabulosos precios que con el exceden-
te se alimentaba el Partido Comunista Francés y se financiaba
su periódico *Ce Soir*. «Me adhiero al propósito del H... Indalecio Prieto de procurar la extensión del conflicto. No veo otra
salida. No creo que fuera imposible estudiar la posibilidad de
bombardear con aviones ''maquillados''el Marruecos francés,
el puerto de Marsella y la costa británica. Pedir permiso a
Moscú es un crimen infantil. Si la Logia Ovidio no se opone a
ello, yo mismo puedo encargarme de los trabajos de enlace
entre las personas que puedan ayudarnos en esta acción decisiva.»

La declaración de Julio García causó estupor y en el fondo
una sensación de alivio. ¿Qué otra salida podía haber? El

policía prosiguió, dando un viraje inesperado. «Sin embargo, me gustaría que al propio tiempo protestáramos de un modo enérgico contra la extensión de las checas. He recibido una nota del doctor Relken, víctima de una de ellas en Barcelona. Y si mis ojos no mienten, en Gerona gozamos ya de tan elegante sistema de embrutecerse el espíritu, que en el fondo es el peor medio de sabotear.»

El Trabajo de la Logia Ovidio terminó con una ronda de fraternales abrazos. Cada H... estaba dispuesto a cumplir con la labor que le fue asignada y Julio García recibiría sin tardanza la decisión masónica a su propuesta, que desbordaba las atribuciones de la Logia Ovidio. A la salida, por sugerencia del H... Cervera, todos estamparon su firma en una protesta «contra el atentado alemán de Guernica», protesta que iba a ser mandada a la Sociedad de Naciones y al Control de No-Intervención. El coronel Muñoz se hundió en la noche y Antonio Casal se dirigió a la barandilla del río y se sentó. Julio y el doctor Rosselló echaron a andar juntos, cogidos del brazo. Al llegar al puente de Piedra el doctor Rosselló le dijo al policía:

—Estoy de mal humor, Julio. Mis hijas me desprecian.

—¿Cómo es eso?

—No han querido ni verme siquiera. En cuanto llegué, se fueron al piso de Laura. —El doctor se detuvo y encendió un pitillo—. Por eso quiero regresar a Madrid.

Julio se atusó el bigote.

—¿Y de su hijo... sabe algo?

—Estuve en Perpignan —contestó el doctor—. Allá supe que trabajó una temporada con el notario Noguer y que luego se fue a San Sebastián, con «La Voz de Alerta». No me diga usted que ignoraba esto, por favor...

Julio sonrió.

—En estas ocasiones uno no sabe si...

El doctor le interrumpió. Hacía una noche bochornosa, con insectos muriendo en los faroles.

—Yo era ahora un hombre feliz —dijo—. Pero esta soledad... No me importaría matarme.

—No diga usted tonterías —atajó Julio—. Todo pasa y las cosas vuelven a su cauce.

—¡Bah! Usted tiene imaginación —agregó el doctor—. Además, viaja y cuando regresa encuentra en su casa el lecho caliente... Yo...

Julio se tocó el sombrero.

—Mi querido amigo —replicó—, mi único haber son las comisiones que cobro por ahí..., y un poco de fantasía verbal.

El doctor Rosselló lamentaba no conocer personalmente al flamante presidente del Gobierno, doctor Negrín, que fue discípulo de don Santiago Ramón y Cajal. De haberlo conocido, hubiera intentado conseguir su apoyo en favor del proyecto Indalecio Prieto-Julio García referente a la «extensión del conflicto». Tuvo que limitarse a decirle a Julio: «Le deseo suerte. Claro que... la responsabilidad es enorme.»

El mal humor y el incremento del sabotaje en la zona «roja», de que tan palpablemente dio idea el Trabajo de la Logia Ovidio, iba a colapsar cualquier intento destinado a amortiguar la dureza de las represalias. El doctor Relken seguiría sudando y el catedrático Morales y el Responsable seguirían documentándose para perfeccionar sus embrionarias checas. Y, sin embargo, en medio de todo, Gerona pudo considerarse privilegiada. Sólo fueron detenidas las hermanas Campistol y el sepulturero y su mujer. Aquéllas, por haber escondido a mosén Francisco; éstos, por haber instalado en el cementerio ¡una estación emisora clandestina! La idea fue de Laura. Los cementerios actuaban, actuaban en todas partes.

Todos los demás miembros del Socorro Blanco fueron dejados momentáneamente en paz, incluidas las hermanas Rosselló y la propia Laura. Resultaba casi milagroso que Laura no hubiese sido detendia todavía, pues su labor era ingente. Por sus manos pasaba toda la documentación que, procedente de Madrid, Valencia o Barcelona, llegaba a Francia, al notario Noguer, y por último a San Sebastián, a su marido, «La Voz de Alerta». Laura, alta y cada día más delgada, parecía intocable y como si la defendieran calladamente todos los carteros del mundo, a los que un día quiso aumentar el sueldo. Su seguridad era tanta que no tuvo inconveniente en cobijar en su casa a un ser extraño que andaba a la deriva: una anciana de ochenta años, que había sido superiora del Convento de Clausura de San Daniel. Esta mujer, al salir a la calle el 18 de julio, se quedó anonadada, pues nunca había montado en tren ni había visto cine. Llevaba cincuenta años sin salir del convento. Laura le descubrió paisajes inéditos. No consiguió que subiera al tren, pero sí se las ingenió para dedicarle una sesión de cine *amateur* mediante un viejo proyector que le prestó la viuda de don Pedro Oriol. La Madre Superiora se sentó en una silla a pocos centímetros de la pantalla. Su expresión era de beatitud, pero no comprendía nada de lo que ocurría. Hasta que apareció Charlot... ¡Santo Dios! Charlot cayéndose de cabeza dentro de un cubo, andando con los pies divergentes, jugando con su bastón y con su bigote. La anciana monja de clausura se rió como no se había reído desde la época del noviciado. Aplaudía tímidamente, desde su silla, y al final le dijo a Laura: «Hija mía, he de reconocer que en el mundo hay cosas muy interesantes.»

CAPÍTULO XXX

EL FALANGISTA GERUNDENSE Miguel Rosselló se encontraba ya en el frente de Madrid, en calidad de agente oficial del SIFNE, previa obtención, por escrito, del debido consentimiento de su jerarquía en la Falange, Mateo Santos. El muchacho, obedeciendo las instrucciones de «La Voz de Alerta», después de un par de días de descanso se había presentado en primera línea al coronel Maroto, el cual era, por partida doble, jefe de la octava Bandera del Tercio y jefe del Grupo *Josué*, de información. El coronel Maroto no se fiaba de nadie, ni siquiera de «La Voz de Alerta». Los agentes que éste le enviaba los sometía a prueba sobre el terreno, en el momento de llegar. Miguel Rosselló no fue excepción. Apenas el coronel hubo examinado los papeles del muchacho, le hizo a éste una zancadilla y el muchacho no perdió el equilibrio, no se cayó. A los pocos segundos, el coronel le pegó una bofetada y Miguel Rosselló cerró los ojos, pero aguantó firme. «Vale, muchacho.» Sin más preámbulos, el jefe del Grupo le comunicó que en cuanto se hubiera familiarizado con el sector e impuesto de la misión que le correspondía, cruzaría las líneas y se internaría en el Madrid «rojo», donde entablaría contacto con el agente apodado Difícil.

Entretanto, para no llamar la atención de los legionarios de la Bandera, Miguel Rosselló debería ser un legionario más.

—Vestirás su uniforme y procurarás adaptarte a sus maneras.

—De acuerdo.

El día que tuviera que adentrarse en Madrid, se disfrazaría de miliciano comunista.

—Tenemos todo el equipaje y la documentación de un chaval de tu misma edad, llamado Castillo, de la División Líster, muerto en el Jarama. Pegaremos tu fotografía en su carnet. Te llamarás Miguel Castillo y serás de Lérida, donde tendrás una madre que sólo pensará en ti. En las jornadas de espera, habrás de aprenderte los himnos y las cancions más corrientes en las trincheras enemigas.

—De acuerdo —repitió el muchacho.

Miguel Rosselló, que se sentía muy distinto de aquel vacilante mocito gerundense enamorado de los coches y de cuanto significase velocidad, se emocionó. No por el riesgo que todo aquello implicaba, sino por el hecho de encontrarse, aunque fuera de mentira, con que tenía una madre que sólo pensaba en él. Rosselló había perdido la suya siendo muy niño, y a esta ausencia atribuía buena parte de su incesante desasosiego.

—Llevarás a Madrid dos misiones precisas. La primera, obtener, con la ayuda de Difícil, el nombre y las señas del agente rojo que, radicado en nuestra zona, ha facilitado al Mando enemigo los planos de nuestra inminente ofensiva a Santander y Asturias. La segunda, procurar establecer, siempre de acuerdo con Difícil, un sistema Morse original que les permita a él y a los demás agentes en Madrid transmitirnos con la mayor rapidez cualquier información.

Todo en regla, el muchacho se convirtió en un legionario más, asistente del coronel. Puso todo su empeño en enterarse lo más rápidamente posible de cuanto pudiera serle útil, y ello le proporcionó no pocas sorpresas. Por ejemplo, supo que cruzar las líneas era relativamente fácil. Varios agentes contaban ya en su haber con diez y hasta con doce viajes, y se aseguraba que algunos soldados se habían ido a Madrid a ver a la novia. A uno de estos soldados lo llamaban «el Correo», pues hacía el trayecto todos los días simplemente para comprar periódicos, por encargo de su comandante. También le sorprendió que el coronel Maroto quisiera mucho más, con toda evidencia, a los soldados a sus órdenes que a su familia.

—¿Cuándo cree que podré tomarme una horchata en la Puerta del Sol?

—Espera, ya te avisaré.

Miguel Rosselló, hombre sin imaginación, no tuvo más remedio que pasarse las horas observando el mundo inmediato que lo rodeaba, ¡Qué mundo, Señor! De hecho, al cruzar el puente de Hendaya no sabía de la Legión sino que fue fundada en África en 1921 y que a los que ingresaban en ella nadie les preguntaba nada sobre su pasado. *Cada uno será lo que quiera, nada importa la vida anterior.* Como Durruti hubiera dicho: «El pasado no cuenta.» Ahora sabía algo más. Su fundador fue Millán Astray, siendo éste teniente coronel y Franco comandante. Los legionarios eran fuerzas de choque de primer orden, especializados en el lanzamiento de granadas de mano y en el ataque cuerpo a cuerpo, y muchos de ellos se ponían nombres de fieras africanas: León, Pantera Negra, etcétera. El texto de su juramento podía resumirse en la palabra España y exteriormente daban la impresión de haber renunciado a la vida individual para integrarse todos en una disciplina fanática. Muchos de ellos firmaban con el dedo pulgar y, por regla general, sus caras, excepto las de los ingresados voluntarios después de la guerra, no desmerecían en nada de las que abundaban en el batallón «Somos la Rehostia» o en la 13 Brigada Internacional. Miguel Rosselló observó que, en la práctica, acaso influidos por el aspecto de su fundador, el mutilado general Millán Astray, los legionarios se movían electrizados por algo indefinible y macabro.

En aquellos días se los veía impacientes. No les gustaba el frente estabilizado y deseaban pelea a la que llamaban «tomate» o «tango». Se pasaban el día tumbados o jugándose a las cartas la paga y «lo que heredarían de un tío de América». Aunque sus verdaderas manías eran armar camorra, protestar por el rancho y, sobre todo, apostar. Dos legionarios se bastaban para vivir en perpetuo duelo de honor, para incitarse uno al otro a ser «el mejor en cualquier cosa».

Las modas al respecto iban a rachas, cambiaban como peinado de mujer. En la octava Bandera estuvo de moda triturar de un puñetazo copitas robadas en los cafés y apostar sobre quién se comería, sin reventar, más trocitos de cristal. También era corriente apostar sobre la manera más eficaz de hacerse subir la fiebre. Miguel Rosselló coincidió con la racha de escupir alto ¡y de orinar lejos! Sobre todo, esto último constituía un singular espectáculo. Una hilera de participantes, bajo la implacable vigilancia de un árbitro, que solía ser un oficial; quien orinaba más lejos, se llevaba el tabaco, o los mecheros, o el honor de todos los demás.

El caso es que los legionarios adoraban «la hombría» y, en

465

consecuencia, detestaban todo cuanto oliese a cobardía o afeminamiento. Si se incorporaba un alférez imberbe, el pobre sólo podría congraciarse muriendo lo antes posible de un modo heroico. De ahí que Miguel Rosselló fuese víctima de bromas innumerables por haber sido sorprendido limpiándose los dientes. «¡Dentífrico y todo! ¡Jolín con el marqués!» El cepillo de dientes era para aquellos hombres el símbolo de la buena mesa y de lo sedentario. Era lo afeminado «y lo debieron inventar los franchutes». Miguel Rosselló vio cómo se lo arrebataban de la mano y cómo luego simulaban limarse y cepillarse con él las uñas. «¡Eh, cuidado, que ahí viene el *Dentífrico*!»

La Legión era importante. Los combatientes moros sumaban alrededor de quince mil; los legionarios, algo menos. Se les reservaban las misiones más arriesgadas. Bastaba con que en los periódicos apareciera una solicitud de madrina de guerra con las señas de la Legión para que todas las Martas comprendieran que se trataba de un admirable sentenciado a muerte.

Miguel Rosselló entabló amistad con un legionario andaluz al que llamaban Parapeto porque se llenaba de tal modo el plato de la comida, que materialmente quedaba oculto detrás. Era de El Pedroso y se había ganado en buena lid una Medalla Militar individual. Parapeto consiguió hacerse popular con ocasión de autoherirse en una pierna. El médico adivinó la treta al analizar el ángulo de entrada de la bala. Se le sometió a juicio sumarísimo y si Parapeto se salvó del piquete, debióse ello a su hoja de servicios —por una vez, el pasado contó— y a la súplica de todos los legionarios de la Bandera. Parapeto le decía a Rosselló, extrañado de la intimidad con que éste trataba a los jefes: «Si tú eres asistente, menda es Rasputín.» Parapeto siempre hablaba de Rasputín sin tener noción de quién fue el personaje.

Miguel Rosselló vivió en la octava Bandera unos días de rara intensidad. Por supuesto, prefería la Falange a la Legión, pues a su entender ésta exaltaba la muerte un poco porque sí, en tanto que la Falange tenía un programa constructivo social, y los sacrificios que exigía de sus miembros apuntaban a ideales tan concretos como la unidad de España y el hacer de España un Imperio. El muchacho fumaba demasiado, pero consiguió lo que se proponía; no perder la serenidad. E incluso empezó a pensar en serio en el sistema Morse que debía organizar para que los agentes de Madrid pudieran comunicar noticias urgentes, sin necesidad de enlace. Al efecto, le había llamado la atención un prominente edificio de la ciudad, el Palacio Real, cuyos cristales despedían vivos destellos al recibir la luz del sol poniente. Dichos cristales —y también otros, de similar orientación— hacían guiños muy intensos, muy preciosos, guiños tan poéticos y más interpretables que los de las estrellas. «¡Quién sabe —pensó Miguel Rosselló— si al ponerse el sol y utilizando para ello un trapo o un sombrero, podrían taparse o destaparse algunos de esos cristales a un ritmo convenido...!»

Una cosa era cierta: Miguel Rosselló conseguiría los dos objetivos señalados. Y en la espera, se pasaba el día meditando, canturreando los himnos de la División Líster y repitiéndose que se llamaba Miguel Castillo y que tenía en Lérida una madre que no pensaba más que en él. Cuando veía acercársele a Parapeto sonreía porque sabía de antemano lo que el legionario iba a decirle: «Oye, Rasputín. ¿Apostamos algo, la pistola? ¿Qué prefieres: escupir alto u orinar lejos?»

La misión encargada a Octavio, el compañero de Rosselló, ex empleado de Hacienda en Gerona, presentó desde el primer momento mayores dificultades. Las sospechas del jefe del SIF-NE, don Anselmo Ichaso, respecto a los espías que delataron las intenciones nacionales en la batalla del Jarama, habían recaído sobre el Tercer Tabor de moros, de guarnición en el frente de Granada, especialmente sobre los moritos jóvenes que por su diligencia y simpatía ejercían de asistentes de algún jefe de Estado Mayor. Don Anselmo Ichaso repudiaba todo lo que fuera árabe y siempre decía que, si de él dependiera, transformaría la Alhambra, pastel ridículo, en Museo taurino.

«La Voz de Alerta», siguiendo instrucciones de don Anselmo, hubiera deseado que el agente encargado de observar a dichos moros conociera su lengua; pero no disponiendo de él, se conformó con Octavio, dado que el muchacho era andaluz, fino de espíritu y había estado varias veces en África.

A Octavio le desagradó la misión. «¡Descubrir un espía entre los moros! ¿Con qué se come eso? A mí todos los moros me parecen iguales.» A Octavio le había encantado escurrirse y jugarse el pellejo en las estaciones y en los puertos de mar franceses, pues el notario Noguer, haciendo honor a su profesión, le señalaba siempre objetivos muy concretos. Pero ¡vigilar a los asistentes morunos, jóvenes y simpáticos!

Obedeció y se presentó al capitán Aguirre, jefe del Grupo *Noé*, «el cual le daría instrucciones». El capitán no le sometió a prueba alguna. Únicamente le dijo, después de leer el oficio del SIFNE: «De momento quédate aquí, por ejemplo, en Intendencia. Trabaja en la oficina, vestido de caqui, y empieza a abrir los ojos.»

A Octavio le emocionó anclar en Andalucía, en su tierra, oír acentos parecidos al suyo y reencontrar los colores de la niñez. Pero seguía repitiéndose, ahora contemplando a los moros en su vivac: «¿Con qué se come eso?» Por lo demás, sin motivo preciso para ello, de pronto se volvía en redondo, asustado, y hubiera jurado que alguien lo seguía sin hacer ruido.

Octavio tuvo la suerte de simpatizar con el capitán Aguirre, que, al igual que el general Mola, había estado de guarnición en Gerona. «¡La catedral! —exclamó el capitán, al saber que Octavio procedía de Gerona—. ¡Qué cabronada!» El capitán Aguirre aplicaba siempre esta palabra en su acepción admirativa. El muchacho simpatizó también con un cabo furriel que se había presentado dos veces consecutivas a oposiciones de Hacienda sin obtener la puntuación necesaria.

Octavio se dispuso a actuar. No podía olvidar que fue el primer camarada que Mateo tuvo en Gerona, el primero que lo ayudó y que consiguió ganar para la Falange a Rosselló, a Haro, etcétera. Ello lo obligaba. Tampoco podía olvidar que Mateo había dicho de él que era «la inteligencia instintiva». ¡Cuidado! Ahora le convenía movilizar su instinto, pero también el método y la tenacidad. «La Voz de Alerta» había sido preciso en este sentido: «El contraespionaje es a menudo un problema de paciencia y tenacidad. Muchas veces se cree que está uno entre angelitos, y de pronto surge el detalle revelador.»

Por supuesto, lo primero que debía hacer era observar a los moros y enterarse lo más posible de todo cuanto se refiriese a ellos. «Hasta conseguir leer en sus facciones, diferenciarlos.» Por fortuna, el capitán Aguirre, que en cuanto veía a Tavio —así lo llamaba su novia, la hija del irascible fondista— pensaba en la catedral de Gerona, era un buen conocedor de sus hombres, y además le gustaba tratar el tema, pues era uno de los convencidos de que la civilización llamada «mahometana», con todo lo que la palabra englobaba, antes de veinticinco años levantaría cabeza de nuevo. «Al tiempo. Verás la que arma esa gente.» Octavio sospechó en seguida que el capitán Aguirre, jefe del Grupo *Noé*, deseaba que su pronóstico se cumpliese.

A medida que el capitán hablaba, lo mismo que cuando le hablaba el cabo furriel, Octavio sentía vergüenza de ignorar tan rotundamente aquel mundo que hubiera debido conocer. «Los moros son sobrios. Un pan y una cantimplora de agua les basta para un día de lucha.» ¡Agua, como el doctor Relken! «Me resisto a creer que si aquí hay un moro traidor se trate de un moro joven. Los moros jóvenes son obedientes, necesitan sentirse protegidos y corresponden con lealtad. ¿Te has fijado en el pinche? ¡Pobre morito! Un día sonó un disparo y de un salto increíble se puso delante de mí.» Octavio escuchaba y desde la chabola contemplaba el ruedo de moros sentados sobre sus piernas, embrazado el fusil, o bien escuchaba sus extrañas cantinelas, sus chirimías y tambores. Muchos de ellos exhibían los brazos tatuados. Los turbantes les conferían solemnidad, y en sus pies las alpargatas españolas parecían sandalias.

«¿Cuál de vosotros entregó al mando rojo el plan de la batalla del Jarama?» Octavio se paseaba entre los moros saludándolos y formulándoles con la mirada esta pregunta. Pero no sacaba nada en claro. Sólo leía en sus ojos azabache, licuosos, de largas pestañas y para preservarlos del sol, astucia cuando pensaban en la guerra y desconcierto cuando se les ofrecía la mano para estrechar la suya.

Octavio recordaba las discusiones entre Ignacio y Mateo. Ignacio opinaba que los ocho siglos de dominación árabe fueron siniestros para España. «Sólo hemos heredado de los árabes algunas acequias, los celos y la costumbre de que nuestras mujeres apenas sepan leer.» Mateo se indignaba. «¿Y la arquitectura? ¿Y el sentido del ritmo? ¿Y el respeto por el visitante?» Octavio se preguntaba ahora si Mateo no era demasiado teórico.

Un hecho favoreció a Octavio: los alféreces provisionales que se incorporaban al Tabor, ignoraban el tema tanto como él. De ahí que los jefes que habían vivido en África los adiestraran lo más rápidamente posible. Uno de ellos había incluso copiado en ciclostilo una especie de boletín informativo que fascinó a Octavio, hecha la salvedad que le enseñó el capitán Aguirre. «Ya sabes lo que ocurre. Imagínate que tú has de explicarle a un malayo lo que es la raza blanca.»

Los preceptos podían resumirse así: «En España se encontraban luchando moros de Larache, de Aumara, de Didi Ali, de Tatatog, de Haun, de Guni, etc.» Los moros jóvenes eran disciplinados; en cambio, muchos moros viejos «amaban la guerra por su cuenta» y se lanzaban a la emboscada o permanecían horas y horas en la copa de un árbol esperando a que asomara por el parapeto enemigo la cabeza de un «rojo». El hecho de que fuesen tropas árabes no daba derecho a considerarlas «mercenarias»; o, en todo caso, debían también considerarse mercenarios los voluntarios «rojos» que luchaban bajo la influencia de la cultura francesa, o del comunismo, y los voluntarios navarros que lo hacían bajo la influencia carlista. Los moros eran mejores soldados de ataque que de defensa y se desmoralizaban rápidamente si los mandos chaqueteaban. La aviación los enloquecía, pues querían que al morir su cadáver no fuera troceado, sino «conservado entero, envuelto en una sábana blanca y enterrado de ese modo». Era inútil tratar de comprenderlos sin tener en cuenta la sutileza de su religión. Muchos moros se adhirieron a la guerra española porque el Corán aprobaba «la guerra contra los infieles», considerándola santa. «El que muera en esta clase de guerra es mártir y asciende al punto al paraíso, donde su alma se convertirá en pájaro verde.» Otros luchaban por lealtad al Gran Visir, que se adhirió al levantamiento; otros por lealtad a Franco, otros por simple espíritu guerrero y los menos por el sueldo. No les gustaba ser llamados «moros»; preferían su nombre. «Es preciso recordar que son personas, que en Marruecos han dejado parientes a los que aman, que consideran sagrados determinados animales y que a determinadas horas, alba y crepúsculo, los gana una honda melancolía.» «No os moféis de sus piernas largas ni de que pulgas gigantes se peguen a sus cuerpos y ropa, pulgas que los legionarios llaman "tanques" y a las que éstos simulan matar de un disparo.» «No les reprochéis que tan pronto se muestren sucios como que se dediquen a interminables abluciones, y dad por sentado que lo mismo son capaces de la acción más feroz como de la acción más generosa. Respetad la excitación que a veces les produce el viento o la posición de un objeto determinado. Alabadles su singular puntería, su arte para avanzar arrastrándose con los codos y la belleza del nombre de la hija de Mahoma: Fátima. Recordad que las columnas del Islam son cinco. Fe: Dios es Uno y su perfección no contiene mezcla. Oración: si algo hubiera mejor que la oración, los ángeles lo emplearían para adorar a Dios. Limosna: el "Juicio" ha maldecido a quien rechaza al huérfano y no se preocupa de alimentar al pobre. Ayuno: quien ayuda tiene dos placeres: romper el ayuno y encontrarse con el Señor. Peregrinación: el deber de todo musulmán es realizar una peregrinación a La Meca una vez en la vida.»

Octavio se aprendió de memoria estas normas y ante el agradecido entusiasmo del capitán Aguirre, sintió que se interesaba de verdad por aquella parcela morena de la realidad española. El capitán Aguirre pretendía que el hombre moderno cometía un error desechando en bloque la mentalidad y las costumbres de los pueblos antiguos, tales como Egipto, la India, etcétera. «Cuidado. Una parte de su credo es válida, eterna. Y querer imponerles nuestro concepto de la vida y sobre todo lo que nosotros entendemos por felicidad, puede ser no sólo estéril sino nocivo.»

Ahora bien, era innegable que la convivencia planteaba problemas. El capitán Aguirre no dejó de informar a Octavio sobre el particular. «Procura que ninguno de ellos sospeche ni tanto así de que los estás vigilando. O bien se asustarían, lo que no conviene, o bien te matarían sin compasión de un tiro por la espalda.»

El último motivo de preocupación causado por los marroquíes a los jefes del Tabor era pintoresco: los moros reclamaban sencillamente mujeres moras. Llevaban casi un año en la Península y necesitaban mujeres de su raza. Así lo comunicaron los oficiales indígenas. Si no se los atendía, era de prever un enojoso incremento del homosexualismo y un desplante progresivo. Se negarían a luchar y buscarían mil tretas para irse a la retaguardia y requisar despertadores, que tanto los subyugaban. El capitán Aguirre estimaba que la petición era muy razonable; pero su superior inmediato, el veterano comandante Herraiz, se rascó la cabeza. «¡Menuda papeleta! —dijo—. Por mí, que traigan un cargamento. Pero ya sabe usted que estamos rodeados de pastorales y reverendísimos y que a esos señores lo que les preocupa por encima de todo es que seamos castos.» Sin embargo, la petición fue cursada y los jefes del Tabor estaban dispuestos a defenderla hasta el final, llegando hasta Franco si era preciso. «Al fin y al cabo —argumentaba el capitán Aguirre—, si los voluntarios italianos pidiesen *ragazze* napolitanas tendrían *ragazze* napolitanas.» «¡Vaya con los "paisas"!», exclamó Octavio. ¡Oh, sí!, los «paisas» daban sorpresas. Eran supersticiosos, excepto cuando se trataba de arrancar las muelas de oro de los cadáveres. De pronto aparecían en su mirada mil vidas distintas e ignoradas. Su odio por los «rojos» era insobornable, brutal. Los jefes lo alimentaban con astucia. «Los rojos eran *infieles* y querían vender a España al extranjero.» «Los rojos les hubieran quemado las mezquitas y hubieran entregado sus mujeres a los voluntarios internacionales.» «Los rojos se reían de La Meca y de que ellos rezasen cinco veces al día y ayunasen.» «Los rojos los llamaban canallas, puercos; los acusaban de robar y violar, y si los hicieran prisioneros los degollarían y los descuartizarían, impidiendo que su cuerpo fuera lavado, envuelto en una sábana y enterrado intacto, con lo cual su alma no podría entrar en el paraíso ni convertirse allí en pájaro verde.»

El verano había estallado. La ropa limpia era de buen ver, la ropa sucia olía mal. Del alambre de las azoteas colgaban sábanas, entre las que se arrullaban las palomas. Caía un sol inclemente, que los heridos de las Brigadas Internacionales que convalecían en las playas del litoral levantino agradecían como era de ley. El Oñar andaba raquítico; el Ter, algo menos; ambos teñidos, como siempre, por los colorantes de las fábricas. Cuando los colorantes eran azules, el río parecía mar; cuando eran rojos, el río parecía lengua; cuando bajaba negro, el catedrático Morales tenía ganas de gritarle desde el puente: «¡Eh, que el luto está prohibido!»

El verano estalló y con él se llegó al 18 de julio de 1937, primer aniversario. Hacía un año justo que sonó en Marruecos el primer clarinazo de aquella guerra que unos llamaban civil, otros cruzada, otros una de las más grandes aberraciones de la Historia. Un estremecimiento impreciso recorrió el país. ¿Y los niños que nacieron justo el día que estalló la guerra, la cruzada, la gran aberración? Sus padres los miraban con intensidad. Eran populares en los barrios respectivos, en la aldea en que vieron la luz. Eran niños-símbolo de algo que no era exactamente carne. Todo el mundo leía en el fondo de sus pupilas signos cabalísticos, y Raymond Bolen, el astrólogo aficionado, amigo de Fanny, hubiera tenido con ellos pretexto para trazar círculos zodiacales en un papel. Eran niños hechos de metralla, eran juguetes que llevaban dentro una bomba de reloj.

La gente, cansada de sufrir, se planteaba problemas ingenuos. En Mataró, un anciano paralítico se había entretenido en ir sumando a diario los aviones que, según el parte «rojo», el Ejército Popular había derribado en aquellos doce meses: pasaban de los dos millares. Por su parte, un pastelero de Sevilla había contado las veces que, en el mismo espacio de tiempo, Queipo de Llano había dado a los «rojos» por inmediatamente vencidos: pasaban de un centenar.

18 de julio de 1937. En Gerona se produjeron imprevisibles reacciones. Cosme Vila, en su piso desnudo, abrazó a su hijo ¡y lo besó! En cambio, Antonio Casal se fue a Correos y repasó la matriz de los últimos giros postales familiares mandados a los milicianos del frente. ¡Irrisorias cantidades...! Veinticinco pesetas, diez, cinco...

Sin embargo, a lo largo de la jornada hubo un momento en que toda la ciudad deseó estar tranquila. Pasaron por encima de la catedral tres rutilantes aviones y todo el mundo aseguró que eran pájaros...

En Barcelona, Ezequiel se empeñó en caricaturizar el sufrimiento y lo consiguió. Dibujó un gusano con cabeza de hombre. «¿Qué significa esta barbaridad?», inquirió Rosita. «El sufrimiento —contestó Ezequiel—. Yo no tengo la culpa de que sea así.» A su lado, Manolín se pasó todo el día leyendo *El Conde de Montecristo*, mientras arriba, en su cuarto, mosén Francisco miraba, hondamente preocupado, el patio, porque la víspera, apenas terminó de celebrar misa, vomitó.

El día era espléndido. Y en su transcurso, también Barcelona deseó por unos instantes la paz. Dos barcos mercantes entraron, oleosos y cansados, en el puerto y todo el mundo aseguró que traían libros de dibujos infantiles y rojos tulipanes de Holanda...

En la zona «nacional» no existía la amenaza del hambre. De ahí que «La Voz de Alerta» festejara el aniversario en compañía de una espectacular dama carlista, a la que invitó a comer angulas en un restaurante y a brindar para que a lo largo del II Año Triunfal se solidificase su amistad. Mientras, en Pamplona, don Anselmo presidía en la catedral un tedéum en acción de gracias por las victorias conseguidas. Por cierto, que al regresar a casa se encontró con mosén Alberto esperándolo. «Vengo a despedirme», le dijo el sacerdote. En efecto, en aquella singular jornada mosén Alberto acababa de obtener el *Plácet* episcopal a su ruego de ser trasladado a San Sebastián en calidad de capellán de la cárcel de Ondarreta, con la misión de prestar auxilio a los condenados a muerte. «Usted perdone, don Anselmo, pero creo que me sentiré mejor en el país vasco que aquí. Los catalanes, sabe usted...»

Un año de guerra. 18 de julio. En los pueblos del frente, los milicianos cantaban:

> *Las Compañías de Acero*
> *cantando a la muerte van.*

En los pueblos de retaguardia, las novias cantaban:

> *Ya se van los soldados,*
> *ya se van marchando.*
> *¡Más de cuatro zagalas*
> *quedan llorando!*

Pilar tuvo la suerte de pasar el aniversario en el mejor sitio que pudo imaginar: el que fue despacho de Mateo. Gracias a la intervención de la Torre de Babel, Antonio Casal aprobó la sugerencia de instalar en el que fue local del POUM un anexo de la Delegación de Abastos. Pilar consiguió ser trasladada allí y ocupar una mesa en el propio despacho de Mateo, cuyo mueble-librería estaba todavía en el mismo lugar, aunque vacío. Pilar se pasó toda la mañana husmeando. Las sillas eran las mismas, pero en el rincón en que se alzó el pájaro disecado había ahora un gráfico de la producción arrocera de la provincia. Pilar, sola, sentada ante unos clasificadores de correspondencia, se sintió feliz. Mateo estaba en el despacho, se auscultaba su presencia. No era visible por culpa de la gran miopía humana, pero era obvio que la cabeza del muchacho se paseaba aún por la estancia. Pilar dio varias vueltas por el piso diciendo a las paredes y a las losetas de mosaico: «Os quiero.»

En cuanto a Matías y Carmen Elgazu, vivieron, ¡por todos los Santos!, una jornada de plenitud. Salieron muy temprano, dispuestos a tomar el ferrocarril de Olot y recorrer varios pueblos de la línea en busca de comida. La escasez iba en aumento y Matías, gracias a su compañero Jaime, tenía amistades entre gente del campo. Los padres de Ignacio se instalaron en un coche de tercera que arrancó traqueteando, recordándoles el que tomaron tres veranos antes al ir a San Feliu. A los pocos minutos les ocurrió algo extraño: olvidaron el motivo de su viaje. Fue para ellos algo tan nuevo salir de la ciudad, que uno y otro acordaron arrojar años por la ventanilla. Carmen Elgazu se extasiaba ante el paisaje. «Por aquí, en otoño, deben de crecer muchas setas», decía: «¡Fíjate, Matías, un caserío como éste tendrías que comprarme!» Cuando, en medio de un ramillete de casas, veía un campanario sin campanas y con la bandera roja en lo alto, se santiguaba a hurtadillas.

A Carmen Elgazu le hubiera gustado llegar a Olot, la capital de la comarca, en la que, ¡incomprensible ciencia la economía!, algunos talleres de imágenes religiosas volvían a trabajar con destino a la exportación, pero la despensa era lo primero. Al caminar por las calles de los pueblos parecían dos grandes señores. Carmen Elgazu se impuso a los campesinos por su innata mezcla de simpatía y autoridad. Consiguieron llenar casi los dos grandes cestos y el saco que llevaban en previsión. Patatas, aceite, un melón enorme, muchos tomates y salchichón y pan.

A Carmen Elgazu no le gustaban las fondas. «Dios sabe lo que pondrán en el puchero.» De modo que, en Anglés, buscaron una sombra en un pinar y después de extender la servilleta en el suelo, se sentaron procurando no pincharse y comieron como si fueran excursionistas. Faltos de vasos, Matías compuso con papel de periódico dos cucuruchos y, acercándose a un arroyo cercano, los llenó de agua pura, llevándolos luego a Carmen Elgazu en un alarde de equilibrio. «Eres un encanto de marido», le dijo Carmen Elgazu. Matías, que se había quitado el chaleco y la corbata, contestó: «Y tú serás otro encanto si luego me permites echarme una siesta.»

Pronto los dos se quedaron dormidos, las cabezas reclinadas en el mismo tronco de árbol. Las cigarras los arrullaban. ¡Si Ignacio y Pilar los vieran...! Carmen Elgazu se cubrió las piernas con la servilleta, no fuera el viento a levantarle la falda, y Matías se desabrochó el cinturón. De vez en cuando, un picotazo. ¡Malditas hormigas! No, benditas fuesen. Benditas las hormigas y el tronco de árbol y la sombra. Bendita la cabeza amada, tan próxima, y la tarde luminosa y todo cuanto llevaban en las cestas y en el saco.

Cerca de las seis se fueron para la estación. La espera fue larga. Otros hombres y otras mujeres iban llegando, más o menos cargados según la suerte. Carmen Elgazu, al ver la gorrita del jefe y la banderita, bromeó con Matías:

—Fíjate, así me gustaría verte.

—¿Qué dices?

—Que me gustaría verte con esa gorra y esa banderita.

Se gastaban bromas ingenuas, como los guijarros y el agua. En el trayecto de vuelta, Matías comentó: «Parece otro viaje de bodas, ¿verdad?» Carmen Elgazu sonrió. Algo le cosquilleaba el cuerpo, alguna brizna o espina que se le había pegado. Por dos veces Matías se levantó bruscamente, con cara de susto. «¡Nos han robado una cesta!» Carmen Elgazu abrió los ojos de par en par. «¡No es posible! No nos hemos movido de aquí.» Hasta que una y otra vez vio las dos cestas allí, muy juntas, compuestas como cabezas durmiendo la siesta. «Eres un ganso», dijo cada vez. Y le pegó a Matías una palmada de reproche.

La puesta de sol los sorprendió en el tren. Un tren asmático, debido al carbón, cada día de peor calidad. Menos mal que los relojes de las estaciones estaban parados. Por otra parte, no les importaba el tiempo. Matías gozaba con sólo mirar los campos y evocar escenas infantiles. Carmen Elgazu tenía la impresión de que de un momento a otro, en un paso a nivel, se les aparecería San Jorge anunciándoles que la guerra había terminado.

En la estación de Gerona, quien se les apareció fue Pilar. La muchacha supuso que sus padres llegarían a aquella hora, y cargados, y al salir de Abastos fue a esperarlos. «Buen detalle, niña», le dijo Matías. Los tres tomaron a pie —¡quién sabe lo que les cobraría un taxi!— el camino de la Rambla, oyendo a lo lejos el silbido del poderoso tren que venía de la frontera. A Matías no le importó cargarse el saco al hombro. «Con tal que no me vea Jaime...» Carmen Elgazu estaba cansada, y la cesta que le correspondió rozaba el suelo. «¡Ay, hija mía, menos mal que llevo zapatos planos!»

Depositaron sus trofeos en la mesa del comedor. «Fíjate, Pilar. Carísimo, pero a Dios gracias.» Pilar mordió de tal suerte la corteza del pan, que se lastimó las encías. «Cuidado con la lata. El aceite está en la parte de abajo.» De pronto, por entre las patatas, asomaron dos extrañas siluetas de papel. Carmen Elgazu, al verlas, las cogió y luego las izó como si fueran banderas: eran los dos cucuruchos que Matías había confeccionado.

CAPÍTULO XXXI

Con el primer aniversario de la guerra, Ignacio y Moncho se sintieron espoleados y, tras un breve cambio de impresiones, decidieron no demorar por más tiempo su proyecto de solicitar el traslado a Madrid, para, desde esta ciudad, aprovechando la cercanía del frente, pasarse a la España «nacional».

Por parte de Moncho, el único obstáculo radicaba en la confianza que había depositado en él su tío don Carlos Ayestarán. Pero el jefe de Sanidad quería a su sobrino lo suficiente para no crucificarlo. «Si crees que es tu deber, vete y que tengas mucha suerte.» Por lo demás, la cosa estaba prevista.

Ignacio y Moncho se ayudarían mutuamente. Para beneficiar a este último, don Carlos Ayestarán conseguiría que fueran admitidos en el Hospital Pasteur, el hospital para internacionales que Moncho visitó cuando su viaje a Madrid. Lo dirigía el médico canadiense doctor Simsley, con el que don Carlos Ayestarán estaba en relación. Por su parte, Ignacio confiaba en que José Alvear, su exaltado primo, los pasara a la España «nacional». José Alvear acababa de escribir a Gerona comunicando a la familia que en las trincheras de la Casa de Campo había muerto su padre, Santiago. «Ya todos hemos pagado el tributo. Estamos en paz.» Matías se afectó mucho: «Un hijo y un hermano... Y lo que pueda haber ocurrido en Burgos.»

Ignacio había demostrado buen sentido eligiendo Sanidad. Así se lo dijo Moncho desde el primer día. Y en previsión del traslado, Ignacio trabajó activamente para aprender los rudimentos de la tarea de enfermero o sanitario. Moncho lo adiestró, sobre todo en el trabajo de camillero, en el del vendaje, aplicaciones de férulas y colocación de tubos hemostáticos. Ignacio recibió las lecciones en el Hospital Clínico, donde Moncho disponía de un ingenioso maniquí, regalo de la Cruz Roja, sobre el que repetir hasta el infinito los movimientos necesarios.

En cuestión de horas todo quedó dispuesto, pues el instinto les advirtió que obrarían cuerdamente saliendo de Barcelona cuanto antes. Gascón les daba miedo, sobre todo desde la derrota de la FAI en los sucesos de mayo. Además, por dos veces la patrona de la pensión les había dicho: «Ha venido un hombre a preguntar por ustedes.» Y la chica de la centralilla de la oficina, la de las miradas de complicidad, de pronto dejó de presentarse a la oficina sin que ni siquiera don Carlos Ayestarán pudiera dar con su paradero.

Don Carlos Ayestarán llamó a Madrid al doctor Simsley y obtuvo sin dificultad la admisión de los dos amigos en el Hospital Pasteur. «Está encantado, pues por lo visto se prepara una ofensiva de importancia y necesita personal.» Moncho se despidió de su tío y de Bisturí, su novia, la cual le prometió continuar con su labor de pinchar y corroer los neumáticos. Ignacio se despidió por teléfono de su familia de Gerona y decidió hacer lo propio con sus amigos de la calle de Verdi y con Ana María. Pero Ana María se empeñó en verlo por última vez y le rogó que la esperara en la pensión. Ello complicó las cosas. En efecto, Ignacio recibió a la muchacha en su cuarto y la intensidad del momento, la falta de testigos, exaltó a la pareja de forma inesperada y angustiosa. Apenas se hablaron. Temblaban abrazados y se besaban como nunca lo habían hecho. Llegó un momento en que la embriaguez era tal, que Ana María, en un heroico acto de voluntad, se desasió del muchacho y huyó corriendo. Ignacio la siguió por el pasillo con los ojos enrojecidos e incapaz, por el momento, de experimentar gratitud... El semblante del muchacho provocó el oscuro remate que tuvo la situación: la patrona, reclinada en un rincón del pasillo, con un lento abanico de colores, le dijo a su huésped: «¿Qué te pasa, guapo? ¿Te han dicho nones?» Ignacio la miró desconcertado. La patrona seguía abanicándose. A los pocos minutos se repetía en aquel piso de la calle de Tallers lo ocurrido una vez en Gerona, con doña Amparo Campo... Y se confirmó el temor de Ignacio, expuesto a mosén Francisco en la azotea de la calle de Verdi: «Cualquier día de éstos abrazaré a una mujer.»

El muchacho decidió despedirse también personalmente de Ezequiel y los suyos, y subió a la calle de Verdi. Ezequiel le dijo: «Toma, te regalo esta caricatura», y le regaló el dibujo del gusano con la cabeza de hombre. El último abrazo fue para mosén Francisco, en el cuarto de éste.

—¿No necesitas confesarte?

—No...

—Bien. Que Dios te acompañe. ¿Quieres hacer algo por mí?

478

—Claro.

—Cada mañana, al levantarte, di: «¡Hola, Cristo! Aquí está Ignacio.»

También don Carlos Ayestarán le formuló a Moncho un último ruego:

—Ya sabes que colecciono papel moneda emitido por los comités de los pueblos. ¿Te acordarás de recoger los que puedas de la otra zona?

Moncho envaró el busto en actitud de sorpresa.

—Pero ¿cree usted que en la zona nacional se cometen esas idioteces?

Don Carlos se miró las uñas para comprobar si estaban limpias.

—Creo que los militares cometen esas idioteces... y otras muchas.

Todo resuelto. Salieron de Barcelona, en un tren de mercancías, el día en que los periódicos publicaban dos noticias curiosas: Pablo Casals dirigiría en breve *La Heroica*, en el Liceo, y de Moscú había salido rumbo a España el sabio soviético doctor Lyrie, al objeto de ilustrar a las mujeres españolas sobre «el parto sin dolor». El tren avanzaba algo más rápido que el de Olot, donde habían viajado Matías y Carmen Elgazu; pero con mucha frecuencia, en cualquier estación, entraban en vía muerta, para ceder el paso a los convoyes de víveres que Cataluña enviaba a Madrid, víveres susceptibles de deterioro. Además del revisor, circulaba por los pasillos un grupo de milicianas comunistas llamadas «agitadoras», que entregaban a los viajeros folletos de propaganda y periódicos.

Moncho llevaba consigo el reloj de arena, un botiquín individual y su colección gráfica de las más altas montañas del mundo.

Ignacio, una mochila que adquirió a buen precio, otro botiquín individual y un Manual de Sanidad.

Moncho no abandonaba en el pasillo su ventana, cuyo cristal había bajado para que circulase el aire. Parecía inmune al cansancio y al sol. De vez en cuando le advertía a Ignacio: «Deberías interesarte por el paisaje.» Inútil. A Ignacio sólo le interesaban las personas y las ideas. Ignacio se dejaba mecer por el tren, rumbo a Madrid, recordando cosas y alineando preguntas. ¿Cómo sería «la otra zona»? Sin duda estaría plagada de comandantes, de falangistas, de instituciones que antaño le producían incomodidad, pero que ahora, a la vista de la suciedad del tren y de la facha de las «agitadoras» comunistas, estimaba como áncora de salvación.

De tarde en tarde miraba a Moncho, de pie ante la ventana, y se decía que la espalda de los hombres era también expresiva, personal. ¡Querido amigo Moncho! Sibilina combinación de escepticismo y de ganas de vivir. Algunas de sus teorías se parecían a las de mosén Francisco; otras, a las de Julio. Por ejemplo, opinaba que el hombre era escasamente responsable, que las responsables de sus actos son las glándulas; sin embargo, se repetía constantemente a sí mismo: «Voluntad, Moncho, voluntad...»

Ignacio recordó esto y consultó su reloj: eran las seis de la tarde, y el mes de julio sudaba como podía hacerlo el doctor Relken. Seis de la tarde. «¿Qué hago yo aquí?» Ignacio reflexionó. En apariencia, causas ignotas zarandeaban su vida, lo empujaban desde un piso de Gerona, en el que llevaba corbata y estudiaba para abogado, a un tren con destino a Madrid, en el que vestía de caqui y hojeaba un Manual de Sanidad. Sin embargo, tenía la sensación de que quien iba trazándose el camino era él mismo. Un año antes, el 18 de julio de 1936, pudo elegir entre visitar a César en el cementerio o matar al Responsable. Cada día que amanecía era un número ilimitado de posibilidades, de las que él elegía una sola. Ahora estaba sentado en su departamento y lo mismo podía trasladarse al pasillo, al lado de Moncho, que apearse en la próxima estación. ¿Y al llegar a Madrid? Podría sentarse en el suelo a lo Buda —a Moncho le gustaba sentarse así—, o irse a la Feria, si es que la había, y subir a un autochoque para embestir al prójimo. Elegía, elegía constantemente, empujado en todo caso por hilillos internos parecidos a los de los hornillos eléctricos para calentar el café.

El contacto con Madrid constituyó un fuerte golpe para Ignacio. ¡Su padre había vivido tanto tiempo en aquella ciudad! Y también Julio García... Sacos de cemento tapaban las puertas y los huecos de los edificios bombardeados, y los cristales aparecían protegidos y cruzados por tiras de papel de goma. Ningún taxi y muchos coches de punto. «Claro, hay que ahorrar gasolina para la guerra.» El Hospital Pasteur, para combatientes internacionales, estaba emplazado en un antiguo convento, y Moncho e Ignacio coincidieron en una apreciación: en las celdas individuales, el olor a fraile no había desaparecido del todo.

Se presentaron al doctor Simsley, con quien don Carlos

Ayestarán había hablado por teléfono. El canadiense doctor Simsley era miembro activo de la «Christian Science». Corto de estatura, pero con expresión enérgica y ascética a la vez. Se decía que llevaba en el cerebro una lámina de platino.

Moncho se dedicaría íntegramente a su labor de anestesista. «Me viene usted como anillo al dedo.» El doctor Simsley, que al igual que otros voluntarios de América del Norte, hablaba una suerte de italiano imposible, empeñándose en que era español, trataba de usted a todo el mundo. Ignacio, que llevaba a su nombre un pomposo documento del Hospital Clínico de Barcelona declarándolo reumático y sólo apto para servicios auxiliares, formaría equipo con el veterano enfermero Sigfrido, hombre ya de edad, natural de Segovia, que al escuchar estiraba e inclinaba el cuello como si fuera sordo. «Ignacio es nombre jesuítico ¿no? Pero confío en que harás buena labor.» El doctor Simsley les presentó a las enfermeras Germaine y Thérèse, llegadas a España con las Brigadas Internacionales.

Los dos muchachos se instalaron en una celda del primer piso, celda con dos camastros y estantes para libros. Sigfrido, de aspecto ingenuo y servicial, les entregó una bata blanca a cada uno, indumentaria que los estimuló a echar un vistazo al hospital. Necesitaban situarse. «¿Cuántos heridos hay actualmente? —Unos ciento cincuenta. —¿Dónde están los heridos del vientre? —Ahí, al lado de los quirófanos.»

Moncho e Ignacio recorrieron las salas con aire profesional. Las camas estaban ocupadas por hombres de más de veinte nacionalidades: rostros nobles, rostros patibularios, muchas cabezas afeitadas al rape, otras vendadas como la de mosén Francisco. Ezequiel hubiera sacado allí excelentes caricaturas. «¡Eh, eh!» No era raro que, al verlos pasar, los enfermos les llamaran para pedirles agua, o ayuda para cambiar de postura. En las mesillas de noche había botellas de agua mineral. Las fotografías no abundaban; sí, en cambio, los relojes, algunos de ellos balanceándose en los barrotes de la cama. En la sala de «escayolados» había un muchacho muy joven, griego, que no abandonaba un segundo una cajita de música que tenía la forma de un minúsculo piano.

En diversas salas coincidieron inevitablemente con un grupo de miembros de la Cruz Roja Internacional, que inspeccionaban las instalaciones y daban muestras de asentimiento. Sigfrido, riendo, informó a Ignacio de que dichos observadores querían enviar a España perros amaestrados para el transporte de heridos en la montaña. Moncho intervino: «Me parece muy bien. ¿Por qué se ríe usted?»

Vieron al Negus, al «emperador etíope», teniente, al que Julio García y Fanny conocieron en París. Lo habían herido, pero seguía tan seguro de sí y se había hecho el amo y el payaso del hospital. Al doctor Simsley le llamaba «Pasteur» y a las enfermeras Germaine y Thérèse, «las esclavas de Egipto». Varios italianos del batallón Garibaldi, que convalecían en el hospital, visitaban a menudo al Negus «en desagravio por la agresión de Italia a Abisinia». El Negus se acariciaba la barba y los bendecía, les daba la absolución.

La sala de toxicómanos era dantesca, sobre todo de noche, cuando los enfermos se levantaban y se arrastraban por el piso en busca de la apetecida droga. Uno de estos toxicómanos llamó a Sigfrido, mortecinos los ojos, y barbotó: «Soy feliz, soy feliz...» Otro le enseñó al viejo practicante un puñado de dinero, pero no acertó a concretar qué era lo que deseaba.

La visita terminó e Ignacio quedó impuesto de su labor. Vendajes, inyecciones, poner el termómetro, ¡vaciar las botellas de orina! Exactamente, esto último, lo que César había hecho en el Collell... Germaine y Thérèse eran sumamente eficaces y, puesto que el calor sofocaba, le enseñaron a Ignacio a agitar las sábanas para airear a los enfermos.

Moncho e Ignacio estaban impacientes por acercarse al frente lo más posible, tal vez por la Casa de Campo. Una vez orientados, Ignacio procuraría localizar a su primo José Alvear para rogarle que los pasara a la zona «nacional».

—¿Y si sólo quiere pasarte a ti?

Ignacio miró a Moncho y sonrió.

—Le diré que sin ti no puedo vivir.

A primera hora de la tarde, los dos muchachos salieron a deambular por Madrid. ¡Madrid, ciudad sitiada! El gentío por las calles era enorme y su heterogeneidad recordaba los documentales cinematográficos de cualquier urbe asiática. Gritos y colas por todas partes. Los carteles de los espectáculos ponían una nota alegre entre las inmensas pancartas que decían: *UHP*, o *Hay que acabar con la Quinta Columna*. Camiones y coches blindados avanzaban en dirección al frente. Silbaban proyectiles. La Gran Vía se llamaba Avenida de Rusia; el Paseo de la Castellana, Avenida del Proletariado; la calle Mayor, ¡calle de Mateo Morral!, el regicida; la calle de San Bernardo, calle de Francisco Ascaso... En una esquina, un grupo de mucha-chas «agitadoras», gemelas de las del tren, dedicaban a los niños del barrio una sesión de títeres, en la que el diablo le propinaba terribles cachiporrazos a un militar. Al pasar delan-te de las farmacias, veían en los escaparates artículos que les eran familiares y Moncho se detenía intrigado en las relojerías. Las embajadas extranjeras exhibían enormes banderas. Las embajadas eran islas con doscientos refugiados, o quinientos o más. Moncho le contó a Ignacio que la FAI madrileña conci-bió una diabólica superchería para cazar «fascistas»: inventó la Embajada de *Siam*. Gente perseguida se refugió en ella y una vez dentro los orientales rostros del vestíbulo se transfor-maban en rostros de milicianos del barrio de Argüelles. Igna-cio vio un café de apariencia similar al Neutral de Gerona. «A lo mejor, a este café venían mi padre y Julio a jugar al domi-nó.» En la calle de Fuencarral, en el escaparate de un estable-cimiento de óptica, sólo se veían viejas gamuzas para limpiar los cristales de las gafas. Parecía imposible que en los subur-bios de aquella ciudad los hombres se mataran.

Los dos muchachos anduvieron más de una hora sin ape-nas hablarse, fascinados por aquel mundo tumultuoso. Ignacio no lo podía remediar: cuando un coche se detenía junto a ellos, pensaba: «Se acabó, viene por nosotros.» Compró un periódico y lo llevó en la mano golpeándose con él al andar, con lo cual se sintió más seguro. Moncho avanzaba rítmica-mente, acariciando con su mano izquierda la cabeza de todos los niños que pasaban a su lado. De vez en cuando, siguiendo su costumbre montañera, se llevaba a la boca un terrón de azúcar.

Vieron una báscula automática y se les ocurrió pesarse. La aguja osciló mucho rato antes de detenerse. Los dos cartonci-tos salieron tan idénticos, que, al confrontarlos, los dos mucha-chos se sintieron más amigos.

Sonaron las sirenas —destacaba por su potencia la insta-lada en *ABC*— y se refugiaron en el Metro de Goya. En el andén, Ignacio se acordó de Ana María. «El Metro es como tú: se va, pero vuelve.» Mucha gente yacía hacinada. «Prohibido escupir.» Se oyeron bombas. «¡Canallas!» «¡Canallas fascistas!»

—Cacahuetes, hay cacahuetes...

—Cerillas, hay cerillas...

—Insignias, hay insignias...

Cuando cesó la alarma, los andenes se despejaron. Ignacio

se sentó en un banco. Detrás, en la pared, un anuncio de la Perfumería Gal. Moncho le preguntó:

—¿Consigues aislarte entre la multitud?

Ignacio reflexionó un momento.

—Si quiero, sí. Pero cuando lo consigo me da angustia. —Marcó una pausa—. Al fin y al cabo, soy como los demás.

A los tres días de su estancia en el Hospital Pasteur, Sigfrido se ofreció para acompañarlos al frente, sector de la Casa de Campo. No era fácil llegar a él, pero el veterano enfermero había descubierto un ardid sencillo e infalible: el emblema de la Cruz Roja en el antebrazo. «Llevando la cruz roja en el antebrazo, nos dejarán pasar.» Sigfrido trataba afectuosamente a Ignacio, pues vio la ficha reumática del muchacho y le tuvo compasión... «Tienes que cuidar eso, ¿eh, catalán?» «No soy catalán.» «¡Bueno, qué más da! Cuida el reuma.»

En media hora de tranvía se acercaron al lugar elegido por Sigfrido, quien llevaba unos prismáticos de largo alcance y parecía feliz acompañando a los dos muchachos y dándoles explicaciones. No hubo dificultad. Sigfrido tenía tal facha de enfermero, que en los controles era saludado con respeto. Llegaron a primera línea. Los edificios eran parapetos, y trincheras las calles y los solares. Los milicianos tenían allí otro color y bebían de otra manera, amorrados a las cantimploras. Un camión descargaba gigantescos rollos de alambre espinoso.

—Seguidme —propuso Sigfrido. Y diciendo esto, inesperadamente, penetró en un portalón medio derruido.

Su intención era subir hasta el piso más alto del edificio, donde ya había estado otras veces. «Se domina mucho terreno. Y tenemos allí emplazado un cañón.» Los muchachos subieron tras él la escalera. Sigfrido, al igual que Axelrod, era asmático, por lo que sus desvelos merecían más gratitud aún.

En cada ventana, un centinela con el casco hundido, mirando a la lejanía. En cada piso, una ametralladora. Arriba, en efecto, desafiaba al oeste de España un cañón del siete y medio.

—Podemos mirar un momento, ¿verdad? Gracias. Esos muchachos acaban de llegar a Madrid y sienten curiosidad.

Por los huecos de la pared aspillerada, Ignacio y Moncho miraron al exterior. ¡Las trincheras «nacionales» a doscientos metros escasos! ¡Moros y legionarios! Detrás de aquellas piedras, «el otro mundo». ¿Qué decir? Los corazones de los dos muchachos latían con fuerza inusitada. Se oían disparos aislados y una especie de chapoteo, como de niños jugando en una charca. También altavoces lejanos. ¿Dónde estaban los dinamiteros y los gemidos de los agonizantes? La casa de Velázquez, destruida. Destruido el edificio del Clínico, a cuyos pies Durruti cayó fulminado. Miaja había defendido aquello. ¿Dónde estaban las Brigadas Internacionales?

Un mismo pensamiento asaltó a Moncho e Ignacio, contrario al informe que obtuvo Miguel Rosselló. «¡Qué difícil pasarse en el frente de Madrid, salvar aquellos doscientos metros!» Por suerte o por desgracia, Sigfrido no les daba tiempo para meditar. Les contó muchas cosas de aquel frente, que, según noticias, «antes de una semana se animaría, ¡y de qué manera!» Los altavoces se oían más cerca y Sigfrido les dijo que los soldados de uno y otro bando ya no podrían pasarse sin ellos. Los «nacionales» seguían dando noticia a los «rojos» de las corridas de toros, y por su parte, los «rojos» seguían comunicando a los «nacionales» noticias de fútbol: el Club de Fútbol Barcelona acababa de salir de España para una gira por Méjico. Últimamente, los «nacionales» disponían de un cura de acento aragonés que invitaba a los milicianos a reflexionar sobre sus errores. Algunas noches, guitarras de ambos bandos sincronizaban el ritmo, tocaban a dúo, mientras los tronchados árboles de la Casa de Campo parecían llorar.

—Y los hay valientes —les contó Sigfrido—. Fijaos en ese pedazo de tierra... Corresponde a la esquina de un solar, en el que los legionarios juegan al fútbol. Como veis, el jugador que lanza el *corner* se expone a que desde aquí cualquier centinela lo seque de un disparo. Pues bien, ¡siempre hay voluntarios para lanzar el *corner*!

Moncho se apoderó de los prismáticos y su mirada se hundió en las alambradas y trincheras enemigas. Sigfrido encendió un pitillo y acercándose a una ventana lateral miró hacia su tierra, hacia Segovia.

Ignacio no podía con su emoción. Detrás, sentados en el suelo, dos milicianos jugaban tranquilamente a las damas. Las paredes estaban llenas de inscripciones.

—¿Cuánta gente habrá muerto en este sector?

—¡Huy...!

Un hombre con una estrella roja en el gorro se acercó.

—¿De dónde sois?

—Hospital Pasteur.

—¿Internacionales?

—Eso es.

—Bueno. Marchaos pronto. Salud.

—Salud.

Permanecieron allí un buen rato todavía. Se enteraron de que ambos contendientes se cruzaban propaganda por medio de cohetes. Los «rojos» solían enviar octavillas redactadas por el Gorki del sector, los «nacionales» preferían enviar muestras del rancho, lo cual ponía nerviosos a los comisarios políticos. Ignacio pensó, sonriendo: «¡Si pudiéramos *pasarnos* a caballo de un cohete!»

Dieron la visita por terminada. «Salud.» «Salud.» Bajaron con cuidado la escalera, peligrosa porque el hueco del ascensor estaba al descubierto. De bajada comprobaron hasta qué punto los centinelas y las ametralladoras habían sido emplazados con sabiduría. Llegados a la planta baja, salieron a la calle y tomaron la dirección del centro, silenciosos. De vez en cuando, Sigfrido se detenía y miraba hacia atrás con los prismáticos.

Ignacio se encontraba tan zarandeado que no conseguía coordinar los pensamientos y envidiaba a Moncho, cuyo andar era sereno. «He de ir a ver a José sin falta —se decía Ignacio—. Si José no nos ayuda, no saldremos nunca de aquí.» A medida que se alejaban del frente, esta idea iba apoderándose del muchacho. Hasta tal punto que, llegados al lugar donde antes vieron la sesión de títeres, bruscamente se dirigió a sus compañeros y les dijo:

—Bueno, vais a perdonarme... Tengo algo que hacer. —Moncho lo miró perplejo—. De veras, Moncho. Luego nos veremos y te contaré. —Se dirigió a Sigfrido—. Gracias, Sigfrido.

Ignacio se apartó unos metros, y mirándolos de nuevo, encendió un pitillo y se alejó. Moncho y el veterano enfermero de Segovia se encogieron de hombros y prosiguieron su camino hacia el hospital. Ignacio, sin pérdida de tiempo, se acercó a una mujer que vendía bocadillos y le preguntó por la calle de Alarcón, a la que se dirigió tomando al asalto el tranvía 19. Recordaba las señas de memoria: «Alarcón, 184, tercer piso.» El gorrito de soldado le molestaba. Ignacio sabía que lo más personal en él era la frente, y por eso llevaba casi siempre el gorro en la mano.

¡José Alverar! Su primo hermano... El huérfano José Alvear...

Llegado a la calle, comprobó la numeración y entró en el portal requerido. No quería hacerse preguntas para no arrepentirse y volverse atrás. Empezó a subir recordando cosas inconexas.

Y de pronto, se encontró frente por frente con su primo, quien en aquel momento salía del piso dando un portazo y silbando. Los dos muchachos, que se reconocieron al instante, se detuvieron. La mano derecha de Ignacio, que subía, y la mano izquierda de José, que bajaba, se pegaron con fuerza a la viscosa barandilla. Fue una doble aparición. José dejó de silbar e Ignacio tiró la colilla al suelo. Los dos musitaron: «pero...», y permanecieron inmóviles, mirándose.

Ignacio pensó que la ferocidad se le había quedado a su primo grabada en el rostro. Una linfática relajación en las ojeras y un brillo agitanado en los ojos. Los dientes también le brillaban, y por su situación a mayor altura y por la mecha amarilla que le cruzaba el pecho, su aspecto infundía pavor. Parecida impresión tuvo José respecto de Ignacio. Éste le clavó la mirada con rara intensidad y, pese a que el uniforme caqui, excesivamente nuevo y acartonado, le achicaba el cuerpo, el paso del tiempo había conferido al muchacho decisión y hombría.

—Pero... ¡Tú aquí!

Ignacio no intentó siquiera sonreír.

—He de hablar contigo.

La voz de Ignacio había salido como del fondo de un pozo. José dudó entre prolongar la timidez del encuentro o hacerse el desentendido y bajar y ofrecerle a su primo un leal abrazo. La actitud de Ignacio lo desanimó.

—Ya... Anda, sube. —José se tocó la nariz con los dedos en pinza y dando media vuelta desanduvo lo andado e introdujo el llavín en la puerta.

Ignacio subió rápido y alcanzó el vestíbulo en el momento en que la puerta se abría y José decía:

—Entra...

Un momento de indecisión. ¿Qué había en José que le predisponía a la cordialidad? Ignacio entró, pasando junto a su primo sin rozarlo, y en seguida advirtió que el piso era anárquico como su dueño, pero que sin duda éste lo compartía con una mujer.

José cerró la puerta.

—Adelante —dijo.

Pronto Ignacio se encontró en el comedor. José se dirigió a un gran ventanal y abrió los postigos iluminando la estancia.

—Siéntate.

Ignacio eligió una silla próxima al pasillo. José volvió a mirarlo y súbitamente sintió toda la incomodidad de la situación. Con desgana se sacó por la cabeza la mecha de dinamitero, y luego soltó el cinturón con la pistola. Y al tomar asiento a su vez, en un camastro desvencijado, vio la cruz roja que destacaba en el brazal de Ignacio.

Ello lo estimuló a hacer una última tentativa.

—¿Quieres fumar? —Ignacio tenía ya un pitillo en la boca y negó con la cabeza.

—Bien... Pues dime lo que se te ofrece.

En aquel momento, Ignacio pensó en su tío Santiago, el padre de José, al que no había conocido. El padre de José había muerto. Ello introdujo en el ánimo de Ignacio un agente contemporizador.

—Me gustaría —dijo Ignacio— llegar a un acuerdo contigo. —José guardó silencio—. No es fácil, claro, pero... Estoy pensando que, en cierto sentido, lo que decías en tu carta es cierto: estamos en paz.

José echó una bocanada de homo.

—Yo lamento mucho lo de César.

Ignacio precisó:

—Y a mí me duele mucho lo de tu padre.

José cabeceó e Ignacio optó por abreviar.

—Puesto que estamos en paz, he venido a pedirte que me ayudes.

—¿En qué?

Ignacio miró a su primo con fijeza.

—Quiero pasarme.

La dentadura de José dejó de brillar.

—¡Hombre!

Ignacio no se inmutó y no añadió nada. José hizo un esfuerzo, miró al suelo un momento.

—¿Estás en peligro?

—Desde luego.

José tocó con la mano izquierda la mecha amarilla que había dejado en el sofá.

—¿Cuándo llegaste a Madrid?

—Esta mañana. He venido destinado al Hospital Pasteur.

—¿El de los Internacionales?

—Sí.

José respiró hondo. Recordó a Ignacio en Gerona, cuando lo acompañó a la taberna «El Cocodrilo» y a la catedral y al mitin de la CEDA. Intentó no distraerse y fijó la mirada en el papel matamoscas que colgaba de la lámpara.

—Esto tiene... intríngulis. —El tono de su voz se normalizó—. ¿Qué te ha hecho suponer que accedería a ayudarte?

Ignacio sonrió como si de antemano supiese lo que había de contestar, y no era así. Sin embargo, al momento recordó que en la cartera llevaba algo que podía muy bien servir como respuesta.

—Esto —dijo. Y sacando la cartera tomó de ella una cartulina de tamaño postal. Era una antigua fotografía donde se veía a Matías y a Carmen Elgazu sentados en la barandilla de una fuente. Ambos eran jóvenes.

José cogió la cartulina y la miró. Al cabo de un segundo volvió a afilarse la nariz con los dedos en pinza.

—Gente buena... —dijo Ignacio.

—Ya...

José le devolvió la fotografía.

—Me crees sentimental, ¿verdad?

—Capaz de serlo.

José estaba a punto de pegarse un puñetazo en el muslo y gritar: «¡Pues tienes razón!» Pero se contuvo. El amor propio. Se levantó y pareció altísimo. Se acercó al abierto ventanal. De un clavo colgaba una gorra con visera de charol, gorra con tres barras y la estrella. «Capitán», pensó Ignacio con tristeza, como si las tres barras significasen que iba a perder el pleito.

José reflexionaba, e Ignacio se preguntó cuál sería la mujer que compartía con él el piso.

—Mañana te daré la respuesta —decidió José, volviéndose—. Iré a verte al Hospital.

Ignacio hizo un mohín.

—Si no me das tu palabra ahora, ahora mismo, llevo las de perder.

—No te entiendo.

—Si me voy, he perdido. Mañana tú dirás: «¡Al cuerno ese fascista!» Y se acabó.

José sonrió inesperadamente.

—Eres más listo que Canela —soltó.

—¿Canela?

José no hizo caso, pero Ignacio giró automáticamente la vista en torno.

—Escucha una cosa —agregó José, en tono que revelaba la mayor formalidad—. De veras que lo que voy a decirte no es una excusa. Hasta mañana no puedo contestarte.

—¿Por qué? —Ignacio se golpeó con el gorrito la palma de la mano izquierda.

—No puedo decírtelo... —José carraspeó y añadió—: ¡Haz el favor de no hacerme más preguntas! ¿No ves que lo que quiero es ayudarte?

Ignacio se levantó. No estaba seguro de ser oportuno, pero tenía la obligación de hablar de Moncho.

—Oye una cosa, José... Confío en que no te molestará lo que voy a decirte.

—¿Qué es?

—No voy solo.

—¿Cómo...?

—He venido a Madrid con un amigo. —Ignacio teatralizó—. Le debo la vida y he de corresponder.

José aspiró aire como si fuera a dar un salto de trampolín o embestir a alguien.

—¡Eso ya no, Ignacio! Ni una palabra más. Por ahí, ni hablar.

Ignacio se dio cuenta de que no cabía insistir, de que esto lo tenía perdido. Estaba confuso y vacilaba.

—Hemos terminado, ¿no? —concluyó José—. Mañana a primera hora paso por el Hospital y te digo lo que hay.

Ignacio asintió con la cabeza y echó a andar por el pasillo.

José lo acompañó, rezagándose a propósito para no pisarle los talones.

—Otra cosa —añadió el capitán anarquista—. Es una locura que te pases. Vais a perder, ¿sabes?

Ignacio abrió por sí mismo la puerta y se petrificó unos segundos.

—Eso habrá que verlo.

Ignacio llegó al Hospital Pasteur muy preocupado y decidido, por supuesto, a contarle a Moncho de pe a pa el desarrollo de su entrevista con José. Entre los muchos interrogantes que bailaban en su cabeza destacaba éste: «¿Era de verdad

Canela la *compañera* de José?» En el caso de que lo fuera, ¿qué actitud tomaría la muchacha? Ignacio intuía que se pondría a su favor. «¿Por qué no? —le diría a José—. Ignacio es un buen chico. Anda, que con ello no haces daño a nadie.»

Al entrar en el Hospital, la muchacha de la centralita lo saludó con palmaria cordialidad. Ignacio correspondió y subió al primer piso, preguntándose si, al igual que la telefonista de Sanidad, en Barcelona, la chica había adivinado su filiación y había querido indicarle que estaba a sus órdenes. «¡Caramba con las telefonistas!», rezongó.

Arriba vio pasar a la enfermera Germaine con un ramillete de termómetros en la mano. A los pocos minutos localizó a Moncho, el cual salía del quirófano con aire fatigado. Ignacio iba a contarle lo ocurrido, pero Moncho se le anticipó.

—Pasado mañana empieza una ofensiva terrible —dijo quitándose los guantes.

—¿Ofensiva? —Ignacio se llevó un dedo a los dientes e hizo chascar la uña—. ¿Quién ataca, dónde?

Moncho bajó el tono de la voz.

—Atacarán los Internacionales, aquí, en Madrid.

Ignacio abrió los ojos de par en par. Y en el acto, la conducta de su primo José le pareció diáfana. «Ahora comprendo.» Ignacio se mordió los labios y se dijo a sí mismo que no había tenido suerte.

Moncho le preguntó:

—¿Qué estás pensando? ¿Qué ocurre?

Ignacio disimuló. Acababa de decidir no comunicarle nada a Moncho, pues era obvio que José al día siguiente le diría: «No puedo hacer nada, ya lo ves. Has de esperar.»

Moncho insistió:

—¿Dónde estuviste si se puede saber?

Ignacio lo miró.

—He intentado ver a mi primo, pero no había nadie en la casa.

Moncho hizo un gesto.

—Mala suerte... —Luego añadió—. La ofensiva nos perjudica.

Ignacio fingió confianza.

—A lo mejor es un bulo.

—¿Un bulo? Fíjate... —Moncho invitó a Ignacio a mirar el patio que había en la parte trasera del Hospital. Por una puerta que el doctor Simsley había mandado abrir en la tapia, entraban en fila una docena de camiones repletos de camillas y medicamentos. Al mismo tiempo se veían tres ambulancias dispuestas a partir.

Moncho añadió:

—El doctor Simsley me ha recomendado que fuéramos a dormir, que descansáramos lo más posible.

Pasó Sigfrido.

—¿Qué? ¿Os ha gustado la excursión?

CAPÍTULO XXXII

EL RUMOR SE CONVIRTIÓ en realidad. Aquella misma noche se supo con toda certeza que antes de las cuarenta y ocho horas el Mando «rojo» desencadenaría una operación gigante, precisamente en el frente de Madrid. Tratábase de un ataque ambicioso, cuyo objetivo inmediato era empujar las líneas «nacionales» hasta más allá del pueblo de Brunete. El ataque se iniciaría más o menos en el sector que Moncho e Ignacio, acompañados de Sigfrido, habían visitado aquella misma tarde. Los preparativos se llevaban a cabo con el mayor disimulo, evitando la aparatosidad en la concentración de tropas y desorientando en lo posible a las propias fuerzas que iban a protagonizar la batalla. El Hospital Pasteur, lo mismo que el instalado en el Ritz, eran centros neurálgicos y allí no cabían disimulos. Las dos bases del proyecto serían la importancia de efectivos y la sorpresa.

La noche transcurrió con zozobra y a primer ahora de la mañana siguiente José Alvear, cumpliendo su palabra, se personó en el Hospital y solicitó ser llevado en presencia de Ignacio. Éste miró a su primo con la mayor ansiedad. Y tal como sospechaba, José le dijo que, pese a sus buenos deseos, no podía ayudarlo en tanto la ofensiva no hubiese finalizado, victoriosamente o no. Cada hora que pasaba, el trasiego de hombres y material era mayor.

—En estos momentos ya no queda un resquicio por donde puedas pasar.

Ignacio agachó la cabeza. La suerte les era adversa. Miró a su primo y en los ojos de éste leyó lealtad. Aquello le infundió ánimo para ofrecerle la mano, gesto al que José correspondió.

—Así me gusta —dijo José Alvear.

Ignacio tenía la boca seca. Marcó una pausa y finalmente acertó a sonreír.

—Es curioso. Odio todo lo que tú representas, pero no te odio a ti.

· —Lo mismo te digo.

Pasó Sigfrido, y al ver las tres barras de José Alvear levantó el puño.

José carraspeó y preguntó:

—¿Está por ahí tu amigo?

Ignacio disimuló su extrañeza.

—Debe de estar en el quirófano. Es anestesista.

—¿Cómo dices?

—Anestesista. El que duerme a los que van a ser operados.

—Ya.

Entonces fue Ignacio quien, sin apenas advertirlo, como materializando un pensamiento hondo, preguntó:

—¿La mujer que está contigo es Canela?

José sonrió.

—No se te escapa nada. Es Canela.

Sin saber por qué, Ignacio se alegró. Sin embargo, añadió:

—Espero que no le contarás nada.

José se encogió de hombros.

—Me ha dicho que te diera recuerdos.

—¿Cómo?

—No te preocupes. Es de confianza. Para hablar conmigo se arrodilla.

Volvió a pasar Sigfrido.

—El del treinta y cuatro te llama —advirtió a Ignacio.

—Allá voy.

—¿Quién es el treinta y cuatro?

—Uno al que llaman Polo Norte.

La gigantesca operación sería llamada más tarde «batalla de Brunete». Brunete, pueblo a 24 kilómetros al oeste de Madrid. Decididamente, lor rusos impusieron su criterio, desechando sin remisión el ataque por Extremadura concebido por el ex presidente Largo Caballero, cuya obsesión era alcanzar la frontera de Portugal. Los rusos prefirieron hundir el frente de Madrid, y encargaron el plan de ataque al general Vicente Rojo. Éste elaboró, al parecer, un trabajo estratégico de primer orden, que entusiasmó al propio ministro del Ejército, Indalecio Prieto, el cual por unos días relegó a segundo término sus intentos de extender el conflicto internacionalmente. En efecto, el mayor acierto inicial de dicho plan consistió en el factor sorpresa. Por primera vez el Ejército Popular lanzó un ataque sin que el enemigo, a través del SIFNE o por otro conducto, conociera de antemano su intención. El segundo acierto consistió, tal como se rumoreó en el Hospital Pasteur, en la masa ingente de aviación y de baterías artilleras puesta en juego, ante la cual los vascos exclamaron: «¡Si nosotros hubiéramos contado con esto!» El resultado de esta combinación fue que, de entrada, el frente «nacional» se hundió. Los tanques rusos arrollaron las defensas, aplastaron las fuerzas de contención y siguieron adelante. «Las Compañías de Acero cantando a la muerte van.» No parecía que aquellos espantajos pudieran ser detenidos de algún modo y sus conductores soñaban con llegar hasta Navalcarnero y luego a Talavera. A su paso, la mortalidad era terrible. Morían hombres y también briznas de hierba e insectos, los quereres del solitario Dimas. Líster, el general Walter y la XII Brigada avanzaron muy bien hacia los objetivos señalados; no así el Campesino, detenido por el tesón increíble de un grupo de falangistas. «¡Sus, y a por ellos!» «¡Acordaos de Guadalajara!» El desconcierto en las filas «nacionales» se veía agravado por los ataques locales que el general Vicente Rojo habían ordenado en todos los frentes secundarios y por el aplastante dominio que ejercían en el aire los aparatos rusos llamados Curtiss y Ratas. Por añadidura, no existía sino una posibilidad de traer refuerzos: apelar a las tropas del frente Norte, que, alineadas en herradura, se disponían a iniciar el asalto a Santander.

El inicio victorioso de la operación aupó a los soldados del general Rojo. Las banderas bicolor que podían pisotear; los retratos que tiraban por los balcones; las arengas de la Pasionaria, que recorría como un gamo las líneas de fricción; el puchero, todavía caliente en las cocinas abandonadas; los yugos y las flechas pintarrajeadas en negro en los muros, eran otras tantas púas que los metían en juego. «¡Sus, y a por ellos!» Ideal y el Cojo se abrazaban y se besaban a cada nuevo mojón de carretera. La caballería internacional, a las órdenes de Alocca, el sastre de Lyón, galopaba con belleza. Los capitanes Alvear y Culebra, que se habían despojado de sus mechas amarillas, se hacían un corte en la muñeca por cada tanque enemigo que ellos o sus hombres conseguían inutilizar, mediante el sistema de lanzar contra las ruedas unas botellas de gasolina y luego una granada de mano. En cuanto el tanque se detenía y empezaba a arder, se acercaban a él y se encaramaban a la torreta con la esperanza de encontrar vivos a los conductores; pero era lo corriente que éstos se hubieran suicidado levantándose la tapa de los sesos.

El Madrid «rojo» exteriorizó su júbilo. «¡Por fin!» «¡Hale, a comer pólvora!» «¡Eh, una de anís en recuerdo de Mola!» Las milicianas subían a las azoteas para oír el lejano fragor de la batalla, y muchas de ellas, que cuando la llegada de los «nacionales» a la Casa de Campo tenían preparados cubos de aceite hirviendo para echarlos sobre los moros y los legionarios, devolvieron, por fin, alborozadas, el aceite a la despensa.

Se rumoreaba que Prieto había salido de Madrid al objeto de seguir el desarrollo de la batalla y que a su lado, en los observatorios, se encontraban André Marty, llamado ya corrientemente «El carnicero de Albacete»; Palmiro Togliatti, llamado Alfredo; el yugoslavo José Broz; el general húngaro Pal Maleter y el novelista alemán Ludwig Renn. No, no se trataba de una tentativa como las anteriores. El recuerdo de Durruti pesaba mucho. Por otra parte, importaba no confiarse. Las emisoras de Madrid admitían la posibilidad de que el Ejército «fascista» del Sur se hubiera puesto en camino con el propósito de emplear gases asfixiantes. «¡Bah! Habladurías.»

> *Vale más el correaje*
> *que llevan los milicianos*
> *que la chaqueta de cruces*
> *que tiene Queipo de Llano.*

Elególatra Berti envió a Roma un informe conciso, fiel reflejo de la situación, y por otro lado el embajador Von Faupel, al alimón con *Herr* Schubert, envió a Berlín una nota redactada en los siguientes términos: «La superioridad de los rojos es aplastante en material. El mando nacional se ha dejado sorprender. La situación puede ser grave. Es evidente que por primera vez el enemigo da pruebas de disponer de tropas disciplinadas. La operación tiene estilo y revela la existencia de un Estado Mayor competente. Hay que confiar en algún fallo, por ahora imprevisible».

La máquina divulgadora se había puesto en marcha. Las noticias favorables al Ejército del Pueblo se propagaron con traviesa rapidez. A Barcelona y Gerona llegaron gracias a la radio. A Londres, Bruselas y París, gracias a las apresuradas crónicas de Fanny y Raymond Bolen. Todos los corresponsales extranjeros hospedados en el Gaylord's Hotel teclearon en sus máquinas elogiando sobre todo la labor de los tanquistas y de los pilotos aviadores. Bolen dijo: «Los tanques de la República, convertidos en engendros diabólicos, han intervenido, en forma masiva, por primera vez en la historia militar.» Fanny describió la labor de los pilotos con frases de este tenor: «En el cielo de Madrid, la "Gloriosa" ha barrido incluso las nubes. En pleno día, se diría que brillantes estrellas van a tachonar de un momento a otro el azul. Mis ojos ingleses, acostumbrados a la niebla, se beben a chorro este azul, como presintiendo para las tropas "leales" un futuro despejado y victorioso.»

De entre todos los jefes atacantes, el menos eufórico era el Campesino. Los falangistas que se le oponían, entre los que figuraban Mateo y José Luis Martínez de Soria, seguían apegados al terreno, sin ceder. En su avance inicial, el Campesino había ocupado varios caseríos y una ermita, ermita que sus guerrilleros destrozaron, excepto la campana. Pero «el general» extremeño no conseguía alcanzar los objetivos que le habían sido asignados. Su fusil ametrallador, su «despanzaburros», lanzaba escupitajos. «¡Fascistas! ¡Atrás, atrás!» Confiaba ¡cómo no! en que al final la suerte sería su aliada. «¡He de abrir brecha como sea!» Mil veces preferiría morir antes que continuar estancado, antes de convertirse en el hazmerreír de los internacionales que operaban a sus flancos. «¡Campesino, por allí salen huyendo!» «¿Por dónde?» «¡Por allí, detrás de la colina!» «¡Atrás, mamelucos!»

De hecho, pues, los únicos escépticos en el bando «rojo» eran los hombres que trabajaban en los hospitales de Madrid, lo mismo los de la Castellana que los de los Ministerios, así como los conductores de ambulancias y los camilleros. Dichos participantes en la batalla iban pensando para sus adentros que lo menos que debía admitirse era que los «fascistas» vendían cara su derrota. Ya no podían con sus fuerzas. Cuerpos y más cuerpos llegaban destrozados a los quirófanos. El doctor Rosselló, que había salido de Gerona sin conseguir que sus hijas lo abrazaran, no descansaba un minuto, en el Hotel Ritz, ayudado por los doctores Durao y Vega y por el equipo de enfermeras que encabezaba Canela, si bien ésta, cuando le venía en gana, se escapaba al bar más próximo a tomarse un refresco.

El doctor Rosselló tenía experiencia y en los últimos días había advertido un significativo cambio en el tipo de herido que le llevaban las ambulancias. Gran número de lesiones seguían siendo las propias de soldados que avanzan; pero empezaban a abundar las características de los combates de forcejeo, reveladoras de potencia similar y aun, en las últimas veinticuatro horas, vio algunos orificios —por ejemplo, en la espalda— que delataban movimiento de repliegue. En vista de ello, y en previsión de un aumento de bajas, evacuaba sin contemplaciones a los heridos leves, para tener siempre camas disponibles, y les decía a sus ayudantes, doctores Durao y Vega: «No estoy muy seguro de que esto termine en victoria.»

Y con todo, el hospital mejor situado para calibrar debidamente la marcha y las perspectivas de la operación no era el Ritz, sino el Hospital Pasteur. En efecto, puesto que quienes llevaban el peso de la ofensiva eran las Brigadas Internacionales, éstas sufrían el mayor porcentaje de bajas, hasta el punto que algunos de sus batallones, entre ellos el Lincoln, habían sido materialmente exterminados.

El doctor Simsley chorreaba más sangre todavía que el doctor Rosselló. Nada pudo hacer por salvar a sus compatriotas canadienses. Su energía, desproporcionada a su cuerpo, más bien raquítico —el rumor de que llevaba en el cerebro una lámina de platino se afianzó más y más—, tuvo que inclinarse una y otra vez ante la fatalidad, ante los corazones que decían: «adiós». Germaine y Thérèse no se movían de su lado. Eran fieles y abnegadas, pero Sigfrido estimaba en poco su trabajo, carente de fantasía, que el enfermero comparaba al de «un zapatero remendón».

Moncho era también protagonista destacado de lo que sucedía en el Hospital Pateur, y por supuesto, no había perdido la esperanza de que la situación diera la vuelta... Podía decirse que desde el inicio de la batalla apenas si había pegado ojo. Moncho no cejaba anestesiando cuerpos —«un estómago, un pecho»—, haciendo una mueca cada vez que el indicador señalaba que otro hombre acababa de morir. ¿A quién pertenecía aquel cuerpo? ¿Al internacional que, a su paso por Gerona, le echó por la ventanilla la sahariana a Olga? Moncho daba pruebas de una serenidad ejemplar. Tapada la cara con la mascarilla, sus movimientos eran siempre exactos. El doctor Simsley tenía en él la máxima confianza. En el silencio de la sala de operaciones, los brazos y las manos de Moncho trazaban compases de ballet. El éter no lo mareaba. Por el contrario, su mente se clarificaba hasta conseguir un estado casi doloroso de lucidez.

Grave problema, que también a Moncho preocupó, significaba el entierro de las víctimas. Los vehículos, e incluso los buenos caballos, habían sido confiscados para transportar hombres vivos. No cupo más remedio que echar mano de carros retumbantes, carros que, cubiertos por una lona, salían por la puerta trasera del hospital y a la vista de los cuales la gente sospechaba que alguien disimulaba víveres. Los conductores de estos carros, al llegar a un descampado, apilaban los cadáveres en el suelo, y rociándolos con gasolina les prendían fuego. Los perros se les acercaban ladrando y no era raro que, a intervalos, se oyesen explosiones, ocasionadas por las granadas de mano que hubiesen quedado en los cinturones.

También Ignacio estaba presente en el Hospital Pasteur... Casi olvidó sus propósitos de fuga. La batalla de Brunete lo subyugó, constituyendo para él una lección comparable a la que recibió el 19 de julio en el cementerio de Gerona. Sigfrido no se explicaba que la bata del muchacho se le conservase impecable. No sólo Ignacio hacía honor a las clases prácticas que Moncho le dio en el Hospital Clínico de Barcelona, sino que se adaptó con asombrosa rapidez a las necesidades de cada instante y a las tareas que le eran desconocidas, como por ejemplo la de afeitar, antes de las intervenciones, las zonas velludas que debían ser aisladas.

Ignacio se había puesto gafas oscuras, estimando que lo protegían de no se sabía qué. Su pareja en el servicio era Sigfrido, con el que distribuía a los enfermos, según la ficha que éstos traían del frente, o, en su defecto, según diagnóstico hecho a bulto. Clasificación que entrañaba responsabilidad suma, pues en ocasiones el retraso de unos minutos equivalía a la muerte. Ignacio comprobó que a menudo la expresión de los ojos era más orientadora que las palabras. Había ojos que miraban ya desde otro confín, los había sanguinolentos, plácidos, vidriosos. «¡De prisa, camaradas, de prisa!» «¡Salvadme!» También las manos sabían mirar... Las había de veinticinco años que en unos instantes envejecían, y otras, lo contrario, que en plena agonía empezaban ya a reposar. Había manos verdes y violáceas, marmóreas y negras; y muchos cuerpos, en su última sacudida, adoptaban la postura que cerraba el ciclo, la postura fetal.

Ignacio cruzó todos los estados de ánimo imaginables. No siempre se identificó con el dolor ni consiguió diferenciar la política de la misión que le incumbía. Cuando llevaba unas horas sin ver a Moncho se «descristianizaba», según confesó luego. Ahora bien, nunca le tentó el sabotaje, pues la carne era algo más próximo y concreto que los medicamentos del almacén de Pompeya.

A veces oía en su mente gritos de rebelión: ¿Por qué aquello? ¿Por qué le impresionaba más un miembro amputado que un cuerpo entero muerto? ¿Por qué no les llegaba nunca, herido, un aviador? ¡Ah, claro, los aviadores morían sin remisión! ¿Por qué determinados órganos extirpados continuaban latiendo en las palanganas? ¿Eran vidas completas en sí, o sólo pedazos de vida? Los cubos y los rincones del Hospital Pasteur iban colmándose de kilómetros de gasa que ya no era gasa, que era sangre de hombre en trance de coagulación.

¿Y por qué, de pronto, al atender a los internacionales, acudían a su memoria lecciones de su infancia escolar: «Grecia, capital Atenas; Bulgaria, capital Sofía»? Aquellos hombres no eran ciudades. Eran hombres. Ignacio se inclinaba a veces con extrema humildad sobre ellos, lo que invariablemente le recordaba a mosén Francisco. ¡Ah, las humillantes caídas del viejo Sigfrido! El viejo tenía la manía de arramblar con las pitilleras de los muertos. Ignacio se daba cuenta de ello, pero no decía nada. Sólo, en una ocasión, tuvo que luchar contra la avidez: a la muerte de un muchacho joven, noruego, que tenía en la mesilla de noche un termo reluciente, que parecía de plata.

¡Batalla de Brunete! Un pueblo oscuro, de la provincia de Madrid, recorría inesperadamente las páginas de los periódicos de todo el mundo. ¿Quién vencería a quién? Por descontado, Ignacio no hacía el menor caso de las predicciones optimistas de los comisarios políticos que visitaban el Hospital, en cuya opinión «los fascistas correrían hasta Salamanca». Ignacio, sin razonarlo siquiera, estaba persuadido de que los «nacionales» terminarían ganado la batalla.

Tal convicción lo ayudó mucho a perseverar en su esfuerzo. En cierto modo, se arrogaba la generosidad de quien se sabe ineluctablemente vencedor. Ignacio se multiplicó de tal suerte que el propio doctor Simsley, al cruzarse con él, sonreía con asentimiento. Sigfrido lo llamaba «el catalán», y el apodo hizo fortuna. «El catalán me lo traerá.» «Un momento, que va a venir el catalán.» Lo llamaron catalán con todos los acentos de Europa y hubo quien afirmó que se había diplomado en un hospital de Moscú. Llevaba el pelo sin cortar y sus ojeras hubieran asustado a Carmen Elgazu. Moncho, a quien no pasaba inadvertido el frenesí de su amigo, procuraba calmarlo. A veces le dejaba en la cama un papel escrito, sobre la almohada: «Menos humos, chaval.» O le escribía en el espejo: «Cálmate y no seas majareta.»

Los presentimientos de Ignacio se cumplieron. La ofensiva de Brunete se convirtió a la postre en un pavoroso desastre para quienes la concibieron. Correcta desde el punto de vista estratégico, en la práctica el mecanismo quebró. La sangría, horrorosa por ambas partes, fue mayor para el Ejército Popular, según datos objetivos conseguidos por Fanny y Raymond Bolen. Sobre todo, las Brigadas Internacionales recibieron un duro golpe. Tan magno fue el descalabro, que el general Varela creyó llegado el momento de explotar la situación e intentar un nuevo asalto a Madrid; pero, ante la desesperación de Schubert y de los militares alemanes, entre ellos Plabb, una vez más Franco optó por «el ritmo lento» y ordenó el regreso de las tropas al frente Norte para liquidar antes aquella bolsa, que consideraba vital. En Madrid, pues, las líneas volvieron virtualmente a su antigua configuración.

Se inició el inevitable desmenuzamiento de las posibles causas del fracaso. El coronel Muñoz, que antes de incorporarse al frente de Teruel se había trasladado a Madrid, dijo: «Los mandos subalternos, al gozar del privilegio de pedir explicaciones sobre las órdenes que recibían, retrasaron la acción en los momentos claves. Por idéntico motivo fallaron los enlaces.» El general Walter achacó el fracaso al jefe de la XV Brigada Internacional, Copik; al comandante Kriege, de la XIII, y sobre todo, a la cobardía y deserción del capitán Alocca, el ex sastre de Lyón, jefe del Escuadrón de Caballería, que debía llegar a Quijorna y que chaqueteó lamentablemente. Otros oficiales, españoles, se limitaban a decir: «Ha sido horrible.»

Indalecio Prieto, profundamente decepcionado, regresó a Valencia, dispuesto a especular de nuevo sobre la posible extensión del conflicto, y su regreso coincidió con la negativa de los voluntarios de la XIII Brigada a seguir combatiendo, por encontrarse exhaustos.

Las camas del Hospital Pasteur eran insuficientes, por lo que se improvisaron otras en los pasillos. El paro de la ofensiva tranquilizó un poco a los heridos. Los sanitarios les decían: «Bueno, podréis quedaros aquí.» ¡Qué suerte de liberación, cuando las armas se callaban después de la orgía! Se hacía el silencio incluso debajo de la ira. Hubiérase dicho que el mundo renacía a una vida lógica, en la que era lícito soñar, pensar en el futuro, creer que existían verdes valles.

La sensación era tan honda que en muchos casos desbordaba, obligando a la confidencia. Ello fue, y no otra cosa, lo que ocurrió en el Hospital Pasteur. En cuanto se supo que Brunete ya no era sino camposanto, los heridos se pusieron a hablar unos con otros, intercambiándose frenéticamente su alegría y su miedo.

ue entonces cuando Ignacio se subió sin darse cuenta a un pedestal halagador. Apenas el muchacho hubo cumplido la orden que le dio el doctor Simsley de dormir veinticuatro horas seguidas, fue materialmente asaltado por todos aquellos «Voluntarios de la Libertad», de cuarenta y cinco años, que lo llamaban catalán. Moncho, en cambio, fue escasamente requerido. Y es que nadie conocía a Moncho, cuya misión había consistido en introducir éter en la boca y en la nariz de aquellos hombres.

Ignacio accedió a escuchar, a ser útil. El simple hecho de enviar un telegrama a Ana María y otro a su propia casa diciendo: «Estoy bien» —telegrama este último que Matías Alvear captó en la oficina—, situó al muchacho en disposición favorable a la cordialidad. Por otra parte, mientras su primo José no fuera en su busca para conducirlo a la zona «nacional» —por fortuna, José había salido sano y salvo de la refriega—, no tenía otra cosa que hacer.

Ignacio, pues, se dedicó a escuchar a aquellos seres llegados de quién sabe dónde, muchos de los cuales empezaban a hablar un español pintoresco. Especialmente atendió al número dieciséis, el Negus, quien iba escayolado desde la cintura a los pies, por lo que el escozor no le dejaba vivir. Ignacio, a la vista de aquella funda petrificada y blanca, que el teniente de aspecto etíope enseñaba triunfalmente a todo el mundo, lo llamó «sepulcro blanqueado», con lo que se ganó su cólera. Pero Ignacio se conocía de memoria el sistema para congraciarse con él y con otro cualquiera: interesarse por su vida. El Negus no era excepción. Ignacio sabía ya todo lo referente a los robos que el voluntario internacional había cometido en los Estados Unidos; en aquellas noches desveladas por el recuerdo de Brunete, se interesó por los motivos que lo habían llevado al comunismo.

—No me vengas con teorías —le advirtió Ignacio—. Me interesan los motivos personales, lo de aquí. —E Ignacio se tocó el pecho.

El Negus miró para arriba y se pasó la lengua por el labio superior.

—Escúchame bien, catalán «fascista». Nací en Hungría, en un pueblo llamado Simslovz. Tenía un tío rico, pero mi padre era pobre. Un día pasó por el pueblo un circo. Mi padre me acompañó a ver el circo, en el que salían a la pista dos hermanas siamesas, que cantaban y se reían. Al enterarme de que estaban pegadas por el costado, me horroricé. Mi padre me dijo: «¿Qué quieres? Es así. Cada cual ha de vivir como puede.» Entonces soñé en un Estado que se preocupara de esas cosas. Que matara a mi tío rico y ayudara, sin pedirles nada, a las hermanas siamesas.

Ignacio lo miró con fijeza.

—¿Éste es el motivo...?

—Hay otros. ¡Y no pongas esa cara! Bastaría con eso, ¿no? Yo soy un fanático, entiéndeme. Me gustan el zafarrancho y las mujeres y pensar: «Estoy luchando por esto y por nada más.» Los burgueses, en cambio, luchan por esto, por aquello y por lo de más allá. *Bref*, no saben por qué luchan.

—¿Ni siquiera los fascistas? Tú estuviste en Abisinia, ¿verdad?

—¿Los fascistas? Me río yo de los fascistas. ¿Quién es su jefe? ¿El Papa? ¿Mussolini? Yo creo que, sin saberlo, luchan por nosotros, que nos están allanando el camino.

Ignacio contuvo la respiración.

—¿Tienes algún hijo, Negus?

—No. Pero si te divierte, te adopto.

Otro confidente de Ignacio fue un venezolano llamado Redondo. Tenía veintiocho años y desde que estaba en España no se había lavado los pies. Una bala le penetró en el pecho y se le balanceaba encima del corazón. Cualquier movimiento brusco o desplazamiento interior, y podía morir en el acto. El doctor Simsley no se atrevía a operarlo. Él ignoraba su estado y se sentía feliz porque la enfermera Germaine le había prometido que se casaría con él. Cuando Sigfrido se quejaba de su asma o Ignacio estornudaba, el venezolano se reía. «Estáis en las últimas», decía.

Ignacio le preguntó también por qué era comunista. Se lo preguntó una noche bochornosa, en la que los toxicómanos del segundo piso parecían doblemente excitados. El venezolano Redondo dijo:

—Si me das un pitillo te lo cuento, catalán.

—Ahí lo tienes.

Redondo se explicó. Le gustaba pelear y el comunismo le aseguraba pelea, hoy aquí, mañana en otro lado. Después de España, iría a China, luego a Sudamérica, empezando por Méjico. El gusto de pelear era innato en él. De niño, cuando en el colegio tumbaba a un compañero, le escupía al lado y le decía: *merci*. Ahora, en Brunete, se cargó un moro y le dijo también: *merci*. La gran suerte que había era que Germaine compartía sus teorías y le seguiría a todas partes. El día de la boda «se lavaría los pies».

Ignacio le sirvió un vaso de agua mineral. Redondo tenía siempre sed.

—Lo importante no es luchar sino saber por qué se lucha. ¿No lo crees así, Redondo?

—No lo sé. ¡He visto tantas cosas en Venezuela! Allí necesitan una mano fuerte. Aquello es una mezcla, hazte cargo. Prefiero que la mano fuerte sea Rusia a que sea un general llamado Carrasco o Gutiérrez. Rusia tiene experiencia. Los rusos son tristes. Nos comprenderán. ¿Por qué me preguntas todo esto?

—Me intereso por ti, Redondo.

—No sé si eres frío o caliente.

—Soy «el catalán».

—Eso es verdad.

Otro confidente fue Polo Norte, el sueco nombrado sargento en Albacete y al que Julio García y Fanny conocieron en París. Polo Norte se había hecho voluntario porque quería conocer a España, país con formidables montañas, garantía, según él, de variedad. Una bomba de mano le había desgarrado la espalda, pero curaría. «Soy idealista y quiero aprender», le repitió a Ignacio. Ignacio sentía simpatía por él, porque el pelo blanco de Polo Norte tenía el mismo matiz que las sienes plateadas de Matías Alvear.

—¿Qué opinas de nuestra guerra?

Polo Norte se ruborizó. Con frecuencia le ocurría eso, se ruborizaba sin motivo para ello.

—Una calamidad. He sacado la impresión de que los españoles..., ¡qué sé yo! Nada os servirá de lección. Gritáis «viva esto», como podríais gritar «muera». Y ponéis unas caras... En Albacete, un miliciano quería matarme porque al pasar por la acera pisé a su madre, que estaba sentada a la puerta de su casa. No pude convencerle de que lo hice sin querer.

Ignacio se quedó reflexionando.

—¿Crees en Dios, Polo Norte?

El sueco se quitó el termómetro que Thérèse le había colocado en la axila. Lo miró a contraluz.

—Treinta y siete y medio.

Ignacio repitió la pregunta:

—Contéstame.

Polo Norte cerró los ojos, concentrándose.

—Algo debe de haber, pero...

—Pero ¿qué?

—Me gustaría... ¡Podría aprender tantas cosas con Dios! —De pronto agregó—: Pero si Dios existiera, no habríamos perdido la batalla de Brunete.

Ignacio se levantó y se fue a su cuarto. Moncho dormía con admirable tranquilidad. La sábana se hinchaba con dulzura al ritmo de su respiración. Moncho tenía la cabellera dorada y el mentón enérgico. Era un amigo. ¿Por qué le dijo que el protestantismo entendía que vivir valía la pena? ¿Acaso el catolicismo no lo creía así? El reloj de arena seguía a su lado, en la mesilla de noche. Moncho olía a éter, como el Negus olía a escozor, Redondo a Sudamérica y Polo Norte a nostalgia de una verdad absoluta. Cuando Ignacio le dijo a Moncho: «Mi primo se ha negado a pasarte a ti», Moncho le puso a Ignacio la mano en el hombro. «No te preocupes. Mira esto.» Y le enseñó una brújula que llevaba consigo.

Ignacio leyó en el espejo la última advertencia escrita con tiza por la mano de Moncho: «Cuidado con esa gente.»

¿Por qué? Aquella humanidad disparaba la imaginación de Ignacio. Y el muchacho sabía que si había hablado de Dios a los «Voluntarios de la Libertad» ello se debía a que en Barcelona, en la pensión de la calle Tallers, sucumbió al pecado, sin confesarse luego con mosén Francisco. Extraña reacción... Pensaba más en Dios cuando había sucumbido, lo cual indicaba que en su corazón el Dios-castigo estaba instalado con más potencia que el Dios-amor.

Hospital Pasteur... Había momentos en que Ignacio se olvidaba de que estaban en guerra y de que aquellos hombres eran sus adversarios. ¿Cómo sería el pueblo húngaro en que el Negus nació, Simslovz? Los urinarios del piso de los toxicómanos estaban siempre ocupados. ¿Seguro que todo aquello no serviría para nada? Pensaba en las dos hermanas siamesas que cantaban y reían en un circo. Burdos argumentos comunistas, como el de que las lagartijas se comen a los insectos. ¿Acaso Axelrod no se comía a Cosme Vila? ¿Eran realmente burdos tales argumentos?

Dudas en la mente... Le pareció ver a Canela por la calle. ¿Cuándo llegaría José, cuándo le diría: «¡Hale, vamos!»? Marta lo estaría esperando en Valladolid. ¿Y Ana María? Ignacio no quería marcharse del Hospital Pasteur sin que el doctor Simsley le contara lo que era la «Christian Science» y en qué clase de Dios él creía.

Moncho abrió los ojos.

—A dormir, muchacho. No seas majareta.

CAPÍTULO XXXIII

EL PRIMERO DE AGOSTO, con un calor sofocante, Gorki y Teo llegaron a Gerona con permiso. *El Proletario* les dio la bienvenida y en el Ayuntamiento, y luego en el local del Partido, se celebraron sendas recepciones. Teo había envejecido mucho en el frente. «Aragón no me sienta bien», decía. Por el contrario, Gorki apareció radiante, menos gordo, con más autoridad. El ambiente de la retaguardia les chocó mucho. Todo les parecía frívolo y un atentado a su condición de combatientes. ¡En Gerona había baile! En un local que fue garaje... y que se llenaba de bote en bote. En los restaurantes colgaban letreros que decían: «Prohibido servir pollo y otras aves de corral.» ¡Prohibido servir pollo! Cosme Vila les informó, además, de que a partir de aquel mes los locales de los Partidos y Sindicatos tendrían que pagar alquiler. «Alquiler, camarada Gorki. Como los inquilinos que tenía don Jorge.» Se había creado —idea de Axelrod— un Tribunal Especial para juzgar los delitos de espinonaje, y el catedrático Morales asumió la presidencia. «Pero me han obligado a dar entrada a David y a Casal.» Menos mal que, por otro lado, el Partido consiguió que se anulasen las vacaciones anuales. «Si no, tendríais a mucha gente remojándose en la Costa Brava.» Asimismo se habían organizado unas brigadas de trabajadores que los domingos se iban al campo a ayudar en las faenas agrícolas. «Claro que aprovechan para saquear lo que pueden.» Gorki y Teo escuchaban todo aquello con estupor. ¡Qué minucias! «Frivolidad, Cosme. Mucha frivolidad. Y tú mismo nos enseñaste que es el microbio burgués por excelencia.» Gorki y Teo, que en el frente se habían ido distanciando, ahora en Gerona se sentían unidos. Se dirigían miradas de complicidad. Se paseaban por las calles con aire un poco irónico. No les faltaba sino la varita con que en la España «nacional» algunos oficiales jóvenes se golpeaban en las rodillas. Gorki, en el sillón de alcalde, se sintió incómodo, cumpliéndose con ello el pronóstico de David y Olga. Teo, sin la Valenciana, se sentía desamparado y se pasaba aquellos días de permiso en casa de la Andaluza. Además, el catedrático Morales los sacaba de quicio. Por lo visto, el comunista por esencia era él. Por lo visto tenía más importancia hablar por la radio que ocupar un puesto en la trinchera con barro y piojos. «Anda, no te desesperes —le decía Cosme Vila a Gorki—. Te publicaremos en *El Proletario* ese librito que has escrito.» En efecto, entre crónica y crónica, Gorki había escrito un librito que tituló *Milagrito en Lourdes* y que hizo las delicias de Cosme Vila. En él se relataba la peregrinación de un muchacho que se fue a Lourdes para curarse de una bagatela y que en el momento de bañarse en la piscina del Santuario contrajo una horrible infección. También arrancó Gorki la promesa de ver recopiladas en libro sus crónicas. A Gorki y a Teo les ocurrió que a la semana justa de estar en Gerona añoraban el frente de Huesca y que a veces, simbólicamente, para huir de la frivolidad, de todo lo que significaba retaguardia, bajaban a los refugios antiaéreos y allí, apartados de todos, liaban un pitillo.

Julio García estaba disgustado porque Fanny no le había mandado desde Madrid más que un telegrama ligeramente burlón, telegrama que Matías le transmitió por teléfono, y además porque el hijo del presidente Negrín, en sus frecuentes viajes a La Bajol para custodiar el oro allí escondido, se saltaba a la torera el Gobierno Civil y la Jefatura de Policía. Jamás lo había invitado, pese a que el lugar concernía enteramente a la provincia de Gerona. El teniente Negrín pasaba como una flecha con Axelrod y Goriev, y se iba a las minas de talco, en cuyo interior se cobijaban centenares de lingotes de oro y de joyas. Julio García, que en su última excursión a Francia, aprovechando la época veraniega, «lo pasó bárbaro», sobre todo en el café Negresco de Niza, y en los casinos de Menton y Montecarlo, miraba esquinadamente a Axelrod. No creía una sola de las palabras que pronunciaba el delegado ruso. No creía siquiera que debajo del parche negro hubiera «un ojo muerto». «¡Quién sabe lo que llevará ahí!» A Julio no le hacía ninguna gracia la progresiva «rusificación» de la guerra en la zona «roja» y temía que las palabras de Amiel en su *Diario Íntimo*, diario que Julio leía en el café Neutral, chupando con su cañita horchata valenciana, resultasen verídicas: «¡Qué amos tan terribles serían los rusos si algún día llegasen a concentrar la noche de su dominación en los países meridionales!» ¿Y las intenciones de Julio de «extender el conflicto», de acuerdo con la teoría de Indalecio Prieto? Nada. Habló de ello en la Logia Ovidio porque sí, para impresionar a sus compañeros. En realidad, odiaba la guerra y si de él dependiera todas las armas del mundo serían fundidas y transformadas en vías de ferrocarril, en puentes y en sólidas fichas de dominó.

Julio García vivía un tanto obsesionado por la cuestión rusa, especialmente desde que en un mismo día recibió, procedente de Barcelona, noticia de dos detenciones inesperadas: la de su antiguo amigo y colega, el inspector de policía Bermúdez, y la del doctor Relken. Ambas detenciones llevaban el sello de la GPU, puesto que el inspector Bermúdez fue llevado a la checa de la calle de Zaragoza y el doctor Relken a la checa de Vallmajor.

Julio García estaba ya familiarizado con el significado de la palabra checa, pues ello entraba de lleno en su profesión. Las tres últimas sutilezas del catedrático Morales en Gerona habían sido: privar de papel higiénico y de cualquier otra clase de papel a las mujeres detenidas; repartir en la celda de los hombres unos impresos que decían: «Mi última voluntad»; y fusilar allí mismo a Murillo, fusilarlo por trotskista, en cumplimiento de órdenes superiores.

Al recibo del S.O.S. enviado por el doctor Relken, Julio se propuso ir a Barcelona y hacer por su amigo cuanto estuviera en su mano; sin embargo, era pesimista. El Tribunal Especial contra el espionaje, cuyo presidente en Gerona era el propio catedrático, se mostraba implacable, y su pomposo nombre parecía justificar los medios empleados.

Pese a todo, Julio García realizó el viaje. En Barcelona, su itinerario fue metódico. Primero Ezequiel, el cual lo saludó con el título de la última película estrenada: «La tela de araña» y le profetizó que el hambre en la zona «roja» sería espantosa. Luego, la Jefatura de Policía, donde le dijeron que nada podría hacer por el inspector Bermúdez, pues estaba incomunicado. Por último, la checa de la calle Vallmjor, misterioso feudo del doctor Relken.

Los policías le contaron detalles desagradables de la checa de la calle de Zaragoza, donde penaba el inspector Bermúdez. Los presos padecían de avitaminosis, de estreñimiento, de hinchazones, de ceguera nocturna, y a los más antiguos se les caían el pelo, los dientes y las uñas. Algunos perdían el juicio, como un ex guardia civil perteneciente a la Quinta Columna, el cual se pasaba el día cantando tangos de Carlos Gardel. De la checa de la calle de Vallmajor tenían noticias menos concretas, si bien conocían a su mandamás, el comunista Eroles. Este hombre, que al estallar la revolución se encontraba en Teruel, fue apaleado por unos muchachos de la CEDA. Consiguió escapar el día de Navidad y al llegar a Barcelona lo primero que hizo fue visitar la Cárcel Modelo, donde se indignó al ver que aquello «parecía un hotel», con peluquería en cada piso, con periódicas desinfecciones a base de azufre, *parchessi* para jugar, gatos en el patio, etcétera. La cárcel de la calle de Vallmajor le vino como anillo al dedo para resarcirse, de modo que no podían augurarle nada bueno.

Julio, cariacontecido, se dirigió a la checa de la calle de Vallmajor. Confiaba en su flema y en la astucia del doctor Relken. El aspecto del edificio era normal y si al mirarlo se presentía «algo», era sin duda superstición.

El camarada Eroles lo recibió en seguida. Era un hombre jorobado, lo cual puso en guardia al policía, influido por muy precisas teorías del doctor Rosselló sobre las personas que padecían defectos físicos. Julio se sintió halagado al oír de boca de Eroles «que el doctor Relken le nombraba mucho». Además, «tú facha no me es desconocida», le dijo el jefe del Preventorio. Probablemente habría visto fotografías de Julio en los periódicos, formando parte de la Delegación catalana que salía al extranjero a comprar armas.

Julio se interesó por el doctor Relken.

—Es un amigo y desearía hacer algo por él, garantizarle, si es posible. Claro que ignoro de qué se le acusa.

Eroles tocó el timbre y apareció un hombre con la nariz aplastada, con cara de boxeador. ¡Claro! Era el famoso boxeador Ibarra. Julio lo reconoció. ¿Qué estaría haciendo allí un boxeador?

—Camarada Ibarra, tráete al doctor.

Julio García se llevó la gran sorpresa. ¡El aspecto de Relken era excelente! Nada de avitaminosis ni de hinchazones. Sus uñas resplandecían completas y se peinaba ya de manera normal. Por si fuera poco, trataba con familiaridad a Eroles. Al ver a Julio, el doctor se acercó al policía sonriendo y le ofreció la mano.

La perplejidad de Julio duró poco. Eroles le contó lo ocurrido. Admiraba mucho a Relken, «que se las sabía todas». Relken les había prestado gran ayuda, pues gracias a él y a sus instalaciones modernas varios «fascistas» de la Quinta Columna habían desembuchado, habían declarado lo que sabían y más. «En toda la *poli* no tenéis quien pueda comparársele.» Julio asintió admirativamente con la cabeza. Relken sonreía, tal vez un poco forzado. Julio comprendió, y le subió de las entrañas una repugnancia mareante. Volvió a mirar a Relken. «Mi cerebro me lo pago yo.» ¿Por qué se quejaba de los nazis?

—¿Te interesa hacer el recorrido? Si no tienes prisa...

La voz de Eroles era bien timbrada. Antes de la guerra cantaba en un orfeón, con el que hizo varias giras por Francia. «Si algún día me pierdo, que me busquen en Francia.»

El policía accedió.

—No tengo prisa. Vamos cuando queráis.

Julio advirtió que Relken maldecía la invitación de Eroles. Pero no podía oponer reparo válido.

—Sígueme.

Echaron a andar. En cada puerta había una mirilla que permitía ver cómodamente lo que ocurría en el interior. El ojo derecho de Julio se posaba de una a otra mirilla. Cada vez, apenas se había adaptado, retrocedía. El ojo derecho de Julio retrocedía y alertaba a todo el ser, a todo el policía. Probablemente, cambiaba incluso de color. En la celda de los ladrillos cruzados enrojecería, en la de los relojes se teñiría de amarillo, hacia el final iría ennegreciéndose debajo de su ceja, ennegreciéndose como el sospechoso parche que llevaba Axelrod.

—Basta ya.

—¿No continuamos?

—No. Me basta. Le felicito, doctor Relken.

—Muchas gracias.

—A eso llamo yo «echar una mano».

—Estoy de acuerdo —subrayó Eroles.

El doctor Relken interrogaba a Julio con la mirada. Quería cerciorarse de que éste no había reconocido a ninguno de los detenidos, de que en la celda número seis no reconoció a Emilio Santos, «el padre del falangista que le pegó una paliza en el Hotel Peninsular». Pero el rostro del policía era inexpresivo; leer en él era tan difícil como podía serlo leer los blancos nombres en las lápidas blancas de los nichos.

Regresaron al despacho. El doctor Relken se dirigió a Eroles y le pidió permiso para hablar unos minutos a solas con el policía. Eroles reflexionó un instante. «Desde luego», accedió. Depositó sobre la mesa un botellín de cerveza y dos vasos, y desapareció con su joroba, mirando al suelo.

Inmediatamente, el doctor mudó de expresión. Palideció como en el Hotel Majectic cuando le vino aquel mareo.

—Gracias por haber venido, Julio. Le he escrito para que me saque usted de aquí. Como sea...

Julio no contestó. Tomó el botellín de cerveza y, levantándolo, se bebió la mitad. Iba a ofrecer el resto al doctor, pero rectificó el ademán.

—No me acordaba de que usted sólo bebe agua.

—Por favor, Julio. Yo... me ofrecí porque no vi otra solución. Me habrían matado.

—¿No ha podido usted escaparse?

—¡Cómo! Aquí dentro hago lo que quiero, pero los centinelas de la puerta tienen órdenes. Cuando voy arriba, me acompañan dos milicianos.

Julio sacó un pitillo.

—¿Por qué lo detuvieron, doctor?

—¡Bah! Fue en Valencia. Mis manías... de comprar y vender. Pero ¿qué importa eso ahora? —El doctor miró con fijeza a Julio—. ¿Es que no puedo contar con usted?

Julio encendió el pitillo.

—Claro que sí... Pero he de reflexionar. ¿Cree usted que es fácil sacar de aquí a alguien?

—La Policía podría reclamarme.

—¿Reclamarle?

—Sí, a través del Tribunal Especial contra el espionaje.

—Ya...

Julio García simuló concentrarse.

—He de reflexionar.

—¡Por favor!

—Compréndalo —atajó Julio, chupando el cigarrillo y sacando el humo—. Su carta... Yo desconocía por completo las condiciones en que estaba usted aquí.

El doctor Relken intuyó algo raro, e inesperadamente, acercándose a Julio, le cogió las dos manos.

—Julio, ayúdeme.

Julio se separó lentamente.

—Le he dicho que procuraré hacerlo.

En aquel momento apareció en el umbral de la puerta el camarada Eroles. Traía otro botellín de cerveza y lo acompañaba el hombre de la nariz aplastada, el boxeador Ibarra.

—¿Se puede?

—Naturalmente —contestó Julio. Y acto seguido el policía le dijo que tenía que despedirse, pues quería regresar a Gerona aquel mismo día.

El camarada Eroles se acercó despacio a la mesa, mientras el boxeador se sentaba junto a la puerta y desplegaba un periódico.

—¿Se han puesto ustedes de acuerdo? —preguntó.

—Mi amigo y yo estamos siempre de acuerdo —intervino el doctor.

Julio estrechó la mano de Eroles y luego la del doctor Relken y se dispuso a salir. Al pasar junto al boxeador, temió que el hombre se levantara y lo derribara de un puñetazo. Pero no hubo tal. «¡Salud!» «¡Hola!» Poco después el policía se encontraba en la calle. Se secó la frente. Pasó un taxi, lo llamó y con presteza se acercó y subió.

Sentía una desazón muy intensa, mezclada con rabia. Su decisión estaba tomada. Imágenes inéditas se le habían incrustado en la cabeza, estimuladas por el ojo derecho, que fue posándose en las mirillas. En el centro de estas imágenes bailoteaba el doctor Relken y en una esquina, allá arriba, menudo pero perfectamente reconocible, figuraba don Emilio Santos, sentado, abiertas las manos y los dedos separados como ofreciéndolos a una manicura.

Julio se dirigió a la oficina de Sanidad, en la calle de París, para saludar a don Carlos Ayestarán, su ilustre amigo, H... de la Logia Nordeste Ibérica. Le gustaba cambiar impresiones con él. Además, desde que don Carlos lo ayudó en el asunto de Ignacio, no lo había visitado. Julio ya sabía, por Matías Alvear, que Ignacio se encontraba en Madrid. Incluso le había escrito al doctor Rosselló encareciéndole que, si tenía ocasión, fiscalizara un poco las andanzas del chico, por si se metía en un lío...

El mutilado Gascón le abrió la puerta a Julio, tirando de una cuerda que tenía al alcance de la mano. Al ver al miliciano, Julio pensó: «Su sitio estaría en la calle de Vallmajor.» Don Carlos Ayestarán lo hizo pasar en el acto, sin guardar antesala.

El jefe de Sanidad llevaba bata blanca y en ella se sentía a sus anchas.

—¡Dichosos los ojos!

—Sí, le debía esta visita. Perdóneme.

En cuanto estuvieron acomodados, don Carlos apuntó:

—Le suponía a usted en Francia...

—¿Por qué? En estos días la Delegación duerme la siesta.

—Ya, ya.

Don Carlos charló amigablemente con el policía. Hablaron de los sucesos de mayo, de la FAI, del POUM, de la batalla de Brunete.

—¿Sabe usted cuántas bajas han tenido los internacionales?

—Supongo que muchas.

—Terrible. El comandante inglés Montage ha muerto allí. Han muerto allí muchos americanos y canadienses. Ahora les cuesta lo suyo rehacer las Brigadas. Menos mal que Sanidad ha funcionado...

—Supongo que todo eso favorece a los rusos.

—¿En qué sentido?

—Se irán apoderando de todo.

—La aviación es suya, el Gobierno es suyo. Pero la gente se resiste. Yo aquí, modestamente, hago lo que puedo.

—¿Y Prieto?

Don Carlos accionó la muñeca, libertando el reloj de oro que se le había ocultado en el puño de la camisa.

—Resistiéndose también. Por cierto —agregó don Carlos Ayestarán—, me han dicho que usted comparte determinados proyectos de Prieto...

—¿Cómo?

—Sí. Me han dicho que era usted partidario de extender el conflicto... Algo así como desencadenar una guerra mundial.

Julio se quedó asombrado. ¿Quién habría puesto al corriente a don Carlos Ayestarán? Se defendió.

—Lo más peligroso de la tierra es alternar con personas sin sentido del humor. Dije eso para levantar los ánimos. Los comentarios eran pesimistas, parecía que la guerra estaba perdida. Fue una *boutade*.

Don Carlos sonrió.

—Me alegro. A mí me extrañó mucho. «¿Por qué querrá Julio armar la gorda?», pensé.

—Claro.

Don Carlos Ayestarán concluyó:

—Le basta con la guerra tal como es, ¿verdad? Sacarle más provecho sería difícil... Digo yo.

Julio arrugó el entrecejo.

—¿A qué se refiere usted?

—A las comisiones que usted cobra.

Por un momento, la expresión de Julio se pareció a la que una hora antes invadió el rostro del doctor Relken.

—Don Carlos...

Don Carlos se levantó, atento como siempre.

—¡Bueno! No se preocupe. Ha sido... otra *boutade*. —El jefe de Sanidad se acercó al policía y le puso la mano en el hombro—. Ya sabe que su recomendado está en Madrid, ¿verdad? Se fue con mi sobrino. Un buen muchacho.

CAPÍTULO XXXIV

CARMEN ELGAZU SEGUÍA ATENTA a cuanto de uno u otro modo afectase a su hogar. Ahora le había llegado el turno a la desinfección. El verano traía consigo un enjambre de moscas, de parásitos, sobre todo en un piso como aquél, que colgaba sobre el río. De ahí el consumo de zotal. Regaba con zotal todas las habitaciones, una por una, y las iba cerrando luego lo más herméticamente posible. Si Matías regresaba antes de lo previsto y abría una de estas habitaciones, se quedaba parado en el umbral y cerraba los ojos con expresión irónica.

—¡Vaya! Desinfección *habemus*.

—Tendrás que aguantarte —le decía Carmen Elgazu—. Y como la cosa siga así...

—¿Qué quieres decir?

—Que como siga faltando la comida, habrá una invasión de ratas. —Y señaló el río.

La comida empezaba a ser el principal motivo de preocupación y si los Alvear, en virtud del puesto que Pilar consiguió en Abastos, disfrutaban de vez en cuando de alguna ventajilla, el Socorro Blanco, la incesante ayuda que las hermanas Rosselló reclamaban para los presos y enfermos, la reducía a cero. Matías y Carmen Elgazu seguían saliendo lo menos una vez por semana a buscar víveres por los pueblos de la provincia, siempre utilizando ingeniosas tretas para burlar la vigilancia, como por ejemplo una faja elástica de goma que Carmen Elgazu se confeccionó ella misma y que Matías llamó faja-despensa; pero las dificultades aumentaban. Además, Ignacio estaba en Madrid, esperando... Matías le había mentido a su mujar diciéndole que en los hospitales no podía faltar nada —«¡lo que me extraña es que no nos mande él jamón y churros!»—, pero a escondidas le enviaba a su hijo paquetes e incluso giros, el último de cien pesetas. Y por añadidura, desde la pérdida de Bilbao, Gerona había recibido una alud de refugiados vascos, cuyas boinas habían conmovido a Carmen Elgazu, sobre todo las de unos pequeños que habían sido instalados en unas cuadras próximas a la Dehesa. La mujer iba preguntando a dichos refugiados si conocían a su madre, la «abuela» Mati, pero nadie sabía darle razón de ella, y tampoco recibían ninguna carta. Una maestra que acompañaba a los chicos le dijo a Carmen Elgazu que en la zona «nacional» la comida era abundante y que las tropas en el frente hacían filigranas, como por ejemplo, a base de patatas, especias y chorizo, darle al rancho los dos colores de la bandera nacional.

Exceptuada la comida, Gerona había iniciado una etapa de aparente normalidad... Después de la batalla de Brunete sobrevino un período de calma, cuyas horas debían pasarse un poco en sueños, reservando las fuerzas para lo que, ineluctablemente, ocurriría un día u otro. Los Alvear vivían pendientes del parte de guerra, del correo de Madrid —de pronto, Ignacio había dejado de escribir—, del correo de Francia. Matías tenía la convicción de que los «rojos» habían perdido la guerra y únicamente le desconcertaba el tono con que a veces Julio García le decía en el Neutral: «También en cierta ocasión yo creí que iba a ser padre, y ya ves.»

Matías se había decidido a reanudar sus partidas de dominó en el Neutral, pero exclusivamente con Jaime y con un par de vejetes de los que se rumoreaba que eran coroneles retirados. Oficialmente, el café se había terminado en todas partes, siendo sustituido por malta o por infusiones de soja tostada; no obstante, en el Neutral lo hubo siempre para Matías y Jaime, quienes únicamente llevaban consigo un par de terrones de azúcar, cuyo fino envoltorio destruían con los dedos disimuladamente. Matías reanudó incluso sus inofensivas bromas —y sus silbidos inaudibles— al paso de alguna mujer de buen ver. «Con lo escasa que anda la ropa se han vuelto generosas —le decía a Jaime—. A mí, querido Jaime, deme usted el verano.» Extraña sacudida experimentaba Matías cuando una de las mujeres que aparecía bajo los porches de la Rambla era su hija Pilar. Pilar llevaba suelta y esplendorosa la juventud de su cuerpo y Matías se temía que a su paso silbara Jaime también por dentro.

Por supuesto, Pilar se había dado cuenta de la armonía adquirida por su desarrollo. Y por si fuese a olvidarlo, cuidaban de recordárselo insistente y repugnantemente un par de muchachos aragoneses, heridos, que convalecían en el Hospital de Gerona, así como un aviador de buena facha del que se decía que había hecho los cursillos de piloto en Rusia. Los dos aragoneses se pasaban media tarde sentados en la Rambla esperando a que Pilar apareciese; y en cuanto al piloto, se empeñaba en invitarla al baile que todos los sábados y domingos había empezado a celebrarse en lo que fue Ateneo. Pilar se había negado en todos los tonos, hasta que el aviador le dijo un día: «Ya comprendo, eres fascista y te doy asco.» Pilar no contestó y salió corriendo, asustada.

En cuanto a Carmen Elgazu, sufría más que su marido y más que Pilar. No conseguía adaptarse a la subversión de costumbres, costándole trabajo imaginar que algún día todo volvería a su cauce. Se daba cuenta de la docilidad con que muchas personas iban acostumbrándose a hechos que en los primeros días de la guerra consideraban horribles. Ya nadie hacía caso de que los templos fuesen almacenes. Nadie lloraba ya al paso de un entierro sin sacerdotes, y lo que hubiera sorprendido al abrir el periódico habría sido encontrar las antiguas esquelas mortuorias, las esquelas con cruz. En los escaparates había aparecido el folleto de Gorki *Milagrito en Lourdes* y nadie se escandalizaba por ello. Era la teoría de Matías: «Si el resentido Azaña no hubiese tenido tanta prisa, en diez años hubiera implantado en España, sin oposición seria, la escuela laica, el divorcio y todo lo que se le hubiese apetecido.»

Las últimas subversiones que mayormente habían herido a Carmen Elgazu eran tres. La primera, la controversia que sostuvieron *El Proletario* y *El Demócrata* relativa a lo que el catedrático Morales llamó «el problema sexual de los muchachos internos». Concretamente se refirieron a los del Asilo Durán, situado entre bosques en el límite de la provincia de Gerona. El catedrático Morales propuso llanamente que cada semana fueran llevadas al Asilo unas cuantas mujeres. «Se trata de una medida higiénica normal, como la ducha o como el paseo de los jueves.» David y Olga, con su autoridad pedagógica, se opusieron a ello y ganaron la partida, por lo que Julio García, al regreso de La Bajol, donde por fin consiguió visitar las minas de talco convertidas en inmensa caja de caudales, le dijo a la Andaluza: «Lo siento por ti, guapetona. Cada semana te hubieras llevado un buen pellizco.»

La segunda transgresión del código de Carmen Elgazu se produjo a la llegada a Barcelona del sabio soviético Lirye. ¡Parto sin dolor! El profesor Lirye no sólo se proponía defender en Barcelona dicha tesis en disertaciones y charlas por la radio, sino que anunciaba «demostraciones experimentales» en los hospitales y Casa de Maternidad.

—¿Te das cuenta, Matías? ¿Cómo querer a los hijos si se los tiene sin sufrir? Esto es un sacrilegio... Es antinatural. Los hijos hay que tenerlos como Dios manda.

Matías no sabía qué contestar. Dudaba. En el fondo, las teorías del profesor ruso le parecían muy bien; pero la convicción con que Carmen Elgazu hablaba, le hacía vacilar.

—De todos modos —decía—, recuerda que cuando Pilar sufriste demasiado...

—¿Y eso qué importa? Tanto mejor.

—Pero las mujeres que...

—Si hay peligro, conforme. Pero si no, esto clama a Dios.

Se abstenían de tratar el tema delante de Pilar. «Todavía es una niña.» Pero Pilar seguía con más interés que ellos aquella cuestión y le había dicho a Nuri: «Lo único que me gusta de los rusos es esto: el parto sin dolor.» También había votado en favor de la teoría la estéril doña Amparo Campo, con la que Carmen Elgazu sostuvo una fuerte discusión: «Amparo, permita que le diga que usted no puede comprender esto, porque no ha tenido hijos.»

La tercera subversión que laceró a Carmen Elgazu fue la producida por un ciclo de tres conferencias que dio, en la que fue iglesia parroquial del Carmen, la ex ministro de Sanidad y comadrona Federica Montseny, la cual se había negado en redondo a asistir a las demostraciones del comunista Lyrie. La anarquista Federica Montseny eligió a propósito una iglesia porque iba a enfrentarse precisamente con las supersticiones de la religión. Al llegar a Gerona le había dicho al Responsable, que acudió a recibirla, que los anarquistas debían interpretar los misterios de la creación con sentido realista y no tragándose metáforas y símbolos. El Responsable sonrió, displicente. «Hablas con un convencido.»

Los milicianos hubieran preferido que la popular ex ministro les hablase de la guerra; con todo, la iglesia se abarrotó, y la comadrona, instalada en el púlpito, que había quedado colgando intacto, fue una ametralladora situando hechos naturales donde la Biblia situaba milagros. En su opinión, el maná en el desierto, cuando la huida del pueblo judío —por cierto que los batallones judíos que luchaban en Madrid se comportaban heroicamente—, no fue, y no era, otra cosa que las gotitas cristalinas que se formaban en unos arbustos del Sinaí, llamados «tamariscos», parecidos a la acacias, gotitas cuyo sabor era dulzón y recordaba el de la miel. Asimismo, las plagas de Egipto no fueron más que fenómenos naturales, como la lluvia o el frío, «que se dan en aquel país, incluso en nuestros días, como la plaga de los *mosquitos*, que penetran en los ojos, en la nariz y en las orejas, produciendo terribles dolores, o la plaga de las *tinieblas*, que no fue otra cosa que el viento conocido por "simún", que levanta la arena, ocultando la luz del sol». ¿Y qué decir del Diluvio, sino que se trataba de un chiste? Porque ¿cómo cupieron en una arca no más grande que aquella iglesia un macho y una hembra de cada especie animal conocida? ¿Y el cuento de la ballena? ¿Y las palabras del Credo, «sentado a la diestra del Padre»? Así, pues, ¿el Hijo de Dios estaba sentado? ¿Dónde? ¿En un tronco? ¿Había sillas en el Cielo? ¿Es que el Todopoderoso se cansaba estando de pie? Federica Montseny mantuvo en vilo al fervoroso auditorio, auditorio que al comienzo de cada lección guardaba silencio, pero que a medida que el orador avanzaba prorrumpía en grandes carcajadas.

Carmen Elgazu estaba horrorizada. Claro, ella no era quién para rebatir tales argumentos, pero estaba segura de que para todos y cada uno había una réplica adecuada. «Si estuviera aquí mosén Alberto y pudiera contestar a esa desvergonzada, veríamos si el maná era maná o eran tamariscos.»

Y con todo, estaba escrito que la visita destinada a conmover más que ninguna otra, no sólo a Carmen Elgazu sino a la población entera gerundense, iba a ser la que el día 10 de agosto efectuaron a la ciudad unos hombres completamente ajenos al Asilo Durán y a sus problemas, al profesor Lyrie y a su gimnasia respiratoria, a Federica Montseny y a los animales del Arca de Noé.

¿De dónde eran esos hombres? De Italia. Nacidos casi todos en la Italia nórdica, región, según Berti, «parecida al país vasco y en la que se estaba desarrollando una importante revolución industrial».

¿Cuál era su aspecto? Imposible saberlo. Llevaban la cara oculta y pasaron por la ciudad como rayos.

¿Cómo se llamaban? A juzgar por su capacidad agresiva, debían de llamarse Lucifer.

¿Quién les daría la orden *Id a Gerona y matad*? Probablemente, su jefe, que también debía de ser italiano.

El día 10 de agosto, a media tarde, Gerona sufrió el primer

bombardeo aéreo. La conmovedora visita fue ésta, la que efectuaron unos cuantos pilotos extranjeros, procedentes de la base de Mallorca. A lo primero sonaron las sirenas, instaladas estratégicamente en la ciudad, y acto seguido colgáronse en el cielo los impactos algodonosos de la batería antiaérea de Montjuich. Dichos impactos rozaron, sin tocarlos, primero tres aviones de caza y luego seis —¿seis, o un millar?— de bombardeo. Los objetivos de éstos eran, al parecer, la fábrica Soler, las fundiciones de los Costa y el puente ferroviario.

Enloquecidos, los gerundenses abandonaron en masa sus quehaceres y se precipitaron a los refugios, con la excepción de los inválidos y de algún que otro «fascista» que prefirió subir a la azotea para saludar de cerca a los «suyos».

La alarma sorprendió a Carmen Elgazu sola en el piso, planchando un camisón de Pilar. «¡Dios mío!», clamó, al tiempo que desenchufaba la plancha y se lanzaba escalera abajo, componiéndose el moño, para cruzar luego la Rambla y refugiarse en las bodegas del Neutral, como estaba ordenado. A Pilar la sorprendió en Abastos, rellenando cartillas. Empujada por su amiga Asunción, bajó también a los sótanos, completamente oscuros, pero que de pronto se iluminaron de modo grotesco gracias a una linterna de mano que proyectó la Torre de Babel. En cuanto a Matías, la alarma lo pilló cerca de Telégrafos y bajó corriendo al urinario público que había enfrente del Teatro Albéniz; urinario que en un santiamén se llenó de tal suerte que el padre de Ignacio quedó aplastado contra la pared del fondo, contra las losetas blancas y húmedas.

Los aviadores italianos, que sin duda llevaban un croquis perfecto de la ciudad, apenas si permanecieron en el cielo de Gerona dos minutos. ¡Dos minutos! Y se hablaría de ello durante años. El sistema natural de ecos propagó el estruendo hasta quién sabe dónde. Una bomba cayó en la sección de embalaje de la fábrica Soler, matando a unas cuantas obreras. Las fundiciones Costa no fueron rozadas y tampoco el puente del ferrocarril; en cambio, fue alcanzada una fábrica de muebles, buen número de viviendas y la onda expansiva se llevó en volandas, lo menos cien metros, un carrito de helados llamado «El mejor de los mejores». También se desmoronó el taller marmolista de Bernard, cuyas lápidas mortuorias, a medio labrar y dispersas aquí y allá, habían de impresionar luego a los transeúntes. «Tus hermanos no te olv...» «Descansa en p...»

Las familias procuraron reagruparse de nuevo. Matías corrió como alocado hacia la Rambla, lo mismo que Pilar, y ambos vieron desde lejos a Carmen Elgazu en el balcón, mirando a un lado y a otro. Matías y Pilar coincidieron en la escalera y poco después los tres se abrazaban en el comedor, embargados por la emoción y el espanto.

¡Dos minutos! En total, diecisiete muertos y una treintena de heridos. Entre los heridos, dos niños refugiados de Málaga. Entre los muertos, uno de los técnicos rusos cedidos a la ciudad por Axelrod.

La reacción en Gerona fue compleja. Incluso personas que escuchaban cada noche a Queipo de Llano opinaban que aquello era una salvajada. El Partido Comunista cuidó del traslado de las víctimas al cementerio. Los ataúdes, de madera sin barnizar, serían todos iguales, excepto el del ruso —un hombre de cuarenta y siete años, nacido en el Cáucaso—, y la comitiva avanzaría en silencio por la orilla izquierda del Oñar. Sólo a intervalos se oiría un disco grabado en Moscú por quinientas voces masculinas, cantando a pleno pulmón el himno del Ejército Rojo.

El entierro tuvo lugar y al regreso sus seguidores, cansados, se desparramaron por los cafés, especialmente el Neutral. Cazas y bombarderos aparecían y desaparecían en el fondo de los espejos y en la mente de cada hombre.

—Dos cafés con leche.

—Yo, coñac.

Coñac, para calentar el cuerpo. David, Olga y Antonio Casal se sentaron en un rincón desde el que se dominaba todo el establecimiento y el trecho de Rambla correspondiente. Veían, junto al mostrador, a Gorki y a Teo, tostados por el sol de Huesca. En el lado opuesto, a Ideal y el Cojo, que acababan de llegar de Madrid. El humo del tabaco mediocre apestaba y Casal estaba seguro de que el tabaco contenía mucho alquitrán y atacaba los pulmones. Bajo los porches, los refugiados andaluces veían pasar con envidia a los atléticos refugiados vascos. Por la Rambla, bajaba un afilador. «¡Tijeraaaas! ¡Cuchillos!» La noche estaba lejos. «Se fue con Federica Montseny.» Los chavales habían robado pequeños objetos entre los escombros ocasionados por el bombardeo y en aquel momento se burlaban de un miliciano borracho que gritaba por la calle: «¡No pasarán!» Olga estaba hermosa y tan pronto miraba a Gorki, como a David, como al balcón de los Alvear. Casal parecía cansado. «La guerra...» «Los pájaros negros del fascismo...» El aviador que perseguía a Pilar se había sentado una vez más delante de la casa, esperando.

¿Y Julio García? Julio García estaba en su alegre y radiante piso, y extremadamente ocupado. Por un lado acababa de suplicar a don Carlos Ayestarán que, si ello entraba en sus posibilidades, cuidara de que don Emilio Santos fuera restituido a la Cárcel Modelo, liberado de la checa de Vallmajor. Por otro lado, escribió una carta a Cosme Vila, pidiéndole excusas por no haber asistido al entierro. «Cayó una bomba tan cerca de mi cabeza, que todavía no me he repuesto del susto.» Por último, llamando a Doña Amparo Campo le dijo, en tono amable: «Anda, preciosa. Haz tu equipaje, que nos vamos a Marsella, al Grand Hotel.»

CAPÍTULO XXXV

LA ORDEN DE FRANCO de acabar con el frente Norte empezó a cumplirse el 8 de agosto. Terminada la batalla de Brunete, las tropas regresaron al frente de Santander, dispuestas al asalto de esta capital. Se alinearon unos cuarenta mil hombres y toda la aviación disponible. Nada se reservó al azar. En previsión de voladuras y de los bloques de piedra para obturar los túneles y las carreteras, equipos de zapadores reforzados por el ingeniero don Anselmo Ichaso en persona. En previsión de la población civil que sería rescatada y de la masa de prisioneros, camiones y más camiones de Frentes y Hospitales y de Auxilio Social, entre los cuales figuraban varios organizados por la Sección Femenina de Valladolid, que avanzaban al mando de María Victoria y de Marta. El grupo de Radiodifusión de Núñez Maza, que en el frente de Madrid había dejado ya organizados varios equipos de locutores. También Aleramo Berti, delegado fascista italiano, repartía entre las tropas revistas y folletos, en dura competición con Schubert, el delegado nazi, que viajaba renqueando bajo una inmensa pila de ejemplares de la revista «Signal.» Todo en orden.

Entre los jefes «nacionales» de la operación figuraba el coronel Muñoz Grandes, que acababa de huir de la zona «roja». El mando absoluto correspondía al general Dávila, sucesor de

Mola, a quien Franco en persona había dado las oportunas instrucciones.

El optimismo era total, sin sombra. Don Anselmo Ichaso, que se decidió a incorporarse en homenaje a Germán, su hijo primogénito, caído en la ofensiva de Bilbao, profetizó que la operación apenas duraría una semana, «pues el Ejército rojo del Norte había quedado diezmado en Vizcaya». Salvatore, reincorporado a su unidad italiana, llevaba clavada en el alma la espina de Guadalajara y estaba seguro de que en Santander los suyos se cubrirían de gloria. Entre las patrullas de pilotos, esperando el momento, se alineaba la de Jorge de Batlle, procedente de Sevilla. Jorge de Batlle se había aplicado lo más posible en las operaciones del Sur y ahora en el Norte tendría ocasión de vengar su orfandad. Las baterías antiaéreas habían también acudido a la cita. El comandante Plabb estaba allí. El comandante Plabb se había enamoriscado en Bilbao y le dolió recibir la orden de traslado, pero sabía que el servicio de la DCA era vital. En su extrema variedad, las tropas formaban un conjunto homogéneo.

Por supuesto, la toma de Vizcaya había acrecentado en gran escala el prestigio de los «nacionales». La propia Inglaterra se disponía a entablar negociaciones comerciales con el Gobierno de Salamanca y «La Voz de Alerta» hablaba incluso de un préstamo en libras esterlinas. Los «rojos» se defenderían, ¡claro que sí!, pero ¿con qué resultado? El general Gamir Ullibarri, nombrado jefe absoluto, apenas si se tomaba la molestia de visitar las líneas fortificadas, y las órdenes que daba desde Santander revelaban tan escasa convicción, que sus propios subordinados empezaron a llamarlo el general «ahí queda eso». Por otra parte, dicho jefe no tenía la menor confianza en los nacionalistas vascos que habían huido de Bilbao mezclados con las tropas montañesas y con los mineros —opinaba que los puntos de coincidencia entre el credo de dichos nacionalistas y el de las tropas de Franco eran demasiado estrechos—, y en cuanto a los asturianos, no ocultaban que su propósito más firme era retrasar el avance enemigo hasta que el invierno se echara encima de su legendaria y abrupta región. Asturias. «¡Si conseguimos llegar a octubre!» El general Ullibarri no se forjaba ilusiones y en el mejor de los casos su única esperanza era que el Gobierno de Valencia desencadenase a tiempo una gran ofensiva en el frente Sur o en el frente de Aragón, descongestionando con ello el que le había sido encomendado.

El 8 de agosto, pues, se inició el asalto a Santander y en pocas horas se demostró que don Anselmo Ichaso acertó en su vaticinio. El frente «rojo» se derrumbó. Las piezas se movían con precisión de cuerpo sano. Los soldados artilleros se colocaban en la boca una madera, mordiéndola a cada disparo. Jorge de Batlle, pilotando un Junker, con gafas de búho y rabia en el corazón, soltaba bombas pensando en Cosme Vila. La geografía de la región era ubérrima. Salvatore, disfrazado de árbol, estaba entusiasmado. Don Anselmo Ichaso les pisaba los talones a los infantes, dirigiendo el transporte de tramos de puente que se tendían con milagrosa exactitud. Santander se aproximaba. «¡Al otro lado de aquel monte!» «¡Pasados estos túneles!» «¡Debajo de aquella nube!» Los soldados avanzaban por entre ruinas. El Seminario de Comillas, profanado. María Victoria encontró una custodia en cuyo viril alguien había pegado la fotografía de Azaña. Mateo avanzaba también camino de Santander, sin la compañía de José Luis Martínez de Soria, el cual, herido levemente en Brunete, había sido evacuado a Valladolid. Mateo, cuya centuria no volvería ya al Alto del León, avanzaba hacia la capital montañesa, de donde era oriundo el jefe Hedilla, que seguía encarcelado. Mateo Santos tenía miedo. De no temer lo que pensaran los camaradas, se hubiera escondido detrás de una roca hasta que la batalla terminara. Se despreciaba a sí mismo porque sólo conseguía animarse a fuerza de coñac. «Ni la bandera, ni el recuerdo de los muertos. El coñac.»

Los temores del general Ullibarri se revelaron fundados. El jefe del Estado Mayor de la 54 División, en cuya disciplina confiaba, desapareció de pronto, a bordo de una avioneta, acompañado por todos sus ayudantes. El desconcierto fue grande. A los cuatro días de combate los batallones vascos Padura, Munguía y Arana Goiri se concentraron en Santoña, alegando que sin aviación se negaban a luchar. A los ocho días, prácticamente el ejército defensor se había entregado. Grupos dispersos retrocedían, o esperaban sentados en las carreteras o en los caseríos. El piloto Jorge de Batlle descendía en picado y hubiera querido ametrallarlos. «¡Déjalos!» En cambio Marta y María Victoria, al pasar con los camiones, repartían chuscos de pan y botes de leche y tabaco. Don Anselmo Ichaso deseaba también salvar a aquellos hombres. ¡Serían tan útiles en los trabajos de reconstrucción! Se produjo un singular forcejeo, en el que los protagonistas, los prisioneros, no intervenían para nada. Aleramo Berti los obsequiaba con estadísticas de producción italiana y con retratos de Mussolini y del conde Ciano. Schubert los obsequiaba con la revista *Signal* y con retratos de Hitler y del doctor Goebbels. ¿Y Núñez Maza? Núñez Maza les regalaba hermosas palabras, ejemplares de *La Ametralladora* y los retratos de Franco y de José Antonio. Los prisioneros no sabían qué hacer con tanto retrato y decidían comerse el pan, beberse la leche y fumar el tabaco. Su mirada era perforante, hasta que de improviso rompían a llorar.

En el interior de Santander reinaba la confusión. Mientras compañías enteras decidían rendirse, grupos de fanáticos proseguían su retirada hacia Asturias, dispuestos a organizarse en las montañas. En su fuga se daban cuenta de lo que significaba abandonar la riqueza ganadera de la provincia, sus factorías, el Sardinero y Cabo Mayor, la «constructora naval» de Reinosa. Al igual que ocurrió en Bilbao, fueron muchos los fugitivos que eligieron la ruta del mar. Los destructores *Císcar* y *José Luis Díez* habían sido enviados por el Gobierno de Valencia con ánimo de levantar el bloqueo, pero se vieron obligados a retroceder. El mar volvió a poblarse de embarcaciones de todas clases que huían a Francia, intentando burlar las minas y los «bous» nacionales que vigilaban, implacables en su patrullar.

Los combatientes que optaron por deponer sus armas y esperar la llegada de los vencedores, se concentraron en la plaza de toros de Santander, hasta un número aproximado de diecisiete mil hombres. En algunos momentos, dicha plaza despertó la hilaridad general. En el centro del ruedo, los milicianos simulaban embestir, hasta que de pronto corrían a refugiarse en los burladeros al grito de «¡No pasarán!». En las gradas alternaban las risas y el silencio; mientras en lo alto, alrededor de la plaza, ondeaban doce banderas blancas.

El día 25 de agosto, Santander fue ocupado. A última hora, grupos sanguinarios acribillaron a varias familias «fascistas» que, por confusión, se habían lanzado a la calle prematuramente, gritando: «¡Viva España!»

En toda la zona «nacional» hubo tedéum, y la multitud desfiló cantando: «¡Franco, Franco, Franco!» En Bilbao, la abuela Mati dijo: «Cuando venga Jaime, me gustará que me explique por qué no se rinden todos de una vez.» «La Voz de Alerta» recibió un anónimo afirmando que entre los diecisiete mil prisioneros de la plaza de los toros se encontraba el espía Dionisio, el Dionisio real. *Herr* Schubert dedicó singulares elogios a los alféreces provisionales, a los muchachos, jovencísimos algunos de ellos, que salían de las academias de Burgos, Ávila, Granada, Sevilla, Dar Riffien, etcétera, exhibiendo una estrella en el pecho. «Son bravos —había dicho el alemán—. ¿De dónde sacan tanta bravura?» Aleramo Berti intentó aclararle el enigma. Aparte las razones patrióticas, el italiano habló de la fe religiosa, citándole unos párrafos de la consagración al Sagrado Corazón de Jesús que hacían los alumnos de la Academia de Granada.

Ante el trono de tu Amor y a los pies de Mi Madre bendita la Virgen de las Angustias, venimos a postrarnos reverentemente los que, hoy alumnos, mañana seremos oficiales de la valerosa Infantería española. Tú sabes, Señor, a qué venimos. Tú sabes, Señor, que, en esta tierra bendita, la España de tus predilecciones, hay entablada una guerra terrible, en la que defendemos todas nuestras gloriosas tradiciones, que tuvieron siempre por alma el amor hacia Ti y el temor de tus divinos mandatos.

Schubert parpadeó. Al igual que le ocurría a Fanny, jamás entendería a los españoles. «¿Qué garantía tienen esos muchachos de que tal Sagrado Corazón existe, y cómo se atreven a decirle: *España de tus predilecciones?* ¿En qué aspecto España es predilecta de Dios? Y, admitiendo que lo sea, ¿qué opinar de ese Dios, que permite que sus elegidos se maten de esa manera?»

Aleramo Berti le replicó:

—No nos metamos en honduras. —Luego añadió—: Mi madre le contestaría a usted que la muerte no es muerte sino paso a una vida mejor.

La abuela Mati preguntó a sus hijas Josefa y Mirentxu: «Y ahora ¿qué harán con los prisioneros?» Nadie lo sabía. Por de pronto, los vencedores buscaban en la capital «liberada» los responsables de los desmanes cometidos. Pero ocurría que la mayoría de estos responsables habían huido. ¿No perjudicaría ello a los diecisiete mil prisioneros? Tal vez sí; y tal vez perjudicase incluso a los componentes de los batallones Padura, Munguía y Arana Goiri. Por supuesto, había empezado en el acto la criba, la clasificación. Auditoría de Guerra seguía a las tropas y su mecanismo jurídico funcionaba con rapidez y contundencia, aparte de las patrullas que ejercían por su cuenta y riesgo la labor llamada «de limpieza». En el sector de Toledo, dicha Auditoría fue tan implacable, firmó tantas sentencias, que los encartados la llamaban: «la columna Watermann».

Schubert sabía lo que iba a ocurrir, pues no perdía detalle y conocía la costumbre. Un determinado número de prisioneros serían fusilados a consecuencia de denuncias. Otros prisioneros serían llevados a pelotones de castigo. Otros conseguirían que un pariente o un amigo los garantizara como «adictos al Movimiento Nacional» y se incorporarían normalmente al Ejército victorioso. Otros reforzarían los batallones de Trabajadores con los que don Anselmo Ichaso se había encariñado.

Muchas personas estimaron que el frente Norte se había acabado virtualmente y entre ellas se contaba el eufórico Núñez Maza. Núñez Maza organizó a través de Radio Salamanca una serie de emisiones que destilaban júbilo, amenizadas con canciones vascas y santanderinas, con lectura de textos de Unamuno y de Pereda y con pronósticos temerariamente optimistas. Otra gente, en cambio, se mantenía a la expectativa... Y el que más, «La Voz de Alerta». No en vano el dentista era uno de los jefes del Servicio de Información. Ello le valía tener sobre la mesa del despacho, además del nombre de la ciudad de origen de Dionisio, la edad de éste y una serie de datos según los cuales las esperanzas del general Ullibarri de una ofensiva «roja» en otro frente iban a verse satisfechas inmediatamente, antes que pudiera iniciarse el ataque a Asturias. Estos datos le habían llegado a «La Voz de Alerta» a través de la red normal de enlaces que, partiendo de Madrid, llegaba, en cuestión de veinticuatro horas, a San Sebastián. El informe no dejaba lugar a dudas: los «rojos» iban a desencadenar una operación masiva en Aragón, sector de Belchite, con el propósito de ocupar, ¡oh, el recuerdo de Durruti!, a Zaragoza y desmoronar todo el dispositivo. Para ello habían reagrupado todas las fuerzas supervivientes de Brunete, transformando en mixtas las Brigadas Internacionales, y habían alineado todo el Ejército, perfectamente intacto, de que Cataluña disponía. «La Voz de Alerta» había enviado a Salamanca toda la información, pero temía no llegar a tiempo. Particularmente estaba muy inquieto, pues precisamente en el sector de Belchite, en el pueblo de Codo, se hallaba de guarnición el Tercio de Nuestra Señora de Montserrat, el de los requetés catalanes, con una serie de muchachos gerundenses, entre ellos Alfonso Estrada, que llevaba en la manga los galones de sargento. La experiencia le había demostrado que la primera embestida era siempre incontenible e implicaba el sacrificio de las fuerzas avanzadas de defensa. ¿Qué quedaría de aquellos conciudadanos aparte el recuerdo de su heroico sacrificio?

El Servicio de Información resultó veraz. El 27 de agosto, como estalla un trueno, estalló en Aragón la operación Belchite. Los efectivos acumulados eran ingentes y, al igual que en Brunete, el frente «nacional» se hundió. El general Ullibarri sonrió y repartió sus tropas por los montes de Asturias. Aquello era la tregua esperada, que conduciría al invierno. ¡Más sangre, más y más sobre la tierra! Belchite fue ocupado y rebasado y del Tercio de Montserrat apenas si se salvaron unos cuantos requetés que, andando, consiguieron llegar a las líneas de atrás. Las tropas atacantes eran heterogéneas. Se componían de milicianos fanáticos, de otros forzados e incluso de soldados que al llegar a los cuarteles y a las trincheras blasfemaban por creer que ello era obligatorio. Líster estrenó una táctica-sorpresa, consistente en lanzar sus tanques hacia la retaguardia enemiga, llevando en lo alto, pecho descubierto, a diez o doce milicianos, con la consigna de apearse en un momento determinado y hostilizar al adversario por la espalda, encerrándolo entre dos fuegos. El éxito inicial fue también completo y sembró el pánico entre los defensores. ¡Ah, si se ganara Zaragoza!

La orden dada por el Mando «nacional» fue tajante: resistir hasta la muerte. Y a toda prisa fueron trasladadas ¡otra vez! la aviación del Norte y las baterías artilleras. En cambio, Franco no retiró de Santander ni un solo batallón de infantería. Reunido su Estado Mayor, afirmó: «Se restablecerá la situación». Entretanto, se rumoreaba que, por fortuna, un buen porcentaje de las granadas «rojas» no estallaban, por estar las espoletas mal graduadas o llenas de serrín, y en los templos de Zaragoza, la ciudad más próxima y amenazada, fueron organizados turnos de plegarias implorando el fracaso del ataque enemigo. Dichas plegarias se dirigían a la Virgen del Pilar, «la Limpia, la Pura, la Concebida sin Mancha», que en la historia del Ejército español había sido patrona de sesenta y dos Regimientos y Unidades.

En esta ocasión fueron David y Olga quienes presenciaron el desarrollo de los combates. Los maestros, estimulados a ello por Cosme Vila, que quería convencerlos para que ingresaran

527

en el Partido Comunista, salieron hacia el frente en un camión de Intendencia y se situaron en un observatorio del vértice de la Campana. Su contacto con la guerra los anonadó. Nunca hubieran supuesto que una vida o cien vidas contaran tan poco en la mente de un jefe militar. En aquellos días oyeron repetir muchas veces «oleadas sucesivas», «pelotones de sacrificio», «carne de cañón». Cada una de estas frases significaba hijos de madre que iban a morir. «Las Compañías de Acero cantando a la muerte van.» Olga, con su sahariana, y con los prismáticos o pegada al telémetro, parecía una observadora rusa directamente llegada del Kremlin. David se estremeció al oír que los aviones agrupados y negros eran llamados «las viudas» y los trenes blindados «los tiznados». En una casamata donde pernoctaron había un reloj antiguo con esta inscripción: «Acuérdate de que el tiempo pasa.» David le decía a Olga: «Pero ¡son hombres!» Sí, lo eran. «¡Sus, y a por ellos!» Sus, y a por los hombres. «¡A jorobarse tocan y punto en boca!» A jorobarse, es decir, a retroceder y a morir. «¡Mucho haces tú de "boqui"!» Eso quería decir cobarde. Los prisioneros cogidos con el arma humeante eran llevados «al picadero» y los milicianos decían luego que había habido «corrida de toros». David y Olga acabaron por sentarse debajo de un árbol, exhaustos. Se abrazaron, y David volvió a fumar ¡como en la sacristía de San Félix! Y no lejos de donde ellos estaban una moza canturreaba por lo bajo:

No quiero que te vayas,
ni que te quedes,
ni que me dejes sola
ni que me lleves;
quiero tan sólo...
Pero no quiero nada,
lo quiero todo.

Entre los ciento ochenta y dos requetés del Tercio de Nuestra Señora de Montserrat, distinguióse especialmente Alfonso Estrada y, más que éste aún, un muchacho de Tarragona llamado Luis Oliva, de estirpe tradicionalista tan antigua como la de los Ichaso. Luis Oliva se presentó voluntario para una misión de enlace entre el pueblo de Codos y Belchite, misión que lo obligó a atravesar once kilómetros de terreno enemigo y a librar varios combates cuerpo a cuerpo con centinelas de la FAI. Era un muchacho fornido, pero paticorto. A lo largo del trayecto fue mordiendo con los dientes el escapulario y escribió con tiza, en los restos de un tanque de Líster: «Por Dios, por la Patria y el Rey.» En Belchite recibió dos heridas graves. Fue preciso amputarle una pierna. Luis Oliva prefería morir antes que caer prisionero. Saludó a la pierna amputada quitándose la boina roja y animaba a sus compañeros diciendo: «No apurarse, que también mi glorioso Patrón San Luis, rey de Francia, las pasó negras en la guerra.» Murió a manos de dos senegaleses montados a caballo que lo decapitaron al paso, como en un torneo. Alfonso Estrada prometió que cuando Belchite fuera rescatado no cejaría hasta dar con la cabeza de su entrañable camarada Luis Oliva.

El balance de la operación Belchite fue también abrumador para el Ejército Popular. Muchos heridos fueron llevados a la costa alicantina, en el sector de Altea, excepto algunos internacionales, que se empeñaron en ser curados en Francia y fueron llevados por vía aérea al hospital de Eaubonne, cerca de París. Antonio Casal escribió para *El Demócrata*: «¿De qué sirve comprar armas al extranjero si a las pocas semanas caen en manos de los militares?»

Poco después, a mediados de setiembre, las fuerzas que habían quedado estacionadas entre Santander y Asturias oyeron sonar de nuevo el clarín de guerra. Era obvio que el retraso ocasionado por la intentona de Aragón iba a perjudicar a los soldados. Había empezado a llover. La mansa lluvia de la costa cantábrica. La lluvia que en otoño caía también sobre Gerona irrealizando la catedral. En Asturias, la lluvia era misteriosa y preocupante, porque, no sólo había en la región tierra verde sino también minas negras, charcos negros en torno a las minas, que las mujeres contemplaban desde el umbral, comiendo pan. Lluvia que desde los montes bajaba en regueros o en cascada hacia los valles, que convertía en peso muerto las botas de los combatientes. «¡Arriba España!» «¡Por Dios, por la Patria y el Rey!» Los soldados avanzaban. Los capotes se pegaban a sus cuerpos con reumática humedad. Algunos moros conocían ya aquellos caminos, puesto que avanzaron por ellos cuando el sofoco de la revolución de octubre de 1934. Los legionarios tenían a gala resistir las inclemencias y apostaban sobre la dosis de coñac que un solo hombre podía beberse en la jornada. Fueron ocupados todos los puertos de Pontón a Pajares, a excepción del de Piedrafita, y las Brigadas

Navarras ganaron Llanes y Arenas de Cabrales. El general Aranda mandaba una División. Fue el defensor de Oviedo y se conocía Asturias palmo a palmo. Los requetés se enfurecieron al enterarse de que los «rojos» llamaban «Santiago Matamoros» al apóstol Santiago y les incomodó acercarse a Covadonga en sentido inverso a como lo hizo don Pelayo, es decir, subiendo al Santuario en lugar de bajar de él. Hasta que la niebla hizo su aparición. Niebla nacida no se sabía dónde, si en los picos de Europa o en el cerebro del general Ullibarri. Niebla que se derramaba por toda la región, obligando a los aviones a regresar a sus bases —Jorge de Batlle, a semejanza de los pilotos rusos, sin visibilidad perdía los reflejos— y confiriendo al enemigo aspecto fantasmal. Los pequeños carros de combate vacilaban y los mulos resbalaban y se despeñaban por las laderas. ¡Mulos sacrificados en Asturias! Estertores de mulo que hubieran entristecido a Dimas, a Moncho y al doctor Simsley. Animales evangélicos, sin ficha política, pero llevados a la muerte. Mulos que gemían en el fondo de los barrancos, a veces en compañía de algún soldado cuyo pie se mostró torpe.

El día 1 de octubre, Covadonga fue ocupado por la cuarta Brigada. Era el primer aniversario de la exaltación de Franco a la Jefatura del Estado y las tropas le enviaron un telegrama ofreciéndole aquella victoria en calidad de homenaje; de homenaje a él y a su esposa, oriunda de Asturias.

Entretanto, en Gijón, la Quinta Columna se preparaba ostentosamente para recibir a los vencedores, provocando con su actitud al capitoste «rojo» Belarmino Tomás. Los componentes de la Quinta Columna, entre los que figuraba otro hermano de Carmen Elgazu, el de Trubia, trasladado a la capital, no calibraban debidamente las dificultades del avance de los soldados «nacionales», muchos de los cuales llevaban cuatro meses combatiendo sin reposo. «¡Ya vienen, ya están aquí!» Lo primero era cierto, pero no lo segundo. Imposible, sin la ayuda de la aviación, rematar la operación. De ahí que, apenas la niebla abría una ventana, la Legión Cóndor invadía el cielo y dejaba caer bombas inflamables sobre los montes, cuyos bosques ardían como cuando Porvenir y el Cojo incendiaron los de Gerona. Entonces, los defensores salían de cualquier escondrijo y huían. Y huían los animales. Y Jorge de Batlle los perseguía. Algunas de las bombas lanzadas por la Cóndor erraban el objetivo, y así, en la población de Sama hundieron la iglesia, en la que habían sido concentrados los presos, e igualmente en el puerto de Gijón tocaron por dos veces el barco-cárcel allí anclado, en el que gran número de personas esperaban la entrada de las tropas.

Ya no les quedaba a los vencidos otra ruta de escape que el suicidio o el mar, pues en la carretera que seguía hacia el Oeste montaban guardia las fuerzas «nacionales» de Galicia. Un submarino huyó a Francia con los Estados Mayores y toda la documentación.

Gijón fue ocupado. En la ciudad apareció una inmensa bandera «nacional», cuya historia era singular. Había sido confeccionada por el hermano de Carmen Elgazu, Lorenzo de nombre, quien decidió que las franjas rojas podían pintarse con sangre de huérfanos de gijonenses asesinados. A buen seguro el hombre imaginó tal sutileza al recordar la abundante sangre que él mismo perdió en octubre de 1934, cuando los revolucionarios de un hachazo le cortaron cuatro dedos. A lo largo de dos días, y recorriendo domicilio tras domicilio, fue pinchando los brazos de dichos huérfanos, fue recogiendo en botellines la sangre heterogénea, evitando por medios químicos su coagulación. Y la víspera de la «liberación» de la ciudad, pintó la bandera, llorando sobre ella. En cuanto las tropas entraron salió enarbolándola y la clavó en el balcón del Ayuntamiento. ¡El paño se destiñó rápidamente, como en Lérida el morado de la bandera de la República! No importaba. Lorenzo Elgazu y con él muchos gijonenses sabían que ningún estandarte podía compararse con aquél en autenticidad.

Muchos sacerdotes salieron de sus escondrijos y se repartieron por la ciudad. Eran párrocos de algunos pueblos, a los que los propios mineros habían protegido. Su número era más crecido de lo que hubiera podido suponerse, de lo que pudo suponer el propio Lorenzo Elgazu.

Gijón era un hervidero. «No quiero que te vayas, ni que te quedes...» La Quinta Columna cantó un tedéum. Lorenzo Elgazu vertió en él su mejor voz. Era un hombre trastocado por la guerra. Siempre fue autoritario, pero sencillo; ahora su alma exigía complicaciones. «Hay que hacer esto, hay que hacer lo otro.» «Si hacemos esto, acabaremos incluso con la niebla.» Soñó con convertirse en hombre público, en redentor de las familias que vivían y morían en torno a las minas negras. Un soldado le preguntó: «¿Y esos dedos que te faltan?» Él contestó: «Se los llevó de un mordisco el capitoste Belarmino Tomás.»

El día 21 de octubre, Radio Salamanca anunció al mundo que el frente Norte había dejado de existir. Liquidación del frente Norte... El número de prisioneros se elevaba a cien mil y las consecuencias de la batalla serían sin duda gigantescas. El cinc y los metales especiales de Reinosa y Santander, así como las minas de carbón asturianas, habían caído en poder de los «nacionales». Ello, unido a los establecimientos metalúrgicos de Bilbao y a las piritas, el plomo y la plata del Sur, significaban un potencial terrible en poder de los militares. Axelrod profetizó: «Ahora los ingleses enviarán a Salamanca hasta embajador». Por otra parte, ciento cincuenta batallones quedarían disponibles para ser trasladados a Madrid o Aragón, para maniobrar en dirección al Mediterráneo. Raymond Bolen y Fanny, comentando esta posibilidad, decidieron darse una vuelta por la España «rebelde», si «se les concedía la entrada».

Mientras en toda la región seguía lloviendo —pronto el Puerto de Pajares quedaría incomunicado por la nieve— y en los pueblos mujeres y niños, de pie en el umbral de sus casas, guardaban silencio, mordiendo pan, Núñez Maza organizó en Radio Salamanca una emisión estadística y otra informativa. Aquélla, dirigida a los muchos estrategas de café que había en el país y que gustaban de manejar datos sobre materias primas; ésta, destinada a la zona «roja», a las familias de los prisioneros y de los heridos hechos en la maniobra del Norte. En Ginebra había sido creada una oficina para cumplir con este menester, pero en la práctica se manifestó inoperante. Por otra parte, la radio constituiría una inmensa propaganda, dado que innumerables personas contrarias a la «Causa Nacional» se verían forzadas a conectar a diario con Salamanca, esperando oír el nombre del desaparecido.

Nadie como mosén Alberto podía dar fe de las consecuencias que, en el área particular, trajeron consigo los combates del frente Norte. Precisamente el sacerdote abandonó el convento de monjas de Pamplona y se instaló en San Sebastián —con el propósito de asistir espiritualmente a los condenados a muerte en la cárcel de Ondarreta— el día de la ocupación de

Santander. Tal coincidencia fue juzgada de buen augurio por las monjas, las cuales lo despidieron diciendo: «Estamos seguras de que el Señor velará por usted.»

Mosén Alberto conocía muy de pasada San Sebastián; pero, tal como le participó a don Anselmo Ichaso, de quien lamentó mucho separarse, le bastaba con saber que aquella tierra era vasca... «La Voz de Alerta» se había ocupado de todo lo relativo al aposentamiento del sacerdote, consiguiéndole una vivienda confortable y los servicios de una mujer ya entrada en años, viuda, «que lo cuidaría como a un rey».

No obstante, mosén Alberto se sintió agitado desde el primer momento. La labor que le esperaba en la cárcel de Ondarreta lo tenía sobre ascuas. Por si fuera poco, en cuanto tomó posesión de su nuevo domicilio comprobó que un considerable sector de la capital donostiarra vivía con «escalofriante frivolidad»; lo mismo que Gorki y Teo opinaron de Gerona. ¡Y los falangistas! Seguían sin gustarle ni pizca. ¡Y los nazis! Se paseaban soberbios por la ciudad. Mosén Alberto no comprendía que la doctrina de Hitler, que había sido oficialmente condenada por el Papa, pudiera libremente hacer propaganda en el país. «La censura impidió que dicha condena papal se hiciera pública —le dijo a "La Voz de Alerta" mosén Alberto—, pero ello no altera la realidad.» Tampoco le gustaba al sacerdote catalán que los obispados de la zona hicieran cuantiosos donativos pro-Ejército.

Naturalmente, su mayor preocupación era la cárcel. El primer día que se dirigió a Ondarreta se extasió ante el espectáculo de la Concha, la bahía de San Sebastián, en cuyo extremo oeste, a los pies del monte Igueldo, se erguía el edificio penitenciario. Parecía imposible que en paraje tan bello hubiera gente detrás de las rejas, condenada a morir. Además, en el camino no pudo menos de evocar su fracaso en la cárcel de Gerona en 1934. ¡Fracaso del que se declaraba culpable! Porque era caprichoso, porque vivía sometido a imprevisibles cambios de humor, porque era sin duda antipático. ¿Cómo explicarse, si no, que en todo el tiempo que había residido en Pamplona no hubiese recibido más allá de un par de visitas de fugitivos de Gerona? ¡Con los que pasaron por la ciudad! Algo había en su figura que levantaba hostilidades.

Sus primeros contactos en Ondarreta lo desanimaron todavía más. Ya el director le advirtió: «Es gente de armas tomar.» Él confiaba por dentro en la intervención de la Gracia.

«Todo lo puedo en Aquel que me conforta.» Comprendía que a un combatiente «rojo» que iba a morir era muy difícil hablarle de Dios. «¡Son los servidores de tu Dios los que me van a fusilar!» Pero se decía que, con apuntarse un éxito, uno sólo, su empeño estaría salvado.

Los condenados pasaban la última noche en el primer piso, en celdas individuales, a través de cuya ventana se veía y se oía el rumor del mar. Cada ola les parecía su propia respiración. Algunos se obsesionaban pensando: «Me quedan, aproximadamente, tantas respiraciones»; o bien: «Me quedan tantos latidos.» Era doloroso y terrible saber que, después del alba, cuando ellos ya no estuvieran, por muchos años y siglos el mar seguiría latiendo allí, latiendo, y respirando.

«Gente de armas tomar...» Gente que había tomado arma, pero que ahora se encontraba absolutamente pobre e indefensa, esperando el amanecer. Mosén Alberto comprobó muy pronto que su aparición en el umbral de la celda despertaba una mirada de odio que a veces llegaba al paroxismo. Por regla general, era imposible precisar la edad de los condenados. Los había que no pasaban de los treinta años y parecían viejos, y los había cincuentones con aire juvenil. No llevaban traje carcelario. ¿Para qué? Pero habían sido despojados de todos los objetos y emblemas. En las celdas, además de la ventana, había un camastro y una silla. En las paredes, a semejanza de los calabozos que ocuparon el comandante Martínez de Soria y sus oficiales, había nombres y fechas grabados torpemente.

El saludo de los condenados solía ser:

—¡Lárgate!

O bien:

—¡Vete ya, cura sarnoso! ¡Perro!

La mayoría añadían: «¡Déjame morir en paz!» Querían morir en paz. Pronunciaban la palabra paz. Sabían que ninguna lápida rezaría para ellos: «Descansen en paz.» Los detenidos de Ondarreta eran los apresados en alta mar, entre Bilbao y la costa francesa. Los desembarcaban en el puerto de Pasajes, desde donde eran conducidos a San Sebastián. Los juicios eran más o menos rápidos, según hubiera o no celdas libres. Mosén Alberto acostumbraba a porfiar, intentando una segunda visita e incluso una tercera, pretextando que se ponía a su disposición por si deseaban comunicar algo a algún pariente o amigo. «Diles que me han matado con mucho cariño.» «Quieres sacarme las señas, ¿no? Para ir luego por ellos.» De pronto, mosén Alberto veía acercársele el condenado. No era raro que recibiera en pleno rostro un salivazo, o un puñetazo, o que le largaran un puntapié. Los centinelas tenían orden de no intervenir y más de una vez lo habían visto rodar por el suelo, molido como una pelota. En estas ocasiones, el sacerdote tanteaba un momento a su alrededor, como si buscara las gafas, y luego se levantaba hipando. Su cara quedó desfigurada el primer día. Había sangrado muchas veces por la nariz. ¡Cuánto le costaba afeitarse! ¡Si lo vieran las monjas de San José! Una mujer de Cangas de Onís llegó a más. Se le acercó sin pronunciar una palabra y de pronto le pegó una patada entre los muslos. Mosén Alberto cayó fulminado, sin sentido, y fue llevado a la enfermería pálido como un cadáver.

Cada noche mosén Alberto regresaba a su piso con el alma más rota que el cuerpo. «No soy digno de conseguir una conversión.» «La Voz de Alerta» se reía de sus escrúpulos: «¿Qué va usted a esperar de esa gentuza?» Javier Ichaso acariciaba sus muletas y no le decía nada. Mosén Alberto le era simpático porque perdía tanta sangre por la nariz. Sin embargo, el día de la toma de Gijón, el sacerdote los dejó boquiabiertos. Les dijo que, más que a los condenados, compadecía a tres o cuatro muchachos jóvenes, huidos de la zona «roja», que cada día se ofrecían voluntarios para las ejecuciones. «Lo pasan en grande. Ésos sí me inspiran compasión.»

Entre todas las entrevistas que le tocaron en suerte, diversas como granos de arena, dos habían de conmoverlo de un modo especial. Al término de ellas mosén Alberto se preguntó: «¿Cómo puedo yo ser depositario de secretos tan sencillos y entrañables?»

La primera lo enfrentó con un capataz de los astilleros de El Ferrol acusado de «gravísimos y reiterados sabotajes en la reparación de buques». Hombre bajito y acobardado, que no se hacía a la idea de que iba a morir y que se había pasado veinticuatro horas seguidas escribiendo una carta. El capataz le contó a mosén Alberto de pe a pa lo ocurrido. Era cierto lo de los sabotajes, ¡él fue siempre republicano!, pero también lo era que en El Ferrol fue condiscípulo de Franco. «Vivíamos en el mismo barrio y fuimos juntos al colegio. Éramos amigos, no miento. Yo tenía un año más que él y lo llamaba Paco. Los dos queríamos ingresar en la Marina, pero se suspendieron los exámenes y él se fue a la Academia de Infantería de Toledo y yo me desanimé y entré en los astilleros. ¡Los jueces no han querido escucharme! Y digo la verdad. Era amigo de Franco y estoy seguro de que no me ha olvidado, de que se acordaría de mí. Páter, ¿no podría usted conseguir...? ¡Estoy seguro de que si él supiera...!»

Mosén Alberto, después de hablar con el oficial de guardia, transmitió al detenido la negativa inapelable. «Lo siento...» El hombre rompió en sollozos y por fin, dominándose, le habló a mosén Alberto de lo mucho que él amaba a su mujer. «He escrito una carta para ella. Hágala llegar a sus manos, por favor. Vive en El Ferrol, calle de Colombia, 27. Tome usted...» La carta era de quince páginas, con letra temblorosa. «Ha sido para mí la mejor compañera, ha perdonado todos mis errores. La quiero. En la carta se lo digo. La quiero.»

La carta tembló también en las manos de mosén Alberto, porque éste sabía que la mujer del capataz no se encontraba en El Ferrol, sino en aquella misma cárcel, en el mismo piso, acusada de complicidad reiterada y grave en las acciones de su marido. Habían sido detenidos en alta mar, en embarcaciones distintas. La mujer también sería ejecutada al amanecer.

Mosén Alberto le preguntó al capataz, con discreción, si quería confesarse. El hombre negó con la cabeza. «No, no. Sólo deseo que envíe la carta a mi mujer.» El hombre se aproximó a la ventana y contempló el mar, el mar para el que tantos barcos había construido. Mosén Alberto se despidió de él. «Hasta el amanecer, no me moveré de este piso. Si necesita algo más, avíseme.»

Y el sacerdote se dirigió a la celda en que esperaba la mujer. Ésta, al verle, se levantó colérica. Parecía menos derrotada. «¡Márchese, márchese usted!» Mosén Alberto le dijo que lo único que pretendía era ofrecerse por si deseaba comunicarse con alguien. «Si quiere usted que entregue a alguien algún objeto, o...»

La mujer dulcificó su semblante. Marcó una pausa. Sí, le entregaría una carta. Una carta para su marido, que fue durante años y años capataz en los astilleros de El Ferrol. «Ahora está en Francia. Pudo escapar. Estará en Burdeos; ya le daré las señas.» Mosén Alberto se contuvo. «¿Tiene usted papel y pluma? —preguntó—. ¿No? Se lo traigo en seguida.»

Mosén Alberto salió y regresó al punto con lo prometido. La mujer lloriqueaba, mirando el suelo. Por más que quisiera le sería imposible decirle a su marido, por carta, lo mucho que lo había amado siempre. «Le amo, ¿sabe usted? Ha sido siempre bueno conmigo. Le amo, le amo... Le escribiré, le escribiré hasta que llegue el momento en que esos canallas...»

Mosén Alberto, con tacto, la interrumpió:

—No me moveré de este piso. Si necesita usted algo más, avíseme.

Mosén Alberto guardó para sí el secreto de las dos celdas, separadas una de otra no más de cuarenta metros. Y cuando la luz del alba penetró por los ventanales y el mar se desperezó, el sacerdote, arrodillado en la Administración de la cárcel, rogó para que aquel hombre y aquella mujer encontraran en el seno de Dios la deseada clemencia y pudieran, en Él, a través de Él, pasarse la eternidad contándose uno al otro lo mucho que se amaban.

Poco después, en la misma playa, frente al edificio de Ondarreta, el cura gerundense quemó los dos sobres y con las manos sepultó las cenizas debajo de la arena.

Fuera de la cárcel, fuera de Ondarreta, mosén Alberto había de vivir otra escena menos sencilla, pero igualmente entrañable. Otro sentenciado a muerte: un sacerdote vasco, escondido en una pensión, en la que fue localizado por unos requetés, entre los que figuraba Javier Ichaso.

Mosén Alberto, en el Buen Pastor, había oído hablar de aquel sacerdote, fanático y separatista. Se llamaba José Manuel Iturralde y había nacido en Erandio. Todos los sacerdotes de San Sebastián le conocían y conocían sus ideas. Perteneció durante mucho tiempo a la «Solidaridad de Obreros Vascos». En los primeros días de la guerra, estimuló a los *gudaris* a combatir. En pleno combate por la ocupación de Guipúzcoa, unos soldados del coronel Beorlegui lo habían visto en Peñas de Ayala, disparando furiosamente con una ametralladora.

Todas las pesquisas para dar con él habían fallado, hasta que los requetés le sorprendieron en su escondrijo, una noche clara, clara sobre los tejados de pizarra y la bahía, precisamente la noche en que Gijón se rindió. Javier Ichaso, el más ducho en cuestiones de legalidad, sabía que, de entregar al sacerdote oficialmente, de denunciarlo a las autoridades, intervendría el obispado y el expediente se eternizaría. Animado de una extraña exaltación, que en el hijo de don Anselmo Ichaso solía coincidir con el dolor por su pierna ausente, el muchacho invitó a sus camaradas a abreviar las formalidades, a obrar por cuenta propia. La idea fue aceptada ¡cómo no! El sacerdote no opuso la menor resistencia y se dejó esposar las muñecas; pero les suplicó que le permitieran confesarse.

Los requetés vacilaron, hasta que Javier Ichaso estimó: «Está en su derecho.»

De ahí que mosén Alberto fuese arrancado de la cama a las dos de la madrugada. El cura gerundense, sin saber de qué se trataba, siguió a sus dos acompañantes armados y se personó en la pensión. Allí, sin apenas preámbulo, se encontró a boca de jarro con el reverendo José Manuel Iturralde, el cual vestía de paisano. Los requetés dejaron solos a los dos sacerdotes. El reverendo José Manuel Iturralde tenía un aspecto vigoroso y enérgico, con las mandíbulas autoritarias. Sus muñecas habían sido esposadas. Mosén Alberto, al saber de quién se trataba, experimentó aguda inquietud. Inclinó la cabeza y pensó en Javier Ichaso y en lo atroz que era aquello.

—Es usted catalán...

—Para servirle.

El reverendo José Manuel Iturralde tuvo el valor de sonreír, recordando que pocas semanas antes él había confesado, en circunstancias parecidas, a dos requetés que los *gudaris* sorprendieron en trance de volar un polvorín. Mosén Alberto no acertó a corresponder a la sonrisa. Mosén Alberto no lo podía remediar; siempre le desasosegó profundamente confesar a otro sacerdote. Y en esta ocasión, viéndolo de paisano, más todavía.

El reverendo José Manuel Iturralde dijo, cediéndole el paso:

—Cuando quiera, estoy dispuesto.

Mosén Alberto avanzó hacia el centro de la estancia, donde había una silla, sin duda preparada. Se detuvo un momento, como para concentrarse en Dios. Luego, componiéndose con poca destreza la sotana, se sentó, colocándose de perfil. Y acto seguido oyó a su izquierda el sonoro golpe de las rodillas del penitente al chocar contra el suelo.

—Ave María Purísima...

El reverendo José Manuel Iturralde tenía ya hecho el examen, minuciosamente. Sin embargo, no acertaba por dónde empezar. Su cabeza colgaba sobre el regazo de mosén Alberto, quien se había cruzado de brazos con excesiva energía, dificultándose la respiración. El penitente, de pronto, evocó su primera confesión en Erandio. Tampoco supo por dónde empezar... Tenía entonces siete años. El confesonario lo mareó, pues olía a rapé. En aquella ocasión se acusó de no querer lo bastante a su padre y a su madre; ahora la estancia olía a otoño y a mosén Alberto y tenía que confesarse de no haber amado lo bastante a Dios.

Sí, éste era su pecado, el resumen de su vida culpable. Del resto, no acertaba a arrepentirse. Así se lo dijo a mosén Alberto, con voz tan ungida que pudo pensarse que hablaba en latín. Era cierto que tenía «antecedentes separatistas» y que lo identificaron en Peñas de Ayala mientras manejaba con rabia una ametralladora. Los servidores de esta arma habían muerto y él sin pensarlo más los sustituyó, en pleno combate. Creía que la causa era justa y seguía creyéndolo. Siempre entendió que el sacerdote debía estar de parte de los obreros y, pese a los desmanes y errores que éstos cometieran, opinaba que el pueblo vasco acabaría por imponer su sentido común y su tendencia a la solidaridad, en tanto que del lado de Franco inevitablemente no podía esperarse otra cosa que el predominio de los poderosos. «No puedo arrepentirme de lo que hice, no puedo.» Sabía que gran parte de la jerarquía española había bendecido la rebelión militar; tampoco podía arrepentirse de haberla desobedecido en este aspecto, pues precisamente uno de los obispos que habían rehusado firmar la Pastoral fue el suyo, el de Vitoria. Por otra parte, era la eterna ofuscación. Los obispos españoles cedían ante el más fuerte, como siempre, al revés de lo que hacía el clero alemán, que le plantaba cara al propio Hitler.

—Así que, reverendo padre, de lo único que me acuso es de no haber amado a Dios sobre todas las cosas. En conciencia reconozco que sólo he conseguido esto en algunos momentos de mi vida. Normalmente he vivido pensando en mí y en otras personas, en mí y en mi prójimo. —El reverendo José Manuel Iturralde iba bajando la cabeza cada vez más—. Y también en el pueblo vasco. Esto ha sido... como una obsesión. Incluso al celebrar, no sé, casi siempre he pedido algo, en vez de adorar. He pedido por los demás y por el pueblo vasco. Ahora he de presentarme ante Dios. Dentro de poco he de presentarme ante Dios y tengo miedo. Algunas mañanas, en el altar, me atemorizaba pensar que Dios me visitaba; hoy me atemoriza mucho más saber que voy a visitarle yo. Y me cuesta renunciar a esta vida. Soy joven, compréndalo, y quería trabajar mucho. Quería vivir. Y me cuesta perdonar, aunque me doy cuenta de que ya lo estoy consiguiendo... Sí, perdono a quienes me han condenado y van a disparar contra mí. Y vuelvo a acusarme de haber pospuesto el amor de Dios. En cuanto a mi vida pasada... no sé. Desde que fui ordenado, muchas veces cedí a la tentación de la gula. Muchas veces, eso es. Y otras muchas he sido soberbio. Me sentía fuerte... y pecaba de soberbia. Me arrepiento ante Dios. Y le pido perdón por tener miedo. Y... nada más.

Mosén Alberto procuraba no respirar fuerte para no incomodar al penitente. No estaba muy seguro de lo que le correspondía decir. Cuando esto le ocurría, normalmente daba un gran rodeo citando frases del Evangelio o de san Pablo, y mientras tanto iba pensando. Pero, en aquella ocasión, cerca del mar, no podía dar este rodeo. Y el caso es que tal vez debiera opinar sobre la ametralladora. Un sacerdote disparando con ametralladora. ¿Tenía un sacerdote derecho a...? ¿Lo hubiera hecho él por Cataluña? También debía opiner sobre la desobediencia a la jerarquía. El cardenal Gomá fue explícito al firmar el documento de adhesión. Sin embargo, el obispo de Vitoria no firmó... Y tampoco el cardenal arzobispo de Tarragona... Pero el reverendo José Manuel Iturralde acababa de decir: «No me arrepiento.»

—Hijo mío..., intento comprenderle. Usted mismo lo ha dicho: Dios le espera. No creo que en estas circunstancias quiera usted engañarse a sí mismo. En la medida en que esto nos es posible sabrá usted muy bien el grado de malicia que ha habido en sus actos. —Llegado aquí, mosén Alberto se paró súbitamente, como horrorizado por una visión—. ¿Cree usted... que alguno de sus disparos...? ¿Cree usted que mató a alguien?

Las rodillas del penitente crujieron en el suelo.

—Pues... creo que sí.

Mosén Alberto se arrepintió de haber hecho la pregunta.

—Bueno... Usted sabrá. Compréndame... Un sacerdote...

El reverendo José Manuel Iturralde:

—Ya le dije, padre, que creí cumplir con mi deber.

Mosén Alberto cabeceó, asintiendo.

—De acuerdo, hijo mío —accedió por fin—. Como sea... —Sin querer, respiró profundamente—. En cuanto a amar a Dios sobre todas las cosas... es el grave problema. Supongo que muy pocas almas consiguen amar a Dios por encima de todo. Incluso muchos santos fallaron ahí. Nuestros sentidos reclaman... Tenemos un cuerpo que pesa. Y he aquí que, en el día de hoy, Dios ha dispuesto... truncar la vida de usted. Acéptelo. Es la suprema expiación. Ofrézcalo por usted y por los demás. En definitiva, ésta es la misión del sacerdote. En esta guerra se cuentan por centenares los sacerdotes que han muerto; y supongo que han sido elegidos los mejores y que los que nos quedamos aquí... es porque no merecemos otra cosa. Convénzase, hijo mío, de semejante privilegio. Además, supongo que cuando cantó usted misa hizo lo que todos: pensó en que podía llegarle el martirio. Intente volver a sentir hoy, esta noche, lo que sintió en aquel momento. Sin duda tuvo usted una madre cristiana. Es otro privilegio. Pídale que le ayude a tener fortaleza en estas horas. En cuanto a sus obsesiones, no sé qué decirle. Supongo que nada malo hay en amar al propio país. Sin embargo... el hombre tiende a desorbitar todos sus amores. Así que... Y lo mismo le digo con respecto a su amor por los humildes. Jesús también los defendió. Bueno, tendría que decirle muchas cosas más..., pero también a mí me atemoriza pensar que dentro de poco verá usted a Dios cara a cara. Me siento pequeño a su lado. Nada, una alma apegada a la tierra. Le ruego, hijo mío, que esté tranquilo. Se lo digo en nombre del Señor. Y solloce, solloce cuanto quiera; es humano y el Señor lo comprende. También yo siento ganas de llorar, pero no soy digno de hacerlo, como lo es usted... Ésta es su última confesión, su último acto de humildad. Prepárese a recibir la absolución. Voy a dársela al instante, en nombre del Señor. Cargo sobre mi conciencia todas sus dudas. Esté tranquilo. Piense que en el día de hoy, dentro de muy poco, se cumplirán en usted las preces de la misa: «Y me acercaré al altar de Dios, al Dios que es mi gozo y mi alegría.» En realidad, hermano, el día de su primera misa va a ser el de hoy. De modo que viva en paz el poco tiempo que le queda. Yo soy indigno de dar la absolución a quien está a punto de ver a Dios, pero voy a hacerlo, por los méritos de Cristo, de la Virgen y por los méritos de usted. Y si usted quiere..., le acompañaré, si me dan permiso para ello. —El reverendo José Manuel Iturralde repitió por tres veces: «Me gustaría, sí, me gustaría»—. Bueno, prepárese a recibir la absolución. Como penitencia, rece usted un Credo, simplemente un Credo. Cuando yo me vaya, arrodíllese aquí mismo y rece un Credo. Y ahora, hijo mío, el «Señor mío Jesucristo...».

Dada la absolución, el reverendo José Manuel Iturralde se levantó. Lloraba. Lloraba a lágrima viva y se abrazó a mosén Alberto, que también se había levantado. La estatura de ambos sacerdotes era la misma, lo cual les facilitó el abrazarse con fuerza. Y fue en aquel momento cuando mosén Alberto aquilató en toda su dimensión la circunstancia de que aquel sacerdote que estrechaba entre sus brazos vería efectivamente a Dios, al cabo de media hora... Se sintió poseído por un respeto inmenso y se apoyó y sollozó en el hombro del reverendo José Manuel Iturralde. Tan intenso era aquello que el sentenciado parecía mosén Alberto y no el sacerdote vasco. De pronto, mosén Alberto levantó la cabeza y dijo, con inesperada decisión:

—Hijo mío..., ¿querría hacerme usted un favor...? ¿Confesarme a mí?

El reverendo José Manuel Iturralde se inmovilizó. Sólo sus mandíbulas temblaron, cerca del mar y cerca de la muerte. Tener ocasión ¡todavía! de ejercer su ministerio. Mosén Alberto se apartó y le cedió la silla, que estaba caliente. El reverendo José Manuel Iturralde se acercó a ella y por fin se sentó, colocándose también de perfil. Entonces, mosén Alberto alargó un momento el brazo para tomar el pequeño crucifijo que pendía de la cabecera de la cama, hecho lo cual se acercó al sacerdote y empezó a doblar lentamente la rodilla derecha hasta depositarla en el suelo, haciendo luego lo propio con la rodilla izquierda.

—Ave María Purísima...

Los requetés se llevaron al reverendo José Manuel Iturralde, sin darle permiso a mosén Alberto para presenciar la ejecución.

—¡Fuego! —exclamó Javier Ichaso, mientras el sacerdote levantaba la mano derecha para bendecirlos y una de las balas le agujereaba la palma por el centro...

A media mañana, Javier Ichaso visitó a mosén Alberto para transmitirle la última voluntad del «reo». La sotana debía ser enviada a su madre, que vivía en Erandio, y cedía a mosén Alberto los ochenta volúmenes del diccionario parroquial vasco «Argi Dona Labura» que figuraban en su biblioteca.

CAPÍTULO XXXVI

A RAÍZ DE LA LIQUIDACIÓN del frente del Norte se produjo como un reajuste de fuerzas. Hasta entonces, la mayoría de los combatientes habían ocupado en la lucha un puesto cualquiera, sin tener en cuenta las aptitudes personales. La prolongación de la guerra, por ley ineluctable, iba colocando cada pieza en el lugar más lógico. Por ejemplo, José Luis Martínez de Soria, con su carrera de abogado a cuestas y su afición a la letra impresa, podía muy bien dejar el fusil y aspirar a convertirse en juez... Sobre todo en aquellos momentos en que la herida leve que recibió en Brunete lo desconectó de la centuria Onésimo Redondo, de la presión que ésta ejercía sobre su espíritu.

Como atraídos unos y otros por esa necesidad de reajuste, se produjo en Valladolid una inesperada concentración, con sede en el Hospital Provincial y en la Jefatura de Falange. En la ciudad castellana, además de José Luis Martínez de Soria, en calidad de convaleciente, se encontraban Mateo, disfrutando de un permiso bien ganado en la campaña del Norte; Marta y María Victoria, de regreso también de Asturias, con sus camiones de Auxilio Social; Núñez Maza, quien se había traído consigo billetes «rojos» emitidos por «El Concejo de Asturias y León»; el alférez Salazar, con un brazo en cabestrillo, y Schubert, llegado en unión de tres muchachos de Berlín, pertenecientes a la Juventud Femenina Alemana, y residentes en España.

En el hospital había también unos cuantos italianos que recibían mucha correspondencia y a los que Berti sepultaba bajo un alud de revistas, revistas que una y otra vez arrancaban de Mateo el mismo comentario: «El italiano es un idioma especial. De pronto, no hay manera de entender una palabra.» Mateo, que no podía con el engolamiento del delegado fascista italiano, a la sazón presumía mucho, pues había conseguido una espectacular madrina de guerra: una muchacha japonesa que estudiaba en París, en la Sorbonne, y que debía de ser princesa o poco menos.

Cada una de aquellas personas sentía predilección por un tema determinado. Mateo, la política e incluso la teoría política; el alférez Salazar, los Sindicatos y, en aquellos días, el complejo problema de los mineros asturianos y sus métodos rudimentarios de trabajo; José Luis Martínez de Soria, la personalidad de Satán, sobre la que podía disertar durante horas; Marta, en cuanto abría brecha, hablaba de Ignacio; Schubert andaba preocupado por la figura de Napoleón... Tal vez el ser más imprevisible fuera María Victoria.

Políticamente, Mateo, que seguía siendo falangista hasta la médula —a su entender la Falange podía intentar la gran aventura de la síntesis, fundiendo todo lo bueno de los totalitarismos vigentes, de las minorías fascistas en la oposición e incluso del imperialismo japonés—, tenía una espina clavada: la muerte de José Antonio. A su entender, José Antonio al morir los dejó huérfanos. No veía sustituto hábil, y cuando aludiendo a él decía *el Ausente* lo decía con convicción. Cierto que de momento lo que importaba era la guerra, para cuyo menester el generalísimo Franco demostraba ser capaz; pero ¿y luego? La experiencia Hedilla «fue una chiquillada» y los teorizantes del momento, que escribían artículos y circulares, «pecaban de exaltados y, sobre todo, de barrocos».

—No tienen aquella concisión, aquel sentido de la medida que José Antonio tenía. Están deformando nuestro lenguaje, atrofiándolo, y dejarán nuestras fórmulas vacías de sentido.

María Victoria, que no perdía su admirable alegría interior, se burlaba de Mateo.

—¡Vaya sentido de la medida el de José Antonio! —decía—. Luceros, muerte, pistolas, cosmos, imperio azul...

Mateo se espolvoreaba la camisa.

—Eres una tramposa, María Victoria. Ésas son las metáforas poéticas que José Antonio intercalaba. Pero el núcleo de sus textos lo constituían lo jurídico, lo histórico y lo informativo.

María Victoria zanjaba la cuestión.

—Como quieras, cariño. Pero a mí me gustaría que te acordaras un poco menos de esos textos y un poco más de Pilar.

¡Ah, el dedo en la llaga! Mateo, al oír esto, pedía agua mineral. Porque se daba cuenta de que se polarizaba demasiado. La guerra lo tenía absorbido. La guerra y España. Poca vida individual, a no ser los escrúpulos religiosos. La figura de Pilar iba oscureciéndose en su recuerdo. Llevaba una fotografía de la muchacha y a veces se pasaba dos o tres días sin abrir la cartera para mirarla. Además, al comparar a Pilar con Mar-

544

ta y María Victoria, parecíale que en muchos aspectos aquélla salía perdiendo.

José Luis leía en sus pensamientos.

—Déjate de pamplinas —le objetaba—. A la larga, Pilar será una compañera sin tacha y una madre excelente para tus hijos.

Marta subrayaba las palabras de su hermano.

—A mí, ni España ni las cartas de Salvatore me hacen olvidar a Ignacio. Al contrario, cada día me siento más cerca de él.

Era cierto. Marta quería a Ignacio cada día más. Y el corazón le decía que en el momento más impensado oiría su voz por teléfono: «Soy Ignacio. Acabo de pasarme. Estoy en Zaragoza.» O en Irún. Marta contemplaba a Ignacio veinte veces al día. Sobre todo le gustaba una fotografía que se hizo el muchacho una tarde en la Dehesa, sentado en un banco, la pierna derecha cabalgando sobre la izquierda. Llevaba un traje azul marino, grande el nudo de la corbata y se le veían las patillas en punta. Lo mismo que los árboles de atrás, tenía un aspecto entre meditabundo y sonriente. Los troncos eran lo meditabundo y las hojas la sonrisa. Marta recordaba que por la Dehesa ella y su padre pasaron muchas veces montados a caballo y que a los pies de aquellos árboles Ignacio le había susurrado: «Te quiero.» «Ayúdame a conocerme.» «Quiero ser un hombre.» «Quiero ver claro en mí.»

Eso era lo hermoso: la duda y la humildad. Pero ¿qué estaba diciendo? ¡Si la Falange no quería dudas y hablaba del orgullo de ser esto o aquello, de ser de aquí o de allá! Decididamente, si bien Marta extendía el brazo y era jefaza de varios servicios de la Sección Femenina —recientemente había sido presentada a Pilar Primo de Rivera—, gozaba ¡mucho más que en Gerona! de vida individual.

Lo único que le faltaba era alegría. Guerra larga. Su hermano Fernando, en el cementerio; su padre, en el cementerio; su madre, vestida de luto, sola en el piso o en la iglesia, y además el propio temperamento. Ella y Mateo se parecían en esto y envidiaban a José Luis y María Victoria, que en aquellas fechas vivían una anticipada luna de miel. José Luis, junto a María Victoria, se transformaba. María Victoria era el único ser que conseguía hacerle reír. Se lo llevaba del brazo al café de la esquina como si lo acompañara al fin del orbe, o le retorcía la muñeca o le alborotaba el pelo. Schubert decía de ella: «Es un huracán organizado.»

Núñez Maza, feliz por la campaña de Asturias, pero echando de menos a sus camaradas Montesinos y Mendizábal, todavía en la cárcel, rondaba como un pueblerino a las tres muchachas recién llegadas de Berlín. Al hablar con ellas se ponía de puntillas y se creía en la obligación de cantar las excelencias de Alemania.

—¿Sabéis que el camarada Plabb es un experto grafólogo? Hay que ver... —Miraba a las tres muchachas—. ¿Cuántos idiomas habláis vosotras? ¿Tres? ¡Cuatro! Vaya...

Una de las tres muchachas, llamada Benzing, se sentía un poco molesta oyendo al Delegado de Propaganda. Por supuesto, había comentado con Schubert la escasa preparación intelectual de las mujeres españolas, pero lo hacía con ternura, sin afán de dogmatizar. Entendía que la mujer española debía emanciparse un poco del hogar, pues para el engrandecimiento de un país era necesaria la colaboración activa de todos sus habitantes. En España, con más razón, habida cuenta de que un treinta por ciento de los hombres «se dedicaban a labores inútiles, como limpiar zapatos, afeitar, abrir puertas de oficina, etcétera».

—Sin embargo, estas cosas no se solucionan fácilmente —dijo la camarada Benzing, una tarde en que se encontraban todos reunidos—. Sin duda Falange dará un empujón en este sentido. Pero no es cosa de un año ni de dos.

Núñez Maza chupó el cigarrillo, mirando al techo.

—¿Arreglarlo en dos años? —El falangista de Soria se agachó para rascarse un tobillo—. Nuestras mujeres son hembras, nada más. Cocina y maternidad. No se trata de reeducarlas, sino de educarlas. Es asunto de tres o cuatro generaciones.

José Luis estimó que Núñez Maza exageraba. Se sabía de memoria a Núñez Maza, quien en su vida privada era un mujeriego, por lo que le atajó sin contemplaciones:

—A mí me da la impresión —dijo— de que eso de la cocina y la maternidad es lo que a ti te encanta de las mujeres españolas. ¡Conozco el paño! Si una chica de Valladolid o de Soria hablara cuatro idiomas y opinara sobre la emancipación y los barberos, la llamarías marisabidilla.

Núñez Maza se indignó.

—Ésa es vieja historia. Estamos hablando en serio. La proximidad de la ignorancia no es nunca agradable. —Marcó una pausa—. Es muy triste llegar a casa y sentirse uno a veinte mil leguas de cuanto puedan pensar y hablar la propia madre, la esposa o las hermanas.

Una de las muchachas alemanas intervino:

—¿Os ocurre eso a vosotros?

Núñez Maza se apresuró a contestar:

—A mí, sí.

José Luis Martínez de Soria protestó:

—A mí, no.

Salazar advirtió:

—Huelga hablar de nosotros. Pero, en general, creo que en esto Núñez Maza lleva razón.

Salazar, desde su viaje a Sevilla, procuraba congraciarse con Núñez Maza. Mateo, que pensaba en Pilar... y en Carmen Elgazu, decidió cortar la conversación. Y lo hizo dándoles a todos una sorpresa, a la par que confirmando la necesidad general de buscar un sitio en la guerra acorde con las aptitudes y circunstancias personales.

—Amigos, os comunico que he decidido hacer los cursillos para alférez provisional. He mandado ya la solicitud a la Academia de Ávila. —Mirando a Núñez Maza agregó, sin malicia—: ¡No te asustes! Supongo que habrá algún instructor alemán...

Sí, las palabras de Mateo causaron estupor, sobre todo en Marta y en María Victoria. Marta le felicitó. «Eres valiente.» María Victoria le dio un beso en la sien. Schubert, recordando su conversación con Berti, casi aplaudió a Mateo.

—Pero, ¿sabe usted ya que el alférez provisional sólo cobra dos pagas: la primera, que le sirve para el uniforme, y la segunda, que le sirve para la mortaja?

Mateo sonrió.

—Sí, sé eso y algo más. Sé que el alférez provisional es un hombre que nace, crece, se estampilla y muere. Pero allá voy, y confío en la suerte.

Salazar protestó.

—Yo soy alférez y ya veis. Por el momento, vivito y coleando.

Las chicas alemanas recordaron unas palabras del comandante Plabb, según el cual las Academias como la de Ávila iban a ser el único remedio eficaz para acabar con la mentalidad guerrillera del Ejército español y formar cuadros que asimilaran las técnicas modernas de combate.

Fue el día de las sorpresas. Después de Mateo, José Luis

Martínez de Soria anunció que él también había cursado una solicitud: la de ingreso en Auditoría de Guerra.

—Me carga llevar el fusil. No estoy hecho para él. —Luego añadió—: Seguro que me aceptarán, pues mis papeles están en regla. Lo que ignoro es si seré fiscal, ponente o auditor...

La palabra ponente alarmó al auditorio, pues los vocales ponentes emitían voto en las sentencias.

Núñez Maza exclamó: *Oh, la la!* Marta miró, aturdida, a su hermano. ¡José Luis ponente o fiscal! «Pero ¡no nos habías dicho nada! ¿No crees que debiste consultarnos?» Salazar sonrió: «En España, las mujeres...» María Victoria hizo una mueca. Tampoco ella había sido consultada por José Luis. Se sintió lastimada y miró a su novio con expresión indefinible. En cambio Schubert y las tres chicas alemanas aplaudieron la decisión del falangista abogado; contrariamente a Mateo, quien objetó casi con violencia que un hombre que había perdido al padre y a un hermano no era persona apropiada para juzgar. «No sea usted sentimental, Mateo», dijo Schubert.

José Luis se hacía cargo de las reticencias de unos y otros, pero ya no volvería atrás.

—Comprendo que la labor no es agradable, pero... ¡qué le vamos a hacer! Entra dentro del juego.

Marta se dio cuenta de los sentimientos que embargaban a María Victoria y por una vez fue ella quien se propuso distraer la situación.

—¡Bueno! —exclamó, suspirando—. ¿Y nosotras qué? Todo el mundo se traslada.

María Victoria tenía amor propio y disimuló su mal humor.

—Pues, nosotras... —habló, reaccionando—, ya sabes, Marta. Vamos a dar también una sorpresa a estos caballeros.

—¿Sorpresa? —inquirió Mateo.

—Sí... —añadió María Victoria,. mirando con intención a Benzing, la muchacha alemana.

Ésta, que llevaba una cruz gamada en el pecho, comprendió y agrandó los ojos.

—¿De modo que aceptáis?

—¡Pues claro que aceptamos!

No había misterio. Las chicas berlinesas llegaron a España con el propósito de invitar a unas cuantas muchachas españolas a hacer un viaje a Alemania, «para estudiar la organización interna» del Partido, y habían propuesto a María Victoria y a Marta que formaran parte de la expedición.

—¡Claro que aceptamos! —subrayó Marta, con sincero entusiasmo.

—De acuerdo —dijo la camarada Benzing—. Proponednos otras cuatro camaradas más.

Núñez Maza se rió.

—¿Vale disfrazarse de mujer?

Resuelto el pequeño incidente entre José Luis y María Victoria, y puesto que el alcohol y el tabaco brincaban en la mesa, el clima fue calentándose hasta alcanzar una suerte de euforia.

Entonces Salazar propuso un juego que había estado muy en boga en el Alto del León, en las tardes interminables. Cada cual debía sugerir un tema de su agrado y entre todos se votaría un tema ganador. Salazar dijo: «Me encantaría hablaros de Asturias.» Marta se mostró dispuesta a disertar... ¡sobre Guatemala! Núñez Maza aseguró que la grafología le era tan familiar como al comandante Plabb. Al término de la ronda fue elegido unánimemente el tema *Satanás* o *Luzbel*, propuesto por José Luis Martínez de Soria, al que, sin la menor dilación, se concedió la palabra.

—¿De cuánto tiempo dispongo? —preguntó el hermano de Marta.

—De veinte minutos.

José Luis se quitó el reloj de pulsera, al modo de los conferenciantes, y lo depositó sobre la mesa.

—¿He de ser veraz o puedo inventar?

—Has de ser veraz.

Schubert, al oír estas palabras, hizo titilar sus ojos de miope.

—Pero ¿en serio sabe usted algo cierto de Luzbel?

—¿Es un tema científico? —preguntó a su vez la camarada Benzing.

José Luis miró con lentitud a los cuatro extranjeros.

—En mi opinión, sí —respondió, con absoluta formalidad—. Por lo menos, tanto como puedan serlo las teorías de los astrólogos alemanes o las referentes al crecimiento de las células.

El orador inició su disertación. Sentado bajo el retrato de José Antonio, reiteró que, efectivamente, en el orden especulativo la existencia de Satán o Satanás era tan real como la de la luz y que su nombre significa «el Contrario», «el Adversario», «el Enemigo» y también «el Anticristo». «La indocumentada gente de Propaganda —y al decir eso miró a Núñez

Maza— llama *Anticristo* al comunismo, es decir, equipara esta doctrina a Satanás, cuando existe entre ambas una diferencia radical: "el comunismo es ateo mientras que Satanás, como resulta lógico, no lo es".» Afirmó que Satanás o el Espíritu del Mal invadía periódicamente la tierra con expediciones que casi siempre partían del Este hacia el Oeste. «De ahí —sonrió José Luis, a quien las chicas alemanas escuchaban embobadas— que cuando los rojos atacaron Belchite temí que se salieran con la suya.» Le preocupaba que mientras los accidentes geográficos bautizados en Suiza, en Austria, en California, en el Paraguay, en Tejas, etcétera, con el nombre de Satán, acostumbraban a ser montañas, ríos y selvas, en España fueran precisamente puentes: Tarragona, Martorell... «En España tenemos una serie de "puentes del Diablo", como si hubiéramos pactado con éste para llegar no se sabe dónde.» El diablo tenía nombres humorísticos: Pedro Botero, Patillas, el Mengue, y otros insultantes: Rabudo, Cornudo. Entre sus vencedores figuraban San Jorge —por eso vaticinaba que el falangista gerundense Jorge terminaría ingresando en una orden monacal—; San Antonio Abad, que convirtió el diablo en cerdo, ¡y Santa Marta! Y también le inquietaba, por supuesto, que las tentaciones a que Satán sometió a Jesús simbolizaran con rara precisión las tentaciones totalitarias. «En efecto, las tentaciones a Jesús fueron tres: la del pan, la del vuelo, la del poder. *Todo esto te daré, si me adoras*. Exactamente las promesas que Stalin le hace al hombre proletario, si éste consiente en adorar al comunismo: la promesa del pan, la promesa del desarrollo y la del dominio de la tierra, o sea, la conversión de ésta en *paraíso*.» ¡Que San Jorge y San Antonio Abad preservaran a Franco de caer en semejante estado de soberbia! Por último, José Luis dijo que, comparado con Satán, el ser humano era muy poca cosa; que, abandonado a sus fuerzas, el ser humano no hubiera acertado ni siquiera a pecar.

Todo el mundo aplaudió al disertante y José Luis se levantó, simuló que saludaba desde un escenario y se ciñó de nuevo el reloj en la muñeca. Entonces, una de las chicas alemanas, interesada por la frase según la cual las expediciones satánicas acostumbraban a partir «del Este hacia el Oeste» le preguntó a aquél cuál iba a ser, en su opinión, la fórmula victoriosa de Satanás en el futuro próximo.

—¿La lujuria? ¿El materialismo dialéctico? ¿El racismo?

José Luis Martínez de Soria se puso serio. Reflexionó.

—Creo que no —dijo—. Creo que la actual epidemia de fanatismo político durará poco; todo lo más, un siglo: el tiempo justo para que se independicen las colonias. Luego... me temo que Satanás conquiste el mundo precisamente a través de la *indiferencia*.

Mateo protestó. Protestaron todos, incluso María Victoria.

—Ni hablar del peluquín —dijo la muchacha—. Dentro de un siglo seguiré tan fanática como ahora. Fanática por ti, se entiende, futuro señor juez...

También el servicio de Información y Espionaje iba evolucionando, también dentro de él cada pieza iba ocupando su lugar. Sin embargo, la progresión era más lenta. «Las causas son sencillas —argumentaba "La Voz de Alerta" hablando con Javier Ichaso—. En tiempo de paz, los profesionales del espionaje son escasos, de modo que al estallar una guerra hay que improvisarlos. Y ahí surgen las dificultades. Decirle a un dentista: "Organíceme usted el SIFNE", es pedir un mundo.»

El SIFNE adquiría solidez. Los Costa, ya integrados por completo en él, a través de la astucia del notario Noguer, se dedicaban a supervisar las compras de armas y los cargamentos en puertos neutrales. «Hay que ver —rezongaba "La Voz de Alerta"—, hay que ver.» Bisturí, la novia de Moncho, continuaba en Barcelona, pero ya no reventaba neumáticos; hija de un cartero, convenció a su padre para que en Correos introdujera de vez en cuando cartas con clave entre la correspondencia ya censurada. Octavio, el falangista adscrito al grupo *Noé*, en el frente de Granada, de buscar en vano un traidor entre las tropas moras pasó a buscar entre éstas lo contrario: unos cuantos moros adictos y capaces, dispuestos a jugarse el pellejo en Tánger. El misterioso alemán, espía veterano en la guerra del 14, que periódicamente aconsejaba a «La Voz de Alerta» en San Sebastián, acabó convirtiéndose en agente regular y fue enviado a París, donde consiguió reseña exacta de la reunión masónica celebrada el 1 de julio en la gran Logia de la calle Cadet, a la que asistieron Delbos, Blum y Chautemps y, en representación de la masonería española, Barcía, Lara y Xamar. El propio Javier Ichaso, que desde la noche del fusilamiento del sacerdote vasco soportaba con dificultad la presencia de mosén Alberto, fue enviado a Santander para dirigir en la plaza de toros la ardua labor de identificación y criba de los diecisiete mil prisioneros «rojos».

Sin embargo, acaso la trayectoria más accidentada fuera la seguida por Miguel Rosselló, presunto legionario en el frente de Madrid. Rosselló demostró ser hombre eficaz para el SIFNE, aunque con cierto retraso, pues en el momento en que se disponía a internarse en el Madrid «rojo» para realizar su primer servicio, sobrevino la ofensiva de Brunete y el aplastamiento de la Bandera de la Legión de que formaba parte. El falangista vio morir a su lado a muchos de aquellos hombres que despreciaban la muerte y que a él lo llamaban Dentífrico —Parapeto figuró entre los caídos— y tuvo que esperar a que la Bandera se reorganizase.

En el primer viaje Miguel Rosselló —que más tarde se las arreglaría solito— fue acompañado al Madrid «rojo» por el soldado llamado Correo, aquel que todos los días se iba a la Puerta del Sol a comprar los periódicos para su comandante. El falangista partió disfrazado de miliciano de la División Líster, llevando en la cartera la documentación de Miguel Castillo, muerto en el Jarama.

El Madrid «rojo» se le antojó un planeta a millones de años luz de Perpignan, donde actuó a las ordenes del notario Noguer, y de cualquier ciudad «nacional». El aspecto famélico de la gente le produjo vivo desasosiego, así como la inmensidad de los carteles y la suciedad. Madrid sufría ya hambre, hambre amarilla y sin remedio, y los bombardeos creaban por doquier células subterráneas, que llevaban existencia zoológica.

¡Y el recuerdo de su padre! Su padre se encontraba a poca distancia de la acera por la que Miguel Rosselló caminaba. En el Hotel Ritz, con bata blanca. En el quirófano. Probablemente, tarareando melodías clásicas... Una súbita necesidad de salir a su encuentro y echársele al cuello se adueñó de Miguel Rosselló; pero la advertencia de «La Voz de Alerta» y la delicadeza de la misión que le habían confiado pesaron más que su impulso.

«Encontrarás al agente Difícil en el bar Kommsomol, de la calle de Preciados, bar regentado por un alemán apellidado Mayer, que no pertenece al Servicio pero que da facilidades. La contraseña es "Lisboa".»

Rosselló entró en el bar Kommsomol, después de haber comprado un periódico cuyos titulares afirmaban que el Caudillo Franco se encontraba gravemente enfermo. Difícil estaba allí, en un rincón del bar. No había error posible. «Ocupará la mesa junto al espejo, en la que jugueteará con una pelota de ping-pong.» Difícil, hombre singular, de unos cincuenta años, sienes canosas, vistiendo también uniforme de la Líster, tenía ante sí una botella y una copa y se ocupaba en impulsar con el índice una pelota de ping-pong que salía disparada hasta el centro de la mesa para luego retroceder.

Miguel Rosselló se le acercó y dijo:

—Lisboa.

—Lisboa.

—Acabo de llegar.

—Siéntate a mi derecha.

Difícil no hizo el menor aspaviento, no teatralizó el caso. El bar estaba casi desierto. Apenas si había mirado a Rosselló; o miró al muchacho sin que éste se diera cuenta.

—Supongo que te han dado algo para mí...

—Desde luego. Un paquete. Un fajo de billetes...

La pelota de ping-pong se detuvo.

—A ver. ¡No están mal! —Difícil volvió la cabeza y enfrentándose con el falangista sonrió por primera vez—. Me resultas simpático. ¡Mayer! Un café doble, espeso, para el camarada Castillo.

Miguel Rosselló se sentía cohibido por las cosas que el coronel Maroto le había contado de Difícil. «Es gallego. Cada palabra suya encierra doble o triple significado. Cuando en Madrid se sospecha de él y le siguen los pasos, "se carga un cura" y ello le proporciona un respiro de unas cuantas semanas.» Difícil pareció leer en el pensamiento del bisoño Rosselló.

—Nuevo en la plaza, ¿eh? Desembucha, no te voy a comer.

La entrevista fue larga y sustanciosa. Urgían los nombres de los agentes «rojos» que hubieran revelado los planes de ataque de Santander y Asturias, y Difícil dijo: «Los tendréis antes de una semana; pero advierte al jefe que esta información será cara.» Rosselló le habló del poético sistema Morse que su mente joven había imaginado, y Difícil, al término de una expresión de viva perplejidad, felicitó al muchacho. «¡De veras que esto está bien! ¡De veras, muchacho!» Se trataba de utilizar los rayos del sol poniente rebotando en los cristales del Palacio Real o de otro edificio alto, para ocultar y descubrir dichos cristales a un ritmo convenido, ritmo sobre el que ambos agentes se pusieron de acuerdo allí mismo, en el acto. «La solución viene de perlas —comentó Difícil—, pues está prohibido encender luces y los condenados centinelas las ven por todas partes.»

Rosselló estaba impaciente.

—Bien —dijo—. ¿Qué novedades hay?

—Varias —contestó Difícil—. Presta atención, que no pienso repetirlas. Ayer salieron de Madrid, rumbo a Valencia, *Los Caprichos*, de Goya. Alguien hay en tu zona que parece más aficionado a la pintura que a ganar la guerra. Y hoy salen para Moscú dos funcionarios del Banco de España con la misión de proceder al recuento oficial del oro enviado a Rusia.

Rosselló se concentró, hizo como si masticara las noticias.

—*Los Caprichos*, de Goya, a Valencia; dos funcionarios del Banco de España, a Moscú.

—Eso es.

—¿Qué más?

—Escucha bien. La flota roja está concentrada en Cartagena. Pero no pienso decirte de palabra el porqué: utilizaré mi sistema particular.

—¿Cuál es?

—Te escribiré la información sobre la piel.

—¿Cómo?

—Es lo más práctico. Las tintas simpáticas han pasado de moda. Todo el mundo conoce los reactivos. Sobre la piel, y en el sitio que yo elegiré, irás seguro.

Rosselló parpadeó.

—¿Qué sitio?

—Las axilas.

Rosselló no sabía si Difícil bromeaba o no.

—Acuérdate de otra cosa. Voy a conectar con la emisora de Madrid que da el parte meteorológico. A ver si a través de éste puedo deciros algo. —Marcó una pausa—. En todo caso, utilizaría la clave Z.

—Clave Z. Me acordaré.

Entró alguien en el bar y Difícil se levantó.

—Anda, pasemos al reservado, que te escribiré en la axila izquierda la cartita de amor.

Mayer les franqueó la entrada a un desván situado detrás del lavabo, donde, provisto de un botellín y de un pincel, Difícil puso en práctica lo anunciado. Rosselló se tendió en un camastro, se levantó la camisa y Difícil lo cosquilleó a placer entre el vello de la axila.

—La chipén —exclamó al terminar.

Poco después, ambos agentes se separaron. El muchacho prefirió esperar al anochecer para regresar a la zona «nacional». Deambuló por la ciudad —nueva tentación de ir al Ritz—, se instaló en el Retiro, donde varios grupos de hombres hacían la instrucción, y llegada la hora compró un periódico de la tarde y con él debajo del brazo se acercó a las trincheras dispuesto a desandar lo andado por la mañana en compañía de Correo. El periódico desmentía la noticia de la enfermedad de Franco, al que unas veces llamaban *Von Franko* y otras veces «Dinosaurio del siglo XX».

Llegó sin novedad a la España «nacional». El coronel Maroto procedió al instante a frotarle con un líquido rosado la axila, para leer la «cartita de amor». No le dijo al muchacho de qué se trataba, pero sonrió satisfecho y exclamó:

—¡Condenado Difícil! Vale lo que pesa.

Rosselló le comunicó al coronel lo de Goya, lo del recuento del oro en Moscú y el proyecto de conectar con la emisora de Madrid que daba a diario el parte meteorológico.

—¿No sería factible —insinuó el muchacho— utilizar también las esquelas mortuorias de algún periódico, por ejemplo, del *ABC*? Supongo que nadie sospecharía...

El coronel Maroto reflexionó.

—Tal vez sea una buena idea. Se lo sugeriremos a Difícil.

El segundo viaje de Miguel Rosselló, y el tercero y el cuarto pusieron al muchacho en contacto con miembros de la Quinta Columna de Madrid, la mayoría de ellos muy jóvenes.

Dichas entrevistas no tuvieron nada en común con la celebrada en el bar de Mayer. Difícil cobraba «fajos de billetes» para arriesgarse, en tanto que los miembros de la Quinta Columna trabajaban desinteresadamente.

En cada uno de los viajes le citaron en un domicilio distinto; era la norma. La presencia de Rosselló en aquellas reuniones de chicos y chicas, entre los que abundaban las parejas de novios, era espectacular. Ver de carne y hueso a un «llegado de la España "nacional"», estrechar su mano, poder preguntarle mil cosas concretas, era para los agentes clandestinos madrileños algo muy parecido a un milagro, por lo que trataban a Miguel Rosselló como a un general o como a un pequeño dios.

Rosselló se abstenía de preguntar nombres y apellidos. Todo ocurría en un plano etéreo, que contrastaba con la precisión que exigía el coronel Maroto. Rosselló se dio cuenta en seguida de que la mayor parte de aquellos muchachos, confirmando la tesis de «La Voz de Alerta», exageraban de buena fe. Veían datos importantes en cada esquina, elaboraban absurdos y suicidas proyectos y anhelaban de tal modo que las escuadrillas de García Morato hundiesen acorazados «rojos», polvorines y cuarteles, que en una sola manzana eran capaces de situar hasta quince objetivos militares.

No obstante, su patriotismo era ejemplar y Miguel Rosselló no podía menos de imaginar a sus hermanas y a Laura comportándose en Gerona de idéntica suerte. En aquellas células no existía diferencia alguna entre falangistas, monárquicos o Acción Popular. La unificación era en ellas un hecho nato, sin necesidad de decretos, creada por el propio enemigo.

Rosselló registró en seguida las palabras que obsesionaban a sus nuevos amigos. Las palabras *hambre* y *bombardeos* los alegraban, porque socavaban la moral de Madrid. La palabra *checa* les cortaba la respiración, pues quien más quien menos tenía parientes o amigos en la de Fomento, en la de Bellas Artes; y el SIM, fundado por Prieto, les daba tanto miedo como la GPU. La palabra *Embajada* era arma de dos filos. Referida a los Estados Unidos, los irritaba, pues ésta, en nombre de la neutralidad, no admitía refugiados; en cambio, referida a la de Chile, los conmovía, por la labor humanitaria de su embajador, que coincidía con la de otros diplomáticos extranjeros, siempre dispuestos a ayudarlos desinteresadamente. También los inquietaba la palabra *paqueo*. Varias veces habían organizado paqueos desde las azoteas y el resultado —las represalias— había sido calamitoso. La palabra *pastores* iluminaba su rostro, porque varios de ellos, de Cuenca, enlazaban periódicamente con la zona «nacional», a través de los Montes Universales; en cambio, detestaban la palabra *gitanos*, pues en dos ocasiones quisieron también echar mano de ellos para el envío de mensajes y los muy brutos, por odio a los guardias civiles, los habían traicionado.

La labor de Miguel Rosselló consistió más que otra cosa en serenar el ánimo de aquellos aprendices de espía. Su papel de consejero, de patriarca, ruborizaba al muchacho. En uno de los viajes obsequió a las chicas con barras para los labios, que en la zona «roja» escaseaban, e inevitablemente se llevó para su zona, con destino a los legionarios, librillos de papel de fumar. «Cuidado con las emisoras clandestinas, fácilmente interferibles.» «No perdáis el contacto con Marisol, de Valencia, que es agente muy activo.» Rosselló se enteró de que la Quinta Columna tenía confidentes ¡en todos los hospitales! —el del Ritz era un médico brasileño, Durao de apellido— y, por supuesto, en la Telefónica. Se enteró de la gran labor que llevaba a cabo Auxilio Social y visitó dos laboratorios fotográficos provistos de toda suerte de material, gracias a los cuales se obtuvo la réplica de la cartografía militar del Ministerio de la Guerra.

—¿Cuándo atacaréis a Madrid? ¿Cuándo? Diles que estamos preparados...

Diles... ¿A quién podía decírselo Miguel Rosselló?

El cuarto viaje trajo consecuencias inesperadas. En la calle de Carretas el muchacho vio a Canela, a cincuenta metros de donde él se encontraba. La reconoció sin lugar a dudas y se asustó. Casi echó a correr, preguntándose por qué llevaría la chica el uniforme de enfermera. «¿No estará en el Hotel Ritz?» Este pensamiento lo desasosegó. Dirigióse al bar de Mayer. Difícil procuró calmarlo. «Pensé que eras un veterano. Veo que te confundí.»

Miguel Rosselló regresó a la España «nacional» llevando en la axila otro mensaje. En el trayecto, por dos veces tuvo que tirarse al suelo. Proyectiles artilleros zumbaban sobre su cabeza, como si lo persiguieran a él expresamente.

Y en cuanto se presentó al coronel Maroto, éste le hizo entrega de una carta que acababa de llegar a su nombre, desde San Sebastián. El remitente era «La Voz de Alerta», quien comunicaba al muchacho una triste noticia: sus dos hermanas habían sido detenidas en Gerona, acusadas de espionaje, por el Tribunal Especial que funcionaba al efecto. «La Voz de Alerta» añadía: «Puedes suponer que Laura hará lo imposible para salvarlas, pero...»

Miguel Rosselló se sintió anonadado. Recordó a sus hermanas, la alegría interior que siempre las habitó. Decididamente aquél era un día aciago. El coronel Maroto se enteró de lo ocurrido y, sin pérdida de tiempo, le dijo al falangista:

—Si quieres solicitar la baja del Servicio, puedes hacerlo...

Miguel Rosselló miró a su jefe. Por un lado, le agradeció la franqueza; por otro, odió la frialdad con que el coronel utilizaba sus piezas o prescindía de ellas.

—Permítame unas horas para reflexionar.

—Desde luego.

Miguel Rosselló decidió solicitar la baja del SIFNE, previo

consentimiento de Mateo, como era de rigor. El coronel Maroto le dio las necesarias facilidades. Sin embargo, quiso que el muchacho, antes de partir, se enterara de hasta qué punto había prestado servicios útiles.

—Por de pronto —le dijo el coronel—, gracias a ti sabemos el porqué de la pasiva concentración de la flota roja en el puerto de Cartagena. Prieto quiere dar la impresión de inercia, casi de retirada, para en un momento determinado lanzarse por sorpresa al encuentro de las unidades de nuestra Marina. También gracias a ti hemos podido localizar a los delatores del plan de ataque a Santander y Asturias: fueron un guarnicionero de Burgos, llamado Venancio, en combinación con un sargento afecto al Estado Mayor, en Salamanca. —El coronel añadió—: Y en cuanto a la importancia de lo que Difícil pintarrajeó la última vez en tu axila, ¿cómo te lo diré? Es algo extraño. Diste en el blanco, como en el curso de una guerra sólo se da una vez.

Miguel Rosselló comentó:

—Me alegra mucho, mi coronel.

El coronel Maroto miró con fijeza al muchacho.

—¿No sientes curiosidad por saber de qué se trata?

—Claro que sí, pero...

El coronel le ofreció un cigarrillo, y una vez encendido el suyo y el del muchacho, tomó un papel de la mesa y se lo dio a éste a leer.

—Fíjate, fíjate si es bonito esto...

Miguel Rosselló tomó el papel y leyó para sí: «Para pasado mañana, día 12 de octubre, festividad de la Virgen del Pilar, el enemigo prepara un ataque aéreo masivo sobre la ciudad de Zaragoza. La mayor concentración conocida en la guerra. Los aviones despegarán de los aeródromos al romper del alba.»

—Esto, mi querido amigo —aclaró el coronel—, tal vez te valga una Medalla Militar.

Rosselló volvió a mirar a su jefe. Pensaba en sus hermanas y nada de aquello podía alegrarle.

—Ahora, dime dónde quieres ir destinado.

El muchacho se sonó con un pañuelo azul, idéntico al de Mateo.

—Si no le importa, mi coronel, me gustaría conducir un camión, o un coche blindado. Es decir, pasar al Parque Móvil.

—Cuenta con ello, y mucha suerte.

Miguel Rosselló entregó al coronel el falso carnet, el del

miliciano Miguel Castillo, y despojóse con nostalgia de los dos uniformes, el de la División Líster y el del Legionario. Luego se tumbó en su camastro, dispuesto a dormir, sorprendido de las furiosas ganas que de repente le habían invadido de evitar todo peligro, de poner su vida a salvo. «Me gustaría —pensó— dormir hasta pasado mañana, hasta el día 12.»

El día 12 llegó. El coronel Maroto se pasó la jornada entera dando vueltas en torno de la chabola y mirando al cielo. Era un hombre enamorado de la guerra.

El parte nocturno de ese día trajo la escueta noticia: «En las inmediaciones de Zaragoza, las escuadrillas nacionales han derribado, al amanecer, veinticuatro aparatos enemigos».

—¡Hurra! —exclamó el coronel.

Rosselló experimentó una sensación indefinible, mezcla de gozosa voluptuosidad y al mismo tiempo de miedo. ¡Veinticuatro aparatos enemigos!

—¿Cuántos hombres van en cada aparato, mi coronel?

CAPÍTULO XXXVII

JOSÉ ALVEAR ESTABA DECIDIDO a acompañar a Ignacio hasta las líneas «nacionales». A no ser por la batalla de Brunete, lo hubiera hecho en seguida, sin tardanza. Y si luego, terminada esta batalla, se retrasó aún una semana fue porque el estado de ánimo del capitán anarquista no era el más a propósito para llevar a cabo una acción en cualquier caso peligrosa. El primo de Ignacio, por segunda vez desde el inicio de la guerra, sintió resquebrajarse su seguridad: la primera fue con ocasión de la entrada de Franco en Toledo y en el Alcázar. Ahora se juntaban el descalabro de Brunete, la muerte de su padre, Santiago Alvear, la cíclica inestabilidad de Canela, que por aquellos días andaba acusándole «de estar más triste que un funeral», y el inicio de la descomposición interna de las Brigadas Internacionales, en las que tanto confió.

José Alvear no concebía que la guerra pudiera perderse. Para él, el anarquismo era biología y nada podría detenerlo. Ni siquiera lo alarmaron los sucesos de mayo en Barcelona; la FAI seguiría siendo la FAI, y la mirada del Responsable seguiría siendo de acero. Pero el drama de las Brigadas Internacionales le parecía de mal agüero. José Alvear había sido de los pocos anarquistas con caletre suficiente para reconocer que aquellos voluntarios, aunque encuadrados en la odiada disciplina comunista, cuando la batalla de Madrid llegaron con milagrosa oportunidad. «Eso no se puede negar.» De ahí que, si bien personalmente anduvo con ellos a puñetazo limpio en más de una ocasión, por dentro le inspiraban respeto. Ahora, pues, le dolía que a raíz de la derrota de Brunete se los sometiera a un régimen de esclavitud; que a la menor falta se los mandara a batallones disciplinarios o a campos «de concentración», uno de los cuales, el de Júcar, a cuarenta kilómetros de Albacete, le había puesto al capitán Culebra la carne de gallina; que ningún consulado ni Embajada pudiera ampararlos, en caso de enfermedad o atropello, por haber sido despojados del pasaporte; que estuvieran, en fin, a merced del caprichoso André Marty o de cualquier jefe cobarde. Por añadidura, el doctor Rosselló le comunicó a José Alvear que una epidemia de paperas había afectado a varios de sus batallones.

El capitán Alvear estaba de mal humor y cuando se dirigió al Hospital Pasteur a darle a Ignacio la maravillosa noticia —«anda, prepárate, que nos largamos ahora mismo»— el muchacho caminaba por Madrid como un sonámbulo, pisando las letras UHP de las aceras y abriéndose paso entre las colas como orugas que había aquí y allá, donde las mujeres andaban a la greña y se picaban las crestas. El hecho de que el Hospital Pasteur correspondiera precisamente a las Brigadas Internacionales le resultaba molesto. «Ignacio y sus compinches habrán hecho ahí de las suyas. En vez de vitaminas o calcio, habrán llenado las jeringas de lejía o algo peor.»

Por suerte, José Alvear disfrutaba de una insobornable capacidad de reacción. Apenas se encontró en la celda de Ignacio y de Moncho, frente por frente a su primo, que lo miraba con el alma prendida de un hilo, sonrió. Se reía de sí mismo. «¡Pasando un fascista a los nacionales! ¡Lo que faltaba! ¡La repanocha!»

Ignacio estaba encogido con adulación y su bata blanca despedía destellos.

—Empezaba a desconfiar.

—No me conoces.

José Alvear quería aparentar que seguía siendo el mismo. Echó una ojeada a la habitación, y al ver en la mesilla de noche el reloj de arena de Moncho, preguntó:

—¿Tuyo el chismecito?

—No. Es del amigo de que te hablé.

—Ya...

Ignacio se levantó.

—¿Dices que ahora mismo?

—Sí.

Ignacio se quedó inmóvil un momento.

—Dime una cosa. ¿Qué es lo que te ha decidido a ayudarme?

—He pensado que tú lo harías por mí. —Dicho esto, José sonrió, al tiempo que levantaba el índice y lo movía en signo negativo, agregando—: Nada de esto. Te prefiero al otro lado, ¿comprendes?

—No, no comprendo —respondió Ignácio.

—Es fácil. Allá te darán un fusil y.¸. ¿a ver las manos?, eso es, no creo que saques de él gran partido. En cambio, aquí, en el Hospital...

Ignacio se recobró.

—He cumplido con mi deber.

—Me alegro.

Bajo el gorro de capitán, los ojos de José Alvear eran tan negros como sus uñas. Ignacio optó por no embrollar la situación.

—Te agradezco lo que haces.

—¿Eh? No mientas. Ya no sabemos ni agradecer.

Ignacio se pasó la mano por la frente. Le pidió a José cinco minutos para dar un recado y salió del cuarto. Buscó a Moncho y lo localizó afeitándose. En dos palabras lo puso al corriente y Moncho, sin dejar de afeitarse, sonrió con amargura.

—¿Por qué no tendré yo también un primo dinamitero?

Ignacio le dijo:

—Te espero, Moncho... Estoy seguro de que encontrarás la manera.

—¡Claro que la encontraré! Antes de una semana estoy contigo.

—Me duele horrores dejarte.

—No te preocupes. Y que tengas suerte...

Ignacio miró a Moncho en el fondo del espejo.

—No olvides las señas de Marta, en Valladolid...

—No las olvidaré.

—Toma. ¿Echarás estas postales al correo?

—Naturalmente.

Ignacio le puso una mano en el hombro.

—Adiós, Moncho.

—Adiós.

Ignacio se separó de su amigo y regresó a su cuarto. Los largos pasillos blancos le parecían laberintos que querían retenerlo. ¡A la España «nacional»! Cruzó la sala del Negus, que estaba durmiendo. Varios enfermeros lo saludaron afectuosamente. «¡Eh, catalán!»

Ignacio se detuvo un momento y miró una por una las camas.

—*Au revoir!*

José le esperaba en el cuarto, absorto ante los mapas anatómicos de Moncho.

—¿Es médico tu amigo?

—Ya te lo dije. Es anestesista.

Ignacio cogió dos pañuelos y tabaco. Tenía miedo. Le invadía un miedo de color verde.

—¿Me llevo algo...?

—La pistola.

—No tengo pistola.

—¡Vaya! —José miró a su alrededor—. Cuanto más ligero, mejor.

La costumbre era pasarse en plena noche o al despertar el día, cuando la torpeza de la luz amodorraba la mira de los centinelas y el paisaje. Pero José decidió lo contrario. Decidió pasar a Ignacio a última hora de la tarde. Ello los obligó a acelerar la marcha en dirección al barrio de Usera, que era el que José conocía mejor. Subieron a un tranvía y al apearse en la parada que les correspondía, una espesa alfombra de cáscaras de cacahuetes crujió bajo sus pies.

Cuando el sol empezó a declinar se encontraban tras unos sacos terreros, en el fondo de una trinchera abandonada. José se había presentado al jefe del sector, un hombre menudo y de piernas combadas, habló con él un momento y el jefe se despidió de él y de Ignacio diciendo: «¡Salud!» José llevaba, ocultos, unos pequeños prismáticos. Los sacó y miró el terreno de enfrente, mientras Ignacio, siguiendo instrucciones de Moncho, se llevaba a la boca terrones de azúcar.

En un momento dado se les acercó un miliciano y cuadrándose ante José le preguntó:

—¿Deseas algo?

—Nada —contestó el capitán Alvear—. Puedes irte.

Otra espera. Ignacio tenía frío y se oían disparos sueltos. A la media hora escasa, José ordenó:

—¡Hale, andando! Es el momento. —Y penetró por un túnel de cemento que se abría a su izquierda, en el interior del cual encendió una lámpara de bolsillo.

Ignacio penetró agachado en la galería, sin atreverse a santiguarse. No veía más que la negrísima espalda de José. Se despedía de todo un mundo e iba a irrumpir en otro nuevo. Toda la guerra, Gerona y sus veinte años intensos se le agolpaban en las sienes. Su primo carraspeaba de vez en cuando y cada vez que tropezaba con una piedra barbotaba: «¿Por qué tendrá uno familia?»

Les bastó con andar un cuarto de hora. Apareció a su derecha un boquete, por el que José asomó la cabeza. «Libre», dijo. José salió y detrás de él salió Ignacio. El crepúsculo era lento y triste. Noviembre se había convertido en lentitud. A pocos metros, restos de un tanque francés.

—Tierra de nadie —aclaró José—. Detrás de esa loma... están los tuyos.

El corazón de Ignacio golpeó.

—¿Tan cerca?

—Casi pueden oírnos. —José miró a Ignacio—. Yo me quedo aquí. Tú sigue, sigue agachado, siempre a la sombra. Cuando llegues a aquel recodo, te paras y llamas a la guardia diciendo que te pasas.

—¿Qué guardia?

—¿Cuál va a ser? A los moros, que están de centinela.

—Ya.

José se pasó la mano por la cara.

—Cuando llames, levanta los dos brazos, ¿entiendes? Para que vean que no llevas arma.

Ignacio asintió.

—¿He de cruzar terreno batido?

—Sólo unos metros. Pero tendrás suerte.

Ignacio se volvió hacia su primo. Ignacio llevaba uniforme con brazal de Sanidad. Había perdido el gorro no sabía dónde.

—Gracias, José. Que Dios te proteja.

—¡Bah!

Ignacio le ofreció la mano. José se la estrechó, pero parecía impacientarse.

—¡Hale, hasta la vista! Clava el tacón.

Ignacio le dio la espalda y echó a andar. Clavaba el tacón, pero pese a ello resbalaba por la ladera. De vez en cuando se volvía y veía a José impávido, en la boca del túnel. «Que Dios te proteja», repitió para sí.

Un cuarto de hora después el vértigo de Ignacio había llegado al paroxismo. Se encontraba rodeado de moros, que al hablar emitían extraños chillidos y que lo amenazaban con la culata del fusil. El muchacho había gritado: «¡Que me paso!», y a la vista del centinela había avanzado con los brazos en alto, en forma de cuernos de caracol. Pero de pronto los moros se apelotonaron esperándolo y armando ruido como el primer día del Ramadán. Lo llamaban «rojo» y parecía que iban a disparar.

Ignacio, cortada la respiración, siguió avanzando y, una vez franqueada la alambrada, multitud de manos morenas cayeron sobre él cacheándolo.

—¡Rojo! ¡Rojo!

Uno de los moros sostenía el carnet de Ignacio, de la UGT, y le daba vueltas sin parar.

—¡Soy de los vuestros! ¡Me he pasado! ¡Me he pasado!

Le dieron un culatazo e Ignacio se volvió estupefacto. Jamás hubieran imaginado semejante recibimiento.

—¡Rojo! ¡Rojo!

¿Hasta cuándo duraría la zarabanda?

Duró hasta que se presentó un alférez del Ejército, con uniforme impecable, y sorprendentemente joven. Se parecía un poco a Octavio, el falangista de Gerona.

—¿Qué es eso, qué ocurre?

Ignacio le miró suplicante.

—Acabo de pasarme.

Un moro tendió al oficial el carnet de Ignacio. «Veinte años, empleado de Banca, soltero, UGT.»

—¿Eres de la UGT?

—Era obligatorio sindicarse.

—¿Por qué te pasas?

—Yo... —Ignacio no sabía qué decir—. Es que... —Le dolía exhibir sus heridas—. Me mataron un hermano.

—¿Dónde?

—En Gerona.

—¿Cómo se llamaba?

—César. —Ignacio añadió—: Era seminarista.

El oficial cabeceó.

—¿Hay en esta zona alguien que pueda garantizarte? ¿Conoces aquí a álguien?

—Sí. En Valladolid. En Valladolid vive mi novia con su madre, viuda del comandante Martínez de Soria.

—¿Y el comandante?

—Fue el jefe de la sublevación en Gerona. Los rojos lo han fusilado.

—Ya... —El oficial dulcificó su semblante—. Vente conmigo.

Unos minutos después Ignacio se encontraba en un barracón de madera alumbrado por un petromax, rodeado de gorros estrellados. Ignacio fue presentado al comandante del sector, quien le pidió las señas de Valladolid.

—Filipinos, once —dijo Ignacio.

—Cursaremos un telegrama y esperaremos respuesta.

Al oír la palabra telegrama, Ignacio sonrió.

Le sirvieron café, que le supo a gloria. Los oficiales exhibían amplios capotes. Ignacio quería ser feliz y no lo conseguía. «Los militares garantizan el orden», le había dicho Moncho. ¿Sería ello cierto?

El comandante se quedó a solas con él y le interrogó sobre su persona y sobre la zona «roja». Ignacio le contó que estuvo en el Hospital Pasteur.

—¿Estudias Medicina?

—Nada de eso. Me enchufé allí.

—¡Ah, claro! —El comandante añadió—: Un caos terrible todo aquello, ¿no?

Ignacio lo miró.

—¿Un caos...? El hospital, no. Al contrario. El médico director es un gran cirujano.

El comandante hizo un mohín.

—Ya... —Luego añadió—: ¿Y qué tal les ha sentado la derrota del Norte?

Ignacio contestó:

—Desde luego ha sido un golpe.

—¿Nada más que eso?

—Pues, no sé... Creo que preparan una gran ofensiva.

Ignacio se dio cuenta en seguida de que aquel hombre no tenía la menor idea de lo que era la zona «roja». Y lo más probable es que les ocurriera lo mismo al resto de los oficiales. Eran dos mundos separados por un tajo brutal, y en los meses transcurridos cada bando se había formado una cómoda imagen del bando opuesto.

—Los internacionales... unos bestias. ¡Supongo! —apuntó el comandante.

Ignacio no sabía mentir.

—Los hay bestias, sí, señor... Pero en mi hospital, por ejemplo...

El jefe miró de nuevo a Ignacio.

—¿Tampoco esta vez he hecho diana?

—Esta vez, sí, señor —admitió Ignacio.

El muchacho tiritaba y el cabo furriel trajo para él un flamante capote gris, sin mangas, con el que Ignacio se cubrió emocionadamente, pues en cierto modo la prenda sepultaba toda su vida anterior.

—A la orden —dijo. Y el cabo furriel le hizo un guiño amistoso y se fue.

El telegrama de Valladolid llegó a las dos horas escasas e Ignacio escuchó muy pronto la voz liberadora.

—Todo en regla. Te daremos un pase y cuando quieras podrás irte a Valladolid. Allí te presentarás al cuartel.

—¡Muchas gracias! ¿Me devuelven el carnet de la UGT? Será un recuerdo.

—Toma.

¡Libre, libre para ir en busca de Marta! Una hora después, salía hacia Ávila en un camión del Parque Móvil. Allá en lo alto se estaba preparando una gran luna de color monjil. El chófer del camión, después de tragarse un bocadillo, se puso a cantar: «La cucaracha, la cucaracha...» Ignacio recordó... Y, repentinamente excitado, contestó: «¡... ya no puede caminar, porque le falta, porque le falta la patita de detrás!»

Una gran carcajada a dúo rubricó el último verso en la cabina del camión, mientras fuera el paisaje soñaba que era eterno.

Ignacio pernoctó en Ávila y al día siguiente se dirigió a Valladolid por ferrocarril. El tren repetía: «Marta, Marta...» A veces, Ignacio intercalaba «te quiero». Iba mirando en torno suyo con jubilosa expectación. Había comprado un periódico. ¡Qué raro el formato, los tipos de letra, los titulares! De pronto

¡un alemán! Subió al tren un soldado alemán, de mejillas sonrosadas. Los pasajeros lo observaban con disimulo y él procuraba no molestar. La cruz gamada relucía en su pecho. Ignacio le envidió las recias botas que llevaba.

El paisaje que los circundaba era muy distinto del equilibrado de la provincia de Gerona. Se acordó de una definición leída en alguna parte: «Castilla es la naturaleza en construcción.» ¡Si alguien le hubiera dicho que en Ávila, donde durmió, se encontraba Mateo haciendo los cursillos de alférez! Mateo debía de gozar lo suyo con aquellos colores, con aquellas banderas...

Llegados a Valladolid, Ignacio se apeó y a los pocos minutos pulsaba el timbre del piso en que residía la familia Martínez de Soria. El edificio, severo y exacto, hacía presentir la cercanía de Marta... Y no obstante, Marta estaba lejos... Marta no estaba ni siquiera en España. Ésa fue la sorpresa que Ignacio se llevó y que lo dejó sin palabra. La madre de la chica, que acudió en persona a abrir la puerta, intentó por todos los medios hacer entrar en razón al muchacho. Marta se encontraba en Alemania... Había salido hacía una semana, formaba parte de una delegación de la Sección Femenina. Unas chicas alemanas del Partido las habían invitado y...

—¿Quién iba a suponer? Al recibir tu telegrama me dije...

—Pero ¿qué diablos se le ha perdido en Alemania?

—¡Comprende, Ignacio, que es una torpe coincidencia!

Costó Dios y ayuda calmar a Ignacio. El tacto de la viuda del comandante lo consiguió; el tacto y la certeza de que un cable había sido ya enviado a Berlín. Ignacio, desconcertado, iba asintiendo a los informes que la madre de Marta le daba referentes al piso. «Aquí trabajaba el comandante.» «Aquí nació José Luis.» «Allí está el mirador.» Y Marta, ¿dónde estaba? Sin embargo, Ignacio, en un momento determinado, miró sin encono a aquella mujer enlutada que le hacía los honores de la casa y tuvo que admitir que por aquellas paredes se deslizaban gotas de ternura.

—Te quedas a almorzar conmigo.

—De acuerdo. Muchas gracias.

Vencida la intransigencia. ¡Mesa familiar, manteles parecidos a los del piso de la Rambla! El Hospital Pasteur quedaba lejos... Una sirvienta se acercó con un puchero humeante. «¡Hum!»

—Dime: ¿qué has hecho desde que nos marchamos, desde

que te dejamos plantado? ¿Y cómo has conseguido pasar? ¿Y en tu casa?

Ignacio fue contestando por orden, orden que le ayudó a vencer su desconcierto.

Luego le correspondió a él hacer preguntas. Y se hubiera dicho que cada respuesta era una bengala de fantasía. Miguel Rosselló andaba por Madrid dedicado al espionaje. Jorge Batlle volaba entre las nubes, eludiendo los cazas rusos. José Luis se disponía a ser juez. «Si haces rabiar a Marta, te condenará a treinta años y un día.» De los hermanos Estrada, el menor navegaba en el *Baleares*; el mayor se salvó de milagro en Belchite. Mateo saldría alférez muy pronto. «Lo que son las cosas, tendrás que cuadrarte ante él.»

—¿Y «La Voz de Alerta»? ¿Qué ha sido de «La Voz de Alerta»?

—¡Uf, en San Sebastián, hecho un potentado! Servicio de Información... ¡Psst! No se lo digas a nadie.

—¿Y mosén Alberto, el bueno de mosén Alberto?

—También en San Sebastián, supongo que esperando tu visita...

Ignacio se rió. La madre de Marta era una señora, había resuelto perfectamente la situación.

—Te agradezco que estés aquí, Ignacio. Confieso que no estaba segura de que te pasases. —A Ignacio se le humedecieron los ojos—. Y tal vez no lo creas, pero hoy ha sido la primera vez que me he reído desde que empezó la guerra. —Le tendió la mano por encima de la mesa, e Ignacio, dulcemente cohibido, correspondió—. Además, ¡Marta te quiere tanto! Cuando esto termine... ¡Oh, Señor! Dios quiera que sea pronto.

Ignacio retiró la mano y con la servilleta se secó los labios.

—Prométeme una cosa, Ignacio.

—¿Cuál?

—Prométeme que harás feliz a mi hija... ¡Necesito tanto creer en la felicidad! ¿Me comprendes? Querría que todo el mundo fuera feliz.

La viuda del comandante Martínez de Soria estalló en sollozos.

Al día siguiente, Ignacio se presentó en el cuartel, donde consiguió un permiso de una semana. Envió un telegrama a

Mateo y otro a Bilbao, a la abuela Mati. Hecho esto, entró en una iglesia. ¡Qué raro se le hizo comprobar que ésta no era un almacén! Y oír misa y ver que las mujeres se arrodillaban sin miedo y que se ponían brazos en cruz.

Luego se dirigió a la estación. Le había prometido a su padre que haría sin tardanza un viaje a Burgos y aprovechaba la ausencia de Marta para cumplir con su palabra. En el tren —otro alemán en su coche, fumando en pipa— iba pensando que de toda su familia paterna no había conocido sino a José. Su tío Santiago había muerto en Madrid sin que él le hubiera estrechado nunca la mano. Ahora su tío de Burgos... ¿Les habría ocurrido algo? UGT. La chica, su prima, llamada Paz y el chico, Manuel. Paz Alvear. ¡Qué extraño! Tan extraño como viajar en un tren presidido por los retratos de Franco y de José Antonio. Tan extraño como vestir un traje azul propiedad de José Luis Martínez de Soria y calzar unas botas propiedad del comandante.

Calle de la Piedra, 12, Burgos. Al otro lado de los cristales, otra vez Castilla, aterida bajo un cielo nublado de noviembre. Castilla, «naturaleza en construcción». En una estación alguien cantaba:

> *Los requetés de España*
> *cuando van a pelear*
> *le rezan siempre una salve*
> *a la Virgen del Pilar.*

Llegado a Burgos, el muchacho dio sin dificultad con el edificio buscado. En el camino pasó delante de Correos y Telégrafos. Todas las escaleras de la calle de la Piedra eran oscuras y la del número doce no era una excepción. Empezó a subir y la barandilla se le pegó a la mano, al igual que la de Madrid, la que conducía al piso de José. «Es una casa triste.» «Toda la familia de mi padre ha vivido siempre en casas tristes.»

Pulsó el timbre y esperó. A poco la puerta se entreabrió y apareció el seco rostro de una mujer.

—¿Qué desea?

—Me llamo Ignacio. Soy Ignacio, de Gerona...

¡Vive Dios, se hubiera dicho que la mujer iba a cerrar la puerta con estrépito! Cuando menos, ésta fue sin duda su primera intención. Por fortuna, rectificó en el acto y, poco a poco, la puerta fue abriéndose, al tiempo que se encendía la luz del vestíbulo.

—¿Has dicho Ignacio, de Gerona?

—Exactamente. Ignacio Alvear.

Ignacio no tenía idea de lo que iba a ocurrir, si «su tía», a la que reconoció en seguida por las fotografías, se lanzaría a su cuello abrazándolo o si lo recibiría con hostilidad. Ni lo uno ni lo otro. Expectante, la madre de Paz Alvear lo invitó a pasar. «Pasa...»

Cerróse la puerta tras ellos... Y en breve Ignacio se encontró sentado en el comedor, frente a dos mujeres que le miraban con los ojos cansados de sufrir.

El piso olía a familia mutilada. Las paredes goteaban esto, mutilación, y se hubiera dicho que por el aire silbaban tres letras: U, G, T... «Lo que estás pensando es cierto.» ¡Claro que lo era! «¡En esta casa ha habido un muerto!» ¿Y el niño, Manuel? Manuel estaba en el campo con unos parientes.

Ignacio no acertaba a respirar. Ignacio se temía que su tío estuviera en la cárcel pero no en el cementerio. Así, pues, su padre Matías, se había quedado sin hermanos. «¡En esta casa ha habido un muerto!» Lo que moría en la guerra civil era esto, era la hermandad.

Ignacio sintió como si su cuerpo intruso ocupara la habitación. Por otra parte, su prima Paz era Alvear..., era Alvear de los pies a la cabeza. Se parecía enormemente a José, en el pelo, brillante, que ya le había crecido, en los pómulos y en la longitud de los brazos. Se parecía a él mismo cuando era niño.

—No sé qué decir. Yo...

Extraña comprobación la de Ignacio; le dolía la incómoda situación, pero no la muerte. Le dolía la soledad de las dos mujeres, pero no la desaparición de su tío, al que no conoció.

—También a nosotros, en Gerona, nos mataron a César.

Se oyó un chillido. Un chillido desesperado, que brotó al mismo tiempo de las gargantas de las dos mujeres. Sin embargo, tampoco éstas sintieron pena por César... Les dolió el hecho y la pena de Ignacio, pero tampoco conocieron a César.

—No sé qué decirte, Ignacio...

Fue un forcejeo lancinante. Se hubiera dicho que cada cual defendía con ahínco su muerto, que lo exhibía como una antorcha al objeto de eclipsar al rival. Ignacio, que no se atrevía a fumar, escuchaba el relato de las dos mujeres como quien contempla la construcción de una casa que no ha de tener más que un piso. En cambio, lo ocurrido con César tenía para él pisos innumerables y su remate era un torreón del que colgaban las orejas del seminarista como si fueran campanas. Por su parte, Paz y su madre escuchaban a Ignacio con la torturada disciplina de quien posee una baza escondida, que no está decidido a utilizar. La baza escondida era Venancio. Los muertos habidos en aquel piso eran dos, el padre y Venancio, su más íntimo amigo, fusilado la víspera, al término de una gallarda rersistencia en los interrogatorios.

Lancinante forcejeo, que duró dos horas, quizá tres, a lo largo de la comida —Ignacio se quedó en la casa en calidad de invitado— y de la sobremesa. Las dos mujeres pusieron a Ignacio al corriente de la situación general. Le hablaron del despotismo de los militares y de la chulería de los falangistas; de las cabezas rapadas y del aceite de ricino; de la obligada incorporación al Ejército de los hijos de los fusilados cuya quinta era llamada. Le hablaron de Mateo, que se presentó a verlas llevando camisa azul y del que no habían sabido nada más... Le hablaron de los frailes de la Cartuja de Miraflores que habían suplicado mil veces: «Basta ya, basta ya de asesinatos». Ignacio, sin reaccionar... El muchacho comprobó esto con violenta perplejidad. Quería sentir piedad y no lo conseguía. Pensaba en Cosme Vila, en el Responsable, en el 19 de julio en Gerona, en Gascón el conserje... y tales recuerdos sepultaban su pesar. Peor aún, se iba sintiendo piedra cada vez más dura. De piedra las manos, el tórax y la cabeza. Las balas de que las mujeres hablaban rebotaban en él como las pelotas en el Frontón Chiqui. Las personas que ellas citaban pertenecían «al otro bando»; no eran, pues, personas en el sentido natural.

Ignacio optó por no replicar con su catálogo de ferocidades. ¿Para qué? Se interesó por la situación económica en que vivían las dos mujeres. Paz vendía tabaco, cerillas y chicles por los cafés, y su madre lavaba ropa a domicilio.

—En casa de militares, naturalmente... Cada semana, aquí donde me ves, lavo montañas de calzoncillos de capitán y de coronel.

—¿Qué podría hacer por vosotras?

—Nada —dijo la madre.

—Irte al frente a disparar —dijo la hija.

Ignacio miró a su prima con ternura. Por un momento le

pareció que veía a Pilar. Ésta y Carmen Elgazu reaccionarían lo mismo si José Alvear las visitara en Gerona.

—¿No podría hacer algo por ti, Paz? ¿Crees que eso de vender tabaco...?

—Ya te lo he dicho: al frente y disparar. Porque te irás al frente, ¿no?

Ignacio meditó un momento y asintió.

—Pero perderéis la guerra —afirmó Paz, como vomitando—. ¡Lo juro por eso, mira! —Y cruzó los dedos y los besó.

Ignacio se levantó con calma. Miró a las dos mujeres.

—Esta guerra la perderemos todos —dijo en voz baja—. Si no la hemos perdido ya...

De regreso a Valladolid, en un tren mucho más lento que los eléctricos que manejaba don Anselmo Ichaso, Ignacio recordó a su familia de Gerona y recordándola se quedó con la mano levantada sosteniendo el cigarrillo. Luego se concentró en el cigarrillo. Le gustaba fumar. Sopló la ceniza, que se esparció sobre el pantalón azul propiedad de José Luis Martínez de Soria. Luego pensó en las cosas que había vivido en las últimas cuarenta y ocho horas, tan diversas como hojas de árbol. Él era el árbol, a veces desnudo, a veces exuberante, con algún que otro rayo que de tarde en tarde lo partía por la mitad. ¡Intensidad de aquel piso de la calle de la Piedra! «Tabaco, hay tabaco...» Paz se mostraba dura y con razón. A Ignacio le costaba esfuerzo decirse: «Es mi prima.» Paz había conocido muy pronto la ley del más fuerte y, de seguir profiriendo juramentos, antes de cumplir los veinte años se encontraría con que sus ojos concentraban en sí todo lo desagradable de las familias Alvear.

Llegado a Valladolid, ya anochecido, Ignacio cenó y durmió doce horas de un tirón, soñando que era trapecista en un circo y que daba saltos mortales a veinte metros del suelo. Y luego se dispuso a esperar el regreso de Marta. La madre de ésta le prometió intervenir en su favor para que en la Caja de Reclutas le permitieran elegir arma. Porque Ignacio iba, a este respecto, a la deriva. No se imaginaba en Infantería, con un fusil. ¿Qué haría con un fusil el hijo de Matías Alvear? Disparar le sería más difícil de lo que Paz podía suponer. ¡Pero tampoco se imaginaba en Artillería, disparando con un cañón! Ignacio no concebía matar ni en el aire ni en el agua, ni en la tierra hermosa, hermosa incluso en noviembre. Con Moncho habían hablado sobre el particular y Moncho le sugirió alistarse en un Batallón de Montaña que, según oyó por radio, se limitaba a montar guardia en la frontera, en los Pirineos. ¡Pero Moncho se quedó en Madrid! Aunque Ignacio tenía la seguridad de que a no tardar recibiría el aviso de que también se había pasado.

A todo esto, Marta llegó. Llegó de Berlín, en compañía de María Victoria y de otras cuatro camaradas de la Sección Femenina. Al pulsar el timbre de la puerta, a la muchacha le dio en el corazón que había novedad, y la hubo. Ignacio en persona acudió a abrir, de modo que Marta se encontró frente a frente de aquel rostro amado y juvenil en el que un año y medio de guerra había impreso una huella de dignidad.

—¡No...! —gritó Marta, tirando al aire su boina roja.

—¡Sí...! —exclamó Ignacio.

Marta deslizó hasta el suelo la mochila que le colgaba de la espalda y los muchachos se abrazaron. La madre apareció en el pasillo, y los observó en silencio.

—¡Ignacio, querido...!

—Ya lo ves...

—¡El telegrama me hizo feliz!

—Temí que no lo recibieras.

—¿Estás bien?

—Lo estoy... ¿No se nota?

—¡Oh, madre, qué contenta estoy! ¿No te dije que Ignacio vendría? —Marta se deslizó de Ignacio y acercándose a su madre la abrazó con efusión, mientras Ignacio recogía del suelo la boina roja y cuidaba de entrar en el piso la mochila que Marta dejó fuera, sobre el limpiabarros.

Cerrada la puerta, venció la intimidad. Los tres se interrogaban con la mirada.

—Anda, vamos al comedor.

Marta cogió del brazo a Ignacio y anduvo todo el trayecto del pasillo con la cabeza inclinada en el hombro del muchacho.

—Cuéntame. ¿Por dónde te pasaste?

—Por Madrid.

Llegados al comedor, Marta se separó un momento.

—¡Qué barbaridad! Estás guapísimo.

—Sobre todo, con el traje de tu hermano...

—¡Es verdad! De José Luis...

Tomaron asiento.

—En toda Alemania no hay un hombre como tú. —Y dirigiéndose a su madre—: Ni una madre como tú...

Marta llegaba eufórica. Ignacio la comparó con Paz Alvear. Luego, con Ana María. También a Marta el año y medio de guerra le había conferido dignidad. Pero el nuevo peinado que había elegido, probablemente a causa de la boina, era menos gracioso que el flequillo que llevaba en Gerona. Además, el uniforme de Falange la despersonalizaba un poco. Con todo, era elegante, Marta sería siempre elegante y sus ojos seguían clavándose en las personas como los de un niño solitario.

Ignacio se dio cuenta de que la muchacha llevaba un anillo con la cruz gamada.

—¿Te casas con Goering?

Marta se tocó el anillo como si fuera a quitárselo.

—Fue un regalo en serie. Ya me lo quitaré.

La sirvienta preparó la merienda en el mirador. Llegaban de la calle las notas de una banda de música. «Flechas y Pelayos», pensó Ignacio.

—¡Casi un año sin vernos! Creí que te habías hecho de la FAI.

—De la FAI no, pero me presenté voluntario.

—¿Voluntario?

—Para elegir arma. Estuve en Sanidad, primero en Barcelona y últimamente en Madrid, en el Hospital Pasteur.

—¿Pasteur?

—Sí, un hospital para los internacionales rabiosos.

Marta se rió. Y acto seguido se dispuso a llenar las tazas de café.

—Pero..., dime: ¿cómo conseguiste pasarte?

—Mi primo, ya sabes... José Alvear.

Marta se atiesó con la cafetera en alto peligrosamente inclinada.

—¿Te fiaste de él?

—¿Por qué no? Tú te fiaste de Julio...

—Sí claro...

Marta también creía que los «rojos» estaban desmoralizados por su derrota en el Norte e Ignacio intentó sacarla del error. La madre de Marta intervino:

—Anda, pregúntale a Marta si le gustan los soldados italianos...

—Mamá, ¿por qué eres tan charlatana? —Marta se rió—. Sí, chico, tienes un rival. Se llama Salvatore y es fuerte y fotogénico.

Ignacio encendió un pitillo, recordando que en Burgos no se atrevió a fumar.

—No entiendo una palabra.

—Tengo un ahijado italiano, ¿comprendes? He de mimarlo. ¿Quieres verlo en fotografía? ¡Huy, qué cartas me escribe! Perfumadas. Nunca me escribirás tú nada igual.

—Anillo con la cruz gamada, Salvatore... ¡Me estás resultando fascista!

Marta le enseñó una fotografía de Salvatore e Ignacio se la devolvió en seguida.

—Un asco de hombre.

Marta comentó:

—Eso de que te estoy saliendo fascista... Pues mira, creo que tienes razón. Después de este viaje, soy más italiana que alemana.

—No me digas.

—En serio. Ha ido bien pero ¡qué sé yo! Ya os contaré. Hay cosas que una mujer española... Por ejemplo, al llegar a la casa del Partido quisieron obligarnos a saludar brazo en alto al Hombre Alemán. ¿Y sabéis lo que era el Hombre Alemán? Una estatua gigantesca de un señor completamente desnudo. Nos negamos a ello, claro, y aquél fue el primer toque de alarma.

Ignacio ensayó un mohín de picaresca sorpresa.

—Anda... Cuéntanos más toques de alarma...

Marta estaba contenta.

—Me los callo, para que veas. —Luego añadió—: Pero ¡si es de ti de quien tenemos que hablar! ¿Me quieres?

Ignacio se tragó el humo.

—Para poderte ver he cruzado el frente de Madrid... Apuesto a que tu Salvatore no haría otro tanto.

—¡Tú qué sabes! Para poder verme abandonó patria y familia y se vino a España.

Pese a todo, el encuentro no fue completamente feliz. Por parte de Ignacio se había producido una fisura. Hablaron de la familia de Gerona, especialmente de Pilar. Hablaron de David y Olga, de San Félix y la catedral, de Barcelona, ¡de Ezequiel! «Sigue con sus profecías. Últimamente afirmaba que Negrín acabará haciéndose requeté.» «¿Y mosén Francisco?» «Por allí anda, con la cabeza vendada.» «¡Jesús!» Hablaron de las dos zonas, otra vez de Alemania e incluso de amor y de felicidad. No obstante, en el interior de Ignacio se había producido una fisura, de la que tal vez fueran responsables, por partes iguales, el tiempo de separación y Ana María.

Por otra parte, Ignacio estaba preocupado por su personal reacción en Burgos, en la calle de la Piedra. Notó que, tratándose del enemigo, tenía seco el corazón. Y pensó que debía de ser tan fanático como Marta.

Trató el tema.

—Que tu hermano sea juez, de acuerdo... Pero ¡un hijo de Matías Alvear!

—¿Por qué no, Ignacio? Defendemos la verdad, ¿no es así?

—Ahí me duele, que creo saber dónde está la verdad. Me has contagiado.

—De ningún modo. Quien te ha convencido a ti es Cosme Vila.

Ignacio no replicó. De hecho, era él quien se había empeñado toda la tarde en derivar la conversación hacia la política. A Marta le hubiera bastado con hablar de corazones. La madre de la muchacha observaba a Ignacio e iba pensando: «Está como aturdido. Es muy natural».

CAPÍTULO XXXVIII

AXELROD, EL HOMBRE DEL PARCHE NEGRO y del perro, que fue amigo personal de Trotsky, a gusto hubiera abandonado España y se hubiera trasladado a cualquier otro país menos «tropical». Los españoles lo desconcertaban tanto como a Fanny. En el Hotel Majestic le decía a Goriev, su circunspecto ayudante: «¿Qué opinas de esa gente, por ejemplo del vigilante nocturno de este hotel? Cobra dos perras y se pasa la noche invitando a fumar a los clientes rezagados. ¡Con la escasez que hay de tabaco!» Goriev opinaba que no lo hacía por generosidad, sino para estar satisfecho de sí mismo.

—Camarada Goriev, afinas demasiado... Si continúas así, tendré que despedirte.

Otra razón que inquietaba a Axelrod. En cuanto pisaba Madrid se encontraba bien, despejado; en cambio, en Barcelona, la jaqueca no lo dejaba vivir. La humedad de Barcelona, lo mismo que la de Gerona, le embotaba la cabeza y, a juzgar por las trazas, lo mismo le ocurría a su perro. «¿A ti no te duele la cabeza, Cosme?», le había preguntado repetidas veces al jefe gerundense. Cosme Vila le había contestado: «No tengo tiempo para ello». Dicha neuralgia, que iba en aumento, preocupaba mucho al delegado ruso. No podía olvidar que la enfermedad de Lenin empezó así, con fuertes dolores de cabeza encontrándose en Finlandia, en calidad de fugitivo, el año 1907. Y aquello terminó en parálisis. Muchos rusos le tenían pánico cerval a la parálisis y Axelrod se contaba entre ellos.

Axelrod despistaba a los que colaboraban con él. Rectilíneo en el cumplimiento de las órdenes, su emotividad era inestable como la de Canela. A menudo, la presencia de las personas le excitaba a quererlas; poco después, cuando dichas personas se habían ausentado, le nacía en el cerebro una perfecta indiferencia.

Cosme Vila vivía sobre ascuas. Le tenía miedo, al igual que el catedrático Morales. Axelrod jugaba con éste como con un ratón. El día 8 de noviembre le dijo, en Gerona: «Lo lamento, pero tendrás que estudiar un poco de alemán y mucha historia de Cuba. Más adelante sabrás por qué.» El catedrático Morales se indignó, pero advirtiendo que el perro de Axelrod le lamía los zapatos, se abstuvo de hacer comentarios.

Este viaje otoñal de Axelrod a Gerona obedecía a un motivo concreto, además del de presidir las fiestas del vigésimo aniversario de la revolución rusa, la revolución triunfante de 1917. A raíz de la derrota en el frente Norte, cuya importancia Axelrod no disimuló, traía para Cosme Vila dos consignas. La primera, españolizar la revolución; la segunda, procurar captarse para el Partido a David y Olga y también a Julio García.

Cosme Vila, que lo escuchó con la seriedad de siempre tuvo una reacción inesperada. Por primera vez le preguntó a Axelrod la razón de tales consignas. Axelrod, simulando no darse cuenta, le dio al jefe gerundense las explicaciones pertinentes. Era preciso operar sobre bases nuevas, dar un viraje. «El desarrollo de la guerra así se lo exige.» La captación de David y Olga y de Julio García obedecía a la necesidad de contrarrestar la política anticomunista iniciada por Indalecio Prieto, ministro de la Guerra, quien se dedicaba a socavar la autoridad de los Comisarios Políticos en el frente. «Prieto no soporta los ascensos por méritos que no sean de guerra, como si guerra y revolución no anduvieran a la par.» En cuanto a «españolizar» dicha revolución, era medida a todas luces aconsejable. La experiencia del año y medio de guerra demostraba que el hombre español, de cualquier Partido, era más patriota que político, que siempre lucharía con más ardor y sobre todo con más constancia por algo ligado a su geografía que por un ideal incubado al margen de ella, en el que España actuara de simple comparsa. En resumen, la doctrina comunista le hería en lo más hondo. «Por lo tanto, a partir de esta fecha, lo que el pueblo defiende es la integridad de España. Lo que en la contienda se ventila es el futuro de España. Se citarán constantemente hombres españoles históricamente célebres que hubiesen demostrado en algún sentido espíritu revolucionario. Se cantará el paisaje de España y a los niños se les hablará de España en la misma proporción que de Rusia.»

Axelrod, en sus primeros viajes a Gerona, antes de regresar a Barcelona solía dar un rodeo para contemplar, desde el interior de su coche negro, de marca francesa, la maravilla de la Dehesa. Pero últimamente su interés había derivado hacia la catedral y los Baños Árabes. Subía a la catedral, de la que los arquitectos Rivas y Massana habían eliminado el Coro, con lo que la más ancha nave gótica de la cristiandad había ganado en perspectiva, admiraba sus proporciones y luego se encaminaba tras el altar mayor, donde se sentaba unos minutos, fumando en la silla episcopal de mármol que allí había. «Hay que ver el frío que pasa el catolicismo», solía comentar. Luego se iba a los Baños Árabes y allí hacía gala de sorprendentes conocimientos: «¿Se sabe en Gerona —preguntó esta vez a Cosme Vila— que en España hay tres monumentos que representan con fiel precisión el ciclo evolutivo del reino musulmán? La Mezquita de Córdoba fue construida con piedra, cuando el reino musulmán estaba en su apogeo y no temía a los cristianos. La Giralda fue construida con ladrillo, cuando los árabes, inseguros, sintieron la necesidad de defenderse. Por último, en plena decadencia, edificaron la Alhambra, con yeso.» Cosme Vila que nunca había estado en Córdoba, ni en Sevilla, ni en Granada, se preguntaba si Axelrod no ocultaría alguna intención alusiva tras aquellas palabras.

Fuera Axelrod, Cosme Vila permaneció largo rato en su despacho, pensando en la forma de cumplir con las dos consignas que acababa de recibir. El catedrático Morales acudió a su llamada y opinó, sin titubeos.

—Fracasaremos. Ni los maestros ni Julio García ingresarán nunca en el Partido.

—¿Por qué estás tan seguro?

—Tú también lo estás.

—También suponías que David no aceptaría formar parte del Comité.

—Aquello fue circunstancial y no afectó para nada a su independencia. David y Olga quieren tener criterio propio y además poder rectificar.

Cosme Vila acarició con la mano un perro invisible.

—¿Y Julio García? ¿Por qué no aceptará Julio?

—¡Ah, nadie sino tú tiene la culpa! No te perdona que regalaras el colchón. Julio opina que todos los comunistas no nacidos en Rusia acabaremos así, durmiendo sin colchón.

El catedrático Morales acertó. Cosme Vila imaginó tentar a los maestros nada menos que con un viaje por Europa repartiendo niños refugiados. «En Francia, en Bélgica, en Inglaterra.»

—¿Por qué nosotros? Tienes a Morales, tienes a Gorki...

—¡Qué sé yo! Supuse que os gustaría colaborar.

—¿Colaborar con quién?

—Con el Partido Comunista.

—Ya lo hacemos —replicó David—. Desde que la guerra estalló colaboramos.

Cosme Vila los miró.

—Se me había ocurrido que podríais colaborar mucho más. Comprended mi punto de vista. Las cosas avanzan, el mundo avanza y hay programas que se están quedando demasiado estrechos. Se necesita una idea grande, que lo abarque todo y que dé a cada revolucionario la oportunidad de demostrar su valía y de llegar al puesto que se merece.

Hubo un silencio.

—Entendido —intervino Olga—. El Partido Comunista nos daría esta oportunidad. En la UGT seremos siempre simples maestros, inspectores tal vez; y en cambio a tu lado, con la ayuda de Axelrod, podríamos aspirar a comisarios e incluso a ministros.

—Yo no he dicho eso.

David habló, visiblemente molesto.

—Pierdes el tiempo, te lo aseguro. Preferimos la propia iniciativa. Dentro de un sistema, pero con iniciativa propia. En tu mesa no eres nadie... Ahora nos propones esto porque te lo habrán ordenado así. Y mañana nos fusilarías si te lo ordenasen. Mi opinión es que dentro del comunismo no hay ministros: hay un Papa y el resto sois todos monaguillos.

Cosme Vila meditaba. Sin saber por qué, pensó en su hijo y en su suegro el guardabarreras.

—Es una pena que adoptéis esa actitud. La guerra se nos pone difícil porque los partidos no comunistas no han escuchado nuestros consejos. No se gana una guerra sin disciplina. Iniciativa propia en una guerra significa desastre y sálvese quien pueda.

Cosme Vila se levantó y miró a Olga. Era la primera vez que miraba a Olga como mujer. Se azaró lo indecible, aunque supo disimular. ¡Qué hermosa era! Cosme Vila no había tenido nunca entre sus brazos una mujer así.

—Reflexionad —dijo—. Ya sabéis dónde estoy. Y no olvidéis esto: el Partido Comunista está decidido a ganar esta guerra. No os quepa la menor duda...

David y Olga se fueron con la convicción de haber sido amenazados. Murillo había desaparecido: Murillo quiso tener iniciativa propia. En Barcelona, la FAI había mordido el polvo: la FAI quiso tener iniciativa propia. Y el caso es que Cosme Vila, en parte, tenía razón. Si desde el primer día se hubiera impuesto la disciplina, el levantamiento militar hubiera durado una semana. Caminaban de prisa hacia la escuela, flanqueando el río. Caminaban indignados y perplejos. «Programas que se quedan estrechos.» «Niños a Francia, Bélgica e Inglaterra...» ¡Qué mescolanza! «No os quepa la menor duda.» No pudo ser más franco. Ciertamente era terrible que las serpientes se mordieran la cola. ¿Y por qué ellos y no Antonio Casal?

Cosme Vila fracasó también con Julio, que lo paró en seco. Se entrevistaron en el café Neutral, pues el policía se negó a subir la escalera del Partido Comunista. Hacía meses y meses que Cosme no había pisado el Neutral. No podía soportar los espejos, verse rodeado de sí mismo. Julio le dijo: «Eso es lo que te hace falta, oxigenarte cada día un poco en el café.» Cosme Vila quería pedir un vaso de leche, pero Julio ordenó: «¡Nada de eso! Vodka para dos.» Y Cosme Vila se rió.

—Nada, amigo Cosme. No necesito nada. Con mi Amparito en casa y mis compras en el extranjero voy que chuto. ¡Sí, ya sé que no me has ofrecido nada!; pero te proponías hacerlo... ¿A que sí? Bien, bien... ¡Qué cosas! ¿A que no has estado nunca en el Grand Hotel de Marsella? ¿Y en Niza? ¿Y en Montecarlo?

El camarero trajo la leche para Cosme Vila y éste, bebiéndola, comentó:

—Un vodka excelente.

Julio lo miró asombrado. Era el primer rasgo de humor que oía en boca de Cosme Vila. Así lo comentó, con exaltación.

—¡Ah, el poder del Partido! Te ha obligado incluso a tener *un mot d'esprit*. La última de las humillaciones...

Julio le declaró sin ambages que el comunismo lo privaría a él de todo cuanto amaba en la vida.

—¿Y qué es lo que amas?

—Por encima de todo, dar sorpresas, sorprender a los demás. En tu despacho, el sorprendido sería yo cada vez que sonara el teléfono.

Luego, estaba convencido de que Rusia era un país triste —porque sí, porque lo eran la estepa y el clima— y en consecuencia todo cuanto proviniera de Rusia sería triste.

—Esto, camarada Cosme, no casa conmigo. Un servidor lo que quiere es reír.

Luego, estaban las checas... Las vio en Barcelona y se horrorizó.

—Soy policía, y a pesar de ello, me horroricé. No sé si me explico. Por cierto, que un día me vas a permitir una visita a la que habéis organizado aquí, con mujeres desnudas pintadas en la pared. ¡Ah, la influencia de lo sexual sobre el miope catedrático Morales! —Y añadió—: Y quién sabe si sobre ti...

Además, no podía olvidar una frase de Dostoievski, en *Diario de un escritor*: «La paz animaliza a los hombres mucho más que la guerra, sobre todo la paz duradera. Una larga paz engendra siempre ordinariez, cobardía, egoísmo... e inercia espiritual.»

—¿No te parece esto un poco fuerte, ilustre esclavo? Con todos mis respetos por Fedor, prefiero la filosofía del síndico de Andorra.

Tampoco podía olvidar que la base de la enfermedad y muerte de Lenin fue «una marcada esclerosis de los vasos cerebrales», que la materia de su cerebro «se encogió casi hasta un *cuarto* de lo normal en la masa cerebral humana».

—Entiéndeme, amigo Cosme. Todo termina así. Conquistarás América, Europa y hasta a la hija de Stalin: pero un buen día tu admirable cerebro comenzará a empequeñecer...

Por último, le daba cien patadas que Axelrod pudiera circular sin restricciones por el territorio y que en cambio un ciudadano español medio necesitara mil permisos para salir de Gerona o para acercarse a las minas de talco de La Bajol.

—Entiéndeme. Aunque no lo parezca, soy patriota. Amo nuestro extraño país. ¿Por qué no? Aunque Fanny no lo crea así... Lo amo porque aquí sabemos como nadie chupar con una cañita... Y porque aquí nació esa deliciosa criatura llamada Amparo, que yo adoro, como sabes muy bien...

Cosme Vila se pasó la mano por la frente en el fondo de todos los espejos.

—Curioso que hables de patriotismo siendo masón. También a ti te dan órdenes por teléfono, ¿no es cierto?

—Sí —admitió—, es cierto. A veces me llaman por teléfono. Pero tengo permiso para usarlo con guantes.

Cosme Vila se levantó. Estaba muy sereno.

—Es una pena que no quieras colaborar. Me había encariñado con la idea, fíjate... Sí —repitió—, es una pena.

—Bueno, no lo tomes así —bromeó Julio—. Hasta ahora te las has arreglado sin mí.

—De todos modos —añadió Cosme Vila—, el Partido Comunista quiere ganar esta guerra, ¿comprendes? Está dispuesto a lo que sea.

Julio le miró a los ojos en el fondo de todos los espejos.

—Si no me equivoco, me estás amenazando.

—¡Nada de eso, Julio! Ha sido *un mot d'esprit*.

CAPÍTULO XXXIX

Cada vez que había alarma aérea, Carmen Elgazu se santiguaba y bajaba la escalera musitando las mismas jaculatorias que en caso de alteración meteorológica. Los aviones le parecían nubes y las bombas rayos. A veces le ocurría que al llegar al refugio, todavía componiéndose el moño, cesaba la alarma. En esos casos suspiraba con alivio, daba media vuelta y, mirando a derecha y a izquierda de la Rambla, por si veía a Matías o a Pilar, volvía sobre sus pasos y subía al piso. Un piso limpio y brillante, que olía a medias de seda, a jabón y a chocolate. ¡Oh, sí, ésos eran los obsequios que a su regreso de Francia —de Marsella, Niza y Montecarlo— doña Amparo Campo trajo para los Alvear! La esposa de Julio García, que gozó horrores en Marsella y más aún perdiendo en el Casino de Montecarlo todo cuanto llevaba encima, se acordó de sus amigos. «Las medias se las traigo, Carmen, por lo mucho que me gustaron en Niza las chicas italianas que allí había. El jabón, por lo sucio que juegan los hermanos Costa, ¡que andan haciendo espionaje con el notario Noguer! Y el chocolate, por lo bien, por lo requetebién que Julio habla el francés...»

—En cambio, yo sólo sabía decir *merci* y *pardon*... Pero ¡no os riáis! ¡Qué más da! La cuestión es que Julio fue muy amable llevándome con él en ese viaje y regalándome esta medallita. ¿Os gusta? Es el Sagrado Corazón. Yo creo que, a pesar de todo, Julio cuando se va solo me echa mucho de menos...

Piso limpio, con medias de seda, jabón y chocolate. Con mermelada casera en la despensa; con almidón para planchar; con viejo papel guardado, junto con las pieles de conejo, para vendérselo al trapero. Con estufa alimentada con serrín y un calendario en la pared representando ¡año 1937! un lago suizo entre montañas.

Cuando Matías hacía turno de día, Carmen Elgazu se pasaba muchas horas sola en el piso, puesto que Pilar seguía trabajando en Abastos. Pero no se aburría. Siempre había algo que hacer, y además estaban los recuerdos y los pensamientos. Los recuerdos abarcaban toda su infancia en el país vasco hasta la última palabra que le habían dirigido Matías o Pilar. Los pensamientos eran más vastos. Podían alcanzar zonas no vividas e incluso imaginar que la guerra no había estallado y que toda la familia, capitaneada por César, se iba a misa solemne, a la catedral. Cuando penetraba en una de esas felices galerías se daba buena maña para adornarla con detalles que compusieran un cuadro perfecto; así, por ejemplo, el día que asistía a esa misa solemne era el de Corpus; el cielo rezumaba sol; Pilar estrenaba un vestido; Matías, unos zapatos; y todo el mundo, al verlos tan unidos, los saludaba con afecto e incluso había quien tomaba ejemplo y hacía propósitos de enmienda.

Últimamente, el correo le trajo buenas noticias. La primera fue una de las postales que Ignacio, antes de marchar, le dio a Moncho para que las echara al buzón. En dicha postal el muchacho les anunciaba, entre líneas, que en aquel preciso instante se disponía a pasar a la otra zona. «Por fin me han concedido el permiso ansiado. Ahora mismo salgo, contento como podéis imaginar.» La segunda buena noticia fue una carta de la abuela Mati, con matasello de Biarritz, en la que la madre de Carmen Elgazu decía: «Muchas gracias por el libro. Está muy bien y nos ha gustado mucho.» El «libro» era Ignacio y ello significaba que la tentativa de éste se había visto coronada por el éxito y que el muchacho se encontraba ya a salvo en la zona «nacional».

Nada podía hacer más feliz a Carmen Elgazu y al propio tiempo nada podía acongojarla más. A salvo, pero al otro lado del muro. A salvo, pero con un fusil apuntando en dirección a Gerona. Con un plato de aluminio colgando del cinturón y en la muñeca una chapa con un número. ¿Qué número le habría correspondido a Ignacio? ¡Entre tantos miles! ¡Si conociera el número! Podría llegar hasta él contando y vuelta a empezar... ¿Habría visto a Marta? ¿Y a Mateo? ¿Y a las familias de Burgos y de Bilbao? ¿Y a mosén Alberto? Espeso muro el de las trincheras. España sangraba. ¡Y en Gerona ignoraban todavía la muerte de Santiago Alvear! Carmen Elgazu, a menudo, miraba con celos el lago suizo del calendario, tranquilo entre montañas.

Carmen Elgazu se culpaba a sí misma de egoísta. Al enterarse de que las hermanas Rosselló habían sido detenidas y encarceladas, se alegró de que Pilar no hubiera aceptado ingresar oficialmente en el Socorro Blanco. Al enterarse, por Julio García, de que don Emilio Santos estuvo detenido en la checa de la calle de Vallmajor y que gracias al policía había sido devuelto a la Cárcel Modelo, se alegró lo indecible, pero no permitió que Matías se desplazara a Barcelona para visitar a su amigo. «Por favor, Matías, me da miedo que subas a un tren. Le mandaremos por el recadero ropa y comida.» Al enterarse de que los «rojos» preparaban una ofensiva en Teruel, únicamente pensó en Ignacio, a quien imaginaba incorporado al Ejército «nacional», vestido de caqui. «Señor, haced que no lo destinen a Teruel, que las balas lo respeten... Os prometo rezar cada día un rosario completo y no beber más que agua mientras dure la guerra.»

Cuidaba del hogar. Con los papeles de goma utilizados para proteger los cristales silueteaba en éstos ¡cruces! y preciosos motivos que copiaba de un cuaderno con muestras de bordados. Compró flores artificiales y alegró con ellas la entrada del piso y el cuarto de Pilar. En el mercado de los sábados adquirió por un poco de dinero una maleta y dos paraguas que, según Matías, tenían el defecto de no abrirse, si bien Carmen Elgazu le demostró lo contrario, abriéndolos y depositándolos en el lecho del matrimonio. Por último, clasificó lo menos doscientas fotografías que guardaba en una caja de cartón, y con la ayuda de Pilar fue pegándolas en los álbumes, escribiendo debajo de cada una de ellas los nombres de los retratados, el lugar y la fecha.

De todos modos, en aquellos días consiguió algo más importante que lo relatado. En verdad, podía considerarse una gran victoria de Carmen Elgazu, puesto que costó Dios y ayuda que su marido cediera: Matías consintió en traerse a casa un niño refugiado, uno entre los muchos que había en Gerona.

De hecho, fue Olga la primera en proponérselo a Carmen Elgazu. Olga era la encargada de instalar a la creciente población infantil que invadía la ciudad. Había requisado para tal menester el convento de los Carmelitas y varios garajes, pero las necesidades la desbordaban, por lo que procuraba, como de costumbre, encontrar familias que hicieran lo que el Responsable: que se quedaran con un niño, o mejor aún, con una pareja. A Carmen Elgazu la encandiló diciéndole: «Tengo a cuarenta vascos... todos majos. Podrá usted elegir.» El argumento fue satisfactorio. Ya Carmen Elgazu había visto a esos niños vascos, algunos de los cuales le recordaban a Ignacio cuando tenía su edad. «Matías —dijo—, es una obligación.» ¡Déjate de obligaciones! ¿Con qué lo alimentaremos?» «Estrecharemos un poco más el cinturón.» «¿Cinturón? No sabía que tú y Pilar llevaseis cinturón.»

Matías sabía que las familias «fascistas» de Gerona no veían con muy buenos ojos la adopción de tales niños. Consideraban que, en cierto modo, era «colaborar con el enemigo». Pero Carmen Elgazu protestó contra semejante teoría. «Es una obra de caridad, nada más.»

—Bueno ¿y por qué ha de ser vasco, vamos a ver? ¿Qué más da que sea valenciano o andaluz?

—¡Esto tiene gracia! —exclamó Carmen Elgazu—. ¿Por qué te decidiste tú por una mujer vasca? Sería por algo, ¿no?

Estaba allí, sentado en un rincón, rodeado de otros niños. En cierto modo estaban allí todos los niños del mundo. En seguida les llamó la atención porque era guapo, pese a los granos que perlaban sus labios y a su extrema delgadez. A su lado, en el suelo, había una boina que no se sabía si le pertenecía a él o no. El chico debía tener nueve o diez años. La piel de su rapada cabeza era de un tinte ligeramente amoratado y de sus ojos emanaba un halo de sufrimiento escarlata. Estaba allí como una estatua conmemorativa de la guerra o como un bulto vomitado por un cañón. El local había sido garaje, olía aún a lubrificante y a manos negras. Una inscripción en la pared decía: «Se prohíbe fumar.» Nadie fumaba en el garaje. Ni los niños —ochenta y siete— que había allí, ni los milicianos de guardia. Únicamente fumaba Matías, porque estaba nervioso. Le daba pena el espectáculo, el sufrimiento escarlata. Pena y al propio tiempo una alegría estremecida, puesto que en el piso de la Rambla habría otro varón. En seguida pensó: «Ése, el de los granos, el más guapo.» Olga les hizo firmar un documento y poco después se llevaron al chico. Al levantarse éste observaron que se le caía el pantalón, torpemente atado con una cuerda. «Tendremos que comprarte un cinturón.» El chico los siguió con mansedumbre. A Matías le inspiraba sumo respeto la criatura y no se atrevió a cogerlo de la mano. Carmen Elgazu, sí. Lo cogió de la mano e iba advirtiéndole: «Cuidado, que hay una piedra.» «Por aquí, eso es.» Le enseñaba a sortear ya las piedras de la vida. Cruzaron un puente —el niño miró a ambos lados— y bajando unos peldaños desembocaron en la Rambla. «Ya llegamos. ¿Ves aquel balcón? Allí es. Te gustará, ya verás.» Un claro sol de diciembre permitía ver los poros de las fachadas y el vientre de cada balcón avanzaba con inusitado relieve. En el cielo, los campanarios; en la tierra, los pies de Matías, de Carmen Elgazu y de Eloy, el niño vasco refugiado, a punto de llegar a su destino.

Eloy, Eloy y nada más... Sus padres murieron en el bombardeo de Guernica dejándolo sin apellidos. Había nacido en aquella ciudad. No quedaba rastro ni tan sólo de la casa en que nació, ni siquiera del colegio en que aprendió a leer y a pintar de rojo la provincia de Gerona. Las fuerzas del mundo se habían confabulado para matar todo lo que él amaba, todo lo que le pertenecía, pero que no era él. Y sólo tenía nueve años. Únicamente a él le permitieron vivir.

Era el número veintisiete de la expedición. Desde que salieron de Bilbao, fue el número veintisiete. De toda su aventura recordaba eso: el Cantábrico, negro como el garaje, alborotado como Guernica, y el número veintisiete. Carmen Elgazu, mientras le lavaba de los pies a la cabeza, le dijo: «Aquí te llamarás Eloy.»

A los pocos días Eloy salió de su cuarto con una manera de mirar casi normal. Entonces se vio que la idea de la adopción fue una idea feliz. Eloy saludó, «Buenos días», con una voz sin temblor. Se produjo como una súbita iluminación en la familia, familia asombrada por el hecho de que Dios les hubiera regalado una criatura viva, una criatura capaz de decirle a Pilar: «Si quieres, te ayudaré a peinarte» y a Carmen Elgazu: «Tengo hambre.»

Ahí estaba: todos tenían hambre. Todos tenían hambre de la buena, de la mala, hambre de estómago, porque la comida escaseaba cada día más; y además tenían hambre de poder estar juntos y amarse.

Súbita iluminación. Pilar le dio lecciones de Geografía y de Gramática. Nada de Historia, porque la Historia sólo hablaba de guerras y a Eloy no le gustaban las guerras, pese a que una de ellas le permitió conocer a Pilar. Matías lo llevaba a veces consigo de paseo y le enseñaba los nombres de las cosas, especialmente de cosas del espíritu; y una tarde accedió a su ruego y lo llevó a Telégrafos, donde le dijo a Jaime: «¡Fíjate qué niño tan majo!» En cuanto a Carmen Elgazu, puede decirse que le entregó a Eloy un pedazo de su vida. A veces, mirando al chico, sonreía porque le recordaba a Ignacio y a César cuando tenían su edad; y a veces, mirándolo, lloraba por el mismo motivo. Le hacía gracia verle limpiarse los dientes él solito con un cepillo de color amarillo, transparente. Le hacía gracia encontrárselo en todas partes en el piso, como si hubiera veinte Eloys, y le conmovía, llegada la noche, acostarlo entre sábanas limpias y desearle que durmiera en paz.

Todo parecía ahora mejor o menos amargo. Gracias a Eloy, se producían en el piso insospechadas transformaciones. Un juego de la oca que yacía olvidado en un cajón, se convirtió en algo útil para Matías y Eloy. Junto a la caña de pescar del cabeza de familia apareció de pronto otra caña más pequeñita y de hilo más largo. El belén de la caja de corcho desapareció, no fuera Eloy a contárselo a alguien... Un diccionario vasco-castellano pasó a ser algo imprescindible para Matías y Pilar, pues cada dos por tres Carmen Elgazu y Eloy se liaban a hablar en vascuence: «¡Mira por dónde! —exclamaba Matías—. Antes sólo hablabas en vascuence cuando querías insultarme.» El espejo del cuarto de Pilar, que durante meses sólo reflejó el rostro de la chica, ahora reflejaba el suyo y el de Eloy.

Una nube en la casa: cuando sonaban las sirenas de alarma, a Eloy le daba casi un ataque. «¡No, no!», gritaba, encogiéndose y tapándose la cara con las manos. Un rayo de sol:

Eloy los ayudaba en mil pequeños menesteres, sacándoles brillo a los metales, llevando cestas a la cárcel y haciendo cola en tiendas y en la panadería. Otra nube: de pronto, Carmen Elgazu sintió remordimientos por haber elegido a Eloy porque era guapo. Sí, esta idea penetró en ella amargándola. Más lógico hubiera sido adoptar al más feo. ¡Santo Dios! Si las demás familias de Gerona hacían lo que ella y Matías habría treinta o cuarenta niños guapos disfrutando de padres y de zapatos y guantes para afrontar el invierno, y en cambio quedarían allí, en el garaje, otros tantos niños feos tiritando.

Carmen Elgazu sintió remordimiento. Porque, además, era corriente que Eloy al salir se diera una vuelta por su antiguo barrio, sin otra explicación que ver el garaje en que estuvo, y he ahí que la presencia de Eloy, con su traje impecable, ¡y una boina azul ultramar!, despertara en sus ex compañeros la envidia. Eloy no se daba cuenta y los saludaba gritando con la mano; pero se abstenía de acercarse a ellos.

Matías salió al paso de los escrúpulos de su mujer. Le dijo que sumaban tantos millares los niños evacuados, que sería igualmente injusto que sólo fueran adoptados los feos.

CAPÍTULO XL

Los periodistas Fanny y Raymond Bolen formaban ya una pareja inseparable. La pelirroja Fanny, con su gabardina de cuero y su máquina de escribir, parecía estar olvidando no sólo a sus tres maridos, sino incluso a Julio. Raymond, alto, con barba rubia y rizada que le había crecido durante su estancia en España, se estaba emborrachando de Fanny «como si Fanny fuera champaña francés». Los españoles, al verlos, diagnosticaban: «extranjeros». Y no erraban. Seguían sintiéndose tan extranjeros como el primer día. Para Bolen, España era enigmática como un vaso sanguíneo, un ininterrumpido motivo de pasmo.

Pero los apasionaba. «España no me gusta —escribía Fanny a sus amigos—, pero me apasiona.» Algo parecido le sucedía a Bolen. Bolen amaba la libertad y le parecía que los españoles eran esclavos de sus instintos; pero, por otro lado, en ningún otro lugar el individuo derrochaba tanto talento y tanta gracia para salirse con la suya y para justificarse a sí mismo los defectos.

A Bolen le hubiera gustado tener una novia española, pero se le interpuso Fanny y él se rascó la barba musitando: «¡Qué le vamos a hacer!» Vivieron de cerca la batalla de Belchite, estuvieron en Almería, donde abundaban los ciegos y el tracoma, y se disponían a visitar la España «nacional», pasando por Francia.

—¿Crees que los nacionales nos dejarán entrar? Mi padre pertenece a una logia de Bruselas.

Fanny se rió.

—¿Piensas en serio que Franco conoce a tu padre?

Iniciaron el viaje. Al pasar por Barcelona, visitaron el Museo de fenómenos del Matadero municipal, en el que figuraban un carnero bifronte, un cíclope enano, una vaca de cinco patas, un corderillo sin rabo, tablas dentarias del ganado y demás curiosidades. «¡El carnero bifronte es la guerra civil!», exclamó Fanny.

El automóvil pasó raudo por Gerona —«¡adiós, Julio!»—, cruzó la frontera, se detuvo en Lourdes, a cuyo santuario Bolen llamaba «el centro occidental de la superstición», y llegaron a la frontera de Hendaya al cabo de dos días de viaje.

Ninguna dificultad para entrar; sin embargo, en cada uno de los hoteles en que se hospedaron habían de rellenar una ficha, indicando la próxima ciudad a que se dirigían. Cualquier información oficial que necesitaran, podrían solicitarla en Salamanca o Burgos. Las visitas a los frentes, a criterio del comandante de cada sector.

—¿Y las cárceles? ¿Y los campos de trabajo?

Fue Bolen quien hizo la pregunta, y el oficial español le contestó, mirándolo con fijeza:

—En todo caso, a criterio también de la autoridad correspondiente.

El coche voló hacia San Sebastián. Era diciembre. Niebla y verde se confundían y el parabrisas se empañaba sin cesar. Los caseríos se sucedían con tanta frecuencia como los controles y las inscripciones. Una de éstas les llamó la atención: «Tanto monta, monta tanto, Requeté como Falange.» En la fachada de una iglesia leyeron: «¡José Antonio! ¡Presente!» A intervalos, al doblar un recodo aparecía el Cantábrico, encrespado. Olas furiosas, no se sabía contra quién. «El mar es mucho para el hombre», comentó Bolen. Fanny estaba fascinada viendo el caracoleo de la espuma, la suprema fantasía del agua en movimiento. El Mediterráneo solía ser más tranquilo.

San Sebastián estaba abarrotado; el bullicio en las calles y cafés era comparable al de Madrid. Se había concedido un descanso a gran parte de las tropas que operaron en el Norte y fueron muchos los soldados que quisieron conocer San Sebastián. Las Brigadas Navarras descansaban más al Sur, en la propia Navarra. Don Anselmo Ichaso, viendo deambular a los combatientes todo el santo día, preguntaba: «¿Por qué esta tregua? Estos chicos se aburren y les damos a los rojos ocasión para recuperarse.»

A Fanny y a Bolen les faltaban ojos para mirar. Bolen gustaba de establecer pronto leyes, valiéndose para ello de su olfato de periodista. «Esto está mejor organizado que la otra zona», afirmó, con sólo echar una ojeada a su alrededor. Fanny asintió, pero le pareció que había también mucha tristeza. Bolen dijo: «Tal vez», pero señaló una diferencia. «En la otra zona están tristes incluso los combatientes, y aquí no. Aquí los combatientes parecen alegres.» «Naturalmente —subrayó Fanny—. Ganar siempre es alegre.» «Tal vez», repitió Bolen. En cambio, ambos periodistas estimaron que los niños de la zona «nacional» parecían más excitados que los de la zona «roja». «Claro, claro. Aquí no hay refugiados ni escasez de alimentos y los uniformes son más llamativos. Para estos chicos, la guerra es una fiesta.»

Les impresionó la suntuosidad de los templos, así como el gran número de mujeres que rezaban en ellos con los brazos en cruz. Bolen sacó varias fotografías, primeros planos, de estas plegarias crucificadas. Bolen era protestante y siempre discutía de religión con Fanny. «No me negarás que para estas mujeres es consolador tener fe en un Ser Omnipotente. Las madres de los soldados de la zona roja que sean agnósticas como tú, ¿a quién suplicarán? ¿A Marx? ¿Al horóscopo de la semana? ¿A Lenin?» Fanny le replicaba: «Nunca he negado que la religión sea un consuelo, el mejor de los consuelos. ¿Me crees tonta? Ojalá tuviera yo la fe de estas mujeres. Probablemente hubiera necesitado menos maridos.»

Lo que ella negaba era que la religión respondiera a una realidad, que fuera algo más que el supremo recurso inventado por el ser humano desvalido. Bolen trató el tema con buen humor. En sus viajes hacia el norte de Europa se había dado cuenta de que, poco más o menos, donde se terminaban los viñedos se terminaba el catolicismo, dominaba Lutero. Fanny reflexionó un instante y admitió: «Anda, pues es verdad.»

En San Sebastián, el periodista belga le preguntó a un brigada si los protestantes tenían en la zona «nacional» permiso para celebrar sus ceremonias, y el sargento, con mucha extrañeza, le preguntó a su vez: «¡Ah!, pero ¿los protestantes también celebran ceremonias?»

Asimismo los impresionó el número de heridos que se veían por doquier. Infinidad de cuerpos incompletos, que gozaban de muchas ventajas de prioridad. Sin duda también en aquella zona, y pese al orden reinante, silbaban sus canciones las balas y había docenas de doctores Rosselló multiplicándose. En la costa cantábrica, desde Irún hasta Gijón, ¡cuántos brazos, piernas y ojos se habrían perdido!

Salieron de San Sebastián en dirección a Guernica, al objeto de retratar las ruinas de esta ciudad. El espectáculo era casi irreal y hubiérase dicho que los muros lloraban. A Bolen le hubiera gustado volar por encima de los tejados, ver la muerte desde arriba, como tal vez la viera Dios. Las tapias del cementerio se habían derrumbado, por lo que el macabro recinto se unió al resto de la ciudad, formó con ella un solo bloque. Olisqueaban muchos perros y unas balanzas colocadas sobre un mostrador exhibían la familia de pesas en correcta formación. Los centinelas les impidieron recorrer a gusto la hecatombe, llegar al centro. Fanny y Bolen dieron media vuelta y el coche tomó la dirección de Burgos. Estuvieron mucho rato sin hablarse, preguntándose tan sólo: «¿Para qué?»

En los restaurantes se servía plato único. Las inscripciones rezaban: «Ni un hogar sin lumbre, ni un español sin pan.» ¿Tendrían lumbre los hogares de Guernica? ¿Tendrían pan alguna vez los españoles de Almería? Casi todos los puentes habían sido volados —los puentes que Dimas tanto amaba— y era preciso utilizar vacilantes pasarelas. En el vientre de algunas colinas se veían nidos de ametralladoras parecidos a sonrisas forzadas. En los pueblos vascos conquistados abundaban el luto y los camiones de Auxilio Social, y algunos cines habían reanudado sus proyecciones.

A Burgos llegaron ya anochecido. En el hotel en que pararon, en el *hall*, antes de cenar, entablaron diálogo con otros periodistas que llevaban allí dos semanas intentando ser recibidos por el general Franco, sin conseguirlo. Dichos periodistas los desanimaron con respecto a su proyecto de visitar las cárceles. «En todas partes os dirán nanay. ¡Si por lo menos tuvieran una, arregladita y decente, para enseñarla a los turistas!» Tocante a los batallones de trabajadores la misma historia. «Zona de guerra, prohibido el paso.» Conocieron a un coronel finlandés, voluntario. En Finlandia había estudiado el idioma español y lo juzgó tan bello que se dijo: «Un país que se expresa tan bellamente no debe caer en manos de los comunistas.» Había unos cuantos aviadores portugueses y un grupo de voluntarios procedentes de Irlanda, que llevaban en el pecho muchas medallas religiosas y que no se cansaban de oír por la radio las gaitas gallegas. Fanny y Bolen resistían las gaitas gallegas dos minutos a lo sumo. «¿Crees que la Lubianka puede ser peor?»

Bolen le preguntó al coronel finlandés:

—¿Cree usted de verás que lo que hay en la otra zona es comunismo?

El coronel dio viveza a sus azules ojos y contestó:

—Supongo que todavía no. Pero lo será. No se preocupe. Conozco la táctica. No olvide que Finlandia tiene frontera con Rusia y que los rusos han invadido mi país exactamente veintidós veces. Si en alguna ocasión va usted a Rusia, comprenderá que su fuerza consiste en proceder sin prisa, por etapas.

—He estado en Rusia, mi coronel —replicó Bolen—. Y no opino lo que usted. Mi criterio es que lo que hay en la otra zona no encaja en ninguna definición, como no sea la ignorancia.

—¡Ya comprendo! —exclamó el coronel—. Usted es de los que se entretienen en matizar. Y mientras, Rusia se come cada día unas docenas de kilómetros cuadrados.

Era cierto. A Bolen le gustaba matizar. Por ejemplo, cuando Fanny le preguntaba: «¿Me quieres?», él se rascaba la ceja derecha y contestaba: «Sí, pero no te amo.»

Salieron de Burgos en dirección a Salamanca, donde radicaba el Cuartel General. Muchos soldados hacían *auto-stop* en la carretera, señalando la dirección con el pulgar. En Quintanar del Puente admitieron a un par de ellos que hasta Valladolid no cesaron de cantar *Yo tenía un camarada* ni de hablar pestes de Inglaterra. Se empeñaron en enseñar a Fanny a liar los pitillos, pero Fanny los desalentó: «Es un sistema demasiado democrático», les dijo. Los dos soldados se miraron: «¿Qué le pasa a esta *gachí*?»

Siguieron rumbo a Salamanca. Ambos periodistas, pensando en que Unamuno vivió y murió allí, miraban el paisaje con ojos más personales. Bolen, que seguía conduciendo con guantes, recordó en voz alta una frase del escritor español: «Sólo los tontos pueden pensar todos del mismo modo y obedecer al mismo programa.» Fanny comentó: «La frase no está mal y es aplicable igualmente a los católicos y a los ingleses.»

En Salamanca, en el hotel donde pararon asistieron a una reunión de Prensa convocada por Aleramo Berti, en la que el delegado fascista italiano declaró, entre otras cosas:

«El Duce admira mucho al general Franco y ambos defienden la cultura occidental.»

«El número de italianos combatientes en el Ejército del Generalísimo Franco es inferior al número de franceses y belgas combatientes en el Ejército de Negrín.»

«España e Italia son naciones hermanas, a través de una voluntad común de autoridad y disciplina.»

Al término de la reunión, todos los periodistas salieron a contemplar la hermosa Plaza Mayor de la ciudad, donde Bolen se interesó por conocer la actitud personal de Unamuno respecto de la guerra española. Un corresponsal portorriqueño, que llevaba una máquina de filmar, les dio su versión. Según él, al inicio de la guerra Unamuno se puso absolutamente de parte de los «nacionales», pero luego, en un acto público que se celebró en la propia Salamanca, tuvo un altercado con el general Millán Astray, fundador de la Legión, quien de pronto gritó: «¡Muera la inteligencia!» A partir de este grito, Unamuno se abstuvo de manifestar en público sus opiniones, hasta que, en diciembre de 1936, murió.

Fanny, aterrorizada, inquirió:

—Pero ¿cómo es posible que un general grite «Muera la inteligencia»?

—Parece ser —sugirió el corresponsal portorriqueño— que tradicionalmente los intelectuales españoles de valía han sido en su mayor parte izquierdistas, por lo que los militares miran ahora con gran desconfianza la letra impresa.

Bolen, al oír esto se rascó la barba y sentenció:

—Entiendo que dichos militares son inteligentes y demuestran saber dónde les aprieta el zapato.

¡Bueno! Estaban en Salamanca, Cuartel General, ombligo de la zona «rebelde». Enfermeras de casas ricas, oficiales golpeándose la rodilla con una caña de bambú... Y además, moros, legionarios, alemanes, italianos... Desde el mirador del hotel presenciaron el paso de una procesión. Más tarde, pasó un entierro. Chicas de la Sección Femenina, haciendo tintinear sus huchas, les pidieron un donativo para el «Aguinaldo del soldado». ¡Claro, se acercaba Navidad! Se despidieron gritando: «¡Arriba España!»

Raymond Bolen, de pronto, estalló:

—No lo puedo remediar —dijo—. Prefiero a los otros.

Así era. Raymond Bolen prefería a los «rojos», lo mismo que Fanny. Ambos serían muy capaces de justificar y de razonar sus preferencias; no obstante, comprendían que su adhesión procedía de algo más hondo que la dialéctica. Era una adhesión instintiva, como la que los irlandeses podían sentir por las gaitas gallegas. Estaban de parte de los «rojos» y deseaban su triunfo. Creían, con David y Olga, que a base de perseverancia el pueblo podía ser educado cívicamente y que, en cambio, jamás podrían serlo ni los obispos, ni los terratenientes, ni los jefes de Estado Mayor, ni Hitler, ni Mussolini. Hitler había escrito: «La mayoría jamás podrá substituir al hombre.» En cambio, Mussolini había dicho: «La historia la han hecho siempre las grandes ciudades.» Tales contradicciones eran graves en el cerebro de quienes pretendían redimir al alimón el mundo. «Que se contradigan los diabluchos de la FAI, no importa; pero que se contradigan quienes monopolizan el poder, es trágico.»

Por otra parte. Fanny y Bolen estaban seguros de que Alemania e Italia no hacían más que probar en España su poderío a fin de lanzarse más tarde contra Francia e Inglaterra. «Prueban aquí las armas.» Por eso les producía asfixia ver tantos Mussolini y tantos Hitler en los quioscos de Salamanca ¡y en el bar del hotel!

—No lo puedo remedir —repitió Bolen—. Soy de los otros.

Bien ¿y qué? Estaban allí para informar a su público, a través de la cadena de periódicos que insertaban sus crónicas, Cada noche Fanny y Raymond Bolen tecleaban en sus máquinas de escribir, estimulados por el tabaco y el whisky. Sabían que su público tenía una idea muy esquemática de la guerra española, a causa de prejuicios heredados y de la distante geografía. De modo que procuraban no complicarle la vida con sutilezas y darles una visión plástica de lo que ocurría.

Su propósito inicial era visitar Valladolid, Ávila, Toledo, los frentes del Sur, Badajoz, ¡saber lo que ocurrió en la plaza de toros de Badajoz! Granada, ¡saber cómo fue asesinado García Lorca!, y luego Sevilla y por último Zaragoza, próxima a la línea de fuego y plaza fundamental desde el punto de vista estratégico. Pero aconteció que España los hipnotizaba desde cada rincón. Cada pueblo, cada monumento, e incluso cada cuartel. Sobre todo en lo referente a Bolen, el verbo «hipnotizar» era exacto. Bolen consideraba que la guerra de España tendría trascendencia suma para el porvenir de Europa y aun del mundo habitado. «Así como las grandes transformaciones científicas —le decía a Fanny, entre dos besos— suelen producirse en pequeños laboratorios o en una modesta pizarra, del mismo modo las dos grandes y modernas concepciones de la vida se enfrentan en esta reducida plataforma que es España.»

Fanny correspondía a los besos de Bolen, pero discrepaba de su teoría.

—No estoy convencida de que esto sea tan importante —replicaba—. Desde la Torre Eiffel el general Franco debe de verse pequeñito y desde el *Building Empire State*, de Nueva York, la batalla de Brunete nos parecería un juego de niños.

Te equivocas, fiel colega. Ya van siendo trescientos mil los combatientes de cada bando y además el número no hace al caso. Lo que importa es saber quién vencerá.

Su próxima parada fue Ávila, donde evocaron el rumor según el cual «la mano de Santa Teresa guiaba a Franco en las batallas y lo inspiraba en los momentos difíciles». Lo que más los impresionó en Ávila fueron las campanas y la resonancia de sus propios pasos en la piedra y en las calles estrechas. Los cadetes de la Academia, de la que Mateo Santos acababa de salir con el nombramiento de alférez provisional, coloreaban con su presencia la ciudad.

De Ávila saltaron a Toledo, donde sacaron muchas fotografías. El Alcázar los impresionó «como impresionan los restos destrozados del enemigo victorioso». Bolen quería visitar la fábrica de armas, pero no obtuvieron el permiso necesario. En cambio, visitaron la Casa del Greco, la catedral, y contemplaron el Tajo hasta que, cansados de oír hablar de Moscardó y del Ángel de la fortaleza, pisaron el acelerador y siguieron hasta el Sur.

Rumbo a Cáceres y Badajoz, se extasiaron ante la variedad del paisaje extremeño. Había comarcas tan abandonadas y hostiles, que no les sorprendió que de ellas partieran tantos voluntarios para el descubrimiento de América. Pero las había tan grandiosas, que era lógico que dichos voluntarios enfermasen de añoranza. En Mérida, lugar particularmente afectado por «la limpieza» decretada en los primeros meses por Queipo de Llano, un camarero, al ver la matrícula extranjera del coche, se sinceró con ellos, asegurándoles que muchos campesinos se llegaban cada día a la frontera de Portugal y escupían en terreno portugués, como signo de protesta por la ayuda que Oliveira Salazar prestaba a Franco.

En Sevilla, las anécdotas relativas al general Queipo de Llano eran innumerables. Sin embargo, ninguna de ellas conseguía divertir lo más mínimo a la pareja, hasta que, en el hotel en que se hospedaban, el vigilante nocturno les contó que el general, al que dicho vigilante llamaba don Gonzalo, era verdaderamente popular en la ciudad y en la región, pues poseía el don de la originalidad y una indiscutible magia personal. «Claro que tiene enemigos: todas las familias afectadas por las llamadas "medidas de seguridad". Pero por la calle lo siguen las mujeres, los niños y los soldados, y gran parte de la población repite sus frases e imita su manera de hablar.»

Les hubiera gustado visitar a Granada y Córdoba, pero se habían entretenido ya mucho y su principal objetivo era Zaragoza. Córdoba, porque, en opinión de varios de los colegas que encontraron en Salamanca, era con mucho la ciudad andaluza más seductora, sobre todo cuando la luna se escurría por sus paredes encaladas, y Granada, porque ansiaban conocer detalles sobre la muerte de García Lorca. Ahora bien, todo el mundo los desanimó al respecto. «El tema es tabú en Granada, nadie soltará una palabra.» «Nadie sabe nada.» El gerente del hotel dio como cierto que los guardias civiles que mataron al poeta ignoraban que se tratase de «un hombre tan eso, tan requeté-conocido». Pero acto seguido añadió: «De todos modos, ¡quién sabe!» En vista de ello, renunciaron a seguir en Andalucía y dando media vuelta tomaron la dirección de Zaragoza.

La capital aragonesa les pareció, de entrada, caótica, pero sin duda de la máxima utilidad, pues en ella se habían dado cita combatientes de todas las armas, desde chóferes del Parque Móvil, entre ellos Miguel Rosselló, hasta pilotos de bombardeo, entre ellos Jorge de Batlle. Zaragoza era, en resumen, una suerte de balance de la complicada máquina de guerrear, y les pareció muy natural que Durruti se obsesionara con tomarla al asalto. Fanny y Bolen visitaron varias veces el templo del Pilar, cuya arquitectura juzgaron horrible, comprobando que a cualquier hora del día en su interior avanzaba en fila india una multitud de fieles para besar la columna marmórea que sostenía la imagen de la Virgen, columna que aparecía ya desgastada por el roce de tantos labios. Alguien les dijo que en un bombardeo enemigo una bomba cayó en la acera del templo y que al rellenar el boquete se vio que la silueta tenía forma de cruz. Fanny y Bolen estuvieron contemplando esta cruz, que les pareció bastante perfecta. «Llega un momento —comentó Bolen— en que no sé si los idiotas son ellos o si lo soy yo.»

Sí. Zaragoza fue para la pareja la piedra de toque y sus calles y cafés constituyeron para sus profesionales ojos un documento válido. El Ebro bajaba fangoso. En un bar asistieron al singular reto de dos legionarios ya maduros, con cuatro ángulos en el antebrazo, que apostaban sobre quién se clavarían más palillos en las encías y en los intersticios de los dientes. En el altar del Santísimo de una iglesia muy concurrida, un cartel advertía a los visitantes: «Cuidado con los bolsos». Los limpiabotas vendían postales pornográficas, dotadas de movimiento, y los camareros, al recibir la propina, gritaban: «¡Bote!» De pronto sonaban las sirenas de alarma, y Bolen temía por su coche.

El ocho de diciembre, día de la Inmaculada, se disponían a cruzar por centésima vez el Paseo de la Independencia, cuando advirtieron que delante de una librería se había formado un ruedo de curiosos, pendientes de algo que ocurría en el centro. Los dos periodistas se acercaron al grupo, preparadas las máquinas de retratar. Cuando estuvieron a pocos metros, alguien les dijo:

—Un moro. Han matado a un moro. Llevaba un cinturón de orejas.

Fanny y Bolen se miraron, creyendo que se trataba de una broma de mal gusto. Sin embargo, se acercaron más y comprobaron que no había tal broma. En el suelo yacía, en efecto, un moro muerto, cuyo cinturón consistía en un alambre en el que había ensartado, agujereándolas por el centro, una retahíla de orejas. Orejas, según se decía, cortadas a los cadáveres «rojos» después de un combate en el sector de Huesca. Un teniente del Ejército se había dado cuenta de ello porque el moro se emborrachó e iba perdiendo la ropa, y sacándose la pistola lo dejó seco.

Fanny horrorizada, huyó. Por el contrario, Bolen no se

cansaba de sacar fotografías del teniente, de las orejas, del moro muerto y por último de la ambulancia, que llegó a toda prisa alborotando la ciudad.

No obstante, la euforia del periodista belga duró poco. Apenas Fanny se reintegró a su lado, y en el momento en que el moro penetraba horizontal y dulcemente en la parte trasera de la ambulancia, tres muchachos con uniforme de Falange se plantaron delante de Bolen y le rogaron que les entregara la máquina fotográfica. Su tono era tan enérgico, que Fanny se anticipó y descolgándose la suya del hombro se la entregó al falangista más próximo.

Bolen dudó. Seis ojos como seis flechas lo miraban. Por fin hizo una mueca y accedió:

—De acuerdo.

—Vengan con nosotros.

En comitiva se dirigieron a un local de Falange que había en la calle del Coso, donde ambos corresponsales fueron invitados a sentarse; Bolen, debajo de un retrato de Franco; Fanny, debajo de uno de José Antonio. A sentarse... ¡hasta el día siguiente! Porque el revelado de las películas delató lo que los falangistas habían sospechado: todas eran imágenes de la España negra y siniestra, con sólo el respiro de unos olivos andaluces y de un par de perspectivas de la catedral de Toledo. Más tarde, las copias fueron implacables testimonios de la selección que Bolen y Fanny habían hecho. Niños descalzos, niños famélicos, viejas enlutadas que al andar casi lamían el suelo, ruinas, dos guardias civiles llevando esposado a un detenido...

—¿Cuánto tiempo llevan ustedes en España?

—Unos meses.

—¿En esta zona?

—Doce días.

—¿Y en doce días no han visto más que eso?

—Somos periodistas profesionales. No sabíamos que estuviera prohibido fotografiar mujeres y niños.

—Saben ustedes muy bien lo que he querido decir. Bueno, acomódense para pasar la noche, y en cuanto amanezca lárguense y ¡arriba España!

Sin cenar, sin apenas dormir, «acomodados» toda la noche en el incómodo taburete, Bolen debajo de Franco, Fanny debajo de José Antonio. Fanny y Bolen se miraron centenares de veces, procurando conservar el humor. Los centinelas se iban turnando en la puerta. Todos eran muy jóvenes. Disponían de una gramola y obsequiaron a los dos periodistas con interminables sesiones de himnos.

Por fin, amaneció... Y la Falange zaragozana hizo honor a su palabra. A las seis y media de la mañana, Fanny y Bolen se encontraron libres, en la calle. La ciudad estaba desértica, excepto algún tranvía y unos cuantos camiones transportando tanques de gasolina. También se oían algunas campanas. Bolen se desperezó sin pudor y repitió, en broma:

—¡Arriba España!

Fanny pegó un puntapié a una lata vacía que, rebotando a capricho en el enlosado, se detuvo justo en una parada de autobuses. Cogidos de la cintura y besuqueándose se dirigieron al lugar donde la víspera habían aparcado el coche, delante de una tienda de comestibles. El coche seguía allí, pero a Bolen le pareció que era más bajito. Acariciándose la rubia y rizada barba se acercó y descubrió la razón: los cuatro neumáticos habían sido perforados. Además, la carrocería y los cristales estaban atestados de una sola palabra repetida: «Cabroncetes.»

Los dos periodistas se miraron una vez más. Por fortuna, eran veteranos en estas lides.

—¿Qué opinas, Fanny?

—No sé, hijo. La palabra suena bien. Y si mal no recuerdo, mi querido policía particular, Julio García, la empleó en varias ocasiones refiriéndose a ti.

—¡Vaya! —exclamó Bolen—. Nada hay nuevo bajo el sol.

Decidieron seguir tomándolo todo a broma. Vieron pasar, corriendo, un soldado. Luego, los dos periodistas se colocaron uno enfrente del otro y saludaron con el brazo extendido.

—¡Viva Franco!

—¡Viva!

—¡Arriba España!

—¡Arribaaa...!

Bolen bajó, cansado, el brazo.

—Ahora, Fanny, repite conmigo, si quieres: «En España no hay niños pobres.»

—No, señor, no los hay.

—Ni mujeres famélicas.

—No las hay.

—Ni cinturones de orejas.

—Tampoco los hay.

—En España no hay más que una pareja extranjera besándose en la calle a las siete de la mañana.

No todo acabó ahí. De regreso a Francia, dando por terminada su aventura en la España «nacional», en la frontera fueron cacheados escrupulosamente. «La Voz de Alerta», cansado de que «los extranjeros se la jugasen», había dado orden de desnudarlos a todos, sin contemplaciones, excepto a los diplomáticos. Bolen, desnudo, parecía un fauno, con su barbita rubia. Fanny era ya mayor; las carnes se le caían. Les registraron incluso la dentadura y los carabineros se miraron entre sí al advertir que lo único que los dos periodistas se llevaban de España era una colección de insignias de solapa —Bolen las coleccionaba— y dos pares de castañuelas.

CAPÍTULO XLI

MATEO, AL SALIR de la Academia de Ávila, en la que aprobó con dignidad los cursillos de alférez, fue destinado al frente de Aragón, a la División de Muñoz Castellanos. Inmediatamente notó que el gorro de alférez pesaba más que el de soldado... Su llegada al frente coincidió con la festividad de la Inmaculada. Ello lo conmovió y lo incitó a realizar un proyecto antiguo que había ido demorando: prometió guardar castidad hasta el final de la guerra, implorando a cambio la salvación de su padre, don Emilio Santos, del que no tenía noticia alguna. Por otra parte, la fiesta de la Virgen le trajo a la memoria la anotación de Pilar en su libro de Historia: «Virgen Santa, Virgen pura, haced que me aprueben de esta asignatura.»

En aquellos días, un cúmulo de acontecimientos zarandeaban el ánimo de Mateo. Además de su ingreso en el cuadro de oficiales del Ejército —¡extraño poder el de enviar hombres a la muerte!—, le llegó la noticia de que Octavio había caído prisionero de los «rojos» en una emboscada. Mateo bajó la cabeza y se tapó el rostro con una sola mano. ¡Octavio prisionero! Mateo no podía olvidar que el muchacho, ex funcionario de Hacienda, fue su primer camarada en Gerona. Entró en una capilla y rezó por su amigo: «Octavio, ¡que Dios te acompañe!», al tiempo que maldecía al miliciano o a los milicianos que, con toda probabilidad, en aquellos momentos habrían ya disparado contra él.

Otro acontecimiento: Montesinos y Mendizábal habían recobrado la libertad. Casi todos los falangistas detenidos a raíz del decreto de Unificación habían salido de la cárcel, exceptuando a Hedilla, el jefe, y a sus colaboradores más allegados. Se rumoreaba que Hedilla sería deportado a las Islas Canarias o a Baleares. Mateo se alegró de la suerte de sus camaradas del Alto del León; pero, considerando que la falta que cometieron fue grave, cerró la llave de los sentimientos y decidió repudiar a aquéllos por medio del silencio.

Por último, Ignacio le envió desde Valladolid primero un telegrama y luego una carta. Mateo tembló leyéndolos y salió radiante de la chabola como dispuesto a conceder a los soldados a sus órdenes rancho extraordinario. El telegrama informaba a Mateo de que Ignacio había llegado sano y salvo a la España «nacional» y la carta le ponía al corriente de la situación general en Gerona y de las andanzas personales del muchacho. Ignacio terminaba diciéndole: «Si no sintiera una innata aversión por la disciplina, te rogaría que me aceptaras a tu lado en calidad de asistente». ¡Ignacio asistente de Mateo! «A sus órdenes, mi alférez.» Sería chusco. Mateo pensó en Ignacio con dulce amistad. Recordó las horas y los días de estudio en casa del profesor Civil, las discusiones bajo los arcos de la Rambla. En una de éstas, Ignacio le había preguntado: «¿Cómo eliminar los partidos políticos? Solamente es posible creando uno solo, más despótico que las luchas entre los demás». En otra ocasión le dijo: «Exigís disciplina, peligro y alegría. En otras palabras, morir cantando. ¿Para qué? Hace muchos años que en España la gente muere cantando. Ahora lo que la mayoría quiere es poder cantar en vida, con los del Orfeón». ¡Ignacio...! ¿Estaría dispuesto a tomar un fusil? Tampoco aclaraba Ignacio la situación del padre de Mateo, don Emilio Santos. «Desde que se marchó de casa no volvimos a saber de él.» ¿Ocultaría alguna mala noticia? Respecto a Pilar, Ignacio escribía escuetamente: «Sólo piensa en ti, Mateo. Se pasa las horas mirando el Oñar, por si te ve aparecer nadando o al mando de una piragua.»

Mateo no olvidaba a sus falangistas de Gerona, que combatían dispersos por la España «nacional». Quincenalmente les escribía y era correspondido. El despliegue de estos hombres lo halagaba. «Los formé yo.» ¡Y qué amor propio demostraban! Cada uno de ellos pretendía que el arma en que luchaban era la más peligrosa o la más eficaz...

Jorge de Batlle estimaba que lo más arriesgado era pilotar un avión. «Te crees un ángel y ¡pum!, derribado, es decir, muerto. Porque tirarse en paracaídas en territorio enemigo es peor que morir.» Jorge había soltado ya toneladas de bombas y una cosa no ofrecía dudas para él: los soldados de Infantería conocían sólo la guerra miniatura. No habían visto más que un par de trincheras en la cota tal o en la loma cual. Lo grandioso de la guerra era la aviación. Orientarse en el espacio, perforar las nubes, arrasar un poblado, convertir una estación en chatarra, un caballo en recuerdo...

En alta mar, ocupaba su puesto Sebastián Estrada, jubilosamente ingresado en la Falange Tradicionalista y de las JONS. Mateo se había llevado una sorpresa con el hijo menor del jefe de la CEDA en Gerona. Sebastián Estrada era de por sí tan miedoso, que Mateo pronosticó: «En cuanto vea pasar un banco de sardinas, sufrirá un colapso.» Y no fue así. El chico se dejó tentar por el embrujo del agua. Servía en el crucero *Baleares*, donde cumplía como el mejor, convencido de que servir en la Marina era lo más duro de la guerra. Las grandes tormentas pertenecían a un orden más allá del pensamiento; y la calma, la calma del mar, a veces amenazaba con hacer añicos el cerebro. «¿Aviación? —clamaba Sebastián Estrada—. ¡Enchufados! Una hora de vuelo y tres días de descanso en la base, chupando naranjada con una cañita. Y otro tanto cabe decir de Artillería e Infantería. ¡La tierra es firme, sostiene al hombre! Un barco en el océano es una cáscara de nuez, algo ridículo, que siempre cruje como si fuera a hundirse al minuto siguiente.»

El hermano de Sebastián Estrada, Alfonso Estrada, luchaba de nuevo en el Tercio de Nuestra Señora de Montserrat, renacido éste con admirable brío después de las pérdidas sufridas en Belchite. El muchacho se había vuelto tan silencioso, que sus camaradas le llamaban *Sordina*, pues con su presencia parecía amortiguar los sonidos del mundo. Alfonso Estrada estimaba que lo peligroso y decisivo fue siempre y continuaría siendo la Infantería. «Los barcos avanzan a no sé cuántos nudos por segundo y los aviones no digamos. ¡Menuda bicoca! En Infantería, nada, clavados en tierra como espantapájaros. Además, pecho descubierto o, lo que es peor, ofreciendo la espalda... ¡Para qué hablar! Mi hermano está hecho un tunante y a Jorge querría yo verlo con un machete senegalés a dos palmos de la barriga.»

Miguel Rosselló defendía con tesón las supremacías del SIFNE, del Servicio al que estuvo adscrito hasta el momento en que se le concedió un gigantesco camión del Cuerpo Móvil. Era el que más asiduamente escribía a Mateo. «¡Camamas! Lo verdaderamente espeluznante es el espionaje. Meterse en la boca del lobo. Ahí te quiero ver. Vas andando por Madrid tan tranquilo, y de pronto se te acerca un señor muy serio y te dice: "Por favor, ¿tendría usted la amabilidad de acompañarme a la checa de Riscal?» Y ni siquiera te llamas Rosselló. Te llamas Miguel Castillo y tienes en cualquier sitio una madre de mentirijillas que te adora.»

Mateo, en el frente de Aragón, en la División Muñoz Castellanos, seguía manejando los hilos de todos sus camaradas de Gerona. Su lema era éste: «No perder contacto.» Cuerpos separados, pero ideal común y amistad. ¡Peligro, dureza de la campaña, perforar, machetes! ¡Bah! Nada tan temerario como ejercer de alférez provisional. ¡Se había hablado de ello tanto! Era preciso morir cuanto antes, so pena de convertirse en el hazmerreír, en el hazmellorar, en un desecho de hombre. Y luego, tierra y más tierra sobre la cara y el uniforme hasta quedar sepultado.

Mateo mandaba un pelotón de hombres castellanos. Se les impuso desde el primer momento por su integridad y por un imán que había conseguido y que actuaba de amuleto. Su tienda de campaña era triangular como el pañuelo picudo que algunas mujeres llevaban en la cabeza, y en su lona había escrito: «¡Arriba España!» A sus hombres les dijo: «Si tenéis alguna queja, nada de chismorreos. Me la exponéis y en paz.» Su asistente se llamaba Morrotopo. Lo llamaban Morrotopo no se sabía por qué. «Mi alférez —le decía—, ¿por qué no me traspasa esa monada del Japón? Usted conseguiría otra cuando le pasara por las narices.» A Morrotopo le gustaba la japonesa porque en la fotografía tenía las pestañas largas y porque escribía las cartas en papel perfumado. Mateo objetaba: «Pero, ¡si no sabes escribir, Morrotopo!» «¿Cómo que no, mi alférez? La única letra que se me resiste es la H.»

Moncho no quería de ningún modo pasar las Navidades en zona «roja».

La Nochebuena en la guerra
no vale como Nochebuena.
A España le falta paz,
a España le sobran penas.

En cuanto Ignacio se hubo pasado, Moncho no paró ni veinticuatro horas en el Hospital Pasteur. Además de las intencionadas preguntas de Sigfrido: «¿Dónde está el capitán? ¿Se lo ha tragado la tierra?», le dio miedo el primo de Ignacio, José Alvear. «Si se arrepiente de lo hecho y se acuerda de que existo, se presenta aquí y me pega cuatro tiros.» Moncho escribió una postal a sus padres, que seguían en Lérida, y confiando en su experiencia montañera y andariega abandonó Madrid, con el milagroso salvoconducto que significaba llevar consigo un botiquín y, cosida en el antebrazo, una visible cruz roja. El instinto le aconsejó trasladarse al sector de Torrelodones, adonde llegó saltando de camión en camión. Se pasó allí dos días preguntando y husmeando el terreno. De noche, contemplaba las estrellas y el fantástico espectáculo que ofrecían las bengalas luminosas que la aviación «roja» seguía lanzando de vez en cuando, en paracaídas, para localizar los objetivos. ¡Qué hermosa era la nocha decembrina, la gran noche invernal! Costaba admitir que uno era fugitivo. Todo parecía estar en su sitio, que ocupaba su sitio desde siglos remotos. ¿Huyendo no quebraría el ritmo establecido? ¿Era lícito desplazarse, moverse? Moncho conocía la embriaguez del campo dilatado. Moncho amaba la paz y el firmamento.

Cuatro días después que Ignacio, al romper el alba, el anestesista del Hospital Pasteur dio el salto. Caminó agachado, pisando de modo tan leve que ni siquiera hubiera despertado a los insectos. El terreno por el que avanzó tenía más arrugas que sus pies. Fugitivo afortunado... Más afortunado que Ignacio, cayó en manos de una avanzadilla del Ejército «nacional» compuesta de un cabo y seis soldados, los cuales se aburrían mortalmente en la trinchera.

Sí, la odisea de Moncho distrajo a aquellos hombres, uno de los cuales, al registrarlo y ver el reloj de arena, le ofreció por él cinco latas de sardinas y una de calamares. Moncho rechazó con indulgencia. En cambio, obsequió a sus anfitriones con varios periódicos de Madrid, que fueron recibidos con estupor y curiosidad supersticiosos.

Después de almorzar y tomar café, Moncho fue conducido a presencia del comandante del sector, el cual, previa llamada telefónica a Valladolid, dejó al muchacho en libertad para trasladarse a la ciudad castellana y reunirse allí con sus amigos.

La noticia del paso de Moncho colmó de júbilo a Ignacio, entre otras cosas porque la oficina de reclutamiento le había comunicado al último que debería incorporarse en el plazo de cuarenta y ocho horas. Moncho se reuniría con él muy pronto. ¡Hurra! Precisamente Ignacio llevaba toda una tarde advirtiéndole a Marta y María Victoria: «Atención al teléfono, que sonará de un momento a otro.»

Las muchachas estaban intrigadas con Moncho.

—¿Cómo es tu amigo?

—Medio aristócrata —había contestado Ignacio.

—¿Qué profesión tiene?

—Le faltan dos cursos para terminar Medicina.

Marta cedió a su reflejo condicionado y preguntó:

—¿Es de Falange?

—¿Quién? ¿Moncho? ¡Eso tiene gracia!

Moncho hizo el viaje en tren. Su padre le había hablado muchas veces de la meseta castellana, centro o cogollo de España. «No es verdad que los hombres rijan allí su vida por los refranes; pero sí que, en los pueblos, son más austeros que los de la periferia. El mar es sensual.» Llegado a Valladolid —vestía un viejo uniforme caqui que le regalaron al pasarse—, el muchacho se apeó de la estación y echó a andar, incómodo porque continuamente tenía que estar saludando a los oficiales con los que se cruzaba. «No nací yo para esto», se decía.

Dirigióse a casa de Marta y allí sorprendió la gran concentración familiar. María Victoria, al verlo, exclamó, mordiéndose el índice:

—¡Ay, este chico tiene la cabeza oblonga!

Moncho, ruborizado, miró a Ignacio; pero María Victoria se apresuró a añadir:

—No te preocupes, hombre. Yo la tengo de serrín, y tan contenta.

Marta recibió al chico con más solemnidad.

—Estaba muy impaciente por conocerte. Ignacio no ha hecho más que hablarnos de ti.

Los dos muchachos se abrazaron y en tanto Marta, ejemplar dueña de casa, preparaba una suculenta merienda —Ignacio siempre le preguntaba si se incluía ella en los repartos de Auxilio Social—, Moncho e Ignacio se contaron la respectiva odisea.

—Afiné mucho —informó Ignacio—. Fui a parar a una trinchera de moros y por poco me cortan en lonchas y me ofrecen en bandeja a Alá. Me salvó el oficial de guardia.

—Lo mío fue más fácil —comentó Moncho—. Me recibieron soldados del Ejército, una escuadra. Buenos chicos. ¡Nunca creí que los periódicos rojos les llamaran tanto la atención! Querían que me quedara allí, con ellos.

Ignacio advirtió que Moncho se había traído el estuche de aseo y una brújula.

—No podía fallar —rió Ignacio—. La manía de lavarte y de saber dónde estás.

La merienda transcurrió amigablemente. Moncho cautivó a María Victoria y a Marta. Ignacio no había exagerado: había en él algo contenido, el sello que «La Voz de Alerta» llamaba *racial*. El espigado color de sus cabellos, rubio de montaña, poetizaba sus ojos, por otra parte enérgicos. El escepticismo de que Ignacio habló había dibujado en su boca una sonrisa de indulgente comprensión. Era obvio que no resultaría fácil sacar de sus casillas a Moncho. Sin duda había influido mucho, en su serenidad, su profesión de anestesista. «Un poco de éter y todos iguales.» «Un poco de éter y se duermen las pasiones y el más soberbio se apea del caballo.» Por supuesto, mirándolo y oyéndolo, nadie hubiera adivinado que acababa de jugarse la vida, que dos días antes se encontraba en Madrid, solo, oprimido por un mundo hostil. Por si ello no bastaba, tenía una voz armoniosa y clara, pese a su marcado acento catalán.

Las dos muchachas se encandilaron oyéndole hablar. El padre de Marta había opinado siempre que los hombres que ejercían la Medicina eran más sabios que los demás hombres. Que establecían sin dificultad asociaciones de ideas que al resto de los mortales les estaban vedadas.

—No exageremos —protestó Moncho—. Cada profesión tiene sus enseñanzas. Y también se encuentran sabios entre la gente que no hace nada.

María Victoria comentó:

—Sin embargo, nos contarás cosas...

Moncho sonrió. Por primera vez desde hacía mucho tiempo el muchacho tomaba un café soportable.

—No sabéis lo que esto significa —dijo, pidiendo otra taza y encendiendo voluptuosamente un pitillo.

Ignacio le preguntó por las últimas novedades en zona «roja» y Moncho le puso al corriente. Los informó que había muerto Comas y Solá, el astrónomo del Observatorio Fabra, y afirmó que los rumores sobre una ofensiva «roja» en Teruel respondían a una realidad. «El Campesino y Líster han llegado ya al sector.» Dirigiéndose a Ignacio, añadió: «Ya sabes lo que eso significa.» Luego les contó la impresión que le produjo un muchacho muy joven, requeté navarro, que llevaron al Hospital Pasteur a poco de marcharse Ignacio. Un jefe de las Brigadas Internacionales lo había hecho prisionero cerca de Toledo y lo llevó al hospital, herido. El jefe era un hombre de unos cincuenta años, viudo, al parecer. No paraba de hacerle preguntas al prisionero y al final les confesó a sus ayudantes que jamás en la vida le había asaltado una duda tan violenta. «No sé si fusilar al muchacho o adoptarlo. Me gustaría tener un hijo así.» Moncho, consciente de la glotonería con que era escuchado, dio un viraje y habló de una plaza de Madrid a la que llamaban plaza del *Gua*, porque los hoyos que los proyectiles «fascistas» hacían en ella eran idénticos a los que cavaban los niños del barrio para el juego de ese nombre. Luego dijo que le gustaría felicitar por escrito a los cronistas de guerra «nacionales», «Spectator», «Justo Sevillano», «Javier de Navarra» y «Tebib Arrumi», por su incansable labor. Por último, habló de lo difícil que resultaba no perdonar a un hombre, no sentir pena por él e incluso no amarlo, si uno se tomaba la molestia de mirarle con atención el rostro, a sus facciones una por una; si uno se fijaba en cómo le temblaba el labio, o le veía nacer una arruga en la sien, o controlaba los espasmos de sus manos o se daba cuenta del momento exacto en que le retrocedían con tristeza los ojos. «La vida es soportable porque miramos a los seres en su conjunto. La piel, milímetro a milímetro, nos obligaría a amar tanto que no lo soportaríamos.»

La madre de Marta, que había acudido a dar la bienvenida a Moncho, le preguntó:

—¿Crees que la duda del jefe internacional de que has hablado provino de eso, de que miró las facciones del muchacho requeté una por una?

Moncho afirmó, sin pedantería:

—En ese caso concreto, lo puedo asegurar. Estaba allí y me di cuenta.

María Victoria suspiró. Y entonces Moncho, cambiando súbitamente de tono, preguntó a Ignacio:

—¿Y tu familia? ¿Fuiste a Bilbao?

El rostro de Ignacio se ensombreció.

—No, pero ayer recibí carta de la abuela y están bien, sin novedad. ¡Bueno! Un hermano de mi madre está en un batallón de trabajadores.

—¿Y a Burgos? —preguntó Moncho—. ¿Pudiste ir?

Ignacio tardó un momento en contestar.

—Sí. Fui a Burgos... —Marcó otra pausa—. Los falangistas mataron a mi tío la primera noche.

Moncho hizo una mueca.

—Lo siento, Ignacio.

Marta enrojeció. Sabía que bastaba una alusión al tema para que Ignacio se transformara. Ignacio no conseguía perdonarse a sí mismo la frialdad que lo invadió en la calle de la Piedra, en Burgos, al enterarse de la noticia.

La madre de Marta intervino con oportunidad y propuso centrar la conversación en el problema más inmediato, que los afectaba a todos: el que planteaba la obligada incorporación de los muchachos. Sus respectivas quintas estaban llamadas. Y era hora de decidirse. La madre de Marta confiaba en conseguir, si las circunstancias se ponían de su parte, que Ignacio y Moncho fueran admitidos en el arma de su gusto y elección.

—Desde luego, si decidierais continuar en Sanidad, creo que no habría dificultades.

Moncho negó con la cabeza. Personalmente, prefería ser admitido en el Batallón de Montaña de guarnición en el Pirineo Aragonés, en la provincia de Huesca. Se había informado acerca de ello por un capitán médico que encontró en el tren. Había otros dos batallones montañeros, uno en Sierra Nevada y otro en el Guadarrama. «Me gustaría el del Pirineo, porque en él también hay esquiadores y porque, llegado el momento, será el que avanzará sobre Cataluña.»

Ignacio, aunque conocía el sistema de Moncho, que consistía en quitarle importancia a las cosas, se quedó viendo visiones. Ya en Madrid, su amigo le había hablado de este proyecto, pero jamás supuso que lo hiciera en serio.

—Pero... ¿te das cuenta de lo que estás diciendo? Tú, claro, naciste con esquís en los pies. Pero ¿y yo? Una vez vi un par de ellos en un escaparate.

Moncho no se inmutó. Afirmó que aquel aspecto de la cuestión corría de su cuenta.

—Estoy bien informado. Hazme caso, Ignacio. Aquí se trata de conseguir una recomendación para el comandante del sector. En un Batallón de Montaña hay muchos destinos y no todo el mundo ha de prestar servicio en las posiciones de dos mil metros de altura.

Ignacio no pareció muy convencido, pero la madre de Marta preguntó rápidamente:

—¿Qué general manda aquella División?

María Victoria no dudó en contestar:

—Solchaga.

—¡Huy, pleito ganado! —exclamó la madre de Marta; y volviéndose hacia Ignacio, añadió—: Por ahí no hay dificultad, Ignacio.

Éste seguía perplejo. ¿Por qué aquel empeño de Moncho? Casi se enfureció con él.

Pero Moncho lo atajó:

—¿Es que prefieres irte a la Legión o a antitanques? Ni tú ni yo hemos nacido para eso, Ignacio. Pegar tiros no es para nosotros. He pensado que en un batallón así, especializado, nos resultaría más fácil cumplir con nuestro deber. —Fijó la mirada en Ignacio y añadió, sonriendo—: Claro, mi propuesta es un poco egoísta, lo sé. Pero dime si ves otra solución.

El labio inferior de Ignacio temblaba y el muchacho temía que Moncho se diera cuenta. En cuanto a Marta, había tensado los nervios del cuello. «Ni tú ni yo hemos nacido para eso, Ignacio.» ¡Disonantes palabras, en un momento en que millares de hombres lo daban todo, en que Mateo acababa de escribir: «¡Rezad para que mi muerte sea honrosa!» Aquello significaba, ni más ni menos, escurrir el bulto. Marta se disponía a hablar; pero su madre, adivinándole el pensamiento, la fulminó con la mirada.

—Moncho tiene razón —ironizó María Victoria—. Ha argumentado lo mismo que José Luis, cuando se dio cuenta de que los morterazos no le gustaban. «No creo que servir en Auditoría sea una deshonra —me dijo—. Hay muchas maneras de cumplir como un buen patriota.»

Moncho la miró.

—¿Y tú qué crees? ¿Que es falso lo que dijo?

María Victoria fumaba con lentitud. La mirada de Moncho pareció desconcertarla.

—La verdad es que todavía no he resuelto la cuestión.

—Ni la resolverás —arguyó Moncho, con voz segura y bien timbrada—. Nadie sabe hasta dónde es lícito exigir de un hombre. Ahora está de moda ser héroe, morir temprano. Lo mismo en esta zona que en la zona roja. ¿Te has preguntado cómo veremos este asunto dentro de veinte años? De tu familia no sé nada, pero sí sé de la de Ignacio y de la de Marta. ¿Qué queréis, pues? ¿Qué muramos todos? ¿Prefieres a José Luis muerto que a José Luis juez? Los rojos, al empezar la guerra, eran decenas de millares en busca de un fusil. Y ya ves. Personalmente, no me dejo influir por los himnos. Ignacio conoce mis ideas. Me he pasado porque creo que si Franco gana la guerra por lo menos mantendrá el orden. Del resto, no entiendo una palabra ni creo que entienda una palabra nadie. Los chicos tocando el timbal me destrozan los tímpanos. —Moncho se paró. Y al cabo de un silencio añadió—: Os advierto que mi novia, que se llama Bisturí, también se decepcionaría oyéndome. Pero yo os propongo que nos ayudéis a Ignacio y a mí a ingresar en ese Batallón de Montaña.

La madre de Marta se levantó y se dirigió con decisión al teléfono, sin consultar con su hija. Los dedos de ésta jugueteaban con la cruz gamada que le regalaron en Berlín, mientras Ignacio, que se había levantado y acercado a la ventana, miraba a la calle.

María Victoria observaba a Moncho. Y éste, sereno, sorbiendo su tercera taza de café, pensaba que era una lástima que, tal vez a causa de la guerra, hubiera muerto un astrónomo tan ilustre como el del Observatorio Fabra, Comas y Solá.

La madre de Marta se mostró eficaz. Ignacio y Moncho fueron admitidos en el Batallón de Montaña número 13, sector de Huesca, en la Compañía de Esquiadores, al mando del comandante Cuevas, veterano de África. En dicha Compañía figuraban varios de los campeones españoles de esquí. El comandante Cuevas fue informado de que los dos muchachos eran sanitarios.

Marta se esforzó en comprender a Moncho y a Ignacio. No le resultaba fácil, pero su madre la advirtió:

—No cometas ninguna insensatez. Más tarde te dolería.

¿No crees que hemos pagado ya nuestro tributo? Ojalá Ignacio no tenga que disparar un solo tiro.

—Hay familias en Valladolid que han entregado cinco hijos.

—¿Qué pensarán esas familias dentro de veinte años?

—¿Qué pensarían si nadie tomara ahora un fusil?

—Marta, por todos los santos. José Luis te señala el camino... Y José Luis es juez.

Marta le prometió a su madre dominarse y cumplió su promesa. Organizó en casa un baile de despedida en honor de los dos muchachos, baila al que asistieron otras chicas de la Sección Femenina, así como algunos italianos convalecientes en el hospital. Ignacio, satisfecho de la reacción final de Marta, a la que dijo: «Cometerías un error si me consideraras un cobarde», le preguntó a la chica si entre los italianos se encontraba Salvatore.

—¿No será aquel del bigotito, con cara de memo?

—Por desgracia —coqueteó Marta—, no ha venido. Si no, ¿a santo de qué bailaría yo contigo?

A última hora llegaron más chicas aún, una de las cuales se entusiasmó de tal forma ante la oblonga cabeza de Moncho, que se plantó delante de éste y le propuso ser su madrina.

—Me llamo Susana. Te trataré bien. ¡Tengo la impresión de que eres un tesoro!

—Lo soy —rubricó Moncho—. Pero ¿qué necesidad hay de ser un tesoro?

Susana le miró con fijeza y comentó, riendo:

—En eso no había caído.

CUARTA PARTE

Del 25 de diciembre de 1937
al 1 de abril de 1939

CAPÍTULO XLII

EL DÍA EN QUE IGNACIO Y MONCHO llegaron al Valle de Tena, a cuyo
Cuartel General, radicado en Panticosa, debían presentarse, y
en el momento preciso en que Ignacio exclamaba, viendo el
río Gállego y los pueblecitos y las altas montañas: «¡Qué maravilla!», empezó la batalla de Teruel. La planteó e inició el
Ejército «rojo», confirmando con ello las advertencias de Moncho y de otros desertores llegados a las filas «nacionales». La
embestida pilló prácticamente de sorpresa a los escasos defensores de la ciudad, capital del sur de Aragón, por lo que los
militares alemanes se enfurecieron una vez más. Coincidiendo
con la opinión de don Anselmo Ichaso, no se explicaron por
qué el Alto Mando había concedido a las tropas que vencieron
en el Norte un descanso tan prolongado, un descanso de varias semanas. Schubert, el delegado del Partido, comentó:

—Entre los descansos y esa manía de respetar las ciudades, la guerra se prolonga un mes y otro mes. ¿Cree usted,
comandante Plabb, que esto es sensato? ¿Ha visto usted en
algún manual militar que se hable de lágrimas y de patrimo-
nios artísticos? Yo, no.

—Los españoles son primitivos —arguyó el comandante
nacido en Bonn—. O sea, mitad sentimentales, mitad lo contrario.

—¿A qué viene eso ahora? —interrumpió Schubert—. Es
preciso que hable cuanto antes con el embajador.

—Yo no lo haría —aconsejó el comandante Plabb—. Tal
vez no esté mal pensado dejar la iniciativa a los rojos. El que
ataca es el que más expone. En Brunete y Belchite se les hizo
una carnicería.

Schubert aspiró con nerviosismo un poco de rapé.

—Eso es distinto. Aquí tienen una aplastante superioridad
en tanques y carros de combate.

En términos muy parecidos, esta conversación fue sostenida en centenares de cuarteles, de Planas mayores y de trincheras. El contratiempo era grave. La División de que formaban parte Salvatore y Miguel Rosselló y que estaba preparada para asaltar definitivamente Madrid recibió orden de trasladarse a Teruel, lo mismo que la División Muñoz Castellanos. Mateo, alférez en esta última, al montar en el camión enseñó a la tropa el pequeño imán encontrado al pie de una alcantarilla y dijo, intentando alegrar a sus hombres: «Veréis con qué facilidad atrapamos con esto a los rojos»; pero, excepto su fiel asistente, Morrotopo, nadie se rió.

«La Voz de Alerta» fue culpado de negligencia. El SIFNE, que durante la ofensiva de Belchite se había mostrado eficiente, esta vez actuó sin convicción y con retraso. Don Anselmo Ichaso le recordó a «La Voz de Alerta» que el movimiento de las tropas enemigas era más importante aún que la salida de material de los puertos extranjeros. «Sospecho que a usted y a mi hijo les produce mayor satisfacción atrapar un espía que enterarse de que el Ejército rojo atacará masivamente Brunete o Teruel.»

«La Voz de Alerta» se sulfuró al oír por teléfono semejante diatriba. Tenía a su lado la vistosa dama carlista que lo acompañaba con frecuencia a los restaurantes de lujo. «Hay tormenta», dijo, al colgar el aparato. El políglota profesor Mouro admiraba la calma del dentista. «Es usted un tío con toda la barba», comentó, abriendo un diccionario español-holandés.

Los «rojos» estaban esperanzados. «Esta vez va en serio —le dijo Antonio Casal a su mujer—, Prieto ha levantado un ejército de verdad.» Numerosos eran los dirigentes que compartían este criterio. La batalla de los comisarios daba resultado y merecía por igual los plácemes de los combatientes comunistas y el del laborista inglés míster Attlee, el cual acababa de visitar la zona «roja» levantando sin cesar el puño a la altura de su sombrero. Presididos por las Brigadas Internacionales, millares de hombres se concentraron en el frente de Teruel, engordando monstruosamente aquella primera célula conducida por el anarquista Ortiz, de la que formaban parte «Los Chacales del Progreso», los presos comunes de las columnas «Hierro» y «Fantasma», Cerillita, que se afeitaba utilizando un copón; Arroyo, que cantaba jotas; el gorilesco Gerardi y aquel muchacho llamado Sidonio, que se empeñaba en que lo dispararan a él como a una mujer-cañón que vio en un circo. Doscientos tanques y doscientos aviones, tal vez más, protegían a estos hombres, y uno de dichos aviones era pilotado por el gerundense Batet, diplomado en Rusia. Por primera vez, entre las filas de los guerrilleros Líster, Tagüeña, el Campesino, etcétera, habían sido enrolados gran número de militares profesionales, de buen grado o extraídos de las cárceles. Dichos militares se distinguían incluso en la manera de mirar con los prismáticos, y entre ellos, además del general Hernández Saravia, figuraban el coronel Muñoz, el comandante Campos, ¡éste, inactivo desde el inicio de la guerra!, y los capitanes gerundenses Arias y Sandoval.

Cuando el comandante Campos vio llegar al coronel Muñoz, al H... Muñoz de la Logia Ovidio, lo saludó con emoción.

—¡La guerra le sienta a usted divinamente!

El coronel sonrió, estrechándole la mano.

—Hasta ahora, sí.

A unos cien metros, rígidos como postes, los capitanes Arias y Sandoval miraban en dirección a Teruel.

—Siempre delante —dijo el coronel Muñoz, señalándolos con la barbilla—. No quiero tenerlos a mi espalda ni un segundo.

—Yo tampoco —rubricó el comandante Campos.

—Lo más probable es que intenten pasarse.

—Les he puesto unos centinelas que no los querría para mí.

En un montículo situado a la izquierda de la herradura, protegidos con cascos y camuflados con ramaje verde, esperaban ansiosos el inicio de la batalla Axelrod, Cosme Vila y Gorki. Cosme Vila, decidido a liberarse del complejo que le crearon David y Olga con su visita al frente de Belchite, aprovechó la operación de Teruel para ausentarse de Gerona y ver otro cielo y respirar otro aire. Al pronto, la diablura le sentaba de maravilla y miraba por doquier como si aquellos oteros y aquellos puebluchos hubiesen sido recién creados, exclusivamente para él. Axelrod le decía: «Cuando se levante el telón, será cuestión de no desmayarse.» Gorki, el aragonés Gorki, informaba a sus jefes sobre la alta meseta turolense, al páramo que quedaba a su espalda, en el que silbaba el viento y en el que crecían el tomillo, el romero y el espliego. «Algún día habrá que convertir todo esto en tierra de regadío y poblarlo de árboles de Navidad.» ¿Por qué había dicho Navidad? Fue sin darse cuenta. La fecha estaba próxima y además Gorki sabía que a Axelrod le gustaban mucho los abetos.

En el cabo opuesto, es decir, a la derecha, se hallaban reunidos Teo y los anarquistas Ideal y el Cojo. Habían desmontado las nuevas granadas de mano recibidas de Rusia y las consideraban potentes, pero harto pesadas para el manejo. Entre unos y otros, en el vértice del dispositivo, se encontraban Dimas, viejo, curtido, con aspecto de peregrino tolstoiano, y mosén Francisco, éste con amplio capote verdoso, que le dificultaba los movimientos, y las letras UHP en la visera del gorro.

Gorki y Teo no habían resistido más de dos semanas la vida en la retaguardia. «O nos vamos, o me ahorco», había dicho Teo, en Gerona. Ideal era ya un producto de la trinchera. Un día más en la Rambla y se hubiera liado a tiros con los transeúntes; por el contrario, el sobrino del Responsable, el Cojo, había conocido en el bar Montaña a una «agitadora» refugiada de Jaén, y costó lo indecible arrancarlo de sus brazos. En cuanto a Dimas, continuaba auscultándose, siempre solo, siempre atento al pensar y al llanto de las vidas diminutas.

Tocante a mosén Francisco, era otra historia. A raíz de la creación en Cataluña del Tribunal Especial contra el Espionaje, habían arreciado hasta tal punto los registros domiciliarios que Ezequiel le dijo: «Reverendo, me temo que no le quedará a usted otro remedio que cambiar de aires.» Al oír estas palabras, mosén Francisco se asustó y se quitó el extraño vendaje que le africanizaba la cabeza. Y entonces le vino la inspiración. ¿Por qué no irse voluntario al frente? Eran tantos los hombres incorporados a la fuerza, que sin duda abundarían entre ellos los deseosos de poder contar, llegado el caso, con la asistencia espiritual de un sacerdote. La ofensiva de Teruel reforzó su idea, pues fueron llamadas más quintas todavía, quintas que lo mismo afectaban a maduros republicanos que a imberbes muchachos de la Congregación Mariana. Ezequiel aprobó el proyecto del vicario y él mismo consiguió que mosén Francisco fuera destinado en calidad de soldado al Regimiento de Infantería número 7, pronto a salir para Aragón. Su jefe inmediato sería el cabo Laguna, panadero de Albacete, que desde la azotea de su casa había hostilizado durante meses, con una vieja escopeta de caza, a los voluntarios internacionales. «También puede usted confiar en el brigada Benítez. Tiene ocho hijos, porque no quiere apartarse nunca de la ley de Dios.»

La posibilidad de conquistar una capital de provincia exasperaba los reflejos de los combatientes alineados en torno a Teruel.

En su mayor parte, sólo habían conocido la derrota. ¡Teruel! Desde el aire, la línea dispuesta para el ataque tenía la sinuosa forma de un manillar de bicicleta.

. Por supuesto, los mandos confiaban en el éxito, pero sentían por el enemigo «fascista» un respeto casi supersticioso. Sabían que el defensor de la plaza, el coronel Rey d'Harcourt, había perdido un hijo en Brunete, por lo que sin duda ardería en deseos de vengarlo. Y sabían ¡desde luego! que el ejército a sus órdenes, escaso en número, era profesional, disciplinado, con experiencia y escalafón riguroso. El coronel Muñoz había sentenciado: «La primera acometida está asegurada; lo importante es impedir que reciban refuerzos a tiempo.»

La moral de los «nacionales» era también elevada, no sólo por la victoria del Norte, sino porque, ínterin, varias repúblicas sudamericanas, además del Japón y de Hungría, habían reconocido al gobierno de Franco. Por otro lado, y cumpliéndose al respecto los augurios de Cosme Vila y de Julio, Inglaterra acababa de nombrar un agregado comercial en Burgos, y en la propia Bolsa de París la peseta «nacional» seguía cotizándose mejor que la «roja».

La rotura del frente tuvo lugar el día 16 de diciembre. En pocas horas Teruel fue cercado, copado. El Campesino, a quien alguien dijo que Aníbal eligió siempre españoles para encabezar sus tropas de choque, dio el más poderoso alarido de su historia militar y, avanzando por su flanco, se situó a la espalda de la ciudad, cortándole a ésta la vía férrea y la carretera, que eran el mango de la sartén. Las tropas de Líster avanzaron por el flanco opuesto con gran lujo de efectivos marciales, y por el centro se lanzaron en tromba las Brigadas Internacionales, entre las que se habían mezclado muchos milicianos españoles, incluido Dimas. La aviación protegía majestuosamente el avance. El comandante Campos, artillero, sin perder de vista a los capitanes Arias y Sandoval, hacía fuego con sus baterías, emplazadas cada vez más cerca de la ciudad. Ahora bien, el arma superior, la más penetrante y la que mayor impresión causaba en el enemigo, eran los tanques, por su rapidez y proximidad de tiro y por su ruido. Los tanques parecían paquidermos, o casas andantes, y no se sabía si quien los conducía era un simpre hombre o un dios.

El defensor de plaza, coronel Rey d'Harcourt, ante la superioridad del adversario dio orden de abandonar las trincheras y refugiarse en varios edificios sólidos del recinto urbano, entre ellos la Comandancia Militar, el Banco de España y el Seminario. La elección de estos tres edificios exasperó a Ideal y al Cojo, a los millares de atacantes y, sobre todo, a Cosme Vila. ¡Comandancia Militar!: atávico feudo de los enemigos del pueblo. ¡Banco de España!: símbolo del capitalismo. ¡Seminario!: cueva de insectos de negra piel, que salían de sus aulas repartiendo bendiciones y apoderándose del alma de los débiles y de los timoratos. Horrorizada, la población civil se bajó al sub-Teruel, al Teruel subterráneo que en los dieciocho meses de guerra había ido naciendo poco a poco para resguardarse de los bombardeos. Familias enteras vivían ya desde hacía tiempo en aquella sub-ciudad, paulatinamente dotada de los servicios más necesarios.

«¡Atrás, canallas!» Las fuerzas penetraron en las primeras calles de Teruel. El polvillo picante de la pólvora excitaba las fosas nasales de los milicianos, cuyos pies tropezaban con millares de cartuchos abandonados en la aceras y en el asfalto. La ocupación no era un sueño, era un hecho. Algunos cadáveres presentaban, sin razón conocida, la boca tapada con un esparadrapo. Las tiendas habían sido abandonadas y todas aparacían vacías, excepto los estancos, lo cual fue una bendición, pues los milicianos llevaban varios días fumando hojas de patata. Mientras poderosas minas, parecidas a las utilizadas contra el Alcázar de Toledo, se aprestaban a hacer volar los tres reductos del coronel Rey d'Harcourt, Gorki se entrenía, con una brocha en la mano, en dibujar cuernos en los retratos de José Antonio pintados en las paredes, y en convertir el bigote de Franco en el bigote de Charlot.

Las baterías habían sido ya emplazadas a cero. Sólo una vaga admonición a las tropas vencedoras, un difuso anatema caía sobre ellas: la Navidad. ¿Navidad? ¿Quién osaría contarle a quién la historia de un niño, de un asno y de un buey? Nadie. Y sin embargo, la Navidad flotaba en el espacio y el coronel Muñoz, extrañamente preocupado, en medio de la euforia descubría sabotajes por todas partes, sobre todo en los servicios de transmisiones y transportes. ¿Por qué se había elegido esa fecha para montar el ataque?

«¡Ha volado el Banco de España!» Cosme Vila pensó en el

Banco Arús. «¡Ha volado la Comandancia Militar!» Cosme Vila vio que las ruinas del edificio humeaban, como si los jefes y oficiales sepultados en ellas fumaran o enviaran a la superficie su último aliento. ¿Quedaban aún defensores? Sí, en el Seminario. Y además, estaba allí la Navidad.

Gorki, fiel a su sino, en su avance penetró en el cementerio, evocando una frase de Trotsky: «A veces me sentía extenuado, pero invisibles reservas de energía me permitían seguir luchando horas y horas.» En el cementerio había unos cuantos nichos vacíos, en cada uno de los cuales se había deslizado, boca abajo y pies para adentro, un miliciano, de modo que de cada nicho salía un fusil. El anarquista Sidonio, el de la mujer-cañón, disparaba desde el interior de un tubo de uralita que descubrió en una azotea. Ideal y el Cojo avanzaban con la colilla apagada en los labios y cantando: «En el fondo del mar, materilerilerile; en el fondo del mar, materilerilerón, pon.» Dimas procuraba no pisotear nada, respetar los cristales y los objetos abandonados, y mosén Francisco, que se había dejado crecer las patillas en forma de culata de fusil, fracasaba una y otra vez en sus intentos de confesar a alguien. Ningún herido le hacía caso. «¿Qué estás diciendo?» «¿Cura tú...? ¡Que te parto la nuez!» El cabo Laguna, de Albacete, le dijo: «Basta ya de este asunto. Punto en boca.»

El mando «nacional» decidió suspender la proyectada ofensiva contra Madrid y acudir en socorro de Teruel, acorde con la teoría «lo que importa es triturar al ejército enemigo». Partiendo de la orilla del Jiloca, los refuerzos se abrieron paso, protegidos por una imponente masa de aviones modernos, sobre todo Fiats y Messerschmitt. El contraataque parecía destinado a tener éxito y los defensores del Seminario, oteando allá lejos las banderas, gritaban: «¡Viva España! ¡Viva España!» Pero estaba escrito que Ideal y el Cojo seguirían cantando tonadillas irónicas... El 31 de diciembre, último día del año 1937, día en que Ignacio cumplía los veintiuno, amaneció nevando con timidez. Pequeños paracaídas blancos fueron depositándose sobre la tierra y sobre los tejados. Prodújose un silencio expectante, hasta que, a la noche, se desencadenó una tempestad de nieve de violencia inusitada. Hombres y máquinas se inmovilizaron. ¿Qué ocurría? La temperatura descendió bruscamente a tres grados bajo cero, y luego a siete y a diez. La luz no provenía de lo alto, sino de la sábana que iba cubriendo el campamento. Al cabo de pocas horas el paisaje era mágico y sobre él, con dedos de algodón, caminaba, gusano de cien pies, el tiempo. Algunos árboles parecían setas gigantescas y hubiérase dicho que hasta los muertos tenían frío. Sorprendía la matidez de los ruidos, como envueltos en caucho, y lo bien que la nieve olía, la limpieza del aire. Nuevas e insospechadas formas brotaron por doquier: disfraces de plata. Aparecieron siluetas cómicas, como las de los postes de gasolina con el cucurucho blanco y en cuya roja cara sólo faltaba la pipa. El mundo hacía guiños, se oían voces inexistentes. Se helaba hasta la pasión, las tropas de África lloraban, las lonas parecían de papel y los mulos morían sonriendo.

Traspaso del año. ¿Dónde estaban las campanas? Veintitrés bajo cero. El gusano de cien pies, el tiempo, se había detenido en Teruel, absorto en la contemplación del espacio. Pese a lo cual llegó el amanecer. ¡Santo Dios! La luz diurna puso al descubierto una escenografía impar. Todo era blanco y uniforme, la nieve había fundido unos con otros los combatientes y nada fundamentalmente separaba al general Vicente Rojo de los generales Varela y García Valiño. Imposible dar un paso, imposible servirse de arma alguna, a no ser de la aviación. Reventaban los motores y los depósitos de agua, mientras varios compañeros de Miguel Rosselló morían helados al volante de sus camiones. Todas las banderas eran blancas, como si pidieran la rendición. Las tropas atacantes encontraban acomodo en el interior de Teruel, pero las situadas en descampado no tenían remedio. Lo primero en helarse eran los pies, sobre todo, los de los soldados que calzaban leves alpargatas. ¡Oh, sí, el comportamiento del frío se reveló lógico y sutil como la brújula de Moncho! A lo primero, atacaba las extremidades, y las orejas y la nariz; pero acto seguido se filtraba por los caminos que conducían al corazón. Una vez llegado a él, se detenía. ¡Momento cumbre! Empezaba a acariciar con ternura el corazón, lamiéndolo, hasta que de pronto lo mataba, obligando a la boca a sonreír.

Imposible pasar recuento de las bajas en el paisaje polar. Los soldados se calentaban encendiendo una cerilla y hubo quien con un pitillo iba quemándose partículas de piel. El afán universal, la aspiración imposible, era el fuego. ¡Ah, la noche de San Juan! Mientras manos y pies se distanciaban del resto del cuerpo hasta padecer de un modo autónomo, los rinocerontes de la guerra, los tanques y los cañones, yacían sepultados y los pilotos sólo podían volar a condición de que no se formara una espesa capa de hielo en las alas de sus aparatos. Ahora bien, más heroicos aún que los pilotos eran los mecánicos que en las pistas de aterrizaje trabajaban en lo alto de una escalera para reparar averías de los motores y probar su funcionamiento.

El día 7 de enero, regalo de Reyes, fue el día de la victoria. Los defensores del Seminario se rindieron. ¡Teruel había caído! Previamente puestos de acuerdo con los atacantes y, bajo control de la Cruz Roja Internacional, los hombres del coronel Rey d'Harcourt fueron saliendo brazos en alto del simbólico reducto. El coronel y el obispo, monseñor Polanco, encabezaban la derrotada comitiva. «¡Fascistas!» «¡Canallas!» Sonó el himno de Riego y además el de la felicidad. ¡Teruel había caído! El Cojo clamaba: «¿Y por qué no podemos cargarnos a todos esos gilipollas?» Quietos... La Cruz Roja estaba allí. Existía un pacto, hubo acuerdo previo. Los prisioneros serían trasladados a Valencia.

Todavía no estaba enteramente desalojado el edificio del Seminario cuando pandillas de milicianos lo invadieron por puertas y agujeros. Fue un asalto ansiado desde siglos, desde la infancia. Cada ocupante buscaba entre aquellas paredes la expresión viva de lo que el pueblo debía odiar. Los internacionales, entre los que figuraba el venezolano Redondo, ya dado de alta en el Hospital Pasteur, se dirigieron a la capilla y allí dentro orinaron, entre candelabros de oro, mientras el Negus, también restablecido, gritaba: «¡Muera el Papa, muera Mussolini!» Los milicianos españoles recorrían entero el edificio y al llegar al último piso bajaban por otra escalera y volvían a subir. «¡Esto era la biblioteca!» «¡Esto era el comedor!» De pronto, algo clavado en un rincón los asustaba: era un uniforme abandonado, rígido como un bacalao. Tuberías reventadas y manchas de vino.

El coronel Muñoz buscó en el Seminario un pequeño recuerdo con que enriquecer el museo particular de Julio García. El comandante Campos, que seguía presintiendo la muerte, estudiaba los boquetes ocasionados por los proyectiles de su batería. Cerillita levantó el faldón de una imagen de la Virgen y exclamó: «¡Ahí va!» Teo había incrustado en lo alto del edificio la bandera y el murciano Arroyo grababa su nombre y la fecha en una puerta devencijada.

La mezcolanza en el Seminario era enorme. No obstante, no resultaba imposible reconocerse, coincidir con un amigo o con un enemigo, en una escalera o en un pasillo. Así, en la cocina coincidieron Dimas y Gorki. «¿Qué haces tú aquí?» «¿Y tú?» Y en los lavabos coincidieron Cosme Vila y mosén Francisco.

Estaba escrito que había de ocurrir. Cosme Vila había penetrado en el Seminario recordando el de Gerona, en el que tan intensamente había actuado, y lo mismo cabía decir de mosén Francisco. El vicario, después de haber inclinado la cabeza al paso del obispo Polanco, se había introducido en el edificio, musitando jaculatorias; Cosme Vila, después de haber saludado puño en alto a Axelrod, había irrumpido en él barbotando blasfemias. Algo invisible atrajo con igual fuerza al jefe comunista y al miliciano impostor. Cosme Vila reconoció al vicario en el acto, debajo de su gorro que decía UHP y de sus patillas en forma de culata de fusil. El vicario reconoció en el acto a Cosme Vila, su cabeza poderosa, su ancho cinturón. «¿Qué haces tú aquí?» Nada. Mosén Francisco no hacía nada. Recordaba y buscaba alguien a quien confesar. Cosme Vila amartilló su pistola y se dispuso a acortar la escena; pero, de pronto, rectificó. Lo pensó mejor y decidió guardar la presa. Escupió a sus pies ¿por qué lo haría?, y desarmando al vicario le dijo: «Andando.» Y se lo llevó al exterior, se lo llevó hacia el Cuartel General, que debía de estar en alguna parte.

¡Qué conmoción! Bendito viaje, viaje triunfal. Cosme Vila representaba la fuerza. Salió de Gerona para liberarse de un complejo y los hados le permitieron asistir a la conquista de Teruel, apoteosis del Ejército del Pueblo. Levantóse el telón —¡mordaz Axelrod!— y no se desmayó por ello. Al contrario, disparó de lejos. Vio saltar a pedazos la Comandancia Militar y el Banco de España. Vio a Gorki ocupar el cementerio y a Teo clavar la bandera. Vio al elegante coronel Muñoz —sin saber por qué, le dieron ganas de pegarle un tiro— y al comandante Campos. ¡Qué conmoción! Finalmente, como obsequio singular, atrapó a un vicario enclenque, disfrazado, en los mismísimos lavabos del Seminario.

A lo largo y a lo ancho del territorio «rojo», la sacudida fue eléctrica. ¡Teruel, capital de la provincia! Los periódicos garantizaban al pueblo que la guerra había tomado otro rumbo y que éste ya no se torcería hasta el final. Las radios se dedicaron a popularizar la jota aragonesa y Negrín en persona aireó la victoria a través de los micrófonos. En Gerona, el pequeño Santi apareció por las calles vestido de baturro, con faja y alpargatas trenzadas. David y Olga se desgañitaron: «¡Ropa para Teruel! ¡Ropa para nuestros soldados!» La Logia Ovidio se reunió y en ella el H... Antonio Casal anunció que iba a ser padre por cuarta vez y que el bebé se llamaría *Teruel*. En Madrid, José Alvear se hizo retratar en calzoncillos, sosteniendo una pancarta que decía: «Rey d'Harcourt!»

Además de Modesto, los guerrilleros el Campesino, Líster, Tagüeña y demás ocuparon la atención de medio mundo, junto con los militares que habían llevado a buen término la operación. En Francia, Inglaterra y Estados Unidos aparecieron enormes titulares, y en las escuelas rusas el nombre de Teruel se popularizó tanto como los de los «traidores» Topiachev, Bolchivin y Dariav, que por entonces, entre otros muchos jerarcas comunistas, estaban siendo objeto de una purga masiva en Moscú. En Abisinia se vitoreó al pueblo español y en la lejana China gritóse con renovado ardor: «¡Muera el Japón!» En Praga y en Méjico fueron leídas poesías de Alberti, Machado, Neruda, García Lorca y Aragón, así como trabajos en prosa de Benavente y de Harrison, y se confiaba en que el filósofo francés Maritain, adicto a la causa «roja», enviara su adhesión correspondiente. Axelrod comprobó con satisfacción que en todos los actos celebrados por el Partido se cumplía escrupulosamente la consigna de «españolizar» la revolución.

La perplejidad de los «nacionales» residentes en la zona «roja» no tuvo límites. Esperaban que la emisora de Salamanca desmintiera la noticia, pero no fue así. En las cárceles se produjeron crispación y silencios de muerte y hasta el padre de Ana María, que nunca perdía la compostura, se violentó en la Modelo de Barcelona con sus compañeros de celda. En Gerona, el único ser optimista fue Laura. Laura dijo: «La respuesta será de órdago.» Era la primera vez en su vida que Laura empleaba esta palabra. Matías, en cambio, llegó de Telégrafos cabizbajo y durante la cena los componentes de la familia de la Rambla tuvieron la impresión de comer corcho.

Grande fue también la perplejidad en la España «nacional». «La Voz de Alerta» se desahogó despidiendo a cajas destempladas al novio de Jesusha, que fue a pedirle un favor. Javier Ichaso, que hacía periódicos viajes a Santander, miró con redoblada ira a los prisioneros concentrados allí. Don Anselmo Ichaso se negó a rectificar su red eléctrica, exclamando: «Antes de quince días, Teruel volverá a ser de España.» Y el propio Salazar, uno de los oficiales que, en el contraataque frustrado por la nieve, más cerca llegó de las paredes del Seminario, vivía días aciagos. No sólo la derrota le afligía, sino la desaparición de una docena de sus hombres de la centuria de Onésimo Redondo. Desorientados por el turbión, cuando el barómetro marcó los veintiún grados, se dejaron caer, declarándose vencidos.

Transcurrieron diez días desde la rendición del coronel Rey d'Harcourt, rendición que el Estado Mayor «nacional» juzgó precipitada. En ese intervalo, el general Franco pidió un informe detallado y preciso a sus generales. Deseaba conocer su opinión sobre el adversario, saber si realmente éste había conseguido levantar un ejército poderoso. Los informes coincidieron en señalar que no había tal. Consideraban al ejército «rojo» inferior incluso al que atacó en Brunete. Floja la aviación, floja la artillería, floja la infantería, incluyendo a los voluntarios internacionales. «Lo único eficaz, superior, del enemigo han sido los tanques y los carros de combate.» La pérdida de la batalla se debía exclusivamente a la tormenta meteorológica. Sin embargo, el general Kindelán consignó que, en su opinión, algunos de los oficiales «nacionales» de nuevo cuño habían adolecido de lamentable bisoñez.

A tenor de estos informes, el general Franco reagrupó sus fuerzas. Y apenas el tiempo aclaró, normalizándose la temperatura, dio orden de reconquistar a Teruel. Era el 17 de enero de 1938. El combate fue primordialmente aéreo, se decidió sobre todo en el aire y en él participó activamente, disparando desde tierra, el comandante Plabb. Las escuadrillas de García Morato y de Carlos de Haya, al grito de «Vista, suerte y al toro», dominaron pronto el espacio, barrieron de él a todos los Curtis y Ratas e incluso al piloto gerundense Batet, el cual, al sentir que su aparato había sido tocado, se lanzó en paracaídas, hasta que un moro, sin tener permiso para ello, lo acribilló antes de que llegara al suelo. La Artillería vomitó torrenteras de fuego y a poco la Infantería, con ritmo tenaz e implacable, inició la reconquista de los observatorios, de las protuberancias en forma de muelas características de la región de Teruel.

Mateo se ganó una citación especial. Mateo avanzó pistola en mano «veinte metros más adelante que sus hombres». En la Academia le habían dicho que tener dotes de mando era algo inefable, compuesto de autoridad personal, de voz y de ademanes exactos. Arrastró a su tropa, la llevó a la victoria y en parte a la muerte. Mateo fue el primer soldado «nacional» que penetró en el cementerio, desalojando de él a Gorki y a los milicianos que, tendidos boca abajo, disparaban desde el interior de los nichos.

También Salvatore cumplió como bueno, mostrándose muy ducho en avanzar resguardándose detrás de las rocas. Moros y legionarios, con la bayoneta calada, fueron ganando terreno en un forcejeo despiadado que había de durar hasta el 16 de febrero, segundo aniversario de aquellas elecciones ganadas por el Frente Popular.

El 17 de febrero, los «nacionales» penetraron definitivamente en la martirizada ciudad aragonesa. «¡Hurra!», gritó Javier Ichaso, y también lo gritaron, en el Pirineo, Ignacio y Moncho. Renació la confianza y Queipo de Llano, mordaz como nunca, recitó por la radio:

> *Mi novio en una fiesta*
> *me lo pedía.*
> *Como no se lo daba*
> *me lo cogía.*
> *Un pañuelo de talle*
> *que yo tenía.*

El botín fue considerable. Setenta piezas de artillería, cerca de mil ametralladoras y cinco ambulancias. Asimismo, en Sierra Palomera fue descubierto un inmenso depósito de Intendencia, que acto seguido fue enviado en tren a la retaguardia. El Negus estuvo a punto de caer prisionero y Líster y el Campesino juraron tomar cumplida venganza.

Cosme Vila huyó montado en un camión —atrás, maniatado, mosén Francisco—, mientras Axelrod, que esperaba de un momento a otro el nombramiento a su favor de cónsul ruso en Barcelona, regresaba a esta ciudad menos malhumorado de lo que cabía suponer. También huyeron el coronel Muñoz, Dimas, Gorki, Ideal y el Cojo. En cambio, el comandante Campos murió. Un cascote de metralla se le incrustó en la espalda, justificando el presentimiento que tuvo desde el inicio de la guerra. Murió a los pies del Seminario, lentamente, dándole tiempo a presenciar los estertores de la batalla. La última vez que abrió los ojos, vio, a pocos metros, una boina roja.

En cuanto a Teo, encontró su fin, cerró su ciclo en Teruel. Cayó prisionero, precisamente en el Banco de España. En sus ruinas se había torcido un pie y no pudo escapar. Su estatura llamó en seguida la atención, así como la hoz y el martillo que por consejo de la Valenciana se había tatuado en el pecho. Su carnet reveló que era de Gerona, por lo que uno de los jefes, que conocía a Mateo, ordenó que el alférez Santos —así era llamado— se presentara para informar.

Mateo acudió al poco rato y apenas vio a Teo no supo si reírse o permanecer serio. El jefe le preguntó si conocía al detenido.

—Desde luego. Hace mucho tiempo. Se llama Teo.

—¿Qué sabes de él?

Mateo no sabía por dónde empezar. Teo lo miraba con los ojos desorbitados.

—Es uno de los jefes comunistas de la provincia de Gerona. Un criminal.

Teo barbotó:

—¡Cabrón!

El jefe trazó una cruz sobre el carnet de Teo. Luego preguntó a Mateo Santos, el flamante alférez:

—¿Tienes cuentas pendientes con él?

—Sí.

—¿Quieres fusilarlo?

—Desearía mandar el piquete de ejecución.

—¡Puerco! —gritó Teo. Y escupió.

CAPÍTULO XLIII

LO QUE MÁS MOLESTABA a Julio al regreso de sus viajes al extranjero era el espectáculo del hambre en la zona «roja». Casi le remordían las excelentes comidas, los exquisitos platos con que se había obsequiado a sí mismo en París, en Montecarlo, en Niza... Julio estimaba consolador que existiesen restaurantes que supiesen distinguir entre coles de Bruselas y nabos. A menudo, en sus pesquisas gastronómicas a lo largo del litoral francés, coincidía con los hermanos Costa, eludiendo sistemáticamente hablar con ellos. Le divertía, esto sí, saberlos agentes del SIFNE. Por otra parte, no era ningún secreto. Los ex diputados izquierdistas actuaban tan a la descarada que cuando en el Negresco de Niza el botones recorría el *hall* del hotel gritando: «¡Espía de Franco al teléfono! ¡Espía de Franco al teléfono!», cualquiera de los dos se levantaba con naturalidad y se dirigía a la cabina telefónica.

No era de extrañar que, llegado a Gerona, al policía le encogiesen el corazón las interminables colas de mujeres que aspiraban a un poco de aceite o a unas onzas de azúcar. Doña Amparo tuvo una frase feliz: «Los periódicos siempre dicen "nosotros", "el pueblo"; pero a la hora de adelgazar, que cada cual se les componga.»

El hambre, el hambre individual... Doña Amparo tenía razón y el fracaso de Teruel, cuya importancia, a medida que iba siendo conocida, adquiría caracteres de verdadera catástrofe, desmoralizó más aún a todos aquellos que habían dejado de soñar con las gestas más o menos heroicas y vivían preocupados de modo enfermizo por las menudas realidades de cada día. Si un miliciano llevaba diecisiete horas de guardia en un cruce de carreteras sin ver aparecer el camión de suministro, se convertía en un peligroso esclavo de su yo. Y lo mismo ocurría en el área familiar. La Torre de Babel, que en Abastos palpaba a lo vivo el drama, se indignaba cada vez que oía un discurso sobre el aumento demográfico en las colonias africanas o el imparable levantamiento de los desheredados de América del Sur. El hambre... El hambre y los bombardeos aéreos fueron los dos implacables roedores de la zona «roja».

De hecho, el hambre guardaba proporciones con el número de habitantes, la proximidad de la línea de fuego y la facilidad de transporte. Por ello Madrid padecía más que el resto. Un millón y pico de habitantes, irremediablemente alejada del litoral y de las zonas fértiles ¡y el frente en la propia ciudad! Los madrileños veían pasar camiones y más camiones que se dirigían sin detenerse a las trincheras de la Ciudad Universitaria, donde eran descargados. «El hambre es negra», decía Mayer, en el bar Kommsomol. Y José Alvear, pese a que, según él, «con un chusco podía uno agenciarse la mejor Cleopatra de Madrid», estaba hondamente preocupado y no le gustaba ni pizca que el entretenimiento para la gente, el entretenimiento de sus bocas y estómagos, fueran las avellanas y los cacahuetes.

En Madrid se masticaba incluso la madera. Había familias que parecían dispuestas a comerse sus propias sillas. Se comían cebollas, harina de maíz y nabos, aunque se rumoreaba que los nabos ocasionaban avitaminosis y afectaban peligrosamente la menstruación. El doctor Rosselló negaba esto último, pero Canela, que seguía de enfermera en el Ritz, lo afirmaba con toda seriedad. «¿No será que vas a tener un hijo de ese capitán dinamitero?», reía el doctor Rosselló. Canela se llevaba el índice a la sien y lo hacía rodar. «A ver si a estas alturas iría yo a disimular.»

El hambre de Madrid era negra y amarilla y verde y roja. Con ella se hubieran podido colorear las banderas de todos los países que prometieron ayuda y no cumplieron su promesa. Ésta era la opinión del capitán Culebra, cuya mascota había muerto. «Aquí querría yo verlos.» Los hoteles frecuentados por rusos, checos, franceses, periodistas e intérpretes lo ponían nervioso. Un día vio entrar en el Bristol a la Pasionaria y al ministro comunista Jesús Hernández, ambos moviendo las mandíbulas como si masticaran algo, y estuvo en un tris que no armara un altercado. «El día que me decida —le dijo a José Alvear— se enterarán hasta en Pequín.»

En Madrid, el hambre metamorfoseaba las cosas o, por lo menos, su figura. Todo se relacionaba con el comer, y el léxico sufría violentos virajes que a buen seguro hubieran interesado a Fanny, a Bolen y a los filólogos. El cañón que disparaba sobre la ciudad cada día, al amanecer, era llamado «el lechero» y también «el churrero». Las petacas eran palpadas como si fuesen de chocolate, los vasos boca abajo eran «flanes», los huevos de cristal para zurcir medias eran huevos de verdad y las sábanas limpias parecían nata. El pan... El pan era lo básico y todas las piedras eran panes. El pan y las patatas y el aceite. Todo lo verde eran legumbres; y la sangre sería vino... Era la metamorfosis, la transubstanciación. Cuando un caballo pasaba por la calle, todo el mundo le miraba las obscenas ancas. Cuando en el cine aparecía una mesa bien servida, lo mismo podía ocurrir que se desatara un escándalo fenomenal como que se hiciera un silencio cobarde. Por lo demás, el piso de los cines, lo mismo que el de las paradas de los autobuses, estaba lleno de cáscaras que crepitaban un poco como la arena de las avenidas del cementerio, y las tiendas que decían: «Comestibles», «Ultramarinos», eran miradas con sarcástico fatalismo.

También Barcelona sufría... Desde las azoteas, las colas parecían franjas de alquitrán, y era corriente que las familias enviaran a primera hora a los inválidos con su sillón de ruedas a ocupar plaza. Se establecieron comedores colectivos, el mayor de los cuales, que servía ocho mil raciones diarias, estaba situado en el apeadero de Aragón, en el Paseo de Gracia. Ezequiel, que amaba a los animales tanto como pudiera amarlos Moncho, compadecía a los del Parque Zoológico, que se estaban quedando en los puros huesos, así como a los de los circos ambulantes. Todos los gatos habían sido comidos y ni siquiera el perro de Axelrod tenía con qué nutrirse.

Hambre, hambre en Madrid, en Barcelona y en todo el territorio «rojo». Hambre, dieta, que por un lado curaba úlceras de estómago y rebajaba, ¡por fin!, la barriga del patrón del Cocodrilo, pero que por otro lado ocasionaba furunculosis, hinchazones y demás. El doctor Roselló estimaba que lo más grave era la falta de carne, habida cuenta de que con déficit de vitaminas se podía vivir. El Responsable decía: «Mira por dónde todo el mundo se ha convertido al vegetarianismo.» Por su parte, Blasco recordaba con ira los comienzos de la guerra, cuando Ideal echaba mano de la mantequilla para untarse las botas y el Cojo alimentaba a los chuchos de la Barca con lonchas de jamón de York.

Por supuesto, Gerona no era excepción y Matías Alvear no comprendía cómo Queipo de Llano se entretenía cada noche en crispar los nervios leyendo la lista de platos que podrían comerse al día siguiente en los restaurantes de la España «nacional». El hambre era mucha en Gerona, incrementada a diario por el incesante alud de refugiados; los últimos, procedentes de Teruel. Muchos jardines, entre ellos el de David y Olga en la escuela, habían sido convertidos en huertos, al igual que algunas pistas de tenis; pero eran una gota de agua en el mar. Todo el mundo añoraba aquella huelga de 1936 que permitió a Cosme Vila recabar víveres por toda la provincia y fundar la Cooperativa Popular. Sólo unos cuantos privilegiados escapaban del terrible ayuno, de acuerdo con la tesis de Julio, según la cual los dirigentes no debían sufrir privaciones, pues las privaciones invitaban a dejarse sobornar. Cosme Vila no aceptó ningún suministro extra, pese a las protestas de su mujer. David y Olga, sí. David dijo: «Es humillante, lo confieso. Pero sin comer mucho no puedo trabajar.» Algunas familias recibían paquetes de Francia, pero era lo corriente que al abrirlos no encontrasen más que piedras y serrín.

Se inició el período de los sueños, de las transacciones y del ingenio. Gerona entera soñaba con la época en que el mar estaba tranquilo, sin barcos de guerra ni minas, ofreciendo cada día pesca abundante, y también soñaba con el otoño lluvioso que hacía brotar setas en los bosques de la provincia. Gerona entera empezó a intercambiar productos. En *El Demócrata* y *El Proletario* aparecieron anuncios ofreciendo «Insulina a cambio de aceite» y una viuda ofreció «una colección de sellos a cambio de arroz».

Incluso Raimundo, el barbero, que había pegado en la pared del establecimiento postales francesas representando bodegones de fruta y caza, les pedía a los clientes que le pagaran en especie. En cuanto al ingenio, ¡cuántas vidas salvó! Todas las amas de casa estrujaron su cerebro para sacar de la nada algo, cometido en el que Carmen Elgazu se mostró excelsa. Ciertamente: Carmen Elgazu se lanzó a elaborar unas sopas de maíz que sabían a gloria. «¡Hum...!», hacía el pequeño Eloy. Carmen Elgazu inventó una suculenta tortilla basada en cortezas hervidas, cortezas de guisantes, de habas y de judías. Demostró a todas las vecinas que la soja era soportable y que un huevo, desmenuzado con arte, podía desafiar el paso del tiempo. Entabló relación con un herbolario de la calle de las Ballesterías, gracias al cual el café malta supo a café, si bien Matías Alvear negaba el hecho moviendo la cabeza. ¡Qué júbilo el día en que Abastos repartía lentejas o carne rusa congelada, que era bastante sabrosa! Y qué júbilo el día en que Jaime, el de Telégrafos, obsequiaba a Matías con un tarro de miel...

Pero ocurría que en cada familia había un traidor. En cada familia había un miembro cuyo estómago era más voraz que el de los demás. Dicho miembro se levantaba de noche sigilosamente... ¡Ladrones! Auténticos ladrones, merecedores de desprecio y expulsión. En la familia Alvear el ladrón era Pilar, la cual, invariablemente, se delataba a sí misma tropezando con algún mueble.

Matías soportaba bien el ayuno; en cambio, la falta de tabaco lo amargaba. Probó a cultivarlo en el piso, en el balcón, sin resultado. Por la calle miraba por si descubría alguna colilla, pero era inútil. Todos los fumadores hacían lo que él: guardaban las colillas en cualquier cajita metálica, especialmente de pastillas para la tos, o bien en alguna bolsa de tabaco de pipa.

Hambre de paz, de tabaco, de comida... La gente se lanzó al campo en busca de lo elemental. Personas como el director del Banco Arús se sorprendieron a sí mismas casi arrodilladas delante de los campesinos, los cuales hacían gala de una rara impavidez, como si se vengaran de atávicas humillaciones recibidas de la gente de la ciudad. Las familias ofrecían a los campesinos todo cuanto poseían, desde los billetes, angustiosamente desvalorizados por la inflación, hasta las más queridas joyas heredadas. Doña Amparo le decía a Julio: «¡Jesús! De no ser tú quien eres, tendría que venderme todos mis brazaletes.»

Luego, faltaba el combustible... No había gas, no había carbón. Se había perdido el carbón de Asturias y el Gobierno prefería que Inglaterra enviase bombas. Tampoco había leña y la gente no se decidía a quemar la mesa del comedor. En Madrid y en Barcelona había quien se aprovechaba de los bombardeos para asaltar las casas derribadas, arramblando con puertas y restos de muebles, emborrachándose de madera. En Gerona no había solución.

Bueno, la había... pero provisional y muy precaria. El día en que el piloto Carlos de Haya murió en el sector de Teruel, víctima de un choque con un avión enemigo, en Gerona, en una carbonería cercana a la iglesia de San Félix, apareció un insólito cartel que decía: «Se venden astillas de santo y pedazos de altar.» Al parecer, la mercancía era producto de una gigantesca y hábil recogida por todas las iglesias de la provincia. La movilización fue general, pareciéndose a la de las chicharras a la llegada del verano. Gerona entera acudió a la carbonería, aspiró a restos de púlpito, de confesonario o de comulgatorio. Las astillas con purpurina valían más. «¿Cuánto ha dicho? ¡Es un robo!» Mezcladas con las astillas, se veían pechos de Virgen, lirios de San José, coronas y peanas. Iglesias enteras cortadas a pedacitos por almas tristes. «¿Qué será aquello? Parece... ¡Jesús! ¡Si es San Antonio!»

Carmen Elgazu, que hizo tres horas de cola turnándose con el pequeño Eloy, regresó a casa con un puñado de astillas y un brazo rechoncho de Niño Jesús, a cuya mano le faltaba un dedo. Su contento era grande. Las astillas, para el fogón; el brazo, ¡para rezar a sus pies! El brazo del Niño Jesús sería la reliquia, el sucedáneo de las imágenes de San Ignacio y de Santa Catalina que desaparecieron con la guerra. Matías contempló el brazo y comentó: «Un santo de estraperlo.»

Hambre... De color negro y verde y morado y escarlata. Hambre y ratas. Sí, el pronóstico de Carmen Elgazu se cumplió. En tres meses, desde noviembre de 1937 a febrero de 1938, es decir, durante la batalla de Teruel, las ratas invadieron a Gerona, a caballo del Ter y del Oñar, de la suciedad y de la exterminación de los gatos. La checa anarquista, situada en lo que fue horno de cemento y en la que lloraban infatigablemente, sobre todo de hambre, las hermanas Rosselló, se vio invadida por las ratas, lo mismo que los sótano y buhardillas del barrio antiguo. Ratas que al ver a un hombre se paraban, mitad pasmadas, mitad miedosas, y que de pronto huían como seres de otro planeta. Las ratas no respetaron ni los almacenes de Intendencia ni el piso de los Alvear. Desde el río trepaban al balcón en el que Matías había pescado tantas veces y se introducían en el comedor y en la cocina. Carmen Elgazu y Pilar chillaban; Matías iba por una escoba; Eloy, el huérfano Eloy, si se colocaban a tiro les propinaba un formidable puntapié.

Ezequiel profetizó: «Esta gente perderá la guerra a causa del hambre.»

Junto con el hambre, pesaba en la zona «roja» la gran losa de los bombardeos. Era la teoría de Julio: la aviación. Julio García era hombre moderno y a menudo se filtraba hasta la almendrilla o núcleo, hasta lo fundamental de las cosas y de las situaciones. El coronel Muñoz, en la última reunión de la Logia Ovidio, se había quedado boquiabierto oyéndole hablar de asuntos militares. Julio hizo un resumen de las batallas habidas difícilmente superable. Habló de estrategia y táctica, de concepción y realización, de la necesaria coordinación de las distintas armas como garantía de eficacia. Se había enterado leyendo los periódicos, escuchando las radios «enemigas», viendo cine de guerra y hojeando algún manual militar francés. Sabía que la prolongación de la guerra mejoraba a los mandos de artillería, que eran casi siempre los mismos e iban cobrando experiencia, y que en cambio disminuía la calidad de los mandos de infantería, los cuales, debido al gran número de bajas, debían ser sustituidos por oficiales más o menos improvisados. Sabía que en la ofensiva de Brunete los «rojos» se asustaron de su éxito inicial, por lo que no acertaron a explotarlo debidamente y que el Ejército de la República había pasado de la anárquica improvisación de los primeros días al defecto opuesto, a un exceso de dogmatismo guerrero, de origen francés y ruso, que mataba en flor la corazonada y la fantasía. El coronel Muñoz le había replicado a Julio que un buen militar se parecía más a un matemático que a un artista. «Monsergas —objetó Julio—. El invento de los ataques aéreos en *cadena* y en *picado* es obra de artista. Y la rotura de las defensas de Bilbao, otro tanto.»

Como fuere, Julio acertaba al considerar que la aviación era determinante. Combatientes y civiles no conseguían acostumbrarse a que del cielo cayeran bombas. Era algo contrario a todos los sueños infantiles, un milagro que maldita la falta que hacía. También Madrid era en este terreno víctima propiciatoria y el doctor Simsley no se explicaba que, en medio de tanta hecatombe, la población encontrase fuerza para subsistir e incluso para ironizar. Los bombardeos beneficiaban a los vendedores de cristales y sembraban el pánico entre los tranviarios, los cuales no podían huir, como antaño los taxistas, sino que estaban obligados a seguir «por donde mandaban los rieles».

Barcelona, a resguardo del cañoneo terrestre, sufría en cambio el bombardeo aéreo y el cañoneo por mar. Los buques llamados «piratas» eran el *Canarias* y el *Baleares*. Entre la tripulación de este último figuraba Sebastián Estrada, cuya emoción alcanzaba al máximo al ver de lejos la costa barcelonesa e incluso la gerundense. El puerto de Barcelona constituía, naturalmente, un objetivo de primer orden; veinte palos que surgían de sus aguas turbias eran testimonios mudos de que por lo menos veinte barcos habían sido hundidos en él. Ana María, ejemplarmente serena desde que Ignacio se ausentó, bajada a menudo hasta la estatua de Colón para ver los palos, recordando los tiempos en que su padre participaba en las regatas veraniegas de balandros.

Tampoco Gerona era una excepción... Dado que sus objetivos eran múltiples, destacando el polvorín, el puente del ferrocarril de la frontera y nada menos que veintiuna fábricas militarizadas por Cosme Vila, a menudo sonaban en la ciudad las sirenas de alarma, sirenas que Santi, formando bocina con las manos, imitaba a la perfección. Carmen Elgazu aseguraba que muchas parejas de enamorados utilizaban los refugios lo mismo si había alarma aérea como si no; pero el hecho era que menudeaban los bombardeos, cuya misión principal, según el Responsable, era desmoralizar, acobardar a todo el mundo en el fondo de los refugios y de los urinarios públicos.

Con los bombardeos, la ciudad se había transformado como se transforma una habitación cuando en ella muere su dueño. La ciudad se había enlutado; es decir, vivía obligadamente a oscuras. Prohibidas las luces después de la última acrobacia del sol, sin exceptuar las lámparas de mano. Todos los postigos se cerraban herméticamente y apenas si se veían resquicios aquí y allá. La ciudad a oscuras era impresionante y añadía misterio al ya misterioso hecho de ver y de morir y de matar. Al principio la gente tropezaba con la otra gente y contra las cosas. Pero poco a poco los ojos fueron adaptándose y las personas acabaron por reconocerse con sólo la silueta, con sólo la curva de los hombros o la manera de andar. A doña Amparo Campo la delataba el perfume caro; a Julio García, el declive del sombrero; al Responsable, las piernas combadas, y a la Torre de Babel, la estatura. Pilar comprobó que veía más que nadie en la oscuridad. Los cigarrillos, sus botones de fuego, eran puntos de referencia, además de partículas de gozo personal y de posibilidades de agresión. Curiosa actitud la de los ciegos. Salían a la calle más que antes, más que nunca, y se orientaban con más facilidad que los videntes. El patrón del Cocodrilo afirmaba que en otras ciudades se usaban punteras de zapato fosforescentes, herraduras de luz, cuya visión, de lejos, era sobrecogedora; pero el hecho no obtuvo confirmación.

Naturalmente, se producían pintorescos choques, sobre todo al doblar de las esquinas... Personas que se abrazaban y que al reconocerse soltaban una barbaridad. Así chocaron Cosme Vila y Laura; Julio García y Blasco, y así chocaron Carmen Elgazu y Matías Alvear. Carmen Elgazu había salido de casa con el propósito de esperar a Matías delante de Telégrafos; pero, habiéndose retrasado unos minutos, reconoció la silueta de un hombre ya en la calle de Santa Clara. Entonces Carmen Elgazu se apostó en la esquina y esperó. Y al tenerlo a dos pasos se plantó en mitad de la acera y Matías chocó con su mujer. «¡Caramba!», exclamó Matías. Un «caramba» inconfundible. Carmen Elgazu soltó una carcajada, que Matías reconoció. «¡Carmen!» Su emoción fue grande. Matías atrajo hacia sí a su mujer y los dos se abrazaron y se rieron y permanecieron largo rato unidos en la oscuridad, con un leve estremecimiento de acto prohibido.

La noche prolongada alteraba muchas cosas. Había quien se servía de ella para robar y para escupir impunemente o hurgarse en la nariz o pecar, pero había quien, escondido desde el inicio de la guerra, aprovechaba para salir a dar un paseo sin necesidad de usar gafas ahumadas ni bigote postizo. Y además, por encima de todo, gracias a la noche de la tierra, Gerona recibía periódicamente, con emoción inédita, el regalo de la luna. En toda la historia de la ciudad, historia antiquísima y ciclópea, nadie había podido contemplar amaneceres de luna tan poéticos y majestuosos como los que tenían lugar sobre Gerona en aquellos meses invernales. Luna redonda que brotaba allá lejos, que bautizaba con otro nombre las cosas más familiares, que iba subiendo poco a poco, como en el termómetro la fiebre de los ancianos y que, alcanzado el cenit, preguntaba mediante rayos amarillos por el paradero de sus amigos los gatos, por la risa de sus amigos los niños, por la paz.

Una mancha en el paisaje: la visibilidad en esas noches de luna favorecía a la aviación. Gerona fue castigada dos veces con vuelos nocturnos. Casi todas las bombas cayeron en el cementerio o en el río, matando al agua. En Gerona convalecían una serie de aviadores de diversas nacionalidades, varios de los cuales se habían juntado al cortejo que asediaba a Pilar. Tal vez, de no estar heridos, tales aviadores hubieran podido cerrar el paso a los monstruos de acero enemigos.

El día 28 de febrero, los centinelas de las Pedreras, que estaban al cuidado de las baterías antiaéreas de Gerona, vieron acercarse hacia la ciudad una extraordinaria formación de aparatos. Avanzaban con seguridad pasmosa. Las sirenas precipitaron a toda la población hacia los refugios, incluidos los arquitectos Ribas y Massana que los habían construido. Por lo común, primero se oían los disparos de los antiaéreos y a continuación el estruendo de las bombas; en esa ocasión sonaron los disparos, pero luego se hizo el silencio. ¿Qué había ocurrido?

El problema era soluble. Prosiguiendo el ensayo hecho en repetidas ocasiones sobre Madrid, las escuadrillas «nacionales» —las de aquella noche procedían de Mallorca y entre los pilotos figuraba Jorge de Batlle, trasladado, ¡por fin!, a la base balear— dejaron caer sobre Gerona pan blanco en vez de metralla. Bolsitas de papel con pan blanco, bolsitas que rebotaban en los salientes de los edificios y que al alcanzar el suelo hacían un ruido opaco. ¡Sí, Julio García aplaudió admirativamente! Cuando las sirenas indicaron el cese de la alarma y los gerundenses salieron de sus escondrijos, apoderóse de éstos el mayor estupor. ¡Pan blanco! Nadie se atrevía a acercarse a las bolsas, hasta que Fanny, que acababa de llegar de Francia, en compañía de Raymond Bolen, se abrió paso en la Rambla, y tomando una en sus manos, destripó el papel, sacó el pan y le hincó el diente.

¡Pan blanco! En un santiamén fueron recogidas del suelo todas las bolsas. Gerona entera miraba el cielo ¡con la esperanza de que los aviones regresaran! Se impuso la ley de la velocidad. Ningún anciano consiguió un solo pan. Los niños fueron los más hábiles. Varios panecillos se habían quedado inmóviles en los balcones: servicio a domicilio.

Julio les dijo a Fanny y a Bolen:

—*N'est-ce-pas rigolo?*

Con todo, el hombre más sorprendido de la jornada, y acaso el más feliz, fue Jorge de Batlle. ¡Inolvidable lección! Meses y meses soñando con descargar sobre Gerona toneladas de explosivos y he aquí que en el momento del despegue, su capitán, mirándole a los ojos, le ordenó: «Pan.» Jorge, al dar vista a los campanarios de la catedral y de San Félix, no sabía si sollozar o reírse a carcajadas. ¡Cumplió con su deber! Sembró las calles de la carga bendita que llevaba. Únicamente, en la última pasada, se las ingenió para soltar una de las bolsas sobre el cementerio, donde yacía toda su familia.

Entre los más afortunados en Gerona se contaba el pequeño Eloy. El pequeño Eloy recogió dos panes: uno lo subió en seguida al piso, a Carmen Elgazu; el otro lo llevó a Telégrafos. Matías, alineado entre los más perplejos de la ciudad, dividió la golosina en tres partes y la repartió con Jaime y Eloy. Luego, mientras comía, se confesaba a sí mismo que tenía aún mucho que aprender.

De súbito, Eloy le preguntó:

—¿Todos los telegramas son azules?

Matías contestó:

—Sí, todos.

—¿Por qué?

Matías miró un momento al niño vasco.

—No sé, hijo... No sé por qué los telegramas son azules.

CAPÍTULO XLIV

«¡QUÉ MARAVILLOSO!», exclamó Ignacio. Llevaba lo menos una hora soltando adjetivos desde el interior de la cabina del camión. A su izquierda, el conductor; a su derecha, Moncho, cambiando de expresión a cada recodo de la carretera. Habían salido de Jaca a mediodía, pero el conductor tuvo que pararse repetidas veces para recoger víveres destinados a la Compañía de Esquiadores. La carretera avanzaba paralela al río, al Gállego. Río parlanchín, río pulidor de guijarros perfectos. A cada kilómetro el desfiladero se hacía más angosto, hasta que, de improviso, rebasados Biescas y el fuerte de Santa Elena, entraron en el valle de Tena y el paisaje se abrió a sus ojos como una doble página de revista. El valle parecía al otro lado de la guerra, debía de regirse por otro calendario. La nieve lo cubría sin exceso, sin el drama de Teruel. Allí no asomaban, entre el blanco polar, carroñas de mulos, sino pueblecitos diseminados, caseríos con tejados de pizarra y árboles que se había sacudido a sí mismos la nieve que los cubría. «¡Qué maravilla!» Ignacio lo miraba todo con los ojos que perdió siendo niño, lamentando que el roncar del vehículo le impidiese oír la canción del río entre los guijarros perfectos. ¡Montañas! En las cumbres, el espesor de la nieve debía de ser sobrecogedor.

—¿Cuántos pueblos hay en el valle?

—Dieciséis. —El conductor agregó—: Dieciséis pueblos y el Balneario.

—¡Ah, sí! El Balneario de Panticosa...

Panticosa era la capital del valle. Pronto dieron vista al pueblo, dormido aquella tarde en la pendiente que bajaba hacia el río. El Balneario se hallaba unos doce kilómetros más arriba y disponía de piscina, que debía de estar helada. El hotel de Panticosa, el edificio más confortable de la comarca, se había convertido en cuartel, en el que estaba instalada la Plana Mayor. Enfrente del hotel, el almacén de Intendencia, a cargo de un furriel avispado, propietario del más importante negocio de cereales de Jaca.

El conductor había puesto una cara un tanto idiota cuando Ignacio le confesó que no sabía esquiar. «Vivir para ver», comentó. Ignacio, sin saber por qué, replicó con una tontería: «Mejor esto que nada.» Eso dijo, e inesperadamente el conductor rompió a reír con estrépito. «¡Bravo, catalán! ¡Bravo!», exclamó, tocando por tres veces la bocina en señal de aprobación. «¡Bravo, sí, señor!» Moncho e Ignacio se miraron perplejos y el conductor, cien metros más adelante, soltó otra carcajada y repitió: «¡Bravo por el catalán!» Y tocando de nuevo la bocina agregó: «Eres un tipo majo.»

Un tipo majo... Ignacio no creía serlo. ¡Si pudiera emular a Moncho! Lo sentía a su lado, gozando de cada momento, feliz entre montañas, relacionando con imaginación y lógica los detalles del paisaje. Ignacio estaba eufórico, pero no era feliz. La carta de su tío Jaime desde el Batallón de Trabajadores lo había afectado mucho, así como el no poder hacerle una visita a la abuela Mati. La familia tiraba siempre de él. ¡Le dolía mucho no haber conocido a su tía monja, sor Teresa, de Pamplona! Y también le dolía, aunque de otra manera, no haberse confesado antes de salir de Valladolid. Barcelona, la patrona de la pensión... Era ridículo irse al frente sin haberse reconciliado con Dios. Siempre le ocurría lo mismo. En los momentos de peligro su alma se tendía horizontal. ¿Y su prima de Burgos? Recibió carta suya. «¿Qué? —le preguntaba Paz—. ¿Ya te has ido al frente, a disparar?» Ahora... Ahora se iba, en compañía de Moncho y de un pintoresco chófer que había simpatizado con él.

El camión penetró en Panticosa. La carretera era la calle principal del pueblo y plantado en medio, delante del almacén de Intendencia, vieron al furriel, el negociante de Jaca, que parecía estar esperándolos. El camión frenó justo a su lado. «¡Viva la Madre Superiora!», saludó el chófer. El furriel silbó. A Moncho le bastó un segundo para advertir que el uniforme de los esquiadores era hermoso. «Tendremos que sacarnos una fotografía», pensó. Espléndida cazadora color de pergamino, pantalones bombachos, medias de lana, que el conductor llamó «calcillas» y botas claveteadas, parecidas a las de los voluntarios internacionales. La gorra, con orejeras levantadas a lo Durruti, era vulgar, y el emblema, bordado en el pecho, representaba un par de esquís y un par de bastones entrecruzados.

Los dos muchachos se apearon y el cabo furriel, apellidado Pardo, los saludó inclinando casi imperceptiblemente la cabeza.

—El comandante está allí —les dijo, señalando con el mentón unas de las ventanas de la fachada del cuartel.

El comandante... Ignacio y Moncho se volvieron para mirar la ventana. En la puerta había un centinela, poco marcial a decir verdad. Moncho e Ignacio sintieron al unísono que apenas hubieran traspasado aquel umbral dejarían de ser quienes eran y se convertirían en soldados de un Ejército que, según les dijo Marta poco antes de despedirse, «luchaba por salvar la civilización occidental».

El Batallón de Montaña número 13 se componía básicamente de la llamada Compañía de Esquiadores y de unos pelotones de carabineros que montaban la guardia en el fuerte de Santa Elena y en otras posiciones del valle. Su comandante jefe era de Zaragoza y se llamaba Cuevas. El chófer lo describió así: «Más bien alto, cara rojiza, estuvo en África y sufre periódicos ataques de mal humor.»

Ignacio y Moncho comprobaron que dicha descripción era exacta. El comandante los recibió en seguida, de pie, escoltado por el capitán Palacios y por el teniente Astier. La habitación, repleta de mapas, de fotografías de montañas —¡montañas más bajas que las que Moncho tenía retratadas en Barcelona!— con esquís y *piolets* en los rincones, tenía una atmósfera entre deportiva y despiadada. Algo duro emanaba de ella y de los rostros bronceados del jefe y de los dos oficiales. Era obvio que un hombre débil sería barrido de aquel edificio. Era obvio que un cerebro titubeante —y ello quedó demostrado en Teruel— no podría soportar la guerra en la nieve.

El comandante Cuevas los informó de que las plazas de sanitarios estaban cubiertas y de que la extensión del frente confiado a la Compañía de Esquiadores era inmensa. El hecho de que uno de los dos —«¿cuál de ellos?»— no supiera esquiar, planteaba un pequeño problema, a la vez que denotaba el extraordinario sentido del humor de que estaba dotado el general Solchaga.

Mirando a sus oficiales, el comandante decidió:

—De momento, no separarlos y que mañana se presenten al teniente Colomer.

El chófer del camión les había dicho que el comandante

Cuevas detestaba a los catalanes, primero porque achacaba a Cataluña «graves responsabilidades históricas» y luego porque un hermano suyo, teniente coronel, murió precisamente en Barcelona, el 18 de julio de 1936. Sin embargo, Ignacio y Moncho no registraron la menor alusión. En cambio, en un momento determinado, el comandante Cuevas miró las manos de Ignacio, que parecían de leche, y comentó, con indescifrable sonrisa:

—Apuesto a que eras de Acción Católica...

Todo en orden, en cuestión de unos minutos. «Al almacén, que os den lo necesario.» Los muchachos se cuadraron con marcialidad exagerada y salieron. El furriel había preparado ya los equipos. Dos pilas de prendas, junto a sendas mochilas. Ignacio, a la vista del montón de ropa que le correspondía, se sintió desbordado. «¿Esto qué es? ¿Y esto?» Moncho le explicaba. Le gustó la mochila, milagrosamente adaptada a sus omóplatos, y le gustó el pasamontañas, con el que se cubrió la cabeza. «¡Uh, uh...!», hizo, recordando por un momento a sus compañeros del Banco Arús cuando se mofaban de las ceremonias de la Masonería. Los esquís se apoyaban en la pared. Eran de madera de castaño, sin barnizar. Moncho los juzgó horribles, aptos para romperse la crisma. Ignacio, en cambio, los acarició suavemente, sobre todo las punteras, curvas como lengüetazos.

—Tomad —les dijo el furriel—. La chapa.

—¿Cómo? —preguntó Ignacio.

—La chapa, por si te mueres.

La chapa ovalada, con el número para la identificación. Ignacio, repentinamente serio, se la ató a la muñeca derecha. Le había correspondido el número 7 023.

—¿Y el fusil?

—Mañana, cuando os marchéis de excursión.

A los diez minutos salieron a la carretera, estrenando el uniforme. Ignacio respiró hondo y miró a su alrededor. Moncho lo observaba. «La montaña es algo, ¿no te parece?» Ignacio tardó unos segundos en contestar:

—Pues sí... Soy un tipo raro. De pronto me he sentido feliz.

Dejaron en el cuartel el macuto y la ropa sobrante. El encargado de la centralita telefónica leía *La Ametralladora*. El teniente Astier los vio y les dijo: «La camioneta para el Balneario sale mañana a las ocho.» Moncho exhibía el flamante gorro, que le sentaba muy bien. Ignacio se hacía el remolón, como

siempre, pues sabía que cubrirse la cabeza lo despersonalizaba; pero Moncho le dijo:

—No seas animalote y ponte el gorro.

Salieron de nuevo y vieron, a unos doscientos metros, en
el primer recodo de la carretera, el cementerio. Era minúsculo, y a través de la verja de entrada se dominaba el rectángulo
completo. Muchos apellidos repetidos: Pueyo, Aznar. Una tumba con una cruz y sobre ésta el gorro de un esquiador.

Vieron a su derecha una cuesta pedregosa que bajaba en
dirección al centro del pueblo. La tomaron, orientándose por
la veleta del campanario de la iglesia. A medida que bajaban,
las montañas parecían más altas. Se cruzaron con un grupo
de esquiadores que los miraron con curiosidad. Antes de llegar
a la iglesia vieron una flecha azul que indicaba: «Telégrafos.»
Luego desembocaron en la plaza, desértica como la planta
del pie.

Entraron en la iglesia. Moncho esbozó una reverencia y
luego se puso a contemplar la nave y los altares con minucio-
sidad de turista. Ignacio, por el contrario, se acercó a los
bancos y se arrodilló fingiendo piedad. De pronto, vio a su
derecha una imagen de la Virgen del Carmen, colgantes los
escapularios, y su piedad se convirtió en real. Pensó en su
madre, Carmen Elgazu. «Os ofrezco, Señor, estos momentos
de..» ¡Dios, qué énfasis para hablar con Dios! «Señor, os ofrezco este uniforme que...»

Moncho se había ido al fondo de la iglesia. La escalera que
conducía al coro lo tentaba y estuvo a punto de subir. Ignacio
descubrió, entretanto, arrodillado en el altar mayor, a un sacerdote que rezaba, inclinada la cabeza. Repentinamente decidido, se levantó, volviéndose hacia Moncho le hizo una seña y
luego, dirigiéndose al presbiterio, le preguntó al sacerdote si
podría confesarle. El rostro del párroco del pueblo se iluminó
como si hubiera recibido una alegría.

—En seguida, hijo. En seguida.

Después de la confesión le invadió a Ignacio un gozo perfecto. Ya en la calle, Moncho le dijo:

—A veces te envidio. Me gustaría...

—Tener fe —le interrumpió Ignacio.

—Eso es.

—Pídela.

—¡Bah! —Moncho añadió—: Es muy complicado...

Ignacio se detuvo un momento.

—Vuelve a entrar en la iglesia y pídela.

—¡Bah! —repitió Moncho. Y reanudó la marcha.

Ignacio lo siguió. El día iba declinando. De las cumbres descendía una luz cárdena. En una calle empinada destacaba el letrero de la Sección Femenina, cuyo local, en la planta baja, hacía las veces de taller de modistas. Un enjambre de muchachas confeccionaban jerseys, guantes y otras prendas para los esquiadores.

El paso de Ignacio y Moncho alborotó el taller. Una de las chicas, con un hilo entre dientes, se quedó mirándoles descaradamente.

—¿De dónde sois, si puede saberse?

—Catalanes —contestó Moncho.

La reacción del taller fue inesperada. Sonaron aplausos e incluso un entusiasta silbido.

—Esto es un éxito —comentó Ignacio. Y los dos muchachos se detuvieron.

—¿Se admite otra pregunta?

—Las que queráis.

—Todos los catalanes sois ricos, ¿verdad?

—¡Qué barbaridad!

—¡Pero, Eulalia...!

Moncho soltó una carcajada.

—¿Por qué dices eso?

Una muchacha algo mayor que las demás, con camisa azul —debía de ser la jefa local—, ordenó a Eulalia que se callara y explicó a Ignacio y Moncho que los treinta y tantos catalanes que había en la Compañía de Esquiadores, huidos de la zona «roja», por su manera de comportarse y hablar habían dejado en el valle la impresión de que eran ricos. «Supongo que es lo que Eulalia quiso decir.»

Eulalia se enfureció.

—¡Ya está! ¡No puede una ni conversar!

Ignacio se dirigió a la chica.

—Te escuchamos con mucho gusto.

—No le hagas caso —intervino otra chica—. Es que son educados.

Siguieron bromeando. Moncho se interesó por las cumbres que rodeaban el valle. Varios índices les indicaron los picos y los collados visibles desde el pueblo, completamente cubiertos por la nieve. Al parecer, en varios de ellos había puestos de esquiadores, instalados en simples tiendas de campaña.

—Lo malo son las tormentas —comentó alguien.

El cura pasó por la calle y los muchachos se despidieron de las chicas del taller.

—¡Adiós! Hasta la vista.

—¡Adiós, catalanes...!

Reanudaron la marcha, subiendo hacia la carretera por el lado opuesto. ¿Dónde estaba la guerra? Oyeron una esquila. Una mujer gritó: «¡Eh, Manolo!» ¿Quién era Manolo? En mitad de la calle, un caballo, separadas las patas traseras, orinaba amarillo. El chorro de orina se abrió paso hasta una huella de carro y deslizándose por ella, como si esquiara, se dirigió al encuentro de Ignacio y de Moncho.

En las casas se veían mujeres de cuerpo raquítico; pasaron dos chicos tullidos.

—En todos los valles aislados ocurre lo mismo —informó Moncho—. Se casan entre primos hermanos y ello da malos resultados.

—Sí, ya sé —dijo Ignacio—. La consanguinidad.

Llegaron al cuartel. El esquiador de la centralita seguía leyendo *La Ametralladora*.

—De parte del teniente médico, que paséis por la enfermería.

—De acuerdo.

En la enfermería los vacunaron y con ello llegó la hora de cenar. En el amplio comedor se congregaron no menos de veinte esquiadores, cuya facha atlética y cuya tez bronceada eran impresionantes.

Dos cosas les llamaron la atención a lo largo de la cena. La camaradería reinante en las mesas y que nadie les preguntara nada referente a la zona «roja».

Dicha camaradería los cautivó. Antes de marchar de Valladolid, la madre de Marta les dijo que, según el comandante, «la vida del frente a veces unía a los hombres con lazos cuya intensidad ninguna otra circunstancia podía igualar». Intuyeron que aquello podía ser cierto. Los esquiadores se miraban cara a cara, sonreían con todos sus dientes, se intercambiaban bromas ingenuas y soeces y no parecían preocupados por nada que no estuviera allí presente, en el comedor.

La indiferencia general por lo que ocurriera en la zona «roja», produjo en Ignacio el mayor asombro. La zona «roja» no interesaba como problema que matizar. Los «rojos» eran los enemigos, el diablo, y había que exterminarlos; nada más. Sólo el furriel, que recordaba muy bien los nombres de Moncho e Ignacio por haberlos anotado, en un momento determinado preguntó a los dos muchachos:

—Mucho comunista por allí, ¿no?

—¿Por dónde?

—Por Cataluña.

—Sí, claro...

A poco, el muchacho añadió:

—Y mucho cabrón...

—¡Desde luego!

—¡Psé! —exclamó un esquiador bajito, que mondaba una fruta—. Los cascaremos. ¿Sí o no? —preguntó bruscamente, mirando con energía a Ignacio.

—Por supuesto —admitió éste.

Moncho sonreía, comprensivo. Semejante léxico le parecía natural. Casi todos aquellos atletas eran labriegos del propio valle de Tena, que apenas si conocían otra cosa que los pueblos diseminados en éste y la carretera que bajaba a Jaca. Acaso alguno de ellos hubiera estado un par de veces en Huesca y Zaragoza. Muchos se llamarían Aznar, Pueyo...

Ignacio comentó, por lo bajo:

—Hay que ver.

Ignacio había supuesto que los soldados «nacionales» emplearían un lenguaje selecto y que tratarían temas importantes.

Al día siguiente, a las ocho de la mañana, provistos del fusil y del petate, montaron en la camioneta de Intendencia y emprendieron la ruta hacia el Balneario de Panticosa. La carretera serpenteaba entre paredones cortados a pico. El paso se angostaba por momentos y el conductor comentó, mirando la nieve:

—Lo peor son los aludes.

Llevaban un pliego cerrado como el que en Teruel los emisarios «rojos» entregaron al coronel Rey d'Harcourt al intimarle a la rendición. Dicho pliego iba dirigido al teniente Colomer, jefe del sector.

El edificio del Balneario se levantaba en medio de una gran explanada y a la sazón sus clientes no eran gente achacosa, sino robustos esquiadores. Detrás del edificio arrancaban casi verticalmente las montañas, en el centro geográfico del Alto Pirineo Aragonés. Un camino a la derecha conducía al lago del Brazato, otro a la izquierda conducía a una posición llamada Bachimaña.

—Supongo que iréis a Bachimaña —les había dicho el chófer de la camioneta—. Hubo allí dos bajas. —Luego añadió—: Os gustará. Hay lagos.

El teniente Colomer había sido ya advertido de la incorporación de los dos muchachos y los recibió con muestras de agrado, hablándoles en catalán. Su uniforme era impecable.

El teniente abrió el pliego y a medida que leía su contenido enarcaba las cejas.

—¿Cuál de los dos es Ignacio Alvear?

—Yo.

—¿De Gerona?

—Sí.

El teniente Colomer se pasó una mano por la barbilla.

—No sé si me equivoco. ¿Tienes algo que ver con un seminarista llamado César Alvear, que estuvo en el Collell?

Ignacio, de una pieza, contestó:

—Era mi hermano.

El teniente reprimió su emoción.

—¡Yo estuve en el Collell! Interno, ¿comprendes? Hace tres años...

Ignacio se emocionó también lo indecible y Moncho tuvo la impresión de estorbar. Cuando el teniente Colomer, que era de Barcelona, supo que César había sido fusilado, se volvió, mirando a las montañas, en dirección a la zona «roja». Ignacio notaba húmedos los ojos. Deseaba abrazar al oficial, pareciéndole que su incorporación a la Compañía de Esquiadores era menos absurda.

—Gran chico tu hermano.

—Sí, ya sé.

—Todavía recuerdo la rapidez con que recogía las pelotas de tenis.

—¿Rapidez? Le dolía mucho la cintura.

—Pues no se le notaba.

Ignacio y Moncho contaban con un amigo. Protectora sombra la de César. El teniente Colomer les dio toda clase de consejos, sobre todo a Ignacio, a quien facilitaría la tarea de aprender a esquiar. Bachimaña consistía en tres posiciones escalonadas: ellos iban destinados a la primera, donde apenas si la nieve había cuajado.

—Dentro de poco sale el cartero. Podréis ir con él.

—Muchas gracias.

—¿Os falta algo? ¿Os dieron coñac?

—No.

Moncho sacudió la vacía cantimplora.

—¿Y tabaco? Poco... Bien, aprovechad la ocasión.

Cuando el cartero, muchacho de cabeza pequeña y de tórax anchísimo, les hizo una seña, Ignacio y Moncho se despidieron del teniente Colomer.

—Con su permiso...

El teniente les invitó a bajar la mano y sonrió:

—Decidle al cabo Cajal que me importa un bledo la hora que sea. Él comprenderá.

Dos horas después, se encontraban en presencia del jefe de la posición número 1 de Bachimaña. Era el cabo Cajal, al que llamaban cabo Chiquilín. En todo el paraje, más nevado de lo que el teniente supuso, aunque accesible con raquetas, lo único que delataba que aquellos hombres estaban en guerra era un pequeño parapeto donde montar la guardia y unos cuantos fusiles agrupados en pabellón fuera del refugio. El resto sugería más bien una estación de deporte. Dicho refugio era holgado, construido con piedra seca, de color gris. Una lona hacía las veces de puerta. Detrás del refugio había un lago helado, alrededor del cual se cruzaban y entrecruzaban innumerables huellas de esquí. Cerca de la puerta, languidecía una hoguera.

El trayecto, la subida, había sido fácil: camino único bordeando el barranco, por el que descendía un arroyo que, de pronto, según las condiciones acústicas, se tornaba fragoroso. Moncho, a imitación de José en el frente de Madrid, le había enseñado a Ignacio a clavar el tacón para no resbalar. El cartero, hombre hermético, infatigable andarín, contestó escuetamente a las preguntas de los novatos. Según él, normalmente el cabo Cajal tenía a sus órdenes seis soldados. Las dos bajas que había sufrido, y que ellos cubrirían, las ocasionó un alud: dos esquiadores, ambos de Canfranc, quedaron sepultados. La comida era abundante, aunque siempre la misma. Las únicas distracciones, el correo —«es decir, yo», explicó el cartero—, la baraja y cantar. Lo más peligroso, las descubiertas, o sea, las incursiones en terreno de nadie, rumbo al enemigo. «Siempre hay que subir, y si los rojos han madrugado más, esperan arriba y tranquilamente le cantan a uno las cuarenta.»

El cabo Cajal y los cuatro esquiadores de que éste disponía recibieron a los recién llegados con muestras de alegre complacencia. Al verlos, tres de ellos, que se encontraban esquiando, se les dirigieron como flechas y, clavando los bastones, dieron a su lado un parón en seco que dejó estupefacto de admiración a Ignacio.

—Haciendo piernas —le dijeron al cartero.

—Sí, ya veo —contestó éste.

El cartero hizo las presentaciones y prosiguió su ruta hacia los refugios superiores, el último de los cuales alcanzaba la frontera francesa. El cabo Cajal, que había estado observando a Ignacio, al acercársele le preguntó:

—¿Has visto mucha nieve en tu vida?

—Hoy ha sido el primer día —sonrió Ignacio.

El cabo le ayudó a descargar la mochila.

—¿Qué hacías, pues?

—Ajedrez y billar.

En cambio, Moncho había ya descargado su equipaje y comentaba con uno de los esquiadores:

—Buenas botas.

—Regular.

Cerca de la hoguera, un esquiador de tez negra, el cocinero, les preguntó:

—¿Café?

—Café —aceptó Moncho.

Media hora fue suficiente para establecer contacto. Media hora, la experiencia de Moncho —éste demostró que sabía esquiar por él y por Ignacio—, el café para todos, la hoguera vigorizada con ramaje seco y el recado del teniente Colomer para el cabo Cajal. «¡Ah! De parte del teniente que le importa un bledo la hora que sea.» Cajal soltó una palabrota y añadió: «¿No te jode?»

Ignacio, de pie, con el vaso de aluminio en la mano, preguntó:

—¿Dónde están los rojos?

—¡Uf...! Al otro lado de esas montañas.

Por lo visto, en invierno la misión de los esquiadores era

básicamente de vigilancia de la frontera y de los collados de acceso. Cuando la nieve se derretía, se convertían en soldados normales de Infantería.

A Ignacio le impresionaba mucho pensar que había de convivir quién sabe cuánto tiempo con aquellos hombres de aspecto simple, nacidos en Aragón. Compartiría con ellos el refugio, el ridículo parapeto, el lago helado y la vida.

El cabo Cajal, Chiquilín de sobrenombre, era de Jaca y relojero de oficio. De temperamento minucioso. Una de sus frases preferidas, lo mismo si venía a cuento como si no, era ésta: «mejorando lo presente». Tenía la manía de los relojes y cada tres o cuatro horas afirmaba que la mejor madera para los esquís era la de Noruega. En cuanto se acercaba al fuego se ponía a cantar *Chaparrita*, y también: *Y son, y son, y son unos fanfarrones...*

—¿Falange o Requeté? —preguntó a los dos muchachos.

Ignacio contestó:

—Yo, Ignacio Alvear.

El cabo Cajal se llevó una mano a las cejas a modo de visera y repitió:

—¿No te jode?

—Perdona, Chiquilín —aclaró Ignacio—. Fue una broma.

Moncho se ganó en seguida el respeto del cabo, gracias al reloj de arena. En cuanto Chiquilín lo vio, lo alzó, parodiando al «páter» cuando alzaba el cáliz y colocando la joya en sitio visible, dijo: «Mejorando lo presente.»

El esquiador preferido del cabo Chiquilín se llamaba Pascual... Dámaso Pascual, oriundo de Huesca, pesador de oficio: el pesador de la báscula municipal a la entrada de la ciudad. Su manía era calcular el peso de las personas y de las cosas. Tipo bien formado, seguro de sí, con reluciente anillo en la mano izquierda. Apenas vio aparecer a Ignacio y a Moncho no tuvo más idea que enterarse de su peso. Hasta que tomó la decisión. Levantóse y mirando las pantorrillas de Ignacio empezó a dar una vuelta en torno del muchacho. «Aquí el amigo... se andará por los setenta y dos. ¿Vale?» Ignacio simuló pasmo y contestó: «Vale.» Acto seguido, Dámaso Pascual, distanciándose con aire experto, inició una vuelta completa alrededor de Moncho. «Aquí..., lo dejaremos en sesenta y ocho. ¿Justo?» «¡Conforme!», exclamó Moncho. Dámaso Pascual se tocó, dedos en pinza, la nariz y regresó satisfecho junto a la hoguera.

Ignacio se ganó el respeto de Dámaso Pascual al informarle de que tenía una hermana que se llamaba Pilar.

—¿Pilar? ¡Jolín! También mi chavala se llama Pilar. —Y sacó de la cartera la fotografía de una rechoncha moza de Sabiñánigo.

Luego había dos esquiadores del propio valle de Tena, de Panticosa: Royo y Guillén. Muy distintos físicamente, su mundo mental era idéntico. Tres temas obsesivos: las mujeres, la fuerza física y los animales del valle. En cuanto se aventuraban en otros terrenos, el cabo Cajal les cortaba: «A callarse, amigos, que esos catalanes han ido al colegio y nosotros no.»

Ocurrió eso: que Ignacio y Moncho, aun sin proponérselo, habían de cobrar inmediatamente fama de sabios. Royo y Guillén, auténticas peñas humanas, se colocaron a la defensiva, pues para ellos lo único que contaba era la resistencia física y de vez cuando respiraban tan profundamente que Ignacio temía quedarse sin aire. Sin embargo, Moncho había de ganárselos al decirles: «Mi padre era veterinario» y luego: «El año 1933 subí con mi novia a las clavijas de Cotatuero.»

El último esquiador de la escuadra —el cocinero, y por tanto eximido de hacer guardia— era el alma romántica del grupo. Bajo de estatura, solitario, aceptaba de buen grado ser llamado Cacerola. De edad imprecisable, la negrura de su tez se debía por partes iguales al reflejo de la nieve y al humo de la cocina. Se pasaba horas escribiendo a sus madrinas de guerra —tenía cinco— y leyendo a la luz de un candil, en su rincón del refugio, una edición miniatura del Quijote, edición en dos tomos gemelos graciosamente colocados en un estuche forrado de verde.

Desde el primer momento Cacerola respetó a Ignacio y a Moncho precisamente porque eran «sabios». Cacerola intuyó en seguida que los dos catalanes podían ensanchar su visión del mundo. ¡Cuánto le hubiera gustado nacer en una ciudad grande, en Zaragoza, por ejemplo, y poder estudiar! Despreciaba a Royo y a Guillén porque se jactaban de su ignorancia y porque al referirse a las mujeres lo hacían siempre en tono grosero. Aludiendo a su madre, cada cual solía decir: «la que me parió». Al enterarse por Moncho de que los milicianos «rojos» se llevaron mujeres al frente exclamaron: «¡Y luego los llaman panolis!» Y siempre le tomaban el pelo al cabo Chiquilín diciéndole que se hizo relojero para poder ponerse el monóculo y mirar con él «la piel de las gachís». Cacerola era distinto. Él amaba a las mujeres de un modo reverente. Las idealizaba, eran su meta pura e incluso su razón de hacer la guerra.

Royo y Guillén le habían gastado lo menos cien veces la misma broma:

—Oye, Cacerola. No nos saldrás sevillano, ¿verdad?

—Cacerola... ¡que te veo! ¡Que te veo ingresar en la Sección Femenina!

Cacerola no tenía frase preferida, como el cabo Cajal. Él tenía silencios preferidos y le gustaba que todos se marcharan a platicar con la nieve para quedarse solo en el refugio, en su rincón, recreándose con sus pensamientos.

Ignacio se ganó la simpatía de Cacerola, y la de todos, gracias al informe que les dio el cartero al regreso de las posiciones superiores. «Los rojos —les dijo— le cascaron un hermano.» Ello les inspiró lástima. Dámaso Pascual le preguntó por Gerona e Ignacio explicó: «Hay una catedral muy bonita.» El cabo Chiquilín le dijo: «No te preocupes. En quince días aprenderás a esquiar.»

Después de cenar, alrededor de la hoguera se formó el corro entrañable, establecióse entre los siete soldados la camaradería de que la madre de Marta habló en Valladolid.

Con los ojos fijos en llamas, la gorra echada para atrás, empezaron las canciones. Dámaso Pascual tenía una hermosa voz. *La cucaracha, Chaparrita, Yo tenía un camarada...*

Moncho era feliz. Cansados de cantar, los recién llegados fueron acribillados a preguntas. Se murmuraba que de un momento a otro se iniciaría el ataque en el frente de Aragón y ello llevó a Cajal y a los suyos, contra la costumbre, a hablar de la guerra.

Ignacio y Moncho se habían dado cuenta en seguida de que sus compañeros sabían vagamente por qué estaban allí. Sonó una trompeta en el valle de Tena y les dieron un fusil y unos esquís.

—¿Contra quién?

—Contra las hordas rojas.

—¿Qué crimen han cometido?

—Pues... ése, son hordas.

—¡Adiós, madre!

Abriendo brecha, Dámaso Pascual les hizo exactamente la misma pregunta que el furriel en Panticosa.

—Mucho comunista por allá, ¿no?

—Sí —contestó Moncho—. Y mucho anarquista.

Dámaso Pascual, con un palo en la mano, trazaba signos en el suelo...

—Oye... Y esos anarquista ¿qué quieren?

Moncho fumaba.

—Pues... no sé cómo decirte. Libertad... Libertad total. Eso es...

—Que se chinche el comandante, ¿no es eso?

—El comandante, los tenientes y hasta los cabos...

—Escucha esto bien, Chiquilín...

Hubo un silencio, durante el cual, Royo, con la navaja, iba quitándose el negro de las uñas. De pronto, dirigiéndose a Moncho, el robusto muchacho preguntó:

—Oye... ¿Y qué hay de las bodas así, rápidas, en el frente? A ver si me entero...

—Pues, ya te dije —contestó Moncho—. Digamos que un miliciano se casa hoy: si mañana o pasado se harta de la mujer, a por otra.

Royo miró a su camarada Guillén y, por un momento, a ambos les nacieron ojos de rana.

—¡La fetén! —exclamó el primero.

—¡El despipórrense! —subrayó el segundo.

A Cacerola no le gustó la solución.

—Una marranada —sentenció.

Se hizo otro silencio. Ahora era Guillén quien con la navaja se quitaba el barro de los intersticios de las botas.

—¿Y los comunistas? Tíos listos, supongo... Cuenta algo de los comunistas, a ver.

—Predican la igualdad —terció Ignacio.

—¿Con qué se come eso?

—Fácil —explicó Ignacio—. El amo, el Estado; todo lo demás, igual. —Ignacio añadió—: Los mismos derechos un veterinario que un caballo.

—¡La fetén! —repitió Royo.

También el comunismo pareció gustar a éste y a Guillén. Sin embargo, viendo que el cabo Chiquilín se ponía serio, se callaron. Dámaso Pascual intervino:

—¿Y cómo pueden ser iguales un veterinario y un caballo?

—Ahí les duele —apuntó Ignacio.

Moncho añadió:

—A la igualdad en las fábricas la llaman colectivización.

—¿Qué has dicho?

—Colectivización.

Inesperadamente, Royo se levantó y golpeándose el tórax con las manos planas, soltó:

—De modo que colectivización... —Miró hacia las montañas, tras las cuales estaban las trincheras enemigas—. ¡Ya me entran ganas a mí de armar un poco de tomate! —Se restregó las manos y luego sopló en ellas—. ¡Que estamos aquí muy quietecitos y a mí me gustaría discutir cuanto antes eso de la colectivización!

—¡Hale, hale! —cortó Cacerola—. Tranquilidad.

La noche avanzaba en Bachimaña. El lago era negro. Bruscamente, la hoguera resplandeció con lujuria convirtiendo a los siete hombres en brujos o en pavos reales. Las lenguas de fuego los pintarrajeaban cambiándoles las muecas. Moncho gozaba. Tomó una brasa y se la ofreció a Cacerola para que esté encendiera chupando el cigarrillo.

Pascual rompió a cantar de nuevo *Chaparrita*... Ignacio coreó por lo bajo, mirando al fuego, como si en él leyera las estrofas del canto. ¡Denso misterio en Bachimaña! «¿Quién soy? ¿Existe la nieve? ¿Tengo familia?»

Pascual se calló y Royo, infatigable hablador, se sonó con estrépito y luego apuntó:

—¡De modo... que catalanes! ¿Quién me da papel de fumar?

Después de cenar se procedió al sorteo de la guardia nocturna. Ignacio y Moncho, cansados, se tumbaron en seguida, sobre la paja, en el sitio que les fue asignado en el refugio, el más cercano a la puerta. Ignacio advirtió con asombro que el cabo Chiquilín se introducía en un saco de dormir, de color verde. «¿Y el enemigo...?» «Al otro lado de las montañas...» De todos modos, aquello era una temeridad. Ignacio vio a Cacerola escribiendo a la luz de un candil y se durmió, lo mismo que Moncho.

A las cuatro en punto de la madrugada una bota zarandeó a Ignacio. «Es la hora.» Ignacio despertó, asustado. ¿Qué ocurría? ¡Ah, claro! Centinela... La primera guardia. Se levantó poco a poco —las cartucheras habían sido su almohada— y cedió el sitio a Dámaso Pascual.

—La consigna —le dijo éste— es *Anda y que te emplumen*.

Ignacio parpadeó:

—¿Cómo?

El cabo Cajal, moviéndose en el interior del saco, hizo:

—Chissst...

Ignacio salió fuera con el fusil, el capote y el pasamontañas hundido hasta el cuello. Era una noche oscura. ¿Qué diablos hacía él en Bachimaña inferior, junto al lago, con un capote gris? «Lo peor son las tormentas.» ¿Y cuál era su misión? Disparar a la menor sospecha. *Anda y que te emplumen.*

Oyó ruido... Moncho se lo tenía advertido: «Oirás muchos ruidos, pero no hagas caso.» Eran piedras que se deslizaban, eran crujidos de árbol, era el misterio de la montaña. «Lo más peligroso son los aludes.»

Ignacio estaba solo. Ignoraba que en la Compañía de Esquiadores «roja» se habían incorporado varios muchachos de Gerona, entre ellos, Padrosa, del Banco Arús.

Pensó en Marta, en Ana María, en César. Tenía un miedo atroz y se dijo que le inspiraba mucha más confianza la proximidad de Moncho que la del fusil.

CAPÍTULO XLV

MATÍAS DECÍA DEL JEFE RUSO AXELROD, por fin nombrado cónsul en Barcelona, en sustitución de Owcensco, que siempre tenía aspecto de llevar un micrófono escondido en alguna parte del cuerpo. A Cosme Vila lo definió de otra manera: un hombre enérgico malogrado por el fanatismo.

Matías lamentaba que el fanatismo se hubiera apoderado no sólo de los corazones sino de las mentes. A él le hubiera gustado que cada cual en su esfera se comportase con dignidad y llevara el sombrero, la boina o la peluca que le correspondiera. El liberalismo aplicado. Las circunstancias dieron al traste con sus seráficos deseos. Fanatismo a muerte. «¡A ver, grita UHP, o te mato!» «¡Eh, ese de la insignia en la solapa, grita Viva España, o te mato!» Te mato, grita esto, extiende el brazo, cierra el puño, ponte en el pecho martillos y hoces y rosas y qué sé yo. Y el caso es que ni siquiera él, el propio Matías Alvear, había escapado a la ley de la agresividad. «Yo también soy un fanático. Me han obligado a elegir. Me mataron un hijo porque gritaba "Viva Dios" y ello me ha obligado a elegir. Vería muertos a todos los asesinos de mi hijo y a los compinches de éstos y no me dolería un pelo ni me tomaría la molestia de quitarme el sombrero.»

El doctor Relken opinó en cierta ocasión que en plazo breve no habría en el mundo más que tres o cuatro doctrinas supervivientes, cada una de ellas servida con fanatismo por millares de hombres. A su manera, Ezequiel había profetizado lo mismo al decir: «Pronto no habrá más que rascacielos y ermitas.» Por el contrario, José Luis Martínez de Soria seguía creyendo que, orientados por Satán, antes de un siglo los seres humanos desembocarían en la más completa indiferencia.

Pilar, que a la sazón leía unos cuantos libros serios que antes de la guerra Mateo, inútilmente, le había recomendado, era menos pesimista que Matías y que el doctor Relken.

—¿Tres o cuatro dices? —le discutió la muchacha a su padre—. Por Dios, papá. Voy menos que tú al Neutral, pero estoy más enterada.

—A ver.

—Cuenta sólo las religiones. Primero hay la verdadera, o sea, la nuestra; luego, la protestante; luego están los árabes y los chinos y los japoneses y... ¡Vamos, papá! Que el asunto te puede. Que no estás en forma. ¿Me das un beso?

—Te lo doy, porque no has mencionado la Falange, y Dios sabrá las ganas que habrás tenido de hacerlo. Pero que conste que llevo razón. Verás cómo tus hijos no oirán más que tres o cuatro himnos.

—¿Mis hijos? ¡Oh, qué ilusión!

—Claro que sí, mujer. Has salido a tu madre.

—¿A mi madre? ¿Sólo tendré tres hijos?

—¿Cuantos quieres, vamos a ver?

—Lo menos... cinco.

Matías Alvear, con el índice, le aplastó a su hija la punta de la nariz hasta conseguir formar en ella un círculo pálido.

—Pilar..., no olvides que Mateo habrá hecho la guerra...

—¡Ya me extrañaba a mí! —se oyó la voz de Carmen Elgazu, desde la cocina.

Fanatismo. El Responsable, que desde que Cosme Vila estuvo en Teruel no se perdonaba no haber visto él una batalla, reflexionaba también sobre el particular y a veces parecía cansarse de tanto fanatismo. Por un lado el bombardeo con pan y por otro sus vanos esfuerzos, llevados a cabo en la checa anarquista, para arrancar de las hermanas Rosselló la lista de los mandamás de la Quinta Columna, lo tenían un tanto desmoralizado. Empezaba a calibrar lo significativo que era que en la zona «nacional» muchos niños fueron bautizados «Francisco» o «José Antonio» y que en la zona «roja» abundaran los llamados Lenin, Stalin e incluso Volga, Moscú y Odesa... «¿Suena raro, verdad? —le decía a Merche—. Stalin Pérez, Odesa García...» El Responsable había advertido que incluso las prostitutas distinguían de razas y de nacionalidades. «¿Con ese turco? ¡Jesús, ni hablar...!» «¡Ay, no! Llevaos de aquí a ese negro borracho.»

Fanatismo... David y Olga, mientras en Teruel se derretía la nieve, convirtiéndose en barro sin fantasía —1 de marzo de 1938—, se dejaron tentar por el deseo frenético, profundo, de complicar la guerra como única salida posible. El propio Antonio Casal se estremecía de horror oyendo a sus amigos.

—Pero, vamos a ver, David, Olga... Un momento. Si estuviera en vuestras manos desencadenar la guerra mundial, ¿lo haríais? ¿Queréis repetirlo en voz alta para que me entere?

David respondía sin vacilar:

—Si no hubiera otro remedio para cerrarle el paso al fascismo, sí, lo haríamos.

Casal se quitaba el algodón de la oreja.

—Por favor, un instante. La posibilidad de que murieran... pongamos cuatro millones de personas, ¿no es detendría?

Olga protestaba, alegando que tal manera de plantear la cuestión era improcedente.

—Si Hitler, Mussolini y Franco se adueñaran de la situación, morirían muchas más aún. No olvides que, para empezar, Hitler pretende la exterminación de los judíos.

Antonio Casal se encogía de hombros. Mussolini había sido tipógrafo, como él era, pero no por eso iba a defenderlo. Y tampoco iba a defender a Hitler ni a Franco. Ahora bien, históricamente hablando, él le temía poco al fascismo, porque el fascismo era una idea fanática y los fanatismos no podían durar mucho. Históricamente él le temía mucho más al comunismo, porque éste era una idea fría, más fría que el invierno en Teruel. «Y lo frío se conserva por tiempo inmemorial.»

Fanatismo... Cosme Vila había decidido acabar con los guerrilleros escondidos en el Montseny y en Rocacorba, para lo cual, a través del coronel Muñoz, había pedido colaboración militar. Y además, se llevó para Gerona a mosén Francisco, ingresándolo en la celda masculina de la checa. No sabía qué hacer con el vicario. Casi lo emocionaba tenerlo en la mano. ¿Qué estaría tramando, el muy tuno, con un fusil en la mano en el Seminario de Teruel? Se limitaba a responder: «Buscar penitentes.» Tal vez fuera cierto. Cosme Vila se había enterado en Barcelona de que mosén Francisco organizó en muchas farmacias la estratagema de servir hostias pequeñas y cuadradas a quien entrase en el establecimiento pidiendo: «De parte de mi padre, tres sobres de bicarbonato.» El padre era el Padre que está en los cielos. ¿Qué haría con mosén Francisco?

Cosme Vila detuvo también a Laura. Lo hizo el día en que llegó a Gerona la noticia de la desaparición de Teo en la batalla de Teruel. Cosme Vila dijo: «¡Basta!» Y dio orden a dos milicianos para que detuvieran a Laura. Ésta, al cuarto de hora, se encontraba en la celda femenina de la checa comunista gerundense, la celda de los hombres desnudos dibujados en la pared.

La intención de Cosme Vila no era matar a Laura, sino a «La Voz de Alerta». Utilizaría a Laura como rehén. Cosme Vila conocía al dedillo la ingente labor del dentista de San Sebastián. Y por medio del catedrático Morales, que realizó ex profeso un viaje a Francia, le hizo llegar una nota que decía: «Si antes de una semana no se presenta usted en la frontera de Port-Bou, donde una delegación del Comité Revolucionario de Gerona lo estará esperando, su mujer conocerá la justicia del pueblo.»

El fanatismo contaba también con innumerables adeptos en la España «nacional». Un oficial de la Legión, habiendo descubierto que uno de sus hombres se había herido a sí mismo en una pierna, decidió aleccionarlo. Amartilló su pistola y le dijo: «¡Escúchame bien, gallina! Cuando un legionario tiene canguelo, no se hiere en una pierna, ¿me oyes? Se levanta la tapa de los sesos ¡o se dispara aquí, fíjate bien, aquí!» Y al decir esto el oficial volvió el arma contra sí, a la altura del pecho y disparando se suicidó, atravesándose el corazón. En línea similar podía inscribirse la actitud de un requeté del Tercio de Montejurra, actitud que se hizo famosa en el frente del Norte y que cortó la respiración de mosén Francisco. El requeté, oriundo de Estella, poco antes de la guerra había practicado la devoción de comulgar nueve primeros viernes de mes seguidos. De pronto, cuando la batalla de Oviedo, le vino a la memoria que el Sagrado Corazón había prometido la perseverancia final —«no morirán en mi desgracia ni sin recibir los Santos Sacramentos»— a aquellos que, como él, hubieran llevado a buen término tan piadosa costumbre. El requeté de Estella, monstruosa mezcla de fe y de ignorancia, razonó: «Así, pues, dado que el Sagrado Corazón no puede equivocarse ni mentir, es obvio que si estoy *en desgracia de Dios*, o sea, en pecado mortal, no moriré..., lo que equivale a decir que *los rojos no me matarán*.» El requeté, sin pérdida de tiempo, se dirigió a Oviedo, dispuesto a pecar, a «ponerse en desgracia de Dios», hecho lo cual, concienzudamente, en el primer burdel de que tuvo noticia, regresó al frente. A partir de ese momento se sintió tan inmunizado, tan a salvo y a trasmano de las balas, que en ocho días llevó a cabo una retahíla de acciones heroicas que le valieron una Medalla Militar individual. «¡Si no me darán! —les gritaba a sus camaradas, cuando éstos le aconsejaban que tuviese prudencia—. ¡Pequé "a modo" y tengo asegurada la perseverancia final!»

También Mateo Santos, el alférez Santos y Miguel Rosselló vivían en su interior jornadas fanáticas. La Falange, Falange Española Tradicionalista y de las JONS, contaba ya con millares de afiliados. Cierto que muchos se inscribían por mimetismo o en busca de la seguridad personal, pero no faltaban los que entreveían con sinceridad la eficacia canalizadora de aquella doctrina sobre la que Ignacio ironizó. Mateo entendía, poco más o menos, que la Falange bombardearía con bolsitas de pan blanco todo el país; que inclusive Pilar acabaría por entregarse a su credo; que los veintisiete puntos de José Antonio, del *Ausente*, eran contagiosos e iban ganando terreno por una ley tan imperiosa como la de la gravedad; y el propio Miguel Rosselló, que avanzaba con su camión inmediatamente después de las fuerzas de choque, a la menor ocasión discurseaba enfáticamente entre sus camaradas del Parque Móvil. «La Democracia es un error, porque en ella cada individuo se cree rey. La Monarquía es otro error, porque el rey sucesor o heredero puede ser tonto de capirote. La Falange proclama que cada nación ha de ser gobernada por la suma de facultades de que dicha nación disponga.» Algunos compañeros de Rosselló asentían, otros no comprendían una sílaba y un muchacho con gafas de intelectual le salió al paso diciendo: «Lástima que esta teoría tenga unos tres mil años de existencia, si los libros no mienten al hablar de Grecia.»

Fanatismo... El hermano de Carmen Elgazu, Lorenzo Elgazu, en vez de regresar a Trubia y recuperar su puesto en la fábrica de armas de la ciudad, tomó la sangrienta bandera que confeccionó en Gijón y con ella se dirigió a Bilbao a visitar a su madre, la abuela Mati, y a sus dos hermanas solteras, Josefa y Mirentxu. Las tres mujeres, al verlo tan exaltado, procuraron calmarlo, indicándole que lo más cuerdo sería que procurase sacar del Batallón de Trabajadores a su hermano Jaime. Pero Lorenzo Elgazu se negó a ello. «Jaime disparó contra nosotros. Es separatista. Lo lamento, pero tiene que purgarlo.»

En cuanto a «La Voz de Alerta», que ignoraba todavía la detención de Laura y la astuta combinación urdida al respecto por Cosme Vila, pagaba con la misma moneda que éste y perseguía a muerte a todas las Lauras *rojas* que se le ponían a tiro —Paz Alvear, de momento y por puro milagro se había salvado—; y a cuantos le aconsejaban que no se precipitase en sus decisiones, recordándole lo sucedido con el doble de Dionisio, les contestaba con una frase de Negrín: «Prefiero que mueran veinte inocentes a que se escape un espía.» Su brazo derecho, Javier Ichaso, en la plaza de toros de Santander había capturado, entre los prisioneros, y en nombre del SIF-NE, no menos de doce agentes enemigos y a la sazón se proponía pedir la colaboración del Ejército ¡para acabar con los guerrilleros «rojos» que se habían refugiado en los montes de Asturias y de Santander!, los cuales bajaban de noche a los pueblos, dispuestos, como siempre, a matar al cura y al sargento de la Guardia Civil.

Fanatismo, guerra a muerte... *Solidaridad Obrera* publicó un suelto que decía: «Ha muerto DE PENA el padre Gafo, al ver que sus hijos, los fascistas, perderían la guerra.» *El Pensamiento Navarro*, que dirigía don Anselmo Ichaso, publicó el mismo día un anuncio redactado en los siguientes términos: «Hacendado matrimonio adoptaría huérfano de guerra, a condición de que su padre hubiese luchado con el Ejército Nacional.»

Fanatismo, guerra a muerte... Destitución ¡y quizá muerte! del Ministro de la Guerra, Indalecio Prieto, acusado por Axelrod de haber desestimado los consejos de los militares rusos y, en consecuencia, haber perdido la batalla de Teruel. Destitución ¡y tal vez muerte! de Álvarez del Vayo, de Barcia y de Yango y otros masones de primera fila si no conseguían, en París y en Londres, en sus entrevistas con Léon Blum, con Delbos y Chautemps, que el conflicto español se convirtiera en el conflicto internacional de que Julio García había hablado «por hablar» en el café Neutral y que deseaban intensamente

David, Olga y otros innumerables fanáticos de la zona «roja».

Fanatismo, espías, héroes vivos y héroes muertos. ¿Cuándo uno de ellos, de cualquiera de los dos bandos, conseguiría poner fin a la lucha fratricida?

Tal vez el jaque mate no estuviera lejos. Por lo menos don Anselmo Ichaso abrigaba esta esperanza. Don Anselmo Ichaso, organizador del SIFNE, acababa de colocar en su paisaje de trenes eléctricos, una estación preciosa, pintada de rojo, que decía: «Barcelona.»

—¿Por qué de rojo?

—Porque los primeros soldados que entren en ella serán los fanáticos requetés, requetés de las Brigadas Navarras.

CAPÍTULO XLVI

Todo el mundo daba por seguro que iba a romperse el frente de Aragón, dirección a Cataluña. El momento era solemne y a lo largo y lo ancho del territorio «nacional» corría un temblor. Convergían hacia Teruel, Zaragoza y Huesca vehículos y combatientes de todas clases. Las carreteras de Aragón se llenaban de cachalotes metálicos y de hileras de hombres; cada pieza iba a ocupar su lugar. El Estado Mayor lo había previsto todo, excepto los deseos de Dios.

Sonó la hora del ataque frontal en Aragón, en dirección a Cataluña. El mes de marzo era limpio, propicio a la aviación. Las nubes habían emigrado en bandadas hacia el sur de la Península, donde la calma en las trincheras era tanta que «nacionales» y «rojos» organizaban partidos de fútbol arbitrados por cualquier extranjero neutral, que solía ser algún periodista inglés. Los palos de las porterías eran ramas sin desbastar y a ambos lados del campo corrían acequias de agua clara.

Antes de iniciar la ofensiva, Franco tomó una importante decisión: consolidar el Nuevo Estado, darle estructura política. A la provisional Junta de Burgos, la sustituyó un Gobierno de siete ministerios bajo la presidencia del propio Caudillo. La cartera de Asuntos Exteriores fue confiada a Ramón Serrano Suñer, «camisa vieja», que acababa de escapar de Madrid.

Con el nuevo Gobierno fueron unificados los estudiantes, se creó el Servicio de Fronteras, el Servicio Nacional del Trigo y el Servicio Social obligatorio para la mujer. Salazar pretendía que todo ello era copia del nacional-socialismo alemán, en tanto que Plabb pretendía que era copia del fascismo italiano. Como fuere, Franco, por primera vez desde 1936, parecía admitir la posibilidad de un derrumbamiento «rojo» en un plazo no demasiado largo.

El frente de Aragón debería romperse el 9 de marzo, por el Centro y por el Sur. Más adelante se rompería por el Norte, por el sector de Huesca, donde montaba la guardia la Compañía de Esquiadores. Así que, de momento, ésta permanecería quieta. Por el Centro avanzarían el general Moscardó, jefe del Cuerpo de Ejército de Aragón, y el general Yagüe, jefe del Cuerpo de Ejército Marroquí. Más al Sur avanzarían García Valiño, el Cuerpo de Tropas Voluntarias Italianas y el general Aranda, jefe del Cuerpo de Ejército de Galicia. En Teruel, el general Varela, jefe del Cuerpo de Ejército de Castilla. Un total de veintiséis divisiones a las órdenes de Dávila. Por su parte, el Generalísimo instaló su Cuartel General cerca de Zaragoza, en el palacio del duque de Vistahermosa.

Por primera vez, los jefes y oficiales militares emplearon la palabra *maniobra*. Hasta entonces, todas habían sido *batallas*, incluso las del frente Cantábrico. Ello significaba que el objetivo perseguido en esta ocasión era importante, que desbordaba la topografía y apuntaba hacia la geografía. Maniobra de Aragón. Su eje sería la carretera Zaragoza-Barcelona, que cuando la guerra de Sucesión fue denominada por los franceses *boulevard* de Cataluña, y entre el territorio enemigo que conquistar figuraba la fértil cuenca del Ebro, la cual, según don Anselmo Ichaso, en tiempos remotos fue mar. «Así, pues —dijo don Anselmo en el Círculo Carlista de Pamplona—, el avance será una especie de paseo por un *boulevard* y quién sabe si encontraremos todavía algún franchute disfrazado.»

El Ejército «rojo», reciente todavía el desgaste de Teruel, hizo cuanto pudo para reorganizarse. Alineó siete Cuerpos de Ejército, con órdenes draconianas incitando a la resistencia. El general Vicente Rojo confiaba en las Brigadas Internacionales y en la de Líster, encargadas de la defensa de Belchite, pueblo convertido en fortaleza por los técnicos rusos, cuyos planos había sido revisados, al parecer, por Stalin en persona. Confiaba también en los accidentes del terreno —Pirineo, desierto de los Monegros, Maestrazgo— y, sobre todo, en el escalonamiento de los cinco ríos que mediaban entre Zaragoza y Lérida: el Ebro, el Cinca, el Noguera Pallaresa, el Noguera Ribagorzana y el Segre. «Cinco ríos —dijo el general Rojo— defendidos con material moderno, son obstáculos capaces de detener a cualquier invasor.»

En el bando «nacional», el optimismo, agriado por la reciente pérdida del crucero *Baleares*, hundido por un torpedo enemigo, tenía su fiel representante en don Anselmo Ichaso, quien, como siempre que el Alto Mando preveía la sistemática voladura de puentes, se trasladó a primera línea para colaborar en el trabajo de los pontoneros y zapadores. En el bando «rojo», el pesimismo estaba representado por Antonio Casal, quien se trasladó al sector del Centro, en calidad de observador, ¡acompañado por Julio García!

—¿Cómo vamos a resistir? —argumentaba el jefe gerundense de la UGT—. En Barcelona hay tres gobiernos: el de la República, el de la Generalidad y el Vasco. ¿A cuál obedecer? Sin contar con el gobierno número cuatro, el Comunista, que ha dado orden de captar para el Partido cincuenta mil afiliados en tres meses, prometiendo ascensos, suministros especiales, lo que quieras...

—¿Y la españolización de los motivos de lucha? —le preguntó Julio.

—Un fracaso. ¿A quién van a engañar? Axelrod sabe pronunciar Gerona, pero no sabe pronunciar Madrid. Lo único que han logrado es que la mayoría de internacionales se sientan defraudados, que sean meras caricaturas de los que atacaron en Brunete.

—¿Y la petición de ayuda a los millonarios catalanes de América?

—Pse... Creo que han entregado cada uno veinte dólares.

—Así que, en tu opinión...

—¡Bueno! ¿Para qué mentir? Hay pocas esperanzas.

El día 8 de marzo se supo que la ofensiva empezaría a la mañana siguiente. La emoción de la tropa era grande. Los requetés catalanes del Tercio de Nuestra Señora de Montserrat, entre los que figuraba Alfonso Estrada, habían sido enviados, contra sus deseos, a la retaguardia. ¡Con lo que ansiaban entrar en Cataluña, pisar la tierra amada! En cambio, participarían en la operación Salvatore, encuadrado en una de las tres Divisiones italianas; Mateo, alférez en una Bandera de Falange, que consiguió bautizar con el nombre de *Gerona*; Miguel Rosselló, con su gigantesco camión; Núñez

Maza, con sus flamantes equipos de propaganda; Marta y María Victoria, con los camiones de Auxilio Social y de Frentes y Hospitales; Jorge de Batlle, volando desde la base de Mallorca; Sebastián Estrada, superviviente del *Baleares* e incorporado al *Canarias*, vigilando desde el mar la costa mediterránea, etcétera.

El día 9 se dio la orden de ataque y el frente de Aragón saltó hecho pedazos. El optimismo de don Anselmo Ichaso pareció justificado. Excepto en Belchite y en alguna posición aislada, el enemigo se decidió por la retirada masiva. Dos compañías fueron apresadas íntegras gracias a una columna de humo, la primera que se ensayaba, que desconcertó a los milicianos. Aparecieron intactos depósitos de material de guerra, de Intendencia, ambulancias, con diversas notas que decían: «¡Falangistas! ¡Lo dejamos para vosotros! ¡Arriba España!» Uno de los primeros pueblos conquistados fue el pueblo tan querido por Ezequiel: Fuendetodos, donde nació Goya. El pantano de Bagarosa fue volado y sus aguas irrumpieron en la llanura con inenarrable violencia. Salvatore calculaba en cerca de doscientas las baterías artilleras que vomitaban fuego. Si bien, como siempre, el arma decisiva —así lo estimaba el comandante Plabb— iba a ser la aviación. «Si conseguimos el dominio del aire, el Alto Mando rojo conocerá el mayor descalabro de la guerra.»

Belchite, único baluarte que se oponía al avance homogéneo, quedó convertido en un montón de ruinas. Entre sus piedras, los voluntarios internacionales y Líster sufrieron una derrota horrible, que culminó en el suicidio de Marcucci, mando subalterno, ex presidente de la Juventud Comunista Italiana. Al ser ocupado el pueblo, se vio que los parapetos habían sido construidos apilando sacos terreros, sistema que los «nacionales» juzgaban erróneo, pues los proyectiles de artillería derrumbaban dichos sacos sobre los defensores de las trincheras. En las zanjas de Belchite, al lado de los cadáveres, se amontonaban folletos y manuales ilustrativos: «¿Cómo avanzar valiéndose de los codos?» «¿Cómo cortar las alambradas enemigas?» En una tienda de la plaza se leía un letrero que decía: «Liquidación total», y en los muros de la iglesia, negras letras repetían: NO PASARÁN.

Rebasado Belchite, las columnas «nacionales» se motorizaron y se prepararon para lanzarse, entre nubarrones de polvo, por la cubeta meridional del Ebro, encomendando a la Caballería la misión de limpiar las bolsas que fueran quedando atrás. Los soldados se sentían generosos y llenaban el macuto e incluso el casco de huevos, de latas de calamares y de sardinas, con ánimo de ayudar a la población civil.

Pronto quedó claro que las flechas apuntaban convergentes hacia el corazón de Cataluña, hacia Barcelona. De ahí que todos los catalanes *pasados* a la España «nacional» se sintieran dominados por una inquietud casi epiléptica. Querían abandonarlo todo, las amistades contraídas, los negocios o industrias que habían montado, e irse con los soldados. Mosén Alberto, ejemplo exacto, abandonó San Sebastián, la cárcel de Ondarreta. «¡A Cataluña! ¡Me voy para Cataluña!», gritó. Su propósito era proseguir, tal vez en Lérida, su misión. De hecho, España entera vivía sobre ascuas y en los mapas caseros los jalones que los cinco ríos constituían eran señalados con banderitas. Por azar fue capturado el mismísimo coche del general Vicente Rojo y don Anselmo Ichaso hizo observar que el léxico decisivamente grosero de los periódicos enemigos, así como el tono crispado de sus titulares y editoriales, revelaban que las altas esferas presentían la derrota.

Las columnas motorizadas recibieron la orden de avanzar, y al instante se vio que el comandante Plabb podía respirar tranquilo: el dominio del aire estaban asegurado. Lo estaba hasta tal extremo, que la perplejidad de los jefes «rojos» de tierra era absoluta. El coronel Muñoz no acertaba a explicarse la pasividad de la «Gloriosa» en momentos en que era preciso jugárselo todo; por su parte, Julio García llamó a la aviación gubernamental «El Comité de No Intervención», mientras Antonio Casal, al lado del policía exclamaba: «¡Los pobres pilotos estarán recibiendo órdenes simultáneas de los tres gobiernos y no sabrán a cuál de ellos obedecer!»

Los «rojos» se decidieron por la destrucción. La mayor parte de las aldeas aparecían arrasadas, con inscripciones que recordaban el dominio que Ascaso, Ortiz y Durruti ejercieron sobre aquella región. Los puentes, ¡puentes de cuatro arcos, de seis! —¿dónde estaba Dimas, su amador?— eran volados, y eran volados los mataderos municipales y las centrales eléctricas. En la estación de Bujaraloz, un peón caminero indicó a Marta y a María Victoria los vagones de carga, aún en vía muerta, en los que Durruti fusiló a los homosexuales y a las mujeres enfermas. En Caspe, una anciana llamó a los requetés «señores soldados». Ya sólo faltaban cuatro ríos, ya sólo faltaban tres. Gerardi se reveló como un experto en la colocación de cargas explosivas. Diez minutos después de su marcha se oía un estruendo y se desmoronaba un edificio y morían algunos árboles y a veces un niño. Cerillita se había pegado a él. «Me gustaría aprender esto. ¡A ver, a ver!» El venezolano Redondo se empeñaba en destruir las fuentes, pero no conseguía sino que brotaran siete chorros donde antes brotaba uno solo.

La retirada «roja» adquiría por momentos caracteres tan angustiosos, que había quien auguraba un desenlace inminente de la guerra. Entre éstos se contaba Morrotopo, el asistente de Mateo. Morrotopo le decía a Mateo: «Mi alférez, escríbale a la japonesita dándole las señas de Gerona.» Mateo era algo más comedido, pero estaba radiante. Las seis letras —GERONA— bordadas en la bandera lo enardecían. Desde luego, el avance le estaba saliendo de maravilla, resarciéndolo con creces del obligado quietismo del Alto del León y de la pavorosa aventura de Teruel. Incluso los pequeños detalles se le resolvían favorablemente. Cayó en manos de la Compañía un perro San Bernardo que desde el primer momento inspiró a los heridos una rara confianza. Por otra parte, entre sus hombres el buen humor era compatible con el riesgo. Muchos falangistas habían incrustado en su gorro lemas irónicos, como «Pasaremos», «Te espero en Moscú», «Arriba el clero», y uno de ellos, que cuando salía sin pagar de los cafés comentaba luego: «me fui al puesto que tengo allí», compuso un himno a los piojos destinado a hacerse popular:

> *Tu crueldad nada respeta*
> *y hostilizas con furor*
> *desde el último trompeta*
> *hasta el jefe del Sector*

Un detalle sorprendió a Mateo: los cadáveres con las gafas puestas le inspiraban un miedo inexplicable. En cambio, lo atraían los rollos fotográficos sin revelar. ¿Qué imágenes, qué sonrisas se esconderían en su negro seno, en su tobogán? Iba guardándolos, formando con ellos un archivo enigmático. Por su parte, Morrotopo tenía la mala costumbre de cachear a los muertos, muchas veces por mera curiosidad. A uno de ellos le robó sencillamente el gorro, porque llevaba grabado sus mismas iniciales; y he ahí que, en cuanto se cubrió con él la cabeza y echó a andar, experimentó una sensación opresora,

663

despersonalizante, como «si el cerebro de otro hombre hirviera en él». Hasta que, asustado, lo tiró.

Antonio Casal quería comentar con Julio la situación, pero de pronto el policía se despidió de él. No le gustaba el sesgo que tomaban los acontecimientos y le dijo al jefe socialista gerundense: «Mi querido amigo Casal, observa las ramas de esos chopos. Pronto florecerá la primavera. ¡Te juro que París, en primavera, es un espectáculo incomparable!» Antonio Casal, en su fuero interno, acusó a Julio de desertor, pero el coronel Muñoz salió en su defensa: «Julio es un hombre lógico, nada más.»

La serenidad del coronel Muñoz era proverbial. En medio de aquel diluvio de metralla se comportaba como si, a semejanza del requeté de Estella, contara con una secreta y especial protección. Y no había tal. Simplemente, no olvidaba que los atacantes eran hombres y sólo hombres, sujetos a las mismas limitaciones que Arco Iris o el Perrete. Imaginaba a «La Voz de Alerta» tapándose los oídos al estallar una bomba; al hijo del doctor Rosselló agachado detrás de una roca; a la hija del comandante Martínez de Soria desmayándose al ver a un herido; ¡a Mateo confesándose antes de cada combate! De ahí que, aferrándose a su íntimo anhelo de supervivencia, admitiese la posibilidad de que en un determinado momento el implacable mecanismo enemigo hiciera crisis.

Núñez Maza no lo creía así. El Estado Mayor «nacional» se le antojaba inspirado como nunca. Personalmente, se vengaba del Campesino gritando por los micrófonos: «¡Eh, no corráis tanto, que tenemos reuma y no podemos seguiros!» Núñez Maza soñaba con hacer prisionera a la Pasionaria. La Pasionaria era para él símbolo de la escoria, símbolo que el alférez Salazar le había negado repetidamente, alegando que una mujer que en España había conseguido hipnotizar a una masa tan considerable de hombres, a no dudar contaba con cualidades de excepción.

Los ríos iban siendo cruzados y las notas más características de los pueblos ocupados eran el hambre y la abundancia de caballos maquillados. Hambre ocre y escarlata, mucho más rabiosa que la de las poblaciones del Norte. La gente se hubiera arrodillado con tal de conseguir lo que los soldados llevaban en el macuto, y Marta y María Victoria repartían víveres a voleo desde lo alto de sus camiones. «¡Arriba España! ¡Gracias a Dios!» Gracias a Dios que nos envía el pan, que nos envía huevos y latas de calamares. En cuanto a los caballos maquillados, su abundancia intrigaba a Mateo. ¿Qué significaba tamaño carnaval? Morrotopo, entendido en la materia, se lo explicó: los anarquista les robaban los caballos a las Brigadas Internacionales y luego, probablemente con la ayuda de los gitanos, los maquillaban para que fueran irreconocibles.

Arduo problema lo constituían los prisioneros, que iban sumando millares. Los milicianos y simples soldados eran tratados con respeto; no así los oficiales y menos todavía los voluntarios internacionales. El Cuerpo de Ejército del que Salazar formaba parte cercó y rindió íntegros a cuatro Batallones extranjeros, compuestos de estadounidenses, canadienses, polacos e ingleses. Salazar, inyectados los ojos, iba preguntando a aquellos hombres: «¿Por qué vinisteis desde Nueva Orleans, desde Varsovia, desde Oxford, para arrasar esta patria que es la mía?» Los internacionales temblaban. Ya no cantaban sus himnos políticos y bélicos, como en el tren 70 procedente de París. Con fatalismo visible en sus hombros caídos, esperaban la decisión de los «fascistas», cediéndose unos a otros las últimas gotas de coñac de sus cantimploras.

Inmediatamente después de las fuerzas ocupantes, entraba en los pueblos Auditoría de Guerra, de la que José Luis Martínez de Soria formaba parte. Auditoría de Guerra trabajaba a destajo, pues en cada lugar era preciso administrar justicia, buscar los responsables. Para eso estaba allí José Luis Martínez de Soria, sentado a la mesa con oficiales más veteranos. Para eso estaba allí, con su pluma estilográfica y sus dos estrellas en el gorro. Por cierto, que le ocurría algo singular: a medida que se acercaban a Cataluña, a la Gerona que fusiló a su padre, el muchacho se sentía más y más distanciado de los hombres y mujeres a quienes debía interrogar. José Luis se dio cuenta de que los trataba como a números o como a pajarracos, y ello lo asustó. Sabía que María Victoria le hubiera advertido: «¡Cuidado!»; sin embargo, María Victoria se había ido tierra adelante con los camiones de Auxilio Social. En consecuencia, José Luis Martínez de Soria emitía su voto y firmaba... Nadie impedía que firmara sin piedad. Únicamente, de vez en cuando, recordaba, como entre sueños, sus lecturas, entre las que destacaban una frase de Nietzsche: «No utilizar los hombres como cosas», y otras dos aprendidas en sus investigaciones sobre la figura de Satanás: «El Ángel de la Luz quedó convertido en Ángel de Tinieblas.» «El demonio Samuel hiere y mata a los niños al nacer.» Pero, a la postre, una y otra vez conseguía domeñar sus vacilaciones o escrúpulos, pensando que todo cuanto pudiese él hacer era mera chispa invisible en el gran incendio de España provocado por los «rojos».

El fallo que el coronel Muñoz admitía como posible no llegaba... Las tropas «rojas» retrocedían. El avance «nacional» era tan rápido que nadie se tomaba la molestia de hacer recuento del botín en hombres y material. La maniobra se desarrollaba impecablemente y los oficiales hablaban de Franco en términos admirativos. «Cuando fue necesario guerrillear, supo hacerlo. Cuando el terreno fue montañoso, acopló los medios. Ahora se trata de una guerra elástica y domina la situación más que nunca.» Incluso los alemanes reconocieron, por boca de Schubert, tal elasticidad, si bien sospechaban que ni siquiera esta vez el Caudillo español aprovecharía la ocasión para acabar definitivamente con el enemigo.

En el preciso momento en que las tropas franqueaban la frontera catalana, la Compañía de Esquiadores recibió la orden de avanzar por el Pirineo, de ocupar la franja pirenaica hasta ponerse en línea con las tropas del Sur. Dura misión, y espectacular el momento en que empezaron a bajar de las cumbres todo los esquiadores diseminados en los alejados puestos de vigilancia. ¡Qué aislados habían vivido! Bajaron esquiadores del Formigal, de Sallent, de Faceras, de Sabocos, de Brazato, de las múltiples Bachimañas. Todos quedaron alineados delante del Cuartel de Panticosa, y las muchachas del taller de la Sección Femenina pudieron comprobar hasta qué punto la nieve y el sol habían embellecido a aquellos hombres. Ignacio y Moncho, que por fin conocieron a todos sus compañeros, incluidos los catalanes, estaban emocionados. El teniente Colomer, al que César sirvió, le dijo a Ignacio: «¡Cómo has cambiado, chico! ¡Tienes un aspecto imponente!»

Sí, Ignacio había cambiado. Las semanas transcurridas en Bachimaña habían sido intensas, en compañía de Moncho, quien enseñó a todos sus compañeros, desde el cabo Chiquilín hasta Cacerola, incluso a jugar al *bridge*. El ejercicio físico le había sentado bien. Espiritualmente, ¿qué decir? Había recibido carta de Mateo. «Celebro que luches por España. Nunca perdí la esperanza de que lo hicieras. Rezaré por ti.» Le escribió la abuela Mati, desde Bilbao. «Lamento mucho que no hayas podido venir a abrazarme y te espero sin falta en cuanto te den permiso. Entretanto, rezamos por ti.» ¡Le escribió mosén Alberto! «Sé que te pasaste... Era algo que tus padres, César y todos los que te queremos teníamos derecho a esperar de Ignacio... Rezo por ti.» Marta le mandó dos cartas seguidas. Estaba atareadísima, no le quedaba mucho tiempo para las cuestiones personales. Sin embargo, en una posdata decía: «Mamá y yo rezamos por ti y por Moncho.»

«Todo el mundo reza por mí...» A Ignacio le pareció que llevaba una carga muy pesada. El muchacho había aprendido los rudimentos del esquí, gracias a las lecciones de Moncho y del cabo Chiquilín. Fue alumno mediano. Tenía estabilidad, pero no ligereza. «Lo contrario de lo que me ocurre en la vida», pensó.

Todos los esquiadores ofrecían el mismo imponente aspecto de Ignacio. A despedirlos acudió el pueblo entero de Panticosa, con representación de todos los pueblos vecinos. Los parientes de los muchachos del valle de Tena lloraban. ¿Por qué se iban? ¿No decía la radio que la guerra estaba ganada?

—¡De frente...! ¡Mar!

Ciento veinte hombres partieron Pirineo adelante en dirección a Cataluña. Atrás quedaron el valle de Tena, el río Gállego, con sus guijarros perfectos, y aquel caballo que orinó amarillo.

> *Se van los esquiadores,*
> *ya se van cantando,*
> *más de cuatro zagalas*
> *quedan llorando.*

El avance se efectuó sin encontrar resistencia. Los esquiadores «rojos» se habían replegado. Conmovía ocupar aquellos puertos que a lo largo de casi dos años de espera habían rebotado contra los prismáticos. En las húmedas trincheras «rojas», el único vestigio era la ceniza de las hogueras, todavía caliente.

Los pueblos habían sido abandonados. Sólo quedaba en ellos algún anciano, caída la boina, la cabeza apoyada en el bastón, éste apuntalado en el suelo, entre las piernas. También se habían quedado algunas mujeres sin edad, las manos amoratadas y llenas de sabañones. Los esquiadores dormían en los pajares o en las cuadras. Las viviendas, cuya miseria encogía

667

el ánimo, se componían de algunos muebles roídos y de un calendario de Anís del Mono o de alguna fábrica de Jaca, con una bolsa en que se guardaban las dos o tres cartas que la familia había recibido en los últimos años. Fuera, alguna gallina y alguna cabra junto a unos palmos de terreno pedregoso, que era preciso arar.

Ignacio estaba muy impresionado. «Ni un hogar sin lumbre ni un español sin pan.» Moncho, aleccionado por su padre, veterinario, amaba a aquellos animales. Ignacio sopesaba el fusil y se preguntaba: «¿Verdaderamente las balas procurarán a esas gentes una vida mejor?» Ignacio leyó alguna de las cartas guardadas en los calendarios. En todas ellas, firmadas por parientes lejanos, aparecían las palabras «querer», «ver» y «deseo».

¡Las escuelas! Ignacio y Moncho recorrían en silencio la escuela de cada pueblo. Una estancia ruinosa, con cartones en las cristaleras. Al huir, el maestro había olvidado en la pizarra una multiplicación y en el mapa de España que presidía la pared se entrecruzaban líneas rojas y verdes, que no se sabía si eran carreteras, ríos o venitas de sangre. En estos mapas aparecía invariablemente un pequeño redondel, la huella del índice del maestro, que borraba por entero el nombre del pueblo. Ignacio evocaba sin querer la escuela de David y Olga. «¿Vosotros también creéis que el hombre es portador de valores eternos?» Sobre los pupitres, o en el suelo, yacían cuadernos escolares forrados de azul ultramar, lo mismo que los de Gerona. Por lo visto, la costumbre había alcanzado también aquellos trasmundos de congoja.

A los compañeros de escuadra de Moncho y de Ignacio les fascinó la lectura de los periódicos «rojos», sorprendiéndoles jocosamente los títulos de las películas rusas que se proyectaban en Barcelona, la abundancia de anuncios de antivenéreos y el pie de una caricatura de Franco que decía por las buenas: «El criminal más grande del universo.» El cabo Chiquilín, al leer este anuncio, se echó el gorro para atrás y comentó: «Mejorando lo presente.»

Los anuncios de antivenéreos excitaron más de lo debido a Royo y a Guillén, quienes comentaron, cada cual a su manera: «El que no se cae una vez es que no es hombre.» ¡Royo y Guillén! Lo primero que buscaban en las trincheras conquistadas eran postales pornográficas, que no solían faltar, entre los naipes a medio jugar y las botellas verdosas con una vela clavada en el gollete. De dar con aquéllas, pronto acudían otros esquiadores o soldados de las compañías que operaban conjuntamente. Los oficiales no sabían qué hacer... El espectáculo de una ronda de escapularios en torno de un cartón lascivo era disparatado y hubiera hecho las delicias de Fanny y Bolen. Más allá del pueblo de Torla, camino de Ordesa, Guillén encontró en una zanja un zapato de mujer, rojo y puntiagudo. El clamor del muchacho fue incontenible. Toda la Compañía, incluidos Ignacio y Moncho, quiso ver el zapato, tocar aquel símbolo de la clandestina pasión. Por fin, el teniente Colomer, boyante porque se avanzaba hacia Cataluña, propuso rendirle al zapato honores de capitán general. La idea desató el entusiasmo y fue puesta en práctica al instante. El zapato fue colocado encima de una roca y no menos de un centenar de hombres desfilaron delante de él. «Vista a la derecha, ¡mar!» Los esquiadores volvían la cabeza y saludaban al zapato con marcialidad.

La Compañía ocupó el valle de Ordesa, maravilloso altar natural. En una de las piedras alguien había escrito con letras gigantescas: «Viva yo.»

El avance era espasmódico. La noche del 30 de marzo, los esquiadores durmieron al raso, en lo alto de una colina. La prueba fue dura, obligándoles a tenderse por parejas, apretados los cuerpos, tiritando. Al día siguiente el calor era insoportable y la Compañía ocupó el pueblo de Boltaña, sucio, con millones de moscas hambrientas. Allá se supo que una División «roja», la División 43, mandada por un ex limpiabotas de Canfranch, apodado «el Esquinazao», había decidido resistir en el valle de Benasque. En una escaramuza la Compañía perdió cuatro hombres. Ignacio los conocía, y pese a ello recibió la noticia con perfecta indiferencia, que le desagradó. Al mismo tiempo, el teniente Colomer hizo dos prisioneros, que despertaron la curiosidad general. «¡Dos rojos, dos rojos!» A Dámaso Pascual le bastó con verlos un momento para diagnosticar: «Pesan, entre los dos, ciento cinco kilos.» Hablaba de ellos como si fuesen encarnaciones del mal, y estaba seguro de que Ignacio y Moncho, con sólo echarles un vistazo, acertarían a saber si eran comunistas o de la FAI.

La bolsa de Bielsa retuvo la Compañía allí, en el Pirineo Aragonés, impidiéndole de momento alcanzar Cataluña y situarse en línea con las tropas del Sur, como estaba previsto. Moncho, que esperaba de un momento a otro la «liberación» de Lérida —le prometieron darle permiso para visitar a sus padres—, se puso de mal humor y, mirando hacia Peña Montañesa, el fabuloso macizo que presidía la comarca, dijo: «Tengo el presentimiento de que, pese a todos los rumores, los rojos no se rendirán.»

El día 3 de abril, las vanguardias del general Yagüe entraron en Lérida, la primera ciudad catalana, lamida por el Segre, el último de los cinco ríos en los que el mando «rojo» confió... A lo ancho de España se produjo un silencio que casi dañaba el aire. Si se cruzaba este río ¡las tropas se derramarían por Cataluña y nadie podría ya detenerlas hasta Barcelona!

La población «nacional» que vivía en territorio «rojo» no acertaba a contener la emoción. Las gentes leían los periódicos —«¡Resistir! ¡Resistir!»— y se guiñaban el ojo. Los detenidos en las cárceles no sabían si reír o llorar. ¿Serían sacrificados a última hora? Los milicianos, al huir, ¿no volarían las calles, los pueblos, la propia Barcelona? Rumoreábase que equipos especiales estaban minando la capital de Cataluña, y por otra parte muchos fugitivos iban diciendo que los moros les cortaban los pechos a las mujeres. ¡El éxodo había comenzado! Millares de combatientes huían, entre ellos, el Perrete, quien en el aldea de Pina no encontró ni a sus padres ni a nadie. En cambio, había familias, ¡antifascistas!, que habían decidido no moverse. «Sea lo que sea. Queremos comer.»

El Segre no fue cruzado de momento... Las tropas que ocuparon Lérida se detuvieron allí y, más al Sur, el Cuerpo de Ejército de Galicia, al mando del general Aranda, recibió orden de penetrar en cuña por el sector de La Pobleta. Este viraje en dirección a Levante dejó atónitos a los propios combatientes, los cuales olieron, esto sí, la proximidad del mar, pero no del mar de Cataluña, sino del mar de la provincia de Castellón. Alguien dijo: «El propósito del Alto Mando es cortar en dos el territorio enemigo, separar a Cataluña de Valencia y de Madrid. Hecho esto, la ocupación será un paseo militar.»

La explicación pareció verosímil, y entre los que esperaban renació la confianza. «¡Luego, luego vendrán por nosotros! ¡Es imposible que nos dejen en esta situación! ¡Franco sabe de sobra cómo vivimos! ¡Primero llegarán al mar y luego vendrán por nosotros!»

Abril había estallado, para bien o para mal. Y con él, la primavera. Año de 1938. La primavera estalló casi carnosamente, y se introdujo en todas partes, incluso en la madera de los esquís que Ignacio y Moncho habían dejado atrás. Se atrapaba un insecto y todo él era primavera. Había primavera en las estrellas y hasta en los pecados, algunos de los cuales ya no podrían cometerse hasta el otoño próximo.

¿La primavera acabaría con la guerra? Cacerola pensaba: «Moncho, tú, que tantas cosas sabes, que sabes quién era Reclus y qué significa *stajanovismo*, ¿acabará esta primavera con la guerra? ¿Ocuparemos Barcelona y Gerona, la ciudad de Ignacio, y llegaremos a la frontera y luego, en el Centro, se rendirá Madrid? ¿No ven los rojos que nada pueden hacer ya?» Moncho no hubiera podido contestar con tino. Desde su palco observador, que era su misión de anestesista, más bien sospechaba que la pujanza de los árboles y de los insectos le daría a la guerra nuevos bríos. Era una sensación ambigua y sin embargo aferrada hondamente, que, de acuerdo con el coronel Muñoz, le llevaba a admitir la posibilidad de una subversión de los hechos, de un milagroso desquite por parte del enemigo. ¿Por qué no? Al fin y al cabo, el estallido de las plantas era una insólita resurrección de lo que estuvo oculto y vencido durante el invierno. ¿Y a santo de qué admitir, sin más, que las flores tenían relación con la paz? Acaso fueran balines disfrazados. El doctor Simsley, del Hospital Pasteur, opinaba que todas las cosas tenían alma, excepto la palabra *alma*, que con sólo existir cumplía con su cometido. ¿Por qué suponer que el alma de la primavera era pacífica?

Llegó el 5 de abril y la rendición no se produjo. El 8 y el 10, y tampoco. ¡Pero las tropas del general Aranda seguían avanzando en dirección al mar y la llegada a éste sería sin duda un golpe mortal! El territorio partido en dos... El sueño de los dirigentes «rojos» que el año anterior quisieron atacar por Extremadura y llegar a Portugal, cortando por la mitad el territorio «rebelde».

«¡Luego vendrán por nosotros!» Rebasada Morella, allá a lo lejos, al otro lado de los sueños, apareció de pronto el azul. Los soldados, algunos de los cuales procedían de la húmeda Galicia y de Asturias, vieron a lo lejos el sosegado Mediterráneo, el mar que no era océano, el mar «cuyos peces hablaban latín». Los italianos, al descubrirlo, se alinearon y rompieron a cantar, con sus voces felpudas, completanto estrofas que

671

habían iniciado en Abisinia. Los legionarios de cien mil tatuajes en el cuerpo apostaron quién se ahogaría el primero, mientras los marroquíes, inmóviles en la cúspide de sus piernas larguísimas, parecían orar.

Millares de lenguas preguntaron:

—¿A qué día estamos hoy?

—A quince de abril.

Era el 15 de abril, era Viernes Santo... ¡Extraña coincidencia! Exactamente mil novecientos treinta y ocho años antes, un hombre más alto que Franco y que Cosme Vila había muerto en una cruz, al otro extremo de aquel mar. Un hombre que no fue ni banquero ni militar; que fue carpintero y que vivió durante treinta años una vida oscura. La voz de ese hombre fue tan misteriosa y tan fuerte que cuando exclamó: «¡Ay de aquel hombre por el que el Hijo del hombre será entregado!», Judas, al cabo de poco, se ahorcó. Sin embargo, su voz fue también tan suave que cuando dijo: «La paz os dejo, la paz os doy», se alegraron hasta las aves del cielo.

El Cuerpo de Ejército de Galicia llegó al pueblo de Vinaroz. El mar se recostaba en él. Los soldados se acordaban de que aquel día era Viernes Santo y, en cierto modo, ello les paralizaba el corazón. Ninguno osaba acercarse a la arena, acercarse definitivamente al agua. ¿Dónde estaban Líster y el Campesino? ¿Dónde estaban Julio García y los padres del Perrete, dónde estaban los muertos? «Estaban también allí, a lo lejos, muchas mujeres que habían seguido a Jesús desde Galilea.»

El general Alonso Vega se adelantó para pisar la arena el primero. En la arena había un hombre herido que llevaba en la gorra una inscripción: «No pasarán.» Se parecía a Difícil, pero no era él. El general Alonso Vega se acercó al agua, se agachó, mojó en ella sus dedos e incorporándose se santiguó.

El pueblo era Vinaroz; el día, Viernes Santo; el mar, el Mediterráneo.

CAPÍTULO XLVII

Cuando se supo que Franco había decidido fortificarse en Lérida, prueba inequívoca de que por el momento no se lanzaría sobre Barcelona, Cosme Vila dio un respiro. Cosme Vila figuraba entre las innumerables personas que temieron la inmediata y total ocupación de Cataluña, lo que sin duda hubiera supuesto el triunfo definitivo de los «fascistas». El parón de éstos en Lérida concedía una tregua. Pese a ello, Cosme Vila no se forjaba ilusiones. No se le escapaba que, con la llegada de los «nacionales» al mar, Barcelona y Madrid habían quedado separadas por un ejército franquista de trescientas mil bayonetas. Crespo, su chófer, eterno optimista, alegó que la comunicación entre Cataluña y el Centro no había sido rota por completo, puesto que, no sólo los aviones podían salvar el pasillo de Vinaroz, sino que un submarino se encargaba de hacer el trayecto para llevar la valija y el correo, enlace que había merecido una emisión especial de sellos. Cosme Vila se encogió de hombros. «Con valija y correo no se gana una guerra.»

Fue Axelrod, cónsul ruso en Barcelona, el encargado de explicarle a Cosme Vila las razones que tenía «La Casa», Moscú, para proseguir la lucha. Aparte que el Ejército de Franco estaba también terriblemente desgastado, Hitler acababa de invadir Austria, de ocupar Viena, y sus provocaciones eran tan desatadas que la declaración de guerra entre Alemania y las democracias era cuestión de pocos meses. «Cada día que pasa es un día que ganamos.» En segundo lugar, varios ingenieros checos estaban redondeando el invento de una arma nueva, terrorífica... «Su solo anuncio obligaría al enemigo a capitular.»

Cosme Vila se quedó perplejo y se tocó el cinturón de cuero. El perro de Axelrod le lamía los zapatos. Tal vez «La Casa» tuviera razón... Muchas veces había disentido de su criterio y el tiempo se había encargado inexorablemente de votar en favor de Moscú. Por otra parte, Negrín no era un imbécil. Negrín era una inteligencia un tanto desbordante y fabulosa, lo cual no le impedía hacer gala, en los momentos graves, de

673

un extremado sentido realista. Pues bien, Negrín, después de estudiar los datos y las posibilidades, no había vacilado en imprimir millares de pasquines redactados por su propia mano que decían: *Resistir significa vencer. Resistir con pan o sin pan, con ropa o sin ella, con fusiles o sin ellos. No pasarán.*

Por otra parte, era evidente que Franco no se atrevía a tentar francamente la aventura de Cataluña... Le daba miedo acercarse a Barcelona y seguía entreteniéndose hacia el Sur, en dirección a Castellón de la Plana.

—No pierdas la calma, camarada Cosme Vila, y reflexiona. Con un poco de mano dura podemos poner en pie de guerra cuatrocientos mil soldados. ¡No pongas esa cara, que no hablo porque sí! Mis datos son ciertos. Cuatrocientos mil, ni uno menos. Que chaquetee Antonio Casal o un militante pueblerino, pase... Pero tú has superado esa etapa, creo yo...

¡Antonio Casal...! No tenía, el pobre, quien le hablara con tanta autoridad, pues la Logia Ovidio estaba dispersa. Su único consuelo era acariciar la cabeza de sus hijos e intercambiar lamentos con David y Olga. Antonio Casal no veía solución posible. Llegó del frente totalmente conturbado y citó a los maestros en su despacho de Abastos. Pilar, al ver a Casal, su jefe, lo saludó con desacostumbrada amabilidad y ello bastó para ponerlo doblemente nervioso. Sí, el dirigente ugetista había hecho el raro descubrimiento de que la guerra era una cosa terrible. Y, desde luego, a despecho de los argumentos que le había revelado Cosme Vila —«argumentos de lorito real, prestados, como podéis suponer»— Antonio Casal no veía la menor posibilidad de reorganizar el Ejército con un mínimo de garantía. «La suerte está echada. Hemos jugado y hemos perdido. ¿Queréis que os diga lo que siento? Si no tuviera mujer e hijos, me suicidaría.»

Los maestros pensaron una vez más en el fichero de suicidas de Julio. David se paseaba, como siempre, con las manos a la espalda, y Olga, como siempre, estaba en un rincón, alisándose los cabellos. Oían el paso intermitente de los camiones por la ancha calle, y unos milicianos, que debían de estar en el garaje de la esquina, cantaban melancólicamente:

El hombre del hombre es hermano,
derechos iguales tendrá.
La tierra será el Paraíso.
La Patria, la humanidad.

La situación del Responsable era distinta. Estaba desesperado y le roía un remordimiento: todos los dirigentes de Gerona habían visitado el frente menos él. En cierto modo se consideraba desertor. No pensaba en suicidarse, porque amaba la vida y además creía en fuerzas oscuras y secretas, que operaban al margen de la voluntad del hombre y que en un momento dado eran capaces de «hipnotizar» a los acontecimientos. Tales fuerzas, que en el caso de José Luis Martínez de Soria eran Satán y los astros, en el caso del Responsable eran las serpientes, tal vez porque su madre había muerto con una de ellas enroscada al cuello. «Los animales, los animales intervienen e influyen en nuestra suerte.» Nunca había querido ir de cacería. Y en el fondo despreciaba a los matarifes del Municipio, pese al viejo acuerdo tomado por éstos de ingresar en bloque en la FAI.

El Responsable escuchó con atención a Cosme Vila, sacando como de costumbre dos columnas de humo por la nariz.

—¿Cómo conseguirás reunir esos cuatrocientos mil hombres?

—Mano dura. Controles en las carreteras impidiendo las deserciones. De nosotros depende. Quedan quintas por llamar.

—¿Y la aviación?

—Antes de una semana, doscientos aparatos nuevos, con pilotos rusos y polacos, aterrizarán en Cataluña y Valencia, para coger a los fascistas entre dos fuegos.

—Ni siquiera los internacionales quieren luchar... Los hay que a pie se largan a Francia.

—Seis deserciones, o diez, no cuentan. Tienen un contrato y se les retiró el pasaporte. ¿Adónde van a ir?

El Responsable tiró la colilla.

—Suponiendo que todo esto no sean sandeces, ni Stalin, ni la Pasionaria, ni mi buena voluntad, solucionarán el problema del hambre.

Cosme Vila tuvo un momento de flaqueza. Aquello era cierto. Ya no podían contar, en Cataluña, ni siquiera con los productos de la huerta y las vegas levantinas. En Gerona se masticaban pipas de girasol y las propias mujeres de los milicianos habían apedreado los nombres de las calles y plazas como plaza del Aceite, plaza del Vino... Cosme Vila llegaba a su casa y decía: «No quiero cenar», «no quiero almorzar». Pero empezaba a sentir mareos y eran pocos los capacitados para imitar su conducta. Su hijo, desde luego, no. Su hijo reclamaba su ración.

—Querido Responsable, las cosas son como son. Los franceses mandarán algo y el resto tendremos que robárselo a los fascistas.

Julio era otra cuestión... Se marchaba a Perpignan, no a Marsella, en compañía de Amparo. «Hay que vivir de realidades.» Últimamente había contratado como sirvienta a la miliciana Milagros, que al inicio de la guerra se había ido al frente con la Columna Durruti. Y Milagros le decía a Julio: «Me gusta el señorito porque se ríe de todo.» Era cierto. Julio había hecho su equipaje, incluyendo el pequeño museo particular —su última adquisición, una espuela de caballería senegalesa—, tarareando una melodía de Hawai, enfundado en su bata roja de seda. No creía en el arma secreta de los checos. «El arma secreta ha sido la de Franco: partirnos por la mitad.» Y había acabado por admitir la veracidad de las palabras que un día le soltó Carmen Elgazu: «No podréis nunca arrancarnos del pecho la religión.» La última prueba se la habían dado la miliciana Milagros y Amparo, su propia esposa: sonaron las sirenas de alarma aérea y las dos mujeres se bajaron al refugio santiguándose e invocando a toda la corte celestial.

Julio tenía su porvenir económico asegurado, gracias a las comisiones que cobró en el extranjero, ¡incluso de la casa Krupp! Pero no estaba decidido a quedarse en Francia... por culpa «del ruido de las botas de Hitler». Pensaba en Chile, adonde se decía que acababa de llegar el ex ministro Prieto. «¿Qué te parece, Milagros? ¿Será cierto que en Chile hay mujeres guapísimas?» Milagros era patriota. «No sé, señorito. Pero dicen que como en España...»

El policía se había desinteresado por la suerte del doctor Relken, que seguía en Barcelona, en la «checa» al mando del giboso Eroles. En cambio, se acordó de los componentes de la Logia Ovidio. Uno por uno recibieron una carta suya de despedida, en la que les facilitaba sus nuevas señas: «Julio García, Hotel Cosmos, Perpignan.» «Tal vez —les decía— haga todavía un par de escapadas a Gerona, pero serán muy breves.» También recibieron cartas análogas David y Olga, la familia Alvear y, en Barcelona, don Carlos Ayestarán. En cuanto al doctor Rosselló, recibió algo más... Julio García le envió a Madrid una nota urgente informándole con todo detalle de la detención de sus dos hijas. «Venga usted cuanto antes y procure evitar lo peor.» El doctor no dudó ni un segundo. Dejó el Hospital de Sangre en manos de sus médicos ayudantes, Durao y Vega, y consiguió pasar por Vinaroz cuarenta y ocho horas antes de que los «nacionales» ocuparan el pueblo. Llegado a Gerona, preguntó por Julio; se había marchado ya. Entonces el doctor, pistola en mano, se dirigió al encuentro del Responsable. En el camino, el espectáculo de Gerona, la ciudad que tanto amaba, le encogió el corazón. Y mientras subía la escalera de la casa que perteneció a don Jorge, se repetía: «O me devuelve a mis hijas, o lo mato.»

Gerona era un hervidero. Casal calculaba que el número de habitantes de la población se había triplicado. Refugiados, heridos de guerra, mucha gente de Barcelona de paso hacia algún pueblo agrícola de la provincia a buen recaudo de los bombardeos y cerca del pan. Para alojarlos se habilitó la catedral, cuyas puertas fueron abiertas. La majestad del templo impresionó a todo el mundo. Los niños gozaron lo suyo persiguiéndose y ocultándose en los altares laterales y en el claustro, mientras los ancianos lamentaban que el Coro y sus sillares hubiesen desaparecido, pues en éstos hubieran podido sentarse resguardados, como los canónigos.

Todas las familias que ansiaban la llegada de los «nacionales» se preguntaban una y otra vez por qué Franco había interrumpido su avance. Especialmente los jóvenes se cansaron de malgastar sus fuerzas en una sala de espera mental y, ante el indignado estupor de los mayores, decidieron divertirse. Fue una rebelión activa contra la tristeza cotidiana, contra el tiempo mágico que se les escapaba de la mano. El becerro de oro fue el baile. Las sesiones que se organizaban en el Ateneo, lánguidas hasta ese momento, se vieron abarrotadas por parejas de todas clases, sin distinción de uniformes.

Pilar estaba horrorizada.

—¿Te das cuenta, mamá? ¡Asunción ha ido al Ateneo! ¡A Dolores la acompaña un aviador! ¿Cómo es posible?

Matías sospechaba que en muchos casos lo que las chicas pretendían era pellizcar algo de comer, pues el hambre había ya acabado con todos los recursos, rumoreándose que en Barcelona había sido asaltado el Parque Zoológico y que había quien se comía las ratas.

La familia Alvear procuraba mantenerse en pie. Matías era, en verdad, el piloto de la nave. Incluso había hecho, ¡por fin!, un viaje a Barcelona, para visitar en la Cárcel Modelo a don Emilio Santos, cuyo aspecto le arrancó una exclamación, casi un sollozo. Don Emilio Santos había sido golpeado brutalmente en la checa. Al ver a Matías su boca se abrió para sonreír; le faltaban varios dientes. «Gracias por haber venido, Matías. Me sentiré menos solo.» «Fue una locura que se marchara usted de casa, Emilio. Pero tenga valor, esto se acaba.» «¿De veras, qué noticias hay?» Matías le dejó a don Emilio una lata de sardinas y el sabor de una mentira piadosa. Le dijo que acababan de recibir noticias de Mateo. «Está bien, en la otra zona. Suponemos que en el frente.»

Matías visitó también a Ezequiel, en su establecimiento fotográfico. Sin novedad en la familia de la calle de Verdi.

—¿Quiere usted ver algo que le gustará? —le preguntó el fotógrafo.

—Claro...

Ezequiel se dirigió a un armario y sacó de él una tirilla con tres fotos-carnet que Ignacio se había hecho durante su estancia en Barcelona, en Sanidad.

—Para usted...

Con aquel tesoro Matías regresó a Gerona. Dulces lágrimas sobre las fotos-carnet. Matías procuraba ayudar y en compañía de Jaime hacía salidas por los alrededores de Gerona en busca de comida. Jaime llevaba la lista de los billetes «válidos», de las emisiones que Radio Salamanca daba por buenas y con la lista en la mano conseguía de vez en cuando que algún campesino accediera a venderles algo, a efectuar la transacción.

En Gerona eran muchos los varones que habían empezado a hacer calceta, no sólo para matar las horas sino para confeccionar las prendas necesarias contra el frío. Matías no fue excepción. A lo primero se limitaba a ofrecer sus muñecas, como si fueran a esposarlo, para que Pilar o su mujer ovillaran la lana. Pero terminó tomándole gusto y empezó una labor de punto.

El primer día, Carmen Elgazu, en vez de agradecérselo, exclamó:

—¡Qué uñas más negras llevas, Matías! Ahora me doy cuenta.

Matías decía que le dolía hacer calceta porque el pequeño Eloy le perdería el respeto. Pero no habría tal. Eloy seguía siendo el mismo, cariñoso e insobornable, y a menudo, al ver por la calle a alguien que fumaba, no lo perdía de vista con la esperanza de que tirara la colilla al suelo y él pudiera llevársela a Matías.

Carmen Elgazu tenía un presentimiento que no la dejaba dormir. Presentía que en el momento más impensado, llamaría a la puerta, procedente de Madrid, José Alvear... No había exteriorizado a nadie sus temores, pero en estas cosas el corazón no acostumbraba a mentirle.

Curioso presentimiento. Curioso, sí, puesto que, sin saberlo, José Alvear estaba haciendo lo necesario para acudir a la cita. En efecto, había dado el primer paso. En cuanto vio que los «nacionales» llegarían al mar, sin pedir permiso a nadie abandonó a Madrid montado en un camión que se iba a Valencia, desde donde continuó en seguida para Barcelona. De hecho fue de las últimas personas que cruzaron por tierra el pasadizo de Vinaroz. Una vez en Barcelona, se encontró totalmente solo. Su padre, muerto; Canela, en Madrid; el capitán Culebra, no se sabía dónde. Además, era desertor y no tenía un céntimo. ¡Capitán y desertor! Bueno, nada de aquello preocupaba lo mínimo al primo de Ignacio, convencido también, lo mismo que el Responsable, de que fuerzas oscuras decidían el futuro de cada hombre.

Malos vientos soplaban también para mosén Francisco. Cosme Vila lo encerró en la «checa» gerundense, que en tiempos fue Horno de Cal. «Podrás rezar el rosario con tus compinches.»

Mosén Francisco, que en una de las entrevistas que celebró con Ana María en Barcelona creyóse obligado a comunicar a la muchacha que Ignacio era un ser inestable, que Ignacio tenía una novia llamada Marta... al ver, en la «checa» de Cosme Vila, los dibujos de mujeres desnudas que coloreaban la pared, bajó la cabeza con amargura. El catedrático Morales, al visitarlo, sonrió: «Noy hay más que cerrar los ojos», le dijo al vicario. Mosén Francisco replicó: «No basta. Seguro que usted, aunque cierre los ojos, ve en su interior imágenes que le molestan.»

En la España «nacional», la decepción fue todavía peor. La abuela Mati, de Bilbao, empezó a dar crédito a la versión según la cual Franco prolongaba adrede la guerra, estimando que una ocupación demasiado rápida del territorio enemigo le crearía problemas insolubles en el orden político y en el orden público. Don Anselmo Ichaso era de otro parecer. Tenía una fe absoluta en el Alto Mando. «Si no se ataca Cataluña es porque no estaremos en condiciones de hacerlo. Un ejército es una máquina muy quebradiza y por no tener eso en cuenta los rojos están donde están. Imaginemos que Franco avanza hacia Barcelona sin tener las espaldas guardadas y que de pronto Francia se decide por un intervención clara en favor del enemigo. En veinticuatro horas nos encontramos cogidos entre dos fuegos.»

Era preciso admitir los hechos y adaptarse. Todos los catalanes que se encontraban en la España «nacional» y que soñaron con pedir billete para Barcelona, tuvieron que conformarse con llegar a Lérida, la antigua *Ilerda*, saltando de camión en camión. Así lo hicieron. Uno tras otro fueron coincidiendo en la ciudad, cada cual con su particular carga emotiva. Algunos se conocían entre sí, otros no; pero resultaría fácil entablar amistad. Mínimos detalles de la población les recordaban que «empezaban a estar en casa».

Mosén Alberto, ¡qué remedio!, fue de los primeros en hacer acto de presencia. El sacerdote se despidió de San Sebastián y de Ondarreta con jubiloso apresuramiento. «La Voz de Alerta», retenido por el SIFNE y, sobre todo, por la comunicación de Cosme Vila, que por fin había recibido, lo vio marchar casi con lágrimas en los ojos.

Apenas llegado a Lérida, mosén Alberto se horrorizó al comprobar que los soldados andaban pegando por todas partes unas hojas que decían «El empleo del idioma español es obligatorio». Hizo una mueca y se dedicó a lo que le incumbía, es decir, a visitar una por una las iglesias profanadas, todas llenas de escombros, de papeles fétidos por los rincones, algunas habilitadas para cuadras, otras para salón de baile. Mosén Alberto colaboró con varios sacerdotes aconsejándolos de paso sobre el modo de tratar a los jefes y oficiales. Su intención era, en efecto, proseguir en Lérida su labor, o sea, preocuparse de los condenados a muerte. Por ello, al enterarse de que uno de los auditores de guerra era hijo del comandante Martínez de Soria consideró ganada la partida. «El muchacho me ayudará», se dijo el sacerdote.

Don Anselmo Ichaso llegó muy pronto a la ciudad conquistada, reclamado por los zapadores y por el Servicio de Información. ¡Cataluña! Lo primero que hizo el jefe navarro fue escribir a «La Voz de Alerta», encomiándole «su» región y aconsejándole que ofreciera a Cosme Vila, para canjearlos por Laura, «una lista de prisioneros rojos». Luego recorrió una por una las tiendas en que pudiera encontrar trenes miniatura... «¿Trenes miniatura? —exclamaban los comerciantes leridanos—. ¡Si no los tenemos ni de verdad!» Luego enlazó con el veterano carlista de la localidad, que resultó ser el propietario que en una de las fiestas de San Isidro, y a la vista del Responsable, encendió el cigarrillo con un billete de a veinticinco pesetas. Luego advirtió una anomalía en las banderas tricolor que su hijo, Javier Ichaso, andaba pisoteando con su único pie. Parecióle que, mientras el amarillo y el rojo se conservaban fuertes y llamativos, la franja morada adolecía casi siempre de palidez. «No hay secreto —le dijo mosén Alberto—. El color morado destiñe más que los otros, eso es todo.» Don Anselmo visitó, acto seguido, a un par de generales, que le consultaron sobre las fortificaciones que iban a levantar en la orilla inferior del Segre. «A lo mejor nos pasamos aquí una temporada.» Por último, se incautó de un piso alto para el SIFNE y desde el balcón, la barriga apretada contra los barrotes, contemplaba la catedral, los tejados circundantes, las tiendas de abajo y susurraba, en tono ambiguo: «Cataluña... Mira por dónde.»

Núñez Maza fue a Lérida a filmar. Con su cámara fotográfica, obsequio de Schubert a la Falange, hacía auténticas diabluras, estimulado por la convicción de que muchas escenas de guerra cobraban mayor relieve vistas en la pantalla que en la realidad. A menudo filmaba letreros y carteles de la propaganda «roja», muchos de los cuales, acorde con el criterio de Ezequiel, consideraba obras maestras del género. A veces se quedaba inmóvil en lo alto de un camión. «Lo que yo daría por poder filmar los pensamientos.»

La labor de Marta y María Victoria era hermosa, como siempre. «Vestir al desnudo, dar de comer al hambriento.» Camiones de Auxilio Social. En un paseo que dieron alrededor de la cárcel, las dos muchachas encontraron desparramados una serie de libros de ediciones baratas. Eligieron uno al azar y resultó ser que su autor era Larra. Y una de las primeras frases que le vino a los ojos fue: «Asesinatos por asesinatos, prefiero los del pueblo.» María Victoria dijo: «Trae. Quiero que José Luis lea esto.»

Los moros y legionarios se dedicaron al robo, que ellos llamaban «botín». Los moros subían a los pisos desde cuyos balcones las familias los aclamaban gritando: «¡Arriba España!», y con ademanes y sonrisas infantilmente siniestras, y entregando a cambio pequeñas insignias que llevaban, se hacían regalar sábanas, colchas, cubiertos y otros objetos, brillantes a ser posible. Luego, algún que otro chófer de Intendencia se largaba con el lote a la retaguardia, lo vendía y las ganancias eran repartidas con equidad. Los legionarios hacían otro tanto, pero en mayor escala. Al amparo de sus numerosas heridas y condecoraciones requisaban máquinas de escribir, máquinas de coser, ¡y pianos!, para cuyo transporte se valían a menudo de los camiones afectos a los Servicios de Recuperación.

Para la tropa en general, Lérida consistió en pavonearse por las calles, asediando a las chicas, y en el asalto a las casas de prostitución. Las chicas «nacionales» se dejaban piropear y agasajar por aquellos hombres que, partiendo de muy lejos, de Extremadura o de Galicia y arrostrando toda suerte de peligros, habían entrado en Lérida, liberándolas, devolviéndoles el honor, la vida y la patria. En ocasiones, era tanta la generosidad de esas muchachas que los soldados exclamaban: «¡Esto es la caraba en bibicleta!»

Las casas de prostitución no daban abasto, especialmente las que presentaban en la fachada un farolillo colgando. En las más baratas había cola, una larga cola de hombres con una mano en el bolsillo. Una patrona barcelonesa había montado un astuto negocio. Enviaba destacamentos de «chicas» a las poblaciones cuya «liberación» era inminente. En Lérida consiguió colocar un destacamento de doce muchachas que hacían su agosto, ante el asombro reflexivo del comandante Plabb, muchachas que a su regreso a Barcelona, cuando esta ciudad fuera a su vez «liberada», le pagarían a la patrona la comisión debida. Plabb preguntó a Núñez Maza por qué la mayoría de aquellas mujeres eran horriblemente feas, y Núñez Maza le dio su opinión. «Supongo que las prostitutas de guerra no han de ser hermosas, sino depravadas.» ¡Royo y Guillén se hubieran dado la gran vida! Por el contrario, el espectáculo indignó a mosén Alberto, sobre todo cuando Salvatore y el delegado del Fascio, Berti, le contaron, entre carcajadas que, cuando los *establecimientos* rebosaban de gente, aparecía en la entrada un cartelito que decía: «No pasarán.»

También Miguel Rosselló llegó a Lérida con las tropas, al mando de su camión. Miguel Rosselló llevaba una idea y la puso en práctica sin perder un minuto: visitar a la madre de Miguel Castillo, del miliciano que murió en el Jarama y cuya documentación él utilizó. Temía que la mujer hubiera huido de la ciudad, pero no fue así. En las mismas señas del carnet, que el muchacho se había grabado en la memoria, la encontró, sorprendentemente serena. Se llamaba Isabel y confiaba en que su hijo volvería. Miguel Rosselló no le dijo nada, ni siquiera intentó justificar su presencia en la casa. Únicamente, «de parte de alguien que deseaba ayudarla», le dejó a Isabel un puñado de dinero y un montón de tabletas de chocolate. La mujer tomó a Miguel Rosselló por antifascista y le dijo: «Ya lo ves, chico. Hemos perdido. Mala suerte.»

Sin duda, el más inquieto de los soldados que entraron en Lérida fue Moncho, quien, pese a no llevar un año en primera línea, consiguió que el comandante Cuevas le concediera un permiso de ocho días para visitar a sus padres. Moncho, al despedirse de Ignacio, le había dicho: «Estoy seguro de que mi madre les regalará a los soldados hasta mis pijamas; en cambio, encontraré a mi padre terriblemente decepcionado. No es pesimista, pero tiene ojos en la cara.»

Veinticuatro horas después, Moncho comprobaba con estupor que se había equivocado de medio a medio. Su madre había regalado muchas cosas, desde luego, incluso el aro de casada, en cumplimiento de una promesa. ¡Pero su padre no estaba desilusionado, sino que daba pruebas de inconcebible furor, impropio de su temperamento! Su padre había predicado siempre la ecuanimidad. «Ser veterinario enseña a dominar los nervios.» En aquella ocasión, éstos le dominaron. Su odio hacia los «rojos» había llegado a un grado tal que, a escondidas de su mujer, se dedicaba a denunciar a sus conciudadanos. José Luis Martínez de Soria, en Auditoría de Guerra, se había ya familiarizado con las visitas de aquel hombre de cara chupada, con huellas de haber sido torturado. «Traigo otra lista. Aquí está.» Moncho se encolerizó con él. Cinco minutos después de abrazarlo se le enfrentó sin respeto.

—¿Tú qué sabes? —clamaba su padre—. ¡Son hienas! ¿Te acuerdas de nuestro cartero? Él solito mató a...

—¡De acuerdo! —gritaba Moncho—. Pero no vas tú a hacer lo mismo que el cartero.

—¿Por qué no? Es nuestro deber. Te juro que nunca más nos pillarán cruzados de brazos.

Moncho se hundió. El que imaginara paseo triunfal por

Lérida, por la ciudad de su infancia, transformóse en cárcel para su espíritu. Sufría por las calles. Además. ¡cómo había envejecido la gente! Cada rostro era una dolorosa caricatura del rostro que él recordaba. Las chicas se habían vulgarizado increíblemente, o tal vez él guardara de ellas una imagen ideal. Su uniforme de esquiador era tan «majo», como decía Cacerola, que muchos soldados le saludaban tomándole por alférez. ¡Menos mal que Marta, y sobre todo María Victoria, alegraban con su presencia la ciudad! Moncho se hubiera casado con María Victoria. Mejor que con Bisturí. María Victoria era incapaz de odiar y la transparencia de sus reflejos le confería una tal autoridad que, a su paso por las calles, lo mismo vapuleaba a un soldado matón al que sorprendía reventando por capricho las tuberías del agua, como arrancaba de un estirado coronel, con destino a Frentes y Hospitales, el dinero que el hombre llevaba encima.

También Marta hacía lo imposible para que Moncho superara su desánimo. En opinión de la chica, a despecho de las contrariedades y errores, no faltaban en la ciudad motivos para cantar aleluya. Los «nacionales» estaban transformando a Lérida. Habían procedido al meritorio desescombro de sus calles, adecentaban los jardines, las tiendas reabrían sus puertas, sonaban campanas y Bandas de Música. «¿No te conmueven las Bandas de Música, Moncho? A mí, sí.» Por otra parte, los niños aparecían uniformados y en las esquinas ¡se vendían caramelos! Y *La Ametralladora* El seminario humorístico se superaba por momentos. Marta y María Victoria repartían ejemplares sin tasa y gozaban luego viendo a los soldados y a leridanos de cualquier edad riéndose por lo alto o por lo bajo con la revista en las manos.

Moncho no entraba en el terreno de las dos muchachas y la razón de ello estribaba en que su padre seguía denunciando, al igual que otros muchos leridanos. Sí, el número de denunciantes en Lérida era tan crecido y su léxico tan similar, que mosén Alberto, hablando con Moncho, dijo de ellos que formaban «la Cofradía del AQUÉL». Cierto, AQUÉL vino a convertirse en la palabra determinante, en el dedo acusador. «¡Aquél era de la UGT! ¡Aquél era un jefazo de la FAI!» Aquél, aquél, aquél... Mosén Alberto y Moncho comprobaron que aquél no era necesariamente una persona. A veces era una tienda o un quiosco de periódicos. Incluso eran denunciadas las fachadas y, por supuesto, muchos ciegos. «¡Mentira que esté ciego! ¡Ve como yo, como nosotros! ¡Se fingió ciego para escuchar las conversaciones!» Aquél podía ser un apellido, pues había apellidos culpables. «Ya su abuelo andaba por ahí tirando petardos.» «Un día su hermana me llamó cochina fascista.» El padre de Moncho agregaba: «Lo malo es que no pillamos ningún pez gordo. Los peces gordos se han largado.»

Moncho regresó a la bolsa de Bielsa, a la escuadra del cabo Chiquilín e Ignacio, con la esperanza de que la vida del frente distendiera sus nervios. En cambio, mosén Alberto había de permanecer en Lérida. ¡Tortura para el sacerdote! Por fin fue requerido para ejercer su ministerio entre los sentenciados a muerte, y ello, que en otras circunstancias hubiera significado un consuelo, por culpa de la cofradía del Aquél se convirtió en un suplicio.

Por dos veces tuvo ocasión de confesar en catalán y, en una de ellas, la evidencia de que hubo error, de que el condenado era inocente, se impuso con tal seguridad en su ánimo, que a la salida de la cárcel escribió una larga carta a don Anselmo Ichaso, puesto que hablarle de ello era perder el tiempo, y acto seguido, llamando a José Luis Martínez de Soria, ¡en quien había confiado!, le dijo:

—Tienes que intervenir, hay que hacer algo. Estás muy satisfecho, demasiado satisfecho, diría yo. Tienes que intervenir, pues a mí no me harían ningún caso y a lo mejor se creerían que lo que pretendo es proteger a los catalanes. La justicia es necesaria, pero esto que ocurre aquí no tiene nada que ver con ella, y estoy seguro de que el propio Caudillo se horrorizaría si conociera la verdad. Te lo pido en nombre de Dios. Te lo pide un hombre de Dios, que ha pecado como todo el mundo. Por favor, José Luis... Una vida humana es una vida humana, y por salvar una sola Cristo se hubiera convertido gozosamente en Jesús. Que maten los ignorantes, los mendigos, los hijos de hombres tarados, los absolutamente pobres, pase. Pero que matemos nosotros, no. Que maten hijos de abogados que han comido siempre a cuerpo de rey, que maten hijos de médicos, ¡o hijos de comandantes del Ejército!, eso no. En realidad, todos los hombres, y no sólo los requetés, llevan en el corazón un «deténte bala», aunque a veces sea invisible. ¿Cómo podré, compréndeme, celebrar cada mañana misa y rezar con vosotros: «No perdáis mi alma con los impíos ni mi vida con los hombres sanguinarios»? Y vosotros, ¿cómo podréis gritar: «Mis pies han procurado seguir siempre el camino recto...»? Nuestras victorias se están destiñendo como la franja morada de las banderas de la República... José Luis, hijo mío, te lo pido en nombre de Dios. Interviene.

El hermano de Marta se quedó rígido. Mosén Alberto casi lloraba. Mosén Alberto sintió ¡por primera vez! que daría la vida para defender aquella postura...

En cuanto a José Luis Martínez de Soria, se acercó a la ventana y apretándose con las manos las mandíbulas miró a la calle. En esa ocasión, recordó otra frase de Satán, la que éste sopló en los oídos de Nabucodonosor: «Cuando tú frunces el entrecejo, los reyes tiemblan...» Y de pronto, volviéndose a mosén Alberto, le dijo:

—Lo que usted me pide, reverendo, no es de mi incumbencia, compréndalo... —Luego añadió—: No hay nada tan terrible como una guerra civil.

CAPÍTULO XLVIII

«LA VOZ DE ALERTA» buscó por todos los medios a su alcance el lote de «prisioneros rojos», importantes a ser posible, que le hacían falta para ofrecérselos a Cosme Vila a cambio de Laura; pero no dio con él. Los aviadores caídos en la zona habían desaparecido de las listas oficiales. Arturo Koestler, el escritor inglés que los «nacionales» apresaron en Málaga, había sido ya canjeado, en Gibraltar, por la esposa del piloto Carlos de Haya. «La Voz de Alerta» había supuesto encontrar más apoyo, algo más que consejos, sobre todo, por parte de don Anselmo Ichaso; pero estaba visto que en medio de tanto infortunio los dramas personales quedaban minimizados. Entonces, a punto de expirar el plazo concedido por Cosme Vila, decidió *inventarse* el lote y al efecto redactó la siguiente nota, con destino al jefe comunista gerundense: «Por falta de garantía de que mi presencia personal en la frontera significase la libertad de mi esposa, Laura Costa, le propongo a usted canjear a la prisionera por varios dirigentes comunistas que obran en nuestro poder, para lo cual necesito que me conceda usted una prórroga de quince días.»

«La Voz de Alerta», una vez enviada la nota a Gerona, valiéndose para ello del notario Noguer, que continuaba en

Perpignan, dirigióse sin perder un minuto a Lérida, con la esperanza de encontrar en esa ciudad los dirigentes que acababa de prometer. Cosme Vila, al recibir el papel, lo leyó ávidamente y accedió. «De acuerdo. Esperaré quince días. Ni uno más.»

Otra persona amenazada que obtuvo una tregua, fue el Responsable. El doctor Rosselló se dirigió pistola en mano a su encuentro en la checa anarquista.

—Llevo dos años dedicando mi vida a curar a tus compañeros amigos. Todos han pasado por mi quirófano y he salvado la vida a muchos de ellos.

—No salvaste a Porvenir —interrumpió el Responsable.

—¿Y qué culpa tengo yo? Su herida era mortal. —El doctor prosiguió—: No quiero discutir lo que mis hijas hayan hecho; pero no eres tú quién para tomarte la justicia por tu mano. De modo que ahora mismo vamos tú y yo y las acompañamos a la cárcel del Seminario. Una vez allí, me ocuparé en que sean juzgadas de modo legal.

—¿Y si me opongo? —dijo el Responsable, mirándole.

—Si te opones, te mataré yo mismo, si puedo. Si tú me matas antes, tengo doce amigos, ni uno más ni uno menos, que me han prometido ajustarte las cuentas.

El Responsable vio la pistola en manos de su interlocutor y decidió: «De acuerdo.» Pensó que los presuntos amigos del doctor existían de verdad: los miembros de la Logia Ovidio. Las dos detenidas pasaron a la cárcel del Seminario y en el trayecto su padre les dio tanta lástima, que antes de cruzar el umbral le enviaron un beso de gratitud, beso que tuvo la virtud de emborrachar de felicidad al doctor.

También los internacionales Polo Norte y el Negus, que a raíz de la batalla de Teruel fueron acusados de indisciplina por un comisario llamado Bineto, el cual los internó en el campo de reeducación de Júcar, salvaron el pellejo. Se escaparon de dicho campo y, al igual que José Alvear, consiguieron llegar a Barcelona, dondo Polo Norte planeó salir de España, en tanto que el Negus, de temperamento más aventurero, decidió esperar un poco más. Los dos hombres parecían simbolizar la desmoralización de gran parte de sus camaradas, muchos de los cuales no tenían otra idea que regresar a sus países, sin que la tentativa de mezclarlos con milicianos españoles mejorara la situación. Polo Norte aseguraba que todo les había salido al revés, que la contienda española resultaba un hueso duro de roer, a una distancia infinita del cuadro que les habían presentado en París los encargados del reclutamiento. «Vine para aprender ¡y vaya si he aprendido! Por de pronto, en Teruel pasé más frío que en toda mi vida en Suecia. Luego, es mentira que sólo defienden a Franco los terratenientes y los curas. Y, desde luego, no soporto que me emborrachen con coñac, malo por añadidura, para que no me dé cuenta de si me tratan como a un hombre o como a un perro.» El Negus matizaba menos y se limitaba a soltar tacos, a despotricar contra André Marty y a enseñar a todo el mundo una estadística publicada por *Le Matin*, de París, el 7 de agosto. «De los quinientos prisioneros hechos por los nacionales en una de las jornadas de la reciente batalla de Aragón, ciento cuarenta y uno eran ingleses, setenta y dos americanos, cuarenta y uno eran franceses, etcétera. ¡Rusos, uno solo!»

—¿Hay quién dé más?

Quien no consiguió la tregua deseada fue Octavio... El falangista, caído prisionero en el frente Sur, en calidad de agente del SIFNE, pasó a manos del Tribunal Especial contra el Espionaje. Conducido a Jaén, a lo largo de dos semanas fue sometido a un interrogatorio inclemente. No lo torturaron, pero apenas si le daban de comer. El día de la ocupación de Lérida, tal vez en un arrebato colérico, tres milicianos se lo llevaron al cementerio y lo fusilaron. Octavio murió gimoteando. Se acobardó. Antes de que dispararan cayó de rodillas al suelo, implorando perdón.

La tesis de Cosme Vila sobre las posibilidades de plantar cara que le quedaban aún al Ejército «rojo», se manifestó cierta. Mezclando con eficacia casi artística la organización y la amenaza, el presidente Negrín, pocas semanas después de la pérdida de Lérida y de la llegada «nacional» a Vinaroz, pudo decirle a Gaiskis, el embajador ruso: «Dentro de ocho días tendré en pie de guerra los hombres que usted me pidió. Diez divisiones, ciento veinte mil fusiles en total.»

A raíz de esta afirmación, el mando ruso decidió jugarse la última carta y jugársela a cara o cruz. Concibió una operación presuntuosa, difícil, destinada a asestar al enemigo un golpe en el pecho. Negrín, oídas las explicaciones de los estrategas, preguntó:

—¿Y las divisiones rusas que me fueron prometidas?

—Dada la actitud de Hitler en la conferencia de Munich, razonable y conciliadora, constituiría una provocación.

—¿Y el arma desconocida, prometida por los checos?

—El invento es, desde luego, una realidad; pero por desgracia no lo es su fabricación en serie.

Se trataba de atacar por el Ebro, de cruzar por sorpresa este río, en el sector de Gandesa, y penetrar en la retaguardia enemiga hasta que el último soldado hubiese perdido el aliento.

La máquina movilizada fue puesta en marcha. Según las características de cada sector, el compás se abría más o menos; pero, por término medio, fueron llamados todos los hombres comprendidos entre los dieciséis y los cuarenta y dos años. En consecuencia, verdaderos niños, bautizados popularmente «La quinta del Biberón», fueron dotados de fusil, mientras por arriba el llamamiento alcanzaba justo la quinta de Ezequiel. ¡Ezequiel al frente del Ebro! Matías rebasaba la edad y Jaime quedaba incluido, pero consiguió que un médico de la Caja de Reclutas, pariente y amigo, lo declarase inútil total. Por supuesto, no faltaban hombres animosos, como José Alvear, quien una vez más se dirigió a primera línea con el firme propósito de perseguir al enemigo hasta Portugal.

Así, pues, la cifra de trescientos mil combatientes deseada y anunciada por Cosme Vila resultó exagerada; pero ciento veinte mil hombres no eran de despreciar, máxime teniendo en cuenta que el Partido Comunista se mostró dispuesto a convertir cada uno de ellos en catapulta. «Todo soldado que abandone o pierda el fusil, será pasado por las armas.» «Todo intento de deserción será castigado con la muerte, pudiendo aplicar dicho castigo los propios camaradas.» El procedimiento fue expeditivo: detrás de los ciento veinte mil hombres, los comisarios políticos, equiparados al grado de capitán, alinearon un cordón de negras pistolas. Objetivos especiales eran la localización de automutilados y la vigilancia de los numerosos presos «fascistas» que habían sido movilizados. Líster observó que sus hombres miraban constantemente el cielo, ¡el pánico por la aviación!, y en consecuencia pensó en publicar un bando prohibiendo mirar el cielo.

El inicio de la batalla tendría lugar el 25 de julio, precisamente el día de la Fiesta de Santiago Apóstol, Patrón de España. El río Ebro se cruzaría a las doce cero minutos de la noche. Los pontoneros habían preparado cinco puentes de ciento cincuenta metros de longitud cada uno, hábilmente construidos sobre flotadores. Y, por supuesto, barcas. Cien barcas lo menos fueron transportadas del mar al río Ebro, de los peces a los hombres. Cada barca llevaría lo menos un oficial y ocho soldados, algunos de los cuales recibieron la instrucción llamada «del silencio»: embarcar, desatracar y remar sin hacer ruido... ¡Cautela! Se prohibiría incluso toser. Los soldados no llevarían ni manta, ni plato, ni saco, sólo un macuto con municiones y comida y la voluntad de morir. El frente se rompería a lo largo de ciento ochenta kilómetros y el terreno en que se combatiría era de formación calcárea, con manchas de viñedos, olivares y cereales.

El Ebro era el río español por antonomasia. Su itinerario, que se iniciaba en los Montes Cantábricos, era calco fiel del seguido por muchos soldados del bando «nacional». El Ebro nacía cerca de Reinosa, en Santander, y después de recorrer novecientos kilómetros, moría en el Mediterráneo. No otra cosa cabía decir de muchos legionarios, moros, requetés navarros y falangistas. El Ebro era poco más que un arroyuelo para los combatientes llegados de la rica Europa, nacidos a orillas del Rin, el Danubio, o el Sena; pero para los españoles era el símbolo de la fertilidad y especialmente en tierra aragonesa eran tantas las aguas que recogía, que Gorki recordó en *El Proletario* el adagio popular: «Ega, Arga y Aragón hacen al Ebro varón.»

A Cosme Vila le hubiera gustado acudir a la cita del Ebro y que a su lado Gerona entera cruzara el río con los soldados. Sin embargo ¡cautela! Axelrod se lo prohibió; disponiendo, además, que por esta vez el catedrático Morales sustituyera a Gorki, disposición que tuvo la virtud de provocar en el catedrático un extraño eructo. Cosme Vila se quedó meditabundo, pues no le cabía la menor duda de que si la ofensiva fracasaba la suerte de la causa popular estaba echada. A veces le dolía que le conservasen su vida como en un frasco de alcohol; a veces le dolía que la existencia del escalafón jerárquico fuera hasta tal punto inevitable.

El Responsable, que no estaba supeditado a nadie, en ocasión tan singular decidió capitanear personalmente la representación anarquista. Sus hijas le objetaron: «¿Qué haremos sin ti?» Santi, que de un tiempo a esta parte parecía enamorado de Merche, saltó decidido: «Yo me quedo, nada os faltará. ¿Aceptas, Merche?» «¡Oh, gracias, gracias!» Antonio Casal hubiera querido alistarse, pero no lo hizo. La mirada de su mujer fue tan expresiva, que el jefe de la UGT no se atrevió a proponerlo siquiera. Tampoco David y Olga tomaron el fusil, pues su pesimismo era tal que de hecho juzgaban ya heroico quedarse en Gerona. En cambio, los empleados del Banco Arús, compañeros de Ignacio —excepto Padrosa, esquiador en el Pirineo «rojo»—, partieron rumbo al Ebro. Partieron precisamente el 18 de julio, segundo aniversario del comienzo de la guerra. Ni siquiera se libró de ello la Torre de Babel, pese a que en Abastos, al despedirse, le dijo a Pilar que un hombre de estatura tan visible debería ser destinado a Servicios Auxiliares.

En los días que precedieron a la ofensiva, los dirigentes «rojos» desplegaron una actitud fuera de lo común, para convencer a los combatientes de que velaban por ellos. La Pasionaria, en París, en el Velódromo de Invierno, lanzó ante veinticinco mil oyentes la consigna de «España lucha y vencerá». Prieto, cuya destitución como ministro de Defensa fue jaleada por millares de telegramas de conformidad enviados por los comunistas desde todos los frentes, se encontraba en Sudamérica pidiendo ayuda económica para la causa del pueblo español. Álvarez del Vayo saltaba de aeródromo en aeródromo y arrancaba del laborista inglés Clemente Attlee una nueva y devota declaración en favor «de la lucha por la libertad de España» y el grito de «¡Obreros del mundo, uníos!». Tal vez los únicos que no se mostraron a la altura de las circunstancias fuesen André Marty, llamado a Moscú para responder de «turbias rarezas» en su gestión al mando de las Brigadas Internacionales, y el presidente de la República, Manuel Azaña, el cual se instaló limpiamente cerca de la frontera francesa, en el castillo de Perelada, adonde habían sido llevadas muchas obras del Museo del Prado y donde aquél descubrió con asombro que el cuadro al óleo que pendía en la cabecera de su lecho representaba la huida de Egipto.

Llegó la fecha del veinticinco, hora H. A las doce, cero minutos, tal como estaba previsto, un ejército de fantasmas arrolló materialmente las débiles guarniciones «fascistas» del sector de Gandesa, después de cruzar el Ebro, en un alarde de táctica. El desconcierto entre las tropas defensivas, que no esperaban que el ataque «rojo» se mostrase ni tan violento ni tan rápido, fue total. Los soldados cayeron prisioneros o huyeron, dejando en manos de los milicianos la artillería y las ametralladoras. Se estableció una cabeza de puente, que se iba ensanchando a medida que nuevos atacantes cruzaban el río. La brillantez de la apertura deslumbró incluso a los empleados del Banco Arús... El Responsable se exaltó hasta un punto inverosímil, pues en los sucesos de mayo de 1937, en Barcelona, no pudo sino defenderse detrás de una inocente barricada, en tanto que en el Ebro avanzaba kilómetros lanzando sin descanso granadas de mano. Reparto a voleo, siembra de victoria, que el Cojo rubricaba pegando cada dos por tres un salto mortal.

Lo mismo que ocurrió cuando la pérdida de Teruel, en la retaguardia «franquista» se produjo un estremecimiento de desconfianza. «¿Qué pasa?» Schubert se preguntó una vez más hasta qué punto la población que vitoreaba a Franco hubiera demostrado el temple necesario en el caso de que la suerte militar le hubiese sido reiteradamente adversa. El propio Mateo, que desde Castellón de la Plana fue trasladado, con su Bandera, al igual que otras muchas unidades, a taponar la brecha del Ebro, se descompuso al comprobar el chaqueteo de la población. En los altares de los templos, el número y el tamaño de los cirios aumentaba a tenor del pánico. El agente Difícil, vuelto a Madrid, sonreía desde su rincón del bar Mayor. «Como esto dure —le decía al patrón alemán—, ofrezco mis servicios a Negrín, que no deja de ser un farsante simpático.» Difícil creía saber que Negrín no había sido ni sería jamás comunista «por dentro».

El Alto Mando «nacional« dio prueba de mayor temple. Franco se trasladó al teatro de la lucha. Instaló su Cuartel General, camuflado en unos vagones de ferrocarril, cerca de Alcañiz. Dicho cuartel se denominó, como de costumbre, «Términus». Pocos días le bastaron al Generalísimo para reunir los datos necesarios que le permitieran enjuiciar la situación. Y su comentario, que asombró a varios de los militares que lo rodeaban, fue escueto: «No podíamos tener más suerte. En treinta y cinco kilómetros tengo encerrado lo mejor del Ejército rojo.»

Era su antigua teoría: machacar las Divisiones del enemigo, aunque fuera a costa de unas cuantas baterías y de unos kilómetros de territorio. «Sin duda la batalla del Ebro será poco espectacular, será áspera y *fea*. El enemigo es dueño del sistema de observatorios que dominan la región y está bien provisto de armas automáticas. Pero al mismo tiempo tiene el inconveniente de luchar con un río a la espalda. Su desgaste será total. No comprendo cómo no se han dado cuenta de ello. Señores, anuncio que nuestra victoria en el Ebro será absoluta y que, gracias a ella, el año 1939 verá el triunfo definitivo de nuestras armas.»

El Estado Mayor «rojo» no parecía opinar lo mismo. Los nombres de los pueblos conquistados fueron repetidos hasta la saciedad por los partes de guerra y en las conferencias de prensa. Los periódicos del mundo democrático publicaron monumentales titulares. «Increíble reacción de las tropas de la República.» «Formidable victoria del pueblo español, que cambia el cariz de la guerra.» Fanny y Bolen subrayaron en sus crónicas esta impresión. El propio José Alvear, en un momento de cínica euforia, envió a Gerona una postal dirigida a su tío Matías, diciéndole: «Estaba a punto de tomar el tren para haceros una visita, pero de pronto preferí darme una vuelta por Gandesa.» Y canciones elegíacas brotaron como por ensalmo, calentando el corazón:

Al filo de la medianoche
cruzaron el Ebro barcas.
Los hombres que en ellas iban
llevaban Madrid en el alma.

Las aguas del río Ebro
cantan bajo la metralla:
¡Franco, bilioso traidor,
perderás esta batalla!

Era, en verdad, un momento crucial, pues cabía la posibilidad de aniquilar entre dos fuegos a todo el Ejército «nacional» que combatía en Levante y restablecer la comunicación entre Cataluña y la zona central.

Franco maduró su respuesta, y cuando ésta llegó evidencióse implacable. Primero fueron abiertas las compuertas del pantano de Camarasa, con lo que el nivel del Ebro se elevó de pronto varios metros, llevándose algunas pasarelas y algunas barcas. Inmediatamente después fueron tiradas a la corriente del río minas de pólvora, que al chocar contra cualquier objeto sembraban la muerte a su alrededor, trayendo a la memoria de los anarquistas el rumor de envenenamiento de las aguas del Ebro que circuló al comienzo de la guerra cuando el ataque de Durruti a Zaragoza. La artillería vomitó un fuego increíblemente certero y, ¡por último!, en oleadas sucesivas, apareció la aviación. Fue una lluvia apocalíptica, que hubiese justificado el bando de Líster prohibiendo mirar el cielo. Los pilotos «rojos», en su mayor parte españoles adiestrados apresuradamente, demostraban extraordinario coraje, pero lamentable bisoñez. Uno tras otro caían fulminados, algunos en el propio río Ebro, ante la angustia de los milicianos que contemplaban los combates.

¿Por qué habían sido elegidos julio y agosto para la aventura? Sol impío sobre las secas tierras de Aragón. ¿Por qué Moscú no mandaba a toda prisa un poco de la nieve que cayó en Teruel? El catedrático Morales apenas si sabía sostener el fusil y era tal su hábito de simultanear visión y comentario, que se olvidaba de disparar. Dimas, que nunca miraba a lo lejos, sino al suelo inmediato, les iba diciendo a Ideal y al Cojo: «Fijaos... Éste ha muerto ametrallado por la espalda. Y éste también... Y éste...»

Era cierto. Los automutilados caían en manos de los comisarios políticos, muchos de los cuales eran seres desconocidos, que apenas si hablaban media docena de palabras en español. Los soldados que en el curso de la lucha se extraviaban, oían silbar balas disparadas desde cualquier ángulo. Alejarse para orinar podía significar la muerte. Caerse de sueño estando de guardia significaba la muerte. Exigir mejor rancho significaba sanción. Prohibido tener sed.

Los comunistas aprovecharon la ocasión para acabar con los militantes propios que por una u otra causa hubieran sido sentenciados por el Partido. De ahí que cayera acribillado por la espalda el catedrático Morales. Dio una voltereta, giró los ojos y cruzó el gran puente que lo unía al más allá. La Torre de Babel, que estaba a su lado, se afectó en gran manera. Se arrodilló y sin saber por qué le quitó al cadáver las gafas y luego lo registró en busca de la documentación, que era casi nula. El catedrático Morales no llevaba en la cartera sino el carnet del Partido, un plano de la checa de Gerona, con cinco o seis nombres ilegibles, y la fotografía de una espléndida mujer oliendo una rosa.

El forcejeo entre ambos ejércitos fue, en verdad, monótono y triste. La respuesta de Franco devoraba hombres, pero no parecía aclarar la situación y sus pérdidas eran también tan elevadas que el embajador alemán, Von Faupel, creía asistir a una recíproca matanza decretada por militares ineptos.

Cierto que en el bando «rojo» se declararon epidemias de tifus y de disentería, al tiempo que entre los centinelas menudearon los casos de insolación e incluso de locura; pero, a su vez, infinidad de soldados «nacionales» mordían el polvo, incesantemente machacados por la artillería, sin que les fueran de utilidad las corrientes de humo lanzadas para cegar los observatorios. La Bandera «Gerona», la Bandera de Mateo, en una sola noche de perra suerte quedó diezmada, esquelética.

En el momento en que el parte de guerra del Gobierno empezó a hablar de «ataques rechazados», todo el mundo supo a qué atenerse. Julio García comentó: «A base de rechazar ataques nos encontraremos aquí, en Perpignan.»

Los «nacionales» iniciaron la contraofensiva en el Ebro y desde el primer cañonazo su superioridad fue tan manifiesta que en el ánimo general se impuso la idea de que Franco llegaría, en su embestida, primero a Tarragona, luego a Barcelona y por fin a la frontera. Las palabras de Franco pronunciadas cuatro meses antes se propagaron sin necesidad de los altavoces de Núñez Maza. «Señores, os anuncio que nuestra victoria en el Ebro será absoluta y que el año 1939 verá el triunfo definitivo de nuestras armas.» ¡Tarragona, Barcelona, la frontera! Si se pensaba con calma, ¡cuánto dolor, cuánta insensatez!

El general Kindelán, jefe de la Aviación «nacional», decidió organizar una exhibición de poderío que perpetuase en la memoria de los milicianos el instante exacto en que Franco había dicho: «Se acabó.» Para ello organizó unas maniobras aéreas con la participación de quinientos aparatos, los cuales, después de volar sobre los fugitivos del Ebro, se internaron hasta Barcelona, donde efectuaron impresionantes acrobacias, trazando en el aire banderas bicolores y desapareciendo en el cielo azul. El día elegido fue el día de la Virgen de Loreto, patrona de la Aviación «nacional», y el espectáculo fue tan terrible y tan majestuoso a la vez que las azoteas de Barcelona se llenaron por ensalmo de temerarios observadores. ¿Cuántos eran los aviones? ¿Medio millar? ¿Un millón? ¡Virgen de Loreto!

Axelrod se conocía de memoria la canción. Los «nacionales» eran así, tomaban sus grandes decisiones en jornadas de significación religiosa. De ahí que al finalizar la alarma aérea le preguntara al presidente Companys si por casualidad «se acercaba el aniversario de otra Virgen». Companys, después de pensar un momento le dijo: «El ocho de diciembre es la Inmaculada. Concepción.» ¡Inmaculada Concepción! Axelrod frunció el entrecejo: «Preparémonos para recibir cien mil kilos de dinamita.» Companys agregó: «Y luego... Navidad.» Axelrod se tocó el parche negro del ojo y acarició su perro. «¿Navidad? Barcelona arrasada, como si lo viera.» Los milicianos que oyeron el comentario, se achicaron y recordaron aquellos folletos que decían: «Atacar es vencer.»

Axelrod acertó en su pronóstico. Franco había proyectado iniciar su golpe hacia el corazón de Cataluña del ocho al diez de diciembre; pero, obligado por el mal tiempo a retrasar esta fecha, sus tropas franquearon el Ebro pocas horas antes de Navidad, cuando en toda la tierra sonaban villancicos. Con anterioridad, la Compañía de Esquiadores, cancelada la bolsa de Bielsa —la División 43 al mando del Esquinazao, huyó a Francia, desde donde reentró por Port-Bou a la España «roja»—, había ocupado monte tras monte el Pirineo hasta colocarse en línea en Seo de Urgel. Ignacio, ¡cómo no!, se emocionó lo suyo al pisar terreno catalán y le dio a Moncho un enfebrecido abrazo.

—Pronto, Gerona... ¿Te das cuenta? ¡Gerona!

El cabo Chiquilín, que se había ido con permiso, a su vuelta informó:

—De los ochenta mil tíos que cruzaron el Ebro, sólo quince mil han podido regresar a la orilla izquierda.

Los atacantes sumaban unos cuatrocientos mil hombres. Imposible hacerles frente. Los milicianos se entregaban por secciones enteras, a veces al mando de la oficialidad; mientras, hombres aislados, que preferían morir, eran sorprendidos al pie de su ametralladora o se dejaban aplastar por los carros de combate. Pronto el Generalísimo Franco instaló su Cuartel General, su «Términus», en el Castillo de Raymat, cerca de Lérida.

Tarragona fue ocupada el 16 de enero y a partir de este momento la ruta de Barcelona estaba libre. Días antes, diez mil italianos habían regresado a su patria, siendo despedidos en Cádiz con todos los honores. Los que quedaron y participaron en el avance, a las órdenes del general Gambara, se emocionaron de veras cuanto, al entrar en la antigua *Tarraco*, se encontraron súbitamente rodeados de monumentos romanos.

¡Castillo de Pilatos!, ¡la Necrópolis!, ¡el Acueducto! No en vano los Escipiones fortificaron la ciudad y la utilizaron como base para la conquista de España.

Los soldados «nacionales» olieron exaltadamente Barcelona, como al llegar al Maestrazgo los legionarios habían olido el mar.

Barcelona era la clave. «Millón y medio de almas.» «¿Por qué, tratándose de habitantes, habláis de almas?», preguntó, muy serio, el comandante Plabb. Un legionario le contestó, clavándose un mondadientes en la encía: «¡Porque somos así, ea!»

Núñez Maza gozaba lo suyo avanzando hacia Barcelona y no paraba de dar órdenes a sus camaradas de Propaganda, sin hacerles maldito el caso a los catalanes adscritos al servicio, los cuales le aseguraban que el léxico que empleaba no era el adecuado para la mentalidad de la región. «Vamos a ver, camarada Núñez Maza. ¿Cómo puedes tratar esto lo mismo que Vizcaya o que Ciudad Real? Cataluña es sentimental, Cataluña es...» «¡Qué sentimental ni qué narices! —barbotaba Núñez Maza—. Se acabaron las diferencias. España es una unidad de destino en lo universal.» Los catalanes se mordían las uñas. «Está bien, mentecato de Soria. Vas a ver el chasco que te llevas.»

Mateo estaba sereno. Sólo gritaba: «¡Arriba España!» Avanzaba disparando sus flechas de cinco en cinco, tostada la piel, abundante la cabellera, infalible su mechero. ¡Cuánta razón tuvieron David y Olga al afirmar, en la orilla del río: «Hay que tomarse el fascismo en serio»! Aquel lenguaje, que juzgaron disparatado, había abierto brecha, había brotado en medio del caos español como un roble de la Edad Media. Mateo comulgaba diariamente y era fiel a su promesa de castidad. A su madrina japonesa le escribió medio en broma: «Luego implantaremos nuestra doctrina en el Japón.»

De pronto: «¡Allá se ve Montserrat!», gritaron unos soldados catalanes, rogándole a Dios no morir precisamente al pie del Monasterio. «¡Líster retira sus puestos!», gritaron los hombres de Asensio y Bautista Sánchez, que se adueñaron del valle del Francolí. Veintitrés mil milicianos se entregaron, sin combatir, al general Moscardó, en una suerte de tardío homenaje al defensor del Alcázar. Luchóse fuerte en Balaguer, en Artesa de Segre. Los Curtiss y los Ratas aparecieron en el cielo como dando sus últimos coletazos, cielo a trechos radiante, a trechos tan lúgubre que recordaba el que cubrió de nieve los eriales de Teruel.

Los jefes del Ejército «rojo» habían pensado levantar en Barcelona un cinturón defensivo parecido al de Bilbao. «Convertiremos el río Llobregat en lo que fue el Manzanares cuando la ofensiva de Madrid.» Pero los ministros y demás dirigentes políticos se marcharon de la ciudad condal. Se decía que celebrarían un Consejo ¡todavía! en Gerona, en el Castillo de Figueras, en Agullana, pueblo cercano a la frontera. Pero el éxodo de la población había empezado. Éxodo del que formaban parte incluso Ana María y la familia Ley, que había recogido a la muchacha.

En el frente, el Responsable dio a sus acólitos la orden de retirada. La legendaria gorra del anarquista no parecía impresionar al enemigo. El pesimismo del jefe de la FAI gerundense era total. Por suerte, los hados quisieron que, en la estación de Tarragona, se encontrara con José Alvear, flamante capitán que se dirigía también a Barcelona. «¡Responsable!» «¡Alvear!» Los dos veteranos se abrazaron en lo alto de un vagón de carga y acto seguido, viendo que el Cojo se quedaba en tierra, de un tirón lo ayudaron a subir. El tren arrancó con inesperada furia y José le dijo al Responsable: «Cuidado con los túneles.» Era verdad. El tren penetraba en los túneles sin hacerles la debida reverencia. El Responsable y José no podían hablar por culpa del ruido de la locomotora, y el Cojo, aturdido, se pasaba una bellota de un lado a otro de la boca. Por lo demás, hacía frío en lo alto del vagón. Eran los últimos días del año. Navidad había pasado, justificando una vez más el pánico de los abetos al acercarse la Nochebuena. Y había pasado el treinta y uno de diciembre, situando a los hombres en 1939, año aciago, según los astrólogos. En las paradas del convoy, los dos anarquistas se referían a Barcelona, que consideraban simplemente estación de paso. ¿Paso para dónde? No sabían. Ésta era la desventaja del anarquismo. Los comunistas tenían un punto de referencia: Moscú. Por eso Cosme Vila llamaba también ahora, a Moscú, «la Casa». Pero los anarquistas no disponían sino de la intemperie. Su fundador, Bakunin, no construyó para ellos ningún Kremlin en ninguna ciudad. También Malatesta se olvidó de aquellos seguidores suyos que un día perderían una batalla y serían proyectados hacia el destierro en un vagón de carga.

En Barcelona corrían rumores de todas clases, insistiéndose en que los «rojos» habían decidido volar con dinamita la ciudad, por lo que los miembros de la Quinta Columna organizaron turnos de guardia en los lugares estratégicos. La consigna de dichos voluntarios era «fingir aire abatido y profundo pesar». Y en los vehículos de que disponían instalaron sirenas de ambulancia al objeto de conseguir prioridad en el paso.

Era la hecatombe. Las mujeres les perdieron el respeto a los milicianos. «¿Y esos pistolones? ¿Para qué os sirven? ¡Hale, enseñádselos a Franco!»

Daba pena huir. Daba pena abandonar aquellas calles en las cuales uno había exigido la documentación y deseado un reparto más equitativo de las riquezas del mundo. ¡Cómo dolían los edificios! ¡Cómo dolían Montjuich, y la Telefónica, y el Campo de las Corts! Los comisarios políticos querían arrastrar a toda la población asegurando que los falangistas castraban a los hombres. Los fugitivos elegían el ajuar. «¡No te olvides el taburete plegable!» Todo cuanto sirviera para descansar tenía preferencia, así como las joyas y las medicinas. La despedida de los espejos era morosa, peculiar. «¡Hay que ver cómo he envejecido! ¡Maldita sea!» Había personas que con cualquier pretexto simulaban quedarse y que luego se suicidaban. «Id vosotros, yo me quedo.» Y zas... «Me reuniré con vosotros más tarde», y a poco sonaba un pistoletazo. Hubo quien decidió desaparecer de modo homogéneo, con toda la familia, y hubo quien abrió las espitas del gas mientras el gramófono tocaba el Himno de Riego. Las personas «nacionales» paladeaban tan a la descarada aquel éxodo, que Ezequiel decía que por las calles circulaban «sonrisitas de monja».

—¿Dónde están vuestros jefes?

La pregunta se clavaba en el pecho de los milicianos. Sin embargo, en su mayoría daban por descontado que Negrín o Companys cuidarían de su destino. «Lo hemos dado todo, la familia, la vida... No van a dejarnos en la estacada.» Abundaban los escépticos, que razonaban lo que el Cojo: «Si te he visto, no me acuerdo.»

En Gerona se conocían más detalles debido a la proximidad de la frontera. Se sabía que Negrín había depositado en bancos ingleses y suizos, a su nombre, todo el tesoro de la Corona de Aragón y todo el oro guardado durante tantos meses en las minas de talco de La Bajol. También se sabía que Prieto, en América, disponía de una fabulosa suma. «El proyecto de Negrín y de Prieto es asegurar a los exiliados españoles un subsidio mensual.»

—¿No te decía yo? ¿Cómo iban a dejarnos en la estacada?

En Barcelona se ignoraba eso y de consiguiente el llanto era más amargo. El destierro, el destierro interminable... De improviso, esta palabra se apoderó del corazón. ¿Qué significaba en realidad? ¿Dejar Barcelona por Gerona? ¡No, no, más que eso! ¿Significaba llegar a la frontera? ¡No, no, significaba cruzarla y entrar, con los hijos y los bártulos, en tierra extranjera! Tierra extranjera... ¿Cómo imaginarla? ¿Cómo imaginar las tierras que no eran España? ¡Moscú! ¡Qué lejos quedaba Moscú, cuánta bruma y cuánta tierra antes de llegar a Moscú! ¿Era posible que no hubiera solución? ¿Y Miaja, el salvador de Madrid?

El Cojo no vivía.

—¡Cuidado! ¿No oís...? ¿Qué himno es ése?

—Tranquilízate. Es *La Internacional*.

En los locales de los Partidos, el lenguaje era metálico. Las mujeres acudían allí, en busca de sus hombres.

—Iré contigo.

—De acuerdo. Pero no te arrepientas luego.

—¿Y los críos?

—Lo siento, pero no podemos llevarlos.

—¿Cómo?

—Lo que oyes... Esto será duro.

—¡Me quedaré con ellos!

—Allá tú. Haz lo que quieras...

Barcelona, gran ciudad, ciudad mediterránea, con historia remotísima y enorme poder creador. Barcelona había dado santos, sabios y artistas, y su clase media tenía el hábito de trabajar y amaba la tierra en que nació. ¡Oh, sí, Núñez Maza erraría empleando en ella el mismo lenguaje que en otras regiones! «Es obligatorio hablar el español.» ¡Cuidado! Mosén Alberto estaba a la escucha. Y se desesperaba al ver que, en los pueblos limítrofes de la urbe, ignorantes soldados de tierra adentro, de la meseta, apedreaban los relojes públicos que aparecían con cifras romanas, por suponer que dichas cifras eran catalanas.

El veinticinco de enero las tropas del general Solchaga ocuparon las alturas de Vallvidrera, corriéndose hacia el Tibidabo, mientras a la misma hora las del general Yagüe ocupaban el antiguo *Mont Jovis*, Montjuich. No quedaban defensores en la ciudad. Únicamente en el Hotel Colón, en la plaza de Cataluña, algunos milicianos curábanse de mala manera sus heridas antes de abandonar para siempre aquel edificio que a lo largo de la guerra fue su templo. En el vestíbulo del hotel piafaban algunos caballos.

El día veintiséis, las tropas «nacionales» se descolgaron de las alturas y ocuparon sin resistencia Barcelona, en conjunción perfecta. La boca del pez se había cerrado.

Mil quinientos cautivos del Castillo de Montjuich fueron liberados —en cambio el doctor Relken quedó encerrado en la checa de Vallmajor, por decisión de Eroles— y sus gritos de júbilo producían espanto. Pateaban el suelo, levantaban los brazos formando una V. «¡Arriba España! ¡Viva España! ¡Viva Franco!» Salieron mujeres con la cabeza rapada, parecidas a Paz Alvear.

El general Dávila firmó la declaración del Estado de Guerra ¡en el mismo Bando que el general Goded había dejado preparado el día del Alzamiento! Pero ya la multitud se había lanzado a la calle... Salvatore no creía lo que veían sus ojos. Hombres y mujeres brotaban por doquier, especialmente de los boquetes de los refugios y del Metro. Era el parto abundantísimo. Pero los seres que salían parecían cadáveres con vida, sosteniéndose como peleles o como borrachos. Imposible discernir la edad. «¡Arriba España!» Barcelona era la primera gran ciudad que los «nacionales» ocupaban, es decir, asfalto en vez de campos de cultivo. Barcelona dio a los ocupantes toda la medida de las muecas que la depauperación puede dibujar en el rostro de los hombres.

La angustiosa emoción de los soldados contrastaba con el júbilo de los hambrientos barceloneses, muchos de los cuales, sobre todo los ancianos, caían desmayados, mientras otros no conseguían adaptarse a la luz del sol. Un dato conmovedor: las personas se amaban entre sí. Los «liberados» vivían por unas horas un singular estado de purificación, durante el cual lo hubieran dado todo al hermano. Fuera rencillas, apetencias, inconfesados deseos. Los ojos hablaban, ninguno de ellos decía «adiós». ¡Hermano, hermano! El padre de Ana María, liberado de la Cárcel Modelo, era hermano de Ezequiel y éste lo era a su vez de cualquier desconocido que coincidiera con él en la calle.

¡Misa en la plaza de Cataluña! Allí estaban los generales vencedores y una muchedumbre comparable a la que recibió el primer barco ruso llegado al puerto o a la que asistió a los entierros de Maciá y Durruti. Don Miguel Mateu, industrial, propietario del Castillo de Perelada, en el que Azaña se había instalado, fue nombrado alcalde de la ciudad. Mosén Alberto asistió ¡cómo no! a aquella misa, repartiendo medallas y estampas, dando a besar su mano a las mujeres, y pronosticando que, de acuerdo con las leyes cíclicas, terminada la guerra se extendería por el país una ola de fervor religioso. A su lado, procedente de Lérida, se erguía don Anselmo Ichaso, a quien los chiquillos miraban con cierto temor, porque el jefe monárquico llevaba una boina roja y porque su barriga constituía una provocación.

Mateo consiguió localizar a su padre. Mateo llegó a Barcelona y después de enronquecer gritando «¡Arriba España!» decidió visitar las cárceles y la suerte le favoreció. En la Cárcel Modelo dio con el nombre amado: Emilio Santos. Alguien le informó: «Debe de estar en la enfermería.» Mateo se dirigió allí. «¡Hijo mío!» La estancia en la checa de Vallmajor había roto la vida de don Emilio Santos. Su cabello era de esparto, no tenía dientes y después de exclamar «¡Hijo mío!» su cabeza cayó inerte en la almohada. Mateo abrazó como pudo a su padre. Don Emilio tenía los tobillos horrendamente hinchados y cárdenos a consecuencia del palmo de agua de la última celda que habitó en la calle de Vallmajor. Mateo rompió a llorar y su gorro con la estrella se le cayó encima de la cama.

Por suerte, Marta reencontró sin novedad a la familia de la calle de Verdi. Llegó frente a la casa en el momento en que de los Almacenes El Barato —«La Democracia de las Sedas»— salían disparados hacia el cielo un centenar de globos multicolores, cuya mezcla componía y descomponía banderas de todos los países. Ezequiel recibió a la muchacha recitándole de carrerilla tres títulos de películas: *Juventud triunfante, La reina del barrio* y *Esta noche es nuestra*. Rosita le preguntó: «¿Te gustan las lentejas?» Manolín, que había sido el San Tarsicio del distrito, estaba hecho un hombrón y estrechó la mano de Marta con inesperada fuerza.

Todos se interesaron por Ignacio.

—¿Qué tal está?

—Por las nubes. Es alpinista.

A su vez, Marta les preguntó:

—¿Y mosén Francisco?

—Se fue al frente de Teruel y dejó de escribirnos.

Marta depositó en la mesa una pequeña despensa... ¡y tabaco! «¡Arriba España!», vitoreó Ezequiel.

—Quédate a almorzar.

—Hoy, imposible. Pero mañana vengo.

—De acuerdo. Anda, echa un vistazo a los pinos del patio.

Muchos encuentros se produjeron en la ciudad antes de que muriese la jornada. Salvatore y su compatriota Berti, el cual daba muestras de una extraña inquietud, coincidieron frente a las ruinas del puerto.

—¿Puede un país levantarse después de una guerra así? —le preguntó al muchacho el delegado del Fascio.

Salvatore se encogió de hombros.

—No la deseo yo para mi patria.

En otro lugar coincidieron Schubert y el comandante Plabb.

—No desearía yo esto para Alemania.

—Tampoco yo.

A la noche, la población «liberada» se vio sorprendida por el glorioso estallido de la luz eléctrica... Franco había dado orden expresa de que se ocuparan lo antes posible las Centrales Eléctricas y se repararan las líneas. «¡Hay luz, hay luz!» Las manos se acercaban con unción a las bombillas. Las radios se ponían a todo volumen. Y los papeles engomados que cruzaban los cristales eran arrancados como esparadrapos de una herida súbitamente cicatrizada.

Luego, la gente se acostó y soñó que era feliz... Y al día siguiente, el radical viraje dado por la ciudad se hizo aún más patente, recordándole a mosén Alberto una frase de Dantón: «Sólo se destruye aquello que se sustituye.» En las farmacias que habían servido hostias consagradas dentro de sobres de bicarbonato, los beneficiarios fueron a visitar a los dueños para agradecerles tal consuelo espiritual. «Rojos» llegados a última hora del frente rumiaban huir disfrazados de sacerdotes... En la horchatería de la Rambla de Cataluña, conocida por «Radio Sevilla», la multitud de clientes, anónimos durante la guerra, se intercambiaban tarjetas y brindaban con champaña sacado de no se sabía dónde. Hasta que, a media tarde, circuló la noticia de que las checas podían ser visitadas... ¡Santo Dios! El preventorio D. de la calle de Vallmajor, el preventorio G. de la calle de Zaragoza, los sótanos de la Diputación

Provincial. La peregrinación cambió de signo. Centenares de personas desfilaron ante aquellas celdas, especialmente los parientes y amigos de quienes sufrieron en ellas tortura. ¿Cómo explicarse semejante brutalidad? Los ojos retrocedían ante los ladrillos colocados de canto, ante los toboganes, las combinaciones visuales y acústicas. Los militares se cuadraban ante las manchas de sangre. El doctor Relken había sido materialmente linchado por sus vecinos, los cuales, al salir de las celdas, reconocieron al «ingeniero constructor». «¡Ése, ése las construyó!» El doctor Relken murió aplastado, sin gloria, pensando: «Mi muerte me la pago yo.» Otras checas de la ciudad, entre ellas la de la calle de Zaragoza, habían sido diseñadas por un tal Lauriencic, de origen yugoslavo, de quien se decía que había caído en manos de la Policía. Pero el itinerario no paró ahí. El instinto, unido a sentimientos encontrados, llevaron a la población a visitar el Campo de la Bota, la Rabassada y otros lugares donde los «rojos» habían efectuado los fusilamientos masivos y ante cuyas zanjas los militares se cuadraban también, al igual que los falangistas.

Con todo, por encima del horror, de la piedad, del júbilo y de la purificación, un sentimiento se imponía a cualquier otro, sobre todos los demás: el de veneración por la figura del Generalísimo. Para la población doliente, Franco era el salvador. Para los miembros de la Quinta Columna, que sumaban millares, su aureola rozaba la magia. Franco había traído la Misa de la plaza de Cataluña, la vida, el pan, el fuego y la luz. Las innumerables efigies del Caudillo que aparecieron en los muros de la ciudad, muchas de las cuales pertenecían al acervo preparado cuando el fracasado ataque a Madrid, de 1936, serían insuficientes. Don Anselmo Ichaso, que se había incautado de un piso del Paseo de Gracia para instalar en él las oficinas del SIFNE, fue informado por varios de sus agentes de que muchas familias catalanas, utilizando como modelo las fotografías y caricaturas de los periódicos, habían dedicado sus ocios de guerra a confeccionar precisamente retratos de Franco con los materiales más inverosímiles. Abundaban los retratos conseguidos por mecanógrafas, utilizando exclusivamente letras y signos; los bordados en pañuelos, de ocultación fácil; había «Francos» plegables, que aparecían al juntar dos papeles; un relojero de la calle de Fernando había pintado el perfil del Caudillo en la cabeza de un alfiler. Y entretanto, Franco en persona, Franco de carne y hueso, infatigable y alerta, continuaba con su Estado Mayor en el Castillo de Raymat, cerca de Lérida, ante un mapa de Cataluña salpicado de banderitas que miraban hacia Gerona. ¡Claro, de las cuatro capitales catalanas, tres habían sido ya ocupadas! No faltaba sino Gerona, ciudad inmortal. En el mapa se veían los obstáculos existentes para llegar a ella, pero también las líneas de comunicación.

Barcelona, urbe mediterránea... Fundada por Amílcar Barca: «Barcino.» ¡Cuántas revoluciones, sucesos, saqueos, incendios! En 1835 ¡también en julio! ardieron los conventos de la ciudad. En 1909 ¡también en julio! la Semana Trágica... Desde las antiquísimas dominaciones romanas, goda y árabe, hasta la dominación rusa del embajador Gaiskis y del cónsul Axelrod, trabajo y muerte, barbarie y cultura. Barcelona comenzaba un nuevo ciclo y mosén Alberto repetía: «Sólo se destruye aquello que se sustituye.»

Seres aparte, protagonistas anónimos, eran los niños. Los niños de Barcelona no entendían apenas nada de cuanto sucedía a su alrededor; muchos de ellos sólo comprendieron que sus padres y amigos habían sufrido mucho y que de pronto, a la llegada de unos soldados con el uniforme limpio, enronquecieron deseando que España viviera y que viviera muy arriba.

—¿Ya no habrá más bombardeos, papá?

—Esperemos que no, hijo.

—¿Y por qué lanzaron aquellos globos?

—Porque Franco nos ha salvado.

—¿Tendremos comida?

—¡Fíjate...! ¿Eso qué es?

—¡Chocolate! Gracias papá; gracias, mamá.

—A nosotros no, hijo. Dáselas a los soldados.

Abundaban los niños abandonados por las calles, a los que Auxilio Social recogía. Niños ateridos, mirando con desconfianza a su alrededor.

En el Pirineo Catalán, en Seo de Urgel, Ignacio y Moncho vivían minuto a minuto aquellos acontecimientos. Ignacio se preparaba para ir a Gerona. «Si te dieran permiso a ti para ir a Lérida, también me darán permiso a mí.»

Ignacio estaba descontento de sí mismo, como siempre, y no sólo por su inestabilidad emotiva. Había ocurrido algo. Ignacio, antes de despedirse de su padre, en Gerona, le prometió que, a no ser en caso de extrema defensa propia, no dispararía contra ningún hombre. Por ello, al incorporarse a la Compañía de Esquiadores, su intención, ¡ignorada por el comandante Cuevas!, era la de disparar al aire, lejos del objetivo, salvo en caso de fuerza mayor. Y he aquí que, en una escaramuza a raíz del cerco de la División 43, en el valle de Benasque, faltó a su promesa. No conseguía explicárselo. El cabo Chiquilín les ordenó: «¡Cuerpo a tierra!» y todos obedecieron e Ignacio vio detrás de unas rocas a dos milicianos apuntando hacia un lugar en que no había nadie. Entonces, poseído de una súbita rabia, cerró el ojo izquierdo, apuntó a su vez y disparó. Tan perfectamente vieron todos que uno de los dos milicianos había sido tocado, que el cabo Chiquilín exclamó: «¡Mejorando lo presente!» Y Cacerola, con honda voz a su espalda, le felicitó diciendo: «No sabía yo que tuvieras tan buena muñeca.»

Tampoco lo sabía Ignacio, quien, aterrorizado, recordó el número de su chapa ovalada, metálica, el 7 023. ¿Qué número tendría la chapa del miliciano? ¿Lo habría matado? Moncho le dijo: «No te preocupes. Un rasguño.»

Pero Ignacio no se dejó convencer. Moncho era el mejor de los amigos, mejor que Mateo, pero Ignacio había comprendido. Si en aquel momento la escaramuza se hubiera convertido en batalla, en combate de verdad, él hubiera disparado un millón de veces contra un millón de hombres... Por donde cabía pensar que el disparo difícil era el primero.

—Acepta las cosas como son, Ignacio. Estamos fabricados de este modo.

Moncho había regresado de Lérida más escéptico que nunca, pero de ningún modo triste. Por supuesto, era un cerebral. Envidiaba a Ignacio porque, a menudo, éste creía que las cosas que ocurrían, ocurrían por primera vez. Moncho, tal vez porque tenía una novia que se llamaba Bisturí, admitía de antemano que todo en el mundo era viejo, incluidas las palabras mundo y vejez. Y para demostrárselo a Ignacio y también a Cacerola, el día de la toma de Barcelona, encontrándose los tres en un café de la Seo de Urgel, les dijo:

—Os duele la guerra civil, ¿no es así? ¡Bueno! Recordad aquello: «Dijo después Caín a su hermano Abel: *Salgamos fuera*. Y estando los dos en el campo, Caín acometió a su hermano Abel y lo mató.»

CAPÍTULO XLIX

POR CIRCUNSTANCIAS GEOGRÁFICAS, Gerona se convirtió en punto clave, estratégico, para los millares de personas que huían a Francia. Pocos días antes de esta huida en masa, la Logia Ovidio se había reunido, todavía, en la calle del Pavo, sincronizando con el Pleno del Gran Consejo Federal Simbólico del Gran Oriente Español, celebrado en la fecha en Barcelona. En ambas sesiones se acordó «ratificar la adhesión entusiasta al Gobierno de la República presidido por Negrín y a cuantas decisiones dicho Gobierno tomase en el transcurso de la guerra». La última decisión que había tomado Negrín, precisamente en el Consejo de Ministros que convocó a su paso por Gerona, fue la de «resistir». Companys, presidente de la Generalidad, y Aguirre, presidente del Gobierno Vasco, le preguntaron a Negrín cuál era su propósito. Negrín echó una mirada a los campanarios de San Félix y la catedral, que seguían enhiestos, y contestó: «Resistir.» Horas después se recibió la noticia de la dimisión del presidente de la República, Manuel Azaña. Negrín no se inmutó. Propuso a Martínez Barrios como sustituto. «Y si Martínez Barrios no acepta, tengo el honor de proponer la candidatura de Dolores Ibarruri»; es decir, la Pasionaria.

Julio García, se encontraba también con su mujer en Gerona, adonde fue para retirar el resto de su equipaje. Despidió a los tres gobiernos que se dirigían a Figueras. Luego, ya en el volante del coche de Jefatura, contempló la caravana de fugitivos anónimos y calculó en unas cuatrocientas mil las personas que se dirigían a Francia.

—Por de pronto, los franceses han mandado al Perthus varios destacamentos de senegaleses —dijo, poniendo el motor en marcha.

—¿Quiénes son los senegaleses? —le preguntó doña Amparo.

—Los moros de Francia —le contestó Julio, pisando el acelerador y haciendo sonar el claxon.

Cuatrocientos mil... Imposible calcular. Los setenta kilómetros que separaban Gerona de la frontera eran un llanto horizontal. Había fugitivos procedentes de todas las regiones españolas, sin excepción, y las formas de huida alcanzaban la más grande variedad: desde un tanque marciano ocupado por seis hombres de la columna Tagüeña, hasta dos latas vacías, atadas a los pies, a modos de zancos, utilizadas por una muchacha de unos diez años, pelirroja y expresiva, como el Perrete. ¡Fugitivos! Peregrinos de una España ensangrentada. Cuando llovía, los árboles lloraban, al igual que los mojones de las carreteras. Cada camión, carro o coche era un mundo. La inmensa fatiga se contagiaba incluso a los motores, los cuales parecían negarse a seguir adelante. «¡Paso! ¡Paso!» ¿Cómo pasar, hacia dónde? Hacia el destierro interminable...

Fanny y Bolen contemplaban el espectáculo. Aquellos falangistas de Zaragoza que les ensuciaron el parabrisas, se habían salido con la suya. Ambos corresponsales filmaban la huida; la máquina de filmar era alemana, gemela de la que Schubert había regalado a Núñez Maza. Encaramados en lo alto de un coche de línea destartalado, filmaban la España ensangrentada, al tiempo que para sus adentros bendecían la paz de que gozaban sus respectivos países, paz que, gracias a los recientes acuerdos de Munich, tal vez fuera durable.

—Me dan pena —dijo Fanny.

—También a mí.

Antonio Casal se había anticipado a este alud, siguiendo el consejo de Julio García. Se encontraba ya en Perpignan, con su mujer y sus tres hijos, en una reducida habitación del Hotel Cosmos, el mismo hotel en que Mateo y Jorge se hospedaron cuando su huida. Casal se despidió de Gerona con sencillez y dramatismo. No le importaba dejar el piso, pero sí la ciudad pétrea, el barrio gótico y el local de la UGT. Subió, él solo, a este local y de pie en el centro, rodeado de estadísticas, estalló en un sollozo. Cada número fijo en la pared había resultado una mentira. «Claro, los hombres somos más complejos que la Aritmética.»

¿Quién era Antonio Casal? Un muchacho lleno de buena voluntad, que tal vez en otro país menos instintivo, en el que los objetos, la máquinas e incluso los animales y la naturaleza contaran más que lo que contaban en España, hubiera encontrado su lugar. Entretanto, el fracaso del jefe socialista era absoluto. Desde niño luchó para asegurar a todos los hombres «cuna, comida y sepultura» y el resultado estaba ahí: abortos, hambre y millares de cadáveres por las cunetas. Julio García le había prometido ayuda, pero el muchacho no estaba tranquilo. Temía que, fuera de España, sus H... de la Logia Ovidio lo abandonaran a su suerte.

David y Olga, apenas llegó a Gerona el ruido del cañón, se habían mirado largamente y también habían decidido marchar, anticipándose a la caravana. Los dos pensaron lo mismo: lo más sencillo sería suicidarse, pero se querían demasiado... ¡Si fuera verdad que existía otra vida, una forma de subsistencia! Pero ¿cómo creerlo? Y era lo peor que tampoco imaginaban la nada.

—Seguiremos luchando.

—De acuerdo.

Se abrazaron en el centro de la escuela, en cuya pizarra los niños refugiados habían trazado torpes siluetas.

—Te quiero mucho, Olga.

—Ya lo sé.

—Te quiero más que nunca.

—Yo también.

Se besaron de nuevo, y emprendieron el éxodo. Decidieron llevar consigo dos chicos asturianos, huérfanos. En el jardín quemaron muchos documentos, lo que fue aprovechado por los dos niños para calentarse las manos en la crepitante hoguera. Luego subieron al coche, al Balilla que perteneció al padre de los Estrada, y tomaron la ruta de Francia.

Olga llevaba el pelo corto, brillante y liso, y David tenía facciones angulosas y con frecuencia se rascaba con el índice la punta de la nariz. «A nosotros nos gusta la gente normal, la gente que tiene defectos.» En Barcelona asistieron al entierro de Maciá y más tarde presenciaron la batalla de Belchite, donde sintieron asco y piedad por la matanza a que se dedicaban los hombres. Seguían creyendo que la infancia era determinante, que influía decisivamente sobre el destino de cada cual, y por eso no enseñaban a los alumnos a rezar sino que los capacitaban para una libre elección. Se acordaban mucho de Mateo Santos y de las palabras de Ignacio: «¿Qué esperáis que haya al otro lado de esta orgía?» Continuaban creyendo que los organismos políticos necesitaban de savia joven, lo contrario que los Estados Mayores, que necesitaban hombres con experiencia. «La República lo entendió al revés. Jóvenes imberbes ascendidos a capitanes y mayoría de vejestorios en los Partidos y en la política en general.»

David y Olga emprendieron la huida, y, cuando el coche

arrancó, los dos chicos asturianos palmotearon. Sin embargo, a la salida de Gerona los maestros emplearon tanto tiempo ayudando a gente desamparada, que el embotellamiento los cogió en medio y no podían avanzar. Carros y tartanas obturaban la carretera. David se apeó y se informó: sería más práctico seguir a pie... Así lo hicieron. Se despidieron del coche y llevando cada uno una maleta echaron a andar. En Figueras dejaron los dos niños a la puerta de un convento habilitado como guardería infantil. Les dieron casi toda la comida que llevaban y los dejaron al cuidado de dos mujeres de semblante sereno, que acaso fueran monjas.

Uno, dos, uno, dos, siguieron carretera adelante. Al otro lado de la orgía, Francia...

—¿Tienes sed, Olga? ¿Quieres agua?

También el Responsable decidió huir, en unión de sus hijas, del Cojo, de Blasco y de Santi. José Alvear se separó de él en Gerona. «Voy a visitar a mi familia.» «¿Tu familia?», preguntó el Responsable. «¡Me llamo Alvear!» El Responsable y sus hijas se despidieron del piso de don Jorge, de la armadura del rincón, mientras el Cojo y Blasco acababan con el champaña de la bodega. Luego todos juntos se dirigieron en tromba a la fábrica Soler y le pegaron fuego. Todo estaba preparado y además en la fábrica había gran cantidad de materias inflamables. Lo mismo hicieron con la fundición de los Costa. Al inicio de la revolución quemaron iglesias y conventos; al final, fábricas y fundiciones. Su intención era también volar los cines, pero no les dio tiempo. Oyeron el cañoneo y tiraron al río los pertrechos.

El Responsable, cuyo padre fabricó alpargatas, en una ocasión le pegó un puñetazo a Ignacio. Había querido mucho a su patrono, el señor Corbera, pero luego lo fusiló. Al fusilar, le gustaba ver los ojos de las víctimas. Se desesperó con la muerte de Porvenir y en aquellos momentos sentía un rencor sin límites por Moscú. «Han hecho como que ayudaban, pero nada. Total, chatarra.»

A Francia... Caminaban recio e iban dejando atrás vidas débiles, mujeres. El Cojo llevaba una mochila y con los puños incrustados en las caderas se ayudaba a sostenerla. Blasco llevaba consigo el dinero que cobró por salvar a los Costa y un saco enorme, lo mismo que Santi. Los tres acólitos del Responsable se fugaban con oro y joyas que guardaban desde hacía mucho tiempo y les preocupaba el rumor según el cual en la aduana los franceses se quedaban con todo.

—¿Qué haremos?

—Está por ver.

Al Responsable le habían dicho que fuera de España no había anarquistas más que en América del Sur. Por un momento se imaginó en Colombia, o en Venezuela, o en Argentina, hecho un mandamás, un capitoste. «Soy veterano», pensó. Pero sus hijas no querrían, estaban cansadas. Lo habían perdido todo, incluso la juventud. Ni siquiera habían aprovechado el gimnasio para mantenerse físicamente en forma. «¡Si a lo menos Porvenir me hubiera dado un hijo!», gemía Merche.

También Cosme Vila abandonó a Gerona en compañía de su mujer, su hijo y sus suegros. Antes de marchar, se entretuvo mirando cómo ardían la fábrica Soler y la fundición de los Costa. Luego se dirigió al local del Partido, donde hizo una hoguera con la mayor parte de los documentos, guardándose únicamente el fichero y una carpeta azul que decía: «Axelrod.» Al bajar, se encontró el coche esperándolo, con toda la familia acomodada en la parte de atrás y el fiel Crespo al volante. La mujer de Cosme Vila lloraba y el hombre le dijo:

—Por favor...

El coche arrancó, pero en vez de tomar la carretera de Francia, tomó la que conducía a la costa, carretera bastante despejada, en la que había ¡aún! algunos milicianos haciendo guardia, a los que Cosme Vila saludó puño en alto. Al pasar por el pueblo de Llagostera vieron un café llamado «La Concordia», en cuya puerta un grupo de hombres con pistolas en el cinto discutían acaloradamente. Había un gran silencio en el coche, como si éste se dirigiera a una ceremonia de trascendencia.

El jefe comunista no llevaba consigo ni un real, ni un colchón... Al llegar a San Feliu de Guixols se despidió de Crespo y del coche y subió con toda su familia a una barca de pesca que olía a brea, conducida por un militante del pueblo que al verlos puso en marcha el motor diciendo: «Salud.» La barca, llamada *La Rubia*, se hizo a la mar, mientras Crespo desde la playa agitaba la mano. Una vez fuera del puerto, Cosme Vila tiró al agua la pistola, pero no el cinturón, pues Axelrod le dijo que en Francia continuaría siendo el mismo, teniendo jerarquía y mando. Los suegros no se atrevían a preguntar nada, pues el semblante de Cosme Vila reflejaba una gran tristeza. Era natural. Cosme Vila creyó que el Partido

711

Comunista estaba inmunizado contra el error, que sus sistemas eran infalibles; y él dejaba a su espalda una derrota sin par y, por obediencia, abandonaba a España cómodamente, por una ruta libre y hermosa, por un ruta infinita y azul, mientras aquellos que en él confiaron avanzaban paso a paso por una carretera embotellada, sembrada de muertos.

Cosme Vila, en los momentos de desánimo, se apoyaba en unas cuantas ideas. «El sesenta por ciento de la población mundial pasa hambre y no tiene con qué curarse las enfermedades.» «En África, en el Brasil, en el Pacífico, en todas partes hay todavía tribus situadas en un estado intermedio entre el orangután y el hombre.» A su entender, la experiencia *Dios* había fracasado, pues no explicaba satisfactoriamente la miseria, ni el dolor, ni la lentitud del desarrollo. También había fracasado la experiencia *Razón*. Ahora faltaba la experiencia *Ciencia*, la tenaz combinación de la Química y la Física.

En un momento dado, viendo los dientes del militante barquero, que parecía sonreír, Cosme Vila se acordó de «La Voz de Alerta», cuya petición de tregua había recibido oportunamente. ¡Mala suerte! El plazo solicitado por el dentista había expirado sin que éste enviara a Gerona los nombres de las personas que debían ser canjeadas por Laura. ¡Mala suerte! Cosme Vila le dio a Gorki las debidas instrucciones, pensando en las cuales el jefe comunista, por un instante, sonrió como el militante barquero.

José Alvear pasó por Gerona como un meteoro. José, al despedirse del Responsable, se dirigió efectivamente al piso de la Rambla, encontrándolos a todos reunidos en el comedor; incluso al pequeño Eloy, a quien acarició la cabeza. Carmen Elgazu había presentido aquella visita; también Matías y Pilar. Lo que nunca imaginaron fue que la guerra hubiera impreso en el rostro de José una huella tan dolorosa. Pilar, al verle, al ver las tres barras, no pudo reprimir un grito: «¡Capitán!»

No había tiempo para acusaciones. Muerto por muerto: lo mismo que en Burgos. César murió, también murió el padre de José. Además, José ayudó a Ignacio a pasarse a la otra zona. Además... eran familia, ¿no?

—¿Supisteis algo de Ignacio?

—Sí. Llegó bien,

José no pedía nada. Sólo un poco de alcohol, si lo tenían, pues un camión le hizo un pequeño rasguño en la mano derecha. Y luego, un poco de pan. Y luego, darles un abrazo y decirles «hasta luego», pues nada en la tierra duraba siempre.

Pilar no lo podía remediar: había algo en su primo que le gustaba.

—Pan no tenemos. Nada. Pero te daremos una lata de atún. Y unas avellanas.

—Está bien.

—¿En Francia conoces a alguien?

—Sí. Al presidente de la República.

—¿Tienes dinero francés?

—Sí. —Y sonriendo, ¡como en su primera visita a Gerona!, José mostró los bíceps y los palpó.

En aquel momento salió el humo de la fábrica Soler. Y fuera se oyeron gritos como si arrastraran a alguien. El rostro de José se iluminó. Miró a Carmen Elgazu y le invadió un irreprimible deseo de hacer algo que mereciese la aprobación de aquella mujer, de su tía, que le dejase un buen recuerdo.

—Antes de irme..., ¿puedo hacer en Gerona algo que sea útil? —Volvió a mirar el humo de la fábrica Soler—. Esos brutos son capaces de volarlo todo.

Matías pensó en el acto en los presos. Había corrido el rumor de que el Responsable incendiaría el Seminario y las dos checas. Pero comprendió que no procedía hablar de aquello.

—No sé...

—¿No se os ocurre nada?

—Nada... No creo que puedas hacer nada.

—Lo siento —dijo José, sacándose un pañuelo sucio y sonándose con estrépito.

Carmen Elgazu miró el pañuelo sucio e intervino:

—Te daré un par de pañuelos.

—Gracias.

José miró a Pilar y sonrió. A gusto se hubiera llevado a la muchacha hacia su gran aventura imprevisible.

—Estás hecha una mujer.

—¡No digas eso! Parezco un esqueleto.

—Me pirro por los esqueletos.

Lo acompañaron en comitiva hasta la puerta y luego salieron al balcón, incluso Eloy. Vieron correr a José, quien, al pasar delante del domicilio de Julio, se volvió hacia ellos y les hizo un gesto que significaba: «menudo tunante». Luego tomó al asalto un camión cargado con muebles y desapareció.

También huyeron a Francia el Comisario Provincial, H... Julián Cervera, el Director del Banco Arús y los arquitectos

Ribas y Massana, todos ellos en una barca, a imitación de Cosme Vila, si bien tuvieron que pagar por el viaje sus buenos dineros. No obstante, el último dirigente «rojo» en abandonar la ciudad fue Gorki. Gorki había recibido a última hora las instrucciones de Cosme Vila y se quedó en Gerona unas horas más para darles debido cumplimiento. Dichas instrucciones eran de tal calibre que, pese a su veteranía, Gorki palideció al oírlas e invitó a su jefe a que se las repitiera de pe a pa.

—De acuerdo —dijo al final. Y Gorki, acompañado por cuatro milicianos, se dirigió a la checa comunista, el antiguo Horno de Cal, musitando: «¿Por qué no? También nosotros hemos perdido a Teo y a Morales.»

Sí, el ex perfumista cumplió. En la celda de los varones, a una orden suya cayeron acribillados todos los detenidos que había, excepto mosén Francisco. Tales detenidos sumaban seis, entre los que figuraban el Rubio y el suegro de los hermanos Costa. En la celda de las mujeres, cayeron acribilladas todas las reclusas, excepto Laura. Tales reclusas sumaban siete, figurando entre ellas la suegra de los Costa y la que fue novia de Octavio, el falangista fusilado en Jaén.

—¿Qué hacemos? —preguntó luego uno de los milicianos, mirando la ristra de cadáveres.

—Los moros los enterrarán.

Inmediatamente después, Gorki se dispuso a rematar la operación. Sí, Cosme Vila había reservado algo especial para mosén Francisco, que representaba a la Iglesia, y para Laura, que representaba a la Burguesía.

Ambos prisioneros fueron misteriosamente conducidos a una celda trasera del edificio, en la que, al parecer, se efectuaban obras. Les habían atado las manos a la espalda. «¿Preferís morir de frío o de calor?», les preguntó Gorki. Mosén Francisco contestó: «Como ustedes quieran.»

Ni Laura ni el vicario tenían la menor idea de cuáles podían ser los planes de Gorki, todavía alcalde de la ciudad. La celda en cuestión era espaciosa. Al fondo, una pila de ladrillos que llegaba casi al techo. Más cerca, en el suelo, varios milicianos revolvían con palas una masa de cal, arena y agua.

Llamaron la atención de mosén Francisco dos huecos abiertos en uno de los muros laterales, dos boquetes, como nichos, pero más altos. En cada uno de ellos cabía perfectamente un hombre de pie.

—¿Preferís los ojos vendados?

Laura estalló en un sollozo, pero mosén Francisco contestó en su nombre:

—Lo mismo da.

Ordenaron a mosén Francisco que se colocara en una de las hornacinas y Laura tuvo una crisis desesperada. Inmediatamente después obligaron a Laura a que ocupara la otra hornacina. Ambos detenidos, pronto inmóviles en sus puestos, dieron la impresión de momias o de imágenes en un altar. Los dos boquetes eran simétricos, por lo que los milicianos, utilizando ladrillo y argamasa, empezaron a levantar a ritmo idéntico los tabiques que habían de emparedar al vicario y a la esposa de «La Voz de Alerta».

Mosén Francisco, por un segundo, perdió el conocimiento, pero logró sobreponerse. Y le dijo a su compañera:

—Laura, escúcheme. Le da tiempo a confesarse...

Laura estalló en otro desgarrador sollozo.

—¡Dios mío...! —Laura estiraba el cuello, pero no podía hablar.

—La oigo bien. Esto acabará pronto...

—¡Callarse! —gritó uno de los milicianos, vertiendo argamasa en el hueco ocupado por mosén Francisco, con lo que los pies del sacerdote quedaron aprisionados.

—¡Dios mío...! —murmuraba Laura—. Me arrepiento de...

—Es suficiente. Voy a darle la absolución.

El vicario tenía las manos atadas a la espalda, por lo que absolvió a Laura al tiempo que movía la cabeza de arriba abajo y luego de izquierda a derecha.

—Ya está.

A medida que los tabiques subían, los golpes de los albañiles sonaban más opacos. Cuando mosén Francisco y Laura estuvieron emparedados hasta la cintura, los milicianos dejaron de echar argamasa dentro. Entonces el vicario se acordó del señor obispo y se sintió fortalecido.

—No se acobarde. Rece conmigo: «Y subiré al altar de Dios, del Dios que es mi gozo y mi alegría.»

—¡Callarse!

—Subiré al altar...

—... de Dios...

—... de Dios, del Dios que es mi gozo y mi alegría.

Gorki resistía impávido en la puerta. Los cadáveres de los fusilados, entre ellos el del Rubio, seguían en la estancia contigua.

—«... Conturbado estoy y no puedo hablar...»
—«... Conturbada estoy y no puedo hablar...»
—«Tuyo es el día y tuya es la noche...»
—¡Callarse!

Los ladrillos alcanzaban la barbilla y la boca, por lo que las voces salían tenues por el hueco de arriba, que parecía un buzón. Gorki empezó a sufrir. De pronto, no pudo resistir la visión de la Iglesia y de la Burguesía ahogadas por el pueblo.

—«Tuyo es el día y tuya es la noche...»
—Amén.
—Amén.

Los dos tabiques cerraron y dentro mosén Francisco, a la intención de Gorki y de los milicianos, trazó con la cabeza el signo de la cruz.

Listo el trabajo, los milicianos salieron. Gorki los esperaba fuera, ya acomodado en el coche del Partido, que había regresado de San Feliu de Guixols, de acompañar a Cosme Vila. Crespo seguía al volante. Los milicianos subieron y Crespo preguntó:

—¿A la frontera?

Gorki contestó:

—Sí, pero no por Figueras. Primero pasaremos por el Collell.

CAPÍTULO L

Los Alvear hubieran querido marcharse a la comarca de Olot, en compañía de Jaime, el poeta de Telégrafos, cuya familia tenía allí una propiedad, pero a última hora decidieron no moverse de Gerona. Lo decidieron pensando en Ignacio, pero también en Mateo y en Marta. Carmen Elgazu daba por descontado que los tres llegarían con las tropas que, según noticias, habían ya alcanzado Caldas de Malavella, el pueblo de las aguas termales. «Si encontraran el piso cerrado, se llevarían un gran susto.» «Sería una decepción demasiado grande.» Pilar se unió a esta consideración, de modo que el asunto quedó zanjado.

El día cuatro de febrero amaneció incierto, tal vez por las jadeantes ráfagas que se trasladaban de una persona a otra.

La llegada de los «nacionales» era cuestión de horas. El pensamiento de que Ignacio volvería, de que pronto podrían abrazarlo en aquel comedor, apenas si cabía en la casa. «¿Estará bien? ¿Tú crees que estará bien, Matías?» «¿Por qué no ha de estarlo? Un poco más moreno, supongo...» «¡Por Dios, que no le haya ocurrido nada malo!» Pilar, sin saber por qué, tenía la certeza de que Ignacio llegaría sano y salvo; en cambio Mateo... Temía que el entusiasmo de éste lo hubiera llevado a cometer alguna tontería. «¡Señor, que llegue sano y salvo! ¡Os prometo...!» Eloy se le acercaba y le daba un beso.

—Eloy, ¿cuántas Salves has rezado para que no les haya ocurrido nada malo?

—¿Desde cuándo?

—Desde ayer.

—Desde ayer..., cinco.

—Son pocas. ¡Hala, a rezar!

Cerraron la casa a cal y canto, quedándose con sólo la radio conectada sin parar y con el dominó y la baraja para ir pasando las horas. El regordete brazo del Niño Jesús seguía en el cuarto de Pilar, desde donde les llegaba el tenue resplandor de la mariposa encendida. Matías estaba sereno, más que las mujeres. La visita de José le había hecho un gran bien. «¿Antes de marchar podría hacer algo útil por Gerona?»

Hilos invisibles iban comunicando sin cesar las novedades. Al parecer, los presos del Seminario se habían salvado y se encontraban ya en sus respectivos domicilios. Los milicianos huyeron y entonces los funcionarios de Prisiones, varios de los cuales habían tenido ya anteriormente una conducta casi heroica, abrieron sin más las puertas y les dijeron: «Fuera y buena suerte.» También se habían salvado, según rumores, los detenidos en la checa anarquista, gracias a que los centinelas se dejaron sobornar. En cambio, se temía que en la checa comunista hubiera ocurrido algo grave. Pilar se preguntaba: «¿Qué habrá sido de Laura?» Carmen Elgazu albergaba la certeza de que tanto Laura como mosén Francisco habrían sido, a última hora, asesinados.

La impresión era que, fuera Gorki, «que había tomado la carretera de Bañolas», ya no quedaba ningún «rojo» en la ciudad. Tal vez, en su casa, el doctor Rosselló. El doctor había salvado la vida de sus dos hijas y ahora éstas lo salvarían a él. También se dijo que, gracias a la Andaluza, se salvó el puente de hierro, el ferroviario. Al parecer, la patrona se dio cuenta de que unos milicianos andaban colocando en los pilares cargas explosivas y mandó a unos soldados a que en el momento oportuno cortasen el cable. Los soldados, que habían pernoctado en casa de la Andaluza, la obedecieron y el puente fue salvado.

Las emisoras de radio daban también noticias sin cesar. La de Gerona, sólo himnos, los himnos de siempre, sobre todo *La Internacional*, que siempre y a pesar suyo impresionaba a Matías. Otras emisoras resultaban menos monótonas. «El Gobierno de la República se ha reunido en Figueras y ha tomado importantes acuerdos.» «Es cierto que el presidente Negrín se ha trasladado en avión a Valencia para dirigir allí la lucha en Levante y el Centro.» «No es cierto que Valencia y Madrid hayan propuesto al enemigo la firma de un armisticio.»

Cuando se cansaban de jugar a las cartas, los Alvear se miraban suspirando. A menudo, Matías daba por el piso uno de sus característicos paseos, durante los cuales o bien iba rozando con la punta del zapato el zócalo del pasillo, o bien apostaba consigo mismo a que no pisaría las junturas del mosaico. A veces, al llegar delante del perchero dedicaba a su sombrero un guiño amistoso y no era raro que, de repente, se parase, aplicase la espalda a la pared, adaptase a ella los omóplatos y de este modo mantuviera la cabeza inmóvil y erguida. En una ocasión prolongó su viaje hasta la alcoba, donde intentó alcanzar, de un salto, con la punta de los dedos, la lámpara que colgaba del techo. Cuando se cansaba de estos juegos exclamaba, bajando progresivamente el tono: «¡Bueno, bueno, bueno...!» Entonces Carmen Elgazu, sin mirarlo, decía: «¿Es que hay pinchos en tu silla?» Matías, al oír a su mujer, se le acercaba y le pellizcaba una oreja. «Está bien, me sentaré. Pilar, tráeme la labor de punto que tengo empezada.»

A las siete de la mañana, pasó alguien por las calles afirmando que las tropas avanzaban desde Barcelona sin apenas disparar un tiro, que estaban a punto de entrar, que varios carros de combate habían llegado al cruce de la carretera con el ferrocarril y que habían retrocedido, sin duda para informar al mando de que la ruta estaba libre. «¡Desde las azoteas se ven las banderas!» Fue el grito de guerra; o de paz... Centenares de gerundenses subieron a las azoteas, lamentando carecer de los prismáticos que les fueron requisados al marcharse al frente de Aragón la columna de la FAI. Efectivamente, se veían las banderas, pero sólo en las alturas que dominaban la ciudad. Fieles a las leyes de la guerra, las fuerzas que mandaba el general Solchaga habían ocupado Montilivi, donde Ignacio soñó; las Pedreras, donde los antiaéreos estaban intactos, y se dirigían a ocupar las ruinas de Montjuich, desde donde todavía disparaba un cañón.

Eran las ocho de la mañana del día cuatro de febrero de 1939. «Tercer Año Triunfal», rezaban los membretes oficiales y las cartas de las madrinas y de los ahijados. El silencio de las calles era absoluto; sin embargo, nadie se atrevía a salir, pues Radio Salamanca había advertido de la habitual estratagema «roja» que consistía en simular la entrada de los «nacionales», para detener, sin apelación posible, a los incautos que hubiesen exteriorizado su alegría. Con todo, el titubeo duró escasamente una hora. A las nueve, carros blindados, ¡italianos!, irrumpieron en la ciudad, ya sin retroceder, seguidos por pelotones de camisas negras, cuyo aspecto era inconfundible. Detrás de ellos aparecieron los moros y, en seguida, viéronse descender de las colinas legionarios con banderas, falangistas, soldados, cuyos oficiales se situaban inmediatamente en las esquinas, mientras varios tanques recorrían majestuosamente la ciudad y una escuadrilla de aviones dejaba caer octavillas anunciando la «liberación» y suplicando a los gerundenses que colaborasen con las nuevas autoridades.

En un santiamén, las casas se vaciaron y, lo mismo que en Barcelona, los ocupantes se vieron asaltados por una multitud que los estrujaba. La plaza de la Estación quedó obturada y a no tardar lo fue la calle del Progreso. La presencia de los italianos provocó un momento de desconcierto; pero Salvatore y los suyos estaban habituados a ello y acertaron con los gestos y las palabras precisas. ¿Quién dijo que la sonrisa de los moros era siniestra? ¿Quién dijo que el *Oriamendi* era un himno populachero y vulgar? Pronto apareció la bandera bicolor ¡en el campanario de la catedral! ¿Quién había sido el arriesgado? «¡Españoles! ¡Españoles!» La suciedad de Gerona sobrepasaba toda medida, primero a causa de los cuatrocientos mil fugitivos y luego porque a última hora varios milicianos habían vertido por las calles una increíble cantidad de víveres, sobre todo aceite y café, guardados en los almacenes de Abastos. ¡Víveres, con el hambre que se pasó! El aceite y el café formaban manchas viscosas que constituían una auténtica dificultad para que los excitados transeúntes mantuviesen el equilibrio.

La familia Alvear salió al balcón. Carmen Elgazu y Pilar habían confeccionado a escondidas una bandera bicolor, que causó la estupefacción de Matías. Éste había ordenado que nadie bajase a la calle; no obstante, en cuanto apareció en la Rambla un pelotón de camisas azules, con acompañamiento de Banda Militar, no hubo quien contuviera a las dos mujeres. «¡Falangistas!» Carmen Elgazu y Pilar tuvieron la misma idea. ¡Seguro que Ignacio y Mateo estaban allí! «¡Oh, Dios mío, Dios mío!» Carmen Elgazu bajó la escalera componiéndose el moño, Pilar tecleando en las mejillas para coloreárselas. Sin embargo, en la calle era difícil abrirse paso. Un oficial italiano besó la frente de Pilar al tiempo que depositaba un pan en la mano de la chica. ¡Un moro bajito y viejo hizo lo propio con Carmen Elgazu! Matías, que seguía en el balcón, le dijo al pequeño Eloy: «Mira por dónde...»

¡Ah, la corazonada de las dos mujeres no fue baldía! Por de pronto, Mateo apareció... Pilar lo reconoció en el acto, al mando del pelotón, y el grito de la muchacha rodó por las copas de los árboles. Pilar echó a correr a su encuentro, dándose cuenta en seguida de que Mateo llevaba una estrella en el pecho.

Pilar se lanzó en brazos de Mateo sollozando y éste, extrañado por pasar tan rápidamente de la guerra al amor de Pilar, sollozó también. Fue algo inesperado y sin duda hondo. Mateo sintió que aquella criatura le pertenecía, que en ella había algo íntegro de tenacidad y fidelidad, que fundía en la nada todas las comparaciones. «¡Pilar...! ¡Mi querida Pilar!»

Carmen Elgazu, ¡cómo no!, consiguió llegar también hasta el muchacho.

—¡Abrázame, hijo! ¡Así! ¡Más fuerte!

—¡Carmen!

—¡Veo que te acuerdas!

—¡Cómo no!

Mateo se anticipó a la pregunta de las dos mujeres.

—¡Tranquilizaos por Ignacio! Está bien...

Carmen Elgazu se echó un momento para atrás.

—¿No ha venido contigo?

—¡No, pero está bien!

—¡Bendito sea Dios! ¡Oh, Dios mío!

La noticia era gloriosa. Ignacio se encontraba sano y salvo. Matías no tardó ni un minuto siquiera en enterarse, pues, al reconocer a Mateo, había bajado también de dos en dos los peldaños de la escalera y Carmen Elgazu le gritó: «¡Ignacio está bien!»

Matías abrazó igualmente al recién llegado.

—¿Y tu padre? —le preguntó, con emocionada ansiedad.

—¡Lo encontré! En Barcelona.

—¡Bendito sea Dios! —repitió Carmen Elgazu.

—¡Bien venido, Mateo! —repetía Matías.

—¿Y Marta? —preguntó Pilar.

—No tardará en llegar, en llegar aquí, a la Rambla. Viene con Auxilio Social.

—¡Hurra!

Mateo, que a través de su asistente, Morrotopo, había ordenado a sus falangistas que siguieran adelante, miró a los tres seres que lo rodeaban y luego miró a la Rambla.

—Es hermoso encontrarse aquí... ¡Increíble!

Pilar aproximó el índice a la estrella que Mateo lucía en el pecho y exclamó, irguiendo el busto:

—¡A sus órdenes, mi alférez!

Pasaban más soldados, airosos legionarios y se oía otra Banda de Música. Y de pronto, procedente del puente de Piedra, irrumpió en la Rambla, efectivamente, la hilera de camiones de Auxilio Social. ¡Cierto, Marta apareció en el primero de ellos, el más llamativo, gesticulando con indignación! Y era que María Victoria se estaba mofando de ella. «¿Ésta es tu famosa Rambla? ¡Vamos!» Pilar echó a correr al encuentro de Marta. «¡Marta, Marta!» La veía cada vez más cerca y pensó: «¡Qué bien está, qué bien le sienta el uniforme!»

—¡Martaaaa...!

—¡Pilar!

—¡Arriba España!

—¡Arriba! ¡Pilar, sube, sube!

—¡Sí, sí! ¡Martaaaa...!

Pilar, empujada por no sé quién, consiguió subir al camión y las dos chicas se abrazaron, mientras a su alrededor centenares de manos gerundenses imploraban pan, botes de leche, chocolate.

—¿Y tus padres?

—¡Bien...! ¡Están bien! Están allí.

Marta miró Rambla abajo.

—¿Y tú...?

—¡Bien!

Las manos seguían implorando.

—Ya lo ves, Pilar. ¡Ayúdanos...! Esa gente espera.

—¿Yo...?

—¡Sí! Dales lo que quieras.

—¡Oh, qué bien!

Marta advirtió que Matías y Carmen Elgazu se les acercaban y ordenó al conductor del camión que bajara lo más posible a su encuentro.

—¡Arriba España!

—¡Arriba!

—¡Viva Franco!

—¡Viva!

Poco después, ¡Carmen Elgazu se encontraba también en lo alto del camión, besuqueando a Marta! Y luego, a imitación de Pilar, se disponía asimismo a regalar vida, paquetes, a los gerundenses, algunos de los cuales, al reconocerla, la llamaban por su nombre.

—¡A mí, a mí!

—¡En seguida! —contestó Carmen Elgazu. Sin embargo, incluso en ese trance, su corazón eligió. ¡Matías debía ser el primer beneficiario!

—¡Matías, toma, servicio a domicilio! —Y le echó un bote de leche.

Matías, aturdido, lo pescó al vuelo.

—¡Tome usted! —gritaron, a su vez, Marta y Pilar.

Matías no sabía qué hacer con tanto paquete como le caía encima. Por fortuna, otras manos gerundenses recogían del suelo lo que a él le sobraba, mientras Mateo contemplaba feliz la escena y María Victoria le chillaba al barbero Raimundo: «Pero ¿es que tiene usted quince hijos?»

De pronto, Matías, que no perdía la serenidad, se acordó del pequeño Eloy, que continuaba solo en el balcón. Se volvió hacia él.

—¡Eloy...! ¡Para ti!

Todos los gerundenses que se encontraban en la España «nacional» hubieran querido entrar simultáneamente con las tropas, pero muchos de ellos se veían obligados a esperar. Jorge, el piloto, no obtendría permiso para aterrizar, ni el río Oñar era navegable para que Sebastián Estrada, marino en el *Canarias*, pudiera llegar con el crucero al puente de Piedra. Los comerciantes de la provincia evadidos, que habían montado negocios en Burgos, en Sevilla o donde fuera, en su mayor parte habían salido disparados; pero a las puertas de Barcelona los controles les decían: «Señores, por favor, un poco de paciencia. Todavía no se puede pasar.» Tampoco Alfonso Estrada tuvo suerte, pues el Tercio de Nuestra Señora de Montserrat fue trasladado a Extremadura, a los frentes del Sur, donde al parecer los «rojos» iban a desencadenar una ofensiva.

Sin embargo, no faltaron los privilegiados de la fortuna: mosén Alberto, «La Voz de Alerta», los capitanes Arias y Sandoval, Miguel Rosselló...

Miguel Rosselló, adscrito al Parque Móvil, entró en Gerona al volante de un camión a cuyo paso temblaba la ciudad. El muchacho, confiando en la indulgencia de su sargento, tomó con el vehículo la dirección de su casa, párose delante y subió la escalera como si desde arriba lo succionaran. Estaba convencido de que en el piso no habría nadie. ¡Poco olfato el suyo! No sólo estaban allí sus hermanas, salidas de la cárcel la víspera, sino su padre, el doctor Rosselló... Su padre, de pie, en el comedor, con algo inexplicablemente noble en su porte.

—Nos salvó a nosotras y no ha querido huir...

—Te esperaba a ti, hijo. Quería verte.

Miguel Rosselló tiró el gorro al suelo y se echó en brazos de aquel hombre cuyas manos habían salvado tantas vidas.

—Perdóname...

—Perdóname tú, Miguel...

—¡Quédate, quédate!

—No sé si podré.

—Nadie te tocará un pelo. Lo juro.

—No jures, Miguel. La guerra...

José Luis Martínez de Soria entró poco después. Buscó a Marta ¡y a su novia María Victoria! y las encontró en su puesto, en los camiones de Auxilio Social que habían dejado ya atrás la Rambla y se aproximaban a la calle de la Barca. Pero apenas el joven juez pudo intercambiar unas palabras con las dos muchachas, agobiadas éstas por el Servicio. Únicamente Marta le dijo: «Sube a casa, a ver. Yo no he podido ir.» Y María Victoria, después de rodear al chico con su cariño, le advirtió: «Por favor, José Luis. En los interrogatorios no te limites a afirmar *usted ha hecho esto*. Pregunta, ¿*por qué hizo usted esto?*»

José Luis se despidió de mal humor, convencido de que mosén Alberto había aleccionado a la muchacha. Subió un momento al piso de sus padres, pero no quedaba en él nada que les hubiera pertenecido. Volvió a bajar, y olvidándose de María Victoria, empezó la recopilación de datos que Auditoría de Guerra le había encomendado.

Núñez Maza, que pasaba con su coche, se ofreció para acompañarlo. Se dirigieron a la calle del Pavo, a la sede de la Logia Ovidio. ¡Nada! Las columnas Joakin y Boaz; restos del cordón que rodeaba la estancia de los Trabajos. Se dirigieron al Gimnasio de la FAI: escombros y basura. De las anillas colgaba un monigote que decía: «El Fascismo.» En el local de Izquierda Republicana había billares y un conserje que apenas si estaba enterado de lo que ocurría en la ciudad. De hecho, sólo encontraron algo de interés en el piso de Julio García. Por de pronto, Milagros, la sirvienta, la ex miliciana del frente de Aragón, se negaba a dejarlos entrar.

—¿Quiénes son ustedes? —les preguntó, con voz de trueno—. ¿Qué buscan aquí?

José Luis Martínez de Soria se encogió de hombros.

—No temas, somos amigos de don Julio.

Milagros echaba chispas.

—El señorito está en Perpignan y me dijo que el piso era mío y que no me dejase amedrentar.

—Sólo echar un vistazo, ¿eh, muchacha? Sólo un vistazo.

Núñez Maza vio el mueble bar y lo abrió: «¡A tu salud, camarada!» José Luis se dirigió al despacho de Julio. Éste se había llevado el fichero de suicidas. No obstante, abandonó una carpeta que decía: «Suicidas probables.» José Luis y Núñez Maza revisaron las cartulinas, sin captar la intención de cada una de ellas, pues varios de los nombres mencionados les eran desconocidos. El primer suicida probable era Cosme Vila y la ficha decía: «Se pegará un tiro poco después de su llegada a Moscú.» La segunda profecía del suicidio se refería a David y Olga. «Se ahorcarán cuando se den cuenta de que ser ateo y sentimental es mal negocio.» La tercera profecía correspondía a «La Voz de Alerta»: «Se pegará un tiro cuando sepa que Laura ha sido emparedada.» Luego venían las fichas de las hijas del Responsable, las de Santi y el Cojo. ¡Luego, la de Mateo Santos! Ambos falangistas prestaron singular atención: «Se suicidará cuando se dé cuenta de que la Falange era exclusivamente José Antonio.» La última sentencia se refería a mosén Alberto: «Mosén Alberto, el pobre, anda suicidándose cada día un poco, como yo.»

Los dos falangistas rindieron honores a Julio García y acto seguido José Luis Martínez de Soria le dijo a su camarada:

—He de confesarte algo. Subí a este piso como defensor... No puedo olvidar, no olvidaré nunca que el propietario de esta carpeta salvó a mi madre y a Marta.

Núñez Maza asintió, e inesperadamente agregó:

—Hay algo más. Tengo entendido que fue él quien, en Barcelona, sacó de la checa de Vallmajor al padre de Mateo.

Por el momento dieron por terminado su itinerario, pues Núñez Maza, que había tomado posesión de la Radio, quería hacer lo propio con los dos periódicos de la ciudad.

Don Anselmo Ichaso llegó a Gerona con su hijo Javier y con «La Voz de Alerta», pero, por discreción, los Ichaso dejaron al dentista solo y se dirigieron al Gobierno Civil. «La Voz de Alerta», que durante dos años y medio había soñado con aquel momento, que imaginó triunfal, se limitó a preguntar: «¿Dónde está la checa comunista?» En el momento se le unió el profesor Civil, quien habiéndose lanzado a la calle dispuesto a ser útil, reconoció en seguida al ex director de *El Tradicionalista*.

La llegada de «La Voz de Alerta» a la checa coincidió con la evacuación de los cadáveres encontrados en ella, que iban a ser llevados en camión al cementerio, para su identificación. «La Voz de Alerta», aterrado, preguntó si Laura, su mujer, figuraba entre las víctimas. Se hizo un silencio y dos soldados contestaron, evasivamente: «No sabemos, no sabemos». «La Voz de Alerta» ordenó descubrir los cadáveres. ¡Laura no estaba allí! Pero sí los suegros de los Costa... «La Voz de Alerta» suspiró. ¿Era posible que nadie supiera...? El profesor Civil le dijo: «Lo más probable es que se la llevaran. Han arrastrado a mucha gente». —«¿Llevársela? ¿Adónde?» —«Camino de Francia...» Ello significaba que la matarían antes de llegar a la frontera. Pronto corrió la voz de que, en el Collell, Gorki y su pandilla habían fusilado a unos cuantos detenidos que iban siendo arrastrados desde Barcelona, entre los que figuraban el obispo Polanco, de Teruel, y el coronel Rey d'Harcourt, que defendió esta ciudad y que se rindió a raíz de la gran nevada.

«La Voz de Alerta» apretó los puños. Nada podía hacer, excepto seguir a las tropas hacia la frontera. Pero ¡era tan vasta la provincia! Si supiera por dónde... Recorrió la checa. Vio una celda pequeña, con seis relojes en marcha, cada uno marcando una hora distinta. Luego echó una ojeada a la celda trasera... Todavía quedaban en el suelo las palas y un montón de argamasa, y en la pared frontal se veían unos tabiques que sin duda acababan de ser levantados.

«La Voz de Alerta», como tocado por un resorte, preguntó:

—¿Esto qué es?

Nadie le contestó. El profesor Civil no sabía nada. Sin embargo, en cuanto el dentista se dirigió a los tabiques como para golpearlos, un funcionario de Prisiones que había entrado allí le dijo:

—Su esposa está ahí dentro...

Los ojos de «La Voz de Alerta» se convirtieron en miedo.

—¿Cómo...?

El funcionario añadió:

—Ella y mosén Francisco.

El dentista cayó redondo al suelo, fulminado, y el profesor Civil gritó:

—¡Rápido! ¡Una ambulancia!

Mosén Alberto fue otro de los afortunados gerundenses que llegaron a la ciudad la misma mañana de la «liberación». Lo llevaron en su coche dos oficiales del Estado Mayor del general Solchaga, que sentían gran afecto por el sacerdote. El sacerdote, al entrar en las primeras calles, pensó: «¡Lástima que el coche no sea descapotable!»

Su primera visita, ¡qué remedio!, fue para el Museo Diocesano. ¡El sacerdote-historiador se horrorizó! Las obras de arte, incluidos los retablos, habían desaparecido, así como el lecho en que había dormido el beato Padre Claret. No quedaban sino algunos muebles y algunas sillas, debajo de una de las cuales descubrió un manojo de llaves, que en seguida reconoció como las del Palacio del Obispo y la catedral. Mosén Alberto las recogió y bruscamente dijo: «Vámonos». Le había entrado la comezón de subir sin pérdida de tiempo al barrio antiguo, al Barrio Gótico de la ciudad, que era su feudo, su amor y su memoria. Únicamente, al paso, entró unos instantes en la parroquia del Carmen, que en los últimos tiempos había sido destinada por el catedrático Morales para dar funciones de teatro.

Luego, trepando por la calle de la Forsa, la calle que fue de los judíos artesanos, desembocó en la plaza de los Apóstoles, diez de cuyas estatuas habían sido destruidas. Allí rogó a los oficiales que lo dejaran solo y, dirigiéndose al portalón de acceso al Palacio Episcopal, utilizó su manojo de llaves y penetró en el inmenso edificio, que halló también vacío, con sólo algunos tapices enrollados ¡y seis sillones de barbero! El sacerdote, recorriendo sin prisa aquellas estancias, dedicó un emocionado recuerdo al que fue su obispo, obispo José, hombre austero, santo varón, con el que en varias ocasiones había discutido sobre trabajos de restauración de obras de arte, y que había muerto con una cruz en el pecho hecha de puntitos de sangre.

A la salida del Palacio, el sacerdote se reunió con los dos oficiales y cruzando con ellos la plaza, se dirigió con emoción creciente a la puerta de la catedral. La llave le temblaba en la mano. Sin embargo, en el momento de aplicarla a la cerradura se dio cuenta de que la puerta cedía, de que estaba abierta. ¡Mosén Alberto ignoraba que la catedral había servido en las últimas semanas de albergue para los refugiados! Asombrado y temeroso, penetró en el inmenso templo, bañado éste por una tenue luz, y los dos oficiales lo siguieron. Indescriptible suciedad. Los altares laterales habían servido para cocinar y en el Altar Mayor debieron de acostarse pueblos enteros, posiblemente llegados de Andalucía. Pero la mole estaba en pie y, extirpado del centro el Coro, la bóveda se desplegaba con toda su grandiosidad. Mosén Alberto se dirigió a la puerta principal y la abrió también. Era la puerta que comunicaba con la gran escalinata que el 18 de julio de 1936 el «pueblo», capitaneado por Cosme Vila, subió con ánimo de incendiar la basílica.

La apertura de la catedral fue una suerte de repique jubiloso. Mosén Alberto no se explicaría jamás cómo los gerundenses se enteraron del hecho. Al cuarto de hora escaso, un grupo de mozalbetes entraba con miedo supersticioso en el templo. Pronto aparecieron en el umbral varias mujeres. Luego hombres, y otra vez niños e incluso dos monjas, ya vestidas con hábito. Mosén Alberto, de centinela en la puerta, no podía disimular su contento y saludaba a los feligreses como si los hubiera invitado a una fiesta personal, fiesta que consistió en proceder inmediatamente a una frenética limpieza, en la que tomaron parte personas y escobas salidas de no se sabía dónde.

Y es que mosén Alberto proyectaba la celebración de un tedéum. Celebración inmediata, en cuanto le comunicaron que el general Solchaga, que sin duda se dignaría presidirlo, había entrado en la ciudad.

A las doce menos cuarto, uno de los dos oficiales recibió la notificación esperada. El general acababa de asomarse al balcón del Ayuntamiento, satisfecho por la manera como había sido llevada a cabo la ocupación, que no había costado sino una herida leve, un balazo aislado, en la pierna de un legionario.

Mosén Alberto respiró hondo y le dijo al oficial:

—Por favor, vaya a ver al general y pregúntele si podemos anunciar, para dentro de un par de horas (confío en que esto estará ya en condiciones), el canto de un tedéum, y si podemos contar con su asistencia.

No hubo dificultades. El general Solchaga consultó su reloj y accedió.

—Pueden anunciarlo a la población.

Era mediodía en punto. Mediodía de una jornada lechosa de febrero. Núñez Maza fue el encargado de propagar por la ciudad la buena nueva, utilizando su coche con altavoces y la emisora de Radio.

El contagio se produjo al instante. De los cuatro puntos cardinales de Gerona afluyeron fieles en dirección a la catedral. Familias enteras que sentían la necesidad de entrar en el templo y hablar con Dios, de hablarle de las extrañas cosas que les ocurrían a los hombres, de pedir a Dios perdón por tanto egoísmo, por tanta hambre y por tanta superchería. Marta, que se encontraba en la calle de la Barca, donde las manos que pedían eran más callosas que las de la Rambla y los despeinados más alucinantes, vio con asombro cómo aquellas mujeres escuálidas, tal vez viudas de milicianos, improvisaban también velos negros y echaban a correr, algunas de ellas con un cirio en la mano.

La catedral se abarrotó. Los encargados de celebrar y dirigir el tedéum serían mosén Alberto y tres capellanes castrenses que habían entrado con las fuerzas. Dichos capellanes repartían a los fieles unos folletos con la música y la letra del tedéum, la letra en latín y en castellano.

A las dos menos cinco minutos hizo su entrada en el templo el general Solchaga. Su banda roja cruzada en el pecho y las medallas que tintineaban en él evocaban el impacto visual que producían los obispos. Sin embargo, el obispo de Gerona faltaba. El viejo pastor espiritual, tan poco entendido en arte, tan santo y tan amante del café, había muerto. Mosén Alberto no se hacía a esta idea, y la catedral, sin el reverendísimo Prelado, le parecía incompleta.

¿Por qué no sonaban quinientas campanas, ya que Axelrod

había regalado a la población un disco cantado por el coro del Ejército ruso, compuesto por quinientas voces? ¿Por qué no acudían ángeles con sus violines y trompetas? No hacía falta. Todo estaba allí. La emoción concentraba allí todo lo existente susceptible de convertirse en acción de gracias.

Mateo no pudo estar presente en la catedral. Había sido requerido en el Gobierno Civil para aportar algunos datos referentes a Gerona. Marta seguía con su camión; «La Voz de Alerta», en el hospital; los capitanes Sandoval y Arias proseguían su acción hacia la frontera. No obstante, tales ausencias, unidas a la de las familias de ideología adversa, para las cuales había empezado la persecución, no contaban, anegadas por la clamorosa presencia de unos quince mil, tal vez, veinte mil gerundenses.

Matías, Carmen Elgazu, Pilar y Eloy acudieron a la cita. Los cuatro habían afrontado con valentía las escalinatas. Pilar subiéndolas en diagonal, como en sus tiempos de colegiala, y acariciando los pomos de piedra de la balaustrada. Matías, que descansó en cada uno de los rellanos, le hizo prometer a Carmen Elgazu que si un día ella construía una catedral la construiría con ascensor. El pequeño Eloy de pronto oyó un silbido y se volvió en redondo: era la contraseña, que reconoció en el acto, de sus ex compañeros, los niños vascos refugiados, los cuales se dirigían también a la catedral ¡en compañía de los cuarenta chiquillos sordomudos que habían sido trasladados ex profeso desde Arbucias!

Matías recogió en la puerta de la catedral los cuatro folletos que les correspondían y los repartió cuidadosamente. «Quítate el sombrero», le advirtió su mujer. Entraron... Los altares laterales seguían oscurísimos, misteriosos, fascinando a mujeres y niños, como antaño habían fascinado a César. Y, de pronto, de la sacristía, revestido como era menester, salió mosén Alberto, escoltado por los tres capellanes castrenses. «¡Carmen, mira quién está ahí!»

—¡Mosén Alberto!

Mosén Alberto y sus asistentes subieron al Altar Mayor, donde se arrodillaron por unos instantes. Luego, todos se levantaron y mosén Alberto, volviéndose al pueblo fiel, con voz sorprendentemente enérgica y segura anunció el inicio del tedéum y arrancó, solo, con las primeras palabras del versículo: *Te Deum laudamus.*

Todo el mundo bajó la cabeza para leer el texto en el folleto. Todo el mundo, incluso el general Solchaga.

—*Te Deum laudamus. Te Dominum confitémur.* «A Vos, oh Señor, os alabamos; a Vos, oh Señor, os reconocemos.»

Los fieles contestaron:

—«A Vos, Eterno Padre, venera toda la tierra.»

Mosén Alberto prosiguió:

—*Tibi, omnes angeli, tibi coeli et universae potestates.*

Y los fieles contestaron:

—«A Vos los querubines y los serafines aclaman sin cesar.»

Se había formado una sola voz y los fieles de la primera fila se dieron cuenta de que mosén Alberto lloraba. A Carmen Elgazu, el texto bilingüe le trababa la lengua; pero no importaba.

Pilar procuraba estar del todo pendiente de la ceremonia, sin conseguirlo; continuamente volvía la cabeza esperando ver entrar a Mateo.

Llegados al versículo 17: «Vos, roto el aguijón de la muerte, abristeis a los fieles el reino de los cielos», Ignacio apareció en la puerta de la catedral. Todos sus esfuerzos para entrar en Gerona con las primeras tropas fracasaron. Acababa de llegar, saltando de camión en camión. El comandante de la Compañía de Esquiadores le había dicho lo mismo que a Moncho: «Ocho días de permiso y regresar.»

Ignacio había subido volando al piso de la Rambla y lo encontró cerrado con doble llave. Temió alguna mala noticia, pero una vecina lo tranquilizó: «Están todos en la catedral. Celebran un tedéum.»

El muchacho salió a la calle y vaciló un momento. Sospechaba que Marta no podía andar lejos, con los camiones de Auxilio Social. No obstante, pensó: «Tal vez esté también en la catedral.»

Ignacio, echando también un vistazo al balcón del piso en que Julio vivió, tomó la dirección del barrio antiguo. Temblaba. Con auténtica angustia llegó al umbral del templo y miró al interior. Al pronto no vio sino una enorme multitud y en el altar mayor al general Solchaga, que lo era de su División; a don Anselmo Ichaso, a quien reconoció por las fotografías de los periódicos, ¡y a mosén Alberto! Mosén Alberto, vuelto hacia el pueblo, con aureola de héroe, rodeado de cirios como bayonetas.

A los dos minutos escasos, Ignacio localizó a los seres de su sangre. ¡Santo Dios! Sin duda alguna habían llegado a la catedral a última hora, pues apenas si pudieron adentrarse diez metros. Así que, estaban cerca, aunque no al alcance de la mano. Ignacio estalló en sollozos. Veía a sus padres y a Pilar de perfil. Su madre tenía la boca siempre abierta, como si cantase una eterna O. Por el contrario, Pilar vocalizaba a la perfección cada sílaba: «*Per síngulos diez benedícimus te.*» Matías tenía los labios prietos. Sin duda pensaba confusamente en su juventud y le rogaba a Dios que Ignacio, su hijo, regresara, sano y salvo.

El uniforme de Ignacio, de esquiador, era impresionante. Pilar continuaba volviendo la cabeza, en busca de Mateo, y una de las veces vio a Ignacio. Los ojos de la chica se agrandaron como los rosetones de la catedral y su boca quedó abierta, también en forma de O. Carmen Elgazu comprendió que algo insólito había visto su hija y con prontitud casi eléctrica se volvió a su vez; un segundo después, lo hizo Matías Alvear. ¡Mensaje de los ojos! Ignacio leyó en los ojos de los suyos, con la precisión con que en el Hospital Pasteur había leído los mensajes de los moribundos, las palabras «hijo», «hijo mío», «Ignacio», «gracias, ¡oh Dios!» Y a su vez, los suyos leyeron, ¡claro que sí!, en los ojos del muchacho: «Padre, madre, Pilar...» ¿Y Eloy? El pequeño había quedado oculto casi a ras de tierra, con el solo horizonte de la falda de Pilar y los pantalones de Matías.

Mosén Alberto seguía cantando y el pueblo fiel le respondía. Había voces de todo matiz, de todo registro. El salmo número 39 decía: «En Vos, Señor, esperaré, no sea yo eternamente confundido.»

El tedéum terminó. El general Solchaga, escoltado por parte de su Estado Mayor y por don Anselmo Ichaso, descendió del presbiterio. Formáronse dos hileras de personas, que tuvieron que dominarse para no aplaudir. En ese momento, mosén Alberto anunció a la multitud que a las cuatro en punto de la tarde se cantaría un responso en el cementerio, por el alma de los caídos.

Ignacio esperó a los suyos fuera, en el umbral de la puerta, un poco a la derecha, para dejar paso a la gente que salía.

Sin saber cómo, se encontró abrazando a su padre, a su madre, a Pilar.

—¡Hijo mío!
—¡Padre, madre!
—¡Ignacio!

—¡Pilar!

Mosén Alberto hubiera gozado lo suyo viendo el abrazo de los cuatro seres, pero continuaba comunicando que a las cuatro de la tarde se cantaría un responso en el cementerio.

—¡Qué bien estás, Ignacio!

—¡Qué guapo, con esa cazadora!

—¡Madre!

Pilar le preguntaba:

—¿Te acuerdas de mí?

De repente, Ignacio miró a su padre y levantó un dedo de la mano derecha. Matías, comprendiendo al instante, respondió:

—«Neumáticos Michelín.»

Eloy fue presentado, ¡por fin!, y todos juntos iniciaron la bajada hacia la Gerona moderna, hacia la Gerona horrible. Intentaron bajar todos a una y cogidos del brazo los peldaños de la gran escalinata y no pudieron. Riéronse por ello. Todo los hacía reír, incluso el color de plata indecisa de aquel mediodía de febrero.

Abajo, en la plaza, pasaban dos moros simétricos, con porte elegante y andar de caravana. Matías le dijo a su hijo:

—¿Sabes que esta mañana un moro ha besuqueado a placer a tu madre?

Carmen Elgazu protestó.

Pasaron dos italianos e Ignacio los saludó:

—*Ciao!*

—*Ciao!* —contestaron, en tono festivo, los italianos.

—¿Qué significa *ciao*? —preguntó Carmen Elgazu.

—Significa «adiós», o «hasta luego».

Matías gritó:

—*Ciao!* —Y Eloy lo imitó.

En el último peldaño, dos soldados situados en las esquinas iban repitiendo: «A las cuatro, responso en el cementerio. Por los caídos por Dios y por España.»

La familia se detuvo. Matías descubrió en la mirada de Ignacio un relámpago de inquietud. Algo pesaba como una losa, como plomo, en el corazón de su hijo. Matías se había dado cuenta de ello en seguida, pero... La mirada de Ignacio le confirmó en sus temores.

—Dime, hijo... —Ignacio se mordía dolorosamente el labio inferior—. ¿Ha ocurrido algo..., que no sepamos? —Ignacio no acertaba a hablar—. Dinos lo que sea.

Ignacio bajó la cabeza y pronunció la palabra *Burgos*.

CAPÍTULO LI

EL CÁLCULO DE JULIO GARCIA era bastante exacto: el número de fugitivos que en oleada incesante iba llegando a la frontera francesa, se aproximaba a los quinientos mil.

Las cunetas de la carretera general, la que cruzaba Figueras y el Ampurdán y llegaba a Francia en dirección opuesta al viento del país, la tramontana, iban convirtiéndose en cementerio, cubriéndose de lo que los fugitivos iban soltando a su paso. Al principio, los fugitivos se apegaban a tal paraguas o a tal puchero; luego tiraban a la cuneta hasta el colchón, si es que lo llevaban consigo. Los había que experimentaban un vuluptuoso placer desprendiéndose de todo, consiguiendo poco a poco la absoluta desnudez. «¡Hale! —exclamaban, al tirar lo último que les quedaba—. ¡A tomar por el c...!» De pronto se acordaban de que los «fascistas» pasarían por allí y se apropiarían de todo aquello. «¡Me c... en la mar!» Pero ya no daba tiempo a rectificar. Cada paso que se daba era difinitivo.

De vez en cuando se oía un disparo. Era un suicida. Alguien que estaba demasiado enfermo o que al mirar detenidamente los Pirineos estimaba excesivo afrontar tanta incertidumbre. El cadáver era abandonado y extrañaba verlo en la cuneta, rodeado de almohadillas o de colchones. Las voces eran diversas, no hubieran cabido en un pentagrama normal. Había voces de licor, voces de trompeta, voces de asesino. No siempre las voces correspondían al aspecto de la persona. Había voces alegres a pesar de todo y las había que convertían en *Dies irae* todo cuanto hablaban. Las más dramáticas eran probablemente aquellas que hasta la batalla del Ebro fueron voces de mando. Mandar le daba a uno confianza, uno tenía la impresión de que se hacía algo en la vida. Ahora resultaba que... ¡Todavía eran jefes! Faltaban veinte kilómetros, diez kilómetros, tres. Al llegar a la frontera, se acabó. Mandar había sido algo así como un sueño. La derrota era el despertar de ese sueño. Y se haría cuesta arriba respetar otra vez la propiedad. ¡Habíanse visto tantos edificios derrumbados! Ahora deberían respetar las flores y hasta las iglesias. ¿Y la profesión? José Alvear decía: «Ya no me acuerdo de lo que hacía antes de la guerra».

Casi todo el mundo se acordaba del oficio, pero se sentía desligado de él.

Había fugitivos forzosos, a los que obligó el padre, el cuñado, la hermana. «Antes que saberte con los fascistas, te mato.» En los camiones se veían siluetas extrañas: un mozalbete agarrado al estuche de su violín, una vieja enlutada que llevaba en la falda un rollo de papel higiénico. De trecho en trecho, se veían cañas inclinándose, saludando, y los anarquistas se acordaban de la definición según la cual la música pertenecía al pueblo puesto que el primer instrumento conocido fue una caña agujereada por un pastor.

No obstante, lo peor era lo que se dejaba atrás, ignorar lo que ocurriría con las personas y cosas que a la fuerza tuvieron que ser abandonadas. ¡La aldea en manos de los «fascistas»! Cada día una ejecución y una misa, una ejecución y una misa... Lo peor era el frenesí de quienes dejaron atrás la esposa y los hijos o los hijos solamente. «¡No te preocupes, zopenco! ¡Tu hija se casará con un sargento de la Guardia Civil!» «¡Y tu hijo, el de la cara de sabio, se hará cura y le pedirá a la Virgen que te ampare, en Lyón o en Narbonne!» ¿Lyón, Narbonne...? ¿Por qué los nombres franceses se atragantaban? Con lo fácil que resultaba decir Madrid.

De vez en cuando pasaban aviones que soltaban octavillas. «La generosidad de Franco perdonará a todos los españoles de cualquier ideología que no tengan las manos manchadas de sangre.» Hacía frío y los recuerdos parecían silbidos. Los ciegos, repartidos en camiones y carros, casi se alegraban de no ver. Algunos borrachos levantaban el índice para comprobar de qué lado soplaba el mal y piropeaban a las mujeres fuera cual fuera su edad; piropeaban incluso a las encintas y a las muertas. Porque, la realidad era ésta. Había hombres y mujeres que morían en cualquier vehículo de la caravana sin que sus compañeros se dieran cuenta de ello en seguida: tan apretujados iban unos con otros. Personas que cruzaban sin pasaporte la Gran Frontera. Y se produjeron algunos nacimientos, cuatro o seis, o tal vez uno solo.

¿Por qué algunos fugitivos de pronto tomaban un camino lateral y se dirigían hacia las cumbres, hacia algún collado del Pirineo, abrupto a ser posible? ¿Por qué tales fugitivos, entre los que figuraban Blasco, el Cojo y Santi, llevaban todos ellos una mochila repleta o un saco a la espalda? Eran los que huían provistos de joyas y tesoros. Alguien dijo que en la frontera los franceses se quedaban con ello y decidieron esconderlo en el monte, sacando un plano del lugar y guardándose este plano celosamente. ¡Sí, el oro elegía las alturas —o los sótanos— mientras que por el llano avanzaba aterida la absoluta desnudez!

Un hombre desesperado: el conserje Gascón, sin piernas. El camión en que iba se estropeó, como tantos otros, quedándose en la cuneta. Todos los ocupantes tomaron por asalto otros vehículos; Gascón quedó al margen, a ras de tierra, con su carrito, a merced de quien le echara una mano. El gorro que llevaba era de la FAI, así que ya sabía que ningún comunista se detendría para ayudarlo. Pero tampoco se detenían los anarquistas. Su pánico era grande, pues al parecer los «fascistas» habían ya rebasado a Gerona. Por fortuna, la carreta de un campesino, cuyo caballo tenía majestad, recogió a Gascón y el dueño le prometió a éste no abandonarlo hasta la frontera.

Un hombre insultaba a Negrín: José Alvear. José Alvear, extrañamente nervioso por su entrevista con su familia en Gerona, a lo largo del trayecto se dedicó, como tantas otras veces, a ayudar a las mujeres, a las que se dirigía llevando como siempre el gorro ladeado, chulo. Les entregaba pedazos de pan seco y les pedía excusas por no poder convertirse él mismo en café caliente, bien servido en una taza. Varias mujeres calcularon que José podría constituir una valiosa ayuda en el destierro. «¿Por qué no te vienes con nosotros? ¿Por qué no te unes a nuestro grupo?» ¡No! José Alvear detestaba los grupos y detestaba a Negrín; en cambio, echaba mucho de menos al capitán Culebra.

Un hombre detestaba a José: Dimas. Dimas, que a su paso por Gerona no se atrevió a visitar a los Alvear, detestaba el optimismo de José, sus ademanes enfáticos. Dimas sólo llevaba consigo el macuto, la cantimplora y una botella llena de hormigas. Un voluntario de las Brigadas Internacionales le explicó que para cazar hormigas no tenía más que poner un poco de azúcar dentro de una botella de cuello ancho y depositar horizontalmente la botella en el suelo. Dimas así lo hizo. Y a poco un ejército de hormigas, parecidas a la caravana que se iba a Francia, penetró en la botella. Cuando Dimas lo juzgó oportuno cerró ésta con un tapón, y desde entonces era dueño de algo y con sólo mirar su tesoro se sentía más seguro.

Huían también, mezclados con los demás, gran número de

voluntarios internacionales. La situación de éstos era distinta: el destierro era para ellos España, de modo que al llegar a Francia empezaría a reencontrar lo afín. Por eso estaban alegres y cantaban *La Marsellesa* y estrofas sueltas, españolas, aprendidas en Albacete y en los combates. Algunos, entre ellos el venezolano Redondo, finalmente repudiado por la enfermera Germaine, se habían casado con mujeres morenas de Levante, de Madrid. «¿No me dejarás, verdad?» «¿Por qué, paloma mía? ¡Lo que yo presumiré contigo!» Redondo estaba dispuesto a armar la gorda en su país. Al igual que Polo Norte, había aprendido muchas cosas y tenía la sangre más caliente que éste. Recuperó su pasaporte, peleó y se juergueó, ¿qué otra cosa podía pedir? Redondo seguía ignorando que dentro de su pecho oscilaba una bala, encima del corazón, y que en cualquier momento, ¡paf...! Polo Norte quería volver en seguida a Escandinavia, aun cuando estaba seguro de que echaría de menos las altas montañas. Se le haría raro encerrarse de nuevo en un taller de tipografía. ¡Con los colores que había en el mundo! Quería vivir en paz. El Negus andaba ofreciendo sin suerte un lote de mecheros y relojes a cambio de un pasaporte, y le dolían las heridas que lo llevaron al Hospital Pasteur. A veces le parecía que otro hombre, o un eccehomo, andaba con él, pegado a su costado, como un hermano siamés. El comisario Bineto se refociló con el Negus emborrachándolo. ¿Y Sidlo? Había muerto sin conseguir matar de un tiro de jabalina ni a Mateo Santos ni a Queipo de Llano. ¿Y Gerardi, el gorilesco? Tampoco tenía pasaporte y quedó por ahí, afectado de paludismo. Los internacionales habían sufrido mucho y se decía que Francia, que los recibió cantando, los esperaba con las uñas afiladas, que los consideraba más peligrosos que Cosme Vila y que Blasco.

A ambos lados de la carretera general, por los campos y los caseríos, andaba produciéndose otra aglomeración: la de las familias que habían abandonado su hogar, pero que no querían entrar en Francia. El número de estas familias era muy crecido. Por regla general, los varones, entre los que abundaban los soldados, se escondían en el monte, para no ser tildados de desertores por los muchos Gorkis que avanzaban a campo traviesa, pistola en mano. Las mujeres permanecían en las masías, ingeniándoselas para tener siempre a la disposición de los milicianos una rebanada de pan con tortilla o embutidos.

Entre estas familias, muchas de las cuales huyeron por

temor a los bombardeos y voladuras, se contaba la que acogió a Ana María. Don Gaspar Ley se fue al monte y las mujeres y chiquillos permanecieron en un caserío próximo al pueblo de Cerviá de Ter, caserío situado a trasmano, en una hondonada o cazoleta. Fueron concentrándose en él otras mujeres, gerundenses en su mayoría, hasta formar un total de veintidós.

El pánico de estas mujeres era de por sí grande, viéndose agravado por el hecho de que muchos oficiales fugitivos habían decidido presentarse en la frontera anónimos, en calidad de tropa vulgar, por lo que andaban exigiendo ropa para cambiarse o que las mujeres les arrancasen las insignias de mando. ¡Ello encandiló a Ana María y a Charo, la esposa de Gaspar Ley! ¡Degradar al Ejército del Pueblo! Ambas decidieron instalarse fuera, en la era redonda, sentadas en sillas bajas, con unas tijeras en la mano. Pronto tuvieron a sus pies, en el suelo, dos insignias rojas, luego cuatro, luego seis... Sus tijeras retozaban como en Gerona las de Raimundo, quien en su barbería había colgado un letrero que decía: «Servicio gratis para los heroicos soldados de Franco.»

De improviso, los atajos próximos al caserío se poblaron de hombres alerta, enfurecidos, con polainas y gruesas botas. Sin duda pertenecían a la escolta de algún personaje. Avanzaban pistola en mano y en cuanto veían algo que no les gustaba, disparaban. Si ese algo era una piedra, mataban la piedra; si era un hombre, mataban al hombre. ¡Líster! ¡La escolta de Líster! Un soldado que pasó volando susurró el nombre a las mujeres. Era cierto. Se oían, intermitentes, los disparos del legendario guerrillero, el cual de pronto apareció en persona junto al caserío, cerca del pajar, apretadas las mandíbulas, apretadas y prehistóricas. Su aspecto era inconfundible y era obvio que lo mismo hubiera matado lagartos, que mariposas, que aspiraciones a la felicidad. Llevaba fusil ametrallador. Cuando en algún árbol o roca leía: «No pasarán», disparaba tantos tiros como letras había en las dos palabras.

Desde el límite de la provincia de Gerona avanzaba así. De haber decidido hacerse un corte en la muñeca por cada víctima, a semejanza de algunos aviadores y antitanquistas, llevaría más brazaletes que doña Amparo Campo.

¿Quién era Enrique Líster? Un hombre gallego, cantero de oficio, que creía en el comunismo como Carmen Elgazu creía en la resurrección. Él y el coronel Modesto representaban la obediencia ciega a Moscú y de ahí que Axelrod hubiera hinchado sus nombres en los periódicos y en la radio; por el contrario, el Campesino a veces quería pensar por su cuenta y ello lo hacía menos grato, aunque tal vez más respetado.

Charo, al verlo, simuló algo que hacer y abandonó la era y entró en el caserío. Ana María no se atrevió. Permaneció firme en su silla, con las tijeras en la mano. También Líster llevaba polainas y además una gran estrella roja, y un silbato colgándole del cuello. Se acercó a la chica y Ana María se levantó.

—Quítame la estrella.

—Muy bien.

Sin temblarle la mano, hábilmente, con la punta de las tijeras, Ana María taladró el pecho de Líster y empezó a recortarle el rectángulo que contenía la estrella. Líster se había cuadrado. Ana María notaba en la cara el aliento de aquel hombre de pelo hirsuto, formado en Moscú, que desde varios kilómetros atrás venía disparando contra personas y cosas. Ana María temblaba.

—¡De prisa!

—Ya está.

—¡Salud!

Líster prosiguió su marcha. Ana María lo vio partir y con la alpargata pisó la estrella de cinco puntas. En aquel momento movióse un matorral y apareció el pálido rostro de un chico increíblemente joven para ser oficial. Ana María lo miró, expectante.

El muchacho se le acercó. «No temas.» Le pidió algo que comer. Estaba desfallecido.

Ana María suspiró, tranquila.

—¿Tortilla y pan? No tenemos otra cosa.

—Si puedes, dame un trago de vino.

Ana María primero lo degradó. Luego le dio lo que pedía y el muchacho, tambaleándose como si estuviera borracho, prosiguió su ruta. En vez de disparar, mordía el pan.

Toda la provincia era una trampa, con hombres que eran minas... Sin embargo, fatalmente el dramatismo acabó concentrándose en la raya fronteriza. El general Solchaga lo había dispuesto así. A las tropas que ocuparon Gerona no les concedió la menor tregua. Al contrario, les ordenó acelerar el ritmo de su avance, al objeto de alcanzar cuanto antes la frontera.

¡La frontera! Los fugitivos veían ya de lejos a los centinelas senegaleses, que parecían andar sobre zancos. Muchas mujeres se asustaban al verlos, suponiéndolos moros. «¡Cállate ya, so boba! ¡Son moros franceses!»

¿Qué había al otro lado de la frontera? Francia... ¿Qué harían los franceses con aquella multitud? Corrían rumores de todas clases, pero al pronto sólo un hecho era cierto: en la aduana, los gendarmes se quedaban con el fusil y las granadas de mano —¡de durar mucho aquello el Ejército francés podría declarar la guerra a Alemania!— y se quedaban también con los objetos valiosos cuya adquisición no pudiera justificarse. Los milicianos blasfemaban. ¿No era Francia una democracia amiga? ¿Acaso no comprendían el dolor de los vencidos? David y Olga se preguntaban: «¿Cómo comprender el dolor de quinientos mil harapientos extranjeros irrumpiendo en la aduana en un espacio de cuarenta y ocho horas?»

—*Dépêchez vous!, dépêchez vous!*

Quien conocía unas palabras de francés, se sentía menos desamparado. Quien no había cometido ningún delito, en el fondo se sentía más tranquilo. Los senegaleses enmudecían con la culata del fusil a los revoltosos y los gendarmes franceses los amenazaban con retenerlos allí y entregarlos a las tropas de Franco en cuanto éstas llegaran, que no podían tardar.

¡No podían tardar! Era verdad. También a los vencedores los atraía la frontera, ebrios, además, por los halagos de la población que iba saliendo a su encuentro. Mateo pasó por Figueras como una exhalación, con su Bandera, y luego recibió orden de bifurcar hacia la izquierda. Los capitanes Arias y Sandoval avanzaron por la costa, por Palamós y Puerto de la Selva. Miguel Rosselló zigzagueaba con su camión. Y unos y otros se horrorizaban al descubrir la estela de cadáveres que los Líster y los Gorki habían dejado tras de sí.

El aspecto de Mateo, lo mismo que el de los requetés de las Brigadas Navarras, no ofrecía tampoco lugar a dudas... Se los veía dispuestos no sólo a llegar a la frontera, sino a perseguir a los «rojos» hasta más allá. A perseguirles a través de Francia, hasta París y hasta las tierras de Flandes, donde anteriormente aguerridos españoles habían plantado su huella. Llevaban banderas desplegadas.

Mateo, dueño de sus actos, demostró que la suposición no era exagerada. Se descolgó de improviso por un escarpado y sorprendió a pocos metros de la línea divisoria a un grupo enemigo, todavía con el arma en la mano. «¡Sus, y a por ellos!» Se lanzó en su persecución seguido por sus falangistas, pisó la raya fronteriza y siguió adelante. Francia adentro, hasta que una escuadra de senegaleses y un par de gendarmes aparecieron por la derecha enseñándoles la culata del fusil. ¡Qué contrariedad! ¡Qué duro se hacía tener que retroceder! Mateo obedeció espumeante. «¡Os hacemos un buen regalo!», gritó, dirigiéndose a los gendarmes. Y retrocedió hasta la línea divisoria, donde su asistente Morrotopo había ya clavado la bandera.

Los milicianos, sintiéndose protegidos, se acercaron a su vez gritando:

—¡Cochino fascista! ¡Cochinos fascistas!

Por supuesto, la situación era pintoresca. La centuria falangista estaba en pleno allí, mientras a menos de diez metros, en tierra francesa, fueron reuniéndose hasta unos cincuenta milicianos. ¡Tan cerca y no poder disparar! Se insultaban recíprocamente, se dedicaban gestos procaces. A la vista del estandarte bicolor, los milicianos levantaron el puño, rugieron y patalearon y juraron que darían la vuelta al mundo y entrarían en España por el Sur, por Gibraltar, probablemente, y que en esa ocasión acabarían para siempre con los yugos, las flechas y las cruces gamadas.

Era un combate internacional, era el combate por encima de todas las cosas. Los falangistas, formados, cantaron *Cara al Sol* y los milicianos atacaron por su parte La Marsellesa, que los gendarmes no podían prohibir. Las miradas de unos y otros parecían arrancar de siglos. «¡Cabrón! ¡Fascista, cabrón!» «¡Rojos, cochinos rojos!» Terminado el *Cara al Sol*, Mateo ordenó: «¡Otra vez!» Llegaron unos cuantos moros, los cuales al ver a los senegaleses se sintieron un poco cohibidos.

Mateo, de pronto, se volvió hacia los suyos y les hizo una seña. Y una sola voz, azul, tronó en el espacio:

> *Las cucarachas, las cucarachas.*
> *decían: No pasarán.*
> *Si se descuidan, si se descuidan,*
> *llegamos a Perpignan.*

Al día siguiente, 10 de febrero, fue alcanzada en toda su longitud la línea de la frontera, desde Seo de Urgel a Puigcerdá, donde montaba la guardia la Compañía de Esquiadores, hasta Port-Bou. El general Solchaga, jefe del Cuerpo de Ejército de Navarra, llegó al Perthus, vestido con su uniforme de campaña y su boina de requeté, y a su llegada vio avanzar hacia él un general francés, el general Fagalde. El saludo del general francés fue cordial, efusivo. El general Solchaga correspondió con sobriedad y mandó formar uno de sus batallones y le pasó revista en la misma frontera.

Ese día, el parte oficial del Cuartel General del Generalísimo decía: «La guerra en Cataluña ha terminado.»

CAPÍTULO LII

La pérdida de Cataluña sentenciaba sin apelación posible a los restos del Ejército «rojo», es decir, a las unidades bloqueadas en Madrid, Levante y Sur de España. Dichas unidades, así como la población política y civil de aquellas zonas que deseaba escapar de los «nacionales», no tendrían otra posibilidad de huida que el mar, a semejanza de lo que les ocurrió a los combatientes del Norte, dado que la escasa aviación disponible era utilizada para el constante trasiego de los enlaces del Gobierno. Circulaban toda suerte de conjeturas relativas a una posible rendición, pero todas ellas se mostraron infundadas. El Gobierno de la República, reunido en Consejo de Ministros en Toulouse, acordó «resistir», y al efecto el presidente Negrín, en unión de los sempiternos coronel Modesto, el Campesino ¡y Líster! se trasladaron por vía aérea a Valencia, dispuestos a organizar desde allí la defensa de aquel territorio, con la ayuda del general Miaja, de la Pasionaria y de Jesús Hernández, Comisario de la zona Centro-Sur.

A nadie escapaba que tal aventura era insensata. Prácticamente, la totalidad de los jefes extranjeros que habían intervenido en la zona «roja» se negaron a secundar de un modo activo al acuerdo español. Todos ellos se encontraban ya en Francia esperando nuevas órdenes. En Toulouse se habían instalado provisionalmente Mauricio Thorez, André Marty y Togliatti. En París, se reunían a diario Clemente Gotwald, checo; el húngaro Pal Maleter, el yugoslavo Tito y James Ford, jefe de los obreros negros de Norteamérica. En Marsella, se encontraban Gallacher, del Partido Comunista inglés; el italiano Luigi Longo, los búlgaros Karanov y Menov, y Paul Herz, dirigente del Partido Socialista alemán; etcétera. Viajando de un lado para otro, Ilia Ehrenburg, el agudo intelectual ruso, con el que Fanny y Bolen, los periodistas internacionales, habían hecho cordial amistad. Los ministros españoles que permanecieron en Francia tuvieron una grata sorpresa: Negrín, con la ayuda de varios destacados políticos franceses, había alquilado para ellos, en calidad de Residencia y eventualmente en calidad de Sede del Gobierno de la República en el exilio, un elegante hotel en Deauville, del que dichos ministros tomaron posesión, en compañía de sus mujeres.

Aquellas jornadas servían para rumiar errores y para vivisseccionar las profundas circunstancias que influyeron en el desenlace de la contienda. En un café de Biarritz, mientras los «nacionales» ocupaban sin resistencia la isla de Menorca, la única isla balear que a lo largo de la guerra perteneció a los «rojos», Raymond Bolen le decía a Ilia Ehrenburg que acaso el Partido Comunista español hubiera perdido la batalla porque sus dirigentes se empeñaron en obedecer ciegamente las órdenes de «la Casa», las órdenes de Moscú, «siendo así que Moscú era una cabeza fría y despótica y el hombre español, en cambio, un ser apasionado». Ilia Ehrenburg sonrió. No se tomó la molestia de argumentar. No parecía muy disgustado por el resultado de aquella lucha, que denominó «gota de agua en el mar». El poeta ruso era irónico y escurridizo. Para él, los partidos comunistas europeos estaban celebrando una suerte de campeonato de natación en piscina al aire libre. Todos llegarían a la meta; unos llegarían haciendo el *crawl*, otros empleando el estilo mariposa, otros con la tradicional braza de pecho o nadando de espaldas. «Los españoles se retrasarán un poco porque les gusta entretenerse con saltos de trampolín.»

Ilia Ehrenburg no amaba a España; tampoco la amaban Bolen y Fanny, pero a éstos los atraía. Ehrenburg soltó varias sentencias que sin duda hubieran interesado a David y Olga: «En la vida de todo hombre hay días perdidos; España ha perdido siglos». «España no es un pueblo alegre; es un pueblo triste, como el ruso, y, sobre todo, hastiado.» «Los españoles desprecian el factor tiempo; sólo son puntuales en las corridas de toros y en la compra de los billetes de la lotería.» «Todo lo convierten en trascendental; hasta escuchar las palabras del papagayo Axelrod, *hombre de visión incompleta.*» «La gran sorpresa de los comunistas españoles será, ahora, Rusia. Ignoran que en Rusia estamos todavía en la etapa de despejar la carretera. Ignoran que aquello es duro; se forjan demasiadas ilusiones.»

Fanny y Bolen guardaban de España gratos recuerdos. Fanny no podía olvidar a Julio García y le hubiera gustado coincidir con él; pero recibió una postal del policía diciéndole que, de momento, debería permanecer un par de semanas lo menos en Perpignan, atendiendo a «los amigos». Bolen había hecho grandes progresos en el idioma, lo que le había permitido leer opiniones asombrosas y contradictorias de los propios autores españoles sobre España. Mientras Unamuno afirmaba que el español tenía más individualidad que personalidad —individualidad *introspectiva*, como los crustáceos, que le impedía estar en contacto con el ambiente y desarrollarse—, Manuel Azaña, que acaso hubiera debido continuar escribiendo en vez de dedicarse a la política, atribuía a los españoles un tal poder centrífugo que marcaban indeleblemente cuanto tocaban, y de no haberse lanzado a conquistar el Nuevo Mundo, «ya inventado», se habrían ido a «conquistar el Indostán». Mientras Ortega y Gasset escribía: «Mírese por donde plazca al español de hoy, de ayer o de anteayer, y siempre sorprenderá la anómala ausencia de una minoría dirigente» —frase que, sin duda, como tantas otras suyas, la Falange se había estampado en el gorro azul—, Baroja había escrito: «Algunos hombres extraordinarios, y luego la plebe. Éste es nuestro haber.» Mientras Ganivet, coincidiendo con Ilia Ehrenburg, había llegado a la conclusión de que Velázquez «era tan ignorante como Goya», Tirso de Molina había escrito: «Al sabio o valiente que no es español parece que le falta calidad...» Raymond Bolen, a no ser porque Fanny le repetía sin cesar que tales contradicciones se daban en todos los pueblos, hubiera podido repetir hasta el infinito los ejemplos y, por descontado, había tomado buena nota de la frase de Keyserling, a quien Bolen veneraba por su creencia en lo mágico: «España es el país de más hondas reservas éticas del mundo», e, igualmente, de la exclamación de Nietzsche, ya postrado en el lecho de muerte: «España, España es un pueblo que ha querido demasiado...»

Algo había conturbado a los dos periodistas: «Cuando el pueblo español se decide a obecer, se vuelve adulón, muelle, insoportable.» Ehrenburg sabía algo de esto. El Partido Comunista español le había hecho entrega, con el ruego de llevarlo a Rusia, de un terno completo procedente de la iglesia del Noviciado, con destino al Museo de la Historia de las Religiones de Moscú ¡y de una obra de Goya y otra de Murillo, así como de una edición príncipe del Quijote, con destino a Stalin! Ehrenburg había comentado: «Demasiado para tan tosco paladar.»

Amigo de Ehrenburg era otro «voluntario de la libertad», poeta húngaro, llamado Smirna, el cual andaba preparando desde Francia el envío de comunistas españoles exiliados dondequiera que el Komintern lo estimase conveniente. Fanny no podía con Smirna, porque en el arte de no andarse con rodeos el poeta húngaro no tenía rival. Fanny, que sentía viva compasión por el gran número de combatientes internacionales caídos en España, consideraba necesario que el pueblo español fuera informado de ello, con cifras y nombres. Smirna cortó en seco tal expansión.

—¿Qué necesidad tienen los pueblos de conocer la verdad?

Fanny se escandalizó; en cambio, Bolen apoyó la tesis. Bolen opinaba que uno de los errores de los «rojos» consistió en dar demasiadas explicaciones. El sistema de los Partidos provocaba una especie de duelo informativo, con lo que se mataba no sólo el secreto sino el misterio. Todo quedaba continuamente al descubierto, y era desmenuzado por el último Blasco que tenía fusil e incluso por el último Perrete. Smirna le dijo a Fanny que una de las muchas cosas que el Kremlin había copiado de la organización interna del Vaticano era el secreto, el silencio jerárquico. «Los cardenales son informados sólo a medias; los obispos, sólo un cuarto, etcétera. El secreto es básico en el Catolicismo: ejemplo, el confesonario.»

Entretanto, otros jefes internacionales se dedicaban, en París, a aconsejarse mutuamente, mientras de Valencia llegaban noticias de que todas las tentativas de resistencia de Negrín habían empezado a fracasar. José Broz —Tito—, a punto de regresar a Yugoslavia, le aconsejaba a James Ford, jefe de los obreros negros americanos, que no olvidase ni por un momento a las poblaciones negras de África, que, en su opinión, eran el germen de uno de los abscesos más violentos y destructores que se estaban formando en el aparato digestivo del Capitalismo. Por su parte, James Ford le aconsejaba al húngaro Pal Maleter que profundizara sin descanso en sus iniciados estudios sobre el aumento de la población china —«atraer China a nuestra órbita sería decisivo»— y le repetía hasta la saciedad a un comisario político italiano, llamado Vittori: «Tú eres el indicado para organizar el movimiento de resistencia en la isla de Córcega.» En cambio, el checo Gotwald, obsesionado por las constantes reivindicaciones exigidas por Hitler en el mosaico centroeuropeo, daba por supuesto que el III Reich atacaría Occidente antes de fin de año, por lo que estimaba indispensable reforzar al máximo el Partido en Francia y Bélgica, para lo cual «acaso pudieran ser utilizados en mayor escala aún los fondos económicos del Partido Comunista español».

Al mismo tiempo, en Marsella, los jefes comunistas búlgaros especulaban sobre los Balcanes, y el alemán Paul Herz, que detestaba a los griegos, estudiaba la posibilidad de instalarse en Atenas para penetrar certeramente en aquel extremo del Mediterráneo.

En Toulouse, Gerona tenía ya su representación... Cosme Vila había conseguido saludar incluso a Thorez y Togliatti; sin embargo, su jefe inmediato y absoluto continuaba siendo Axelrod, quien desde su llegada a Francia vestía más que nunca al modo occidental, si bien había cambiado visiblemente su lenguaje, objetivizándose de un modo que sorprendió a Cosme Vila. El viaje de éste por mar había transcurrido sin percance y apenas desembarcado en Banyuls-sur-Mer se trasladó a Toulouse cumpliendo instrucciones.

—Desenfocas el problema, camarada Cosme. Nuestra lucha es mundial y tiene muy relativa importancia perder una escaramuza en un rincón del mapa como es España. El tablero es inmenso y en él España es un peón. Claro, España es «tu» peón y por eso te duele. Pero tienes que acostumbrarte a la idea internacional, si no, serás un pésimo comunista.

Cosme Vila se esforzaba en comprender. Muchas veces pensó que su error había sido casarse. De estar soltero, todo aquello le sería más fácil y lo mismo le daría luchar por el Partido en Gerona que en Australia. Pero tenía mujer e hijo y en el fondo se confesaba que estas dos vidas le eran necesarias.

—No te preocupes por tu mujer y tu hijo —le había dicho Axelrod—. Los tres contáis desde este momento con un hogar en Moscú. Naturalmente, no a todos los combatientes del Partido podemos prometerles lo mismo, pues hay algunos cuyos servicios nos serán necesarios en otros lugares. Por ejemplo, a Gorki lo destinaremos aquí, en Toulouse, sitio ideal para instalar nuestra célula «pirenaica». Al malogrado catedrático Morales lo hubiéramos enviado a Cuba... Pero a ti puedo darte esta buena noticia: en pago a tus servicios, irás a Moscú.

La mujer de Cosme Vila se enteraría de ello con terror. No le gustaba ni pizca la idea de irse a Moscú. Para su primitiva mentalidad, Moscú era una ciudad con cúpulas tristes, un río helado y nieve hasta los primeros pisos. La mujer de Cosme Vila, que de soltera se reía mucho, «como un cascabel», era muy friolera y le hubiera gustado que Cosme Vila siguiera en el Banco Arús e irse todos los domingos a pasear a la Dehesa y a ver funciones de títeres. Por otra parte, su instinto le decía que a Stalin no debían de gustarle los derrotados... Según Unamuno, tenía, pues, mentalidad de crustáceo, no de vertebrado. Cosme Vila había superado esto, pero ¡le desagradó que Axelrod, en tono deprimente, llamara a España «peón»! No podía olvidar que en los momentos cruciales de la guerra le había dicho que «España era pieza clave, por su situación geográfica y por su fanatismo religioso». Axelrod advirtió claramente la vacilación del dirigente gerundense y endureció su semblante, por lo común fatuo y sonrosado. «Si tienes alguna queja, podrás formularla en Moscú.»

—De acuerdo.

Todo quedó en su punto. Los suegros se instalarían en Francia, en Toulouse, al cuidado de Gorki. No sería difícil encontrar para ellos una solución. El temor del suegro era que le ofrecieran una plaza de guardabarreras. «Con el idioma francés me armaría un lío», decía. Pero no iba a ser necesario. Cosme Vila se había escapado sin un céntimo, pero Axelrod, contra recibo, le hizo entrega de una respetable cantidad de francos «a cuenta de los fondos del Partido Comunista español», regalándole además un par de gramáticas para el estudio del ruso. Cosme Vila las hojeó y ¡cómo no! llegó a la conclusión de que con paciencia aprendería algo; en cambio, su mujer, con sólo ver aquellos garabatos que parecían alas de mosca, se echó a llorar. Por su parte, el niño prefería comerse el papel.

Gorki, que al pasar por el Collell había cumplido como los buenos la operación «limpieza de última hora», sintió celos.

—¿Por qué no podré ir yo a Moscú contigo? —Al parecer, Goriev, lugarteniente de Axelrod, se lo tenía prometido.

—Lo lamento, perfumista —le contestó Cosme Vila—. ¿Qué puedo hacer yo? Para que veas lo que son las cosas: mi suegro prefiere quedarse en Toulouse contigo que conmigo.

En Perpignan se habían reunido otros gerundenses... ¡La Logia Ovidio! Pero faltaban el comandante Campos, caído en

Teruel; el doctor Rosselló, que se empeñó en quedarse en Gerona «suponiendo ingenuamente que sus hijos lo salvarían», y faltaba el coronel Muñoz, del que no se tenía la menor noticia. El H... Julián Cervera —¡ya lo llamaban ex comisario!— suponía que el coronel Muñoz se habría quedado encerrado en la zona del Centro, donde, según las últimas noticias, la Quinta Columna se estaba levantando en masa, especialmente en Cartagena.

Las reuniones de la Logia Ovidio en Perpignan, reuniones sin protocolo ni liturgia, tenían lugar en la café *Bon soir, Monsieur*, establecimiento algo apartado, pues en los céntricos era inevitable tropezarse con curiosos y, por supuesto, con los hermanos Costa y con el notario Noguer. A ellas asistía, en calidad de invitado de honor, don Carlos Ayestarán, ex jefe de Sanidad, mientras doña Amparo Campo andaba de tiendas y se familiarizaba con los productos alimenticios franceses, de los que decía que a no dudar hubieran hecho las delicias del doctor Relken.

El más desmoralizado era, como siempre, Antonio Casal. Antonio Casal ya no admiraba ni siquiera a Indalecio Prieto, de quien le contaron que propuso «reconquistar por sorpresa Vizcaya y Guipúzcoa» y cuya fabulosa fortuna ingresada a su nombre estaba dando mucho que hablar, afirmándose que estaba ofreciendo a Méjico, por su cuenta y riesgo, aviones y «otras pequeñeces». Todos sintieron lástima por el ex jefe de la UGT, especialmente Julio García, quien por aquellos días se mostraba muy sentimental y dispuesto a ayudar al prójimo.

—¡Bueno, bueno! —le decía el policía a Antonio Casal—. ¿Tanto te gustaba Gerona? Hay que enfrentarse con las situaciones.

Antonio Casal procuraba reaccionar.

—Sí, claro... —decía.

Julio, que por lo pronto le había demostrado a Antonio Casal que la ayuda de la Logia Ovidio era un hecho real, entregándole una suma en francos que le permitiría afrontar sin preocupaciones el primer trimestre de su destierro, el día en que supo que David y Olga se encontraban en el vecino pueblo de Colliure, ¡en el mismo fonducho que el poeta Antonio Machado!, intentó aclarar las ideas de su amigo socialista.

—Me gustaría convencerte de algo —le dijo, poniéndole la mano en un hombro—. Ninguno de nosotros es responsable de lo ocurrido. Entiéndeme. Lo que cualquiera de nosotros individualmente hiciera —y que lo confirme don Carlos Ayesta-rán— no contaba. La cosa se decidía en las alturas, es decir, entre Rusia y las democracias por un lado, y Hitler y Mussolini por el lado contrario. Y la jugada ha sido clara: ni unos ni otros han puesto la carne en el asador... Con la ventaja fascista de que sus potencias amigas estaban más cerca. Por otra parte, ¿qué han hecho, en *las alturas*, los jefes de nuestro bando? Dedicarse a la oratoria. ¡Qué bellos discursos hemos oído! No se me olvidarán. Amigo Casal, don Carlos es testigo de lo que voy a decirte... Me di cuenta en seguida de que un día nos encontraríamos todos en «tierra extraña», como dicen los falangistas. Y al efecto procuré cubrirme, primero porque el champaña francés —*garçon, une bouteille!*— me gusta a rabiar y porque en la vida tengo una obligación muy concreta: procurar que a mi esposa, Amparo, de soltera señorita Amparo, no le falte nada.

Los arquitectos Ribas y Massana sonrieron. Los dos inseparables compañeros habían tenido también una travesía feliz, en barca, en unión de sus esposas y de los miembros de la Logia Ovidio presentes en aquella reunión. Julio García los divertía. Era un cínico; pero, como muy certeramente apuntó en cierta ocasión el director del Banco Arús, «casi tenía derecho a serlo». Y por otra parte, era cierto que el policía —¿ex policía?— sentía afecto por Casal. La argumentación de Julio era rebatible en parte, pero ¿qué más daba? Tiempo habría para hacer examen de conciencia. Lo peor que les ocurría a los arquitectos era que no estaban seguros de aclimatarse fuera de Gerona. «Aquellas piedras tienen alma», repetían siempre. Se habían llevado a Francia su colección de campanillas, las cuales, fuera de Gerona, habían empezado a parecerles ridículas.

El ex comisario de la provincia, H... Julián Cervera, era un pobre hombre. En Perpignan se vio con claridad. Cuando las circunstancias lo obligaban a visitar a las autoridades francesas del Rosellón —¡eran tantos los problemas creados por el alud de fugitivos españoles!—, rogaba a alguien que lo acompañase. Ni siquiera hablaba francés; sólo decía *merci beaucoup* y, desde luego, *pardon*. Su mejor amigo era el ex director del Banco Arús, cuya pipa, lo mismo que cuando en el Banco entraba, antes de la guerra, un cliente importante, se había apagado. El que fue jefe profesional de Cosme Vila era pesimista y solitario. Aseguraba que Ignacio Alvear lo sustituiría en su puesto. «En estos momentos estará ya sentado en mi despacho de Director, concediendo créditos a todos los que han luchado con Franco.»

Una de las obsesiones de aquellos hombres reunidos en el apartado café *Bon soir, Monsieur*, eran los hermanos Costa. El notario Noguer les quedaba ya más lejos..., pues, según las últimas noticias, aquel mismo día había cruzado, en compañía de su mujer, la frontera, en dirección a Gerona. ¡Pero los Costa! Diputados de Izquierda Republicana, demagogos y a la postre espías «fascistas», se encontraban en Perpignan, esperando sin duda ser avalados y reclamados por «La Voz de Alerta». Eran rumbosos, lo mismo que en Gerona y, aparte sus relaciones financieras, habían alternado mucho con varios de los jugadores del Club de Fútbol Barcelona que, aprovechando su gira por Méjico, en 1937, se habían quedado en el extranjero. Volvían a fumar puros habanos. Julio García contó de los Costa verdaderas diabluras. Su competencia en el terreno industrial los había convertido en agentes eficaces de Franco, especialmente en su trato con fabricantes de armas y capitanes de barco. «A gusto los hubiera contratado para presidir mi Delegación, en la que apenas si uno solo sabía lo que era un tornillo o una hélice.» Los Costa, que en Perpignan habían alquilado dos pisos casi ofensivos, eran menos optimistas tocante a su propio porvenir. No confiaban en que «La Voz de Alerta» pudiera hacer nada por ellos, y menos aún Laura, si ésta había salvado el pellejo. Tampoco el notario Noguer. «Nuestros servicios al SIFNE no borrarán las actas de diputados ni las estúpidas fotografías en que se nos ve con el puño en alto.» Se consideraban las víctimas más propiciatorias, más injustas. «Los clásicos bobos que quedan mal con todos y que reciben palos de unos y de otros.» Eludían encontrarse con Julio García, le temían; en cambio, a gusto hubieran cambiado impresiones con el ex director del Banco Arús y no desesperaban de conseguirlo. Les sobraban recursos para vivir sin apuros en Francia, o en Inglaterra, pero les ocurría lo que a los arquitectos: no se aclimataban fuera de Gerona. Echaban de menos, de un modo enfermizo, el Estadio de Vista Alegre, la Dehesa, la Piscina y la Costa Brava,

Don Carlos Ayestarán, ave de altos vuelos, proyectaba irse a Colombia, en compañía de un exilado vasco, y montar allí una poderosa industria farmacéutica.

Ninguno de los componentes de la Logia Ovidio era insensible a la situación de la masa anónima de fugitivos que, al parecer, estaba siendo instalada por las autoridades francesas —¿cabía otra solución?— en las extensas playas cercanas a la frontera, especialmente en la de Argelés y Saint Cyprien, sin otra comida que el hambre, sin más bebida que el mar, con sólo la naturaleza por desinfectante. Pero ¿qué hacer? ¿Qué hacer de momento? Quinientos mil seres humanos... El Gobierno español, en la reunión que celebró en Toulouse, trató de la creación de determinados organismos dedicados a proteger a esos fugitivos, a facilitarles un subsidio mensual, trabajo, emigración a los países de su agrado; pero por lo pronto, no cabía sino contemplarlos desde este lado de las alambradas altas, de espino, con que la Policía francesa había rodeado las playas elegidas como campos de concentración.

—Tal vez por ahí puedas tú encontrar la solución —le sugirió Julio García a Antonio Casal—. Dirigiendo uno de esos organismos. Aparte de que el tipo de labor, humanitaria, es de las que a ti te gustan, resolverías tu vida.

Cerca de Perpignan, arrastraban también su desencanto David y Olga. Olga enfermó durante la caminata de Gerona a la frontera y los maestros quisieron huir de aglomeraciones. Perpignan era un tumulto. Se instalaron en el pueblo de Colliure, parecido a los de la Costa Brava catalana, donde era posible meditar, soñar, contar los guiños del faro y curarse. Tan posible era allí soñar que, en la misma fonda que ellos, humildemente albergado, mucho más enfermo que Olga, estaba el poeta Antonio Machado, acompañado por su madre. Los maestros sentían veneración por la obra de aquel hombre, por su obra anterior a la guerra, pues durante ésta Antonio Machado, en opinión de David y Olga, cedió a la tentación del «panfleto», lo mismo que Rafael Alberti. No les resultaba fácil hablar con él, pues el poeta llevaba en el rostro y en la respiración el sello de la muerte inminente. No obstante, en una tarde de aquel febrero de conmociones geológicas, consiguieron escuchar de sus labios algunas palabras amistosas y, sobre todo, le oyeron recitar, en su habitación del primer piso, encalada como un nicho ampurdanés, aquella su plegaria inolvidable:

Señor, ya me arrancaste lo que yo más quería.
Oye otra vez, Dios mío, mi corazón clamar.
Tu voluntad se hizo, Señor, contra la mía.
Señor, ya estamos solos mi corazón y el mar.

David y Olga lloraron en silencio, mientras la madre del poeta disimulaba en un rincón el frío que la atenazaba y al otro lado de la ventana, mecidos por el viento, susurraban su avidez los cipreses, y un poco más allá el Mediterráneo, aprisionado por la pequeña bahía del puerto, se tornaba manso y coquetón, contrariamente a las olas abiertas, casi atlánticas, con que más al sur obsequiaba adrede a los anónimos concentrados en la playa de Argelés y otras playas contiguas.

David y Olga se repitieron una vez más la incisiva pregunta de Ignacio: «¿Qué esperáis encontrar al otro lado de esta orgía?»

La respuesta empezaba a perfilarse. Encontraban a los ministros de la República instalados en Deauville, sin hablar «desde hacía mucho tiempo» de la República; a Ilia Ehrenburg llevando Goyas y Murillos a Stalin; a los *moderados* de todo el mundo hablando de comprensión; a Paul Herz, socialista alemán, estudiando la posibilidad de instalarse en Grecia; a Cosme Vila camino de Moscú; a Antonio Casal aceptando dinero de la Logia Ovidio; al Responsable, desconcertado por no tener un Kremlin al que acudir; a quinientos mil españoles tiritando, y al poeta Antonio Machado muriendo sin boato, sin alardes, en una pensión de Colliure. ¡Ni siquiera sería declarado mártir como García Lorca! ¡Ni siquiera habría muerto en España! Poeta en soledad, rogándole a Dios que escuchara el clamor de su corazón.

Olas abiertas, olas atlánticas, contra la muchedumbre arrastrada por la derrota... Era la ley. David y Olga, dotados de sólida formación intelectual, encontrarían sin duda acomodo. Incluso era probable que lo encontraran el Responsable, con su energía, y José Alvear, con la multiplicidad de sus dones; pero ¿y aquella anciana del camión, que sostenía en el halda el rollo de papel higiénico? ¿Y la niña que andaba sobre latas vacías? ¿Y los débiles y los cobardes?

Hubiérase dicho que un archivo invisible, mucho más eficiente que los funcionarios de la Prefectura de Perpignan, iban clasificando ya a las personas, desde la Pasionaria, que odiaba a Prieto y que era la niña de los ojos del Komintern, hasta el «pueblo» que había obedecido a ciegas, casi con glotonería, las consignas.

Una semana de vida en las playas francesas, a la intemperie o en improvisados y frágiles barracones, bastó para que algunas flechas individuales se colocasen en una dirección determinada. Así los hombres que aceptaron alistarse para trabajar en las vías de ferrocarril francesas —gran parte de aquellos que escondieron tesoros en el Pirineo y que debido a ello no querían alejarse demasiado—, o los que se declararon capacitados para desempeñar una labor en los viñedos del Rosellón, maravillosos viñedos, cuidados, armónicos, oliendo a sulfato y casi a Euclides.

Pudiera decirse que esos hombres abrieron brecha. Esos hombres, y los rumores que circulaban —«¡los ingleses piden obreros portuarios!; ¡los holandeses piden buzos!»— y los visitantes de las playas, antiguos conocidos, como Gorki, los cuales, a veces, sin traspasar las alambradas, se acercaban a ellos para infundirles ánimo, fe en el futuro y para llevarles algo de comer y algún periódico.

De entre el cúmulo de embrionarias posibilidades que se ofrecían, dos de ellas tomaron cuerpo casi en seguida, con derecho de prioridad: la posibilidad de inscribirse para emigrar a América y la posibilidad de inscribirse para trabajar en Alemania. La emigración a América tendría un carácter más bien político: Alemania significaría simplemente *trabajar*. ¡Dilema del hombre concentracionario! En América, otra vez presiones políticas; en Alemania, un capataz... Además, Alemania precisó su oferta, nueva clasificación: sólo aceptaría a los obreros especializados. Es decir, a Antonio Casal, impresor; a los taponeros del Ampurdán; ¡a Crespo, chófer-mecánico! Pero ¿y el Cojo? ¿Y Santi? ¿Y aquella anciana del rollo de papel higiénico? ¡Alemania! Allí estaba Hitler, allí regresarían los pilotos de la Legión Cóndor, los mercenarios que en España «mataron mujeres y niños». Las mujeres de los milicianos, amoratadas por el frío, junto al mar, desesperadas porque algunas mujeres francesas les echaban desde fuera pieles de plátano, conminaban a sus hombres: «Pero tenemos que comer ¿no es así? ¿Y los críos?»

La inscripción para América presentaba también sus dificultades. Aparecieron unas listas de «preferidos»; en su mayor parte, eran comunistas. Los barcos escaseaban, se imponía una selección... Otra teoría de Axelrod tomaba cuerpo: «La veteranía de los combatientes españoles, así como su idioma, nos serán de gran utilidad en América Central y en Sudamérica.» ¿Y los anarquistas, los innumerables anarquistas que, al igual que el Responsable, aspiraban también a establecerse en

Méjico, en Venezuela, en Argentina y allí trabajar y seguir luchando por unos ideales? No era cosa de desesperar. Goriev, que desde Toulouse manejaba estos hilos, se hacía eco de tan justas aspiraciones y al efecto había mandado imprimir unos cuestionarios que sería preciso rellenar. Cada exilado debería especificar en él su historial revolucionario: Partido y Sindicato, antigüedad, aspiraciones, oficio, etcétera. ¡Oh, sí, los impresos, como anteriormente las generosas octavillas de Franco, cayeron sobre las playas de los refugiados! Y produjeron en éstos una formidable conmoción. Cierto, corrió la voz de que las posibilidades de admisión para emigrar a América estarían en relación directa con la eficacia «activa», revolucionaria, demostrada durante la guerra.

—¿Qué se entiende por eficacia?

—Primero, el mando militar o político que se haya ejercido, con ascensos y medallas. Luego, el «quebranto» ocasionado al enemigo en la retaguardia.

¡Bueno, la cosa no ofrecía obstáculos para el Responsable, jefe de la FAI, ni para José Alvear, capitán por méritos propios! Pero ¿y las hijas del Responsable? ¿Y Blasco? ¿Y...?

—¿Vale, por ejemplo, lo del «obispo»? —preguntó Merche.

El Cojo botó:

—¡Claro que sí! Yo no pienso poner lo de la primera noche...

Ésta fue la gran bola de nieve, de nieve roja, que se formó. Los milicianos interpretaron que lo del «quebranto» al enemigo se refería a eso, a los fusilamientos, a los «paseos». Los propios comunistas decían: «Natural, ¿Qué mejor que eso? A ver...»

Los había verídicos. Había «paseos» verídicos, cifras puestas en los cuestionarios, que respondían a la realidad. «Cuatro monjas en Lérida, con fecha tal.» «Tres cedistas en Málaga.» «El alcalde, el cura y el propietario del hotel de los veraneantes...» Pero ¿y los millares de inocentes que no dispararon jamás, que no llevaron a nadie a una cuneta, a un cementerio? Había que inventar la biografía, so pena de perder el barco...

La hermana de Merche objetó:

—Yo no hice más que clavar banderitas.

El Responsable no se inmutó.

—Anda, pon lo de los Estrada y lo del Subdirector del Banco Arús... Ponlo como si fuera tuyo. Yo te garantizaré.

Miliciano hubo que exageró de tal suerte que sus compañeros se mofaron de él.

—¡Si no tocaste un pelo a un sacristán! Que te crees tú que se tragarán esa novela.

Poco después llegaron noticias del sector Centro —al parecer, los militares encargados de la defensa de Madrid se habían sublevado contra Negrín y estaban dispuestos a pactar con Franco por separado— y al mismo tiempo se abrió para los concentracionarios otra posibilidad. Dicha posibilidad les llegó de la propia Francia, de la Francia nórdica. Los propietarios agrícolas del Norte husmearon que en aquellas playas encontrarían mano de obra barata y bajaron por ella. La escena solía ser escueta. A la demanda de uno de los propietarios, un gendarme francés señalaba una zona tras las alambradas y gritaba: «¡A formar! ¡Sólo hombres!» Hombres nacidos en Jaén, en La Coruña, en Zaragoza, en Lérida, se alineaban con restos de marcialidad. Soñaron con derrotar al fascismo y con salvar el mundo y ahora se encontraban en venta frente a propietarios rurales de una nación demócrata.

José Alvear asistió a una sola de dichas exhibiciones; luego, escapó. Escapó porque, al ver que el propietario de turno pasaba revista a los alineados palpándoles los bíceps y mirándoles la dentadura, pegó un salto de caballo y tumbó al francés de un puñetazo, al modo como en Gerona, según mosén Alberto, moscas salidas del sepulcro de San Narciso tumbaron con sus picaduras a los franceses, en la I Guerra de la Independencia.

José Alvear consiguió escapar y decidió llegarse a Montecarlo, porque le dijeron que en esta ciudad, sobre todo por delante del Casino, flotaban a todas horas viudas y solteronas, ricas y aburridas, en busca de muchachos bien dotados por la naturaleza; pero ello no impediría que otros muchos propietarios agrícolas palparan en Argelès otros muchos bíceps españoles e inspeccionaran otras muchas dentaduras, algunas de las cuales pertenecían ¡inevitablemente! a profanos del arado y la labranza, a maestros de escuela menos fogueados que David y Olga, a corredores de Bolsa, a heridos de guerra que procuraban disimular su cojera o el orificio que tenían en el pecho.

Y el caso es que los comunistas eran los menos compadecidos por sus compañeros de exilio, pues lo mismo los anarquistas que los socialistas, que los separatistas catalanes y vascos y que los mismos republicanos, creían que aquéllos encontrarían cuando quisieran la gran oportunidad: el hogar en Moscú. Claro, no conocían la tesis de Axelrod... Ni siquiera habían oído aún a Cosme Vila, quien pronto iba a ser encargado de la desagradable misión de comunicar a sus camaradas, a los militantes del Partido, que «La Casa» había señalado una cifra tope, máxima, de españoles desterrados que Rusia podría admitir: cuatro mil, ni uno más... El desconcierto fue absoluto. ¿Cómo creer aquello? ¿No era la esteparia Rusia un inmenso país, sus brazos no estaban abiertos a los cuatro puntos cardinales? Goriev hizo una visita fugaz a las alambradas y a su partida corrió la voz de que, jefes aparte, sólo se concedería la entrada a Rusia a aquellos militantes del Partido que estuvieran dispuestos a trabajar en Siberia. Tal rumor afectó de modo singular al camarada Eroles, el que fue director de la checa de la calle de Vallmajor, el que a última hora convirtió al doctor Relken en víctima de su propia obra, pues llegó a sus oídos a la misma hora que una propuesta francesa para trabajar en África, en el Transahariano. El camarada Eroles contuvo la respiración y su joroba se pronunció un poco más. ¡Siberia o el Transahariano! Exactamente lo que en la checa les proponía a los detenidos que no querían «cantar»: «¿Queréis morir de frío o de calor?»

Algunas protestas fueron vehementes: la de los padres de aquellos niños expedicionarios que, precisamente desde Gerona, habían salido para Rusia hacía cosa de un año y medio. ¡No, no todos esos niños eran huérfanos como se creyó en un principio! La burocracia había demostrado, con el tiempo, que la mitad de ellos lo menos tenían padres como los tenía el hijo de Cosme Vila; y lo mismo cabía decir de los que el trotskista Murillo envió a Méjico. «¡Que nos dejen ir a buscarlos, o que nos los devuelvan!» Ni una cosa ni la otra... El asunto no era tan fácil. En determinados casos, la idea de paternidad podía delatarse antirrevolucionaria, nociva. Por otra parte, aquellos niños estaban bien atendidos, en el propio Moscú, en una casa con jardines en la calle de Piragovskaia y en su mayor parte se declaraban felices.

Inesperadas derivaciones, repercusiones... ¿Cómo hacer oír la propia voz? Los días eran largos en las playas y en los barracones. Marzo se acercaba. Los refugiados se apretujaban unos contra otros por necesidad de unión y porque el frío arreciaba. Se decía que los niños que morían eran enterrados allí mismo, en un hoyo, y que cada mañana el mar ofrecía dulcemente a la arena los cuerpos de aquellos que, al amparo de la noche, habían encontrado en él la Definitiva Oportunidad.

De pronto, la multitud empezó a fraccionarse. Empezaron a formarse los clanes, los grupos, independientemente de la ideología... La ideología había dejado de contar en el desierto, cediendo el paso a un sentimiento más telúrico: el de familia o tribu, el del pueblo o región. La sangre y el terruño enlazaban con más vigor que los manuales socializantes o el carnet. «Tú eres mi hermano.» «Yo también soy de Sevilla.» «Yo también nací en Teruel.» Los aragoneses formaron corros ruidosos, en los que inevitablemente eran evocadas sus gestas personales. Dentro de lo que cabe en la guerra, la valentía había sido entre ellos nota común. Hablaban de la importancia de Aragón e incluso, en voz muy queda, canturreaban aquellas jotas que Julio García estimaba horribles. Los asturianos hablaban de minas, de revolución científica, de lluvia e incluso de la Virgen de Covadonga. «¿De qué nos sirve aquí tanta experiencia?», se preguntaban, mirando el mar. A los andaluces les bastaba con su íntimo rencor —nadie más vilipendiado que los andaluces, nadie más mísero, más pisoteado por el destino y por la llamada «madre España»—, y, por supuesto, quienes buscaran en ellos la alegría se llevarían el mayor chasco, al igual que quienes buscaran en ellos la tragedia. Los andaluces estaban tristes, eso era todo. Eran fatalistas y tristes y esperaban su hora, que un día u otro llegaría ¡no faltaría más! Los madrileños tenían los ojos desorbitados, como al salir de una corrida terminada antes de tiempo. Cuando se levantaban, no se sabía si iban a imprecar a alguien, a bailar el chotis, o a pegarse un tiro. Los valencianos, al agruparse, se hundían en una irremediable vulgaridad, lo mismo los hombres que las mujeres. En cuanto a los catalanes, tal vez fueran los más acobardados, los más deshechos... Miraban la arena y sobrevaloraban su propio dolor. Nostalgia. ¡Oh, sí, Cataluña estaba allí mismo, al alcance de la mano, y parecía al otro confín de la tierra! Al atardecer, e incluso en el día, brotaban innumerables y escuálidas hogueras. Conseguir madera o leña constituía una odisea, pues el reglamento prohibía traspasar las alambradas. De noche era cuando los niños lloraban con más fuerza persuasiva y cuando los enfermos tosían más. También era de noche —marzo se acercaba— cuando los que en

España tuvieron mando se sentían más ajenos, más extirpados de la realidad que imaginaron perenne.

No faltaba quien conseguía extender clandestinamente su radio de acción; ésos regresaban a la playa asombrados de la fertilidad de la tierra francesa y del orden reinante en los pueblos. Ni un edificio bombardeado. Los hombres jugaban a las cartas, a las damas o a la bochas. Ni un nido de ametralladoras. Algunos monumentos funerarios, pero correspondientes a «guerras muy antiguas». Blasco y el Cojo, mientras esperaban la resolución de su expediente —sin duda el cuestionario que rellenaron los impondría como personas gratas—, alcanzaron en cierta ocasión el pueblo de Banyuls-sur-Mer, al cual fueron a parar, al principio de la guerra, Mateo y Jorge... Regresaron estupefactos: en el vestíbulo de la iglesia, el párroco, que debía de ser «un gachó de alivio», había colgado de un clavo su sotana sucia, así como dos camisas y dos calzoncillos, y a los pies de estas prendas había depositado un par de recipientes vacíos. Por lo visto era su costumbre. Colgaba la ropa allí para que las mujeres del pueblo espontáneamente se la lavaran y plancharan y lo que pretendía con los recipientes era que se los llenasen, cada familia un poco, con aceite y vino. «¡Y confiábamos en que Francia nos iba a ayudar!» El Cojo estuvo tentado de llevarse la sotana para cubrirse con ella por las noches, y Blasco consiguió a duras penas dominar su impulso de entrar en la iglesia y robar el contenido de los cepillos.

De vez en cuando, brincaba en los campamentos una palabra: Franco... Extraño apellido. Sólo dos sílabas, ¡y cuánta historia! ¿Era realmente un asesino? ¡Claro que lo era! ¿No podía haber, por su parte, buena intención? ¡Claro que no! ¿Eran mejores Azaña, Negrín o Axelrod? ¿Dónde estaban éstos? ¿En qué camión o carro, en qué cuneta? En caso de perder, ¿hubiera Franco abandonado a los suyos? ¡Igual! Las octavillas lanzadas por Jorge, que hablaban de los brazos de Franco abiertos para aquellos que no fueran culpables de delitos de sangre, temblaban en centenares de manos. Pero ocurría que otra mano más fuerte o más morena arrebataba esta octavilla y la clavaba en la boca del tembloroso o se limpiaba con ella el trasero. Confusas imágenes de pontífices y de generales, de obispos y de requetés, desfilaban por las mentes. ¡Ellos declararon la guerra! ¡Hienas con uniforme! Ahí estaban los bombardeos... Ahí Queipo de Llano. También acudían a la mente las monjas asesinadas los primeros días, los sacerdotes de los pueblos, de las parroquias humildes...

Los dirigentes instalados en Perpignan o alrededores se dignaban darse alguna que otra vuelta por allí. No era raro que se disfrazaran «de franceses» para no ser reconocidos. Éste fue el caso de Julio García. Con ocasión de recibir la visita de Raymond Bolen y Fanny, éstos, en su automóvil de siempre, acordaron ir a Argelés y luego bajar a la frontera. «¡Qué bien!», había palmoteado doña Amparo, la cual, a imitación de una elegante dama francesa que vio en el hotel, se había colocado un brazalete en el tobillo izquierdo. Julio se caló una enorme boina del país, parecida a la que André Marty exhibía en la fotografías.

En el trayecto, los periodistas no cesaron de hablar de «las bajas» que los internacionales sufrieron en España, y que, según las primeras impresiones, arrojarían un balance trágico: unos doce mil muertos y unos treinta y ocho mil heridos. «¡Qué horror!», exclamó doña Amparo. Sin saber francés, la mujer había comprendido perfectamente aquellas cifras.

En cambio, Julio se sentía algo molesto. Hubiérase dicho que un muerto internacional pesaba y acongojaba más que cincuenta muertos españoles. «¿Si me volveré patriota?», musitó.

El espectáculo de Argelés y Saint Cyprien les encogió el ánimo. Nuevamente los periodistas pensaron: «Nuestro corazón está con éstos.» Julio García, camuflado bajo su boina, miraba al otro lado de las alambradas. «El hombre es un drama y la historia también.» Fanny se impresionó vivamente, marcándosele las patas de gallo, detalle que doña Amparo no dejó de registrar.

—Bravura, no se les puede negar a los españoles —murmuró Fanny, como si recitara una lección—. Abnegación tampoco. En un momento dado son capaces de un esfuerzo que asombra; mas, pasado este momento, vuelven a caer en la inercia.

Julio le preguntó, sin mirarla:

—¿A qué viene eso?

—El texto no es mío —aclaró Fanny, contagiada del sarampión erudito de su compañero Bolen—. Es de la Princesa de los Ursinos.

Julio se había puesto de mal humor.

—Los camareros españoles, que no son ni de los Ursinos,

ni princesas, dicen lo mismo de un modo mucho más breve: nos falta perseverancia.

Bolen inquirió:

—¿Por qué, cuando se trata de que opine el «pueblo», suelen ustedes elegir a los *camareros*?

Fanny intervino, desviando la atención:

—¡Fijaos...! —Miraba a la playa—. Claro, no habrá lavabos ni nada parecido... Es horrible.

Camino de la frontera, adonde los llevaba la curiosidad, Julio, herido en su amor propio, empalmó con su idea anterior.

—No pierdan ustedes de vista un dato: la guerra ha sido esencialmente española. La montaña de cadáveres es española. No lo olviden ustedes. En un momento determinado, cuando la batalla de Teruel, había un millón de españoles luchando en los frentes y veinticinco millones en la retaguardia. Los internacionales de uno y otro bando, sumados, eran «una gota de agua en el mar».

Bolen asintió sin darle importancia, lo que desanimó a Julio. El periodista, preocupado por la observación que Fanny había hecho, se acordó de Ilia Ehrenburg y le preguntó al policía:

—¿Por qué cree usted, *monsieur* García, que existe en español la expresión «se le cayó el alma a los pies»?

Julio, que se había ya quitado la boina, replicó:

—¿Por qué cree usted, *monsieur* Bolen, que existe en francés la expresión *Merde, alors!*?

Guardaron silencio hasta llegar a la frontera. En la parte española ondeaba la bandera bicolor, que doña Amparo juzgó preciosa, y se veían los centinelas, pulcros y marciales, aunque el uniforme los favorecía poco, a decir verdad. En el puesto aduanero, pintados de negro, un retrato correcto de Franco, de un Franco juvenil y erguido, y otro de José Antonio, menos afortunado.

Nadie dijo nada. Nadie se apeó. Doña Amparo Campo se disponía a hacerlo, pero en aquel preciso instante reconoció a los capitanes Arias y Sandoval que se acercaban a la línea, inclinando la cabeza como para saludar a los ocupantes del cocho extranjero.

—¡Fíjate, Julio...!

—Sí, ya los veo.

Julio conocía mucho a los capitanes Arias y Sandoval. ¿Cuándo y dónde se habrían *pasado*? Con el primero de ellos había jugado al póquer; el segundo, Sandoval, cuando alguien pronunciaba una frase certera, exclamaba, lo mismo que Núñez Maza: «¡Nang...!»

—¿Vámonos? —sugirió Julio.

—Vámonos.

El coche arrancó. Fanny y Bolen meditaban. A doña Amparo Campo le hubiera gustado apearse, para que los centinelas y los dos capitanes le vieran el brazalete en el tobillo.

CAPÍTULO LIII

Acorde con la victoria militar, el Gobierno de Franco se preocupaba de afianzar sus relaciones internacionales, con el general Jordana a la cabeza del Ministerio de Asuntos Exteriores. En Lisboa fue firmado el Pacto de Amistad Hispano-Portuguesa, preludio del Bloque Ibérico que más tarde había de constituirse y que desde siempre había sido el sueño de los anarquistas. En cuanto a los Gobiernos que no habían reconocido todavía a Franco, pronto se verían obligados a no ignorar su existencia. Y tocante al régimen interior de la «nueva España», varios jurisconsultos fueron encargados de redactar la «Causa General», documento oficial en el que se relataría «la actuación bárbara y cruel» de la «España Roja». Para juzgar a los delincuentes, se estableció la «Ley de Responsabilidades Políticas».

Franco, vista la terquedad de Negrín, quien porfiaba todavía en las zonas del centro y sur, se dispuso a ordenar el comienzo de la ofensiva final, a la que llamó «Ofensiva de la Victoria». Antes, empero, fiel a su reposado temperamento, decidió visitar la difícil Cataluña y realizar en Barcelona una demostración de poderío mucho más completa que la exclusivamente aérea que Axelrod presenció el día de la Virgen de Loreto. En virtud de ello, el veintiuno de febrero presidió en la capital catalana un desfile gigantesco, ante los hipnotizados ojos de la población. Ochenta mil soldados desfilaron saludando al Caudillo, al que multitud de mujeres intentaban besar la mano, esbozando una genuflexión. Ochenta mil soldados, trescientos carros de combate, cien baterías y ¡doscientos cincuenta aviones! Un techo de aviones, entre los que figuraban un

Fiat, pilotado por el as García Morato, el emblema de cuya escuadrilla era un círculo con tres aves dentro: un halcón, una avutarda y un mirlo, y además un Messerschmitt pilotado por Jorge de Batlle... También figuraban Junkers, Heinkels 112, Savoias 81, etcétera, pilotados por hombres nacidos en Berlín, en Hamburgo, en Milán, en Oporto o Lisboa... La aviación «roja» de combate había dejado de existir. La víspera, día veinte, había sido derribado en Valencia el último aparato de la llamada «Gloriosa»: un Curtiss.

Al día siguiente, veintidós de febrero, Francos se trasladó a Tarragona, al objeto de pasar revista a toda la escuadra «nacional». El semáforo de Tarragona indicó el momento exacto en que el Caudillo embarcó en la lancha torpedera que lo condujo desde el muelle a bordo del *Mar Negro*, con el que se trasladó y fondeó cerca del cabo Salou, donde comenzó inmediatamente el desfile de la Escuadra. Delante, iba el *Canarias*, ¡con Sebastián Estrada a bordo!, y a continuación un hueco que correspondía al perdido *Baleares*. Luego el *Almirante Cervera*, el *Navarra*, el *Vulcano*, etcétera, con un total de dieciséis unidades, incluidos los dos submarinos *Sanjurjo* y *Mola*, cuya actuación se había mantenido secreta a lo largo de la campaña. El mar estaba en calma, como preconizando la paz que se acercaba por minutos a la tierra, y aquel paraje era el mismo desde el que las galeras de Jaime I zarparon rumbo a Mallorca para liberar ésta de la dominación sarracena.

En el bando «rojo» todavía en liza, los desfiles eran de signo muy distinto. Tal como anunciaron las noticias que iban llegando a Francia, Negrín y sus ayudantes llevaban, en el Centro, las de perder. Era cierto que en toda la zona todavía «roja» la Quinta Columna se estaba adueñando de los puestos claves. En Madrid aparecieron centenares de pasquines con esta sola palabra: PAZ. En Cartagena, la Quinta Columna se hizo con algunas baterías del puerto militar, mientras en Valencia, el padre Estanislao, franciscano, bloqueaba con eficacia los servicios. En Madrid, y con vistas a una petición de armisticio, se formó una Junta de Defensa presidida por Besteiro, en calidad de jefe político, y por el coronel Segismundo Casado, en calidad de jefe militar, con participación de todos los partidos, excepto el comunista. Julio García, desde Perpignan, aplaudió con calor semejante decisión, pues el policía era antiguo amigo personal del coronel Casado, en cuya unión efectuó el ingreso en la Masonería, el año 1927, en Barcelona;

fecha memorable en la que Julio adoptó el nombre simbólico de *Cicerón*, sin duda en homenaje a su facilidad oratoria, mientras el coronel Casado elegía el nombre de *Berenguer*.

Sin embargo, no había opción. La victoria pertenecía a Franco y la respuesta de éste era invariable: «Rendición sin condiciones.» El coronel Muñoz y Canela, los únicos gerundenses que quedaron en la zona Centro, aparte de algunos murcianos de la columna Ortiz, deberían apresurarse si querían escapar. Canela estaba decidida a ello y lo consiguió, en uno de los primeros barcos que salieron de Alicante; el coronel Muñoz, en cambio, dudaba entre intentarlo o pegarse un tiro en la sien.

¡El coronel Muñoz! Había quedado desconectado incluso del doctor Rosselló... Nunca olvidaría la muerte del comandante Campos en Teruel y a menudo recordaba su propia labor al frente de las Empresas de Espectáculos, de Gerona, antes de la guerra, cuando llevaba a la ciudad, sistemáticamente, películas en las que el fuerte se zampaba al débil. No sabía qué hacer. Se acordaba de un modo especial del comandante Martínez de Soria. También éste dudó entre esperar a ser juzgado o pegarse por las buenas un tiro en la sien. ¡De saber que el coronel Casado, insurrecto de última hora, era amigo de Julio, tal vez se hubiera presentado a él!

Decidió huir y decidió intentarlo también, como Canela, por Alicante. Pero no tuvo suerte. Cuando llegó a la ciudad mediterránea, ya todas las embarcaciones disponibles habían zarpado y varios obreros del puerto le relataron el dramatismo de los centenares de fugitivos que llegaron en el momento en que levantaban la última pasarela, convirtiendo el último barco en isla inaccesible. Algunos de dichos fugitivos se arrojaron al agua intentando alcanzar a nado el barco; pero fueron engullidos por la blanca estela que éste dejaba tras sí. Hubo suicidios en el puerto y los había en cada uno de los puertos vecinos. El coronel Muñoz tentó aún la posibilidad de acercarse a un aeródromo. Fue una peregrinación agotadora y humillante, pues invariablemente le salía al paso un miliciano que le preguntaba: «¿Y tú quién eres?» Allí no valía ser campeón de esgrima, ni pertenecer a la Logia Ovidio, ni haberse pasado la vida defendiendo al proletariado.

Maltrecho, el coronel Muñoz entró en una fonda de Alicante y pidió una habitación. Y al serle también negada, ¡todo rebosaba de gente!, se dirigió lentamente a un barrio desértico y sacó la pistola, a menos de un kilómetro de la cárcel en que José Antonio había sido fusilado. Pero le faltó valor para llevar a cabo su propósito. De repente, por primera vez en su existencia, el coronel Muñoz se preguntó qué había al otro lado del disparo. Pensó en su madre. ¿Y si existía el Más Allá? Exhausto, se apoyó en la pared y rompió a llorar.

El polígota Negrín, fabuloso bebedor, incondicional del *whisky* negro, acérrimo enemigo de Companys, declaró rebelde al coronel Casado, de Madrid, y obtuvo el apoyo del general Miaja. Sin embargo, carecía ya de autoridad real y, por otra parte, sus desplantes causaban la mayor perplejidad entre sus íntimos. En tan graves circunstancias, el presidente del Gobierno se mostraba sinceramente preocupado por los desperfectos que en uno de los últimos traslados habían sufrido dos cuadros de Goya: *La carga de los mamelucos* y *La Montaña del Príncipe Pío* y a cuantos aludían en su presencia a la abrumadora cifra de muertos que la guerra española había ocasionado, les contestaba dándoles a leer un papel en el que había anotado los nombres de los personajes fallecidos fuera de España en el mismo período 1936-1939: Gorki, el novelista ruso; Glazunov, Spengler, Kypling, Chesterton, Kraus, Deledda, Pirandello, Ravel, D'Annunzio y Freud...

En vista de la actitud de Negrín, el coronel Casado decidió precipitar en Madrid los acontecimientos y aplastar los reductos comunistas que todavía se oponían a su gestión, mandados éstos por el comandante Barceló, antiguo militante del Partido, que fue quien en agosto y septiembre de 1936 asumió en Toledo la responsabilidad de fusilar a Luis Moscardó, el hijo del defensor del Alcázar. Los combates duraron ocho días. La capital de España vio correr aún mucha sangre. En uno de aquéllos murieron Cerillita, de la columna «Hierro», y el guerrillero almeriense Sidonio, que quería ser disparado como una mujer-cañón.

El coronel Casado facilitó la entrada de las tropas «nacionales» en Madrid, lo que tuvo lugar el 28 de marzo. Los ocupantes penetraron por Argüelles, los Bulevares y Vallecas, encontrando un Madrid en ruinas. A última hora estalló una bomba en el bar de Mayer, donde Difícil había jugueteado con su pelota de ping-pong, y también se derrumbó el piso en que habían vivido Santiago Alvear y su hijo, José. Los soldados apedrearon con furia incontenible los nombres de las principales Avenidas: de Rusia, del Proletariado, de Mateo Morral, de Francisco Ascaso, etcétera. En las columnas publicitarias se anunciaban todavía las películas *Los marinos de Cronstadt* y *El acorazado Potemkin*. A los pies de Neptuno fue encontrado el cadáver de una miliciana francesa que exhibía en el cuello un collar perteneciente a una imagen de la Virgen. Borracho, en los peldaños de Correos, un miliciano conocido por Almendro canturreaba con nostalgia:

> *Al burgués asesino y cruel,*
> *Joven Guardia, Joven Guardia,*
> *no le des paz ni cuartel.*

En el Hotel Ritz, antiguo feudo del doctor Rosselló, el doctor Vega demostró pertenecer al SIFNE, mientras los anarquistas heridos de gravedad, imposibilitados en sus camas, veían con espanto entrar a los sanitarios «nacionales». En el Hospital Pasteur, el viejo Sigfrido, más asmático que nunca, se disfrazó de falangista y recorría los pasillos gritando: «¡Arriba España!»

Los «nacionales» galoparon por los frentes del Sur, ocupando el inmenso territorio, y por el Centro se dirigieron hacia los puertos levantinos con más rapidez que las tropas del general Solchaga hacia la frontera francesa. Negrín huyó a Francia, ¡hacia Deauville!, con los suyos, en un avión Douglas. Horas antes habían huido la Pasionaria y Stepanov. Jesús Hernández, Comisario de la zona Centro-Sur, consiguió llegar a Murcia y apoderarse por sorpresa de un avión, más para ello tuvo que disfrazarse de carabinero, con la cabeza vendada, como mosén Francisco, y a última hora y por llamarse Jesús, estuvo a punto de perder la vida en manos de un miliciano. El Campesino, guerrillero individual, alcanzó Almería —¡cuánta miseria, cuánto luto, cuánto tracoma!— y desde Almería, en un barco pesquero, se trasladó a Argel.

Los restos de la escuadra «roja» zarparon desde Cartagena y alcanzaron Bizerta. Todos los fugitivos, al llegar a África se enfrentaban con circunstancias parecidas a los concentrados en las playas metropolitanas de Argelés y Saint Cyprien. Marzo tocaba a su fin. «El hombre es un drama.»

El coronel Muñoz, apoyado en la pared de Alicante, recordaba que Rafael Alberti había escrito, en su *Elegía a Ignacio Sánchez Mejías:*

¿Para qué os quiero, pies, para qué os quiero?
....
me va a coger la muerte en zapatillas,
así, con medias rosa y zapatillas negras
me va a matar la muerte.

Por su parte, Jesús Hernández recordaba que García Lorca había escrito, en su *Diálogo del Amargo*:

> *Joven 1.—Vamos a llegar tarde.*
> *Joven 2.—La noche se nos echa encima.*
> *Joven 1.—¿Y ése?*
> *Joven 2.—Viene detrás.*
> *Joven 1.—¡Amargo!*
> *Amargo* (lejos).—*Ya voy.*

A los quince campos de concentración que las autoridades francesas establecieron en la metrópoli, hubo que añadir otros ocho: cuatro en Argelia y cuatro en Túnez.

Los concentrados en estos últimos fueron invitados a alistarse en la Legión Francesa o en la construcción del Transahariano, lo mismo que el camarada Eroles. ¿Y las mujeres?

Ninguna de ellas sabía que García Lorca había escrito:

> *Joven 1.—Vamos a llegar tarde.*
> *Joven 2.—La noche se nos echa encima.*
> *Joven 1.—¿Y ése?*
> *Joven 2.—Viene detrás.*
> *Joven 1.—¡Amargo!*
> *Amargo* (lejos).—*Ya voy.*

¿En la Legión Francesa no mandaría también, por reflejo, el general Millán Astray? ¿Y el Ferrocarril Transahariano?

El Ferrocarril Transahariano se propone enlazar el Mediterráneo con el río Níger a través del desierto del Sahara. Los diferentes trazados de la línea tendrán como punto de partida común la ciudad de Argel y en su primer trayecto enlazarán al noroeste de Tombuctú.

CAPÍTULO LIV

EL DÍA 29 DE MARZO fueron ocupados Jaén, Ciudad Real y Albacete. En Gerona, pusiéronse al descubierto los cuerpos emparedados de mosén Francisco y Laura —Iglesia y Burguesía— y el descubrimiento sacudió a la población. Los ojos de «La Voz de Alerta», nuevamente director de *El Tradicionalista,* se inyectaron en sangre. A la salida, el dentista se dirigió a la oficina jurídica en la que trabajaba José Luis Martínez de Soria y le dijo a éste: «Me permitirás que sea yo quien te asesore.»

El día 30 fue ocupada Valencia. Matías, víctima de sentimientos contrapuestos, estimaba que su tributo había sido excesivo; un hijo y dos hermanos. Ya no tenía hermanos. Con todo, no se decidió a ir a Burgos a visitar a su familia. ¿Qué podría decirles? «¡UGT...!» En la UGT de Gerona se había encontrado un depósito de víveres comparable al de Abastos.

En cambio, Carmen Elgazu no daba crédito a la fortuna de los suyos en el Norte. Su madre y todos sus hermanos se habían salvado. Únicamente Jaime, que continuaba en un batallón de trabajadores, les escribió pidiéndoles un aval para salir de allí. «Tal vez Ignacio pueda mandármelo. El aval de un combatiente tiene mucha fuerza.» Ignacio lo complació sin pérdida de tiempo.

El día 31 fueron ocupadas Almería, Murcia y Cartagena. El reencuentro de Ignacio y Marta había sido más feliz de lo que Matías había supuesto... Sin duda se sentían unidos por un lazo vigoroso, y el especial estado de ánimo que creaba en todo el mundo la terminación de la guerra contribuyó a que volvieran a mirarse con temblor en los ojos. Pero algo, no se sabía qué, desasosegaba a Ignacio, quien, al reincorporarse a la Compañía de Esquiadores, pasó por Barcelona para visitar a Ana María. Consiguió verla —también el padre de la muchacha se había salvado— y al escuchar de labios de la chica la irrebatible acusación: «Has jugado conmigo de una manera innoble», Ignacio se sinceró: «No tanto como crees. Te digo la verdad. Nunca he tenido la certeza de que lo de Marta y yo fuera definitivo. Tampoco la tengo ahora. Por favor, demos tiempo al tiempo...»

Mateo y Pilar parecían felices... Mateo se llevó una gran sorpresa con Pilar. La guerra había convertido a ésta en una persona mucho más completa que antes y su alegría natural, en cierto modo parecida a la de María Victoria, tenía un valor incalculable. Mateo pudo permanecer en Gerona unas semanas. Fue a Barcelona a rescatar a su padre, don Emilio Santos, que empezaba a recuperarse, y volvió con él. Se instalaron de nuevo en el piso de la Estación, que había sido sede del POUM. Sus gestiones para saber algo del hermano de Mateo que se hallaba en Cartagena fueron inútiles. En cambio, don Emilio Santos supo que quien lo arrancó de la checa fue Julio García, y Matías Alvear comentó: «Julio era un punto. Pero lo echaremos mucho de menos.»

El día primero de abril, por la mañana, la ciudad efectuó una visita masiva al cementerio, donde, en lo posible, los cadáveres de uno y otro bando habían sido deslindados... Mosén Alberto presidió la ceremonia, acompañado por el alcalde, notario Noguer, y fue descubierta una lápida con los nombres de todos los CAÍDOS de la ciudad. En la lista, encabezada por el nombre de José Antonio, figuraba también el de César.

A mediodía, la Radio difundió la gran noticia. La paz había renacido en todo el territorio de la nación. Era el primero de abril de 1939. El parte de guerra, el último, estremeció los espíritus:

«EN EL DÍA DE HOY, CAUTIVO Y DESARMADO EL EJÉRCITO ROJO, LAS TROPAS NACIONALES HAN ALCANZADO LOS ÚLTIMOS OBJETIVOS MILITARES. LA GUERRA HA TERMINADO.»

En el Cuartel General del Generalísimo, la escena fue sorprendente. El Caudillo sufría un acceso gripal y trabajaba en su despacho. A media tarde, uno de sus colaboradores entró precipitadamente a verle y le comunicó la noticia dada por el Estado Mayor. «Se han ocupado los últimos objetivos. La guerra ha terminado.»

El Caudillo no se inmutó. «Está bien. Muchas gracias», contestó. Y siguió trabajando.

Palma de Mallorca, Barcelona, Bonn, Helsinki, Cala d'Or, Zürich, Villajoyosa, Barcelona y Arenys de Mar.
Empezado en 1954, festividad de la Virgen de Montserrat, y terminado en 1960, día de San Agustín.

Censo de personajes

PERSONAJES DE FICCIÓN

Familia Alvear

Alvear, Matías Telegrafista en Gerona.
Elgazu, Carmen Esposa de Matías Alvear.
Ignacio, Pilar y César Hijos de Matías y de Carmen.

Sacerdotes

Alberto, mosén Director del Museo Diocesano, en Gerona.
Francisco, mosén Vicario de la parroquia de San Félix.
Marcos, padre Capellán castrense.
Iturralde, Germán, reverendo Capellán de un batallón vasco.

Monárquicos

Ichaso, don Anselmo Presidente del Círculo Carlista de Pamplona. Ingeniero.
Ichaso, Germán Hijo de don Anselmo. Requeté, muerto en campaña.
Ichaso, Javier Hijo de don Anselmo. Requeté, mutilado de guerra.
Oliva, Luis Requeté del Tercio de Nuestra Señora de Montserrat.
Oriol, Pedro Jefe de la Comunión Tradicionalista, en Gerona. Fusilado en el cementerio.
«La Voz de Alerta» Dentista de Gerona. Director de *El Tradicionalista*. Jefe del SIF-NE.

Batlle, Jorge de	Falangista de Gerona
Haro, Conrado	Falangista de Gerona.
María Victoria	Delegada del Auxilio Social de Valladolid.
Martínez de Soria, Fernando	Falangista de Valladolid. Hijo del comandante Martínez de Soria. Muerto en 1935.
Martínez de Soria, José Luis	Falangista de Valladolid. Hijo del comandante Martínez de Soria. Voluntario en el Alto del León.
Martínez de Soria, Marta	Hija del comandante Martínez de Soria. Novia de Ignacio. Jefe de la Sección Femenina de Gerona.
Mendizábal	Falangista de Valladolid.
Montesinos	Falangista de Valladolid.
Núñez Maza	Falangista de Soria. Delegado Nacional de Propaganda.
Padilla	Falangista de Gerona. Guardia Civil.
Roberto	Falangista de Gerona. Guardia Civil.
Rodríguez	Falangista de Gerona. Guardia Civil.
Rosselló, Miguel	Falangista de Gerona. Hijo del doctor Rosselló.
Salazar	Falangista de Salamanca. Delegado de Sindicatos. Alférez de Milicias.
Sánchez, Octavio	Falangista de Gerona. Empleado de Hacienda.
Santos, Mateo	Jefe del Partido en Gerona. Novio de Pilar.
Susana	De la Sección Femenina de Valladolid.

Axelrod	Ruso. Delegado del Partido en Cataluña.
Crespo	Ex taxista. Chófer de Cosme Vila.
Eroles	Jefe de la checa de la calle de Vallmajor, de Barcelona.
Goriev	Ruso. Lugarteniente de Axelrod.
Gorki	Alcalde de Gerona. Comisario político en el frente de Aragón. Perfumista.
Morales, catedrático	Asesor de Cosme Vila. Presidente del Tribunal Especial de Contraespionaje.
Pedro	Patrullero.
Teo	Militante en Gerona. Voluntario en el frente de Huesca.
Vasiliev	Ruso. Ex delegado en Cataluña.
Valenciana, La	Militante en Gerona. Miliciana en el frente de Huesca.
Vila, Cosme	Jefe del Partido, en Gerona. Ex empleado de Banca.

SOCIALISTAS

Alvear, Arturo	Telegrafista en Burgos. Hermano de Matías.
Alvear, Paz	Hija de Francisco Alvear. Espía, en Burgos.
Casal, Antonio	Jefe de la UGT, en Gerona.
David y Olga	Maestros, en Gerona.
Dionisio	Espía.
La Torre de Babel	Empleado del Banco Arús.
Venancio	Espía, en Burgos. Guarnicionero.

TROTSKISTAS

Alfredo, el andaluz	Lugarteniente de Murillo, en Gerona.
Murillo	Jefe del Partido, en Gerona.

Salvio	Marmolista, en Gerona.
Orencia	Novia de Salvio.

CEDA

Estrada, Alfonso (Sordina)	Hijo de don Santiago Estrada. Estudiante.
Estrada, Sebastián	Hijo de don Santiago Estrada. Estudiante.

Izquierda Republicana

Ayestarán, don Carlos	Farmacéutico. Delegado de Sanidad, en Barcelona.
Costa, hermanos	Industriales. Diputados de Gerona.
García, Julio	Policía de Gerona.

Liga Catalana

Noguer, notario	Jefe en Gerona. Ex alcalde de la ciudad.
Su esposa	

Anarquistas

Alvear, José	Primo de Ignacio. Capitán de Milicias.
Alvear, Santiago	Hermano de Matías, en Madrid. Miliciano.
Blasco	Limpiabotas en Gerona.
Dimas	Jefe del Comité de Salt (Gerona).
El Cojo	Sobrino del Responsable, en Gerona.
Ideal	Miliciano en el frente de Aragón. De Gerona.
Merche	Hija del Responsable. Novia de Porvenir.

Porvenir	Capitán de Milicias, en· el frente de Aragón.
El Responsable	Jefe de la FAI, en Gerona.
Santi	Militante en Gerona. El benjamín de la Organización.

MASONES

Ayestarán, don Carlos	Farmacéutico. Delegado de Sanidad, en Barcelona. Amigo de Julio.
Campos, comandante	De guarnición en Gerona. Artillería.
Casal, Antonio	Jefe de la UGT de Gerona. Impresor.
Cervera, Julián	Comisario Provincial, de Gerona.
Director del Banco Arús	En la sucursal de Gerona.
García, Julio	Policía de Gerona.
Massana, arquitecto	De *Estat Català*, en Gerona.
Muñoz, coronel	De guarnición en Gerona. Infantería.
Ribas, arquitecto	De *Estat Català*, en Gerona.
Rosselló, doctor	Director del Hospital Provincial, en Gerona.

MILICIANOS

Agustín	Del Comité de Salt (Gerona).
Almendro, El	Frente de Madrid.
Arco Iris	Columna Durruti.
Batet	Aviador de Gerona. Cursillista en Rusia.
Castillo, Miguel	De la División Líster. Muerto en la batalla del Jarama.
Corbata, El	Guardián en la cárcel de Gerona.
Culebra, capitán	Columna Durruti. Amigo de José Alvear.
Dinamita	Frente de Madrid.
Gascón	Conserje de la Delegación de Sanidad, en Barcelona. Mutilado.

Gil	Compañero de Durruti. Fusilado en Zaragoza.
Hoyos	Columna Ortiz. Murciano.
Landrú	Columna Durruti. Voluntario francés. Transmisiones.
Milagros	De Gerona. Columna Durruti. Ex sirvienta del notario Noguer.
Pancho Villa	Escolta del Campesino.
Perrete, El	Columna Durruti. Muchacho del pueblo de Pina.
Royo	Compañero de Durruti. Fusilado en Zaragoza.
Salsipuedes	Escolta del Campesino.
Sidonio	Frente de Aragón. Voluntario almeriense.
Siberia	Hilador de Tarrasa. Frente de Aragón.
Sopaenvino	Escolta del Campesino.
Trimotor	Escolta del Campesino.

VOLUNTARIOS INTERNACIONALES

Gerardi	Italiano.
El Negus	Húngaro. Teniente.
Papá Pistolas	Búlgaro. Columna Ascaso.
Polo Norte	Sueco. Sargento. Linotipista.
Polvorín	Búlgaro. Columna Ascaso.
Redondo	Venezolano.
Sidlo	Polaco. Campeón de jabalina.

VARIOS

Alvear, Manuel	Sobrino de Matías Alvear, en Burgos.
Ana María	Ex novia de Ignacio. De Barcelona.
Andaluza, La	Prostituta, en Gerona.
Benzing	Alemana, del Partido nazi.
Bermúdez	Inspector de Policía, en Barcelona.

Bernard	Marmolista, en Gerona. Ex patrono de César.
Berti, Aleramo	Delegado del Fascio italiano.
Bisturí	Novia de Moncho.
Bolen, Raymond	Periodista belga.
Campos, Amparo	Esposa de Julio García.
Campoy	Faquir.
Campistol, hermanas	Modistas de Gerona.
Canela	Prostituta de Gerona.
Civil, profesor	Profesor de Ignacio y de Mateo.
Corbera	Ex patrono del Responsable.
Charo	Esposa de don Gaspar Ley, en Barcelona.
Difícil	Agente de espionaje, en Madrid.
Durao, doctor	Médico ayudante del doctor Rosselló.
Elgazu, Jaime, Josefa, Mirentxu y Lorenzo	Hermanos de Carmen Elgazu.
Eloy	Niño vasco, refugiado en Gerona.
Estanislao, padre	Franciscano. Agente de la Quinta Columna, apodado *Marisol*.
Ezequiel	Fotógrafo en Barcelona. Amigo de Julio García.
Germaine	Enfermera suiza.
Fanny	Periodista inglesa.
Ibarra	Boxeador, checa de la calle de Vallmajor.
Jaime, poeta	Telegrafista en Gerona. Compañero de Matías.
Jesusha	Sirvienta de «La Voz de Alerta», en Pamplona.
Laura	Esposa de «La Voz de Alerta».
Ley, Gaspar	Del Frontón Chiqui, de Barcelona.
Loli	Prostituta de Barcelona.
Manolín	Hijo de Ezequiel, en Barcelona.
Mati, abuela	Madre de Carmen Elgazu. En Bilbao.
Moncho	Anestesista. Amigo de Ignacio.
Mouro, profesor	Portugués. Agente del SIFNE, en San Sebastián.
Parapeto	Legionario, en el frente de Madrid.

Padrosa	Empleado del Banco Arús.
Patrón Bar Cocodrilo	En Gerona.
Plabb, comandante	Alemán. De la Legión Cóndor, antiaéreos.
Raimundo	Barbero, en Gerona.
Ramón	Camarero del café Neutral, Gerona.
Relken, doctor	Arqueólogo. Judío, expulsado por los nazis.
Roldán	Abogado. De la Quinta Columna, en Barcelona.
Rosita	Esposa de Ezequiel, el fotógrafo.
El Rubio	Ex asistente del comandante Martínez de Soria. Músico.
Salvatore	Ahijado de Marta. Italiano. Voluntario en «Flechas Azules».
Schubert	Alemán. Delegado, en Burgos, del Partido nazi.
Sepultureros	Marido y mujer. De Gerona.
Sigfrido	Enfermero del Hospital Pasteur, en Madrid.
Simsley, doctor	Canadiense. Director del Hospital Pasteur, de Madrid.
Thérèse	Enfermera suiza.
Tocino, Manuel	Indultado por Gorki.
Vega, doctor	Médico ayudante del doctor Rosselló.
Zamorano	Chófer del doctor Rosselló.

MILITARES

Aguirre	Capitán de Regulares.
Arias	Capitán, en Gerona.
Astier	Teniente de la Compañía de Esquiadores.
Ayuso	Cabo en una centuria de Falange, frente de Aragón.
Benítez, brigada	Frente de Teruel.
Cacerola	Soldado esquiador. Cocinero.
Cajal (Chiquilín)	Cabo de la Compañía de Esquiadores. Relojero.

Campos, comandante	De Gerona. Frente de Teruel.
Colomer	Teniente de la Compañía de Esquiadores. Frente de Huesca.
Cuevas	Comandante jefe de la Compañía de Esquiadores.
Delgado	Teniente, en Gerona.
Guillén	Soldado esquiador. Campesino del Valle de Tena.
Herraiz	Comandante.
Laguna	Sargento. Frente de Teruel.
Maroto	Coronel.
Martínez de Soria	Comandante. Jefe del Alzamiento en Gerona.
Martín	Teniente, en Gerona.
Muñoz, coronel	De Gerona. Frente de Teruel.
Palacios	Capitán de la Compañía de Esquiadores.
Pascual, Dámaso	Soldado esquiador. Pesador de Jaca.
Romá, alférez	De guarnición de Gerona.
Royo	Soldado esquiador. Campesino del Valle de Tena.
Sandoval	Capitán, en Gerona.

PERSONAJES HISTÓRICOS

FALANGE ESPAÑOLA

Hedilla	Jefe nacional, provisional.
Primo de Rivera, José Antonio	Fundador del Partido.
Primo de Rivera, Pilar	Hermana de José Antonio.
Ledesma Ramos, Ramiro	Fundador de las JONS.
Redondo, Onésimo	Fundador de las JONS.
Serrano Suñer, Ramón	«Camisa vieja». Cuñado del Generalísimo Franco.

POLÍTICOS EN LA ESPAÑA «ROJA»

Aguirre, José Antonio	Presidente del Gobierno Vasco.
Álvarez del Vayo, Julio	Ministro de Asuntos Exteriores.

777

Barcia, Augusto	Ministro de Estado del Gobierno Azaña.
Azaña, Manuel	Presidente de la República.
Besteiro, Julián	Presidente de las Cortes.
Companys, Luis	Presidente de la Generalidad de Cataluña.
Giral, José	Presidente del Gobierno.
Kent, Victoria	Diputado de Izquierda Republicana.
Irujo, Manuel	Ministro del Gobierno Vasco.
Largo Caballero, Francisco	Presidente del Gobierno.
Maciá, Francisco	Ex presidente de la Generalidad de Cataluña.
Martínez Barrio, Diego	Presidente del Consejo.
Montseny, Federica	Ministro de Sanidad.
Negrín, Juan	Presidente del Gobierno.
Nelken, Margarita	Diputado.
Prieto, Indalecio	Ministro de la Guerra.
Rico, Pedro	Alcalde de Madrid.
Sánchez Román, Felipe	Miembro del Tribunal de La Haya.

MILITARES DE LA ESPAÑA «NACIONAL»

Franco Bahamonde, Francisco	Generalísimo de los Ejércitos de Tierra, Mar y Aire.
Alonso Vega, Camilo	Comandante de Infantería. Ascendido a general.
Aranda Marta, Antonio	Coronel de Estado Mayor. Ascendido a general.
Asensio Cabanilles, Carlos	Teniente coronel de Infantería. Ascendido a General de Brigada.
Cabanellas Torres, Miguel	General de Infantería.
Dávila Arrondo, Fidel	General de Infantería.
García Valiño, Rafael	Comandante de Infantería. Ascendido a general.
Goded Llopis, Manuel	General de Infantería. Fusilado en Barcelona.
Kindelán Duany, Alfredo	General de Aviación
Martínez de Campos,	

Carlos	Comandante de Artillería. Ascendido a general.
Mola Vidal, Emilio	General de Infantería. Muerto en accidente de aviación.
Monasterio, José	Coronel de Caballería. Ascendido a teniente general.
Moscardó, José	Coronel. Defensor del Alcázar de Toledo. Ascendido a general.
Millán-Astray, José	General. Fundador de la Legión.
Muñoz Castellanos	Coronel de Artillería. Ascendido a general.
Muñoz Grandes, Agustín	Coronel de Infantería. Ascendido a General de División.
Queipo de Llano, Gonzalo	General de Caballería. Ascendido a teniente general.
Sanjurjo Sacanelo, José	General de Infantería. Muerto en accidente de aviación.
Solchaga, José Enrique	Teniente coronel de Infantería. Ascendido a general.
Varela, José Enrique	General de Infantería.
Vigón, Juan	General de Estado Mayor.
Yagüe Blanco, Juan	Teniente coronel de Infantería. Ascendido a teniente general.
Rey d'Harcourt	Coronel de Infantería. Defensor de Teruel.
Ortiz de Zárate, Joaquín	Teniente coronel de Infantería.
Castejón	Comandante de Infantería. Ascendido a coronel.
Cortés	Capitán de la Guardia Civil. Defensor del Santuario de Nuestra Señora de la Cabeza.

MILITARES DE LA ESPAÑA «ROJA»

Asensio Terrado, José	Coronel de Estado Mayor. Ascendido a general.
Mangada Rosemar, Julio	Teniente coronel de Infantería. Ascendido a general.
Martínez Cabrera, Toribio	Coronel de Estado Mayor. Ascendido a general.
Martínez Monje, Fernando	Coronel de Estado Mayor. Ascendido a general.

Mascalet Lacaci, Carlos	General de Ingenieros.
Miaja Menan, José	General de Infantería.
Pozas Perea, Gabriel	General de Infantería.
Riquelme, José	General de Infantería.
Ullibarri, Mariano G.	General de Infantería.
Rojo, Vicente	Teniente coronel de Infantería. Ascendido a general.
Villalba, José	General de Artillería.
Casado López, Segismundo	Comandante de Caballería. Ascendido a coronel.
Díaz Sandino, Felipe	Comandante de Infantería. Ascendido a coronel.
Pérez Farrás, Enrique	Coronel de Artillería.
Bayo	Capitán. Jefe del desembarco en Mallorca.

AVIADORES «NACIONALES»

Haya, Carlos	Capitán.
García Morato, Joaquín	Capitán.
«Satanás»	De la escuadrilla «García Morato».

AVIADORES «ROJOS»

Bourjois	Voluntario francés.
Drew Martin	Voluntario inglés.
Gilles	Voluntario francés.
Griffith	Voluntario inglés.
Rexach	Español.

MILITARES DE LAS BRIGADAS INTERNACIONALES

Alocca	Ex sastre de Lyón. Jefe de Caballería de la XV Brigada.
Dumont	Ex coronel del Ejército francés. Comandante jefe de la XIV Brigada.

Kleber (Lazar Fakete)	De origen austro-húngaro. General soviético, jefe de la XI Brigada.
Kopic	Búlgaro. Comandante jefe de la XIV Brigada.
Krieger	Italiano, ex diputado comunista de Trieste. Jefe de Estado Mayor de la XII Brigada.
Malraux, André	Escritor francés. Organizador del Arma Aérea.
Montage	Ex oficial del Ejército británico. Comandante en la XIII Brigada.
Lucasz (Matei Zalka)	De origen húngaro. General, jefe de la XII Brigada Mixta.
Renn, Ludwig	Novelista alemán. Jefe de Estado Mayor de la XI Brigada.
Walter	De origen polaco. General soviético. Profesor de la Academia Militar de Moscú.
Vincent	Oficial del Ejército francés. Coronel de Estado Mayor de las Brigadas.

Políticos de las Brigadas Internacionales

Bineto	Comisario político. Actuó en el Campo de Reeducación de Júcar.
Broz, José (Tito)	Yugoslavo.
Debrouchère	Belga. Presidente de la II Internacional.
Ford, James	Jefe de los obreros negros de Norteamérica.
Fox, Ralph	Escritor inglés. Comisario político de la XIV Brigada.
Godwald, Clemente	Checo.
Herz, Paul	Jefe socialista alemán.
Karanov	Búlgaro.
Maleter, Pal	Húngaro.
Marcucci	Jefe de las Juventudes Comunistas Italianas.
Marty, André	Francés. Jefe Organizador de las Brigadas.
Menov	Búlgaro.

Nicoletti, Mario	Italiano. Comisario Político de la XIII Brigada.
Longo, Luigi	Italiano.
Smirna	Escritor húngaro.
Telge, Oscar	Médico.
Thorez, Mauricio	Secretario General del Partido Comunista Francés.
Togliatti, Palmiro (Alfredo)	Italiano. Del Partido Comunista.
Vittorio	Italiano. Comisario Político de la XI Brigada.

GUERRILLEROS CON MANDO

Ascaso, Joaquín	Jefe de la Columna Ascaso.
Beltrán, Antonio (El Esquinazao)	Ex mecánico. Jefe de la División 43.
González, Valentín (El Campesino)	Jefe de División.
Líster, Enrique	Ex cantero. Jefe de División.
Modesto, Juan	Ex carpintero. Jefe de Cuerpo de Ejército.
Ortiz	Ex carpintero. Jefe de la Columna Ortiz.
Tagüeña	Jefe en los frentes de la Sierra y Madrid.

COMUNISTAS ESPAÑOLES

Díaz, José	Secretario General del Partido.
Hernández, Jesús	Miembro del Comité Central. Ministro de Instrucción Pública.
Ibarruri, Dolores (La Pasionaria)	Miembro del Comité Central.
Mije, Antonio	Miembro del Comité Central.
Uribe, Vicente	Miembro del Comité Central.

COMUNISTAS RUSOS

Gaiskis	Embajador en España.
Ledarsum, Leo	Chekista, en Valencia.

Orlov	Jefe de la GPU, en España.
Owcensco, Wladimir Antonoff	Cónsul general en Barcelona.
Rosenberg	Embajador en España.
Stepanov	Consejero.

Trotskista

Nin, Andrés	Jefe del Partido en España.

Federación Anarquista Ibérica

Ascaso, Joaquín	Jefe de la Columna Ascaso, sector Huesca.
Durruti, Buenaventura	Jefe de la Columna Durruti, sector Zaragoza.
Fernández, Aurelio	Jefe de la Comisión de Investigación, en Barcelona.
García-Oliver, Juan	Ministro de Justicia.
Mera, Cipriano	Frente de Madrid.
Mora, Teodoro	Frente de Madrid.
Montseny, Federica	Ministro de Sanidad.
Ortiz	Jefe de la Columna Ortiz, sector Teruel.
Tomás, Belarmino	Jefe en Asturias.
Del Val, Eduardo	Frente de Madrid.

Alemanes en la España «nacional»

Von Faupel	Embajador.
Von Sperrl	General.

Italianos en la España «nacional»

Bastico	General.
Cantaluppo, Roberto	Embajador.
Gambara	General.
Roatta	General.
Rossi, Aldo	Delegado del Fascio, en Mallorca.

Hemingway, Ernesto	Estadounidense.
Ehrenburg, Ilia	Ruso.
Koestler, Arturo	Inglés.

CORRESPONSALES ESPAÑOLES «NACIONALES»

«*Sevillano*»
«*Spectador*»
«*Tebib Arrumi*»

PERSONAJES CITADOS

Abraham	Patriarca bíblico.
Alba, duque de	Aristócrata español.
Alberti, Rafael	Poeta español.
Alfonso XIII	Último monarca español. Destronado en 1931.
D'Annunzio, Gabriel	Escritor italiano.
Aragon	Poeta francés.
Armengaud	Comentarista francés de guerra.
Atila	Rey de los Hunos.
Attlee, Clemente	Mayor inglés.
Atoll, duquesa de	Aristócrata inglesa.
Baroja Pío	Novelista español.
Baudelaire, Charles	Poeta francés.
Bakunin, Miguel	Ruso. Fundador del Anarquismo Internacional.
Benavente, Jacinto	Comediógrafo español.
Benlliure, Mariano	Escultor español.
Bienvenida	Torero español.
Blasco Ibáñez, Vicente	Escritor español.
Blum, León	Político francés.
Bogomoletz, Alejandro	Científico ruso.
Casals, Pablo	Violoncelista español.
Cervantes, Miguel de	Escritor español.
Ciano, Galeazzo (Conde de)	Político italiano. Yerno de Mussolini. Miembro del Gran Consejo Fascista.

Cid, El (Rodrigo Díaz de Vivar)	Héroe español.
Clemenceau, Georges	Político francés.
Comas y Solá, José	Astrónomo español.
Coloma, Luis de	Novelista español. Jesuita.
Cortés, Hernán	Conquistador de México.
Cot, Pierre	Ministro del Aire del Gobierno francés.
Chamberlain, Arthur Neville	Político inglés.
Chaplin, Charles (Charlot)	Artista cinematográfico.
Chesterton, Gilbert K.	Escritor inglés.
Chevalier, Maurice	Artista francés.
Chopin	Compositor polaco.
Churchill, Winston	Primer Ministro de la Gran Bretaña.
Dante Alighieri	Poeta italiano.
Dantón, Georges Jacques	Revolucionario francés.
Deledda, Grazia	Escritora italiana.
Dietrich, Marlene	Artista cinematográfica.
Dostoievski, Fedor	Novelista ruso.
Du Guesclin, Bertrand	Aventurero francés.
Ulianova, María Ilinicha	Hermana de Lenin.
Eden, Roberto Antonio	Político inglés.
Fagalde	General francés.
Fátima	Hija de Mahoma, esposa de Alí.
Fleta, Miguel B.	Cantante español.
Flynn, Errol	Artista cinematográfico.
Freud, Segismundo	Científico alemán.
Gable Clark	Artista cinematográfico.
Gámez, Celia	Artista española.
Gandhi (Mohandas Karamchand)	Jefe del Movimiento Nacionalista Hindú.
Glazunov, Alejandro	Compositor ruso.
Galán, Fermín	Capitán del Ejército español, sublevado en Jaca, en 1930, y fusilado.
Ganivet, Ángel	Ensayista español. Diplomático.
García Hernández, Ángel	Capitán del Ejército español, sublevado en Jaca, en 1930, y fusilado.

García Lorca, Federico	Poeta español. Fusilado en Granada en 1936.
Gardel, Carlos	Cantante argentino.
Gengis Khan	Emperador mogol.
Goering	Mariscal del Aire del III Reich.
Goebbels, Pablo José	Ministro de Propaganda del III Reich.
Gomá, Isidro	Prelado español. Escritor.
Gorki, Máximo	Novelista ruso.
Goya, Francisco de	Pintor español.
Hepburn, Katherine	Artista cinematográfica.
Hitler, Adolfo	Fundador del III Reich.
Huxley, Aldous	Escritor inglés.
Iparaguirre, José María	Trovador vasco.
Kant, Immanuel	Filósofo alemán.
Keats, John	Poeta inglés.
Keyserling, Hermann (Conde de)	Filósofo alemán.
Kypling, Rudyard	Novelista inglés.
Larra, Mariano de	Escritor español.
La Serna	Torero español.
Lenin (Wladimiro Ilijch)	Jefe del comunismo ruso.
López Ochoa, Eduardo	General español. Fusilado en Madrid.
Loyola, Iñigo de	San Ignacio. Fundador de la Compañía de Jesús.
Lutero, Martín	Fundador del Protestantismo.
Lyrie	Científico ruso.
Machado, Antonio	Poeta español.
Maeztu, Ramiro de	Ensayista español.
Mahoma	Fundador del Islamismo.
Malatesta, Enrique	Anarquista italiano.
March, Juan	Financiero español.
Marx, Carlos	Filósofo alemán. Fundador del Marxismo.
Mata, Pedro	Novelista español.
Mateu, Miguel	Industrial español.
Moro Muza	General árabe.
Morral, Mateo	Regicida español.
Murillo, Bartolomé Esteban	Pintor español.
Mussolini, Benito	Fundador del Fascismo italiano.

Neruda, Pablo	Poeta chileno.
Nietzsche, Federico	Filósofo alemán.
Oliveira Salazar, Antonio	Estadista portugués.
Ortega y Gasset, José	Filósofo español.
Paulina	Esposa de André Marty.
Pemán, José María	Escritor español.
Petrarca, Francesco	Poeta italiano.
Pío XI	Pontífice romano.
Pirandello, Luigi	Comediógrafo italiano.
Pitigrilli, Dino Segre	Humorista italiano.
Ramón y Cajal, Santiago	Científico español.
Rasputín (Gregorio Jefimovich)	Monje ruso.
Ravel, Mauricio	Compositor francés.
Reclus, Eliseo	Escritor y geógrafo francés.
Rieu Vernet	Comentarista francés de guerra.
Risler	Científico francés.
Romanones, conde de	Político español.
Roosevelt, Franklin Delano	Presidente de los Estados Unidos.
Rosales, Luis	Poeta español.
Rousseau, Jean Jacques	Filósofo suizo.
Sanzio, Rafael	Pintor italiano.
Shaw, Bernard	Escritor y dramaturgo irlandés.
Sócrates	Filósofo griego.
Sparaywski, Nicolás	Médico de Stalin.
Spengler, Osvaldo	Filósofo alemán.
Stalin, José	Jefe de la Unión Soviética.
Thiers, Adolfo	Historiador francés.
Tirso de Molina	Comediógrafo español.
Tono	Humorista español.
Torerito de Triana	Torero español.
Torras y Bages, José	Prelado español. Escritor.
Trotsky, León	Político ruso. Fundador del trotskismo.
Unamuno, Miguel de	Filósofo español.
Vázquez de Mella, Juan	Político español.
Velázquez (Diego Rodríguez de Silva)	Pintor español.
Vinci, Leonardo de	Pintor y hombre de ciencia italiano.
Zamora, Ricardo	Futbolista español.
Zumalacárregui, Tomás de	General carlista.

Índice

booket

Impreso en Black Print CPI Ibérica, S. L.
C/ Torrebovera, s/n (esquina C/ Sevilla), nave 1
08740 Sant Andreu de la Barca (Barcelona)